HUBERTUS ADEBAHR

Währungstheorie und Währungspolitik

HUBERTUS ADEBAHR

Währungstheorie und Währungspolitik

Einführung in die monetäre Außenwirtschaftslehre

Außenwirtschaft, Band I

Zweite Auflage

DUNCKER & HUMBLOT / BERLIN

CIP-Titelaufnahme der Deutschen Bibliothek

Aussenwirtschaft / Hubertus Adebahr; Wolfgang Maennig. —
Berlin: Duncker u. Humblot.
Bd. 1 verf. von Hubertus Adebahr
NE: Adebahr, Hubertus [Mitverf.]; Maennig, Wolfgang G. Ch.
[Mitverf.]

Adebahr, Hubertus:
Währungstheorie und Währungspolitik: Einführung in die
monetäre Aussenwirtschaftslehre / Hubertus Adebahr. —
2. Aufl. — Berlin: Duncker u. Humblot, 1990
(Aussenwirtschaft; Bd. 1)
ISBN 3-428-04134-8

Bd. 1. Adebahr, Hubertus: Währungstheorie und
Währungspolitik. — 2. Aufl. — 1990

Unveränderter Nachdruck
der 1978 erschienenen ersten Auflage

Druck: Werner Hildebrand, Berlin 65
Printed in Germany

ISBN 3-428-04134-8

Vorwort

Dieses Lehrbuch soll eine weitgefaßte Einführung in die monetäre Außenwirtschaftslehre bieten. Mit „weitgefaßt" ist die ineinandergreifende Darstellung der wichtigsten theoretischen, politischen, institutionellen, technischen und z. T. auch historischen Zusammenhänge und Fakten dieses Gebietes gemeint. Während es im englischen Sprachraum eine Reihe von Büchern gibt, die diesem Prinzip folgen, fehlte für den deutschen Sprachraum bislang ein neueres Buch dieser Art, das auch den deutschen und europäischen Gegebenheiten entsprechende Aufmerksamkeit schenkt.

Die Überzeugung, daß eine derart „übergreifende" Darstellungsweise didaktischen Erfordernissen besonders entgegenkommt, ist das Ergebnis eigener Lehrerfahrungen; denn es zeigte sich immer wieder, daß die isolierte Vermittlung theoretischer Inhalte einerseits und praktisch-politischer Stoffe andererseits nahezu zwangsläufig zu einer unerwünschten, ja schädlichen Einseitigkeit der erworbenen Kenntnisse und Fähigkeiten führt. Die nachträgliche Überwindung derartiger Einseitigkeiten erfordert erfahrungsgemäß unverhältnismäßig große Anstrengungen, weil inzwischen verfestigtes Wissen zu modifizieren und geläufige Denkschemata in Frage zu stellen sind. Aufbau und Inhalt des Buches sollen solchen Einseitigkeiten von vornherein entgegenwirken und außerdem den erwiesenermaßen motivierenden Effekt wirklichkeitsnaher und daher anschaulicher Situationen und Problemstellungen ausnutzen.

Allerdings ergeben sich hierbei zwei prinzipielle Schwierigkeiten. Zum einen macht die Einbeziehung der wirtschaftlichen Wirklichkeit die Probleme schwieriger und undurchsichtiger. Ihre gedankliche Durchdringung wird dadurch erschwert und nicht selten muß auf eine eindeutige theoretische Problemlösung verzichtet werden. Allerdings wird man auf diese Weise viel eher einem wichtigen Lernziel gerecht, nämlich den Studierenden möglichst unzweideutig die Grenzen des gegenwärtigen Erkenntnisstandes vor Augen zu führen.

Zum zweiten würde die simultane Behandlung aller relevanten Aspekte (theoretische, politische, institutionelle, historische u. a.) die Systematik und Übersichtlichkeit der Darstellung so stark beeinträchtigen, daß der Lernerfolg stark gefährdet wäre. Es wurde daher ein pragmatischer Mittelweg angestrebt, indem zwar im Interesse einer geschlossenen Darstellung in den einzelnen Teilen das Schwergewicht entweder auf die theoretischen oder auf die politisch-institutionellen Aspekte gelegt wurde, aber gleichzeitig versucht wurde, ein beziehungsloses Nebeneinander der theoretischen und politisch-institutionellen Teile zu verhindern. Durch Vor- und Rückverweisungen sollen Zusammenhänge sichtbar gemacht werden; geraffte Wiederholungen sollen an anderer Stelle Behandeltes in einen neuen Zusammenhang stellen; theoretische Ergebnisse werden auf ihre praktisch-politische Anwendbarkeit überprüft, und währungspolitische Ereignisse und Maßnahmen auf der Grundlage vorher behandelter theoretischer Verfahren analysiert.

Ein Mittelweg war auch bei der Stoffauswahl und -gewichtung unerläßlich, sollte der Rahmen eines noch einigermaßen handlichen Lehrbuches nicht gesprengt werden. Die darin zum Ausdruck kommende subjektive Wertung mag mit anderen subjektiven Vorstellungen kollidieren.

Literaturhinweise zu einzelnen Themenbereichen finden sich am Ende eines jeden Kapitels. Anstelle einer umfangreichen Literatursammlung wird jeweils eine kleine Auswahl angeboten, die zum Weiterarbeiten und - bei Bedarf - zum Auffinden weiterer Literatur ausreicht. Auf Fußnoten wurde weitgehend verzichtet. Nur bei wörtlichen Zitaten oder bei sehr engem Bezug zu den Ausführungen eines oder mehrerer Autoren wurden Ausnahmen gemacht.

Ein Lehrbuch enthält naturgemäß viel Fremdes und wenig Eigenes. Entsprechend groß ist die Dankesschuld des Autors. Fast alle, von denen er profitiert hat, müssen schon aus Platzgründen ungenannt bleiben. Den entscheidenden Anstoß zu diesem Buch jedoch gab mein verehrter Lehrer Alfred Kruse, indem er mit mir für die 4. Auflage seines Buches „Die Außenwirtschaft" eine gemeinsame gründliche Überarbeitung verabredete. Nach seinem plötzlichen Ableben begann ich allein und erkannte bald, daß es aus vielerlei Gründen zweckmäßig sei, ein neues Buch zu schreiben. Insbesondere erschien mir eine gründlichere theoretische Fundierung unerläßlich. Darüber hinaus hatten sich seit der letzten überarbeiteten Auflage (1965) im institutionellen und währungspolitischen Bereich derartig grundlegende Veränderungen vollzogen, daß eine bloße Überarbeitung nicht hinreichte. Das damit verbundene Anwachsen des Stoffes führte nahezu zwangsläufig zur thematischen Beschränkung auf den monetären Teil der Außenwirtschaftslehre. Voll übernommen habe ich jedoch Alfred Kruses Bestreben, die aus theoretischer Sicht oft störende wirtschaftliche Wirklichkeit möglichst weitgehend in die Betrachtung einzubeziehen.

Dankend hervorzuheben ist an dieser Stelle Klaus Rose, dessen im deutschen Sprachraum m. E. nach wie vor unerreichtes Lehrbuch zur Theorie der Außenwirtschaft auch für mich in mancher Hinsicht richtungsweisend war. Da darin fast ausschließlich die „grundsätzlich-theoretischen Aspekte" der Außenwirtschaft behandelt werden, sind die diesbezüglichen Analysen meist weitergehend als meine theoretischen Ausführungen. Es ist daher für diese Teile als ergänzende Lektüre sehr zu empfehlen. Sehr zu danken habe ich meinen früheren und jetzigen Mitarbeitern, den Herren Dipl.-Kaufmann Klaus Schröder, Dr. Lutz Wicke und Dipl.-Kaufmann Armin Geister für vielfältige Mithilfe und Kritik, den Herren Dipl.-Ing. Reinhard Kern und cand. rer. pol. Josef Voss für das Anfertigen der Zeichnungen und der Schemata und last but not least meinen Sekretärinnen Frau Gertrud Schewe und insbesondere Frau Lieselotte Markert für die nicht enden wollenden Schreib- und Korrekturarbeiten bei der Anfertigung des Manuskripts.

Berlin, im Januar 1978 *Hubertus Adebahr*

Inhalt

II. Kapitel

Zweiter Teil

III. Kapitel

IV. Kapitel

Dritter Teil

III. Kapitel

Verwendete Symbole

1. Großbuchstaben

A	Angebot oder Absorption
AX	Exportangebot
AM	Importangebot
B	Saldo der Leistungsbilanz
C	Konsumausgaben
C_a	autonomer Konsum
C_i	inländische Nachfrage nach inländischen Konsumgütern
C_{ind}	induzierter Konsum
C_w	inländische Nachfrage nach ausländischen Konsumgütern
E_x	Produktivität(sindex) der Exportgüterproduktion
I	Investitionsausgaben
I_i	inländische Nachfrage nach inländischen Investitionsgütern
I_w	inländische Nachfrage nach ausländischen Investitionsgütern
K	erwirtschafteter Gesamtbetrag aus einer Inlandsanlage (K_I) bzw. aus einer Auslandsanlage (K_A)
M	Import(-wert)
M_a	autonomer Import
M_{ind}	induzierter Import
N	Nachfrage
NM	Importnachfrage
NX	Exportnachfrage
Q	Mengenindex
Q_M	Importmengenindex
Q_X	Exportmengenindex
$\ddot{U}$	Budgetüberschuß (des Staatshaushalts)
X	Export(-wert)
X_a	autonomer Export
X_{ind}	induzierter Export
Y	Volkseinkommen, Sozialprodukt (netto, zu Faktorkosten)

2. Kleinbuchstaben

$a = \frac{A}{Y}$	marginale Absorptionsquote
$b = \frac{dC}{dY}$	marginale Konsumquote
$g = \frac{dM}{dY}$	marginale Importquote
p	Preis(index)
p_a	Auslandspreis
p_i	Inlandspreis
p_w	Weltmarktpreis
r	Zins, Zinsniveau
$s = 1 - b$	marginale Sparquote
w	Wechselkurs (Preisnotierung)
w_m	Wechselkurs (Mengennotierung)
x	Gütermenge

3. Griechische Symbole

η	Preiselastizität der Nachfrage
η_M	Preiselastizität der Importnachfrage
η_X	Preiselastizität der Exportnachfrage
ε	Preiselastizität des Angebots
ε_M	Preiselastizität des Importangebots
ε_X	Preiselastizität des Exportangebots

Einführung

1. Gegenstand der Außenwirtschaftslehre

Die nationale Volkswirtschaft besteht in der Regel aus einer Vielzahl von Einzelwirtschaften, die durch regelmäßige Tauschbeziehungen aufeinander angewiesen und miteinander verbunden sind. Die wirtschaftlichen Beziehungen der Einzelwirtschaften sind jedoch häufig nicht auf das eigene Staatsgebiet beschränkt. Die Gesamtheit der vielfältigen, über die Grenzen hinwegreichenden Wirtschaftsbeziehungen nennt man *Außenwirtschaft*. Auch die Partner im Außenwirtschaftsverkehr sind in erster Linie die Einzelwirtschaften: Erwerbswirtschaften und Haushaltswirtschaften, die zugleich die volkswirtschaftlichen Produktionselemente Arbeit und Kapital bereitstellen. Allerdings tritt der Staat ebenfalls in erheblichem Umfang und in manchen Ländern sogar als einziger Akteur im internationalen Wirtschaftsverkehr auf. Seine Partner können dabei Einzelwirtschaften, andere Staaten oder supranationale Organisationen und Institutionen sein.

Die konkrete historische Ausgestaltung und Abwicklung des Außenwirtschaftsverkehrs im Weltmaßstab ist die *Weltwirtschaft*. In einer groben Einteilung der unterschiedlichen Arten von internationalen wirtschaftlichen Transaktionen kann man unterteilen in Warenverkehr, Dienstleistungsverkehr, Geld- und Kapitalverkehr sowie internationale Wanderungen als Bewegungen des Produktionsfaktors Arbeit über die nationalen Grenzen hinweg. Auf diese wenigen Kategorien lassen sich nahezu alle internationalen Wirtschaftsvorgänge zurückführen. Allerdings birgt eine solche Grobgliederung die Gefahr in sich, die Sicht für die große Vielfalt internationaler Wirtschaftsbeziehungen zu verstellen.

Diese, in ihrer Gesamtheit Außenwirtschaft genannten internationalen Wirtschaftsbeziehungen, sind der Gegenstand, das *Erkenntnisobjekt, der Außenwirtschaftslehre*. Dabei stehen allerdings nicht die *Beschreibung des Erscheinungsbildes*, d. h. des technischen und institutionellen Ablaufs im Vordergrund der Betrachtung, sondern die *Zusammenhänge und Wechselwirkungen* zwischen außenwirtschaftlichen Transaktionen und anderen ökonomischen Größen. Daraus ergibt sich als *zweifache Aufgabe*, einmal außenwirtschaftliche Vorgänge als Folgewirkung anderer ökonomischer und auch außerökonomischer Größen und ihrer Veränderungen zu erklären und zweitens umgekehrt den Einfluß bzw. die Rückwirkung einer Änderung außenwirtschaftlicher Vorgänge auf andere ökonomische Größen, wie z. B. Einkommen, Nachfrage, Preisniveau, zu erklären (Außenwirtschaftstheorie).

Die möglichst fundierte Beantwortung dieser Fragen ist Voraussetzung für die zielgerechte Durchführung einer *Außenwirtschaftspolitik*, die unter Ausnutzung der aufgezeigten Wirkungszusammenhänge entweder die Außenwirtschaft durch Variieren bestimmter ökonomischer Daten oder die Binnenwirtschaft durch Variieren von Faktoren im außenwirtschaftlichen Bereich beeinflussen will. Dieses ist auch der eigentliche Grund dafür, daß den außenwirtschafts*politischen* Betrachtungen in diesem Buch erheblicher Raum gewidmet ist.

2. Warum eine spezielle Außenwirtschaftslehre?

Es wird häufig die Frage gestellt (und in fast allen Lehrbüchern erörtert), ob es zweckmäßig und gerechtfertigt sei, die Außenwirtschaftslehre als gesonderte Teildisziplin innerhalb der Volkswirtschaftslehre zu behandeln. Zweifel an der Berechtigung dieser weltweit geübten Praxis könnten aus der Tatsache erwachsen, daß sich der theoretische Teil der Außenwirtschaftslehre fast ausnahmslos der analytischen Methoden und Instrumente bedient, die in der allgemeinen Wirtschaftstheorie Anwendung finden[1]. Eine im Hinblick auf die verwendeten Methoden und Instrumente originäre Außenwirtschaftstheorie gibt es daher auch nicht. Die Besonderheit der Außenwirtschaftstheorie und der gesamten Außenwirtschaftslehre erwächst vielmehr aus der Besonderheit ihres Erkenntnisobjekts und der sich daraus ergebenden speziellen Problemstellungen. So ist z. B. der Außenhandel, was Ursachen, Richtung, Umfang und Beeinflußbarkeit angeht, *keineswegs* das völlige Pendant des Binnenhandels. Das gleiche gilt für den grenzüberschreitenden Geld- und Kapitalverkehr sowie für die internationalen Wanderungen des Faktors Arbeit.

Die Unterschiede zwischen Binnenwirtschaft und Außenwirtschaft sind im wesentlichen folgende:

1. Im Außenwirtschaftsverkehr stehen sich im erheblichen Umfang auch *Staaten als Vertragspartner* gegenüber. Einmal sind die staatlichen Motive und Handlungsnormen von denen der Privaten meist sehr verschieden, zum anderen beeinflussen diese zwischenstaatlichen Aktivitäten entscheidend die Außenwirtschaft. So können Staaten z. B. durch den Abschluß von Handelsverträgen den internationalen Waren- und Kapitalverkehr mehr oder weniger stark regu-

---

[1] Der Leser sollte daher über Grundkenntnisse in der mikro- und makroökonomischen Theorie verfügen.

lieren oder durch multinationale Verträge das Weltwährungssystem festlegen oder regionale Präferenzräume (wie die EG) schaffen, die ebenfalls den internationalen Wirtschaftsverkehr in vielfältiger Hinsicht beeinflussen, u. a. m.

2. Nationalwirtschaften sind *Währungsgemeinschaften*. Der Zwang zur Umrechnung oder zum Umtausch in fremde Währungen beim grenzüberschreitenden Wirtschaftsverkehr bringt für die Beteiligten ein zusätzliches Risiko, das *Währungsrisiko* mit sich, das sich auf Art und Umfang des internationalen Wirtschaftsverkehrs auswirkt. Außerdem weist die Geldwertentwicklung innerhalb eines Nationalstaates nur geringe Unterschiede auf (die Preise in Bayern steigen etwa gleich schnell wie die in Schleswig-Holstein, während sie sich in verschiedenen Ländern sehr unterschiedlich entwickeln können). Auch hiervon können nachhaltige Wirkungen auf die Außenwirtschaft ausgehen, die ihrerseits wiederum von einer Reihe von Faktoren, insbesondere auch von der Gestaltung des internationalen Währungssystems abhängen.

3. Nationalwirtschaften sind *Finanzgemeinschaften*, gekennzeichnet insbesondere durch ein einheitliches Steuersystem. Die Unterschiede der Steuer- und Soziallasten sowie der Subventionen von Land zu Land können zu stärkeren Wettbewerbsverzerrungen führen als innerhalb einer Binnenwirtschaft.

4. Nationalwirtschaften sind *soziokulturelle Gemeinschaften*, die eine mehr oder weniger große Gemeinsamkeit in Lebensform, Sprache, Rechtsordnung und Geschäftsusancen aufweisen. Das Fehlen dieser Gemeinsamkeit bringt zusätzliche Risiken und Erschwernisse für den grenzüberschreitenden Geschäftsverkehr mit sich.

5. Nationalstaaten bilden *wirtschaftspolitische Einheiten*, die eigenständige, *nationale Ziele* verfolgen. Diese Ziele können auch und insbesondere mit den wirtschaftlichen Interessen anderer Staaten kollidieren. Das führt zu staatlichen Maßnahmen und Eingriffen, die die Wettbewerbsfähigkeit ausländischer Wirtschaftssubjekte beeinträchtigen (z. B. Zölle, Kontingente, Exportsubventionen). Die durch den Außenhandel erzielte internationale Arbeitsteilung wird dann zu einer Gefahr für die Beteiligten. Denn internationale Arbeitsteilung schafft Abhängigkeit von ausländischen Abnehmern und Lieferanten. Staatliche Eingriffe in diese Beziehungen können wirtschaftliche Nachteile für das Ausland nach sich ziehen. Also zeigt sich auch hier ein spezifisches Risiko, das im binnenwirtschaftlichen Bereich nicht existiert.

6. Schließlich ist daran zu denken, daß Staaten auch *politische Einheiten* sind, die die Außenwirtschaftspolitik als ein Mittel der Außenpolitik benutzen können. Das heißt, es wird versucht, mit wirtschaftspolitischen Mitteln allgemeinpolitische Ziele zu erreichen. Vor allem im Bereich des Außenhandels ergeben sich viele Möglichkeiten, einen anderen Staat unter Druck zu setzen oder aber

auch zu begünstigen. Zölle, Kontingente, Außenhandelsmonopole oder Dumpingpraktiken, die „normalerweise“ dazu dienen, positive wirtschaftliche Wirkungen für das eigene Land zu erzielen, können auch zur Schädigung des Partners eingesetzt werden, ohne daß unmittelbar ein wirtschaftlicher Nutzen für das Inland erreicht wird; man ist sich vielmehr im klaren darüber, daß in der Regel auch für das eigene Land ökonomischer Schaden entsteht.

Spezielle und vielfach erprobte Mittel einer „unwirtschaftlichen“ Wirtschaftspolitik sind das *Embargo* (durch Lieferstopp soll das Partnerland zu einem bestimmten politischen Verhalten gezwungen werden. – Eindrucksvolles Beispiel aus der jüngsten Geschichte war das Embargo, das die OPEC-Länder während der Ölkrise 1973/74 gegen die Niederlande wegen ihrer israelfreundlichen Haltung praktizierten), das *politische Dumping* (man will durch Preisunterbietung den Markt für die Produkte des anderen Landes zerstören), das *System des Wegkaufens* (man kauft z. B. in Kriegszeiten in neutralen Ländern zur Kriegsführung des Gegners dringend benötigte Rohstoffe weg), der *Favoritismus* (um ein Land wirtschaftlich zu unterstützen, zahlt der staatliche Handel überhöhte Preise) oder der *Boykott* (z. B. die napoleonische Kontinentalsperre gegenüber England).

Große Staaten mit großem Anteil am Import oder Export einzelner Partnerländer, Staaten mit regierungsseitig lenkbarem Kapitalexport und solche mit staatlichem Außenhandel sind in der Lage, die Außenwirtschaftspolitik relativ erfolgreich als Mittel der Außenpolitik einzusetzen. Hingegen können kleine Staaten, Monokulturländer und auf Auslandskapital angewiesene Staaten in der Regel wegen ihrer schwachen außenwirtschaftlichen Position leicht in politische Abhängigkeit geraten.

Die Frage, ob es sich bei den genannten Unterschieden zwischen Außenwirtschaft und Binnenwirtschaft um grundsätzliche oder nur um graduelle handelt, kann hier getrost unbeantwortet bleiben; denn Ausmaß und Gewichtigkeit der Unterschiede lassen die Quantität in Qualität umschlagen und die gesonderte und zusammenfassende Behandlung der außenwirtschaftlichen Probleme zweckmäßig und damit gerechtfertigt erscheinen.

Man kann dem jedoch noch entgegenhalten, daß die internationalen Wirtschaftsprozesse mit den interregionalen Wirtschaftsprozessen wichtige Fragen, so das Standortproblem und das der Raumüberwindung, gemeinsam haben, und so die Berechtigung einer speziellen Außenwirtschaftslehre in Zweifel ziehen. Aber auch hier wäre zu bemerken, daß der Außenhandel wegen der beschriebenen andersartigen Einflüsse und wegen des verbreiteten Willens zur politischen Einflußnahme in vielerlei Hinsicht nicht mit dem interregionalen Handel *innerhalb* einer Volkswirtschaft gleichgesetzt werden kann. Das gleiche gilt für den internationalen Kreditverkehr und die internationalen Wanderungen. Andererseits muß jedoch klar gesagt werden, daß die konventionelle Außenwirtschaftstheorie weitgehend die Probleme außer acht läßt, die sich aus der räumlichen Entfernung und der Notwendigkeit ihrer Überwindung ergeben. Fragen der Standortbestimmung von Produktionen und der Raumüberwindung durch Produktionsfaktoren und Güter werden kaum erörtert. Vielmehr hat sich die Weiterentwicklung der Raumwirtschaftslehre[2] zum großen Teil losgelöst von der der Außenwirtschaftstheorie vollzogen. Da eine Synthese bis heute nicht gelungen ist, muß auf eine Einbeziehung raumwirtschaftlicher Aspekte in dieses Buch verzichtet werden.

3. Teilgebiete der Außenwirtschaftslehre und Aufbau des Buches

Der theoretische Teil der Außenwirtschaftslehre wird üblicherweise in die monetäre und die reine Außenwirtschaftstheorie gegliedert. Die *monetäre Theorie* befaßt sich mit den Wechselwirkungen zwischen Zahlungsbilanz einerseits und Wechselkursen, Preisen, Volkseinkommen und anderen Größen andererseits. Ihr gliedert sich logischerweise die *Währungspolitik* als Teil der Außenwirtschaftspolitik an, die durch Veränderung währungspolitischer Daten, wie z. B. der Wechselkurse oder der Bedingungen des internationalen Kreditverkehrs, die Zahlungsbilanz zu beeinflussen versucht. Hierzu gehören als Propädeutik auch die institutionellen und technischen Gegebenheiten dieses Bereiches, also Aufbau der Zahlungsbilanz, Konstruktion der nationalen und internationalen Währungsordnung und die sich daraus ergebenden Wirkungen auf den technischen Ablauf des grenzüberschreitenden Zahlungsverkehrs.

Die *reine Theorie* befaßt sich primär mit den güterwirtschaftlichen Problemen der Außenwirtschaft. Im Mittelpunkt steht die Frage nach Ursachen, Umfang und Richtung der internationalen Güterströme. Im gegenwärtigen Stand der Theorie wird allerdings von der Fiktion einer geldlosen Wirtschaft ausgegangen. Es liegt also das wirklichkeitsfremde Modell einer Naturaltauschwirtschaft zugrunde. Es wird statt mit Preisen mit Austauschrelationen operiert. Die wünschenswerte Synthese von monetärer und reiner Theorie ist bisher - von einigen Ansätzen abgesehen - nicht gelungen.

Es liegt nahe, der reinen Theorie jenen Teil der Außenwirtschaftspolitik zuzuordnen, der in erster Linie auf die Beeinflussung und Gestaltung des internationalen Warenverkehrs abstellt. Die *Handelspolitik* umfaßt die zu diesem Zweck

---

[2] Eine vorwiegend raumwirtschaftlich orientierte Außenwirtschaftslehre vertritt Andreas *Predöhl* (Außenwirtschaft, 2. Aufl., Göttingen 1971). Dort finden sich auch weitere Literaturhinweise zu diesem Problembereich.

verwendeten vielfältigen Techniken und Instrumente sowie die Ableitung ihrer Wirkungen.

Der vorliegende erste Band enthält die **monetäre Außenwirtschaftslehre.** Er umfaßt neben der Einführung drei Hauptteile. Der erste Teil **(Zahlungsbilanztheorie)** behandelt die herkömmliche monetäre Theorie, deren Kernstück die Analyse der Wechselwirkungen zwischen Zahlungsbilanz und anderen relevanten ökonomischen Größen, wie Wechselkurse, Preise und Einkommen ist.

Im zweiten Teil **(Internationaler Geld- und Kapitalverkehr)** werden die Ursachen, Formen und Wirkungen des lang- und kurzfristigen internationalen Kreditverkehrs erörtert. Die gesonderte Behandlung des Kreditverkehrs ist notwendig, weil die Zahlungsbilanztheorie fast ausschließlich auf die Reaktionen im Bereich des Handelsverkehrs abstellt. Die erzwungene Beschränkung signalisiert eine Schwäche der Zahlungsbilanztheorie, nämlich das Unvermögen, den internationalen Handels- und Kreditverkehr in einem einheitlichen theoretischen Rahmen zu behandeln. Besondere Aufmerksamkeit wird in diesem Zusammenhang den internationalen Finanzmärkten (Euromärkte) und den staatlichen Beschränkungen des internationalen Kapitalverkehrs gewidmet.

Im dritten und letzten Teil **(Währungspolitik und internationales Währungssystem)** liegt das Schwergewicht auf der Darstellung des Weltwährungssystems. Entstehung, Entwicklung, Zusammenbruch und Reformbemühungen werden dargelegt. Die Probleme der europäischen Währungsintegration werden in einem gesonderten Kapitel behandelt.

Der später erscheinende zweite Band wird die reine (güterwirtschaftliche) Außenwirtschaftslehre enthalten.

4. Die politische Relevanz der monetären Außenwirtschaftslehre

Es wurde bereits angedeutet, daß die Anwendungsnähe der Aussagen der monetären Theorie größer ist als die der reinen Theorie. Der Grund ist der höhere Abstraktionsgrad der in der reinen Theorie verwendeten Modelle, die wesentliche Einflußfaktoren durch entsprechende Annahmen in die Nebenbedingungen verdammen und damit ergebnisneutral machen. Selbst für wichtige Teile der Zolltheorie, die sich immerhin mit einem der bedeutendsten handelspolitischen Instrumente befaßt, trifft das zu. Das bedeutet, daß die Möglichkeit, aus theoretischen Ergebnissen unmittelbar verwendbare und konkrete Handlungsanweisungen für Wirtschaftspolitiker zu gewinnen, sehr beschränkt ist.

Mag es auch nur ein gradueller Unterschied sein, wenn man der *monetären Theorie größere Realitätsbezogenheit* bescheinigt, so zeitigt er doch erhebliche wirtschaftspolitische Konsequenzen; denn die Wirtschaftspolitiker berufen und stützen sich beim Einsatz währungspolitischer Mittel recht weitgehend auf theoretische Aussagen. So sind z. B. die Zusammenhänge zwischen Wechselkurs und Zahlungsbilanz als ein Kernstück der monetären Theorie theoretisch gut durchdrungen. Die Frage etwa, wie sich eine Heraufsetzung des Wechselkurses (Abwertung) auf die einheimische Zahlungsbilanz auswirkt, ist mit ziemlicher Sicherheit zu beantworten, wenn es gelingt, die relevanten Einflußfaktoren mit hinreichender Genauigkeit und Zuverlässigkeit empirisch zu ermitteln. Gerade das ist allerdings eine Schwachstelle der monetären Außenwirtschaftslehre, die sie jedoch mit fast allen Teilgebieten der Wirtschafts- und Sozialwissenschaften gemeinsam hat.

Eine gewisse Gefahr der größeren Anwendungsbezogenheit der monetären Theorie ist darin zu sehen, daß die Übernahme ihrer Aussagen in die wirtschaftspolitische Praxis ohne Berücksichtigung der speziellen Prämissen, unter denen sie abgeleitet wurden, zu wirtschaftspolitischen Fehlentscheidungen führen kann. Zwar ist die Ableitung wirtschaftspolitisch unmittelbar anwendbarer theoretischer Aussagen eine hervorragende Aufgabe der Wirtschaftstheorie; andererseits ist es mit der Verbreitung undifferenzierter theoretischer Aussagen oder Kernsätze nicht getan. So stellt z. B. die weitverbreitete Ansicht, eine Heraufsetzung des Wechselkurses (Abwertung der inländischen Währung) führe zu einer Aktivierung der Leistungsbilanz, eine solche um die Prämissen verkürzte Wiedergabe einer theoretischen Aussage dar. Sie kann im konkreten Fall zutreffend sein, ist aber als *allgemeingültige* Aussage unhaltbar.

Erster Teil

Zahlungsbilanztheorie (monetäre Theorie)

Erstes Kapitel

Die Zahlungsbilanz

Bevor die Probleme und Fragestellungen der monetären Außenwirtschaftstheorie näher behandelt werden, ist es notwendig und auch an der Zeit, den schon mehrfach erwähnten Begriff Zahlungsbilanz zu klären und in die buchhalterische Technik der Zahlungsbilanzstatistik einzuführen.

1. Begriffliche Abgrenzungen

Unter der Zahlungsbilanz eines Landes versteht man die Zusammenstellung der Werte aller wirtschaftlichen Transaktionen, die sich innerhalb einer bestimmten Periode zwischen Inländern und Ausländern vollzogen haben.

Die Zahlungsbilanz basiert demgemäß auf statistischen Daten der Vergangenheit; sie ist also eine *Ex-post-Rechnung.* Sie ist ferner eine *Strömungsgrößenrechnung,* weil sie keine auf den Zeitpunkt bezogenen Bestandsgrößen enthält, sondern die Wertangaben von Transaktionen, die während eines Zeit*raumes* stattgefunden haben. Die Bezeichnung Zahlungsbilanz ist daher doppelt irreführend. Einmal bedeutet der Ausdruck „Bilanz" im betrieblichen Rechnungswesen die Aufstellung der Vermögensbestände per Stichtag. In dieser Bedeutung ist der Begriff populär. Zweitens suggeriert die Bezeichnung Zahlungsbilanz die Interpretation, es handele sich um eine Gegenüberstellung der grenzüberschreitenden Zahlungsströme. Das ist nicht korrekt; denn die Zahlungsbilanz erfaßt auch die grenzüberschreitenden Güter- und Leistungsströme und zwar auch dann, wenn sie keine entgegengerichteten Zahlungsströme zur Folge haben. Wie noch zu zeigen sein wird, haben derartige Transaktionen durchaus nicht Ausnahmecharakter.

Die Zahlungsbilanz ist damit ein *Abbild der wirtschaftlichen Verflechtung der jeweiligen Volkswirtschaft mit dem Ausland.* Bei entsprechend weiter Untergliederung spiegelt sie nicht nur den Umfang, sondern auch die Struktur der Wirtschaftsbeziehungen in sachlicher und regionaler Hinsicht wider. Für die wirtschaftspolitischen Instanzen hat sie damit zunächst *diagnostischen Wert;* sie unterrichtet über den status quo. Darüber hinaus lassen sich durch Zeitvergleich (mit zurückliegenden Zahlungsbilanzen) Veränderungen erkennen und möglicherweise Entwicklungstrends identifizieren, aus denen sich in gewissem Umfang Prognosen für die künftige Entwicklung ableiten lassen. Allerdings ist auch hier wie bei allen Prognosen im sozialwissenschaftlichen Bereich Vorsicht geboten. Keinesfalls ist eine mechanische Extrapolation der Vergangenheitsentwicklung zulässig. Vielmehr lassen sich einigermaßen verläßliche Schlüsse für die zukünftige Entwicklung nur ziehen, wenn die Gründe für die in den statistischen Daten zum Ausdruck kommende Entwicklung möglichst eindeutig geklärt sind. Aber selbst wenn diese Ursachenanalyse zuverlässig gelingt, bleibt die Prognose dennoch ein schwerwiegendes Problem, weil die Ursachenkonstellation der Vergangenheit nicht die der Zukunft sein muß und in der Regel auch nicht ist. Die Prognose der Zahlungsbilanzentwicklung setzt daher die Prognose der die Zahlungsbilanz bestimmenden Einflußfaktoren voraus.

Die Zahlungsbilanz ist aber auch diagnostischer Ausgangspunkt für die bewußte *wirtschaftspolitische Beeinflussung* der Zahlungsbilanzentwicklung. Eine solche Beeinflussung muß bei den Bestandteilen der Zahlungsbilanz einsetzen, also bei den zwischenstaatlichen Zahlungs- und Leistungsströmen. Dazu ist jedoch notwendig, daß man die Wirkung der verfügbaren oder zu etablierenden wirtschaftspolitischen Instrumente möglichst zuverlässig abzuschätzen vermag. Diese *Wirkungsanalyse* ist die Hauptaufgabe der *Zahlungsbilanztheorie*.

Ganz am Anfang steht jedoch als Voraussetzung für zuverlässige Prognose und erfolgreiche Zahlungsbilanzpolitik die exakte Erfassung der außenwirtschaftlichen Transaktionen. Eine der hierbei auftretenden Schwierigkeiten ist die eindeutige *Abgrenzung zwischen Inländern und Ausländern*. Wie so häufig bei der Quantifizierung wirtschaftlicher Zusammenhänge ist auch hier eine gewisse Willkür unvermeidlich. Grundsatz der Zahlungsbilanzstatistik der Bundesrepublik ist, daß alle diejenigen Wirtschaftssubjekte Inländer sind, die ihren festen und dauerhaften Wohnsitz im Inland haben. Für ausländische Staatsangehörige, die sich im Rahmen einer privaten oder dienstlichen Reise - also kurzzeitig - im Inland aufhalten, ist die Situation eindeutig. Daß auch Angehörige ausländischer diplomatischer Vertretungen, internationaler Institutionen oder ausländischer Streitkräfte als Ausländer betrachtet werden, läßt sich mit ihrer wahrscheinlich irgendwann erfolgenden Rückkehr ins Heimatland - wenn auch möglicherweise erst nach langjährigem Aufenthalt im Inland - begründen. Inkonsequent und willkürlich ist es dann aber, wenn man für *ausländische Arbeitskräfte (Gastarbeiter)* diese Begründung nicht gelten läßt und sie zahlungsbilanzstatistisch als *Inländer* behandelt, wie es in der Bundesrepublik aus pragmatischen Gründen geschieht.

Abgesehen von diesen Abgrenzungsschwierigkeiten erlaubt also der Umstand, daß eine wirtschaftliche Transaktion im Inland erfolgt, nicht den

Schluß, es handele sich um einen rein binnenwirtschaftlichen Vorgang. So sind z. B. Handels- oder Kreditgeschäfte zwischen Angehörigen ausländischer diplomatischer Vertretungen und Inländern nach der obigen Abgrenzung Transaktionen zwischen Aus- und Inländern und berühren somit die Zahlungsbilanz. Ähnliche Konstellationen sind bei Geschäften möglich, die sich ausschließlich im Ausland abspielen.

2. Buchungsgrundsatz und kontenmäßige Gliederung der Zahlungsbilanz

Die Zahlungsbilanz ist dem Wesen nach ein *Kontensystem*, das aus nur wenigen Konten - auch *Teilbilanzen* genannt - besteht. Die einzelnen Teilbilanzen enthalten jeweils eine bestimmte Kategorie von außenwirtschaftlichen Transaktionen. Die *Verbuchung* jedes Vorganges erfolgt nach den Grundsätzen der *doppelten Buchführung zweimal*, d. h. durch Buchung und Gegenbuchung, so daß das *Kontensystem zu jeder Zeit ausgeglichen* ist.

Allerdings sei betont, daß in der *praktischen* Zahlungsbilanzstatistik das *Verfahren der Doppelbuchung häufig nicht durchgeführt wird* und auch nicht durchgeführt werden kann, weil die erhebende Stelle oft nicht weiß, welche Gegenbuchung für die erfaßte Transaktion korrekt wäre. So ist z. B. die korrekte Gegenbuchung für einen erfaßten Warenexport davon abhängig, ob der Exporterlös sofort nach Lieferung fällig ist oder ob mehr oder minder lange Zahlungsziele eingeräumt werden oder sogar ein längerfristiger Lieferantenkredit gewährt wird. Weiterhin ist von Bedeutung, ob der Exporteur die erlösten Devisen in Inlandswährung umtauscht oder ob er die Devisen im Ausland verwendet, z. B. zum Erwerb von ausländischen Wertpapieren. Diese Informationen stehen der amtlichen Statistik nicht oder nur teilweise zur Verfügung. Das für die Erhebung und Verarbeitung der statistischen Daten des Waren- und Dienstleistungsverkehrs zuständige *Statistische Bundesamt* wäre also häufig gar nicht in der Lage, die korrekte Gegenbuchung z. B. zu einem erfolgten Güterexport vorzunehmen. De facto werden daher die Transaktionen im Güterbereich und die im finanziellen Bereich getrennt erhoben, nämlich erstere vom Statistischen Bundesamt und letztere von der *Deutschen Bundesbank*. Diese Daten ergeben dann zusammengefügt die Zahlungsbilanz. Bei vollständiger und richtiger Erfassung aller Vorgänge müßte sich dann eine ausgeglichene Zahlungsbilanz ergeben. Wir werden jedoch sehen, daß in der praktischen Zahlungsbilanzstatistik die lückenlose Erfassung aller zahlungsbilanzrelevanten Vorgänge *nicht* sichergestellt ist.

Sieht man davon zunächst ab, so ist für das Verständnis des Zahlungsbilanzaufbaus und der Zahlungsbilanzentwicklung wichtig, sich das weithin übliche *Buchungsprinzip* einzuprägen, nach dem alle die Zahlungsbilanz berührenden Transaktionen verbucht werden: **Alle Vorgänge, die zu Zahlungseingängen füh-**

ren oder führen könnten, werden auf der Aktivseite verbucht und alle, die zu Zahlungsausgängen führen oder führen könnten, auf der Passivseite.

Auf einen Punkt, der geeignet ist, Verwirrung zu stiften, sei nachdrücklich hingewiesen: In unterschiedlichen deutschsprachigen Lehrbüchern findet man gleichartige Vorgänge manchmal auf verschiedenen Kontenseiten verbucht. Das rührt einfach daher, daß manche Autoren (Erich Schneider, Rolf Funck) den Regeln der Geschäfts- und Bankbuchhaltung folgend, die linke Kontenseite (Aktivseite) mit Debet (Soll) und die rechte (Passivseite) mit Credit (Haben) bezeichnen, während andere Autoren in Anlehnung an die Gepflogenheiten im englischsprachigen Raum die Seiten der Zahlungsbilanzkonten gerade umgekehrt bezeichnen, also die linke Seite mit Credit und die rechte mit Debet. Es handelt sich hier um einen rein formalen Unterschied ohne inhaltliche Konsequenzen. In diesem Buch wird auf die Bezeichnungen Debet und Credit bzw. Soll und Haben verzichtet. Dafür wird die *linke Kontenseite als Aktivseite und die rechte als Passivseite* (wie in einer Unternehmensbilanz) bezeichnet und im übrigen nach dem genannten Buchungsgrundsatz verfahren, daß Vorgänge, die zu Zahlungseingängen führen (könnten) im Aktivum und solche, die zu Zahlungsausgängen führen (könnten) im Passivum verbucht werden. Dieses Verfahren empfiehlt sich deswegen, weil es sich eingebürgert hat, von einem Aktivsaldo zu sprechen, wenn die Zuflüsse in einer Teilbilanz größer sind als die Abflüsse. Von einem Passivsaldo spricht man im umgekehrten Fall. Buchungsbeispiele finden sich auf den folgenden Seiten.

Im übrigen ist zu bemerken, daß in der *amtlichen Zahlungsbilanzstatistik* der Bundesrepublik nicht mit Konten, sondern mit *tabellarischen Aufstellungen* gearbeitet wird, in denen die zu einer Teilbilanz gehörigen Vorgänge neben- oder untereinander aufgeführt und saldiert werden. Hier tritt die Frage der Bezeichnung der Kontenseiten überhaupt nicht auf (vgl. Tabelle 1).

Gliederungskriterium bei der Unterteilung der Zahlungsbilanz in **Teilbilanzen** ist zunächst die Art der Transaktionen. Daraus ergibt sich zunächst eine Dreiteilung in eine **Handelsbilanz**, die die Warenexporte und -importe erfaßt, in eine **Dienstleistungsbilanz**, in der die Exporte und Importe von Dienstleistungen registriert werden, und in eine **Kapitalverkehrsbilanz**, die den Kreditverkehr zwischen Inländern und Ausländern aufnimmt. Aus bestimmten Gründen, insbesondere aber um die Aussagekraft der Zahlungsbilanz zu erhöhen, erwies es sich als nützlich, weitere Teilbilanzen zu bilden bzw. bereits genannte weiter zu untergliedern. So ist die Kapitalverkehrsbilanz in drei Teilbilanzen unterteilt, und zwar in die **Bilanz des langfristigen Kapitalverkehrs**, in die **Bilanz des kurzfristigen Kapitalverkehrs** und in die **Devisenbilanz.** In der Devisenbilanz werden ausschließlich die Veränderungen der kurzfristigen Forderungen und Verbindlichkeiten der *Notenbank* gegenüber dem Ausland verbucht. Alle Veränderungen der Kreditbeziehungen zum Ausland, die nicht in den Bereich der Notenbank fallen, werden je nach Fristigkeit in den Bilanzen des kurzfristigen bzw. langfristigen Kapitalverkehrs verbucht. - Schließlich erschien es angezeigt, sowohl wegen des für die Bundesrepublik erheblichen Gewichts als auch wegen ihrer Eigenart, diejenigen Waren- und Geldleistungen, die unentgeltlich erfolgen, gesondert in der **Übertragungsbilanz** (auch Schenkungsbilanz oder Bilanz der unentgeltlichen Leistungen) zu erfassen. - Als spezielle Teilbilanz könnte man schließlich auch den sogenannten *Restposten* auffassen, der jedoch lediglich einen Korrekturposten für die Unzulänglichkeiten der Zahlungsbilanzstatistik darstellt. Auch der sogenannte *Ausgleichsposten* ist ein Korrekturposten, der insbesondere eingetretene Wertveränderungen der amtlichen Devisenreserven ausgleicht.

3. Teilbilanzen

a) Handelsbilanz

Da in der Handelsbilanz alle während des Betrachtungszeitraumes erfolgten Warenlieferungen von Inländern an Ausländer (Exporte) und umgekehrt (Importe) enthalten sind, muß gemäß dem generellen Buchungsgrundsatz die Wertsumme aller Exporte der Periode auf der linken Seite des Handelsbilanzkontos erscheinen, weil Exporte zu Zahlungseingängen führen oder führen könnten. Importe dagegen erscheinen auf der rechten Seite, weil sie in der Regel zu Mittelabflüssen führen oder zumindest führen könnten. Es ist normalerweise nicht zu erwarten, daß die Exporte und Importe eines Landes pro Periode gerade gleich groß sind. Übersteigen die Exporte die Importe (wie im folgenden Konto 1 um 200 Geldeinheiten), so spricht man von einem Exportüberschuß oder von einem Aktivsaldo der Handelsbilanz (siehe Konto 1).

Sind umgekehrt die Periodenimporte größer als die Periodenexporte, so weist die Handelsbilanz einen Passivsaldo oder Importüberschuß auf.

Konto 1: Handelsbilanz

Aktiv		Passiv	
Warenexporte	1000	Warenimporte	800
		Aktiv-Saldo	200

Konto 2: Aktiv Kapitalverkehrsbilanz Passiv

Aktiv		Passiv	
Zunahme der Verbindlichkeiten gegenüber dem Ausland (Kapital-Import)	800	Zunahme der Forderungen gegenüber dem Ausland (Kapital-Export)	1000
Passiv-Saldo (Netto-Kapital-Export)	200		

Zu überlegen wären noch die jeweiligen *Gegenbuchungen*. Handelt es sich bei den Ex- und Importen nicht um Geschenke, so müssen die Gegenbuchungen zwangsläufig auf einem der Kapitalverkehrskonten erfolgen. Denn die Exporteure erwerben je nach den Konditionen des Exportgeschäftes kurzfristige oder langfristige Forderungen in ausländischer Währung[1]. Das erstere ist der Fall, wenn der ausländische Käufer sofort oder in kurzer Frist in ausländischer Währung zahlt. Der Exporteur besitzt dann *Devisen;* das sind fällige Forderungen in ausländischer Währung. Solange er die Devisen nicht in heimische Währung transferiert, sondern auf dem Konto einer ausländischen Bank (oder in ausländischen Geldmarktpapieren) hält, treibt er aus der Sicht des Inlandes Geld- oder Kapitalexport; denn er hat ihm zustehende Mittel im Ausland angelegt. Deutlicher wird das noch für den Fall, daß der Exporteur dem ausländischen Abnehmer einen längerfristigen Lieferantenkredit gewährt. Hier exportiert der Exporteur uno actu mit den Gütern zugleich ihm zustehende Mittel, allerdings in diesem Fall für längere Frist. Von der Fristigkeit der Anlage abgesehen, stellt sich die Situation also wie ein Abfluß von Mitteln ins Ausland dar. Entsprechend der genannten generellen Buchungsregel ist es daher auch konsequent, daß die Gegenbuchung auf der Passivseite des Kapitalverkehrskontos erfolgt. Insofern hat der Vorgang also die gleiche Wirkung, wie wenn ein beliebiger Inländer ein Darlehen ins Ausland vergibt, ohne daß damit ein Warengeschäft gekoppelt ist. Es findet also ein Kapitalexport statt, der die Kapitalverkehrsbilanz tendenziell passiviert.

Für die Importe gelten entsprechende Überlegungen mit umgekehrtem Vorzeichen. Verzichten die ausländischen Lieferanten für kürzere oder längere Zeit auf den Transfer der ihnen zustehenden Beträge, so importiert das Inland neben den Waren auch Kredite. Es kommt zu einer tendenziellen Aktivierung der

---

[1] Hier wird von einer Fakturierung in ausländischer Währung ausgegangen. Das geschieht jedoch keineswegs zwangsläufig. Vielmehr steht es im Belieben der Vertragspartner, die Währung, in der gezahlt werden soll, zu bestimmen. Ein großer Teil der Außenhandelsgeschäfte wurde und wird auch heute noch in Dollar und Pfund Sterling abgewickelt. Verständlicherweise hat jedoch die Bereitschaft dazu infolge der Krisen, in die gerade diese beiden „Welthandelswährungen" in den letzten Jahren immer wieder verwickelt waren, merklich gelitten. Das trifft insbesondere für das britische Pfund zu.

Kapitalverkehrsbilanz. Eine Verbuchung der von den ausländischen Lieferanten erworbenen Forderungsrechte auf der linken Seite als Verbindlichkeiten gegenüber dem Ausland, entspricht daher auch der generellen Buchungsregel.

In unserem Beispiel (siehe Konto 2) übersteigt der durch die Warenexporte induzierte Kapitalexport den durch die Warenimporte induzierten Kapitalimport um 200 Geldeinheiten. Es kommt also per Saldo zu einer Passivierung der Kapitalverkehrsbilanz (Kapitalexport) in Höhe von 200. Dieser Passivsaldo wird durch den gleich hohen Aktivsaldo der Handelsbilanz ausgeglichen. Dieser *„technische" Ausgleich* ist die zwangsläufige Folge des Prinzips der zweifachen Verbuchung, weil dem durch die erste Buchung auf einem Konto entstandenen Saldo ein durch die Gegenbuchung entstandener entgegengesetzter Saldo auf einem anderen Konto gegenübersteht. Abgesehen von den Fällen der Bilanzverlängerung und des Aktiv- oder Passivtausches, in denen die Veränderungen nur die Kapitalverkehrsbilanz berühren und nur zu ihrer Umstrukturierung ohne Entstehung eines Saldos führen, tritt der geschilderte Saldenausgleich durch doppelte Verbuchung unabhängig von der Art des Kontos (der Teilbilanz) auf. Schon jetzt ist daher festzuhalten, *daß die Zahlungsbilanz im technisch-buchhalterischen Sinne stets ausgeglichen ist; lediglich in den Teilbilanzen kann es offene Salden geben.* Voraussetzung dafür ist jedoch die korrekte und vollständige Erfassung aller Transaktionen.

Tabelle 1 gibt die **Struktur der Zahlungsbilanz** der Bundesrepublik und ihre Entwicklung im Zeitverlauf wieder. Bezüglich des Außenhandels ist zunächst zu sagen, daß Exporte und Importe die bei weitem größten Posten in der deutschen Zahlungsbilanz sind. Dieses Faktum ist allerdings deswegen nicht eindeutig aus Tabelle 1 zu ersehen, weil Transaktionsarten saldiert erscheinen, so daß die Tabelle keine Vergleiche der absoluten Größen erlaubt. Das außerordentliche Gewicht des Außenhandels für die Wirtschaft der Bundesrepublik ergibt sich aus ihrem hohen Anteil am Sozialprodukt der Bundesrepublik. So betrug 1976 die Exportquote, definiert als Anteil der Warenexporte am Bruttosozialprodukt (1123,2 Mrd. DM), 22,8 %, und bezieht man den gesamten Außenhandel (Exporte und Importe) auf das Bruttosozialprodukt, so ergibt sich ein Prozentsatz von 42,6 %. Er zeigt in sinnfälliger Weise die starke Außenhandelsabhängigkeit der deutschen Wirtschaft. Nahezu ein Viertel der im Inland produzierten Güter geht ins Ausland, und in ähnlich erheblichem Ausmaß bezieht die Bundesrepublik Güter aus dem Ausland. Unter Einbeziehung der Dienstleistungsexporte ergibt sich für 1976 sogar eine Exportquote von 27,6 % und der Anteil des Gesamtaußenhandels (Exporte und Importe von Waren und Dienstleistungen) erhöht sich auf 52,8 %.

Tabelle 1

Wichtige Posten der Zahlungsbilanz*)

Mio DM

Zeit	Leistungsbilanz und Bilanz des Kapitalverkehrs											Ausgleichsposten zur Auslandsposition der Bundesbank 7)	Veränderung der Netto-Auslandsaktiva der Bundesbank (Zunahme: +) 8)
	Leistungsbilanz					Kapitalbilanz (Kapitalexport: —)				Restposten			
	Insgesamt	Außenhandel 1)	Ergänzungen zum Warenverkehr 2)	Dienstleistungsbilanz 3)	Übertragungsbilanz	Saldo des gesamten Kapitalverkehrs	Langfristiger Kapitalverkehr	Kurzfristiger Kapitalverkehr 4)	Saldo der statistisch erfaßten Transaktionen	Saldo der statistisch nicht aufgliederbaren Transaktionen 5)	Saldo aller Transaktionen 6)		
1950	— 427	— 3 012	— 50	+ 570	+ 2 065	+ 637	+ 488	+ 149	+ 210	— 774	— 564	—	— 564
1951	+ 2 301	— 149	— 66	+ 987	+ 1 529	— 543	— 79	— 464	+ 1 758	+ 280	+ 2 038	—	+ 2 038
1952	+ 2 478	+ 706	— 77	+ 1 689	+ 160	+ 6	— 357	+ 363	+ 2 484	+ 416	+ 2 900	—	+ 2 900
1953	+ 3 873	+ 2 516	— 121	+ 1 929	— 451	— 698	— 378	— 320	+ 3 175	+ 471	+ 3 646	—	+ 3 646
1954	+ 3 669	+ 2 698	— 169	+ 1 614	— 474	— 106	— 438	+ 332	+ 3 563	— 592	+ 2 971	—	+ 2 971
1955	+ 2 235	+ 1 245	— 249	+ 2 073	— 834	— 640	— 271	— 369	+ 1 595	+ 256	+ 1 851	—	+ 1 851
1956	+ 4 459	+ 2 897	— 306	+ 3 089	— 1 221	— 162	— 365	+ 203	+ 4 297	+ 713	+ 5 010	—	+ 5 010
1957	+ 5 901	+ 4 083	— 281	+ 3 981	— 1 882	— 2 655	— 390	— 2 265	+ 3 246	+ 1 876	+ 5 122	—	+ 5 122
1958	+ 5 998	+ 4 954	— 417	+ 3 461	— 2 000	— 2 329	— 1 437	— 892	+ 3 669	— 225	+ 3 444	—	+ 3 444
1959	+ 4 152	+ 5 361	— 580	+ 2 650	— 3 279	— 6 398	— 3 629	— 2 769	— 2 246	+ 554	— 1 692	—	— 1 692
1960	+ 4 783	+ 5 223	— 187	+ 3 235	— 3 488	+ 1 272	— 81	+ 1 353	+ 6 055	+ 1 964	+ 8 019	—	+ 8 019
1961	+ 3 193	+ 6 615	— 451	+ 1 459	— 4 430	— 5 009	— 4 053	— 956	— 1 816	+ 994	— 822	— 1 475	— 2 297
1962	— 1 580	+ 3 477	— 576	+ 729	— 5 210	— 597	— 183	— 414	— 2 177	+ 1 300	— 877	—	— 877
1963	+ 991	+ 6 032	— 565	+ 619	— 5 095	+ 620	+ 1 806	— 1 186	+ 1 611	+ 1 129	+ 2 740	—	+ 2 740
1964	+ 524	+ 6 081	— 900	+ 654	— 5 311	— 1 325	— 894	— 431	— 801	+ 1 236	+ 435	—	+ 435
1965	— 6 223	+ 1 203	— 442	— 607	— 6 377	+ 2 142	+ 1 137	+ 1 005	— 4 081	+ 2 798	— 1 283	—	— 1 283
1966	+ 488	+ 7 958	— 701	— 474	— 6 295	— 599	— 342	— 257	— 111	+ 2 063	+ 1 952	—	+ 1 952
1967	+10 006	+16 862	— 452	+ 18	— 6 422	—11 848	— 2 930	— 8 918	— 1 842	+ 1 702	— 140	—	— 140
1968	+11 856	+18 372	— 702	+ 1 498	— 7 312	— 6 125	—11 201	+ 5 076	+ 5 731	+ 1 278	+ 7 009	—	+ 7 009
1969	+ 7 498	+15 584	— 422	+ 1 086	— 8 750	—18 679	—23 040	+ 4 361	—11 181	+ 919	—10 262	— 4 099	—14 361
1970	+ 3 183	+15 670	— 1 601	— 1 127	— 9 759	+15 113	— 934	+16 047	+18 296	+ 3 616	+21 912	+ 738	+22 650
1971	+ 3 081	+15 892	+ 9	— 1 323	—11 497	+10 616	+ 6 293	+ 4 323	+13 697	+ 2 661	+16 358	— 5 369	+10 989
1972	+ 2 474	+20 278	— 890	— 2 905	—14 009	+12 015	+15 551	— 3 536	+14 489	+ 1 201	+15 690	— 496	+15 194
1973	+11 496	+32 979	— 652	— 4 989	—15 842	+13 227	+12 950	+ 277	+24 723	+ 1 705	+26 428	—10 279	+16 149
1974	+25 136	+50 846	— 1 620	— 7 737	—16 353	—24 835	— 5 782	—19 053	+ 301	— 2 207	— 1 906	— 7 231	— 9 137
1975	+ 9 477	+37 276	— 2 032	— 8 678	—17 089	—11 708	—16 552	+ 4 844	— 2 231	+ 12	— 2 219	+ 5 480	+ 3 261
1976 p)	+ 8 461	+34 535	— 738	— 7 810	—17 526	+ 4 499	+ 18	+ 4 481	+12 960	— 4 170	+ 8 790	— 7 489	+ 1 301

* Abweichungen in den Summen durch Runden der Zahlen. — 1 Spezialhandel nach der amtlichen Außenhandelsstatistik: Einfuhr cif, Ausfuhr fob; 1957 und 1958 einschl. nachträglich gemeldeter und in der amtlichen Außenhandelsstatistik für diese Jahre nicht erfaßter Einfuhren der Bundesregierung. — 2 Hauptsächlich Transithandel und Lagerverkehr auf inländische Rechnung. — 3 Ohne die bereits im cif-Wert der Einfuhr enthaltenen Ausgaben für Fracht- und Versicherungskosten. — 4 Vgl. Anm. 5. — 5 Saldo der nicht erfaßten Posten und statistischen Ermittlungsfehler im Leistungs- und Kapitalverkehr (= Restposten); kurzfristige Schwankungen hauptsächlich bedingt durch saisonale Faktoren und Veränderungen in den terms of payment. Angaben im Dezember 1976 vorläufig und mit den Vorjahren nicht voll vergleichbar; sie enthalten u. a. nicht erfaßte Kapitaltransaktionen (insbesondere Handelskredite), die sich nur für längere Zeiträume ermitteln und — wie in den Vorjahren — dem Kapitalverkehr zuordnen lassen. — 6 Nettoergebnis aller Transaktionen im Leistungs- und Kapitalverkehr einschl. Restposten. — 7 Gegenposten zu Veränderungen der Auslandsposition der Bundesbank die nicht auf den Leistungs- und Kapitalverkehr mit dem Ausland zurückgehen: Hauptsächlich Zuteilung von IWF-Sonderziehungsrechten und Änderungen des DM-Wertes der Auslandsposition der Bundesbank auf Grund von Paritätsänderungen. — 8 Veränderung der Netto-Auslandsaktiva der Bundesbank einschl. der deutschen Reserveposition im IWF und der Sonderziehungsrechte, vgl. auch Anm. * in Tab. IX, 6. — p Vorläufig.

Quelle: Monatsberichte der Deutschen Bundesbank, 29. Jg. Nr. 2, Februar 1977, S. 70

Ein besonders bemerkenswertes Strukturmerkmal der deutschen Handelsbilanz ist ferner, daß sie seit Mitte der fünfziger Jahre ununterbrochen aktiv war. Tabelle 1 zeigt, daß innerhalb der letzten zehn Jahre (1966–1976) ein ungewöhnlicher Anstieg des Handelsbilanzsaldos zu verzeichnen war. Dabei ist der außerordentliche Sprung in den Jahren 1973 bis 1976 besonders bemerkenswert, weil er sich trotz starker Inflationierung im Inland, trotz mehrmaliger Aufwertung der DM gegenüber den Währungen des europäischen Währungsblocks und trotz einer zeitweilig sehr starken Erhöhung des Außenwerts der DM gegenüber Drittwährungen, insbesondere gegenüber dem Dollar, vollzog. Die angedeuteten Entwicklungen hätten eher einen Rückgang des Aktivsaldos der Handelsbilanz erwarten lassen, weil sie der Tendenz nach sämtlich auf eine Exporterschwerung (und Importbegünstigung) hinauslaufen. Ein wichtiges Strukturmerkmal der deutschen Zahlungsbilanz stellt auch die *regionale* Verteilung des Außenhandels dar[2].

Bei der statistischen Erfassung des Außenhandels ergeben sich spezielle **Bewertungsprobleme.** Soll man den Wert zugrunde legen, der sich aus dem Verkaufspreis (laut Rechnung) im Herkunftsland ergibt, oder den um das Entgelt für Transport und Versicherung vermehrten Wert? Letzterer würde dem Wert entsprechen, den das betreffende Gut bei Erreichen des Empfängers im Bestimmungsland hat[3]. Da in der Zahlungsbilanzstatistik die Dienstleistungen gesondert erfaßt und ausgewiesen werden und es sich bei Transport und Versicherung um solche Dienstleistungen handelt, wäre die Bewertung der Güterexporte und -importe zu Preisen ohne Dienstleistungsanteil das sauberste Verfahren.

In der Realität erfolgt die Preisbildung bei internationalen Handelsgeschäften auf sehr unterschiedliche Weise. Es kann sein, daß der in Rechnung gestellte Preis bereits sämtliche Transport- und Versicherungskosten enthält (Frei-Haus-Preis) oder daß er keinerlei derartige Bestandteile enthält (Ab-Werk-Preis) oder daß eine zwischen diesen beiden Möglichkeiten liegende Vereinbarung getroffen wird. Würde man also bei der statistischen Erfassung jeweils die vereinbarten Preise als Werte der Exporte und Importe zugrunde legen, würde die Tatsache verschleiert, daß hierin stark differierende Dienstleistungsanteile enthalten sind. Außerdem könnten sich im Zeitverlauf allein aufgrund einer Änderung dieser Vertragskonditionen Veränderungen der Export- und Importwerte ergeben, ohne daß sich an den Mengen und Netto-Preisen der Außenhandelsgüter etwas geändert hätte. Deshalb ist es sinnvoll, sich auf ein *einheitliches Verfahren für die*

---

2 Näheres zur Regionalstruktur der deutschen Zahlungsbilanz, siehe unten, S. 66 f.

3 Beide Werte sind identisch, wenn der Verkäufer die Transport- und Versicherungskosten trägt.

Wertfestsetzung festzulegen. Die beiden Möglichkeiten, die praktische Anwendung finden, sind die „fob"- und die „cif"-Bewertung. „*fob*" steht für „free on board" und bedeutet, daß die Außenhandelsgüter mit den Kosten bewertet werden, die dem Erwerber durch den Kauf der Güter *und* durch ihren Transport bis aufs Schiff bzw. *bis an die Grenze des exportierenden Landes* entstehen. Das heißt, neben dem Netto-Preis der Ware gehen auch die Verlade-, Transport- und Versicherungskosten bis zur Grenze in den fob-Wert ein[4]. „*cif*" steht für „cost, insurance, freight" und bedeutet, daß im Warenwert nicht nur die Kosten bis zur Grenze des Lieferlandes, sondern auch die *bis zur Grenze des Empfängerlandes* enthalten sind. Diese Unterscheidung ist natürlich nur dann von Bedeutung, wenn Export- und Importland keine gemeinsame Grenze haben. Andernfalls sind fob- und cif-Wert identisch.

In der *amtlichen Statistik der Bundesrepublik* finden beide Verfahren Verwendung. In den Zahlungsbilanzaufstellungen der Deutschen Bundesbank erscheinen bisweilen für Exporte *und* Importe fob-Werte[5]. Das Statistische Bundesamt dagegen verwendet in seinen Außenhandelsstatistiken den „*Grenzübergangswert*", d. h. *den Wert frei Grenze des Erhebungsgebietes* (Bundesrepublik). Das aber bedeutet, daß *für deutsche Exporte fob-Werte* und *für Importe in die Bundesrepublik cif-Werte* angesetzt werden; denn für deutsche Exportwaren bedeutet fob die Kosten bis zur deutschen Grenze. Für die aus dem Ausland importierten Waren jedoch würde der fob-Wert nur die Kosten bis zur Grenze des ausländischen Lieferlandes enthalten; bezieht man auch die Kosten für den Weitertransport bis zur Grenze des Empfängerlandes mit ein, wie es das Statistische Bundesamt tut, so erhält man den cif-Wert für Importe. Dieses Verfahren, die Exporte fob und die Importe cif zu bewerten, hat gegenüber dem fob-fob-Verfahren den Nachteil, daß eine Warenlieferung als Export im Lieferland einen anderen Wert erhält als die gleiche Ware als Import im Empfängerland. Das fob-fob-Verfahren dagegen gewährleistet die gleiche Bewertung einer Warenlieferung im Export- und im Importland[6].

Alle Verfahren haben jedoch gemeinsam, daß in den Außenhandelswerten *Dienstleistungsanteile enthalten* sind, die in der Dienstleistungsbilanz nicht als solche erscheinen.

Eine weitere Komplizierung erfährt der Sachverhalt dadurch, daß diese Dienstleistungen im Zusammenhang mit Außenhandelsabschlüssen nicht

---

4 Eine Variante des „fob"-Wertes ist der „*fas*"-Wert; „fas" heißt „free alongside ship". Der fas-Wert enthält also nur die Kosten bis zum Kai bzw. bis zur Grenze, nicht jedoch die Verladekosten.

5 Vgl. Tabelle 1-3.

6 Auch das nicht praktizierte cif-cif-Verfahren würde diese Übereinstimmung sicherstellen.

unbedingt Geschäfte zwischen In- und Ausländern sein müssen. Wenn z. B. ein deutscher Importeur Waren in Italien erworben hat und den Transport der Waren bis zur *italienischen* Grenze von einem deutschen Transport- und Versicherungsunternehmen besorgen läßt, so ist das ein Geschäft unter Inländern (Deutschen) und bedeutet aus deutscher Sicht keinen Dienstleistungsimport (was der Fall gewesen wäre, wenn eine italienische Spedition beauftragt worden wäre). Im deutschen cif-Importwert ist in diesem Fall der Wert eines reinen Inlandsgeschäftes enthalten, das demzufolge nicht in die Zahlungsbilanz gehört. Die importierten Güter und Leistungen werden damit zu hoch ausgewiesen. Zur Korrektur dieses Fehlers wird nun ein deutscher Dienstleistungsexport fingiert. Dadurch wird zwar erreicht, daß der zu hoch ausgewiesene Güterimport durch einen zu hoch ausgewiesenen Dienstleistungsexport kompensiert wird, so daß der Saldo der Leistungsbilanz „richtig" ist. Bestehen bleibt jedoch der Fehler in zwei Teilbilanzen: zu hohe Importe (Handelsbilanz), zu hohe Dienstleistungsexporte (Dienstleistungsbilanz).

b) Dienstleistungsbilanz

Als unsichtbaren Außenhandel bezeichnet man den Export und Import von Dienstleistungen. Hierfür wird eine gesonderte Teilbilanz, die Dienstleistungsbilanz, geführt. *Dienstleistungsexport* ist dann gegeben, wenn Ausländer inländische Dienstleistungen in Anspruch nehmen. Hierbei kommt es nicht auf den Standort der Beteiligten an. Anschauliches Beispiel sind *ausländische Touristen*, die während ihres Aufenthalts in der Bundesrepublik deutsche Dienstleistungen „verzehren". Aus der Sicht der deutschen Zahlungsbilanzstatistik handelt es sich um Dienstleistungsexport der Bundesrepublik, während *deutsche Touristen* im Ausland *Dienstleistungsimporte* induzieren. Streng genommen stellen die Warenkäufe, die ausländische Touristen während ihres Aufenthaltes in der Bundesrepublik tätigen, Warenexporte und nicht Dienstleistungsexporte dar. Zwecks Vermeidung der beträchtlichen erhebungstechnischen Schwierigkeiten wird jedoch auf eine entsprechende Aufgliederung des Postens Reiseverkehr (Tourismus) verzichtet, und es werden alle im Zusammenhang mit der Reise in Anspruch genommenen Leistungen den Dienstleistungen zugerechnet.

Von den mannigfachen Dienstleistungsarten hat der *Tourismus (Reiseverkehr)* immer stärkere Bedeutung erlangt und erzielt in der Bundesrepublik von allen Dienstleistungen die höchsten jährlichen Umsätze. Der Saldo ist hier traditionell und mit steigender Tendenz passiv. Auch der Gesamtsaldo der Dienstleistungsbilanz weist seit vielen Jahren einen hohen Passivsaldo auf, der 1976 7,8 Mrd. DM betrug (vgl. Tabelle 1).

Weitere wichtige Posten der Dienstleistungsbilanz sind *Transportleistungen* (vor allem Schiffs- und Flugfrachten), *internationale Versicherungsleistungen*,

Einnahmen bzw. Ausgaben im internationalen *Lizenz- und Patentverkehr* sowie Einnahmen bzw. Ausgaben für *Messen, Ausstellungen* und *internationale Werbemaßnahmen.* Gesondert ausgewiesen werden wegen ihres erheblichen Umfanges die Einnahmen, die aus der Anwesenheit *ausländischer Truppen* in der Bundesrepublik resultieren. Zahlungsbilanztechnisch sind sie den Ausgaben ausländischer Touristen im Inland gleichzusetzen, d. h. sie stellen Dienstleistungsexporte dar. Schließlich werden in der Dienstleistungsbilanz auch die zu- und abfließenden *Kapitalerträge* (Zinsen, Dividenden) geführt. Wenn ihre Deutung als Entgelt für die Dienstleistung Kapitalnutzung auch nicht sonderlich überzeugend sein mag, so ist ihre Aufnahme in die Dienstleistungsbilanz schon deswegen gerechtfertigt, weil sie in andere Teilbilanzen überhaupt nicht hineinpassen. So werden also aus dem Ausland zufließende Kapitalerträge als Dienstleistungsexporte auf der Aktivseite verbucht und abfließende als Dienstleistungsimporte auf der Passivseite. Die Gegenbuchungen entsprechen ganz denen beim Warenhandel; d. h. sie müssen, sofern es sich nicht um unentgeltliche Dienstleistungen handelt, in der Kapitalverkehrsbilanz erfolgen (siehe Konten 3 und 4).

Konto 3: Aktiv — Dienstleistungsbilanz — Passiv

Aktiv		Passiv	
Einnahmen aus Käufen ausländischer Truppen im Inland (= Dienstleistungsexport)	800	Ausgaben deutscher Touristen im Ausland (= Dienstleistungsimport)	1000
Passivsaldo (= Importüberschuß)	200		

Konto 4: Aktiv — Kapitalverkehrsbilanz — Passiv

Aktiv		Passiv	
Zunahme der Verbindlichkeiten gegenüber dem Ausland (= Kapitalimport)	1000	Zunahme der Forderungen gegenüber dem Ausland (= Kapitalexport)	800
		Aktivsaldo (= Netto-Kapitalimport)	200

Im obigen Zahlenbeispiel wird ein Importüberschuß in der Dienstleistungsbilanz durch einen Netto-Kapitalimport in gleicher Höhe ausgeglichen.

c) Übertragungsbilanz

Eine weitere Teilbilanz ist die Übertragungsbilanz *(Schenkungsbilanz, Bilanz der unentgeltlichen Leistungen).* Ein solches Konto ist notwendig, weil sich unentgeltliche Waren- oder Geldleistungen nicht in gleicher Weise verbuchen lassen wie entgeltliche. Im Falle einer *unentgeltlichen Warenlieferung* ins Ausland werden zwar Güter exportiert, so daß die Buchung auf der Aktivseite des Handelsbilanzkontos erfolgt (vgl. Konto 5). Da es sich jedoch um eine schenkweise Lieferung handelt, erwirbt das Inland keinerlei Forderungsrechte gegenüber dem Ausland. Eine Gegenbuchung auf einem der Kapitalverkehrskonten wäre daher falsch. Die Übertragungsbilanz schließt diese Lücke und nimmt die jeweiligen Gegenbuchungen auf. Im folgenden Beispiel (siehe Konten 5 und 6) muß die Gegenbuchung als „geleistete Übertragungen" auf der Passivseite erfolgen. - Bei unentgeltlichen Warenbezügen aus dem Ausland werden dementsprechend in der Handelsbilanz Importe und in der Übertragungsbilanz *empfangene* Übertragungen verbucht.

Konto 5: Handelsbilanz

Aktiv		Passiv	
Export	1000		

Konto 6: Übertragungsbilanz

Aktiv		Passiv	
		Geleistete Übertragungen	1000

Nun können Übertragungen statt in Form von Warenlieferungen *auch in Geldform* erfolgen, z. B. indem die Bundesregierung einer internationalen Organisation einen bestimmten Betrag unentgeltlich überläßt oder indem ein Inländer an seine ausländischen Verwandten Unterstützungszahlungen leistet. Hier wird nicht die Handelsbilanz, sondern die Kapitalverkehrsbilanz berührt, und zwar entstehen dem Inland dadurch Verbindlichkeiten gegenüber dem Ausland (s. Konto 7a), während die Buchung in der Übertragungsbilanz (s. Konto 6) unverändert auf geleistete Übertragungen lautet.

Konto 7a: Kapitalverkehrsbilanz

Aktiv		Passiv	
Zunahme der Verbindlichkeiten gegenüber dem Ausland	1000		

Die Übertragungen haben in der Zahlungsbilanz der Bundesrepublik erhebliches Gewicht. Dabei ist die Übertragungsbilanz traditionell passiv, d. h. die geleisteten Übertragungen übersteigen die empfangenen bei weitem. Der Passivsaldo betrug 1976 17,5 Mrd. DM (vgl. Tabelle 1). Bedeutende Einzelposten der eigenen Leistungen sind Beiträge zur Gemeinschaftsfinanzierung der Europäischen Gemeinschaften, Leistungen an andere internationale Organisationen, öffentliche Leistungen im Rahmen der Entwicklungshilfe, Wiedergutmachungsleistungen. Größter Einzelposten sind die *Überweisungen der Gastarbeiter* ins Ausland. Sie werden als vom Inland geleistete Übertragungen ausgewiesen. Von der Systematik ist diese Einordnung nicht unproblematisch, weil die Inländereigenschaft von Gastarbeitern bezweifelt werden kann. Methodisch sauberer wäre eine Einstufung als Dienstleistungsimport, der in der Gegenbuchung ebenfalls zu einer Aktivierung der Kapitalverkehrsbilanz führen würde. – Bei empfangenen Übertragungen fallen eigentlich nur die Rückflüsse aus den Fonds zur Finanzierung der EWG ins Gewicht, ferner einige private Leistungen von Ausländern an Inländer.

Es war lange Zeit üblich, Handels- und Dienstleistungsbilanz zur **Leistungsbilanz** zusammenzufassen, um damit eine Gegenüberstellung aller realen Leistungsströme pro Periode in Form von Waren und Dienstleistungen zu erhalten. Der Saldo der zusammengefaßten Handels- und Dienstleistungsbilanz wird als **Außenbeitrag** bezeichnet, weil er angibt, in welchem Umfang das Sozialprodukt auf die Export- und Importnachfrage zurückgeht. Ein positiver Außenbeitrag (Überschuß der Handels- und Dienstleistungsbilanz) bedeutet also, daß das Sozialprodukt in Höhe des Außenbeitrages auf die Exportnachfrage zurückzuführen ist. Er bedeutet aber auch, daß in gleichem Umfang mehr Güter und Leistungen an das Ausland geliefert als empfangen wurden.

Seit Ende 1971 hat die amtliche deutsche Statistik (Statistisches Bundesamt und Bundesbank) die Leistungsbilanz um die Übertragungsbilanz erweitert. *Für* das Verfahren spricht, daß auch unentgeltlich empfangene und/oder gelieferte Waren und Dienstleistungen zum außenwirtschaftlichen Leistungsstrom gehören und somit die Gegenüberstellung von abgegebenen und empfangenen Realleistungen vervollständigen; *dagegen* spricht, daß die Übertragungsbilanz auch die rein finanziellen unentgeltlichen Transaktionen aufnimmt, die nicht zum realen Leistungsstrom gehören.

Damit hat die Leistungsbilanz ihren Charakter verändert. War sie früher die Gegenüberstellung der realen Bezüge und Lieferungen eines Landes, so spiegelt die neue Version die *Schuldner-Gläubigerposition* eines Landes gegenüber dem Ausland für den Berichtszeitraum, die Änderung der *Netto-Auslandsposition*, wider.

Aus praktischen Gründen wird in diesem Buch der Begriff Leistungsbilanz z. T. auch in der herkömmlichen Bedeutung verwendet. Die neue offizielle Definition als Zusammenfassung der Handels-, Dienstleistungs- und Übertragungsbilanz ist identisch mit der Bezeichnung „*Bilanz der laufenden Posten*“, die die amtliche deutsche Statistik bis 1971 verwendete.

d) Kapitalverkehrsbilanz

In ihrer umfassenden Definition erfaßt die Kapitalverkehrsbilanz alle Transaktionen, durch welche die Forderungen und Verbindlichkeiten des Inlandes gegenüber dem Ausland in ihrer Höhe oder Zusammensetzung verändert werden. Da es sich bei Forderungen und Verbindlichkeiten um Bestandsgrößen handelt, in der Zahlungsbilanz jedoch nur Strömungsgrößen erscheinen, werden in der Kapitalverkehrsbilanz auch nur die *Veränderungen der Vermögensposition* gegenüber dem Ausland registriert. Dabei werden grundsätzlich auf der **Aktivseite die Veränderungen der Verbindlichkeiten gegenüber dem Ausland** und auf der **Passivseite die Veränderungen der Forderungen gegenüber dem Ausland** verbucht. Schon bei der Gegenbuchung von aus Waren- oder Dienstleistungsgeschäften resultierenden Forderungen bzw. Verbindlichkeiten ist in dieser Weise verfahren worden (vgl. Konten 2 und 4). Es mag zunächst verwundern, daß Forderungen auf der rechten und Verbindlichkeiten auf der linken Kontenseite erscheinen. Das Vorgehen ist jedoch völlig konsequent, weil der Erwerb von Forderungen, z. B. durch Kauf ausländischer Wertpapiere, zum Abfluß von Mitteln ins Ausland führt, ein Vorgang, der sich nach dem angewendeten Buchungsgrundsatz auf der Passivseite niederschlagen muß. Wegen des Mittelabflusses spricht man auch von *Kapitalexport* und beim Entstehen von Verbindlichkeiten gegenüber dem Ausland von *Kapitalimport*, weil sie zu Zahlungseingängen aus dem Ausland führen (oder führen könnten).

Warenexporte (Warenimporte) und Kapitalexporte (Kapitalimporte) werden also auf entgegengesetzten Kontenseiten verbucht.

Aus dem Umstand, daß im Kapitalverkehrskonto Bestands*veränderungen* verbucht werden, ergibt sich die Notwendigkeit, Vorzeichen zu verwenden; denn die Forderungen und Verbindlichkeiten gegenüber dem Ausland können während des Betrachtungszeitraumes sowohl zunehmen (plus) als auch abnehmen (minus). Wenn sich also beispielsweise (siehe Konto 7 b) in der Periode einerseits eine Zunahme der Auslandsverbindlichkeiten um 200 ergäbe, andererseits die Forderungen an das Ausland um 200 abnähmen, so entstünde in der Kapitalverkehrsbilanz ein Aktivsaldo in Höhe von 400, was bedeutet, daß in der Periode Zuflüsse aus dem Ausland in gleicher Höhe stattgefunden haben. Sie rühren einmal aus Kapitalimporten (Zunahme der Auslandsverbindlichkeiten) und zum zweiten aus Rückflüssen aus dem Ausland zwecks Tilgung bestehender Forderungen (Abnahme der Forderungen gegen das Ausland).

Konto 7 b: Kapitalverkehrsbilanz

Aktiv		Passiv	
Zunahme der Verbindlichkeiten gegenüber dem Ausland (Kapitalimport)	+ 200	Abnahme der Forderungen gegen das Ausland	– 200
		Aktivsaldo (Netto-Kapitalimport)	+ 400

Einleitend war bereits bemerkt worden, daß die Kapitalverkehrsbilanz üblicherweise weiter in drei Teilbilanzen untergliedert wird: **Bilanz des langfristigen Kapitalverkehrs, Bilanz des kurzfristigen Kapitalverkehrs** und **Devisenbilanz.** Durch die beiden erstgenannten erfolgt eine Untergliederung nach der Fristigkeit der zugrundeliegenden Geschäfte, wobei alle Forderungen und Verbindlichkeiten mit Laufzeiten von mehr als einem Jahr als langfristig eingestuft werden. Hier ergeben sich *Abgrenzungsschwierigkeiten* dadurch, daß die tatsächliche Dauer der Engagements oft nicht vorausgesagt werden kann. Eine gewisse Willkür ist damit unvermeidlich. So werden z. B. Aktiengeschäfte zwischen In- und Ausländern stets als langfristig eingestuft, obwohl die Engagements in Wirklichkeit sehr kurzfristig sein können. Das gleiche gilt für festverzinsliche Wertpapiere.

Nun enthalten diese beiden Bilanzen nicht sämtliche Kreditbewegungen zwischen Inland und Ausland. Vielmehr sind alle Veränderungen der **Forderungen und Verbindlichkeiten der Notenbank gegenüber dem Ausland** gesondert in der **Devisenbilanz** zusammengefaßt[7]. Da einerseits auch Private über Devisen verfügen (Devisen = fällige Forderungen in ausländischer Währung), andererseits die Notenbank nicht nur kurzfristige Kreditbeziehungen mit dem Ausland unterhält, ist diese Bezeichnung irreführend. Es werden daher in letzter Zeit zunehmend auch andere Bezeichnungen verwendet. So spricht die Bundesbank neuerdings von *„Veränderungen der Auslandsposition der Bundesbank"*. Abgesehen davon, weist jedoch die Devisenbilanz die **Veränderungen der offiziellen Währungsreserven** eines Landes aus. Das ist insofern ein wichtiges Anliegen, als insbesondere in Währungssystemen, in denen die Notenbank unter Einsatz ihrer Devisenreserven den Wechselkurs konstant halten oder auch nur in bestimmter Weise beeinflussen soll, die Entwicklung der zentralen Währungsreserven von großer Bedeutung ist.

[7] In der Bundesrepublik enthält die Devisenbilanz auch die Änderungen der Reserveposition im IWF und die Änderungen der Guthaben an Sonderziehungsrechten. Dagegen werden Veränderungen der langfristigen Forderungen der Bundesbank gegenüber der Weltbank in der Bilanz des langfristigen Kapitalverkehrs unter „öffentlicher Kapitalverkehr" ausgewiesen.

Die Devisenreserven der Deutschen Bundesbank bestehen aus Gold, Sichtguthaben bei ausländischen Banken (insbesondere Dollarguthaben) sowie ausländischen (insbesondere amerikanischen) Geldmarktpapieren, Ziehungsrechten im Rahmen des Internationalen Währungsfonds (das ist das Recht, in bestimmtem Umfang kurzfristig Devisenkredite vom IWF zu erhalten) und Sonderziehungsrechten (die ebenfalls das Recht zur Inanspruchnahme von Devisenkrediten beinhalten).

In welcher der drei Kapitalverkehrsbilanzen eine Veränderung der Forderungen oder Verbindlichkeiten gegenüber dem Ausland verbucht wird, hängt - um es zu wiederholen - zunächst davon ab, ob die Devisenbestände der Notenbank durch das zugrundeliegende Auslandsgeschäft berührt werden oder nicht. Daß das keineswegs immer der Fall sein muß, ist leicht einzusehen. Begleicht z. B. ein Importeur seine Rechnung für importierte Waren (siehe Konto 8), indem er bei einer Bank Inlandswährung in Devisen transferiert und mit diesen bezahlt, so bleiben die offiziellen Währungsreserven dann unverändert, wenn die Bank dem Importeur die Devisen aus eigenen Beständen zur Verfügung stellt, so daß ihre eigenen Devisenforderungen schrumpfen (siehe Konto 9) oder wenn sie sich selbst im Ausland verschuldet, so daß ihre Devisenverbindlichkeiten steigen (siehe Konto 10). Beide Varianten haben per Saldo den gleichen Effekt.

Konto 8: Handelsbilanz

Aktiv		Passiv	
		Importe	1000

Konto 9: Bilanz des kurzfristigen Kapitalverkehrs

Aktiv		Passiv	
		Abnahme der Devisenforderungen	−1000

Konto 10: Bilanz des kurzfristigen Kapitalverkehrs

Aktiv		Passiv	
Zunahme der Devisenverbindlichkeiten	1000		

Tritt die Bank dagegen lediglich als Mittler zwischen Importeur und Notenbank auf, indem sie die benötigten Devisen bei der Notenbank für den Importeur kauft, so mindern sich die Notenbankreserven. Das schlägt sich in einer entsprechenden Buchung in der Devisenbilanz nieder (s. Konto 11).

Konto 11: Devisenbilanz

Aktiv	Passiv	
	Abnahme der Devisenforderungen	−1000

Die Buchung müßte zwangsläufig mit Pluszeichen auf der Aktivseite erfolgen (Zunahme der Devisenverbindlichkeiten), wenn die Währungsreserven der Notenbank erschöpft wären und sie sich im Ausland verschuldete.

Ein weiterer Punkt, auf den hingewiesen werden muß, ist der Umstand, daß die Kapitalverkehrsbilanzen im Prinzip *zwei Arten von Buchungen* aufnehmen. Einmal sind das alle Gegenbuchungen zu den güterwirtschaftlichen Transaktionen (Waren- und Dienstleistungsexporte und -importe), wobei nur die unentgeltlichen Lieferungen und Bezüge ausgeschlossen sind, da sie die Forderungen und Verbindlichkeiten gegenüber dem Ausland unberührt lassen.

Neben diesen durch güterwirtschaftliche Transaktionen induzierten Veränderungen in der Kapitalverkehrsbilanz gibt es aber auch Vorgänge, die sich ausschließlich im finanziellen Bereich abspielen, und daher auch mit Buchung *und* Gegenbuchung in die Kapitalverkehrsbilanz eingehen. Sie verändern nicht den Saldo der Kapitalverkehrsbilanz als ganzes, sondern lediglich die Bilanzstruktur. Wohl aber kann sich dadurch der Saldo einer der drei speziellen Kapitalverkehrsbilanzen ändern; insbesondere kann es zu Veränderungen der Devisenreserven der Notenbank kommen. Man spricht von **Aktivtausch** bzw. **Passivtausch**, wenn durch eine Transaktion nur die Art und nicht der Umfang einer vorhandenen Forderung bzw. Verbindlichkeit verändert wird. Das wäre z. B. der Fall, wenn eine Bank ihre Devisenforderungen zum Erwerb ausländischer festverzinslicher Wertpapiere verwendet (siehe Konten 12 und 13). An die Stelle einer kurzfristigen Forderung ist eine langfristige getreten.

Konto 12: Bilanz des langfristigen Kapitalverkehrs

Aktiv	Passiv	
	Zunahme der Auslandsforderungen (Wertpapierkauf)	+1000

Konto 13: Bilanz des kurzfristigen Kapitalverkehrs

Aktiv	Passiv	
	Abnahme der Devisenforderungen der Banken	−1000

Von **Bilanzverlängerung** wird dann gesprochen, wenn ein Forderungserwerb (z. B. Wertpapierkauf) durch gleichzeitige Verschuldung im Ausland finanziert wird (siehe Konto 14).

Konto 14: Aktiv — Bilanz des langfristigen Kapitalverkehrs — Passiv

Aktiv		Passiv	
Zunahme der Verbindlichkeiten gegenüber dem Ausland (Kreditaufnahme)	1000	Zunahme der Forderungen gegen das Ausland (Wertpapierkauf)	1000

Hier verändern sich Forderungen und Verbindlichkeiten in gleichem Umfang, d. h. sie kompensieren sich, und eine Veränderung des Saldos, der die Gläubiger- bzw. Schuldnerposition gegenüber dem Ausland kennzeichnet (Auslandsposition), tritt nicht ein.

Es hat sich eingebürgert, unter der Kapitalverkehrsbilanz nur die Bilanzen des langfristigen und des kurzfristigen Kapitalverkehrs zu verstehen, nicht aber die Devisenbilanz. Wie aus Tabelle 3 (S. 55) ersichtlich, sind die einzelnen Bilanzen weiter untergliedert. Bei der *Bilanz des langfristigen Kapitalverkehrs* erfolgt zunächst eine Unterteilung in private und öffentliche Transaktionen und innerhalb dieser Bereiche nach der Art der Transaktionen. Obwohl im Vorangegangenen schon einige typische Transaktionen genannt wurden, seien die wichtigsten noch einmal zusammengefaßt. Für den *privaten*, langfristigen Kapitalverkehr sind das gemäß der Zahlungsbilanzgliederung in der Bundesrepublik:

(1) *Direktinvestitionen*, die eine aktive und dauerhafte wirtschaftliche Bindung zum Ausland mit sich bringen und in Form des Erwerbs oder der Gründung von Unternehmungen bzw. Niederlassungen im Ausland und der Beteiligung an ausländischen Unternehmen erfolgen können.

(2) *Portfolioinvestitionen*, die den Erwerb ausländischer Wertpapiere, insbesondere Aktien (ohne Beteiligungscharakter) und festverzinsliche Wertpapiere umfassen.

(3) *Kredite und Darlehen.*

(4) *Privater Grundbesitz*, wobei unterstellt wird, daß der Erwerber von ausländischem Grundbesitz eine Forderung gegenüber dem Ausland erwirbt. Auf diese Weise ist die Verbuchung im Passivum des Kapitalverkehrskontos möglich.

(5) *„Sonstige Transaktionen"* nehmen alle nicht eingliederbaren langfristigen Kapitalbewegungen auf.

Beim *öffentlichen* langfristigen Kapitalverkehr sind hervorzuheben: *Beteiligungen an internationalen Organisationen,* wie Weltbank und International Development Association sowie *Darlehen an Entwicklungsländer.*

Die *Bilanz des kurzfristigen Kapitalverkehrs* ist nach institutionellen Gesichtspunkten in drei Bereiche unterteilt: den der Kreditinstitute, den der Wirtschaftsunternehmen und privaten Haushalte sowie den der öffentlichen Hand. Die gesonderte Aufführung der Banken ist durch ihr starkes Engagement im kurzfristigen Kreditverkehr mit dem Ausland bedingt und gerechtfertigt. Innerhalb dieser drei Bereiche gibt es bei detaillierteren Zahlungsbilanzdarstellungen eine weitere sachliche Unterteilung nach der Art der Transaktionen, auf der Forderungsseite etwa nach Giralguthaben, Wechseldiskontkrediten, Geldmarktpapieren und Sorten (ausländische Banknoten).

Bei der *Devisenbilanz* schließlich kann es naturgemäß keine institutionelle Untergliederung geben, da es sich um das ausschließliche Konto der Notenbank handelt. Die Forderungsseite (Passivseite) weist im wesentlichen folgende Posten aus:

(1) *Gold,*

(2) *Sichtguthaben* bei ausländischen Banken sowie *ausländische Geldmarktpapiere,*

(3) *Ziehungsrechte im Rahmen des Internationalen Währungsfonds,*

(4) *Sonderziehungsrechte,*

(5) *längerfristige Forderungen,* insbesondere gegenüber der Weltbank.

Alle Veränderungen dieser Forderungsrechte der Bundesbank werden also auf der Passivseite verbucht. Die Aktivseite der Devisenbilanz enthält die Verbindlichkeiten der Notenbank gegenüber dem Ausland. In der Bundesrepublik sind sie wegen der chronischen Devisenüberschüsse (Forderungsüberschüsse) von untergeordneter Bedeutung. Hauptposten sind hier

(1) Verbindlichkeiten gegenüber anderen Notenbanken

(2) Verbindlichkeiten gegenüber dem Internationalen Währungsfonds

(3) Verbindlichkeiten gegenüber dem Europäischen Währungsfonds.

Wegen seines Doppelcharakters als Ware einerseits und als weltweit akzeptiertes, also voll konvertibles, internationales Zahlungsmittel andererseits, nimmt das *Gold* hierbei eine *Sonderstellung* ein und bereitet gewisse Verständnisschwierigkeiten. Im Bereich der Notenbank hat Gold immer Zahlungsmittelcharakter und wird entsprechend verbucht. Begleicht z. B. eine ausländische Notenbank Devisenverbindlichkeiten durch Hingabe von Gold an die Bundesbank, so wird die Goldvermehrung als Forderungszunahme gegen das Ausland angesehen und daher auf der Passivseite der Devisenbilanz verbucht. Gleichzeitig verringern sich aber die anderen Forderungen im gleichen Umfang; d. h. es findet ein Passivtausch statt (s. Konto 15).

Konto 15: Devisenbilanz

Aktiv		Passiv	
		Zunahme des Goldbestandes	1000
		Abnahme der Devisenforderungen	−1000

Einen gänzlich anderen Charakter, nämlich Warencharakter, hat das Gold, wenn es von einem Privaten zu Produktions-, Schmuck-, Anlage- oder Spekulationszwecken importiert wird. In diesem Fall ist der Goldimport ein Warenimport und wird in der Handelsbilanz verbucht (s. Konto 16). Die Gegenbuchung findet in einem der Kapitalverkehrskonten statt. Für den Fall, daß sich der Goldimporteur die benötigten Devisen bei einer Bank verschafft, die sich dafür im Ausland verschuldet, wird in der Bilanz des kurzfristigen Kapitalverkehrs gegengebucht (s. Konto 17).

Konto 16: Handelsbilanz

Aktiv		Passiv	
		(Gold-) Importe	1000

Konto 17: Bilanz des kurzfristigen Kapitalverkehrs

Aktiv		Passiv	
Zunahme der Verbindlichkeiten gegenüber dem Ausland	1000		

Im Gegensatz zum vorhergehenden Fall verändern sich hier die Salden der berührten Teilbilanzen: Passivierung der Handelsbilanz und Aktivierung der Kapitalverkehrsbilanz (durch Kapitalimport). – Schließlich ist auch noch der Fall zu beachten, in dem ein Inländer der eigenen Notenbank Gold verkauft. Bei der Notenbank ist eine Erhöhung des Goldbestandes gleichbedeutend mit einer Zunahme der Devisenforderungen. Um die Konsistenz des Konten- und Buchungssystems aufrecht zu erhalten, wird als Gegenbuchung ein Warenexport fingiert (dessen Erlös das Gold ist). Daß es sich dabei um eine bloße Fingierung eines Vorganges handelt, wird besonders dann offenbar, wenn das Gold aus heimischer Produktion stammt und somit keine internationale Transaktion vorangegangen ist.

e) Ausgleichsposten und Restposten

Die beiden Positionen kann man kaum als Teilbilanzen der Zahlungsbilanz bezeichnen, obwohl das hier und da geschieht. Dennoch bedürfen sie einer gesonderten Erwähnung.

1. **Ausgleichsposten:** Aus dem bisher Gesagten geht hervor, daß die Zahlungsbilanz Transaktionen aufnimmt, die entweder güterwirtschaftlichen Leistungstransfer oder finanziellen Transfer zwischen Inland und Ausland darstellen. Nun gibt es jedoch Veränderungen in der Devisenbilanz, die keiner der beiden Transaktionen zugeordnet werden können. Da es aber entsprechender Gegenbuchungen bedarf, um den buchmäßigen Ausgleich der Zahlungsbilanz sicherzustellen, finden sie im Konto „*Ausgleichsposten*" statt (siehe Tabelle 3 auf S. 55). Ein Vorgang der oben beschriebenen Art (Veränderung der Devisenbestände der Notenbank ohne Pendant im Leistungs- und Kreditverkehr) stellt eine Auf- oder Abwertung der heimischen Währung dar. Denn die Veränderung des Wechselkurses verändert den Wert der in heimischer Währung bewerteten Devisenreserven. So muß z. B. eine Aufwertung, die eine Herabsetzung des Wertes ausländischer Währungen gegenüber der Inlandswährung bedeutet, den Wert der vorhandenen Devisenbestände mindern. Tabelle 3 zeigt z. B. für 1969 einen negativen Ausgleichsposten in Höhe von 4,099 Mrd. DM. Er bezeichnet den Wertverlust der deutschen Devisenbestände durch die im Oktober 1969 vorgenommene Aufwertung der DM um 9,3 %. – Abwertungen wirken dementsprechend wie Devisenzuflüsse.

Ein weiterer Vorgang, der unmittelbar die zentralen Devisenreserven beeinflußt, ohne daß Leistungs- oder Kreditbewegungen vorangingen, ist die Zuteilung der sogenannten Sonderziehungsrechte (SZR). Sie stellen aus dem Nichts geschaffene, auf internationaler Vereinbarung beruhende Forderungsrechte dar, die den beteiligten Notenbanken vom Internationalen Währungsfonds nach einem bestimmten Verteilungsschlüssel zugeteilt werden und die ihnen das Recht geben, sich nach einem bestimmten Verfahren Devisen zu beschaffen. Eine Zuteilung von SZR erhöht daher de facto den Devisenbestand der jeweiligen Notenbank. Die Buchung erfolgt demgemäß auf der rechten Seite der Devisenbilanz, während die Gegenbuchung auf der linken Seite des Kontos Ausgleichsposten erfolgt. Wesen und Bedeutung der SZR werden später ausführlicher behandelt. Position VI. in Tabelle 3 zeigt für das Jahr 1970 einen Zugang von 738 Mill. DM. Da 1970 keine Wechselkursveränderungen der DM stattgefunden hatten, handelt es sich um die zugeteilten SZR. 1970 war übrigens das Jahr der Einführung und erstmaligen Zuteilung der SZR.

2. **Restposten:** Die lückenlose und korrekte Anwendung des Prinzips der Doppik müßte zwangsläufig zu einer stets ausgeglichenen Zahlungsbilanz führen. Das bedeutet aber keineswegs, daß auch die einzelnen Teilbilanzen jeweils ausgeglichen sein müssen, etwa im Sinne einer Gleichheit von Exporten und Importen etc. Vielmehr gleicht sich die Gesamtheit der Salden *aller* Teilbilanzen stets genau aus. In der Praxis der Zahlungsbilanzstatistik hat sich jedoch gezeigt, daß ein solcher vollkommener Saldenausgleich so gut wie nie erreicht wird. Es bleibt vielmehr stets ein mehr oder weniger großer positiver oder negativer Restsaldo. Um den formalen Zahlungsbilanzausgleich herzustellen, wird dann als Korrekturgröße der sogenannte *Restposten* in gleicher Höhe in die Zahlungsbilanz eingesetzt (siehe Tabelle 3 auf S. 55).

Welche Gründe zur Entstehung dieses Restpostens führen, läßt sich an der offiziellen Bezeichnung ablesen, unter der er in der amtlichen deutschen Statistik geführt wird: „Saldo der nicht erfaßten Posten und statistischen Ermittlungsfehler". Die Ursachen liegen also in der Unvollkommenheit der statistischen Erhebungstechnik, die dazu führt, daß erstens nicht alle relevanten Transaktionen erfaßt werden und daß zweitens auch die erfaßten Transaktionen nicht frei von Fehlern und Ungenauigkeiten sind. *Nicht erfaßt* werden z. B. geschmuggelte Warenexporte oder -importe, die von Touristen getätigten Kleinexporte oder -importe, Kreditbeziehungen z. B. zwischen Verwandten oder Bekannten, die ohne Einschaltung von Banken zustandekommen. Beispiele für *unrichtige Erfassung* sind falsche Wertangaben bei der Ein- oder Ausfuhr zum Zwecke des Zollbetruges oder auch Preiskorrekturen nach erfolgter Ein- oder Ausfuhr.

Bei all diesen Fällen wird jeweils eine „Seite" des Vorganges erfaßt und verbucht, während die andere Buchung ganz oder z. T. unterbleibt, es sei denn, man versucht, die Lücke durch Schätzungen zu füllen. Im Falle geschmuggelter Importe z. B. fehlt die Erfassung des Leistungsstromes, während sich die Bezahlung dieser Waren durch den schmuggelnden Importeur als Verringerung der Devisenforderungen oder Erhöhung der Devisenverbindlichkeiten in der Devisenbilanz niederschlägt, es sei denn, der Zahlungsvorgang spielt sich ohne Einschaltung des Bankensystems ab. Im Fall einer privaten Kreditvergabe ins Ausland findet ein Devisenabfluß statt, der z. B. in der Bilanz des kurzfristigen Kapitalverkehrs als Abnahme der Forderungen gegen das Ausland zutage tritt, wenn eine Bank die Devisen zu Lasten ihrer eigenen Devisenguthaben zur Verfügung gestellt hat. Es fehlt jedoch die zweite Buchung „Zunahme der Auslandsforderungen" in der Bilanz des langfristigen Kapitalverkehrs, die zeigt, daß es sich um einen Passivtausch handelt.

Die wohl *gewichtigste Ursache für die* **Entstehung des Restpostens** ist jedoch der reguläre Außenhandel. Es ist heutzutage keineswegs die Regel, daß Warenlieferung und Bezahlung zeitmäßig zusammenfallen. Vielmehr ist die Einräumung von Zahlungszielen üblich und die Tendenz zur Gewährung selbst langfristiger Lieferantenkredite steigend. Da jedoch die deutschen Außenhändler bis 1971 nur für ihre Warengeschäfte, nicht jedoch für die damit verbundenen Kreditbeziehungen in Form von Zahlungszielen oder Vorauszahlungen meldepflichtig waren, wurden diese Finanztransaktionen nicht direkt ermittelt. Seit 1971 sind zwar gemäß § 62 Außenwirtschaftsverordnung auch „Forderungen und Verbindlichkeiten aus dem Waren- und Dienstleistungsverkehr mit Gebietsfremden" in gewissem Umfang meldepflichtig. Da die Meldepflicht für diese Außenhandelskredite jedoch recht begrenzt ist[8], bleiben sie nach dem Urteil der Bundesbank „nach wie vor statistisch weitgehend ungeklärt"[9].

Sie werden somit zum größten Teil nur indirekt und mit zeitlicher Verzögerung erfaßt, wenn sich die eingehende Forderung oder die Begleichung einer Verbindlichkeit in den Auslandspositionen der Banken oder den Devisenbeständen der Notenbank niederschlägt und dann von der Bundesbank statistisch registriert wird. *Das Nichterfassen der mit dem Warenhandel häufig einhergehenden Kreditbeziehungen führt also zum Fehlen der entsprechenden Gegenbuchung und damit zum Entstehen eines Saldos in der Zahlungsbilanz.* Der Restposten gleicht diesen Saldo aus. Ein positiver Restposten bedeutet, daß die Devisenzuflüsse bei der Bundesbank größer sind, als aus den in der Leistungs- und Kapitalverkehrsbilanz registrierten Transaktionen erklärbar ist. Es muß demnach die Verbuchung von Transaktionen unterblieben sein, die zu Devisenzuflüssen bei der Notenbank geführt haben.

Man könnte nun meinen, daß sich bei gleichbleibender Güte bzw. Fehlerhaftigkeit der Erhebungsverfahren ein „Normal-Restposten" einstellen würde, der eine relative Konstanz aufweist. Die Realität zeigt jedoch, daß der *Restposten* **erheblichen Schwankungen** unterworfen ist (siehe Tab. 1 auf S. 36). Der Hauptgrund dafür ist ebenfalls im Warenverkehr und den dabei vereinbarten Kreditbeziehungen bzw. Zahlungsbedingungen zu sehen. Diese Zahlungsmodalitäten im Außenhandel, auch **terms of payment** genannt, *verändern sich nämlich in Abhängigkeit von der internationalen Währungssituation.* Und zwar können sie sich einmal derart ändern, daß die Devisenforderungen schneller hereinkommen und die Devisenverbindlichkeiten später beglichen werden als das vorher der Fall war. In der Zahlungsbilanz würde sich das in einer Vergrößerung des positiven Restpostens ausdrücken, weil sich Devisenzuflüsse aus Forderungen

[8] Zwanzigste Verordnung zur Änderung der Außenwirtschaftsverordnung vom 9. Mai 1971 (Bundesgesetzblatt I, S. 441). Danach sind Forderungen und Verbindlichkeiten *aus dem Außenhandel* nur für die Unternehmen meldepflichtig, die auch Auslandsforderungen oder -verbindlichkeiten *aus Finanzkrediten* in einer Höhe von über 100.000,– DM haben.

[9] Monatsberichte der Deutschen Bundesbank, 23. Jg. (1971), Nr. 11, S. 20 f.

beschleunigen und Devisenabflüsse aufgrund von Verbindlichkeiten verlangsamen. Umgekehrt kann es aber auch zu einer Verlangsamung des Eingangs von Devisenforderungen aus Exporten und gleichzeitig zu einem beschleunigten Abfluß von Devisen zur Begleichung von Verbindlichkeiten aus Importen kommen. Hier wäre eine Verringerung des positiven Restpostens bzw. die Entstehung eines negativen Restpostens die Folge, was eine Nettoverringerung unregistrierter Devisenforderungen anzeigt.

Zu fragen bliebe nach den Beweggründen für derartige Veränderungen der terms of payment. Die erstgenannte Reaktion ist wahrscheinlich, wenn eine *Aufwertung* der einheimischen Währung erwartet wird. Denn die *inländischen Exporteure* werden versuchen, ihre ausstehenden *Devisenforderungen schnellstmöglich einzutreiben* und gleichzeitig die Länge der eingeräumten *Zahlungsziele zu verkürzen*. Denn gelingt es ihnen nicht, die Forderungen vor der Aufwertung einzutreiben, so vermindert sich der Wert ihrer Forderungen in Inlandswährung gerechnet um die Höhe des Aufwertungssatzes. Dieses Dilemma können sie umgehen, wenn es ihnen gelingt, Zahlung in Inlandswährung zu vereinbaren. Dann allerdings liegt das Risiko bei den ausländischen Schuldnern, die nun ihrerseits versuchen werden, die Zahlung zu beschleunigen, indem sie ausländische Währung noch vor der Aufwertung in Inlandswährung transferieren, was ebenfalls zu verstärkten Devisenzuflüssen führt. – Die *inländischen Importeure* dagegen werden, wenn sie ausländische Währung schulden, die *Bezahlung möglichst hinauszögern*, weil sie nach der Aufwertung den geschuldeten Devisenbetrag für einen geringeren Betrag inländischer Währung erhalten als vor der Aufwertung. Sie machen dann einen Aufwertungsgewinn. Der Devisenabfluß wird also verlangsamt. Schulden die inländischen Importeure jedoch Inlandswährung, so berührt sie die Situation nicht. Allerdings haben jetzt die ausländischen Empfänger der Zahlungen ein Interesse, die Transferierung der empfangenen Beträge in Auslandswährung bis nach der Aufwertung aufzuschieben, weil dann sie es sind, die mehr an Auslandswährung erlösen als vor der Aufwertung. Auch ihr Verhalten bewirkt also eine Verlangsamung der Devisenabflüsse. Zusammen mit dem Effekt beschleunigter Zuflüsse auf der Exportseite müßte sich also eine Erhöhung des Restpostens ergeben[10].

Diese Überlegungen werden durch die tatsächliche Entwicklung des Restpostens der Bundesrepublik gestützt. Daß die DM seit 1960 praktisch ständig unter Aufwertungsverdacht stand, spiegelt sich in einem großen und tendenziell steigenden Restposten wider (siehe Tabelle 1 auf S. 36).

---

[10] Entsprechende Überlegungen mit entgegengesetztem Ergebnis lassen sich für den Fall einer vermuteten Abwertung der Inlandswährung anstellen.

Tabelle 2

Zahlungsbilanz der Bundesrepublik Deutschland im Jahre 1973 *)
Übersicht der statistischen Revisionen

Mrd DM

Position	Ursprünglich von der Statistik erfaßte Transaktionen	Revisionen (Plus: Höhere Einnahmen oder niedrigere Ausgaben; Minus: Niedrigere Einnahmen oder höhere Ausgaben)	Korrigierte Zahlungsbilanz
I. **Leistungsbilanz**			
1. Warenhandel 1)	+ 39,6	+ 0,7	+ 40,3
Ausfuhr (fob)	178,3	— 0,3	178,0
Einfuhr (fob)	139,7	+ 1,0	138,7
Transithandel (Saldo)	+ 1,0	—	+ 1,0
2. Dienstleistungen 2)	— 14,8	+ 3,0	— 11,8
Kapitalerträge (netto)	+ 0,4	+ 1,5	+ 1,9
Übrige Dienstleistungen (netto)	— 15,3	+ 1,5	— 13,8
3. Übertragungen	— 15,4	— 0,7	— 16,1
Heimatüberweisungen ausländischer Arbeitskräfte	— 7,7	— 0,8	— 8,5
Sonstige Übertragungen (netto)	— 7,7	+ 0,0	— 7,8
Saldo der Leistungsbilanz	+ 9,4	+ 3,0	+ 12,4
II. **Kapitalbilanz** (Mittelzufluß: +)			
1. Langfristiger Kapitalverkehr 3)			
Privater langfristiger Kapitalverkehr			
Direktinvestitionen	+ 0,5	— 0,2	+ 0,4
Deutsche Investitionen im Ausland	— 3,8	— 0,9	— 4,6
Ausländische Investitionen im Inland	+ 4,3	+ 0,7	+ 5,0
Portfolioinvestitionen	— 1,5	+ 4,4	+ 2,9
Ausländische Wertpapiere	+ 0,4	—	+ 0,4
Deutsche Wertpapiere	— 1,9	+ 4,4	+ 2,5
Dividendenpapiere	— 0,7	+ 0,5	— 0,2
Festverzinsliche Wertpapiere	— 1,2	+ 3,9	+ 2,7
Kredite und Darlehen	+ 4,7	+ 3,0	+ 7,7
Deutsche Anlagen im Ausland	+ 4,1	—	+ 4,1
Ausländische Anlagen im Inland	+ 0,6	+ 3,0	+ 3,6
Übrige Kapitaltransaktionen (netto)	— 0,7	—	— 0,7
Saldo des privaten langfristigen Kapitalverkehrs	+ 3,0	+ 7,2	+ 10,2
Öffentlicher langfristiger Kapitalverkehr	— 2,1	— 0,0	— 2,1
Saldo des langfristigen Kapitalverkehrs	+ 0,9	+ 7,2	+ 8,1
2. Kurzfristiger Kapitalverkehr			
Kreditinstitute	— 5,1	—	— 5,1
Wirtschaftsunternehmen	— 2,4	+ 11,1	+ 8,7
Finanzkredite (netto)	— 2,4	+ 4,0	+ 1,6
Handelskredite (netto)	—	+ 7,1	+ 7,1
Öffentliche Hand	— 0,1	—	— 0,1
Saldo des kurzfristigen Kapitalverkehrs	— 7,7	+ 11,1	+ 3,4
Saldo des gesamten Kapitalverkehrs	— 6,9	+ 18,3	+ 11,5
III. Saldo des Leistungs- und Kapitalverkehrs (I + II)	+ 2,6	+ 21,3	+ 23,9
IV. Restposten der Zahlungsbilanz	+ 23,8	— 21,3	+ 2,5
V. Saldo der Devisenbilanz 4)	+ 26,4	—	+ 26,4

* Abweichungen in den Summen durch Runden der Zahlen. — 1 Spezialhandel einschl. Ergänzungen. — 2 Einschl. der im Einfuhr-cif-Wert der amtlichen Außenhandelsstatistik enthaltenen Fracht- und Versicherungskosten. — 3 Für die Aufgliederung in „Privat" und „Öffentlich" ist maßgebend, welchem der beiden Sektoren die beteiligte inländische Stelle angehört. — 4 Nur durch den Leistungs- und Kapitalverkehr mit dem Ausland bedingte Zunahme der Netto-Währungsreserven der Deutschen Bundesbank. In der Zahlungsbilanzübersicht auf Seite 21 ist im Saldo der Devisenbilanz auch die Minderung des DM-Gegenwertes der Währungsreserven durch Neubewertungen (im Jahre 1973 um 10,3 Mrd DM) berücksichtigt; siehe hierzu Fußnote 8 der Übersicht auf Seite 21.

Quelle:

Monatsberichte der Deutschen Bundesbank, 26. Jg. Nr. 3, März 1974, S. 32

Tabelle 3

auptposten der Zahlungsbilanz*)

o DM

eition	1966	1967	1968	1969	1970	1971	1972 Insgesamt	1972 1. Hj.	1972 2. Hj.
I. Leistungsbilanz (Bilanz der laufenden Posten)									
1. Warenhandel									
Ausfuhr (fob) 1)	80 557	88 960	99 445	113 528	124 932	135 770	148 836	71 721	77 115
Einfuhr (fob) 1)	68 932	66 303	76 807	93 533	103 627	114 018	123 074	60 517	62 557
Transithandel (Saldo)	+ 200	+ 382	+ 65	+ 94	— 83	+ 907	+ 654	— 29	+ 683
Saldo des Warenhandels	+11 825	+21 009	+22 703	+20 089	+21 222	+22 659	+26 416	+11 175	+15 241
2. Dienstleistungsverkehr	— 5 462	— 5 151	— 4 485	— 5 413	— 9 490	—10 674	—11 795	— 5 092	— 6 704
3. Übertragungen	— 6 295	— 6 422	— 7 312	— 8 650	— 9 359	—10 852	—13 297	— 6 617	— 6 680
Saldo der Leistungsbilanz (1 + 2 + 3)	+ 68	+ 9 436	+10 906	+ 6 026	+ 2 373	+ 1 133	+ 1 324	— 534	+ 1 858
I. Kapitalverkehr (Abfluß: –)									
1. Langfristiger Kapitalverkehr 2) 3)									
Privater langfristiger Kapitalverkehr									
Direktinvestitionen	+ 2 213	+ 1 769	— 26	— 761	— 968	+ 504	+ 832	+ 827	+ 5
Deutsche Investitionen im Ausland	— 1 228	— 1 042	— 1 589	— 2 118	— 2 504	— 2 685	— 2 847	— 1 146	— 1 701
Ausländische Investitionen im Inland	+ 3 441	+ 2 811	+ 1 563	+ 1 357	+ 1 536	+ 3 189	+ 3 679	+ 1 973	+ 1 706
Wertpapier-Portfolioinvestitionen	— 1 155	— 2 014	— 5 614	—10 721	— 683	+ 2 540	+12 747	+ 9 573	+ 3 174
Ausländische Wertpapiere	— 819	— 1 395	— 5 627	— 9 513	— 2 021	+ 532	+ 4 037	+ 1 802	+ 2 235
darunter: DM-Auslandsanleihen	— 505	— 123	— 3 696	— 4 266	— 839	+ 1 011	+ 4 191	+ 2 240	+ 1 950
Deutsche Wertpapiere	— 336	— 619	+ 13	— 1 208	+ 1 338	+ 2 008	+ 8 710	+ 7 771	+ 939
darunter: Deutsche festverzinsliche Wertpapiere	— 128	— 835	— 151	— 953	+ 817	+ 1 615	+ 5 729	+ 6 216	— 487
Kredite und Darlehen	+ 1 032	— 1 146	— 4 083	— 9 285	+ 1 772	+ 6 551	+ 1 863	+ 1 467	+ 397
Kreditinstitute	+ 297	— 887	— 3 299	— 9 104	+ 544	+ 2 722	+ 1 935	+ 688	+ 1 246
Wirtschaftsunternehmen 4)	+ 735	— 259	— 784	— 181	+ 1 228	+ 3 829	— 72	+ 779	— 850
Sonstige Transaktionen	— 321	— 299	— 359	— 476	— 544	— 675	— 958	— 419	— 539
Insgesamt	+ 1 769	— 1 690	—10 082	—21 243	— 423	+ 8 921	+14 482	+11 447	+ 3 035
Öffentlicher langfristiger Kapitalverkehr	— 2 531	— 1 490	— 1 329	— 1 837	— 2 456	— 2 385	— 1 471	— 612	— 859
Saldo des gesamten langfristigen Kapitalverkehrs	— 762	— 3 180	—11 411	—23 080	— 2 879	+ 6 536	+13 012	+10 835	+ 2 176
2. Statistisch erfaßter kurzfristiger Kapitalverkehr									
Kreditinstitute	— 574	— 4 823	+ 2 455	+ 4 325	+ 7 927	+ 1 174	— 420	— 4 769	+ 4 349
Wirtschaftsunternehmen	+ 1 880	— 1 634	+ 536	— 235	— 6 454	— 1 383	— 5 561	— 3 100	— 2 461
Öffentliche Hand 5)	+ 337	— 361	+ 1 185	— 29	— 428	+ 1 038	+ 131	+ 1 135	— 1 004
Saldo des kurzfristigen Kapitalverkehrs	+ 1 643	— 6 818	+ 4 176	+ 4 061	+13 953	+ 829	— 5 850	— 6 734	+ 884
Saldo des gesamten Kapitalverkehrs	+ 881	— 9 998	— 7 235	—19 019	+11 074	+ 7 365	+ 7 162	+ 4 101	+ 3 060
I. Saldo aller statistisch erfaßten Transaktionen (I + II)	+ 949	— 562	+ 3 671	—12 993	+13 447	+ 8 498	+ 8 486	+ 3 567	+ 4 918
V. Saldo der statistisch nicht aufgliederbaren Transaktionen (Restposten) 6)	+ 1 003	+ 422	+ 3 338	+ 2 731	+ 8 465	+ 7 860	+ 7 204	+ 9 675	— 2 470
V. Saldo aller Transaktionen im Leistungs- und Kapitalverkehr (III + IV)	+ 1 952	— 140	+ 7 009	—10 262	+21 912	+16 358	+15 690	+13 242	+ 2 448
I. Ausgleichsposten zu Veränderungen der zentralen Währungsreserven durch Zuteilungen von Sonderziehungsrechten und durch Wertminderungen infolge wechselkurspolitischer Maßnahmen 7)	—	—	—	— 4 099	+ 738	— 5 369	— 496	+ 620	— 1 116
I. Devisenbilanz (Überschuß: +) 8)	+ 1 952	— 140	+ 7 009	—14 361	+22 650	+10 989	+15 194	+13 862	+ 1 332

bweichungen in den Summen durch nden der Zahlen. – 1 Spezialhandel; schl. Ergänzungen. – 2 Für die Aufgliedeg in „Privat" und „Öffentlich" ist maßend, welchem der beiden Sektoren die eiligte inländische Stelle angehört. – ie Aufgliederung des langfristigen pitalverkehrs nach „Direktinvestitionen", ertpapier-Portfolioinvestitionen", „Kredite Darlehen" sowie „Sonstige Transaktionen" zum Teil geschätzt. Weitere Untergliedeg siehe Tab. 9 ff. der Statistischen Beiie zu den Monatsberichten der Deutschen ndesbank, Reihe 3, Zahlungsbilanzstatistik. – 4 Einschl. privater Haushalte. – 5 Im wesentlichen handelt es sich hier um die Veränderung der Forderungen des Bundes aus Vorauszahlungen für Regierungsimporte und der Verbindlichkeiten des Bundes gegenüber den Europäischen Gemeinschaften auf sog. Hinterlegungskonten. – 6 Saldo der nicht erfaßten Posten und der statistischen Ermittlungsfehler im Leistungs- und Kapitalverkehr. – 7 Vgl. Anm. 8. – 8 Im Saldo der Devisenbilanz (= Veränderung der Nettowährungsreserven der Deutschen Bundesbank) sind auch die Minderung des DM-Wertes der Gold- und Devisenpositionen der Deutschen Bundesbank durch die DM-Aufwertung vom 27. Oktober 1969 um 9,3%, durch die Festsetzung von Leitkursen im Dezember 1971 und durch Neubewertungen, hauptsächlich der Gold- und IWF-Positionen, im Dezember 1972 sowie die Erhöhung der Währungsreserven durch die Zuteilung von Sonderziehungsrechten (jeweils im Januar der Jahre 1970 bis 1972) enthalten (siehe auch Tab. auf Seite 96). Da diese Veränderungen nicht auf Transaktionen im Leistungs- und Kapitalverkehr zurückgehen, wurden sie zum rechnerischen Ausgleich der Gesamtbilanz unter Ziff. VI Ausgleichsposten eingesetzt.

Quelle: Geschäftsbericht der Deutschen Bundesbank für das Jahr 1972, Frankfurt/M. 1973, S.88

Ein ständig steigender Restposten besagt allerdings auch, daß die in den anderen Teilbilanzen enthaltenen Zahlen mit wachsenden Fehlern behaftet sind und darauf basierende Aussagen immer unzuverlässiger werden. In der Bundesrepublik kulminierte diese Entwicklung im Jahre 1973, als der Restposten mit 23,8 Mrd. DM eine bisher nicht gekannte Höhe erreichte (s. Tabelle 2).

Infolge der dauernden Währungsunruhen und der Reglementierungsmaßnahmen im internationalen Kreditverkehr kam es, neben einer Veränderung der terms of payment, in verstärktem Maße zu illegalen Kapitaltransaktionen und/oder zur Nichteinhaltung der Meldepflicht. Um der unter diesen Umständen schwindenden Aussagefähigkeit der Zahlenangaben zu begegnen, sah sich die Bundesbank zu dem Versuch veranlaßt, den Restposten mit Hilfe sonstiger Informationen und Schätzungen aufzugliedern und den einzelnen in der Zahlungsbilanz aufgeführten Transaktionsarten zuzuordnen, um diese ihrem tatsächlichen Umfang anzunähern. Tabelle 2 enthält die Ergebnisse dieses erstmals für das Jahr 1973 unternommenen Versuches. Sie zeigt, daß die größten Korrekturen beim Kapitalverkehr, und hier wiederum beim kurzfristigen Kapitalverkehr, vorgenommen wurden.

In Tabelle 1 sind die genannten Korrekturen rückwirkend bis zum Jahre 1964 enthalten. Ein Vergleich mit Tabelle 3, welche die *unkorrigierten* Zahlungsbilanzen von 1966–1972 enthält, zeigt in den einzelnen Jahren bei bestimmten Posten, insbesondere beim kurzfristigen Kapitalverkehr der Unternehmen, erhebliche Differenzen.

Rückblickend ist festzustellen, daß sich der Widerspruch zwischen dem in einem System der Doppik stets gewährleisteten Ausgleich aller Salden und dem in der Realität fast immer zu verzeichnenden Restposten *daraus erklärt, daß in der Praxis der Zahlungsbilanzstatistik die Transaktionen häufig nicht doppelt verbucht werden.* Oft werden vielmehr die beiden Seiten des zugrundeliegenden Rechtsgeschäfts getrennt erhoben, z. B. im Rahmen eines Exportgeschäftes die Warenlieferung vom Statistischen Bundesamt und die Zahlung des Kaufpreises von der Bundesbank. Die getrennten Erhebungen werden dann zur Zahlungsbilanz zusammengefügt. Ein ausgeglichenes Kontensystem ergäbe sich bei dieser „synthetischen" Methode nur dann, wenn erstens die Erhebungen vollständig wären[11] und wenn zweitens die Erhebung der zusammengehörigen Vorgänge immer in denselben Erhebungszeitraum fiele. Beide Voraussetzungen sind jedoch, wie erläutert, in der Regel nicht erfüllt.

---

[11] Auch eine *gleichmäßige* Unvollständigkeit gefährdet den Saldenausgleich nicht. Werden z. B. sowohl eine Exportlieferung wie auch der daraus resultierende Forderungszuwachs nicht erfaßt, so ist zwar die Zahlungsbilanz unvollständig, aber die Unvollständigkeit betrifft beide Seiten der Zahlungsbilanz in gleichem Maße. Der Saldo der Zahlungsbilanz bliebe daher unberührt.

f) Zusammenschau

Faßt man die Teilbilanzen der Zahlungsbilanz zu *einem* Konto zusammen (siehe Konto 18), so läßt sich daran der Charakter einer Zahlungsbilanz noch einmal veranschaulichen. In der Zahlungsbilanz sind alle außenwirtschaftlichen Transaktionen eingeteilt in solche, die zu Zahlungseingängen führen (linke Kontenseite) und in solche, die zu Zahlungsausgängen führen (rechte Kontenseite).

Konto 18: **Zahlungsbilanz**

1. Warenexporte	7. Warenimporte
2. Dienstleistungsexporte	8. Dienstleistungsimporte
3. Empfangene Übertragungen	9. Geleistete Übertragungen
4. Zunahme der Verbindlichkeiten gegenüber dem Ausland (Kapitalimport)	10. Zunahme der Forderungen gegenüber dem Ausland (Kapitalexport)
5. Ausgleichsposten a) Aufwertungsverlust (negativ) b) Zuteilung von Sonderziehungsrechten (positiv)	11. Veränderungen der Devisenreserven der Notenbank
6. Positiver Restposten	

Dabei ist klar, daß Transaktionen, die zu Zahlungsausgängen führen, nur in dem Umfang möglich sind, wie Mittel vorhanden sind, die Zahlungen zu leisten. Insofern kann man die Posten auf der *linken Seite* der Zahlungsbilanz als die *Quellen der Devisenzuflüsse* betrachten und die Posten auf der *rechten Seite als die Verwendungsarten*, denen die zugeflossenen Mittel zugeführt wurden. In diesem Sinne zeigen die Posten 1 bis 4 in Konto 18 die prinzipiellen Arten von Transaktionen, die zu Zahlungseingängen führen. Dazu gehört innerhalb des Postens 4 z. B. auch ein Lieferantenkredit, mit dessen Hilfe es der ausländische Lieferant dem inländischen Abnehmer ermöglicht, seine Ware zu kaufen (Warenimport). Posten 5 dagegen steht nicht für bestimmte Transaktionen, sondern stellt lediglich den zahlenmäßigen Gegenposten zu Veränderungen der offiziellen Devisenbestände dar, die ohne Transaktionen erfolgt sind (Wertveränderung der Devisenbestände durch Wechselkursänderung; Erhöhung der Devisenbestände durch Zuteilung von Sonderziehungsrechten). Posten 6 ist nur ein Korrekturpo-

sten, der besagt, daß per Saldo die Zahlungseingänge um den jeweiligen Betrag größer (oder kleiner) waren, als es aus der Gegenüberstellung der Transaktionen hervorgeht. Die Posten 7 bis 10 enthalten die Transaktionen, die Zahlungsausgänge auslösen. Der Posten 11 stellt gewissermaßen den Saldo der Zahlungsbilanz dar. Sind die Positionen auf der Aktivseite, die zu Zahlungseingängen führten, größer als die Positionen der Passivseite, die zu Zahlungsausgängen führten, so haben sich die Devisenreserven erhöht; die Zahlungsbilanz ist aktiv. Übersteigen dagegen die Passivposten die Aktivposten, so daß die Zahlungsausgänge größer sind als die Zahlungseingänge, so schrumpfen die Devisenreserven. Der Posten 11 ist also negativ und die Zahlungsbilanz passiv.

4. Zahlungsbilanzausgleich bzw. außenwirtschaftliches Gleichgewicht

a) Teilbilanzkonzepte

Obwohl gezeigt wurde, daß die Zahlungsbilanz buchungstechnisch stets ausgeglichen ist, wird in der wirtschaftspolitischen Diskussion häufig von einer *unausgeglichenen Zahlungsbilanz* und dem Ziel ihres Wiederausgleichs gesprochen. Dieser scheinbare Widerspruch erklärt sich daraus, daß nicht die gesamte Zahlungsbilanz, sondern nur ein Teil davon gemeint ist.

1. Die häufigste Interpretation des wirtschaftspolitischen Zieles „Zahlungsbilanzausgleich" oder „außenwirtschaftliches Gleichgewicht" ist die einer angestrebten **Konstanz der Devisenreserven** der Notenbank. Die Erreichung dieses Ziels bedeutet zahlungsbilanztechnisch, daß die Devisenbilanz keinen Saldo aufweist. Das aber ist nur möglich, wenn entweder jede einzelne Teilbilanz ausgeglichen ist oder – was der weit realistischere Fall ist – **wenn die Salden der anderen Teilbilanzen sich gerade kompensieren**; d. h. mit Ausnahme der Devisenbilanz muß die Summe aller Teilbilanzsalden Null sein. Wenn also beispielsweise die Leistungsbilanz einen Aktivsaldo aufwiese (Leistungsbilanzüberschuß), was eine Netto-Zunahme der Forderungsrechte aus dem Leistungsverkehr anzeigte, so müßte dem ein Passivsaldo der Kapitalverkehrsbilanz (Netto-Kapitalexport) in gleicher Höhe gegenüberstehen, damit die Währungsreserven insgesamt unverändert blieben (Saldo der Devisenbilanz gleich Null). Entsprechend kann ein Leistungsbilanzdefizit (passive Leistungsbilanz) durch einen gleich großen Überschuß in der Kapitalverkehrsbilanz (Netto-Kapitalimport) ausgeglichen werden.

Ist die so definierte Zahlungsbilanz nicht ausgeglichen, so sind Veränderungen der Devisenreserven die Folge. In einem Währungssystem mit festen Wechselkursen ist aber insbesondere die ständige Verringerung der zentralen Währungsreserven problematisch, weil die Notenbank die Aufgabe hat, die Wechselkurse konstant zu halten. Das tut sie, indem sie bei Ungleichgewichten auf dem

Devisenmarkt durch eigene Nachfrage oder eigenes Angebot das Gleichgewicht wiederherstellt. Ein *Zahlungsbilanzdefizit* bedeutet aber, daß ein Nachfrageüberschuß nach Devisen besteht, der durch Devisenabgaben seitens der Notenbank gedeckt werden muß. Dieser Aufgabe kann die Notenbank jedoch nur so lange gerecht werden, wie sie über ausreichende Devisenreserven verfügt.

Aber auch der entgegengesetzte Fall einer *aktiven Zahlungsbilanz* ist insbesondere auch für die Partnerländer nicht problemlos, speziell dann, wenn es sich um einen lang andauernden Vorgang erheblichen Ausmaßes handelt, wie es beispielsweise in der Bundesrepublik während der letzten zwei Jahrzehnte der Fall war. Denn die Devisenüberschüsse des einen Landes sind die Defizite der anderen Länder. Ständige Defizite aber gefährden die Stabilität der Wechselkurse.

Neben der eben genannten gibt es weitere Interpretationen des Begriffs Zahlungsbilanzgleichgewicht bzw. außenwirtschaftliches Gleichgewicht. In ihnen kommt zum Ausdruck, daß sich hinter der Forderung nach Zahlungsbilanzausgleich *differenziertere Zielsetzungen* und Vorstellungen verbergen können als das bloße Konstanthalten der Währungsreserven.

2. Ein solches weiteres Konzept ist das der **„Liquiditätsbilanz"**. Die Liquiditätsbilanz umfaßt außer der Devisenbilanz auch den Teil der Bilanz des kurzfristigen Kapitalverkehrs, der die Veränderungen der *Devisenforderungen und -verbindlichkeiten der Geschäftsbanken,* also deren Nettodevisenposition, enthält. Es findet eine Aufspaltung der Bilanz des kurzfristigen Kapitalverkehrs in den kurzfristigen Kapitalverkehr der Banken und den der Nichtbanken statt. Die Veränderungen der Devisenbilanz und der Netto-Devisenposition der Banken *zusammengenommen* sollen über die Zahlungsbilanzsituation Auskunft geben. Oder anders ausgedrückt: Wenn der Saldo dieser zusammengefaßten Teilbilanzen Null ist, ist die Zahlungsbilanz ausgeglichen.

Grundgedanke dieses Konzeptes ist, daß die internationale Zahlungsfähigkeit einer Volkswirtschaft bei festen Wechselkursen nicht nur durch die offiziellen Währungsreserven der Notenbank, sondern auch von den Devisenforderungen und -verbindlichkeiten der Banken bestimmt wird. Damit wird suggeriert, offizielle und private Devisenreserven wären währungspolitisch gleichwertig. In Wirklichkeit ist keineswegs vorauszusetzen, daß Banken – deren Handeln auf einzelwirtschaftliche Zielsetzungen ausgerichtet ist – ihre Devisenreserven entsprechend den währungs- und zahlungsbilanzpolitischen Erfordernissen einsetzen. So können infolge der hohen Mobilität privater Devisenreserven und der Nichtbindung der Banken an zahlungsbilanzpolitische Ziele schnelle und umfängliche Veränderungen ihrer Devisenposition eintreten, wodurch wiederum die Devisenreserven der Notenbank beeinflußt werden. Treiben z. B. die Banken verstärkt Geldexport, so verstärkt sich ihre Forderungsposition gegenüber dem Ausland; jedoch nehmen im gleichen Umfang die Währungsreserven der Notenbank ab. Gemäß dem Liquiditätskonzept hat sich dadurch an der Zahlungsbilanzsituation nichts geändert. In Wirklichkeit verschleiert die Zusammenfassung der beiden Positionen einen wesentlichen Effekt, nämlich die Verminderung des Interventionspotentials der Notenbank. Entsprechende Größenordnungen vorausgesetzt, können derartige Vorgänge die Fähigkeit der Notenbank gefährden, am Devisenmarkt zu intervenieren und damit die Stabilität der Wechselkurse sicherzustellen.

Auch ist die Aufspaltung des kurzfristigen Kapitalverkehrs in den der Banken und den der Nichtbanken nicht überzeugend. Es wird dabei nämlich unterstellt, daß sich Banken eher und besser in den Dienst gesamtwirtschaftlicher Ziele stellen lassen als Nichtbanken.

3. Ein weiteres Zahlungsbilanzkonzept, das ebenfalls auf den Status und die Veränderungen einer bestimmten Teilbilanzgruppierung abhebt, wird mit dem Terminus **„Grundbilanz"** gekennzeichnet. Die Grundbilanz setzt sich aus der Leistungsbilanz und der Bilanz des langfristigen Kapitalverkehrs zusammen. Die Transaktionen des kurzfristigen Kapitalverkehrs sind deswegen eliminiert, weil man unterstellt, daß bei ihnen typischerweise sprunghafte und schwer vorhersehbare Veränderungen auftreten. Man schaltet sie daher aus und glaubt, daß die verbleibenden Positionen diejenigen sind, die die *längerfristige wirtschaftliche Verflechtung* eines Landes mit dem Ausland widerspiegeln, weil es sich hierbei um die stabileren, auf den grundlegenden wirtschaftlichen Strukturen der beteiligten Länder beruhenden Transaktionen handelt. Sie sollen daher von kurzfristigen und vorübergehenden Einflüssen unabhängig sein. Außenwirtschaftliches Gleichgewicht wäre nach dieser Auffassung dann erreicht, wenn die Grundbilanz keinen oder nur einen unerheblichen Saldo aufwiese.

In diesem Zusammenhang ist zunächst zu bestätigen, daß es insbesondere infolge von Währungskrisen sehr schnell zu einem außerordentlichen Anwachsen der internationalen Devisenströme kommen kann. Das haben in eklatanter Weise auch die seit 1971 in verkürzter Zeitfolge aufgetretenen Krisen des Weltwährungssystems gezeigt. Unzutreffend ist jedoch die im Grundbilanz-Ansatz enthaltene Annahme, daß sich diese Transaktionen ausschließlich oder ganz überwiegend in der Bilanz des kurzfristigen Kapitalverkehrs niederschlügen. Vielmehr können internationale Engagements in festverzinslichen Wertpapieren und Aktien durchaus kurzfristiger Natur sein, also z. B. auch durch eine Währungskrise induziert werden. Diese in Wirklichkeit kurzfristigen und möglicherweise sprunghaften Transaktionen schlagen sich jedoch in der Bilanz des langfristigen Kapitalverkehrs und damit in der Grundbilanz nieder. Man kann also nicht von vornherein und uneingeschränkt davon ausgehen, daß die Grundbilanz die längerfristige Zahlungsbilanzsituation widerspiegelt. Ihre diesbezügliche Aussagefähigkeit ist daher als begrenzt anzusehen. Andererseits können auch als kurzfristig ausgewiesene Positionen de facto stabilen und langfristigen Charakter haben.

Darüber hinaus ist auf die wichtige Tatsache hinzuweisen, daß bestimmte Arten kurzfristiger Kapitaltransaktionen in enger Wechselbeziehung zu Positionen der Grundbilanz stehen. Wichtigstes Beispiel ist der Zusammenhang zwischen Außenhandel und (kurzfristigen) Handelskrediten. Daraus folgt zumindest, daß die Grundbilanz nicht gänzlich unabhängig von der Entwicklung im Bereich des kurzfristigen Kapitalverkehrs ist.

Nach dem Gesagten erscheint es *fragwürdig*, ob die Grundbilanz das in ausreichendem Maß zu leisten vermag, was sich die Befürworter von ihr versprechen, nämlich die von temporären und zufälligen Einflüssen bereinigte, also trendmäßige Entwicklung der Zahlungsbilanz widerzuspiegeln.

4. Eine weitere Teilbilanzgruppierung, die ebenfalls in der deutschen Zahlungsbilanzstatistik verwendet wird und hinter der sich ebenfalls ein Gleichgewichtskonzept verbergen kann, ist die sogenannte **„Leistungsbilanz"**. Wie bereits erwähnt, war es lange Zeit üblich, darunter die Zusammenfassung von Handels- und Dienstleistungsbilanz zu verstehen. Seit Ende 1971 jedoch definiert die Deutsche Bundesbank die Leistungsbilanz als die Zusammenfassung von Handels-, Dienstleistungs- *und Übertragungsbilanz*. Diese Teilbilanzgruppierung wurde früher „Bilanz der laufenden Posten" genannt. Ihr Saldo soll darüber Aufschluß geben, wie sich die Gläubiger- bzw. Schuldnerposition des Inlandes gegenüber dem Ausland (Auslandsposition) aufgrund der gelieferten und bezogenen Realleistungen verändert hat. Eine ausgeglichene Leistungsbilanz würde demzufolge die *Gleichheit von empfangenen und gelieferten Leistungen* signalisieren. Auch hierin kann man eine Form des außenwirtschaftlichen Gleichgewichts sehen. Für die unentgeltlich gelieferten oder empfangenen Güter und Dienstleistungen ist dabei hervorzuheben, daß sie die Auslandsposition unberührt lassen; denn aufgrund einer unentgeltlichen Lieferung, z. B. von Maschinen ins Ausland, erwirbt das Inland ebensowenig Forderungen gegenüber dem Ausland wie ein Schenker gegenüber dem Beschenkten. Zahlungsbilanzstatistisch kommt das darin zum Ausdruck, daß Buchung und Gegenbuchung in der Leistungsbilanz erfolgen, und zwar in der Handels- und in der Übertragungsbilanz, so daß in der Leistungsbilanz kein Saldo entsteht.

Allerdings stellt die Leistungsbilanz keine reine Gegenüberstellung der *Real*leistungen dar, denn die Übertragungsbilanz nimmt ja auch die Gegenbuchungen bestimmter *finanzieller* Transaktionen auf, und zwar die aus dem Ausland empfangenen oder an das Ausland geleisteten unentgeltlichen finanziellen

Zuwendungen. Eine solche Zuwendung an das Ausland aktiviert die Kapitalverkehrsbilanz, weil sie die Verbindlichkeiten gegenüber dem Ausland erhöht oder aber die Devisenforderungen vermindert. Die Gegenbuchung findet sich auf der rechten Seite der Übertragungsbilanz als „geleistete Übertragungen" und hat damit auf den Saldo der Leistungsbilanz die gleiche Wirkung wie ein Warenimport gleicher Höhe; d. h. die Leistungsbilanz wird passiviert, obwohl ein zusätzlicher realer Leistungstransfer aus dem Ausland gar nicht erfolgt ist.

Die Leistungsbilanz ist daher *nicht* ein Abbild der güterwirtschaftlichen Transaktionen, vielmehr erfaßt sie *alle* Leistungen, also auch die unentgeltlichen *Finanz*leistungen. Ihr Saldo gibt somit die **Änderung der Netto-Auslandsposition** des Inlandes wieder, d. h. er zeigt, ob das Inland im Berichtszeitraum bei Gegenüberstellung aller empfangenen und aller erbrachten Leistungen in einer Gläubiger- oder Schuldnerposition war.

5. Aus diesem Grund wurde der Begriff Leistungsbilanz im Vorangegangenen häufig auch in seiner herkömmlichen Bedeutung, nämlich als Zusammenfassung von **Handels- und Dienstleistungsbilanz,** benutzt. Sie ist viel besser geeignet, das Verhältnis von gelieferten zu empfangenen Realleistungen wiederzugeben. *Dieser* Leistungsbilanz gilt in der politischen Realität auch ein gut Teil des zahlungsbilanzpolitischen Interesses. So ist eine der in diesem Zusammenhang am häufigsten zu hörenden Forderungen bzw. wirtschaftspolitischen Zielsetzungen die einer Aktivierung der Handels- und Dienstleistungsbilanz (positiver Außenbeitrag).

Die politische Relevanz dieser Forderung rührt zum einen daher, daß es in der Nachkriegszeit eine erhebliche Anzahl von Ländern gab, die im Güter- und Dienstleistungsverkehr mit dem Ausland ein strukturelles Defizit zu verzeichnen hatten. Sofern es gelingt, ein solches Defizit durch Netto-Kapitalimporte (Überschüsse in der Kapitalbilanz) zu finanzieren, treten keine unmittelbaren Zahlungsbilanzprobleme auf. Gelingt das jedoch nicht, so führen die notwendigen Interventionen der Notenbank früher oder später zur Erschöpfung der offiziellen Devisenreserven. Will man die grundsätzliche Freiheit des internationalen Güter- und Kreditverkehrs aufrechterhalten und soll auch vom System fester Wechselkurse nicht abgewichen werden, so läßt sich eine solche Situation, die typisch für viele Entwicklungsländer ist, grundlegend nur durch eine Aktivierung der Handels- und Dienstleistungsbilanz (insbesondere mit Hilfe von Exportförderungsmaßnahmen) ändern.

Auch eine andere Konstellation, die für eine Reihe von *Industrieländern* typisch ist, kann eine Aktivierung der Leistungsbilanz zwecks Neutralisierung von Defiziten in anderen Teilbilanzen als wünschenswert erscheinen lassen. Wenn nämlich die betreffenden Industrieländer *Netto-Kapitalexporteure* sind und dieses Defizit nicht durch einen positiven Außenbeitrag ausgeglichen wird, kommt es auch bei ihnen zu einer ständigen Verminderung ihrer Währungsreserven. Naheliegendes Gegenmittel wäre zwar eine Verringerung der Kapitalexporte. Wenn sich dieses jedoch aus bestimmten Gründen nicht oder nicht in ausreichendem Umfang durchführen läßt, ist eine Aktivierung der Leistungsbilanz das verbleibende Mittel.

Die Gründe, die den faktischen Spielraum einer Regierung zur Verminderung des Kapitalexports beschränken können, sind vielfältig. Zunächst entzieht sich der private internationale Kapitalverkehr der direkten Beeinflussung durch den Staat, solange dieser am Grundsatz eines liberalen Kapitalverkehrs festhält. Die Wirksamkeit indirekter „marktkonformer" Maßnahmen hingegen, wie etwa einer entsprechenden Zinspolitik, einer Beeinflussung der Kosten für die Absicherung gegen Währungsrisiken u. ä. ist begrenzt und zudem schwer prognostizierbar. So bleiben als erfolgversprechendster Ansatzpunkt die öffentlichen Kapitalexporte, die der Staat im Prinzip beliebig beeinflussen kann. De facto ist aber auch hier der Veränderungsspielraum häufig stark eingeschränkt. Das gilt zunächst für alle längerfristigen Verpflichtungen, wie Beteiligungen und Zuwendungen an internationale Organisationen. Aber auch die bilateralen öffentlichen Kapitalexporte (Entwicklungs- und Militärhilfe) lassen sich aus politischen und/oder wirtschaftspolitischen Gründen kurzfristig oft nur in marginalem Umfang vermindern.

Um ihre außenpolitischen Ziele nicht zu gefährden, geraten daher Industriestaaten manchmal in die Situation, nicht nur Defizite in der Kapitalverkehrsbilanz, sondern auch in der Leistungsbilanz in Kauf nehmen zu müssen. Die USA können als Beispiel für diesen Fall gelten. Auf jeden Fall aber müssen Staaten, die Netto-Kapitalexporteure sind und aus besagten Gründen auch sein wollen, auf die Dauer in der Lage sein, einen entsprechenden Leistungsbilanzüberschuß zu erzielen, wenn gleichzeitig das Ziel der Wechselkursstabilität verwirklicht werden soll. Man kann also einen strukturellen Exportüberschuß (wie etwa den der Bundesrepublik) als Preis dafür betrachten, daß sich mit seiner Hilfe Kapitalexporte und Übertragungen finanzieren lassen, die wiederum der Verfolgung wirtschafts- oder außenpolitischer Ziele dienen.

Vor dem Hintergrund derartiger *konkreter Zielsetzungen* ist ein *Leistungsbilanzüberschuß durchaus positiv* zu bewerten. Ein *allgemeines* Urteil dieser Art ist jedoch unangebracht. Denn zunächst bedeuten Exportüberschüsse nichts anderes, als daß ein wertmäßig größerer Teil des Sozialproduktes dem Ausland überlassen wird, als durch Importe vom Ausland zur Verfügung gestellt wird. In Höhe des Überschusses erwirbt das Inland zwar – in der Regel kurzfristige – Ansprüche auf Teile des ausländischen Sozialprodukts; bei strukturellen – d. h.

dauerhaften – Überschüssen wird daraus jedoch eine langfristige und praktisch unverzinsliche Überlassung von Realleistungen. Die dafür erworbenen Forderungen gegenüber dem Ausland erhalten damit Dauercharakter. Ihr Realwert wird nicht nur durch die allgemeinen Preissteigerungen, sondern auch durch mögliche Abwertungen der Reservewährungen gemindert.

Die in den Zahlungsbilanzaufstellungen der letzten Jahre für die Bundesrepublik befindlichen Ausgleichsposten in Milliardenhöhe (s. Tabelle 1 auf S. 36) zeigen, daß es sich hierbei um praktisch sehr relevante Überlegungen und Größenordnungen handelt. Sie signalisieren, daß ein Teil der Forderungen realiter verloren geht und daß, selbst wenn in der Zukunft die Forderungen aus Exportüberschüssen einmal zur Finanzierung von Importüberschüssen dienen würden, die dafür zu erwerbenden Realleistungen nur einen Bruchteil der realen Exportleistungen darstellen würden, aus denen sie entstanden sind.

So gesehen läßt sich also ein struktureller Überschuß der Leistungsbilanz nur rechtfertigen, wenn er der Realisierung anderer Ziele, wie etwa der Finanzierung von Wiedergutmachungs-, Entwicklungshilfe- oder Militärhilfeleistungen an das Ausland (Staaten, Private, internationale Organisationen) in Form von Transferzahlungen oder Krediten dient.

Allerdings dürfen diese Überlegungen nicht darüber hinwegtäuschen, daß die wirtschaftlichen Wirkungen eines positiven Außenbeitrages komplexer Natur sind und keineswegs erschöpfend damit gekennzeichnet werden, daß sie die Überlassung realer Sozialproduktteile an das Ausland sind. Diese vereinfachende Betrachtungsweise suggeriert nämlich, daß der Exportüberschuß ohne weiteres auch dem Inland hätte zugute kommen können. Das wäre aber nur dann der Fall, wenn die Exportnachfrage verringert und durch entsprechende Inlandsnachfrage ersetzt werden könnte. Kurz- und mittelfristig verfolgt, setzte eine solche Politik massive staatliche Reglementierungen des Außenhandels und erhebliche Veränderungen der inländischen Produktionsstruktur und damit erhebliche Umstellungs- und Reibungsverluste voraus; denn es ist davon auszugehen, daß die zusätzliche inländische Nachfrage auch nicht annähernd die gleiche Struktur aufwiese wie die ausgefallene Exportnachfrage. Eine solche Politik ist daher ohne größere Wohlstandsverluste nur langfristig verwirklichbar.

Weitere Effekte, die in diesem Zusammenhang zu berücksichtigen wären, sind einmal mögliche *Wachstumswirkungen:* Infolge der Exportnachfrage können in den betreffenden Sektoren Rationalisierungen, Innovationen und kostensenkende Wirkungen durch Größendegression gefördert werden. Eine Umsetzung der hier eingesetzten Faktoren in andere Verwendungen könnte zu einem Absinken der Wachstumsrate führen (infolge Verringerung der internationalen Arbeitsteilung und Verschlechterung der Allokation der Ressourcen). Des weiteren kann ein Exportüberschuß, der ja zu einer Erhöhung der Inlandseinkommen führt, in einer konjunkturellen Abschwungphase auch als wichtige *Konjunkturstütze* dienen und damit zur Realisierung des Vollbeschäftigungszieles beitragen. Andererseits stellen die aus Exportüberschüssen fließenden Einkommen im Konjunkturboom eine unmittelbare Gefährdung des Zieles Geldwertstabilität dar. Auch an diesen und möglicherweise noch anderen Wirkungen muß ein positiver Außenbeitrag gemessen werden, ehe man ihn, gemessen an einem vorgegebenen Zielkatalog, als positiv oder negativ einstufen kann.

b) Autonome und induzierte Transaktionen

Unabhängig von allen bisherigen Überlegungen ist für die Beurteilung einer bestimmten Zahlungsbilanzsituation von Bedeutung, ob sie das ausschließliche Ergebnis der sich ungehindert auswirkenden *Marktkräfte* ist, oder ob und in welchem Umfang sie auf das *bewußte Eingreifen wirtschaftspolitischer Instanzen* zurückzuführen ist. Eine ausgeglichene Zahlungsbilanz, die z. B. mit Hilfe staatlicher Rüstungskäufe und/oder staatlicher Kapitalexporte oder Übertragungen herbeigeführt wird, signalisiert kein außenwirtschaftliches Gleichgewicht; denn ihr Fortfall würde zu einem Zahlungsbilanzüberschuß führen. Es wäre also von Nutzen, wenn es gelänge, die **induzierten** Transaktionen, die seitens der wirtschaftspolitischen Instanzen ausschließlich zum Zwecke des Zahlungsbilanzausgleichs vorgenommen werden, von den autonomen zu unterscheiden.

Dabei wären die Transaktionen als **autonom** zu betrachten, die allein aufgrund der Marktkräfte und -gegebenheiten zustande kommen, und zwar ohne die Absicht, die Zahlungsbilanz in bestimmter Weise zu beeinflussen. Die zuverlässige Unterscheidung zwischen induzierten und autonomen Transaktionen fällt im konkreten Fall jedoch schwer. Dadurch wird die praktische Handhabung dieses theoretisch einwandfreien Konzepts zur Beurteilung der Zahlungsbilanzsituation erheblich beeinträchtigt. Zwar kann man im allgemeinen alle *privaten* Transaktionen als autonom im obigen Sinne ansehen. Wie weit aber *staatliche* Importe, Übertragungen und vor allem Kreditgewährungen oder -aufnahmen ausschließlich oder zumindest partiell zum Zweck des Zahlungsbilanzausgleichs erfolgen, dürfte in vielen Fällen nicht mit Sicherheit feststellbar sein; denn häufig sind derartige staatliche Aktionen von mehreren Motiven bestimmt. So dürften z. B. für die im Rahmen der deutsch-amerikanischen Devisenausgleichsabkommen vorgenommenen deutschen Käufe amerikanischer Rüstungsgüter sowohl militärische und wehrpolitische als auch zahlungsbilanzpolitische (Minderung der deutschen Überschußposition) als auch allgemeinpolitische Gesichtspunkte und Zielsetzungen entscheidungsrelevant gewesen sein. Es erscheint bei einer solchen oder ähnlichen Konstellation von vornherein müßig, eine quantitative Aufteilung in autonome und induzierte Anteile vornehmen zu wollen.

Führt man das soeben beschriebene Unterscheidungsprinzip konsequent durch, so wäre ferner zu bedenken, daß die wirtschaftspolitischen Instanzen die Zahlungsbilanz ja nicht nur mit Hilfe der von ihnen selbst durchgeführten Transaktionen gezielt beeinflussen können, sondern daß ihnen ein reichhaltiges handels- und währungspolitisches Instrumentarium zur Verfügung steht, das eine Beeinflussung der Entscheidungen der am internationalen Wirtschaftsverkehr Beteiligten im Sinne der zahlungsbilanzpolitischen Zielsetzung des Staates ermöglicht. Es wäre nicht abwegig, auch die auf diese Weise zustandekommenden Transaktionen als induziert zu bezeichnen. Ein Zahlungsbilanzausgleich, der sich als Folge derartiger wirtschaftspolitischer Maßnahmen ergäbe, signalisierte nach dieser Betrachtungsweise ein potentielles Ungleichgewicht.

Man hätte also jeweils zu unterscheiden zwischen der tatsächlichen *aktuellen* Zahlungsbilanzsituation und der *potentiellen*, die sich einstellen würde, wenn keinerlei induzierte Transaktionen sie beeinflußt hätten. Außenwirtschaftliches Gleichgewicht wäre unter Anwendung dieses Prinzips nur dann gegeben, wenn sich ohne staatliche Eingriffe in den internationalen Wirtschaftsverkehr eine ausgeglichene Zahlungsbilanz ergeben würde. Dieser Gedanke soll jedoch nicht weiter fortgeführt werden, weil er aus mehreren Gründen fern aller Realität liegt. Allein der Umstand, daß es in der Praxis nicht gelingt, die quantitativen Auswirkungen der mannigfachen, den internationalen Handels- und Kreditverkehr beeinflussenden und im Einsatz befindlichen Maßnahmen zu ermitteln, beraubt das Konzept jeder praktischen Bedeutung.

c) Regionale Zahlungsbilanzen

Um die Aussagefähigkeit der Zahlungsbilanz zu erhöhen, ist es möglich und auch üblich, die Gesamtzahlungsbilanz in *regionale Zahlungsbilanzen* aufzugliedern. Hierbei beschränkt man sich meist auf die Erstellung *regionaler Handelsbilanzen.* Aber auch Teile der Leistungsbilanz, nämlich die Position Reiseverkehr, werden in regionaler Gliederung präsentiert. Eine solche Aufgliederung liefert insofern zusätzliche Informationen, als sie einmal den außerordentlich unterschiedlichen Grad der Außenhandelsverflechtung im Hinblick auf einzelne Länder bzw. Regionen zeigt (siehe Tab. 4). Für die Bundesrepublik zeigt sie z. B., daß rund 50 % des deutschen Außenhandels mit den EG-Ländern abgewickelt werden und daß Frankreich, die Niederlande und Italien die bedeutendsten Handelspartner der Bundesrepublik sind. Bemerkenswert, wenn auch nicht aus der Tabelle ersichtlich, ist ferner, daß die kleine Schweiz einen relativ großen Anteil am deutschen Außenhandel hat; größer z. B. als der Kanadas, Japans und

Tabelle 4

Außenhandel nach Ländergruppen und Ländern*)

Ländergruppe/Land		1974	1975	1976	1976 Anteil an der Gesamtausfuhr bzw. -einfuhr in %
		Mio DM			
Alle Länder 1)	Ausfuhr	230 578	221 589	256 642	100
	Einfuhr	179 732	184 313	222 173	100
	Saldo	+50 846	+37 276	+34 469	
I. Westliche Industrieländer	Ausfuhr	167 234	152 580	181 503	70,7
	Einfuhr	124 547	131 736	157 235	70,8
	Saldo	+42 687	+20 844	+24 268	
A. EG-Mitgliedsländer	Ausfuhr	103 516	96 542	117 312	45,7
	Einfuhr	86 168	91 261	107 099	48,2
	Saldo	+17 348	+ 5 281	+10 213	
darunter: Belgien-Luxemburg	Ausfuhr	17 583	16 866	20 266	7,9
	Einfuhr	15 917	15 743	19 102	8,6
	Saldo	+ 1 666	+ 1 123	+ 1 164	
Dänemark	Ausfuhr	4 639	4 636	6 649	2,6
	Einfuhr	2 476	2 801	3 342	1,5
	Saldo	+ 2 163	+ 1 835	+ 3 307	
Frankreich	Ausfuhr	27 345	25 962	33 666	13,1
	Einfuhr	20 898	22 147	25 831	11,6
	Saldo	+ 6 447	+ 3 815	+ 7 835	
Großbritannien	Ausfuhr	11 011	10 095	12 184	4,7
	Einfuhr	6 267	6 939	8 539	3,8
	Saldo	+ 4 744	+ 3 156	+ 3 645	
Italien	Ausfuhr	18 731	16 190	18 998	7,4
	Einfuhr	14 976	17 228	18 900	8,5
	Saldo	+ 3 755	— 1 038	+ 98	
Niederlande	Ausfuhr	23 470	22 192	24 845	9,7
	Einfuhr	25 219	25 731	30 585	13,8
	Saldo	— 1 749	— 3 539	— 5 740	
B. Sonstige europäische Länder	Ausfuhr	35 247	33 508	39 730	15,5
	Einfuhr	15 789	16 611	20 847	9,4
	Saldo	+19 458	+16 897	+18 883	
darunter: Norwegen	Ausfuhr	2 980	3 488	3 955	1,5
	Einfuhr	1 816	1 870	2 358	1,1
	Saldo	+ 1 164	+ 1 618	+ 1 597	
Österreich	Ausfuhr	10 152	9 825	12 544	4,9
	Einfuhr	3 516	3 789	5 150	2,3
	Saldo	+ 6 636	+ 6 036	+ 7 394	
Schweden	Ausfuhr	7 873	8 098	9 027	3,5
	Einfuhr	4 280	4 253	4 706	2,1
	Saldo	+ 3 593	+ 3 845	+ 4 321	
Schweiz	Ausfuhr	11 536	9 568	11 577	4,5
	Einfuhr	4 879	5 471	6 965	3,1
	Saldo	+ 6 657	+ 4 097	+ 4 612	
C. Außereuropäische Länder	Ausfuhr	28 471	22 530	24 461	9,5
	Einfuhr	22 590	23 864	29 289	13,2
	Saldo	+ 5 881	— 1 334	— 4 828	
darunter: Japan	Ausfuhr	3 243	2 351	2 796	1,1
	Einfuhr	3 478	4 295	5 437	2,4
	Saldo	— 235	— 1 944	— 2 641	
Kanada	Ausfuhr	1 894	1 915	2 018	0,8
	Einfuhr	1 998	1 754	2 322	1,0
	Saldo	— 104	+ 161	— 304	
Vereinigte Staaten von Amerika	Ausfuhr	17 343	13 146	14 413	5,6
	Einfuhr	13 972	14 226	17 556	7,9
	Saldo	+ 3 371	— 1 080	— 3 143	
II. Staatshandelsländer	Ausfuhr	15 903	17 425	17 432	6,8
	Einfuhr	8 409	8 661	10 976	4,9
	Saldo	+ 7 494	+ 8 764	+ 6 456	
III. OPEC-Länder 2)	Ausfuhr	10 455	16 703	20 731	8,1
	Einfuhr	23 783	20 222	24 408	11,0
	Saldo	—13 328	— 3 519	— 3 677	
IV. Entwicklungsländer 3) (ohne OPEC-Länder)	Ausfuhr	36 260	34 189	36 200	14,1
	Einfuhr	22 823	23 458	29 292	13,2
	Saldo	+13 437	+10 731	+ 6 908	
A. Europäische Länder	Ausfuhr	14 645	14 465	15 122	5,9
	Einfuhr	6 440	6 861	8 276	3,7
	Saldo	+ 8 205	+ 7 604	+ 6 846	
B. Außereuropäische Länder	Ausfuhr	21 615	19 724	21 078	8,2
	Einfuhr	16 383	16 597	21 016	9,5
	Saldo	+ 5 232	+ 3 127	+ 62	

* Zusammenstellung auf Grund der amtlichen Außenhandelsstatistik. Ab 1976 einschl. elektr. Strom (1976: Ausfuhr 336 Mio DM, Einfuhr 555 Mio DM). Ausfuhr nach Verbrauchsländern, Einfuhr aus Herstellungsländern. Eine ausführliche Aufgliederung der Regionalstruktur des Außenhandels enthalten die statistischen Beihefte zu den Monatsberichten der Deutschen Bundesbank, Reihe 3, Zahlungsbilanzstatistik, Tabelle 2c. — 1 Einschl. Schiffs- und Luftfahrzeugbedarf usw. — 2 OPEC (Organization of Petroleum Exporting Countries): Algerien, Ecuador, Gabun, Indonesien, Irak, Iran, Katar, Kuwait, Libyen, Nigeria, Saudi-Arabien, Venezuela und Vereinigte Arabische Emirate. — 3 Zuordnung der Länder zu den Entwicklungsländern nach dem Länderverzeichnis des Development Assistance Committee (DAC) bei der OECD.

Quelle: Monatsberichte der Deutschen Bundesbank, 29. Jg. Nr. 8, August 1977, S. 71

Schwedens. Hervorzuheben ist auch der relativ geringe Anteil der Ostblockländer sowie der Entwicklungsländer am deutschen Außenhandel.

Weiterhin kommt darin zum Ausdruck, daß die spezielle Handelsbilanzsituation gegenüber einzelnen Ländern höchst unterschiedlich sein kann; d. h. daß z. B. auch bei einem großen Exportüberschuß in der Gesamthandelsbilanz Handelsbilanzdefizite gegenüber einzelnen Ländern existieren können. Für die Bundesrepublik war das in den letzten Jahren z. B. im Handel mit den Niederlanden, mit Japan und einigen anderen außereuropäischen Ländern der Fall (siehe Tab. 4).

Literatur zum I. Kapitel

Bochud, F. R.: Zahlungsbilanz und Währungsreserven. Tübingen 1970.

Funck, Rolf: Art. Zahlungsbilanz. In: Handwörterbuch der Sozialwissenschaften, Bd. 12, Stuttgart 1965.

Rose, Klaus: Theorie der Außenwirtschaft, I. Teil, 6. Aufl., München 1976

Stobbe, Alfred: Volkswirtschaftslehre I - Volkswirtschaftliches Rechnungswesen, 6. Kapitel, 4. Aufl., Berlin u. a. 1976

Tiedtke, Jochen: Alternative Interpretation des Zahlungsbilanzausgleichs - Darstellung und wirtschaftspolitische Implikationen der einzelnen Konzepte. Außenwirtschaft, 29. Jg. (1974), S. 48 ff.

Geschäftsberichte und Monatsberichte der Deutschen Bundesbank

Zweites Kapitel

Theorie des Zahlungsbilanzausgleichs

Wie einleitend bemerkt, will die monetäre Außenwirtschaftstheorie in erster Linie die *Zusammenhänge zwischen Zahlungsbilanz bzw. Zahlungsbilanzentwicklung einerseits und anderen ökonomischen Größen andererseits klären.* Dabei ist zu beachten, daß die Abhängigkeit wechselseitig sein kann und in den meisten Fällen auch ist. Eine Veränderung der Zahlungsbilanz beeinflußt also die betreffenden ökonomischen Größen, wie andererseits auch eine Veränderung einer oder mehrerer dieser Größen die Zahlungsbilanz verändert.

Ein wesentliches Ergebnis der folgenden Erörterungen wird sein, daß bei Auftreten von Zahlungsbilanzungleichgewichten *automatische Mechanismen* wirksam werden, die eine Tendenz zum Wiederausgleich der Zahlungsbilanz hervorrufen. Allerdings wird sich herausstellen, daß sie allein die Rückgewinnung des außenwirtschaftlichen Gleichgewichts unter realen Bedingungen meist nicht gewährleisten. Hieraus ergibt sich als eine der **währungspolitischen Hauptaufgaben**, durch geeignete wirtschaftspolitische Maßnahmen das *Zahlungsbilanzgleichgewicht zu sichern oder wiederherzustellen.* Hierbei kann und muß man sich die angedeuteten Zusammenhänge zwischen Zahlungsbilanz und anderen ökonomischen Größen zunutze machen, indem man versucht, die „abhängige" Variable Zahlungsbilanz durch Variation geeigneter „unabhängiger" Variablen in der gewünschten Weise zu beeinflussen. Es liegt auf der Hand, daß eine Vorbedingung für den Erfolg derartiger Maßnahmen die möglichst genaue Kenntnis der Abhängigkeiten zwischen den in Frage stehenden Größen ist. Fragestellung und Ergebnisse der monetären Theorie sind daher wirtschaftspolitisch von hohem Interesse.

Es sind vornehmlich drei ökonomische Größen, die in intensiver Wechselwirkung zur Zahlungsbilanz stehen, und zwar der **Wechselkurs** als das Austauschverhältnis von Inlands- und Auslandswährung, das **Preisniveau** des Inlandes und der Partnerländer sowie das **Volkseinkommen** des Inlandes und der Partnerländer. Die Beziehungen zwischen der Zahlungsbilanz eines Landes und diesen Größen stehen im Mittelpunkt der monetären Außenwirtschaftstheorie, deren Grundzüge in den folgenden Abschnitten abgehandelt werden.

1. Wechselkurse und Zahlungsbilanz

Vorweg sei noch einmal darauf hingewiesen, daß Zahlungsbilanzänderungen sowohl Ursache als auch Folge von Wechselkursänderungen sein können. Es hängt von der Art des bestehenden Wechselkurssystems ab, welcher Aspekt das größere Interesse beansprucht bzw. von größerer wirtschaftspolitischer Relevanz ist. In einem Währungssystem mit festen Wechselkursen, in dem eine Wechselkursänderung nur aufgrund eines administrativen Aktes der autorisierten währungspolitischen Instanzen erfolgen kann, steht naturgemäß die Frage im Vordergrund, welche Wirkung eine solche Neufestsetzung der Wechselkurse auf die Zahlungsbilanz ausübt. Ist der Wechselkurs dagegen flexibel, d. h. kommt er als das Ergebnis der jeweiligen Angebots- und Nachfrageverhältnisse am Devisenmarkt zustande, so interessiert zunächst, wie sich Zahlungsbilanzstörungen auf die Wechselkurse auswirken und dann allerdings ebenfalls, wie die veränderten Wechselkurse auf die Zahlungsbilanz zurückwirken.

a) Zahlungsbilanzausgleich bei flexiblen Wechselkursen. Der Wechselkurs-Mechanismus

(1) Devisenmarkt und Zahlungsbilanzgleichgewicht

Es wird im folgenden von einem System frei schwankender Wechselkurse ausgegangen. Voraussetzung und Bestandteil eines solchen Systems ist die *Konvertibilität*, d. h. die freie und unreglementierte Austauschbarkeit der Währungen. Unter diesen Umständen bildet sich eine Austauschrelation zwischen den einzelnen Währungen, deren Höhe vom Devisenangebot (Devisen, die in Inlandswährung umgetauscht werden sollen) und von der Devisennachfrage (Devisen, die gegen Hingabe von Inlandswährung erworben werden sollen) abhängig ist. Diesen Markt, auf dem ausländische Währung angeboten und nachgefragt wird, nennt man **Devisenmarkt.** Unter *Devisen* sind dabei kurzfristige Forderungen in ausländischer Währung zu verstehen. Ausländische Banknoten dagegen tragen die Bezeichnung *Sorten.* Ohne auf die später zu erörternden institutionellen Eigenarten des Devisenmarktes einzugehen, kann man also sagen, daß sich bei gegebener Angebots- und Nachfragestruktur und funktionierendem Marktmechanismus auf dem Devisenmarkt (wie auf jedem funktionsfähigen Markt) ein Gleichgewichtskurs bilden wird, bei dem nachgefragte und angebotene Devisenmenge gleich groß sind.

Der **Wechselkurs** als die Austauschrelation zweier Währungen kann dabei auf zweierlei Weise ausgedrückt werden. Einmal, indem man angibt, wieviel für eine ausländische Währungseinheit (z. B. 1 $) in Inlandswährung zu zahlen ist (z. B. 2,50 DM). Dieser Wechselkurs gibt also den Preis der Auslandswährung ausgedrückt in Inlandswährung an. Man spricht daher von **Preisnotierung** und in der Bankenpraxis auch von *Devisenkurs*. Aus der Sicht der Bundesrepublik wäre also die Preisnotierung für den Dollar:

$$w = 2{,}50\ [\frac{DM}{\$}].$$

Zum zweiten kann man den Wechselkurs auch bilden, indem man angibt, welche Menge an Auslandswährung man für eine Einheit Inlandswährung erhält. Man spricht daher von **Mengennotierung** und in der Bankenpraxis auch von Wechselkurs. Er ergibt sich als der reziproke Wert der Preisnotierung:

$$w_m = \frac{1}{w} = \frac{1\ \$}{2{,}50\ DM} = 0{,}40\ [\frac{\$}{DM}].$$

Die Mengennotierung ist in angelsächsischen Ländern gebräuchlich. In der Bundesrepublik dagegen ist die Preisnotierung üblich. Wir werden uns im folgenden aus naheliegenden Gründen der in Deutschland geübten Praxis anschließen und - sofern nicht ausdrücklich anders vermerkt - Wechselkurse stets in der Preisnotierung angeben, d. h. als Preis der Auslandswährung in Inlandswährung.

Wenn man nun bedenkt, daß auf dem Markt für Dollar-Devisen ein vollkommen homogenes Gut, nämlich fällige Dollarforderungen, gehandelt wird, wenn man ferner weiß, daß der Transparenzgrad auf diesem Markt, verglichen mit anderen Märkten, sehr hoch ist, weil die Marktteilnehmer - in der Hauptsache die Devisenhändler der Banken - hochspezialisiert sind und dank eines leistungsfähigen Kommunikationssystems stets eine gute Marktübersicht haben, und wenn man schließlich berücksichtigt, daß in der Regel die Zahl der Anbieter und Nachfrager groß ist, so gelangt man zwangsläufig zu der Schlußfolgerung, daß der Devisenmarkt dem Idealtypus eines *vollkommenen Marktes* näher kommt als die meisten anderen in der Realität anzutreffenden Märkte, d. h. der Vorstellung eines einheitlichen Marktes mit einem einheitlichen Preis, der Gesamtangebot und -nachfrage zum Ausgleich bringt. Daher bedeutet die Bezeichnung Wechselkursmechanismus zunächst nur die analoge Übertragung des Begriffes Preismechanismus auf einen speziellen Markt, den Devisenmarkt, dessen Preise Wechselkurse heißen.

Darüber hinaus aber wird behauptet, daß der **Wechselkursmechanismus jederzeit das Zahlungsbilanzgleichgewicht sicherstelle**, weil durch auftretende Zahlungsbilanzstörungen Wechselkursänderungen induziert werden, die ihrerseits Transaktionen verursachen, die zum Wiederausgleich der Zahlungsbilanz führen. Das legt die Frage nahe, ob *Gleichgewicht auf dem Devisenmarkt gleichbedeutend ist mit Zahlungsbilanzgleichgewicht*. Die Antwort ist „Ja"! Denn Gleichheit von Devisenangebot und Devisennachfrage heißt, daß die Wertsumme aller Transaktionen, die zu einem Devisenangebot führen (z. B. Warenexporte und Kapitalimporte) und die Wertsumme aller Transaktionen, die zu einer Devisennachfrage führen (z. B. Warenimporte und Kapitalexporte) gleich sind. Auf dem Devisenmarkt werden allerdings sämtliche Devisentransaktionen abgewickelt und nicht nur die, an denen die inländische Notenbank beteiligt ist. Im „reinen" System flexibler Wechselkurse würde die Notenbank sich vielmehr jeglicher Interventionen enthalten, also am Devisenmarkt gar nicht in Erscheinung treten.

Das Devisenmarktgleichgewicht kann durchaus sinnvoll als Zahlungsbilanzgleichgewicht interpretiert werden, weil sich dann nämlich die Salden von Handels-, Dienstleistungs-, Übertragungs- sowie langfristiger Kapitalverkehrsbilanz (Grundbilanz) gerade kompensieren. Wenn dieses Gleichgewicht durch eine Transaktion gestört würde, die zu zusätzlicher Devisennachfrage führt, so müßten durch die folgende Wechselkursänderung Transaktionen induziert werden, die das Devisenangebot erhöhen und mit der gestiegenen Devisennachfrage in Übereinstimmung bringen.

Wenn es also auf funktionierendem Devisenmarkt ebensowenig ein Ungleichgewicht gibt wie auf Gütermärkten, weil durch entsprechende Wechselkursveränderungen die Übereinstimmung von Angebot und Nachfrage herbeigeführt wird, so ist doch zwischen Situationen mit längerfristig stabilen und solchen mit ständig fallenden oder steigenden Wechselkursen zu unterscheiden. *Wechselkursbewegungen zeigen nämlich Ungleichgewichtssituationen* an, die durch den Wechselkursmechanismus ausgeglichen werden. So wäre z. B. ein kontinuierlicher Anstieg des Wechselkurses (Preisnotierung) ein Indiz für ein strukturelles Defizit (Nachfrageüberhang am Devisenmarkt).

Prinzipielle *Quellen des Devisenangebots* sind dabei Waren- und Dienstleistungsexporte, Kapitalimporte und aus dem Ausland empfangene Übertragungen (als finanzielle Zuwendungen), wenn die Exporteure ihre Exporterlöse, die inländischen Kreditnehmer ihre im Ausland aufgenommenen Kredite und die „beschenkten" Inländer die empfangenen Devisen in Inlandswährung transferieren. *Quellen der Devisennachfrage* sind Waren- und Dienstleistungsimporte, Kapitalexporte und an das Ausland geleistete finanzielle Übertragungen. Auch hier ist Voraussetzung, daß die Importeure zur Bezahlung der Importe Inlandswährung in Auslandswährung transferieren und daß die Kapitalexporteure sowie die Empfänger finanzieller Übertragungen des Inlandes ein Gleiches tun.

Im eben Gesagten wurde schon darauf hingedeutet, daß nicht alle der aufgeführten Transaktionen auch tatsächlich zu Devisenangebot bzw. -nachfrage führen müssen. Verwendet z. B. ein Entwicklungsland eine ihm gewährte finanzielle Zuwendung zu Käufen im Geberland, so bleibt die Devisennachfrage im

Geberland davon unberührt; benutzt ein inländischer Kreditnehmer einen im Ausland aufgenommenen Kredit zu Warenkäufen im Ausland, so kommt es nicht zu zusätzlichem Devisenangebot, und auch, wenn ein Exporteur seine Devisenerlöse in ausländischen Wertpapieren anlegt, bietet er sie nicht auf dem Devisenmarkt an. Dennoch wird dadurch die Aussage nicht beeinträchtigt, daß Gleichgewicht auf dem Devisenmarkt gleichbedeutend mit Zahlungsbilanzgleichgewicht ist. Denn den hier beispielhaft genannten Transaktionen ist gemeinsam, daß sie den Devisenmarkt und damit die Bilanz des kurzfristigen Kapitalverkehrs nicht berühren. Vielmehr schlagen sie sich mit Buchung und Gegenbuchung in den anderen Teilbilanzen nieder, so daß sich deren Salden kompensieren. So ist z. B. eine Entwicklungshilfe*zahlung* Kapitalexport und passiviert die Zahlungsbilanz; die dafür erworbenen Inlandswaren hingegen bedeuten Warenexport und aktivieren die Zahlungsbilanz im gleichen Umfang. Für die anderen Beispiele läßt sich entsprechend argumentieren. - Da also von derlei Vorgängen keine Zahlungsbilanzungleichgewichte induziert werden, berührt auch der Umstand, daß sie sich außerhalb des Devisenmarktes abspielen, nicht die Aussage von der Bedeutungsgleichheit der Begriffe Devisenmarktgleichgewicht und Zahlungsbilanzgleichgewicht.

(2) Der automatische Anpassungsprozeß bei flexiblen Wechselkursen

Mit dem bisher Gesagten ist jedoch noch nicht erklärt worden, welche Prozesse bewirken, daß Wechselkursänderungen zu einem *automatischen Wiederausgleich der Zahlungsbilanz* führen. Um zu einer ersten vorläufigen Antwort zu kommen, erweist sich die Verwendung eines herkömmlichen, partialanalytischen Preis-Mengen-Diagramms als nützlich (siehe Abb. 1) Ihm liegt neben den üblichen Voraussetzungen der vollkommenen Konkurrenz auch die vereinfachende Annahme zugrunde, daß auf dem Devisenmarkt nur eine ausländische Währung gehandelt wird.

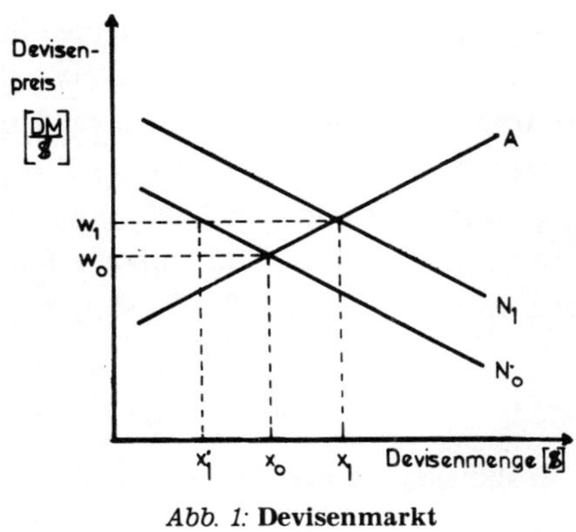

Abb. 1: **Devisenmarkt**

Das Marktbild gibt mit A die Struktur des Devisenangebots und mit N_0 die Struktur der Devisennachfrage in der Ausgangssituation wieder. Da von völlig flexiblen Wechselkursen ausgegangen wird, stellt sich der Gleichgewichtskurs w_0 ein, bei dem die Devisenmenge x_0 umgesetzt wird. Wir nehmen nun an, daß die Devisennachfrage durch einen an das Ausland gewährten Kredit erhöht wird[12], so daß die Nachfragekurve sich nach N_1 verschiebt. Bei funktionierendem Marktmechanismus steigt dann der Wechselkurs auf den neuen Gleichgewichtskurs w_1, bei dem die vergrößerte Devisenmenge x_1 umgesetzt wird. Devisenmarkt und Zahlungsbilanz befinden sich wieder im Gleichgewicht.

Zu erklären bleibt jedoch noch, wieso die Wechselkurserhöhung zu dem vergrößerten Devisenangebot führt, das nötig ist, um die infolge des Kapitalexports erhöhte Nachfrage zu decken. Oben wurde aufgeführt, welches die prinzipiellen Quellen des Devisenangebots sind (im wesentlichen Waren- und Dienstleistungsexporte sowie Kapitalimporte). Wir werden uns im folgenden zunächst ausschließlich mit den *Reaktionen des Außenhandels auf Wechselkursänderungen* befassen, weil es wegen der Unterschiedlichkeit der Motive, die internationalen Geld- und Kapitalbewegungen zugrunde liegen, schwierig ist, einen generellen Zusammenhang zwischen Wechselkursänderungen und internationalem Kapitalverkehr abzuleiten.

Unter diesen Voraussetzungen setzt die durch den Kredit an das Ausland verursachte Zahlungsbilanzstörung **folgenden Prozeß in Gang:** Die zusätzliche Devisennachfrage treibt den Wechselkurs in die Höhe. Mit steigendem Wechselkurs verschieben sich die Preisrelationen zwischen Inland und Ausland. Da die Ausländer für einen Dollar mehr DM erhalten als vorher, werden die inländischen Waren für sie (in ihrer ausländischen Währung gerechnet) billiger. Sie werden daher tendenziell mehr Inlandsgüter nachfragen; d. h. der inländische Güter- und Dienstleistungsexport wird steigen; unter bestimmten, später zu präzisierenden Voraussetzungen *steigen damit auch die Deviseneinnahmen aus Exporten und somit das Devisenangebot.* – Für die Inländer, die mit steigendem Wechselkurs höhere DM-Beträge für einen Dollar zahlen müssen, werden ausländische Waren teurer. Die Importnachfrage wird daher tendenziell sinken. Daher wird – ebenfalls unter bestimmten Voraussetzungen – die *Devisennachfrage für Importe sinken.* Beide Tendenzen, steigendes Devisenangebot aus zusätzlichen Exporten und sinkende Devisennachfrage für Importe, bewirken eine *Aktivierung der Leistungsbilanz,* die den durch den Kapitalexport entstandenen Passivsaldo kompensiert.

---

[12] Die ausländischen Kreditnehmer verwenden den Kredit also *nicht* zu Käufen im Inland.

Diesen Vorgang kann man im Preis-Mengen-Diagramm ablesen (siehe Abb. 1). Dabei unterstellen wir, daß Devisenangebot A und Devisennachfrage N_0 nur aus dem Außenhandel stammen; x_0 stellt dann die Devisenerlöse aus Exporten und die Devisenzahlungen für Importe dar, die beim Gleichgewichtskurs w_0 zustande kommen. Tritt nun infolge Kapitalexports zusätzliche Devisennachfrage in Höhe von $x_1 - x_1'$ auf (Rechtsverschiebung der Nachfragekurve von N_0 nach N_1), so wird das neue Gleichgewicht zwischen Devisenangebot und -nachfrage beim Wechselkurs w_1 dadurch erreicht, daß steigende Exporte zu einem um $x_1 - x_0$ erhöhten Devisenangebot führen, während gleichzeitig die für Importe nachgefragten Devisen um $x_0 - x_1'$ sinken. Es hat sich also ein Aktivsaldo in Höhe von $x_1 - x_1'$ in der Handelsbilanz gebildet, der den gleich großen Passivsaldo der Kapitalverkehrsbilanz ausgleicht.

Ein wesentliches Merkmal und ein erheblicher Vorteil eines *Währungssystems mit frei schwankenden Wechselkursen* gegenüber Systemen mit festen oder begrenzt flexiblen Wechselkursen besteht darin, daß durch den Wechselkursmechanismus **keine Geldmengenveränderung** bewirkt wird; denn die Inländer verfügen nach der Wechselkursverschiebung über dieselbe Geldmenge wie vorher, so daß auch keine dadurch verursachte Veränderung des allgemeinen Preisniveaus zustandekommen kann. Die Preiswirkungen, die der Wechselkursmechanismus auslöst, wirken in erster Linie auf das Preisgefüge, d. h. sie verändern die Relationen der einzelnen Güterpreise zueinander.

Zur Veranschaulichung dieser Aussage eignet sich besonders der Fall einer inflationären Preisentwicklung im Ausland (siehe Abb. 2). Diese Situation führt bei normaler Reaktion zu einer Aktivierung der Leistungsbilanz des preisstabileren Inlandes, weil das Ausland im billigen Inland vermehrt kauft (steigende Exporte), das Inland dagegen seine Importe wegen der gestiegenen Auslandspreise vermindert. Es kommt also einmal zu einer Rechtsverschiebung der Devisenangebotskurve nach A_1 wegen des infolge Exportausweitung gestiegenen Devisenangebots und zum anderen zu einer Linksverschiebung der Devisennachfragekurve N_1 wegen der infolge Importeinschränkung verringerten Devisennachfrage. Bei konstantem Wechselkurs (w_0) würde sich ein Angebotsüberschuß in Höhe von $x_A - x_N$ ergeben. Da der Wechselkurs jedoch flexibel ist, führt das entstehende Überangebot an Devisen zu einem Absinken des Kurses bis zum neuen Gleichgewichtskurs w_1. Das Absinken des Kurses aber bedeutet aus der Sicht der Ausländer eine Verteuerung der Inlandswährung und damit eine Verteuerung der Inlandsgüter. Dadurch wird der Preisvorteil der Inlandsgüter (der ja durch die Inflation im Ausland entstanden war) wieder abgebaut. Es kommt daher nicht zu einer Exportsteigerung auf x_A, sondern nur auf x_1. – Aus der Sicht der Inländer bringt das Absinken des Wechselkurses eine Verbilligung der Auslandswährung mit sich, dadurch wird das inflationäre Ansteigen der Güterpreise im Ausland ganz oder teilweise kompensiert. In unserem Beispiel (Abb. 2) wird es überkompensiert, so daß es statt der Verringerung der Devisennachfrage auf x_N zu einer Ausweitung der Importe und damit der Devisennachfrage auf x_1 kommt. - Das Ergebnis ist also, daß die durch die Auslandsinflation verursachte Aktivierungstendenz der inländischen Zahlungsbilanz durch den Wechselkursmechanismus abgebaut wird, weil der sinkende Wechselkurs die Exportgüter für die Ausländer verteuert und daher den Export mindert und die Importgüter für die Inländer verbilligt und daher den Import steigert. Die Preisniveausteigerung im Ausland wird durch eine „Preissenkung" der Auslandswährung am Devisenmarkt ausgeglichen, *so daß das inländische Preisniveau nicht verändert wird.*

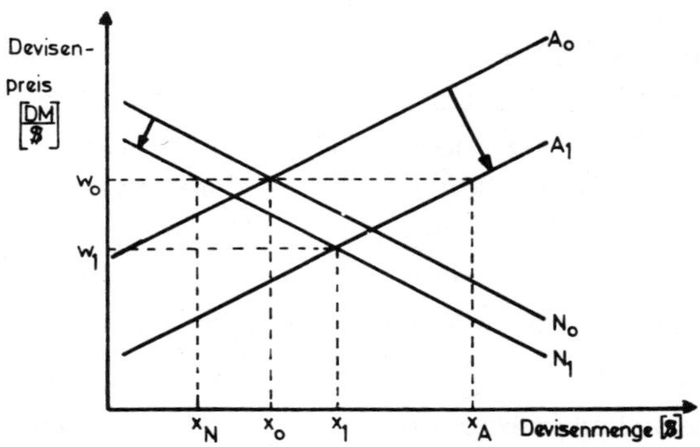

Abb. 2: **Devisenmarkt**

Allerdings kommt es im Gefolge des Anpassungsprozesses zu Nachfrageverlagerungen und damit zu Veränderungen im Preis*gefüge.* So wird die Preistendenz bei den inländischen Exportgütern wegen der gestiegenen Nachfrage aufwärts gerichtet sein. Auch bei den Importgütern kann das der Fall sein, wenn - wie in unserem Beispiel - die Importnachfrage steigt und das Inland einen merkbaren Anteil der Weltimportnachfrage auf sich vereinigt. Bei den Inlandsgütern dagegen kann es tendenziell zu Preissenkungen kommen, weil wegen der möglichen Verlagerung der Inlandsnachfrage auf Importgüter und möglicherweise auch wegen der Bindung größerer Einkommensteile bei den verteuerten Exportgütern (die ja auch von Inländern nachgefragt werden) die Nachfrage nach Inlandsgütern sinkt.

Es sei ausdrücklich darauf hingewiesen, daß es sich hier *nicht um eine exakte Analyse,* sondern um die Darstellung tendenzieller Entwicklungen handelt, deren Eintreffen von einer Reihe im nächsten Abschnitt näher zu erörternder

Voraussetzungen abhängt. Insbesondere ist es keineswegs sicher, daß der Anpassungsprozeß keine Preisniveausteigerungen im Inland nach sich zieht. Es kann nämlich auch ohne Ausdehnung der Gesamtnachfrage, d. h. durch bloße Nachfrageumschichtung, dazu kommen. Außerdem ist darauf zu verweisen, daß die vielfach zu verzeichnende Preisstarrheit ein Absinken der Preise der Inlandsgüter auch bei sinkender Nachfrage verhindern kann. Dennoch bleibt als wichtiges Merkmal des Wechselkursmechanismus hervorzuheben, *daß er keine Vermehrung der Geldmenge erzwingt*, denn die Notenbank interveniert nicht auf dem Devisenmarkt und beeinflußt daher auch nicht die Geldmenge. *Eine* schwerwiegende Inflationsquelle, die bei der Inflationsübertragung zwischen Volkswirtschaften mit festen Wechselkursen eine entscheidende Rolle spielt, ist damit ausgeschaltet. Allerdings ist nicht auszuschließen, daß durch Giralgeldschöpfung bei den Banken, durch Mobilisierung von Anlagen bzw. Erhöhung der Geldumlaufgeschwindigkeit die wirksame Geldmenge und damit die Gesamtnachfrage doch erhöht wird. Jedoch ist eine solche Entwicklung *als Folge* einer Wechselkursveränderung keineswegs zwangsläufig, ja, nicht einmal sehr wahrscheinlich.

(3) Wechselkursmechanismus und die Wirkungen der Spekulation

Die bisherigen Überlegungen könnten zu dem irrigen Schluß verleiten, daß es in einem System flexibler Wechselkurse keine Zahlungsbilanzungleichgewichte gibt, da über eine entsprechende Wechselkursbewegung stets der Ausgleich gesichert ist. Diese Betrachtungsweise, wie sie insbesondere in den Preis-Mengen-Diagrammen zum Ausdruck kommt, vernachlässigt jedoch völlig den **Zeitbedarf der Anpassungsprozesse.** Es werden zwei Gleichgewichtspunkte gegenübergestellt, die Ausgangs- und Endpunkt eines Prozesses sind, ohne daß nach Verlauf und Zeitaufwand des Prozesses gefragt wird (komparativ-statische Betrachtung). Auf den Verlauf des Prozesses wurde bereits eingegangen, indem die Reaktion des Außenhandels auf Wechselkursänderungen geschildert wurde. Hinsichtlich des Zeitaufwandes jedoch ist hervorzuheben, daß *Exporte und Importe mit einer mehr oder weniger ausgeprägten Trägheit auf Wechselkursänderungen reagieren.* Kommt es z. B. zu einer plötzlichen Steigerung der Devisennachfrage durch Importsteigerung oder Kreditgewährung an das Ausland, so ist das Devisenangebot aus Exporten *kurzfristig unelastisch*; denn es dauert eine gewisse Zeit, ehe die Exporte wegen der erhöhten Wechselkurse zu steigen beginnen. Der Wechselkurs steigt daher zunächst auf w_3 (s. Abb. 3).

Die Ausdehnung des Angebots auf x_2, bei der sich der endgültige Gleichgewichtswechselkurs w_2 ergibt, kann nun wesentlich beschleunigt werden durch Einschaltung der *Spekulation.* Wenn die Spekulanten in richtiger Einschätzung der Situation das baldige Wiederabsinken des Wechselkurses erwarten, werden sie nach Möglichkeit Devisen anbieten, entweder, weil sie sie vorher billiger „gekauft" hatten und somit einen Gewinn realisieren können oder aber, weil sie nach dem erwarteten Kursrückgang mit der erworbenen Inlandswährung einen erhöhten Devisenbetrag rücktauschen können. Durch dieses Bestreben der Spekulanten, vorübergehende Wechselkursveränderungen zur Gewinnerzielung zu benutzen, werden einmal die **Wechselkursausschläge gedämpft**, weil bei steigenden Kursen das Devisenangebot aus Spekulationsquellen erhöht wird und bei sinkenden Kursen zusätzliche Nachfrage seitens der Spekulation auftritt; zum zweiten werden die **Anpassungszeiträume** (bis zum Erreichen des neuen Gleichgewichtswechselkurses) **verkürzt**, weil Spekulanten schneller reagieren als Außenhändler, um kurzfristige Chancen auszunutzen. So trägt die Spekulation dazu bei, daß bei zufälligen und kurzfristigen Störungen des Gleichgewichtes der Gleichgewichtskurs schneller und unter geringeren Kursausschlägen wieder erreicht wird. Bei trendmäßigen Entwicklungen vom ursprünglichen Gleichgewichtskurs fort bewirkt eine funktionsfähige Spekulation, daß der Weg zum neuen Gleichgewichtswechselkurs gleichmäßiger verläuft als ohne Spekulation.

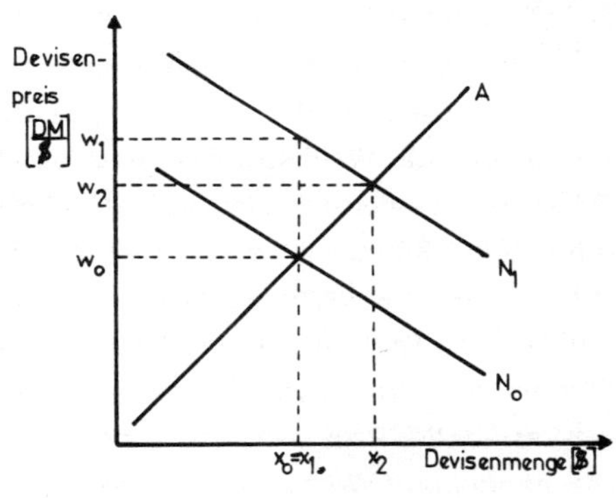

Abb. 3: **Devisenmarkt**

Voraussetzungen für eine in diesem Sinne *stabilisierende Wirkung der Spekulation* sind jedoch:

1. Die Spekulation verfügt über genügend Mittel, den Markt zu beeinflussen.
2. Die Spekulanten konkurrieren miteinander.
3. Die Spekulanten sind gut informiert und schätzen die Entwicklung im Durchschnitt und der Tendenz nach richtig ein.
4. Das Währungs- und Wechselkurssystem als solches steht nicht in Frage, weil sonst destabilisierende Spekulationen in eine Richtung (one way speculation)

in Gang gesetzt werden, die die erwartete Systemänderung antizipieren sollen.

Die *Währungsspekulation*, deren generelles Merkmal darin besteht, für die sich durch Kursschwankungen ergebenden unsicheren Gewinnchancen ein Risiko einzugehen, kann dabei auf mehrerlei Art erfolgen:

1. **Hortungsspekulation:** Von Handel, Banken und berufsmäßigen Spekulanten wird eine in ihrer Größe schwankende Menge von Sorten (ausländische Banknoten) gehalten. Wenn der Wechselkurs angestiegen ist und zu erwarten steht, daß er sich auf eine neue Gleichgewichtslage nach unten einspielt, wird möglicherweise aus diesen Beständen verkauft. Bei gesunkenem Wechselkurs werden, wenn ein baldiger Wiederanstieg erwartet werden kann, die Sortenbestände wieder vergrößert. Das zusätzliche Angebot oder die zusätzliche Nachfrage werden die Anpassung beschleunigen. Es liegt eine Spekulation mit Horten in fremder Valuta vor. Diese Spekulation, die nationale Bestände einsetzt oder sie aus dem Markt nimmt, entspricht in der Wirkung einer Intervention der Notenbanken zur Stabilisierung des Wechselkurses. Da sich Spekulationsgewinne auch erzielen lassen, wenn man Devisen, also (verzinsliche) Forderungen in fremder Währung, hält, wird auch mit internationalen Krediten spekuliert. Umfangmäßig übersteigt diese Art der Währungsspekulation die Hortungsspekulation bei weitem.

2. **Kreditspekulation:** Hier beschleunigen internationale Kurzkredite das Erreichen des neuen Gleichgewichtskurses, also die Rückentwicklung von w_1 auf w_2 in Abb. 3. Ausländer werden bei steigenden Wechselkursen an Inländer Kredite geben oder Inlandseffekten kaufen, weil sie im Augenblick die eigene Valuta günstig gegen Inlandswährung umtauschen können und fest damit rechnen, daß bei der Kreditrückzahlung ein für sie günstigerer Wechselkurs, nämlich w_2, gelten wird. Bei vorübergehend niedrigem Wechselkurs werden umgekehrt Kurzkredite ins Ausland gegeben, weil die inländischen Gläubiger die Rückzahlung bei höherem Kurs erwarten. In gleicher Weise wirken die Veränderungen der „terms of payment": Die Warenimporteure z. B. können die Gelegenheit nutzen, um bei vorübergehend hohem Wechselkurs so weit wie irgend möglich durch Zurückstellen der in ausländischer Währung fakturierten Verbindlichkeiten ihre Position zu verbessern (Verringerung der Devisennachfrage). Die inländischen Exporteure können in der gleichen Situation ihre Forderungen in ausländischer Währung beschleunigt eintreiben und transferieren (und auf diese Weise das Devisenangebot erhöhen), um den günstigen Kurs auszunutzen.

3. **Warenspekulation:** Schließlich kann auch mit Waren spekuliert werden, indem bei hohen Wechselkursen aufschiebbare Einfuhren nach Möglichkeit

zurückgestellt und Ausfuhren vorverlegt werden. Bei als vorübergehend niedrig angesehenem Devisenkurs werden umgekehrt die Einfuhren so weit wie möglich vorgezogen und die Ausfuhren verzögert.

Sowohl Hortungs- als auch Kredit- und Warenspekulation beschleunigen die Anpassung des Wechselkurses; Kredit- und Warenspekulation erleichtern darüber hinaus auch den Zahlungsbilanzausgleich, indem die Kapital- und Leistungsbilanz aktiviert oder passiviert wird.

4. **Terminspekulation:** Mit Devisen und mit bestimmten Waren kann auch *per Termin spekuliert* werden. Dabei kauft oder verkauft der Spekulant zu einem fest vereinbarten Kurs (Terminkurs) Devisen, die er aber erst zu einem späteren Termin abzunehmen oder zu liefern hat. Der Partner hat damit die Gewißheit, Devisen (oder Waren) zu einem späteren Zeitpunkt zum vereinbarten Kurs zu erhalten oder loszuwerden. Das Risiko der zwischenzeitlichen Kursveränderung ist für ihn ausgeschaltet. Der Spekulant übernimmt dieses Risiko bewußt, weil er vermutet (aber nicht sicher weiß), daß sich der Kurs zu seinen Gunsten verändern wird, z. B. indem der Kassakurs vor Fälligkeit des Termingeschäftes sinkt, so daß er die Devisen zu einem billigeren Kurs kaufen kann, als er sie per Termin verkauft hat. Der Einfluß der Terminspekulation auf die Wechselkursgestaltung ist nicht so eindeutig wie bei der „Kassaspekulation", weil die Spekulanten hier eigentlich nicht als zusätzliche Anbieter oder Nachfrager von Devisen auftreten, sondern an die Stelle der Exporteure und Importeure, der Kreditgeber oder -nehmer treten. Dennoch kann auch hier eine ausgleichende Wirkung von den jeweils mit den Termingeschäften zusammenhängenden Kassageschäften ausgehen. D. h. wenn der Spekulant per Termin Devisen erworben hat, wird er sie nicht unbedingt am Tag der Lieferung, sondern zu einem ihm besonders günstigen Zeitpunkt verkaufen. Bei einem Verkauf per Termin wird er sich die nötigen Devisen ebenfalls dann kaufen, wenn es ihm besonders günstig erscheint. Die Einschaltung der Spekulation hat also auch hier eine zeitliche Verschiebung von Angebot und Nachfrage im Sinne einer Verstetigung zur Folge. Kursausschläge werden dadurch tendenziell gemindert. Weitere Wirkungen und die Technik von Devisen-Termingeschäften werden im Zweiten Teil: „Internationaler Geld- und Kapitalverkehr" behandelt.

Allerdings tritt eine die Wechselkursschwankungen nivellierende und den Anpassungsprozeß beschleunigende Wirkung der Spekulation nur dann ein, wenn die Spekulanten die Lage im wesentlichen richtig beurteilen, anderenfalls erhöhen ihre Geschäfte die Kursausschläge und verzögern das Zustandekommen des neuen Gleichgewichtskurses. Destabilisierend wirkt die Spekulation auch dann, wenn die Spekulanten unter Ausschaltung des Wettbewerbs ein abgestimmtes Vorgehen vereinbaren, um bewußt ein bestimmtes Ergebnis herbeizuführen, z. B. Kurserhöhungen durch massierte Devisenkäufe. Allerdings dürfte es in praxi nicht einfach sein, einen ins Gewicht fallenden Teil der Spekulanten derart auf einen einheitlichen Kurs festzulegen.

(4) Anomale Reaktion des Devisenangebots

Endlich soll an dieser Stelle noch in einer kurzen Zwischenbemerkung darauf aufmerksam gemacht werden, daß der in den bisherigen Überlegungen unterstellte *„normale" Verlauf von Devisenangebots- und Devisennachfragekurven* (s. Abb. 1–3) nicht als zwangsläufig angesehen werden kann, jedenfalls dann nicht, wenn man von dem aus Exporten stammenden Devisenangebot und von der zu Importzwecken entfalteten Devisennachfrage ausgeht. Für die Devisennachfragekurve ist allerdings ein anomaler Verlauf (d. h. positive Steigung der Kurve) mit großer Wahrscheinlichkeit auszuschließen; denn steigende Wechselkurse (z. B. von 2 $\frac{DM}{\$}$ auf 3 $\frac{DM}{\$}$) verteuern die Auslandswaren aus der Sicht der Inländer, weil sie pro Dollar mehr DM aufwenden müssen und somit auch der Erwerb ausländischer Güter für sie teurer wird. Als Reaktion darauf ist ein mengenmäßiger Rückgang der Importe zu erwarten. Äußerstenfalls wäre denkbar, daß die Importmenge konstant bleibt, weil das Inland dringlichst und unverzichtbar auf die Importe angewiesen ist (die Preiselastizität der Importnachfrage wäre gleich Null). Die für Importe aufzuwendende Devisenmenge (Devisennachfrage) ergibt sich jedoch als Produkt aus importierter Gütermenge und Preis in *ausländischer Währung.* Die Preise der Importgütermenge (in Auslandswährung) bleiben jedoch konstant oder reduzieren sich tendenziell wegen des Rückgangs der mengenmäßigen Importnachfrage. Ein Sinken der Auslandspreise tritt allerdings nur dann ein, wenn die inländische Importnachfrage einen merkbaren Anteil der Weltnachfrage darstellt. Andernfalls sind die Wirkungen von Veränderungen der Importnachfrage eines einzelnen Landes so gering, daß sie die Weltmarktpreise nicht beeinflussen.

Das Produkt aus Importmenge und Importpreisen und damit die Devisennachfrage für Importzwecke muß also mit steigenden Wechselkursen fallen, weil die Importmenge sinkt und auch die Auslandspreise sinkende Tendenz haben. Äußerstenfalls – wobei es sich jedoch schon um einen recht unrealistischen Fall handelt – bleibt die Devisennachfrage für Importzwecke konstant, wenn die Importnachfrage völlig unelastisch ist. Eine *anomale, d. h. positive Neigung der Devisennachfragekurve, kann daher als unrealistisch außer Betracht bleiben.*

Für das Devisenangebot dagegen läßt sich *nicht mit ähnlicher Sicherheit sagen,* daß steigende Kurse zur Angebotssteigerung führen, daß also die Devisenangebotskurve stets positiv geneigt verläuft. Denn mit steigendem Wechselkurs werden die Inlandsgüter für die Ausländer zwar billiger, so daß sie mehr nachfragen und die Exportgütermenge steigen wird; daß steigende Exportmengen auch zu steigenden Devisenerlösen führen, ist jedoch deswegen nicht sicher, weil wegen des gestiegenen Kurses der pro Gütereinheit aufzuwendende Devisenbetrag sinkt. Der *gestiegenen Exportmenge steht also ein gesunkener Preis in Auslandswährung gegenüber.* Welche der beiden entgegengerichteten Tendenzen überwiegt, hängt von der Elastizität des Exportangebots und der Exportnachfrage ab.

An einem einfachen Zahlenbeispiel läßt sich das veranschaulichen. Der Preis eines bestimmten inländischen Exportgutes sei 15,– DM. Bei einem Wechselkurs von $2\,\frac{\text{DM}}{\$}$ beträgt der Preis dieses Gutes in *Dollar* 7,50 $. Werden zu diesem Preis 1 Mill. Einheiten des Gutes exportiert, so beträgt der Devisenerlös (≙ Devisenangebot) 7,5 Mill. $.

Steigt der Wechselkurs nun auf $3\,\frac{\text{DM}}{\$}$, so sinkt der Preis in Dollar auf 5 $. Steigt aufgrund dieser Preissenkung die Exportmenge auf 1,2 Mill. Einheiten, so sinkt der Devisenerlös (Devisenangebot) gegenüber der Ausgangssituation auf 6 Mill. $. Steigt dagegen die Exportmenge stärker, z. B. auf 1,6 Mill. Einheiten, so steigt der Devisenerlös (≙ Devisenangebot) von 7,5 auf 8 Mill. $.

Wechselkursänderung und Devisenerlöse aus Exporten

(Schematische Darstellung)

Preis eines Exportgutes in Inlandswährung	Wechselkurs	Preis des Exportgutes in Auslandswährung	Export in Mengeneinheiten	Exportwert in Devisen ≙ Devisenangebot
15,– DM	$w_0 = 2\,\frac{\text{DM}}{\$}$ →	7,5 $ →	1 Mill. Stck.	= 7,5 Mill. $
	$w_1 = 3\,\frac{\text{DM}}{\$}$ →	5 $ →	1,2 Mill. Stck.	= 6 Mill. $
		→	1,6 Mill. Stck.	= 8 Mill. $

Festzuhalten bleibt also schon jetzt, *daß das Devisenangebot bei steigendem Kurs auch abnehmen kann. Die Devisenangebotskurve wäre dann zumindest in einem bestimmten Bereich negativ geneigt.*

Diese Konstellation ist deswegen von Bedeutung, weil für den Fall, daß die negativ geneigte Devisenangebotskurve flacher verläuft als die ebenfalls negativ geneigte Devisennachfragekurve (siehe Abb. 4), *der Wechselkursmechanismus nicht funktioniert.*

Tritt hier nämlich eine Störung des Gleichgewichts, z. B. durch Verschiebung der Angebotskurve von A_0 nach A_1 ein, so entsteht ein Angebotsüberschuß ($x_1 - x_0$). Ein Überangebot führt aber auf funktionsfähigen Märkten zu Preissenkungen, weil das Angebot nur zu herabgesetzten Preisen abzusetzen ist. In unserem

Falle würde daher der Preis für Devisen, der Wechselkurs also, unter w_0 sinken. Der anomale Verlauf der Devisenangebotskurve bewirkt aber, daß das Devisenangebot mit sinkendem Wechselkurs zunimmt und zwar stärker als die Devisennachfrage. Der Angebotsüberschuß vergrößert sich also noch. Die *Wechselkursänderung beseitigt nicht das Ungleichgewicht auf dem Devisenmarkt (und in der Zahlungsbilanz), sondern vergrößert es.* Die genaueren Bedingungen einer solchen anomalen Reaktion der Zahlungsbilanz werden im nächsten Abschnitt besprochen.

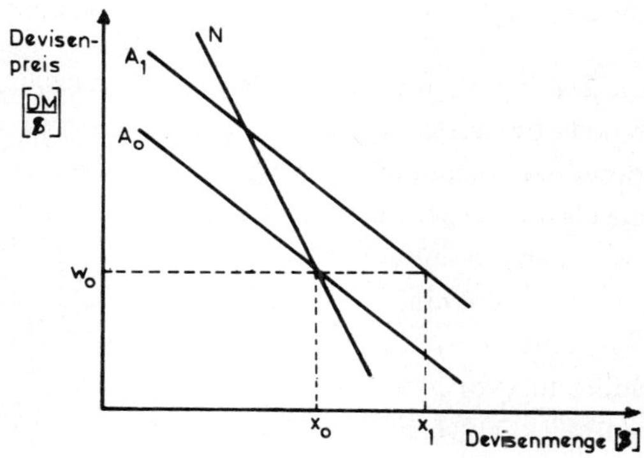

Abb. 4: **Instabiler Devisenmarkt**

b) Zahlungsbilanzausgleich bei festen Wechselkursen

Ein Weltwährungssystem, in dem sich die Austauschrelationen (Wechselkurse) der unterschiedlichen Währungen zueinander nach den jeweiligen Bedingungen auf dem Devisenmarkt frei bilden, ist noch nie praktiziert worden. Nach dem etappenweisen Abbau der Goldkernwährung in der Zeit zwischen den beiden Weltkriegen wurde vielmehr nach dem Zweiten Weltkrieg ein Währungssystem mit festen Wechselkursen installiert. Seitdem ist die Diskussion um die Zweckmäßigkeit fixierter Wechselkurse zwar nie abgeflaut, dennoch ist eine offizielle und prinzipielle Abkehr von diesem System bis heute nicht endgültig erfolgt. De facto haben allerdings die Anfang der siebziger Jahre an Häufigkeit und Heftigkeit zunehmenden Krisen des Weltwährungssystems zu einer recht weitgehenden Suspendierung des Systems fester Wechselkurse geführt. Auch die westlichen Industrieländer versuchten in steigender Zahl, ihren Zahlungsbilanzschwierigkeiten durch Freigabe der Wechselkurse zu begegnen; sie hofften also auf die Wirksamkeit des Wechselkursmechanismus. Allerdings stimmt die offizielle Meinung in fast allen beteiligten Ländern darin überein, daß es sich dabei nur um eine zeitlich begrenzte Überbrückungsmaßnahme bis zur Durchführung einer grundlegenden Reform des Weltwährungssystems handeln soll. Das endgültige System soll jedoch nach der Meinung vieler Politiker wieder grundsätzlich feste Wechselkurse, wenn auch mit der installierten Möglichkeit zu größerer Flexibilität, aufweisen.

Die Frage, welche Rolle der Wechselkurs als Mittel des Zahlungsbilanzausgleichs in einem System fester Wechselkurse spielen kann, beansprucht daher keineswegs nur historisches Interesse. Sie ist auch heute von hoher wirtschaftspolitischer Aktualität.

(1) Auf- und Abwertung

Das nach dem Zweiten Weltkrieg vereinbarte internationale Währungssystem von Bretton Woods, dessen Charakteristika, Schwächen und Modifikationen im Dritten Teil detailliert behandelt werden, verpflichtete die beigetretenen Länder, ihre Wechselkurse gegenüber dem Dollar stabil zu halten. Diese Aufgabe hatten die nationalen Notenbanken zu übernehmen, indem sie bei Entstehen von Nachfrage- oder Angebotsüberschüssen auf dem Devisenmarkt als Anbieter oder Nachfrager auftraten und damit Veränderungen des Wechselkurses verhinderten. Anders ausgedrückt: Die Notenbanken hatten durch ihre Interventionen am Devisenmarkt zu verhindern, daß Ungleichgewichte in der Zahlungsbilanz auf den Devisenmarkt und damit auf den Wechselkurs durchschlugen. Ein Ausgleich der Zahlungsbilanz wurde und wird durch derartige Notenbankinterventionen nicht erreicht; denn der Wechselkursmechanismus kann nicht oder nur ganz beschränkt innerhalb der Bandbreiten wirksam werden. Andererseits führt das Fortbestehen des Zahlungsbilanzungleichgewichts dazu, daß die Devisenvorräte der Notenbank entweder leerlaufen (bei einem Zahlungsbilanzdefizit) oder ständig zunehmen (bei einem Zahlungsbilanzüberschuß). Beide Entwicklungen sind problematisch. Besonders offensichtlich ist das im Falle schwindender Devisenvorräte; denn der Notenbank wird es damit schließlich unmöglich, durch Verkauf von Devisen den Wechselkurs weiterhin stabil zu halten.

Ein Ausweg aus diesem Dilemma besteht in der Wiederherstellung des Zahlungsbilanzgleichgewichts. Interventionen der Notenbank würden damit überflüssig. Wie bereits gezeigt wurde, kann das Zahlungsbilanzgleichgewicht durch das Wirken des Wechselkursmechanismus erreicht werden. Obwohl die freie Beweglichkeit des Wechselkurses im Bretton-Woods-System ausgeschlossen war, bestand wenigstens die Möglichkeit, unter bestimmten Voraussetzungen den festgesetzten Wechselkurs durch administrativen Akt zu verändern. Auf diese Weise konnte man sich im Notfall doch den Wechselkursmechanismus zunutze machen, um ein dauerhaftes Ungleichgewicht der Zahlungsbilanz zu beseitigen.

Es liegt auf der Hand, daß der Erfolg einer solchen Wechselkursänderung u. a. entscheidend davon abhängt, ob der neue behördlich festgesetzte Wechselkurs wenigstens annähernd dem Kurs entspricht, der sich bei flexiblen Wechselkursen einstellen würde. Ist die Wechselkursänderung zu gering, wird das Ungleichgewicht verringert, aber nicht beseitigt, ist sie zu groß, so kommt es zu einem Ungleichgewicht mit umgekehrtem Vorzeichen; (aus einem Überschuß wird ein Defizit oder umgekehrt). Abb. 5 zeigt den Fall eines Nachfrageüberschusses (Zahlungsbilanzdefizit) bei der amtlich festgesetzten Parität w_0'. Eine Wechselkurserhöhung auf w_1' würde das Defizit verringern, aber nicht beseitigen. Bei Erhöhung auf w_1'' entstünde ein Angebotsüberschuß. Nur bei w_G käme es zu einem Ausgleich zwischen Devisenangebot und Devisennachfrage und damit der Zahlungsbilanz.

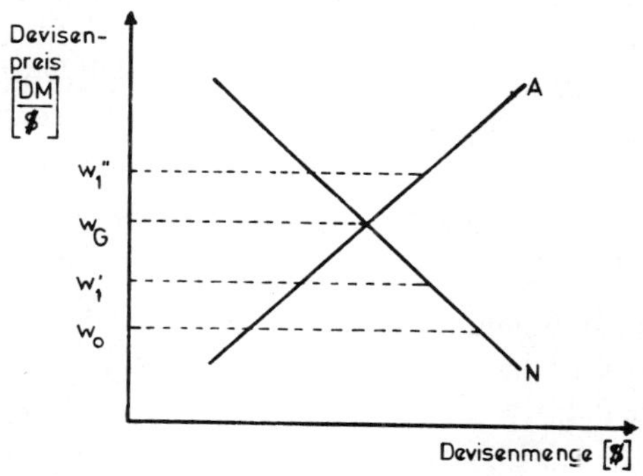

Abb. 5: **Devisenmarkt**

Die Ermittlung des „richtigen" Wechselkurses stößt auf erhebliche Schwierigkeiten. Verschiedentlich ist versucht worden, dem Devisenmarkt die Lösung dieses Problems zu überlassen, indem man die Wechselkurse vorübergehend frei schwanken ließ. Der Markt sollte gewissermaßen anzeigen, welches der „richtige" Kurs ist, so daß dann von politischer Seite nur noch die Fixierung dieses Kurses zu erfolgen hatte. Die Zuverlässigkeit dieses Verfahrens ist jedoch mit Vorbehalt zu betrachten, weil die vorübergehende Freigabe des Wechselkurses eine Ausnahmesituation darstellt und von den Beteiligten auch als solche verstanden wird. Die Transaktionen - insbesondere der Spekulation - werden daher nicht so sehr von der mutmaßlichen Marktentwicklung, sondern eher von der mutmaßlichen administrativen Wechselkursänderung bestimmt. Es ist zumindest nicht auszuschließen, daß auf diese Weise induzierte Transaktionen zu Wechselkursen führen, die der eigentlichen Marktsituation nicht oder nur unvollkommen entsprechen und damit keine brauchbare Entscheidungshilfe für Politiker darstellen.

Überdies ist zu vermerken, daß oft nicht nur zahlungsbilanzpolitische, sondern auch andere Überlegungen, z. B. solche allgemeinpolitischer Natur, das Ausmaß der verfügten Wechselkursänderungen beeinflussen.

Derartige administrative Wechselkursänderungen nennt man Aufwertungen oder Abwertungen. Von einer *Aufwertung* der Inlandswährung spricht man, wenn der Preis der Auslandswährung, gerechnet in Inlandswährung, *herabgesetzt wird*, der Devisenkurs (Preisnotierung) also niedriger liegt, als bisher. Wird z. B. der Devisenkurs von

$$w_0 = 2{,}50\ [\frac{DM}{\$}] \text{ auf } w_1 = 2{,}00\ [\frac{DM}{\$}]$$

gesenkt, so ist die DM aufgewertet worden; denn ihr Wert gegenüber dem Dollar hat sich erhöht. - Dementsprechend spricht man von einer *Abwertung* der DM, wenn der *Devisenkurs heraufgesetzt wird*[13], so daß man für einen Dollar mehr DM aufwenden muß als bisher. Der Wert der Inlandswährung ist also in Relation zur Auslandswährung gesunken; z. B. von

$$w_0 = 2{,}50\ [\frac{DM}{\$}] \text{ auf } w_1 = 3{,}00\ [\frac{DM}{\$}].$$

Die Aufwertung der Inlandswährung bedeutet aus der Sicht der Ausländer eine Herabsetzung des Außenwertes ihrer Währung gegenüber der aufgewerteten Währung. Allerdings ist es nicht richtig zu sagen, daß die Aufwertung der Inlandswährung aus der Sicht eines anderen Landes gleichbedeutend mit der Abwertung seiner eigenen Währung ist. Der Unterschied besteht vielmehr darin, daß die Aufwertung der A-Währung für die B-Währung nur eine „Abwertung" gegenüber der A-Währung mit sich bringt. Das Wertverhältnis (Wechselkurs) der B-Währung gegenüber allen anderen Währungen bleibt dagegen unverändert. Wird die B-Währung dagegen selber abgewertet, so sinkt ihr Wertverhältnis gegenüber allen Währungen. Es empfiehlt sich daher, die Anwendung der Begriffe Aufwertung und Abwertung auf den Fall einer administrativ herbeigeführten Wechselkursänderung zu beschränken. Ebenso gibt es zu Mißverständnissen Anlaß, bei Bewegungen freischwankender Wechselkurse von Auf- oder Abwertungen zu sprechen. Zum einen fehlt hier der administrative Akt, zum anderen ist es nicht sicher, ja sogar unwahrscheinlich, daß sich bei floatenden Wechselkursen das Wertverhältnis einer bestimmten Währung gleichmäßig gegenüber allen anderen verändern würde. Möglich wäre vielmehr, daß

---

13 Benutzt man zur Wechselkursangabe die Mengennotierung, so bedeutet Aufwertung der DM Steigen des Kurses, z. B. von $w_{m_0} = 0{,}40\ [\frac{\$}{DM}]$ auf $w_{m_1} = 0{,}50\ [\frac{\$}{DM}]$. - Abwertung der DM heißt Sinken des Wechselkurses, z. B. von $0{,}40\ [\frac{\$}{DM}]$ auf $0{,}33\ [\frac{\$}{DM}]$.

sich gegenüber einigen Währungen ein Anstieg der Wechselkurse („Abwertungen"), gegenüber anderen jedoch ein Absinken der Kurse („Aufwertungen") ergibt; sie würden sich außerdem sicherlich noch im Ausmaß unterscheiden. Hier von Aufwertung oder Abwertung zu sprechen, wäre sinnlos; es sei denn, man bezieht sich ausschließlich auf das Wertverhältnis zwischen zwei Währungen.

(2) Der Einfluß administrativer Wechselkursänderungen auf die Handels- und Dienstleistungsbilanz

Auf- und Abwertungen werden mit der Absicht unternommen, die gegebene Zahlungsbilanzsituation zu beeinflussen. Die dahinterstehende Zielsetzung kann unterschiedlich sein; es kann sich um stabilitätspolitische, beschäftigungspolitische, strukturpolitische oder andere Ziele handeln. Unabhängig davon setzt der zielgerechte Einsatz dieser währungspolitischen Maßnahme jedoch in jedem Fall voraus, daß man ihre Wirkung auf die Zahlungsbilanz möglichst zuverlässig bestimmen kann. Im Zusammenhang mit der Erklärung des Wechselkursmechanismus (bei flexiblen Wechselkursen) waren schon einige tendenzielle Aussagen darüber gemacht worden, wie erstens der Wechselkurs auf Zahlungsbilanzungleichgewichte reagiert und wie zweitens die Wechselkursänderung ihrerseits auf die Handels- und Dienstleistungsbilanz (hier abgekürzt Leistungsbilanz[14] genannt) einwirkt. Die zweite Phase des Problems, nämlich Reaktion der Zahlungsbilanz auf Wechselkursänderungen, taucht also sowohl bei flexiblen als auch bei festen Wechselkursen auf. Der Unterschied besteht lediglich darin, daß die Wechselkursänderung im ersten Fall durch den Marktmechanismus, im zweiten Fall durch politische Entscheidung zustandekommt.

Die vorläufige Antwort auf die obige Frage hatte gelautet, daß erhöhte Wechselkurse (Abwertung) tendenziell zu einer Aktivierung der Leistungsbilanz und herabgesetzte Wechselkurse (Aufwertung) zu einer Passivierung der Leistungsbilanz führen. Dabei hatte sich jedoch schon gezeigt, daß dieses „normale" Ergebnis nicht zwangsläufig eintritt, vielmehr kann es nach einer Abwertung auch zu einer Passivierung bzw. nach einer Aufwertung zu einer Aktivierung der Leistungsbilanz kommen. Die folgenden Überlegungen gelten daher der Frage, von welchen Voraussetzungen es abhängt, ob die Leistungsbilanz normal oder anomal reagiert. Die Beschränkung der Betrachtung auf die Handels- und Dienstleistungsbilanz erfolgt auch hier wegen der Schwierigkeit, einen eindeutigen Zusammenhang zwischen Wechselkurs und den von vielfältigen Motiven bestimmten internationalen Kreditbewegungen herzustellen. Es ist nicht zu

---

[14] Zwecks Abkürzung wird auch im folgenden der Begriff Leistungsbilanz für die zusammengefaßte Handels- und Dienstleistungsbilanz verwendet.

leugnen, daß dadurch die Aussagekraft bezüglich der Entwicklung der gesamten Zahlungsbilanz erheblich gemindert wird. Andererseits wirkt eine induzierte Aktivierung der Leistungsbilanz in Richtung auf eine Aktivierung der Gesamtbilanz, es sei denn, die Wechselkursänderung würde gleichzeitig die Kapitalverkehrsbilanz in entgegengesetztem Sinne beeinflussen (Passivierung), so daß der entstandene Aktivsaldo der Leistungsbilanz tendenziell kompensiert würde. Für eine solche Reaktion der Kapitalverkehrsbilanz auf Wechselkursänderungen gibt es jedoch keine zwingenden Argumente.

Den Einfluß einer Wechselkursänderung auf die Leistungsbilanz erhält man, wenn man die Veränderung der Exporte und Importe kennt. Dabei genügt es jedoch nicht, die Veränderungen der Export- und Importmengen zu ermitteln; denn in die Zahlungsbilanz gehen ja die Export- und Import*werte* ein, die sich als Produkt aus Mengen und Preisen der umgesetzten Außenhandelsgüter ergeben. Neben der Mengenänderung muß man also auch die induzierte Preisänderung bei Export- und Importgütern kennen, wenn man eine Aussage über die Veränderung ihrer Werte machen will. Aus einer **Gegenüberstellung der Veränderung von Import- und Exportwert** ergibt sich dann die Wirkung auf die Zahlungsbilanz, wobei von einer Aktivierung dann gesprochen wird, wenn ein bestehender Passivsaldo (Defizit) verringert bzw. in einen Aktivsaldo verwandelt wird oder ein bestehender Aktivsaldo (Überschuß) vergrößert wird. Entsprechendes gilt für die Passivierung.

Eine solche Entwicklung (Aktivierung) tritt ein, wenn ein gestiegener Exportwert einem gesunkenen, konstanten oder schwächer gestiegenen Importwert gegenübersteht oder wenn ein gesunkener Exportwert einem stärker gesunkenen Importwert gegenübersteht.

Es sei jedoch ausdrücklich hervorgehoben, *daß eine solche vergleichende Gegenüberstellung der Export- und Importwertänderungen nur dann statthaft ist, wenn die Werte in derselben Währung angegeben sind.* Andernfalls ist eine Vergleichbarkeit der Ergebnisse nicht gegeben.

Ferner ist zu betonen, daß bei den folgenden Überlegungen mit Ausnahme des Wechselkurses alle anderen die Zahlungsbilanz beeinflussenden Faktoren als konstant angenommen werden. Diese Voraussetzung ist besonders im Hinblick auf das Volkseinkommen problematisch; denn bekanntlich ist eine Veränderung des Außenbeitrages (Saldo der Handels- und Dienstleistungsbilanz [$X-M$]) bei Konstanz der anderen Bestandteile des Volkseinkommens gleichbedeutend mit einer ebensolchen Veränderung des Volkseinkommens. Dieser Sachverhalt läßt sich unmittelbar an der üblichen Definitionsgleichung für das Volkseinkommen (Y) ablesen.

(1) $$Y = C + I + (X - M).$$

Allerdings ist nicht auszuschließen, daß auch die Konsum- (C) und die Investitionsnachfrage (I) von den Wechselkursänderungen tangiert werden, so daß die Gleichsetzung von Außenbeitragsänderung mit einer gleich großen Volkseinkommensänderung dann nicht zutreffend wäre[15]. Festzuhalten bleibt jedoch, daß Wechselkursänderungen das Volkseinkommen (nominal oder real) beeinflussen können und mit Wahrscheinlichkeit auch tatsächlich beeinflussen. Diese Einkommensveränderungen wirken nun ihrerseits auf die Zahlungsbilanz zurück. Es handelt sich hier um Sekundärwirkungen; denn sie treten erst auf, nachdem die Wechselkursänderung die Leistungsbilanz bereits verändert hat. Für die erste Phase, in der es um die *unmittelbaren* Wirkungen der Wechselkursänderung auf den Außenbeitrag geht, ist es daher gerechtfertigt, von einem konstanten Volkseinkommen auszugehen. Dabei darf jedoch nicht vergessen werden, daß die unter diesen Voraussetzungen analysierten Ergebnisse insofern vorläufigen Charakter haben, als sie durch die folgenden Einkommenswirkungen mehr oder weniger stark beeinträchtigt werden können.

(a) Import- und Exportwert in Auslandswährung bei Abwertung

Es sollen im folgenden die Wirkungen einer Wechselkursänderung auf Importe und Exporte untersucht werden. Es wird von einer Abwertung der Inlandswährung ausgegangen. Die Werte werden *in Auslandswährung ($)* angegeben; das Ergebnis gibt dann die *Veränderung* der *Devisensituation* wieder, was bei einer Bewertung in Inlandswährung nicht der Fall wäre. Es gelten die genannten Voraussetzungen. Es werden zunächst die Änderungen des Importwertes, dann die des Exportwertes analysiert.

1. **Importwert bei Abwertung:** Wir bedienen uns eines partialanalytischen Ansatzes, indem wir die durch eine Abwertung hervorgerufene Reaktion auf dem Markt eines beliebigen Importgutes untersuchen und das Ergebnis mit seinem prinzipiellen Gehalt auf alle Importgüter anwenden.

Es werden zunächst die Angebots- und Nachfragestrukturen auf dem *Importgütermarkt* benötigt. Sie lassen sich aus den Angebots- und Nachfragestrukturen dieses Gutes auf den jeweiligen nationalen Märkten ableiten. Hierbei bedienen wir uns des vereinfachenden Kunstgriffes, die beteiligten Länder in Inland und Ausland einzuteilen, womit die Untersuchung auf einen Zwei-Länder-Fall reduziert wird. Dem willkommenen Effekt einer Vereinfachung der Analyse steht hier jedoch die Schwierigkeit gegenüber, eine solche Aggregation der Angebots- und Nachfragekurven der beteiligten Länder empirisch zu bewältigen. Wir

---

15 Näheres dazu siehe unten, S. 200 ff. (Absorptionstheorie).

umgehen diese Schwierigkeit, indem wir bestimmte Kurvenverläufe als gegeben annehmen (siehe Abb. 6a und b). Dabei wurde bewußt eine Konstellation gewählt, bei der der Inlandspreis (p_i) über dem Gleichgewichtspreis im Ausland (p_a) liegt. Bei Transparenz auf dem Weltmarkt und Fehlen jeglicher Handelshemmnisse wie Zölle, Transportkosten usw. wird das Inland das Gut importieren.

Das zusätzliche Angebot aus dem Ausland läßt den Inlandspreis sinken, die zusätzliche Nachfrage von seiten des Inlandes läßt den Preis im Ausland steigen. Der Prozeß endet, wenn Inlands- und Auslandspreis sich angeglichen haben (p_w).

Aus der Struktur des Inlands- und des Auslandsmarktes läßt sich die in Abb. 6c wiedergegebene Struktur des internationalen Marktes für dieses Gut isolieren. Sie zeigt, welche Mengen des Gutes bei alternativem Preis international gehandelt, also importiert oder exportiert werden.

Das Importangebot aus dem Ausland beginnt bei p_a; denn erst bei Preisen, die höher liegen, entsteht im Ausland ein Angebotsüberschuß, der dort nicht mehr abgesetzt werden kann, und zum Export zur Verfügung steht. Aus den bei den verschiedenen Preisen sich bildenden Angebotsüberschüssen im Ausland (Abb. 6a) ergibt sich, übertragen auf das Diagramm 6c, das Importangebot (*AM*) des Auslandes.

Analog beginnt die Importnachfrage des Inlandes bei p_i. Zu niedrigeren Preisen ergibt sich im Inland (Abb. 6b) ein wachsender Nachfrageüberschuß, weil die Inlandsproduktion zu diesen Preisen die Nachfrage nicht mehr deckt. Die Nachfrageüberschüsse bei den verschiedenen Preisen ergeben auf Diagramm 6c übertragen die Importnachfrage des Inlandes (*NM*). Im Schnittpunkt der Kurven des Importangebots und der Importnachfrage ergibt sich der Weltmarktpreis p_w für das Gut. Denn bei diesem Preis ist der Angebotsüberschuß des Auslandes gleich dem Nachfrageüberschuß im Inland.

Das Ausland kann also gerade soviel exportieren, wie das Inland importieren muß, um auch die Nachfrage zu decken, die mit Hilfe der Inlandsproduktion nicht befriedigt werden kann. Die nationalen Märkte sind damit zu einem einzigen verschmolzen. Insofern ist der Importgütermarkt eine Abstraktion, die aus Gründen der Beweisführung den Teil des Angebotes, der aus dem Ausland stammt, und den Teil der Nachfrage, der aus dem Ausland befriedigt wird, isoliert.

Ein solches Diagramm für den Importgütermarkt gestattet nun Aussagen zum eigentlichen Problem, nämlich den Wirkungen einer Abwertung auf den Importwert in Auslandswährung. Das Ergebnis wird dabei sowohl von der

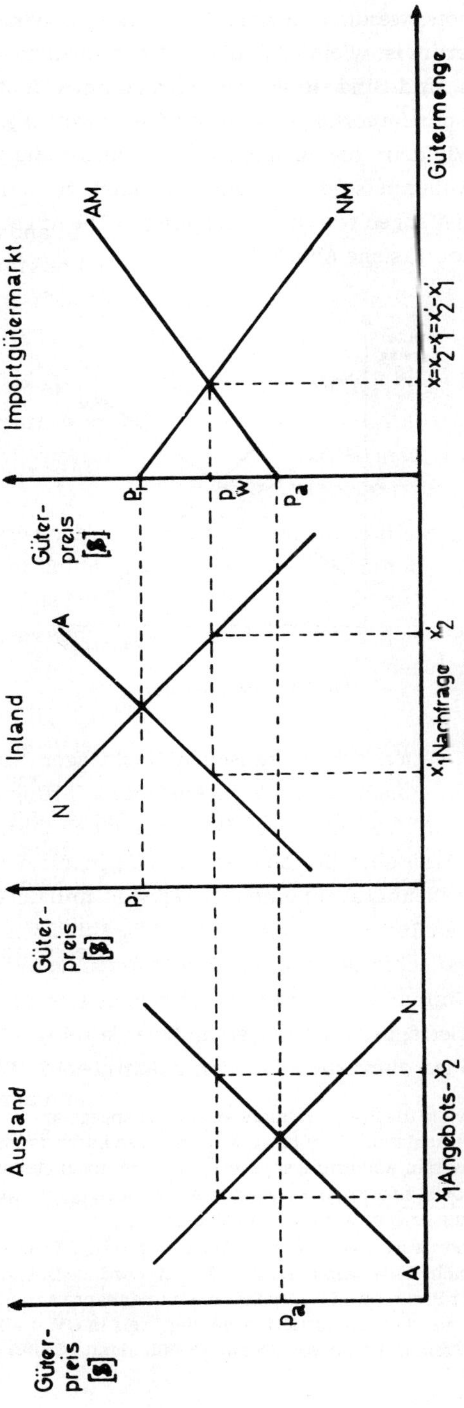

Abb. 6a

Abb. 6b

Abb. 6c

Reaktion des Angebots, wie auch von der der Nachfrage abhängen. Für die jeweilige Reaktion wiederum ist wichtig, ob die Preise in Auslands- oder in Inlandswährung angegeben sind. Sind sie, wie hier angenommen, *in Auslandswährung angegeben*, so wird das *Importangebot* durch die Abwertung der Inlandswährung *nicht beeinflußt;* denn die ausländischen Anbieter, die ja in „ihrer" Auslandswährung kalkulieren, sind nach wie vor bereit, zu den entsprechenden Preisen die gleichen Mengen wie vorher anzubieten. Die Angebotsstruktur (*AM*) bleibt also unverändert (siehe Abb. 7)[16].

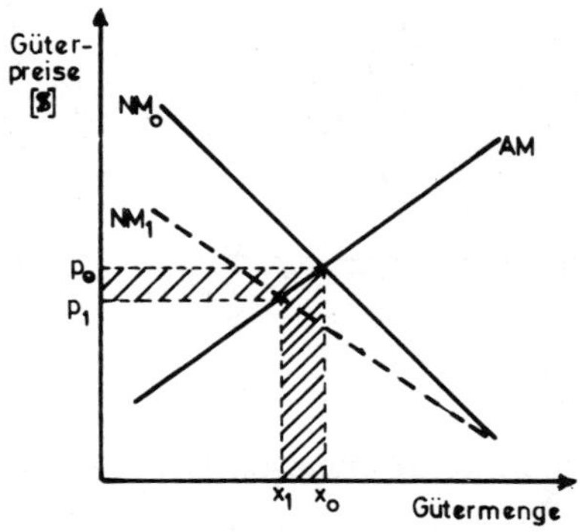

Abb. 7: **Importgütermarkt**

Anders ist die Situation der inländischen Nachfrager. Sie kalkulieren in Inlandswährung. Ein konstanter Preis in Auslandswährung bedeutet für die Inländer infolge der Abwertung ihrer Währung einen gestiegenen Preis in Inlandswährung[17]. Da sie aber gleichbleibende Mengen nur zu gleichbleibenden Preisen (in Inlandswährung) abzunehmen bereit sind, müßten die Preise in Auslandswährung um den Abwertungssatz sinken. Wie Abb. 7 zeigt, verschiebt sich die Kurve der Importnachfrage daher um den Abwertungssatz nach unten (von NM_0 zu NM_1). Der Umfang der Verschiebung richtet sich nach der Höhe des Abwertungssatzes. Beträgt er z. B. 10 %, so muß der jeweilige Preis in Auslandswährung um 10 % fallen, damit die Inländer mit dem gleichen Betrag an Inlands-

[16] Nicht so wäre es, wenn die Preise in Inlandswährung angegeben wären. Da die Inlandswährung gegenüber der Auslandswährung an Wert verloren hat, müssen die ausländischen Anbieter ihre Preise um den Abwertungssatz erhöhen, um (nach Umtausch in „ihre" Auslandswährung) genausoviel zu erlösen, wie vor der Abwertung. Bei Preisen in Auslandswährung ($) jedoch bleibt die Angebotskurve unverändert.

[17] *Beispiel:* Eine Importware koste vor einer DM-Abwertung 6 $. Bei einem Devisenkurs von $w_o = 2\,[\frac{DM}{\$}]$ entspricht das einem Preis von 12,- DM. Wird die DM auf $w_1 = 3\,[\frac{DM}{\$}]$ abgewertet, so entspricht der Preis von 6 $ nunmehr einem Inlandspreis von 18,- DM. Gleichbleibende Mengen werden nur dann importiert, wenn der Preis in DM unverändert bleibt; das ist der Fall, wenn der Preis in Dollar von 6 $ auf 4 $ fällt; denn $3\,[\frac{DM}{\$}] \times 4\,\$ = 12,-$ DM.

geld die gleiche Menge erwerben können wie vorher. Die Nachfragekurve verschiebt sich also in jedem Punkt um 10 % des jeweiligen Preises nach unten, so daß es nicht zu einer Parallelverschiebung kommt. Vielmehr nimmt der Abstand zwischen NM_0 und NM_1 mit steigenden Preisen zu.

Die neue Gleichgewichtssituation im Schnittpunkt von NM_1 und AM zeigt, daß eine verminderte Menge zu einem geringeren Preis importiert wird. Folglich ist auch das Produkt aus beiden, der *Importwert in Auslandswährung, gesunken.* Das geht auch unmittelbar aus Abb. 7 hervor. Unter der Voraussetzung, daß sich die Ausgabenänderungen für Importe ohne Verzögerung in der Devisenbilanz auswirken, vermindern sich also die Devisenabflüsse in einem Umfang, der der Differenz zwischen den Rechtecken $p_0 x_0$ und $p_1 x_1$ in Abb. 7 (schraffierte Fläche) entspricht. Von der Importseite her ist somit eine Tendenz zur Aktivierung der Zahlungsbilanz zu verzeichnen.

Zu fragen bleibt, ob dieses Ergebnis Allgemeingültigkeit besitzt. Dabei ist leicht einzusehen, daß die **Preiselastizitäten** des Importangebotes (ε_M) und der Importnachfrage (η_M) den Umfang der Importwertänderung beeinflussen. In Abb. 8a sind für die Angebotskurve die beiden extremen Möglichkeiten, nämlich völlig elastisches (AM') und völlig unelastisches Importangebot (AM''), eingetragen. In beiden Fällen kommt es zu einer Verminderung des Importwertes infolge einer Abwertung. Bei völlig elastischem Angebot (AM') bleibt zwar der Preis (p_0) konstant, jedoch verringert sich die Importmenge auf x_1, so daß der Wert sinkt ($x_1 p_0 < x_0 p_0$). Bei unelastischem Angebot (AM'') bleibt die Importmenge (x_0) konstant, aber der Preis ändert sich auf p_1. Auch hier sinkt der Importwert ($x_0 p_1 < x_0 p_0$). Bei allen zwischen diesen Extremen liegenden Verläufen der Importangebotskurve kommt es sowohl zu einer Preis- wie auch zu einer Mengenverminderung. Unabhängig vom Verlauf der Importangebotskurve kommt es also immer zu einer Importwertminderung.

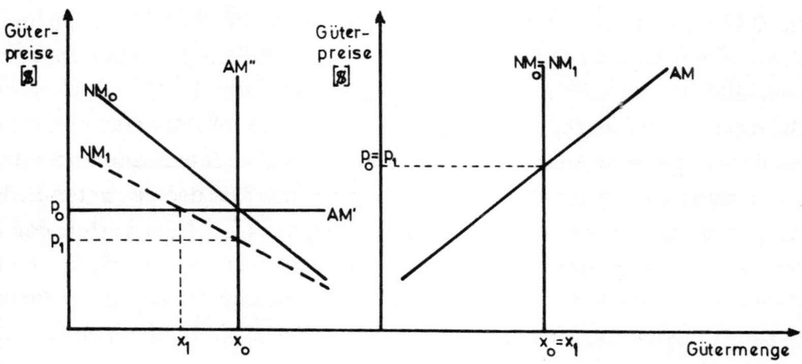

Abb. 8a: *Abb. 8b:*
Importgütermarkt

Aber auch die Nachfrageelastizität beeinflußt die Importwertänderung. Hier wird deutlich, daß die Kurvenverschiebung unter sonst gleichbleibenden Umständen um so geringer ist, je steiler die Nachfragekurve verläuft. Ist die Nachfrage völlig preisunelastisch ($\eta_M = 0$) wie in Abb. 8b eingezeichnet, so wird die Kurve durch eine Abwertung nicht verändert; denn die Inländer fragen unabhängig vom Preis die gleiche Menge x_0 nach. D. h. sie akzeptieren auch einen konstanten Preis in Auslandswährung, der in „ihrer" Inlandswährung eine Preiserhöhung bedeutet. In diesem einen Ausnahmefall unelastischer Importnachfrage bleibt der Importwert (in Auslandswährung) konstant.

Das **Zwischenergebnis** lautet also, daß, abgesehen von der eben genannten Ausnahme, **der in Auslandswährung angegebene Importwert infolge einer Abwertung immer sinkt.** Dabei ist die Verminderung des Importwertes und damit der Aktivierungseffekt der Zahlungsbilanz um so größer, je elastischer die Importnachfrage ist.

Die *ökonomische Interpretation* dieses Ergebnisses ist nicht schwer. Je weniger dringlich die Nachfrage nach Auslandsgütern ist, etwa weil auf Inlandsgüter gleicher Art oder auf Substitutionsgüter ausgewichen werden kann oder weil der Verbrauch wegen geringer Präferenz der Güter stark eingeschränkt wird, desto stärker wird die Importmenge bei konstantem Preis in Auslandswährung, der ja einem gestiegenen Preis in Inlandswährung entspricht, sinken (große Elastizität der Importnachfrage). Und damit sinkt auch der Importwert in Auslandswährung. Sind dagegen die Inländer stark auf die Auslandsgüter angewiesen, etwa weil es sich um nicht substituierbare Rohstoffe für die Inlandsproduktion handelt oder weil es sich um existenznotwendige, schlecht substituierbare Konsumgüter handelt, so ist die Möglichkeit der Mengeneinschränkung gering, was bei konstantem Preis in Auslandswährung einen nur geringen Rückgang des Importwertes und damit des Devisenabflusses bedeutet.

Die *Dringlichkeit der Importnachfrage* kann von Gut zu Gut höchst unterschiedlich sein, so daß es bei einem großen Sortiment von importierten Gütern schwerfällt, eine allgemeine Aussage über die Elastizität der Gesamtnachfrage nach Importgütern zu machen. Es gibt jedoch bestimmte Konstellationen, die eine solche allgemeine Aussage zulassen. Befindet sich z. B. ein Land im Stadium eines nichtindustrialisierten Monokulturlandes, das fast den gesamten Bedarf an gewerblichen Gütern aus dem Ausland bezieht, so ist zu erwarten, daß die Verringerung des gesamten Importwertes infolge einer Abwertung nur gering ausfallen wird. Eine starke Entlastung der Zahlungsbilanz ist von der Importseite somit nicht zu erwarten. Auch die *Größe des abwertenden Landes* spielt eine Rolle. Kleine Länder können, selbst wenn sie industrialisiert sind, nur einen geringen Teil der im Inland benötigten Güter selber produzieren. Die Ausweichmöglichkeiten auf eigene Produktion sind daher insgesamt gesehen gering. Bei derart hoher Importabhängigkeit ist damit auch bei ihnen die Möglichkeit, durch Abwertung die Importmengen und damit den Importwert wesentlich zu verringern, sehr beschränkt.

2. **Exportwert bei Abwertung:** Allerdings entscheidet ja die Importwertänderung allein noch nicht über die Reaktion der Handelsbilanz. Es gilt jetzt, den Einfluß einer Abwertung auf den Exportwert zu prüfen. Ganz entsprechend den Überlegungen zur Importseite lassen sich auch für die Exportgüter Exportangebots- und Exportnachfragestruktur aus den Angebots- und Nachfragekurven des Inlandes und des Auslandes isolieren. Voraussetzung für das Zustandekommen eines Exportes des Inlandes ist zunächst, daß der Auslandspreis über dem Inlandspreis liegt. Darüber hinaus gelten auch hier die anderen bei der Importbetrachtung gemachten Annahmen (keine Handelshemmnisse, keine Transportkosten, Markttransparenz, international handelbares Gut). In Abbildung 9 ist der prinzipielle Verlauf der Exportangebots- (*AX*) und der Exportnachfragekurve (*NX*) eines gedachten Exportgutes wiedergegeben. Die Preise sind, entsprechend dem bisherigen Vorgehen, *in Auslandswährung* angegeben. Es ist nunmehr zu überlegen, wie sich eine Abwertung auf beide Kurven auswirkt.

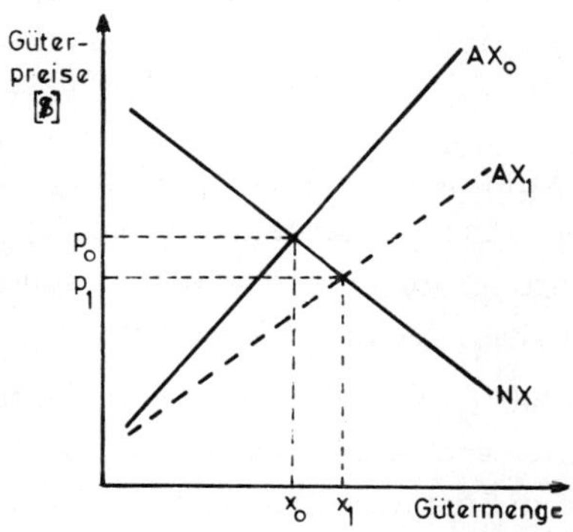

Abb. 9: **Exportgütermarkt**

An der ausländischen Nachfrage (*NX*) nach inländischen Gütern ändert sich infolge der Abwertung der Inlandswährung nichts. Die Ausländer sind nach wie vor bereit, zu gleichen Preisen (in „ihrer" Auslandswährung) die gleiche Menge abzunehmen. Die Struktur der Exportnachfrage bleibt also unverändert. Die inländischen Exporteure dagegen können bei einer Abwertung ihrer Währung die Preise in Auslandswährung um den Abwertungssatz senken und erlösen dennoch den gleichen DM-Preis wie vorher[18]. Es kommt demnach zu einer Verschiebung der Exportangebotsfunktion nach unten (von AX_0 nach AX_1). -Wie man sieht, weist der neue Gleichgewichtspunkt einerseits eine gestiegene Exportmenge (x_1), andererseits aber einen verminderten Preis (p_1) auf. Die Veränderung des Exportwertes hängt somit davon ab, welcher der beiden gegenläufigen Effekte überwiegt.

Wir können zunächst festhalten, daß diese entgegengesetzte Veränderung von Preis und Exportmenge bei jedem Verlauf der Exportangebotskurve eintritt, außer, wenn sie völlig unelastisch verläuft ($\varepsilon_X = 0$) wie in Abb. 10.

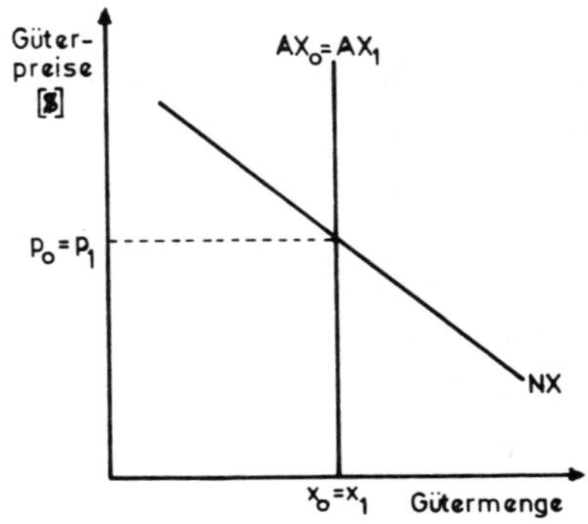

Abb. 10: **Exportgütermarkt**

Die Abwertung bewirkt hier eine Verschiebung der Kurve in sich selbst; d. h. Preis und Exportmenge bleiben konstant, weil die Exporteure unabhängig vom Preis (in Inlandswährung) stets dieselbe Menge anbieten. In diesem theoretischen Ausnahmefall bleibt der Exportwert trotz Abwertung konstant.

Da aber im Normalfall ($\varepsilon_X > 0$) immer eine Veränderung von Preis *und* Menge eintritt, ist zu fragen, wovon es abhängt, welche der Veränderungen überwiegt. Es liegt auf der Hand, daß dann die Elastizität der Exportnachfrage (η_X) über die Veränderung des Exportwertes entscheidet. Um ihren Einfluß auf das Ergebnis deutlich zu machen, sind in Abb. 11a und b die beiden extremen Verläufe der Exportnachfragekurve angenommen. Aus Abb. 11a ist zu ersehen, daß bei *unendlich elastischer Exportnachfrage* eine Steigerung der Exportmenge bei gleichem Preis eintritt. Der *Exportwert erhöht sich* also um das schraffierte

[18] *Beispiel:* Der Preis einer Exportware betrage im Ausland 6 \$. Bei einem Wechselkurs von $w_o = 2 \frac{DM}{\$}$ erzielen die deutschen Exporteure also einen DM-Preis von 12,– DM. Wird die DM auf $w_1 = 3 \frac{DM}{\$}$ abgewertet, so kann der Dollar-Preis der Ware auf 4 \$ sinken, und dennoch erlösen die deutschen Exporteure wie vor der Abwertung 12,– DM ($4\ \$ \times 3 \frac{DM}{\$} = 12,–$ DM).

Rechteck. - Abb. 11b zeigt dagegen, daß bei völlig *unelastischer Exportnachfrage* der Preis sinkt, während die Exportmenge unverändert bleibt. In diesem Fall *sinkt der Exportwert* um die schraffierte Fläche.

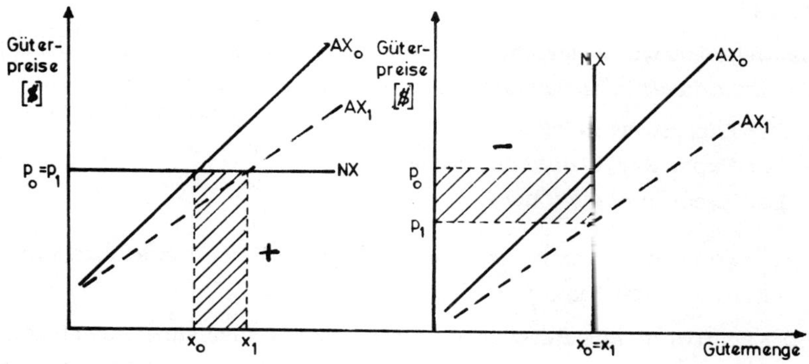

Abb. 11a: **Exportgütermarkt** *Abb. 11b:*

Ohne einen exakten Beweis zu führen, erlaubt schon der gesunde Menschenverstand die Schlußfolgerung, daß der Anstieg des Exportwertes um so kleiner sein wird, je niedriger die Nachfrageelastizität ist. Bei einer bestimmten Größe der Nachfrageelastizität des Exportes $(0 < |\eta_X| < \infty)$ bleibt der Exportwert konstant. Dieser Fall tritt ein, wenn $|\eta_X| = 1$ ist; denn hier sind relative Mengen- und relative Preisänderung absolut gleich groß $(|\frac{dx}{x}| = |\frac{dp}{p}|)$, so daß

$$|dx \cdot p| = |dp \cdot x|.$$

Da die beiden Ausdrücke jedoch entgegengesetzte Vorzeichen haben, summieren sie sich zu Null; d. h. die Exportwertminderung infolge des Preisrückgangs wird gerade kompensiert durch die Exportwertsteigerung infolge der Mengensteigerung. Abb. 12 veranschaulicht den Zusammenhang:

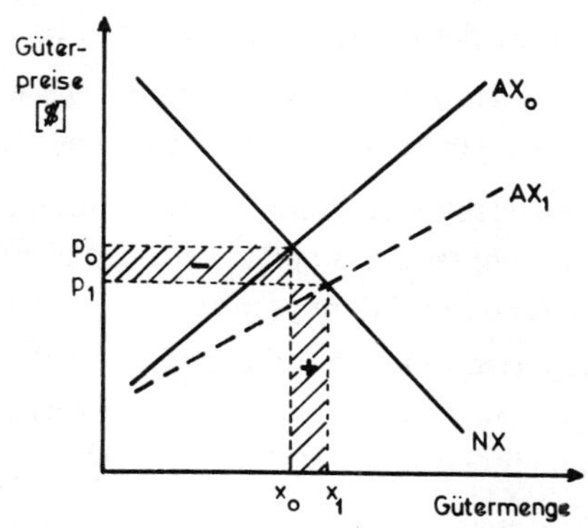

Abb. 12: **Exportgütermarkt**

Die schraffierten Rechtecke sind gleich groß, so daß der Exportwert unverändert bleibt ($p_0 \cdot x_0 = p_1 \cdot x_1$). Sinkt die Nachfrageelastizität unter 1, so wird der relative Preisrückgang größer als der relative Mengenzuwachs; der Exportwert sinkt also.

Als weiteres **Zwischenergebnis** ist festzuhalten, daß sich eine Abwertung auf den *Exportwert in Auslandswährung* wie folgt auswirkt:

1. Der Exportwert *steigt* bei $|\eta_X| > 1$
2. Der Exportwert *bleibt konstant* bei $|\eta_X| = 1$
3. Der Exportwert *sinkt* bei $|\eta_X| < 1$

Und zwar ist die Exportwertsteigerung im ersten Fall um so größer, je größer die Elastizität der Exportnachfrage ist.

Der Exportwert (Auslandswährung) kann also infolge einer Abwertung sowohl steigen als auch sinken. Das bedeutet, daß von der Reaktion des Exports sowohl eine aktivierende wie auch eine passivierende Wirkung ausgehen kann.

Auch hier scheint eine kurze Zwischenüberlegung darüber angebracht, *wovon die Elastizität der Exportnachfrage realiter abhängt.* Zunächst ist die Marktstellung des exportierenden Landes bzw. seiner Anbieter von Bedeutung. Besitzt das Land z. B. für ein Gut das Weltmonopol oder auch nur einen bedeutenden Anteil des Weltangebots und sind die Substitutionsmöglichkeiten dafür gering, so wird die Exportnachfrage recht unelastisch sein. Bei manchen Rohstoffen (z. B. Erdöl) und Agrarprodukten gibt es derartige Marktkonstellationen. Der Exportanteil eines Landes am Weltexport hängt auch von seiner Größe ab. Kleine Länder mit unbedeutendem Weltmarktanteil sehen sich daher in der Regel einer recht elastischen Exportnachfrage gegenüber.

Fassen wir nun die Veränderungen des Importwertes und des Exportwertes zusammen, so kommen wir zu Aussagen über die **Wirkung der Abwertung auf die Zahlungsbilanz** (Handels- und Dienstleistungsbilanz):

Da der *Importwert* (in Auslandswährung) infolge einer Abwertung immer sinkt (Ausnahme: $\eta_M = 0$), geht hiervon immer eine Aktivierungswirkung aus.

1. Geht von der Exportseite ebenfalls ein aktivierender Effekt aus, *weil der Exportwert sich erhöht* (wie das bei $|\eta_X| > 1$ der Fall ist), so ist das Ergebnis eindeutig: *Aktivierung der Zahlungsbilanz.*
2. Geht von der Exportseite keine Wirkung aus, weil der *Exportwert konstant bleibt* (wie das bei $|\eta_X| = 1$ der Fall ist), so bewirkt die Verminderung des Importwertes ein eindeutiges Ergebnis: *Aktivierung der Zahlungsbilanz.*
3. Geht von der Exportseite eine passivierende Wirkung aus, weil der *Exportwert sinkt,* wie das bei $|\eta_X| < 1$ der Fall ist, so kompensieren sich tendenziell

Aktivierungstendenz der Importe und Passivierungstendenz der Exporte, und es kann zu *drei unterschiedlichen Ergebnissen kommen:*

a) Der *Exportwert sinkt weniger als der Importwert. Die Zahlungsbilanz aktiviert sich.*

b) Die *Exportwertminderung entspricht genau der Importwertminderung. Der Zahlungsbilanzsaldo bleibt unverändert.*

c) Der *Exportwert sinkt stärker als der Importwert. Die Zahlungsbilanz passiviert sich.*

Die Ergebnisse sind in der folgenden Tabelle noch einmal übersichtlich zusammengefaßt:

Tabelle 5: **Wirkung einer Abwertung auf die Leistungsbilanz (bewertet in Auslandswährung)**

Importwert	Exportwert	Zahlungsbilanz
sinkt immer (Ausnahme: $\eta_M = 0$)	steigt bei $\lvert\eta_x\rvert > 1$	Aktivierung
	konstant bei $\lvert\eta_x\rvert = 1$	Aktivierung
	sinkt bei $\lvert\eta_x\rvert < 1$	alle Wirkungen möglich
	a) sinkt weniger als Importwert	Aktivierung
	b) sinkt genau wie Importwert	keine Wirkung
	c) sinkt stärker als Importwert	Passivierung (anomal)

Infolge einer Abwertung kann es also nur dann zu einer Passivierung der Zahlungsbilanz kommen, wenn $\lvert\eta_X\rvert < 1$ ist und deshalb der Exportwert sinkt. Allerdings ist das noch keine hinreichende Bedingung. Vielmehr muß der Exportwert stärker sinken als der Importwert. Da wir oben gesehen hatten (vgl. Abb. 8a und b), daß die Importwertminderung um so geringer ausfällt, je kleiner absolut die Elastizität der Importnachfrage (η_M) ist und daß die Exportwertminderung um so größer ist, je kleiner absolut die Elastizität der Exportnachfrage (η_X) ist, kann man schlußfolgern, daß eine anomale Reaktion der Zahlungsbilanz auf eine Abwertung (Passivierung) um so wahrscheinlicher ist, je geringer die Elastizitäten der Export- und Importnachfrage sind. Oder positiv ausgedrückt: **Eine normale Reaktion der Zahlungsbilanz auf Wechselkursänderungen ist um so eher zu erwarten, je größer ceteris paribus die Nachfrageelastizitäten von Export und Import sind.**

Bei Angabe der Außenhandelswerte und ihrer Veränderungen in Auslandswährung zeigt die Veränderung des Handelsbilanzsaldos direkt die Veränderung der amtlichen Devisenbestände an[19]. Hätte man dagegen die Preise in Inlandswährung angegeben, so ergäben sich auch die Außenhandelswerte und ihre Veränderungen und somit auch die Veränderung des Außenbeitrages in Inlandswährung. Um die induzierten Devisenzu- oder -abflüsse zu erhalten, müßte man daher die DM-Veränderung des Außenbeitrages erst mit dem Wechselkurs (Mengennotierung) multiplizieren. Die Bewertung in Inlandswährung ist jedoch immer dann unmittelbar verwendbar und daher zweckmäßig, wenn es um den Einfluß des Außenhandels auf das inländische Volkseinkommen geht. Ein in Inlandswährung bewerteter Außenbeitrag zeigt unmittelbar den (positiven oder negativen) Beitrag des Außenhandels zum Volkseinkommen.

Hierbei ist jedoch auf jeden Fall zu berücksichtigen, daß eine als Folge einer Abwertung bewirkte *Aktivierung der Leistungsbilanz in Auslandswährung nicht zwangsläufig auch eine Aktivierung der in Inlandswährung angegebenen Leistungsbilanz bedeutet.* **D. h. eine Abwertung kann zu einer Verbesserung der Devisenposition (Aktivierung in Auslandswährung) und gleichzeitig zu einer Passivierung der Leistungsbilanz in Inlandswährung führen.** Besonders klar wird das, wenn man sich die möglichen Wirkungen einer Wechselkursänderung auf Importwert und Exportwert gesondert vor Augen führt.

Für den Importwert ergibt sich, daß eine infolge einer Abwertung eintretende Verminderung des Importwertes *in Auslandswährung* nicht zwangsläufig auch eine Verminderung des Importwertes *in Inlandswährung* bedeutet; denn da die Abwertung den Wert der Auslandswährung gegenüber der Inlandswährung erhöht, kann auch ein in Auslandswährung *verminderter* Importwert eine *Erhöhung* des in Inlandswährung bewerteten Importwertes ergeben; und zwar ist das immer dann der Fall, wenn der Abwertungssatz höher war als die dadurch bewirkte prozentuale Importwertminderung (in Auslandswährung). Das *folgende einfache Zahlenbeispiel* veranschaulicht das: Ausgehend von einem Devisenkurs w_0 und einem Importwert M_0 wird eine 20%ige Abwertung der DM und eine dadurch verursachte Importwertminderung in Auslandswährung von 5 % unterstellt.

$$w_0 = 2{,}50 \left[\frac{\text{DM}}{\$}\right];\ M_0 = 100 \text{ Mill. } \$ \mathrel{\hat{=}} 250 \text{ Mill. DM}$$

$$w_1 = 3{,}00 \left[\frac{\text{DM}}{\$}\right];\ M_1 = 95 \text{ Mill. } \$ \mathrel{\hat{=}} 285 \text{ Mill. DM}$$

Wie man sieht, bedeutet die Minderung des Importwertes von 100 Mill. $ auf 95 Mill. $ keine Minderung des DM-Importwertes; er steigt vielmehr wegen des

---

[19] Vorausgesetzt ist jedoch, daß Export- und Importwertänderungen nicht durch entgegengerichtete Kapitalbewegungen kompensiert werden, z. B. indem die höheren Exportabschlüsse mit einer verstärkten Vergabe von Lieferantenkrediten einhergehen, die ja Kapitalexport darstellen.

gestiegenen Wechselkurses auf 285 Mill. DM an. Man kann daher das oben abgeleitete Ergebnis, der Importwert vermindere sich infolge einer Abwertung immer, nicht auf den in Inlandswährung angegebenen Importwert übertragen.

Für den Exportwert (in Auslandswährung) hatten wir gesehen, daß er als Folge einer Abwertung sowohl zunehmen als auch abnehmen kann. Für unser Zahlenbeispiel wollen wir davon ausgehen, daß er konstant bleibt ($X_0 = X_1 = 70$ Mill. \$). Bei dem angenommenen Devisenkurs und der 20%igen Abwertung ergibt sich dann:

$$w_0 = 2{,}50\ [\tfrac{DM}{\$}];\ X_0 = 70 \text{ Mill. } \$ \mathrel{\hat{=}} 175 \text{ Mill. DM}$$

$$w_1 = 3{,}00\ [\tfrac{DM}{\$}];\ X_1 = 70 \text{ Mill. } \$ \mathrel{\hat{=}} 210 \text{ Mill. DM.}$$

Man sieht, daß die Devisenerlöse aus Exporten konstant geblieben sind, während die Erlöse in heimischer Währung gestiegen sind (von 175 Mill. DM auf 210 Mill. DM). Faßt man nun die Importwert- und Exportwertänderungen zusammen, um die Reaktion der Leistungsbilanz zu ermitteln, so ergibt sich bei Rechnung in Auslandswährung eine Aktivierung in Höhe von 5 Mill. \$ durch die Importwertminderung von 5 Mill. \$ bei konstantem Exportwert, während sich bei Rechnung in Inlandswährung keine Veränderung des Leistungsbilanzsaldos ergibt; denn die aktivierende Exportwertsteigerung von 35 Mill. DM (von 175 Mill. auf 210 Mill. DM) wird kompensiert durch eine ebenso große Importwertsteigerung von 250 Mill. auf 285 Mill. DM. Man tut daher gut daran, bei allen Aussagen strikt zwischen Wertangaben in Inlandswährung und solchen in Auslandswährung zu unterscheiden.

(b) Import- und Exportwert in Inlandswährung

Um einen direkten Vergleich zu ermöglichen, sei die soeben durchgeführte Analyse der Wirkungen einer Abwertung auf Import- und Exportwerte in Auslandswährung nunmehr – wenn auch verkürzt – für Import- und Exportwerte *in Inlandswährung* durchgeführt.

1. **Importwert bei Abwertung:** Das folgende Diagramm (Abb. 13) zeigt die Marktstruktur für ein beliebiges Importgut. Die Preise sind jetzt jedoch in *Inlandswährung* (DM) angegeben.

In diesem Fall bleibt die Nachfragekurve durch die Abwertung unberührt, denn die inländischen Nachfrager werden auch nach der Abwertung für gleiche DM-Preise gleiche Mengen abnehmen wie vorher. Für die ausländischen Anbieter, die ja in „ihrer" ausländischen Währung rechnen, muß sich der Preis in DM um den Abwertungssatz erhöhen, wenn sie nach Umtausch in Auslandswährung dasselbe erlösen wollen wie vorher. Die Kurve des Importangebots verschiebt sich daher um den Abwertungssatz nach oben (von *AM* nach *AM'*). Die Folge ist eine Verringerung der Importmenge auf x_1 einerseits und eine Erhöhung der Importpreise auf p_1 andererseits. Und zwar tritt diese entgegengesetzte Veränderung von Preis und Menge immer ein mit Ausnahme des unrealistischen Falles eines völlig unelastischen Importangebots ($\varepsilon_M = 0$). Für den Importwert in Inlandswährung heißt das, daß er infolge einer Abwertung sowohl zunehmen als auch abnehmen kann, je nachdem, welche der entgegengesetzten Tendenzen überwiegt. Bei einer gegebenen Angebotsstruktur ($\varepsilon_M > 0$) entscheidet darüber die Elastizität der Importnachfrage (η_M). In Abb. 14a–c sind die Extremwerte der Nachfrageelastizität und ihre Wirkungen dargestellt.

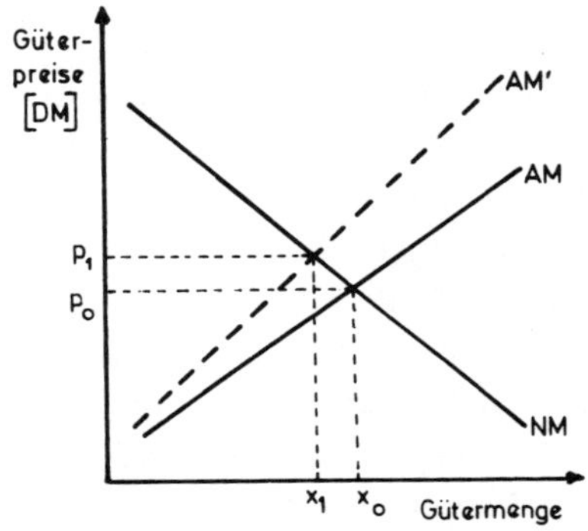

Abb. 13: **Importgütermarkt**

Die Resultate sind: Bei völlig elastischer Importnachfrage (Abb. 14a) verringert sich der Importwert (Verminderung der Importmenge bei konstantem Preis). Bei unelastischer Importnachfrage (Abb. 14 b) erhöht sich der Importwert (höherer Preis bei konstanter Menge). – In einem Fall bleibt der Importwert konstant, wenn nämlich die Preissteigerungen gerade durch die Mengenminderung kompensiert werden; das ist bei einer Nachfrageelastizität von 1 der Fall. Daraus folgt:

1. Bei $|\eta_M| > 1 \longrightarrow$ sinkender Importwert infolge Abwertung
2. Bei $|\eta_M| = 1 \longrightarrow$ konstanter Importwert infolge Abwertung
3. Bei $|\eta_M| < 1 \longrightarrow$ steigender Importwert infolge Abwertung

Es sei an dieser Stelle noch einmal darauf hingewiesen, daß bei Bewertung in *Auslandswährung* stets eine Verminderung des Importwertes als Folge einer Abwertung zu verzeichnen war. Die unterschiedlichen Ergebnisse widersprechen sich jedoch in keiner Weise, sondern sind das Resultat der veränderten Wertrelation der beteiligten Währungen.

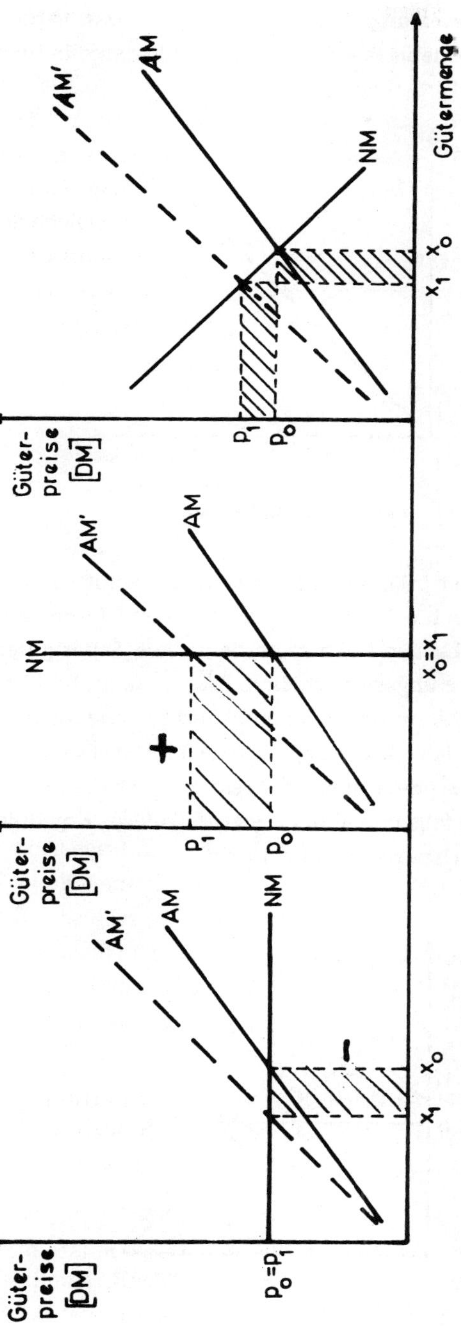

Abb. 14a:

Abb. 14b:

Abb. 14c:

Importgütermärkte

2. **Exportwert bei Abwertung:** Das folgende Diagramm (Abb. 15) zeigt die Marktstruktur für ein beliebiges Exportgut. Die Preise sind in Inlandswährung (DM) angegeben.

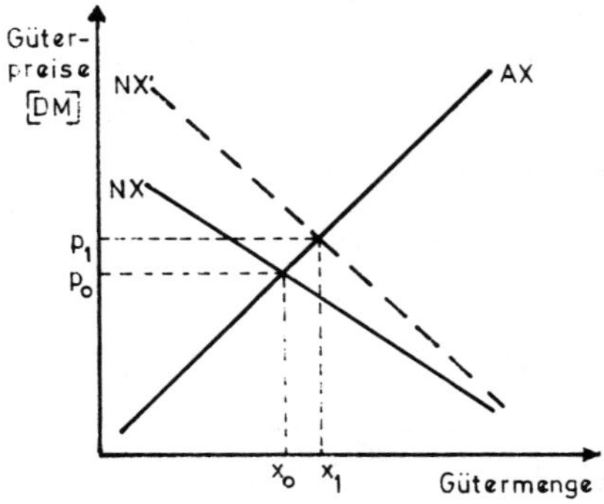

Abb. 15: **Exportgütermarkt**

Das Exportangebot der inländischen Exporteure bleibt von der Abwertung unberührt. Sie bieten nach wie vor zu entsprechenden DM-Preisen die gleichen Mengen an. Die ausländischen Nachfrager deutscher Exportgüter jedoch können einen um den Abwertungssatz erhöhten Preis in Inlandswährung akzeptieren, ohne daß sich der Preis in Dollar gerechnet erhöht. Die Nachfragekurve verschiebt sich daher um den Abwertungssatz nach oben. Das Ergebnis ist eine erhöhte Exportmenge (x_1) bei erhöhtem Preis (p_1). *Der Exportwert in Inlandswährung steigt also.* Die folgende Abb. 16 zeigt, daß dieses Ergebnis unabhängig von der Elastizität des Exportangebots eintritt.

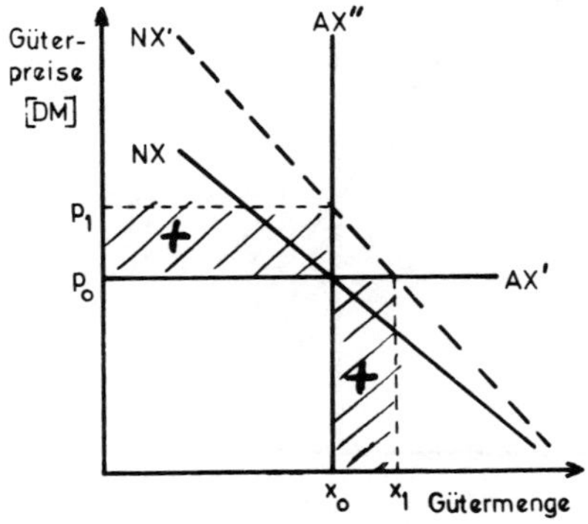

Abb. 16: **Exportgütermarkt**

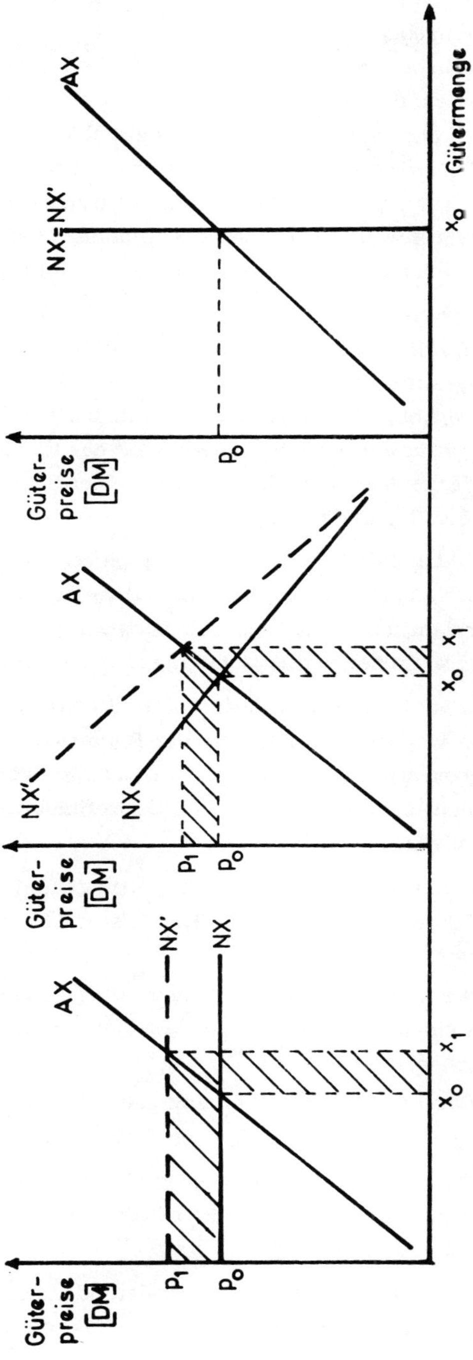

Abb. 17a:

Abb. 17b:

Abb. 17c:

Exportgütermärkte

Im Diagramm sind die extremen Verläufe der Angebotskurve eingezeichnet: völlig elastisches Exportangebot ($\varepsilon_X = \infty$) und völlig unelastisches Exportangebot ($\varepsilon_X = 0$). Man sieht, daß in beiden Fällen eine Erhöhung des Exportwertes eintritt, weil bei $\varepsilon_X = \infty$ (AX') zwar der Preis konstant bleibt, die Menge jedoch steigt (auf x_1), während bei $\varepsilon_X = 0$ (AX'') zwar die Menge konstant bleibt, dafür aber der Preis auf p_1 steigt. Bei allen zwischen diesen Extremwerten liegenden Angebotselastizitäten ($0 < \varepsilon_X < \infty$) tritt sowohl eine Mengen- als auch eine Preiserhöhung ein. Die Aussage, daß eine Abwertung bei jeder Angebotselastizität zu einer Exportwertsteigerung in Inlandswährung führt, hat sich damit bestätigt.

Bei gegebener Struktur des Exportangebots ist jedoch das Ausmaß der Exportwertsteigerung von der Elastizität der Exportnachfrage (η_X) abhängig. Abb. 17a–c zeigt drei Diagramme mit unterschiedlichen Nachfrageelastizitäten und zwar Abb. 17a: $|\eta_X| = \infty$, Abb. 17b: $0 < |\eta_X| < \infty$ und Abb. 17c: $\eta_X = 0$. Man sieht, daß die Exportwertsteigerung mit sinkender Elastizität der Exportnachfrage abnimmt (schraffierte Flächen). Im unrealistischen Fall einer gänzlich unelastischen Nachfrage bleibt der Exportwert sogar konstant.

> **Das Zwischenergebnis ist:** Der in *Inlandswährung gerechnete Exportwert steigt nach einer Abwertung der Inlandswährung immer,* außer im theoretischen Grenzfall einer gänzlich unelastischen Exportnachfrage. Die Exportwertsteigerung ist um so größer, je elastischer die Exportnachfrage ist.

Auch hier sei daran erinnert, daß bei Angabe in Auslandswährung ein anderes Ergebnis zu verzeichnen war; und zwar konnte der Exportwert je nach den Angebots- und Nachfrageelastizitäten sowohl fallen als auch steigen. Auch hier beruht das unterschiedliche Ergebnis lediglich auf der veränderten Wertrelation zwischen den Währungen.

Aus der **Zusammenfassung der Resultate** für Importwert und Exportwert ergibt sich wieder die Wirkung auf den Saldo der Handels- und Dienstleistungsbilanz *(in Inlandswährung):*

> Vom *Exportwert* geht eine *aktivierende Wirkung auf die Leistungsbilanz* aus; denn er steigt infolge einer Abwertung immer (von dem praktisch irrelevanten Fall $\eta_X = 0$ abgesehen).

1. Bei $|\eta_M| > 1$ *sinkt der Importwert* und wirkt damit ebenfalls aktivierend. Der *Gesamteffekt ergibt eindeutig eine Aktivierung der Leistungsbilanz.*

2. Bei $|\eta_M| = 1$ *bleibt der Importwert konstant,* bewirkt also keine Änderung der Handelsbilanz. So bewirkt der aktivierende Effekt des Exportwertanstiegs allein eine *Aktivierung der Leistungsbilanz.*

3. Bei $|\eta_M| < 1$ *steigt der Importwert,* wirkt damit passivierend auf die Leistungsbilanz und kompensiert tendenziell den Aktivierungseffekt der Exportwert-

steigerung. Per Saldo können sich daher bei dieser Konstellation drei Ergebnisse einstellen:

a) Der *Importwert steigt weniger als der Exportwert. Die Zahlungsbilanz aktiviert sich.*

b) *Importwert und Exportwert steigen im selben Umfang. Der Zahlungsbilanzsaldo bleibt unverändert.*

c) *Der Importwert steigt stärker als der Exportwert. Die Zahlungsbilanz passiviert sich.*

Die Ergebnisse sind noch einmal in der folgenden Tabelle übersichtlich zusammengefaßt.

Tabelle 6: **Wirkung einer Abwertung auf die Leistungsbilanz (bewertet in Inlandswährung)**

Exportwert	Importwert	Zahlungsbilanz
steigt immer (Ausnahme $\eta_M = 0$)	sinkt bei $\lvert \eta_x \rvert > 1$	Aktivierung
	konstant bei $\lvert \eta_x \rvert = 1$	Aktivierung
	steigt bei $\lvert \eta_x \rvert < 1$	alle Wirkungen möglich
	a) steigt weniger als Exportwert	Aktivierung
	b) steigt genau wie Exportwert	keine Wirkung
	c) steigt stärker als Exportwert	Passivierung (anomal)

Es bestätigt sich damit, daß das Gesamtergebnis ganz dem entspricht, das auch bei Bewertung in Auslandswährung abgeleitet wurde. Auch hier kann es bei einer bestimmten Konstellation zu einer Passivierung der Zahlungsbilanz als Folge einer Abwertung kommen. Auch hier gilt als vorläufiges, noch zu präzisierendes **Gesamtergebnis, daß eine normale Reaktion der Zahlungsbilanz auf Wechselkursänderungen um so eher zu erwarten ist, je größer ceteris paribus die Nachfrageelastizitäten sind.**

(c) Aufwertung und Zahlungsbilanz

Die bisherigen Überlegungen wurden am Beispiel einer Abwertung konkretisiert. Die Analyse läßt sich für den Fall einer Aufwertung in ganz entsprechender Weise wie bisher und ohne jede zusätzliche Schwierigkeit durchführen. Es wurde daher darauf verzichtet, sie hier wiederzugeben, zumal man die Ergebnisse für die Aufwertungswirkungen durch Analogschlüsse aus den Ergebnissen der Abwertungsanalyse erhält. Für den Leser wäre es jedoch ein ausgezeichneter Verständnistest, wenn er entsprechend dem bisherigen Vorgehen den Einfluß einer Aufwertung auf Exportangebot und -nachfrage sowie Importangebot und -nachfrage analysierte, um zu einer Aussage über die Veränderung der Export- und Importwerte und damit der Zahlungsbilanz (Handels- und Dienstleistungsbilanz) zu gelangen.

Das **Ergebnis** müßte, unabhängig von der Währung, die zugrundegelegt wird, lauten, daß eine Passivierung der Zahlungsbilanz als Folge der Aufwertung (normale Reaktion) um so eher zu erwarten ist, je größer die Nachfrageelastizitäten des Exports und des Imports sind. In *Auslandswährung* bewertet, müßte der Importwert immer ansteigen, während der Exportwert bei $|\eta_X| > 1$ sinken, bei $|\eta_X| = 1$ konstant bleiben und bei $|\eta_X| < 1$ ansteigen müßte. Nur bei $|\eta_X| < 1$ könnte es also zu einer anomalen Reaktion (Aktivierung infolge Aufwertung) kommen; wenn nämlich der Exportwert stärker ansteigt, als der Importwert. - Derartige Analogschlüsse lassen sich auch bei Bewertung in *Inlandswährung* ziehen.

(3) Bedingungen für eine normale Reaktion der Zahlungsbilanz

(a) Die Marshall-Lerner-Bedingung

Die bisherigen Überlegungen über die Wirkungen von Wechselkursänderungen auf die Zahlungsbilanz führten zu dem verhältnismäßig unscharfen Ergebnis, daß eine normale Reaktion der Zahlungsbilanz um so wahrscheinlicher ist, je größer die Elastizität der ausländischen Nachfrage nach Exportgütern (Exportnachfrage) und der inländischen Nachfrage nach Importgütern (Importnachfrage) ist. Darüber hinaus wäre es jedoch interessant, exakt zu wissen, wie groß die Elastizitäten mindestens sein müssen, um eine normale Reaktion zu sichern. Alfred *Marshall*, der große englische Nationalökonom, hat 1923 eine Antwort auf diese Frage gegeben, die später (1944) von dem Amerikaner A. P. *Lerner* bestätigt wurde.

Die nach ihnen benannte *Marshall-Lerner-Bedingung* besagt, daß die Handels- und Dienstleistungsbilanz auf Wechselkursänderungen **dann normal reagiert, wenn die Summe der Elastizitäten der Exportnachfrage und der Importnachfrage absolut größer als eins ist**[20].

(2) $$|\eta_X| + |\eta_M| > 1 \quad \text{oder} \quad \eta_X + \eta_M < -1$$

Heute ist jedoch erwiesen, daß diese Bedingung für eine normale Reaktion der Handels- und Dienstleistungsbilanz nur unter zwei recht speziellen Vorausset-

---

[20] Zur Ableitung der obigen Bedingung siehe Charles *Kindleberger*: International Economics. 5. Aufl., Homewood/Ill. 1973, S. 493 ff. Die Primärquellen sind: Alfred *Marshall*: Money, Credit and Commerce. London 1923, S. 167 ff. - A. P. *Lerner*: The Economics of Control. (New York, 1944). 9. Wiederabdruck, New York 1957, S. 377 ff.

zungen Gültigkeit hat: a) Export- und Import*angebot* müssen völlig elastisch ($\varepsilon_X = \varepsilon_M = \infty$) sein. b) Vor der Wechselkursänderung muß die Handels- und Dienstleistungsbilanz ausgeglichen gewesen sein ($X = M$).

(b) Die Robinson-Bedingung

Die von uns durchgeführte graphische Analyse hatte bereits gezeigt, daß auch die Angebotselastizität den Zahlungsbilanzeffekt einer Wechselkursänderung mitbestimmt. Besonders deutlich war das in zwei Fällen geworden: So stellte sich heraus, daß bei Preisangabe in Inlandswährung eine Veränderung des Importwertes nicht eintreten konnte, wenn das Importangebot völlig unelastisch war (s. Abb. 13 auf S. 102). Bei $\varepsilon_M > 0$ jedoch war eine Änderung des Importwertes möglich und bei gegebenem ε_M von der Nachfrageelastizität (η_M) abhängig. Bei Preisangabe in Auslandswährung ergab sich auf dem Exportmarkt die entsprechende Situation. Auch hier zeigte sich, daß nur bei $\varepsilon_X > 0$ Exportwertänderungen möglich waren (s. Abb. 10 auf S. 96). Es ist jedoch schwer, aus den Diagrammen eine eindeutige Wirkungstendenz variabler Angebotselastizitäten auf die Zahlungsbilanz abzulesen, wie das im Falle der Nachfrageelastizität ohne weiteres möglich war. Der bekannten englischen Nationalökonomin Joan *Robinson* ist in einer 1947 erschienenen Veröffentlichung[21] die *Klärung des Einflusses der Angebotselastizitäten* von Export und Import auf die Zahlungsbilanzwirkung von Wechselkursänderungen gelungen. Die von ihr unter Einbeziehung der Angebotselastizitäten abgeleitete und nach ihr benannte *Robinson-Bedingung*[22] lautet:

$$\eta_X + \eta_M < -1 + \frac{\eta_M \, \eta_X}{\varepsilon_M \, \varepsilon_X} (\varepsilon_M + \varepsilon_X + 1) \tag{3}$$

Ein Vergleich mit der Marshall-Lerner-Bedingung (2) zeigt, daß diese nur ein Spezialfall der Robinson-Bedingung ist. Setzt man nämlich die Angebotselastizitäten (ε_X und ε_M) in (3) entsprechend den Voraussetzungen der Marshall-Lerner-Bedingung gleich unendlich, so wird der Ausdruck

$$\frac{\eta_M \, \eta_X}{\varepsilon_M \, \varepsilon_X} (\varepsilon_M + \varepsilon_X + 1)$$

Null, und (3) ist mit der Marshall-Lerner-Bedingung identisch.

Ferner sieht man, daß derselbe Ausdruck bei endlich großen Elastizitäten positiv werden muß. Das aber bedeutet, daß die Zahlungsbilanz auch dann nor-

[21] Joan *Robinson:* The Foreign Exchanges. In: Essays in the Theory of Employment. 2. Aufl. Oxford 1947, S. 139 ff.

[22] Auf die Ableitung der Formel wird verzichtet und statt dessen auf die reichhaltige Literatur verwiesen, insbesondere auf Klaus *Rose:* Theorie der Außenwirtschaft, 6. Aufl., München 1976, S. 69 ff. und frühere Auflagen.

mal reagiert, wenn die Summe der Nachfrageelastizitäten ($\eta_X + \eta_M$) um diesen positiven Betrag größer ist als -1, in absoluten Werten also kleiner als 1 ist. Gesetzt den Fall, der Ausdruck ergäbe 0,4, so reagiert die Zahlungsbilanz auch normal, wenn

$$\eta_X + \eta_M < -1 + 0{,}4 \qquad \text{also} \qquad \eta_X + \eta_M < -0{,}6$$

ist.

Es kann also auch bei relativ kleinen absoluten Nachfrageelastizitäten zu normaler Zahlungsbilanzreaktion kommen, wenn nur der besagte Ausdruck entsprechend groß ist. Die Größe des Ausdrucks

$$\frac{\eta_M \, \eta_X}{\varepsilon_M \, \varepsilon_X} \, (\varepsilon_M + \varepsilon_X + 1)$$

wird aber bei gegebenen Nachfrageelastizitäten von den Angebotselastizitäten des Exports und Imports (ε_X; ε_M) bestimmt, und zwar wird er um so größer, je kleiner die Angebotselastizitäten sind. Das heißt, *je kleiner die Angebotselastizitäten sind, desto kleiner können auch die Nachfrageelastizitäten sein, ohne daß es zu einer anomalen Zahlungsbilanzreaktion kommt.*

Zusammenfassend ist zu sagen, daß die Reaktion der Zahlungsbilanz (Handels- und Dienstleistungsbilanz) auf Wechselkursänderungen sowohl von den Nachfrage- wie auch von den Angebotselastizitäten abhängt; **und zwar reagiert sie um so eher normal, je größer die Nachfrageelastizitäten und je geringer die Angebotselastizitäten sind.**

(c) Der Einfluß bestehender Zahlungsbilanzsalden auf die Wirkung von Wechselkursänderungen

Die Robinson-Bedingung gilt jedoch in ihrer obigen Form nur unter der Voraussetzung, daß Export- und Importwerte vor der Wechselkursänderung gleich groß sind ($\frac{X}{M} = 1$). Da aber gerade die Unausgeglichenheit der Handels- und Dienstleistungsbilanz eine der wichtigsten Ursachen für administrative Wechselkursänderungen darstellt, erscheint die Ausweitung der Bedingung (3) auf den allgemeineren Fall einer unausgeglichenen Handelsbilanz sinnvoll. Allerdings ist hier an die früher erworbene Erkenntnis (s. S. 100 f.) zu erinnern, daß man bei Wechselkursänderungen strikt zwischen Wertangaben in ausländischer und inländischer Währung unterscheiden sollte, weil die Auswirkungen unterschiedlich sein können. Bei den bisher genannten Bedingungen für eine normale Zahlungsbilanzreaktion war diese Unterscheidung jedoch unnötig, weil sie unter der Voraussetzung einer im Ausgangspunkt ausgeglichenen Leistungsbilanz aufgestellt wurde. Ist nämlich der Leistungsbilanzsaldo ($\boldsymbol{B}$) vorher Null, so weist seine durch eine Wechselkursänderung bewirkte Veränderung stets in die gleiche Richtung, unabhängig davon, ob die Außenhandelswerte in Inlands- oder Auslandswährung angegeben werden. So bedeutet logischerweise die Entstehung jedes auch noch so kleinen Aktiv-Saldos in DM gerechnet auch einen wenn auch noch kleineren Dollar-Aktiv-Saldo. Die Umrechnung erfolgt, indem man den entstandenen DM-Saldo ($\boldsymbol{B}_{DM}$) durch den neuen Wechselkurs w_1 dividiert

(4) $$\boldsymbol{B}_{\$} = \frac{\boldsymbol{B}_{DM}}{w_1} .$$

Besteht jedoch *vor* der Wechselkursänderung schon ein DM-Saldo, dessen Dollarwert sich aus dem Wechselkurs zu diesem Zeitpunkt ergibt ($\boldsymbol{B}_{\$_0} = \frac{\boldsymbol{B}_{DM_0}}{w_0}$), so kann es sein, daß *eine Wechselkursänderung auf w_1 entgegengesetzte Veränderungen des DM- und des Dollar-Saldos bewirkt,* so daß die Leistungsbilanz in DM aktiviert und die in Dollar passiviert wird oder umgekehrt. Eine solche Wirkung kann jedoch nur zustande kommen, *wenn der DM-Saldo in die eine Richtung verändert wird, während die verursachende Wechselkursänderung gleichzeitig eine Veränderung des Außenwerts der DM in die andere Richtung bringt*[23]. Dann kann z. B. der Fall eintreten, daß die Steigerung des DM-Saldos nicht ausreicht, die durch eine Abwertung bewirkte Verminderung des Außenwertes der Inlandswährung zu kompensieren. Verändern sich jedoch der Außenwert der Inlandswährung und die absolute Größe des Leistungsbilanzsaldos in Inlandswährung *in gleicher Richtung,* so ist eine entgegengesetzte Reaktion der in unterschiedlichen Währungen angegebenen Leistungsbilanz unmöglich.

Für die *Bedingungen einer gleichgerichteten Veränderung des DM- und des Dollar-Saldos der Leistungsbilanz* nach einer Wechselkursänderung gilt folgendes:

1. Ein *Ansteigen* des DM-Saldos in absoluten Werten (Vergrößerung eines Exportüberschusses oder eines Importüberschusses) nach einer Wechselkursänderung führt nur dann auch zu einer Vergrößerung des absoluten Dollar-Saldos, wenn der Außenwert der DM ebenfalls steigt (Wechselkurs in Preisnotierung sinkt) oder wenn der Außenwert der Inlandswährung zwar sinkt (Wechselkurs in Preisnotierung steigt), aber in geringerem Umfang als der Leistungsbilanzsaldo ansteigt. Anders ausgedrückt: Bei einem Anstieg des absoluten DM-Saldos $|\boldsymbol{B}_{DM_0}| < |\boldsymbol{B}_{DM_1}|$ erfolgt auch ein Anstieg des absoluten Dollar-Saldos $\frac{|\boldsymbol{B}_{DM_0}|}{w_0} < \frac{|\boldsymbol{B}_{DM_1}|}{w_1}$

(5) wenn $$\frac{w_1}{w_0} < \frac{\boldsymbol{B}_{DM_1}}{\boldsymbol{B}_{DM_0}}$$

---

[23] Zur Veranschaulichung dieser Aussage siehe die folgenden Ausführungen.

2. Bei einem *Sinken* des absoluten DM-Saldos gilt Entsprechendes: Der Dollar-Saldo sinkt ebenfalls, wenn der DM-Außenwert sinkt (Wechselkurs steigt) oder wenn der Außenwert zwar steigt (Wechselkurs sinkt), aber in geringerem Umfang als der Leistungsbilanzsaldo sinkt. Das heißt

$$\text{bei } |\boldsymbol{B}_{DM_0}| > |\boldsymbol{B}_{DM_1}| \quad \text{erfolgt auch} \quad \frac{|\boldsymbol{B}_{DM_0}|}{w_0} > \frac{|\boldsymbol{B}_{DM_1}|}{w_1}$$

(5a)
$$\text{wenn } \frac{w_1}{w_0} > \frac{\boldsymbol{B}_{DM_1}}{\boldsymbol{B}_{DM_0}}$$

Wenn man sich noch einmal vor Augen hält, daß eine entgegengesetzte Reaktion der Leistungsbilanz in Inlandswährung und der Leistungsbilanz in Auslandswährung nur möglich ist, wenn sich der absolute DM-Saldo und der Außenwert der DM gegenläufig verändern, so folgt daraus, daß es vier konkrete Konstellationen sind, in denen das der Fall ist.

Fall 1: Es wird *abgewertet;* ein vorhandener *positiver DM-Saldo steigt.*

Zahlenbeispiel:

$$w_0 = 2\,[\tfrac{DM}{\$}],\ w_1 = 3\,[\tfrac{DM}{\$}];$$

$$\boldsymbol{B}_{DM_0} = 500 \text{ Mill. DM}; \boldsymbol{B}_{DM_1} = 600 \text{ Mill. DM};$$

daraus ergibt sich:

$$\boldsymbol{B}_{\$_0} = 250 \text{ Mill. \$}; \boldsymbol{B}_{\$_1} = 200 \text{ Mill. \$}.$$

Der DM-Saldo ist gestiegen (normale Reaktion),
der Dollar-Saldo gesunken (anomale Reaktion).

Fall 2: Es wird *abgewertet;* ein vorhandener *negativer DM-Saldo steigt absolut.*

Zahlenbeispiel:

$$w_0 = 2\,[\tfrac{DM}{\$}],\ w_1 = 3\,[\tfrac{DM}{\$}]$$

$$\boldsymbol{B}_{DM_0} = -500 \text{ Mill. DM}; \boldsymbol{B}_{DM_1} = -600 \text{ Mill. DM};$$

daraus ergibt sich:

$$\boldsymbol{B}_{\$_0} = -250 \text{ Mill. \$}; \boldsymbol{B}_{\$_1} = -200 \text{ Mill. \$}.$$

Der Passiv-Saldo in DM ist gestiegen (anomale Reaktion),
der Passiv-Saldo in Dollar hat sich vermindert (normale Reaktion).

Fall 3: Es wird *aufgewertet;* ein vorhandener *positiver DM-Saldo sinkt.*

Zahlenbeispiel:

$$w_0 = 3\left[\frac{DM}{\$}\right],\ w_1 = 2\left[\frac{DM}{\$}\right]$$

$$B_{DM_0} = 600 \text{ Mill. DM};\ B_{DM_1} = 500 \text{ Mill. DM};$$

daraus ergibt sich:

$$B_{\$_0} = 200 \text{ Mill. \$};\ B_{\$_1} = 250 \text{ Mill. \$}.$$

Der Aktiv-Saldo in DM ist gesunken (normale Reaktion),
der Aktivsaldo in Dollar ist gestiegen (anomale Reaktion).

Fall 4: Es wird *aufgewertet;* ein vorhandener *negativer DM-Saldo sinkt absolut.*

Zahlenbeispiel:

$$w_0 = 3\left[\frac{DM}{\$}\right],\ w_1 = 2\left[\frac{DM}{\$}\right]$$

$$B_{DM_0} = -600 \text{ Mill. DM};\ B_{DM_1} = -500 \text{ Mill. DM};$$

daraus ergibt sich:

$$B_{\$_0} = -200 \text{ Mill. \$};\ B_{\$_1} = -250 \text{ Mill. \$}.$$

Der Passiv-Saldo in DM ist gesunken (anomale Reaktion),
der Passiv-Saldo in Dollar ist gestiegen (normale Reaktion).

In allen vier Fällen veränderten sich Außenwert der DM und absolute Größe des DM-Saldos gegenläufig. Es sei jedoch noch einmal darauf aufmerksam gemacht, daß eine entgegengesetzte Reaktion der DM- und der Dollar-Bilanz nur zustande kommt, wenn *außerdem* die Wechselkursveränderung größer ist als die durch sie verursachte Veränderung des DM-Saldos; siehe (5) und (5a). Das war in den obigen vier Zahlenbeispielen der Fall. Für Fall 3 sei nun zur Veranschaulichung noch ein Zahlenbeispiel angeführt, für das (5a) erfüllt ist, so daß es zu einer *gleichgerichteten* Veränderung der DM- und der Dollar-Leistungsbilanz kommt, obwohl Außenwert der DM und DM-Saldo sich gegenläufig verändern.

Fall 3: Es wird *aufgewertet;* ein vorhandener *positiver* DM-Saldo sinkt.

Zahlenbeispiel:

$$w_0 = 3\left[\frac{DM}{\$}\right],\ w_1 = 2{,}75\left[\frac{DM}{\$}\right]$$

$$B_{DM_0} = 600 \text{ Mill. DM};\ B_{DM_1} = 500 \text{ Mill. DM};$$

daraus ergibt sich:

$$B_{\$_0} = 200 \text{ Mill. \$};\ B_{\$_1} \approx 182 \text{ Mill. \$}.$$

DM- und Dollar-Saldo sinken (normale Reaktion)

Bedingung (5a) $\frac{w_1}{w_0} > \frac{B_{DM_1}}{B_{DM_0}}$ ist erfüllt, denn $\frac{2{,}75}{3} > \frac{500}{600}$

$$0{,}91\bar{6} > 0{,}83\bar{3}.$$

Nach dem Gesagten wird klar, daß eine entgegengesetzte Reaktion von DM- und Dollar-Saldo um so eher eintritt, je geringer die entgegengesetzte Reaktion der DM-Bilanz auf eine Wechselkursänderung ist. Eine *kleine* Veränderung des DM-Saldos kann leicht durch die sie verursachende entgegengesetzte Außenwertänderung der DM kompensiert werden.

Die vorangegangenen Überlegungen sollten zunächst zeigen, daß ein durch eine Wechselkursänderung hervorgerufener Leistungsbilanzsaldo sowohl in Inlandswährung wie auch in Auslandswährung bewertet das gleiche Vorzeichen hat (also entweder Aktivsaldo oder Passivsaldo in beiden Währungen ist), *wenn die Leistungsbilanz vor der Wechselkursänderung ausgeglichen war* ($B = 0$). Das ist leicht einzusehen, weil sich der DM-Saldo direkt aus dem Dollar-Saldo (durch Multiplikation mit dem neuen Wechselkurs) ergibt:

(4) $$B_{DM} = B_{\$} \cdot w_1 \text{ oder } B_{\$} = \frac{B_{DM}}{w_1}.$$

Zu zeigen war weiter, daß diese Aussage nicht gilt, wenn vor der Wechselkursänderung schon ein Saldo ($B \neq 0$) existierte. Der Dollar-Wert des Saldos *vor* Wechselkursänderung ergibt sich aus der Division des DM-Saldos (B_{DM_0}) durch den alten Wechselkurs (w_0). Der Dollar-Wert des Saldos *nach* Wechselkursänderung ergibt sich jedoch aus der Division des veränderten DM-Saldos (B_{DM_1}) durch den neuen Wechselkurs (w_1). Ein Anstieg des DM-Saldos kann daher durch einen gestiegenen Wechselkurs kompensiert werden und zu einem gesunkenen Dollar-Saldo führen. Die *Existenz eines Leistungsbilanzsaldos* kann also unter den oben näher erläuterten Voraussetzungen dazu führen, *daß eine Wechselkursänderung entgegengesetzte Veränderungen der DM- und der Dollar-Bilanz bewirkt.*

Dieses Ergebnis ist **wirtschaftspolitisch von Bedeutung**; denn es zeigt die Möglichkeit einer *Zielkollision* an. Wäre z. B. die konkrete wirtschaftliche Situation durch Stagnation bei gleichzeitiger Passivität der Leistungsbilanz gekennzeichnet, so wäre sowohl eine Steigerung von Einkommen und Beschäftigung als auch ein Abstoppen der Devisenabflüsse durch Aktivierung der Zahlungsbilanz anzustreben. Eine zu diesem Zweck unternommene Abwertung kann jedoch, wie gezeigt, unter Umständen einerseits die Leistungsbilanz in Inlandswährung aktivieren und damit einkommenssteigernd wirken, andererseits aber die Leistungsbilanz in Auslandswährung passivieren und damit den Devisenabfluß noch verstärken. In diesem Fall würde die Maßnahme Abwertung das Einkommensziel fördern, dem Ziel Verbesserung der Devisenposition jedoch entgegenwirken.

Es ist nunmehr erwiesen, daß Leistungsbilanz in Inlandswährung und Leistungsbilanz in Auslandswährung auf Wechselkursänderungen entgegengesetzt reagieren können, wenn vorher ein Leistungsbilanzsaldo besteht. Das heißt, die eine Bilanz würde in einem solchen Fall normal, die andere jedoch anomal reagieren. Es ist daher klar, daß eine Bedingung, deren Erfüllung die normale Reaktion der Leistungsbilanz sicherstellen soll, 1. die Export- und Importwerte enthalten muß, sofern $B \neq 0$, d. h. $\frac{M}{X} \neq 1$ ist, und 2. für die Bewertung in Inlandswährung und die in Auslandswährung gesondert aufgestellt werden muß.

Erweiterung der Robinson-Bedingung: Erweitert man die unter (3) wiedergegebene Robinson-Bedingung, die nur bei ausgeglichener Leistungsbilanz gilt, um die Export-Import-Relation, so ergibt sich bei Angabe der Außenhandelswerte *in Auslandswährung* folgende Bedingung für eine normale Reaktion[24]:

(6)
$$\varepsilon_X \varepsilon_M \cdot \frac{X}{M} (\eta_X + \frac{M}{X} \cdot \eta_M + 1) < \eta_M \eta_X (\varepsilon_X \cdot \frac{X}{M} + \varepsilon_M + 1) - \eta_M \cdot \varepsilon_X (1 - \frac{X}{M})$$

Sind dagegen die Außenhandelswerte *in Inlandswährung* angegeben, so gilt folgende von (6) verschiedene Bedingung für eine normale Reaktion der Leistungsbilanz:[25]

(7)
$$\varepsilon_X \varepsilon_M \cdot \frac{X}{M} (\eta_X + \frac{M}{X} \cdot \eta_M + \frac{M}{X}) < \eta_X \eta_M (\varepsilon_X \cdot \frac{X}{M} + \varepsilon_M + \frac{X}{M}) + \eta_X \varepsilon_M (1 - \frac{X}{M})$$

Man sieht, daß die vereinfachte Robinson-Bedingung (3) ein Spezialfall der obigen Bedingungen (6) und (7) ist. Wenn man nämlich eine ausgeglichene Leistungsbilanz unterstellt und demzufolge in (6) und (7) für $\frac{M}{X}$ bzw. $\frac{X}{M}$ den Wert 1 einsetzt, werden sowohl (6) als auch (7) mit (3) identisch.

Uns kommt es jedoch hier hauptsächlich darauf an, zu einer Aussage darüber zu gelangen, in welcher Weise ein vorhandenes Ungleichgewicht der Leistungsbilanz die Wirkung einer Wechselkursänderung auf die Leistungsbilanz beeinflußt.

Zu diesem Zweck wird zunächst (6) so umgeformt, daß auf der linken Seite der Ungleichung nur der Klammerausdruck verbleibt:

---

[24] Ableitung siehe z. B. Ali *Ghaddar*: Außenwirtschaftstheorie. I. Teil. Bielefeld 1971, S. 64 ff.

[25] Ableitung siehe *Ghaddar*: a. a. O., I. Teil, S. 85 ff.

(6a) $$\frac{M}{X}\cdot\eta_M+\eta_X+1<\frac{\eta_M\eta_X}{\varepsilon_M\varepsilon_X}\cdot\frac{M}{X}(\varepsilon_M+\varepsilon_X\cdot\frac{X}{M}+1)-(1-\frac{X}{M})\cdot\frac{\eta_M\varepsilon_X}{\varepsilon_X\varepsilon_M}\cdot\frac{M}{X}$$

Jetzt kann man argumentieren, daß die Ungleichung (6a) *zumindest* immer dann erfüllt wäre, wenn die linke Seite negativ und die rechte Seite positiv ist. Eine Überprüfung ergibt, daß bei *defizitärer* oder *ausgeglichener* Leistungsbilanz ($\frac{X}{M} \leq 1$) die rechte Seite auf jeden Fall positiv ist. Auf der linken Seite sind die Nachfrageelastizitäten η_X und η_M, also auch $\eta_M \cdot \frac{M}{X}$, negativ. Die ganze linke Seite wäre demzufolge dann negativ, wenn die beiden negativen Ausdrücke absolut größer wären als 1, der positive Ausdruck der linken Seite:

(8) $$|\eta_M|\cdot\frac{M}{X}+|\eta_X|>1$$

Man sieht - und das entspricht den bisherigen Ergebnissen -, daß das um so eher der Fall ist, je größer die Nachfrageelastizitäten sind. Darüber hinaus spielt aber auch der Leistungsbilanzsaldo eine Rolle. Je größer nämlich das Leistungsbilanzdefizit und damit $\frac{M}{X}$ wird, desto größer wird die linke Seite von (8). Oder anders ausgedrückt, bei einem Leistungsbilanzdefizit ($\frac{M}{X} > 1$) kann (8) auch dann erfüllt sein, wenn $|\eta_M| + |\eta_X| < 1$. Man kann also sagen, *daß die Chancen für eine normale Reaktion der Leistungsbilanz in Auslandswährung mit steigendem Leistungsbilanzdefizit wachsen.*

Es kam uns bei den letzten Überlegungen darauf an, die Wirkungsrichtung eines Zahlungsbilanzungleichgewichts bei Wechselkursänderungen zu klären. Dabei wurde richtig argumentiert, daß die Ungleichung (6a) immer erfüllt ist, wenn die linke Seite negativ und die rechte positiv ist. Es sei jedoch darauf hingewiesen, daß es sich hierbei um eine hinreichende, aber *nicht* um eine *notwendige* Bedingung für das Zustandekommen einer normalen Zahlungsbilanzreaktion handelt. Notwendig ist vielmehr nur, daß die linke Seite kleiner ist als die rechte. Und diese Bedingung kann auch erfüllt sein, wenn beide Seiten negativ sind.

Dieser Fall kann dann gegeben sein, wenn vor der Wechselkursänderung ein Exportüberschuß ($\frac{M}{X} < 1$) besteht. Dann nämlich werden auf der rechten Seite von (6a) sowohl der Ausdruck vor als auch der nach dem Minuszeichen positiv, und es ist keine generelle Aussage darüber möglich, ob die Subtraktion der beiden Größen als Resultat eine positive oder negative Größe ergibt. Ist letzteres der Fall, so ist auch hier die Bedingung (6a) um so eher erfüllt, je größer die absoluten Werte von η_M und η_X sind. Allerdings bestehen zwei Unterschiede: 1. Der Ausdruck $\frac{M}{X} \cdot \eta_M + \eta_X$ muß nicht nur absolut größer sein als 1, sondern auch größer als die absolute Summe aus - 1 und dem negativen Ausdruck der rechten Seite.

2. Bei einem Exportüberschuß ($\frac{M}{X} < 1$) wird der Ausdruck $\frac{M}{X} \cdot \eta_M + \eta_X$ bei gegebenen Elastizitäten mit steigendem Exportüberschuß absolut immer kleiner bzw. mit sinkendem Exportüberschuß immer größer. Da aber die normale Reaktion der Leistungsbilanz um so eher eintritt, je größer der Ausdruck $\frac{M}{X} \cdot \eta_M + \eta_X$ absolut ist, kann man sagen, daß die Chance für eine normale Reaktion der Leistungsbilanz um so größer ist, *je kleiner in der Ausgangssituation der Leistungsbilanzüberschuß ist.*

Faßt man die beiden **Zwischenergebnisse zusammen**, so gelangt man zu folgender Aussage:

Bei gegebenen Angebots- und Nachfrageelastizitäten auf dem Export- und Importmarkt reagiert die Leistungsbilanz in Auslandswährung auf Wechselkursänderungen um so eher normal, je größer ein in der Ausgangssituation vorhandenes Defizit (Importüberschuß) bzw. je kleiner ein vorhandenes Aktivum (Exportüberschuß) ist.

Eine entsprechende Aussage wäre nun auch für einen vorhandenen Leistungsbilanzsaldo *in Inlandswährung* zu finden. Zu diesem Zweck wird ganz entsprechend dem bisherigen Vorgehen die Bedingung (7) so umgeformt, daß auf der linken Seite der Ungleichung nur der Klammerausdruck verbleibt:

$$\text{(7a)} \qquad \eta_X + \frac{M}{X} \cdot \eta_M + \frac{M}{X} < \frac{\eta_X \eta_M}{\varepsilon_X \varepsilon_M} \cdot \frac{M}{X} \left(\varepsilon_X \cdot \frac{X}{M} + \frac{X}{M} + \varepsilon_M\right) + \frac{\eta_X \varepsilon_M}{\varepsilon_X \varepsilon_M} \cdot \frac{M}{X} \left(1 - \frac{X}{M}\right)$$

Hier ergibt eine Überprüfung, daß die linke Seite der Ungleichung mit Ausnahme des Quotienten M/X negativ ist, während die rechte Seite mit Sicherheit nur bei einem Exportüberschuß ($\frac{X}{M} > 1$) positiv ist. Bei Existenz eines Exportüberschusses ist die Ungleichung damit auf jeden Fall dann erfüllt, wenn

$$|\eta_X| + \frac{M}{X} \, |\eta_M| > \frac{M}{X} \, .$$

Da hier der Aktivsaldo in beide Seiten der Ungleichung eingeht, wirken sich auch Salden*änderungen* auf beiden Seiten aus und neutralisieren sich tendenziell. Das tendenzielle und zugegebenermaßen *recht ungenaue Fazit* ist, daß die Höhe eines Exportüberschusses in Inlandswährung einen relativ geringen Einfluß auf die Reaktion der Leistungsbilanz ausübt. Davon unberührt bleibt, daß auch in diesem Falle hohe Nachfrageelastizitäten eine normale Zahlungsbilanzreaktion begünstigen.

Ist dagegen in der Ausgangslage ein Leistungsbilanzdefizit zu verzeichnen, so ist nicht sicher, ob die rechte Seite von (7a) positiv oder negativ ist. Ist letzteres der Fall, so muß $\eta_X + \frac{M}{X} \cdot \eta_M$ nicht nur absolut größer sein als $\frac{M}{X}$, sondern auch größer als die absolute Summe aus $-\frac{M}{X}$ und der negativen rechten Seite. Aber auch hier ist zu konstatieren, daß auf beiden Seiten der Ungleichung der Ausdruck $\frac{M}{X}$ enthalten ist. Auf der rechten Seite taucht er sogar mehrere Male, davon dreimal mit seinem reziproken Wert, auf. Die Größe von $\frac{M}{X}$ beeinflußt daher auch die Größe der ganzen rechten Seite in schwer abzuschätzender Weise, so daß eine zuverlässige Aussage über die Wirkung eines Defizits aus dem Bisherigen nicht zu entnehmen ist.

(4) Grenzen der Elastizitätsanalyse

Wer die politische Diskussion um die diversen Aufwertungen der DM in der Nachkriegszeit verfolgt hat, wird nach den vorangegangenen Überlegungen vielleicht mit Erstaunen konstatieren, daß das Problem einer eventuellen anomalen Reaktion der Leistungsbilanz darin keine Rolle gespielt hat. Man ging in der Wirtschaftspolitik stets davon aus, daß eine normale Reaktion (Abbau des Exportüberschusses durch DM-Aufwertung) als sicher anzusehen sei. Wir wissen inzwischen, daß eine diesbezügliche Sicherheit nur bei Kenntnis der Angebots- und Nachfrageelastizitäten gerechtfertigt sein kann. Über diese Kenntnis verfügen die wirtschaftspolitischen Instanzen jedoch nicht. Bis heute ist das Problem einer zuverlässigen Bestimmung der Nachfrage- und insbesondere auch der Angebotselastizitäten ungelöst. Zwar hat es zahlreiche Versuche gegeben, Nachfrageelastizitäten für konkrete Fälle zu bestimmen[26]. Aber sowohl der Umstand, daß vergleichbare Ergebnisse oft erheblich differierten, als auch die Tatsache, daß die Angebotselastizitäten in der Diskussion und in der empirischen Arbeit vernachlässigt wurden, weisen bereits auf die Grenzen hin, die der praktischen Anwendung der theoretischen Erkenntnisse allein durch dieses Problem gezogen sind.

(a) Schwierigkeiten der Elastizitätsermittlung

Das Aggregationsproblem: Aus der Mikroökonomie ist sattsam bekannt, welche Schwierigkeiten die empirische Ermittlung der Angebots- und Nachfrageelastizitäten selbst auf einem kleinen, gut abgrenzbaren Teilmarkt bereitet. Ja, selbst die Ermittlung einzelwirtschaftlicher Angebots- und Nachfragefunktionen ist noch als ungelöstes Problem zu betrachten. Mit der Notwendigkeit zur Aggregation der zu ermittelnden Angebots- und Nachfragestrukturen erhöht sich diese Schwierigkeit. Bei der Analyse der Wirkungen administrativer Wechselkursänderungen wird mit in aller Regel hochaggregierten Größen operiert; denn beim Exportangebot handelt es sich um die aggregierte Angebotskurve aller Exportgüter und bei der Exportnachfrage um die Zusammenfassung der

26 Vgl. Robert M. *Stern* u. a.: Price Elasticities in International Trade. London 1976.

Nachfrage aus vielen Ländern nach vielen Exportgütern. Entsprechendes gilt für Importangebot und Importnachfrage.

Veränderlichkeit der Elastizitäten im Zeitablauf: Eine weitere Schwierigkeit bei der Elastizitätsermittlung besteht darin, daß es sich nicht um fixe Größen handelt; vielmehr sind sie von mancherlei ökonomischen Faktoren abhängig und daher ebenso veränderlich wie diese. Dabei sind von den wirtschaftlichen Einflußgrößen die einen mehr, die anderen weniger variabel. Die *wirtschaftliche Größe* und Bedeutung eines Landes z. B. wird sich im allgemeinen nicht abrupt ändern. Kleine Länder werden daher im Durchschnitt wegen ihrer Importabhängigkeit eine geringere Elastizität der Importnachfrage haben als größere Länder. Ähnliches gilt wegen ihrer Exportabhängigkeit auch für das Exportangebot.

Allerdings beeinflussen neben der Außenhandelsabhängigkeit viele weitere Faktoren die Elastizitäten: so z. B. die *Struktur des Außenhandels*, die zeigt, welche Güter importiert und exportiert werden. Bei Importgütern ist von Belang, ob es vorwiegend lebensnotwendige Güter mit geringen Substitutionsmöglichkeiten sind, ob dafür prinzipiell auch Produktionsmöglichkeiten im Inland vorhanden sind und ob auf den Importgütermärkten Wettbewerb herrscht oder nicht. Ähnliche Fragen sind für die Angebotselastizitäten entscheidend. Diese von Land zu Land unterschiedliche Außenhandelsstruktur jedoch kann sich im Zeitverlauf aufgrund technischer Neuerungen, veränderten Konsumgewohnheiten u. ä. erheblich ändern.

Von erheblicher Bedeutung für die praktische Zahlungsbilanzpolitik ist außerdem die Tatsache, daß die Elastizitäten im Außenhandel *kurzfristig betrachtet* relativ klein oder sogar gleich Null sind. Denn die am Außenhandel Beteiligten reagieren alle mit mehr oder minder großen Zeitverzögerungen auf Datenänderungen, wie sie eine Wechselkursänderung darstellt. Zunächst einmal müssen die vor der Wechselkursänderung abgeschlossenen Geschäfte zu den vereinbarten Preisen abgewickelt werden. Sind die Geschäfte in Inlandswährung (DM) fakturiert, so bleiben also die DM-Preise konstant. Das wirkt, wie wenn die Exportnachfrage und das Importangebot völlig unelastisch wären. Sind die Geschäfte in Dollar fakturiert, so bleiben die vereinbarten Dollar-Preise bestehen. Das wirkt, wie wenn Exportangebot und Importnachfrage völlig unelastisch wären. Erst bei Abschlüssen, die nach der Wechselkursänderung erfolgen, können neue Preise vereinbart werden. Da Lieferung und Bezahlung später, häufig sehr viel später, erfolgen als der Geschäftsabschluß, tritt hier eine weitere Wirkungsverzögerung ein.

Dieser Umstand kann dazu führen, daß sich die Devisensituation des abwertenden Landes nach der Abwertung kurzfristig sogar noch verschlechtert. Das wäre dann der Fall, wenn die Mehrzahl der außenwirtschaftlichen Einnahmen (aus Exporten, Dienstleistungen, Zins- und Kapitalforderungen) in heimischer Währung anfallen würden, hingegen die meisten Ausgaben (für Importe, Dienstleistungen, Zinszahlungen und Kapitalleistungen) in fremder Währung aufzubringen wären. Es ergäbe sich dann im Abwertungsland *ein geringerer Devisenanfall bei gleichem Devisenbedarf.* In diesem Fall würde die Abwertung auf kurze Sicht die Devisenanforderungen bei der Notenbank erhöhen. Um ihnen entsprechen zu können, wäre zunächst ein ausreichender Vorrat an Gold und Devisen nötig. Wenn die Notenbank einen solchen Manövrierfonds an Gold und Devisen nicht in entsprechender Höhe besitzt oder nicht in der Lage ist, ihn kurzfristig durch Kredite aus dem Ausland aufzufüllen, dann hat es keinen Sinn, die längerfristigen Wirkungen der Abwertung, die eine Erhöhung des Devisenanfalls bringen (insbesondere durch Exportsteigerung und Importhemmung), abzuwarten. Die Währung kann in diesem Fall nicht ohne fremde Devisenhilfe abgewertet werden.

Das war die Situation Deutschlands im Juli 1931, als die großen Kreditrückzüge des Auslands und die im Gefolge davon auftretende Kapitalflucht die Reichsbank ihres Gold- und Devisenvorrates bereits in so großem Umfang beraubt hatten, daß eine Abwertung in diesem Zeitpunkt nicht mehr diskutabel war, zumal keine ausländische Notenbank Kredithilfe für die Übergangszeit gewährte. Notgedrungen mußte der Weg in die Devisenzwangswirtschaft angetreten werden.

Und schließlich sei in diesem Zusammenhang auf das grundsätzliche Problem aller empirischen Arbeiten hingewiesen, bei denen es - wie bei der Elastizitätsermittlung auch - um den Nachweis eines Kausalzusammenhanges zwischen zwei Größen geht: Mit der Feststellung einer Korrelation, z. B. zwischen zwei Zeitreihen, ist dieser Nachweis nicht erbracht[27].

Elastizitätspessimismus - Elastizitätsoptimismus: Trotz dieser „empirischen Lücke" hatte sich nach dem Zweiten Weltkrieg in wissenschaftlichen Kreisen - im Gegensatz zu der im politischen Bereich verbreiteten Ansicht - zunächst die Meinung durchgesetzt, daß die Nachfrageelastizitäten im Außenhandel im allgemeinen so klein seien, daß nicht mit normalen Leistungsbilanzreaktionen auf Wechselkursänderungen zu rechnen sei (Elastizitätspessimismus). Inzwischen ist ein Meinungsumschwung eingetreten, und man schätzt die Wahrscheinlichkeit normaler Leistungsbilanzreaktionen im allgemeinen recht hoch ein.

Allerdings ist zu betonen, daß alle generellen Aussagen dieser Art deswegen fragwürdig sind, weil die wirtschaftliche, insbesondere die außenwirtschaftli-

---

[27] Zu den Problemen der Elastizitätsermittlung vgl. Henner *Kleinewefers:* Theorie und Politik der Abwertung. Basel-Tübingen 1969, S. 84 ff.

che Situation, in der sich die einzelnen Länder befinden, oft außerordentliche Unterschiede aufweist. Da die Elastizitäten ihrerseits von den spezifischen wirtschaftlichen Gegebenheiten des jeweiligen Landes bestimmt werden, können sich Aussagen über die zu erwartende Leistungsbilanzreaktion eigentlich nur auf jeweils ein bestimmtes Land oder äußerstenfalls auf eine Gruppe von Ländern beziehen, deren Wirtschaftsstrukturen möglichst weitgehende Ähnlichkeiten aufweisen.

Zwar ist das Argument plausibel, daß die sehr starke Ausdehnung des Welthandels nach dem Zweiten Weltkrieg die Nachfrageelastizitäten der Tendenz nach erhöhte, weil mit zunehmender Zahl der am Welthandel Beteiligten die Substitutionsmöglichkeiten für die Nachfrager stiegen und das Gewicht der einzelnen Anbieter am Gesamtmarkt abnahm. Diese der Tendenz nach sicher zutreffende Aussage braucht aber für den Einzelfall, also für ein einzelnes Land, durchaus nicht zuzutreffen.

(b) Unvollkommene Märkte

Über das zu den Schwierigkeiten der Elastizitätsermittlung Gesagte hinaus ergeben sich weitere Einwände gegen die Elastizitätsanalyse.

So geht man dabei von vollkommener Konkurrenz auf den Märkten aus. Daß diese Voraussetzung in der Realität in weiten Bereichen auch näherungsweise nicht erfüllt ist, bedarf kaum der Erwähnung. Die unter der Voraussetzung vollkommener Konkurrenz abgeleiteten Ergebnisse sind jedoch nicht ohne weiteres auf andere Marktformen übertragbar; insbesondere deswegen nicht, weil sich z. B. bei Monopolen die für Polypole in den Abb. 7 bis 17 nachgewiesenen Reaktionen auf Wechselkursänderungen nicht mit Sicherheit einstellen. Wenn z. B. im Polypol nach einer Aufwertung die Exporteure ihre Preise in Auslandswährung erhöhen müssen, um damit den ursprünglichen Preis in Inlandswährung zu halten, wobei dann notwendigerweise Grenzanbieter ausscheiden, besteht diese Notwendigkeit im Monopol nicht unbedingt. So könnte der Monopolist im Extremfall den alten Preis (in Auslandswährung) auf Kosten seines Gewinns beibehalten, was für ihn einen Rückgang der Stückerlöse in heimischer Währung bedeutete, nicht jedoch einen Rückgang der Absatzmenge. Das Exportangebot wäre also in Bezug auf die Preise in Inlandswährung unelastisch. Daraus resultierte dann ein anderer Exportwert, als er sich bei polypolistischem Markt ergeben hätte.

Aber auch, wenn man von der nur selten anzutreffenden Marktform des Monopols absieht und die verbreiteten Marktformen des Oligopols und der monopolistischen Konkurrenz ins Auge faßt, können sich Abweichungen von den Abwertungsergebnissen bei vollkommener Konkurrenz ergeben. Im Falle der monopolistischen Konkurrenz beispielsweise hat jeder Anbieter einen Preisgestaltungsspielraum, innerhalb dessen Preisänderungen ohne (wesentliche) Wirkungen auf die Nachfrage bleiben. Jeder Anbieter wird dann bemüht sein, bei notwendigen oder möglichen Preiserhöhungen möglichst behutsam vorzugehen, weil er gute Geschäftsbeziehungen und damit seinen Marktanteil nicht gefährden will und/oder weil er wegen beschränkter Marktübersicht den „richtigen" Marktpreis selbst nicht genau kennt. Aufgrund seiner quasimonopolistischen Stellung steht ihm in prekären Zeiten die Möglichkeit eines zeitweisen (partiellen) Gewinnverzichts als Mittel der Marktpflege zur Verfügung. Auch bei Preissenkungen liegt die Vermutung nahe, daß die Anbieter versuchen, die Anpassung allmählich, tastend, also verzögert, zu vollziehen. Auch deswegen darf man nicht erwarten, daß die Primärwirkungen einer Wechselkursänderung sich binnen kurzem in voller Stärke einstellen.

(c) Isolierte Betrachtungsweise

1. **Interdependenz der Märkte:** Ein wesentliches Merkmal der Elastizitätsanalyse - wie jedes anderen partialanalytischen Ansatzes auch - besteht darin, daß Teilbereiche aus einem Ganzen herausgelöst und so betrachtet werden, als gäbe es keine Beziehungen und Zusammenhänge zwischen dem betrachteten Teilbereich und dem Rest des Ganzen. Die isolierten Bereiche waren hier der Exportgüter- und der Importgütermarkt, deren Reaktion auf Wechselkursänderungen untersucht wurde.

Dabei mußte unbeachtet bleiben, daß *Preisveränderungen auf dem Exportmarkt auch auf den Binnenmarkt durchschlagen, sofern die Exportgüter auch im Inland abgesetzt werden.* Diese Preisveränderungen können Substitutionsprozesse induzieren, die auch den Importgütermarkt unter Umständen beeinflussen. Kommt es beispielsweise nach einer Abwertung zu einer Erhöhung der Inlandspreise für Exportgüter, so kann es je nach der inländischen Nachfrageelastizität zu einem Rückgang oder Anstieg des inländischen Umsatzwertes für diese Güter kommen. Im ersten Fall werden Einkommensteile frei, die die Nachfrage auf anderen Märkten, z. B. auf Importgütermärkten, erhöhen können. Im zweiten Fall wird zusätzliches Einkommen auf diesen Märkten gebunden, das anderen Märkten entzogen werden muß. Das könnten z. B. Importgütermärkte sein, auf denen die Nachfrage demgemäß sinken müßte.

Eine noch unmittelbarere Beziehung zwischen Importen und Exporten ist dann gegeben, wenn *Importgüter als Kostengüter (Rohmaterial, Halbfabrikate) in die Exportgüter eingehen.* Eine abwertungsbedingte Ausdehnung des Exportgüterabsatzes würde in diesem Fall direkt eine Ausdehnung der Importnachfrage bewirken und damit den Importwert über den Abwertungseffekt hinaus beeinflussen.

2. **Vernachlässigte Sekundärwirkungen:** Und schließlich sei noch einmal angeführt, daß die Elastizitätsanalyse die sekundären Wirkungen von Wechselkursänderungen nicht berücksichtigt. Solche Wirkungen ergeben sich als Konsequenz einer Änderung des Außenbeitrages, die mit einer Änderung des Volkseinkommens identisch ist. Wenn man realistischerweise davon ausgeht, daß die Höhe des Volkseinkommens den Umfang der Importe beeinflußt, so wird die aus einer erfolgreichen Abwertung resultierende Steigerung des Volkseinkommens eine Importsteigerung induzieren, die die abwertungsbedingte Aktivierung der Leistungsbilanz teilweise wieder rückgängig macht. Diese Wirkungen werden später eingehend behandelt.[28]

(d) Wirtschaftspolitische Gegenmaßnahmen

Die praktische Relevanz der Elastizitätsanalyse wird weiterhin dadurch eingeschränkt, daß sie die Möglichkeit von wirtschaftspolitischen Gegenmaßnahmen seitens der Partnerländer nicht berücksichtigt und auch nicht berücksichtigen kann, weil diese ungewiß und von vielen Eventualitäten abhängig sind. Jedoch können die erwarteten Wirkungen einer Abwertung durch eine als Abwehrmaßnahme gemeinte Abwertung der Währungen wichtiger Partnerländer gänzlich verhindert werden. In die gleiche Richtung wirken die Erhöhung bestehender oder die Einführung neuer Einfuhrzölle, Einfuhrkontingente oder anderer Importrestriktionen, die die aus der Sicht der Ausländer preissenkende Wirkung der Abwertung kompensieren und die Exporterhöhung des Abwertungslandes verhindern. Auf der Importseite sind Maßnahmen denkbar, die die aus der Sicht der Inländer preissteigernde Wirkung der Abwertung kompensieren und damit den angestrebten Importrückgang verhindern. Zu denken ist an Exportsubventionen des Auslandes, Steuererleichterungen für ausländische Exporteure u. a.

2. Wechselkurse und Preise

Die Überlegungen im vorigen Abschnitt hatten ergeben, daß Wechselkursänderungen fast immer Änderungen der Außenhandelswerte induzieren. Dieses Ergebnis impliziert die Aussage, daß Wechselkursänderungen auch die Preise der Außenhandelsgüter beeinflussen; denn eine Änderung der Export- und/oder Importwerte bedeutet ja, daß sich die Preise und/oder Mengen der Exporte und Importe verändern. Nur der Umstand, daß wir im vorigen Abschnitt unsere Aufmerksamkeit ganz auf die Veränderung der Außenhandels*werte* konzentriert haben, hat dort eine systematische Behandlung der Preiswirkungen von Wechselkursänderungen verhindert. Das kann jedoch ohne Schwierigkeiten dadurch

[28] Näheres dazu siehe unten, S. 163 ff. (Einkommen und Zahlungsbilanz).

nachgeholt werden, daß wir die diesbezüglichen Aussagen sammeln und gegenüberstellen.

Neben der Frage, wie sich administrative Veränderungen des Wechselkurses (Auf- oder Abwertungen) auf die Preise auswirken, ist auch die umgekehrte Fragestellung von Interesse: Wie wirken sich bei flexiblen Wechselkursen Veränderungen des Preisniveaus auf die Höhe der Wechselkurse aus? Daß es einen solchen Einfluß gibt, ist unschwer einzusehen; denn Preisveränderungen beeinflussen Exporte und Importe, diese wiederum Devisenangebot und -nachfrage und damit auch den Wechselkurs.

a) Der Einfluß administrativer Wechselkursänderungen auf die Preise

(1) Änderungen der Außenhandelspreise durch Wechselkursänderungen

Bedient man sich wie im vorigen Abschnitt der Marktdiagramme für Export- und Importgüter und trägt die Veränderungen der Angebots- bzw. Nachfragestrukturen infolge einer **Abwertung** ein, so zeigt sich bei *Preisangabe in Auslandswährung*, **daß die $-Preise sowohl der Exportgüter wie auch der Importgüter fallen** (siehe Abb. 18a und b).

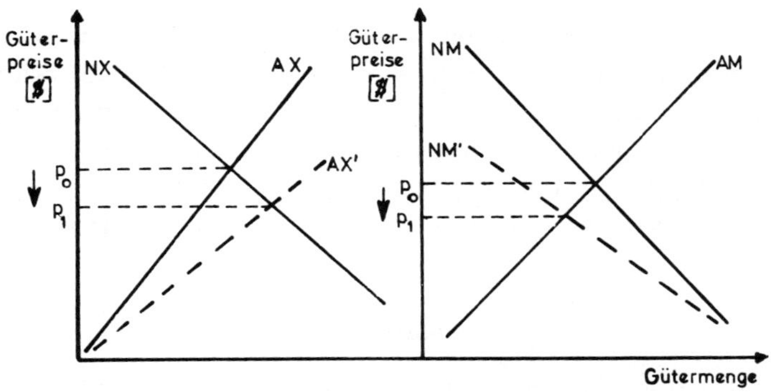

Abb. 18a: **Exportmarkt**
DM-Abwertung

Abb. 18b: **Importmarkt**
DM-Abwertung

Ein Preisanstieg ist nicht möglich. Äußerstenfalls können die Preise konstant bleiben. Bei den Exportgütern (Abb. 18a) wäre das der Fall, wenn die Exportnachfrage völlig elastisch oder das Exportangebot völlig unelastisch wäre. Im letzteren Fall verkaufen die Exporteure unabhängig vom Preis stets die gleiche Menge; da sich an der Nachfragestruktur nichts ändert, wird also die gleiche Menge zum gleichen Dollar-Preis wie vor der Abwertung verkauft. Man sollte sich klar darüber sein, daß Konstanz der Dollar-Preise für die inländischen (deutschen) Exporteure die maximale Steigerung der DM-Preise bedeutet. Die DM-Preise steigen nämlich in diesem Fall infolge der Wertsteigerung des Dollars gegenüber der DM um den vollen Abwertungssatz. Ein Blick auf Abb. 19a, die den Exportmarkt zu DM-Preisen wiedergibt, macht das deutlich, wenn man sich auch hier eine unelastische Exportangebotskurve eingezeichnet denkt. Sinken dagegen die Dollarpreise, weil $\varepsilon_X > 0$, so sind die Steigerungen der DM-Preise ebenfalls geringer. Die DM-Preise können aber nicht fallen, sondern äußerstenfalls konstant bleiben. Dieser Fall tritt ein, wenn die Elastizität des Exportangebots unendlich ist. Aus Abb. 18a ist zu entnehmen, daß dann der Dollarpreis um den vollen Abwertungssatz fällt, was bedeutet, daß der DM-Preis konstant bleibt. (Man stelle sich in Abb. 19a eine völlig elastische Angebotskurve eingetragen vor!) Denn die Wertsteigerung des Dollars wird voll kompensiert durch das Absinken des Preises in Auslandswährung.

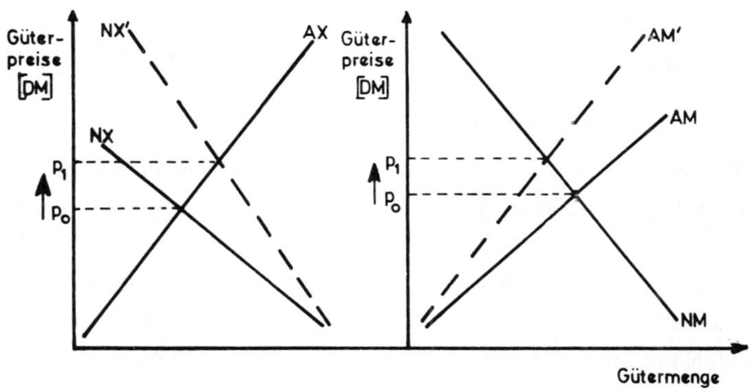

Abb. 19a: **Exportmarkt** DM-Abwertung

Abb. 19b: **Importmarkt** DM-Abwertung

Bei den Importgütern fallen die Dollar-Preise nach einer DM-Abwertung nur dann nicht, wenn entweder das Importangebot völlig elastisch oder die Importnachfrage völlig unelastisch ist. Im letzteren Fall importieren die Inländer unabhängig vom Preis stets dieselbe Menge an Auslandsgütern. Da die Angebotsstruktur unverändert bleibt, verändert sich auch der Preis nicht. Auch diese Konstellation kann sich der Leser leicht vergegenwärtigen, indem er sich die Importnachfragekurve (*NM*) in Abb. 18b unelastisch denkt. Konstante Dollar-Preise sind für die inländischen Nachfrager die ungünstigste Alternative; sie bedeuten nämlich eine Steigerung der DM-Preise um den Abwertungssatz. Diesen Zusammenhang ersieht man aus Abb. 19b, wenn man sich die Importnachfragekurve (*NM*) unelastisch denkt. Sofern aber die Elastizität der Importnachfrage größer als Null ist, sinkt der Dollarpreis. Die DM-Preise dagegen steigen in der Regel. Dabei ist ihre Steigerung um so geringer, je mehr die Dollar-Preise sinken. Sinken die Dollarpreise um den vollen Abwertungssatz, so bleiben die DM-Preise konstant; denn die Steigerung des Dollarwertes gegenüber der DM wird durch das Sinken der Dollar-Preise gerade kompensiert. Das ist bei $\varepsilon_M = 0$ der Fall!

Festzuhalten bleibt jedoch, daß im Normalfall nach einer Abwertung die in Auslandswährung angegebenen Preise der Export- und Importgüter sinken, während die in Inlandswährung angegebenen Preise steigen. Für die Aufwertung gilt das Umgekehrte.

Auch hier sei darauf hingewiesen, daß dieses Ergebnis uneingeschränkte Gültigkeit nur unter den gemachten Voraussetzungen hat. Die Voraussetzungen dürften jedoch in der Realität vielfach nicht erfüllt sein.

(2) Änderungen des Realtauschverhältnisses durch Wechselkursänderungen

(a) Das Realtauschverhältnis

Über den Zusammenhang zwischen Wechselkursänderungen und Außenhandelspreisen hinaus ist auch die Frage von Interesse, ob und in welcher Weise sich das *Verhältnis* von Exportgüterpreisen zu Importgüterpreisen infolge einer Wechselkurskorrektur ändert. Das Verhältnis von Exportgüterpreisen zu Importgüterpreisen ($\frac{p_X}{p_M}$) ist insofern eine aussagekräftige Größe, als ihr reziproker Wert angibt, welche Gütermengen im Außenhandel als wertgleich ausgetauscht werden. Deshalb trägt die Relation die Bezeichnung *Realtauschverhältnis* oder *terms of trade* (tot).

Zur Veranschaulichung stelle man sich vor, ein Land exportiere nur ein Gut, nämlich Fernsehgeräte einer bestimmten Qualität, und importiere ebenfalls nur ein Gut, nämlich Weizen. Betrüge der Preis eines Fernsehapparates 300,– DM und der Preis eines Doppelzentners Weizen 60.– DM, so wäre das Realtauschverhältnis $^{300}/_{60} = {}^{5}/_{1}$ und besagte, daß Fernsehapparate gegen Doppelzentner Weizen im Verhältnis 1 : 5 getauscht werden oder noch deutlicher ausgedrückt: Das Inland erhält für den Export eines Fernsehgerätes fünf Doppelzentner Weizen.

Für sich genommen, besagt die Relation nicht allzuviel. Aufschlußreicher ist ihre *Veränderung in der Zeit*. Zeigte sich z. B., daß nach einer Abwertung der DM der Fernsehgerätepreis auf 320,–DM und der Weizenpreis auf 80,– DM je dz stiege, so hätte sich das Realtauschverhältnis von 5 : 1 auf $^{320,-}/_{80,-} = 4 : 1$ verringert. Das Inland erhielte jetzt also nicht mehr fünf, sondern nur noch vier Doppelzentner Weizen für einen Fernsehapparat. Das Realtauschverhältnis hätte sich also zu seinen Ungunsten verändert. Eine Verringerung des Realtauschverhältnisses besagt also, daß das exportierende Land für eine Mengeneinheit des Exportgutes eine geringere Menge an Importgütern erhält als vorher. Aus der Sicht des Exportlandes stellt das eine Verschlechterung der Austauschrelation dar.

Da die Außenhandel treibenden Länder in aller Regel eine Vielzahl von Gütern exportieren und importieren, läßt sich das Realtauschverhältnis auch kaum jemals als einfache Relation zweier Preise darstellen. Es muß vielmehr die Veränderung des Preisniveaus der Exportgüter der Veränderung des Preisniveaus der Importgüter gegenübergestellt werden. Preisniveauveränderungen werden mit Hilfe von *Preisindices* gemessen. In unserem Fall müssen also der Preisindex der Exportgüter und der Preisindex der Importgüter gebildet und ihre *Veränderung* gegenüber einem gemeinsamen Basiszeitpunkt verglichen werden. Ergibt das Verhältnis der „neuen" Preisindices einen Wert größer als eins (z. B. $\frac{120}{110}, \frac{90}{80}, \frac{110}{90}$), so hat sich das Realtauschverhältnis ($\frac{P_X}{P_M}$) für das Exportland verbessert. Bei einem Wert kleiner als eins hat es sich verschlechtert.

Diese Relation von Exportgüterpreisindex zu Importgüterpreisindex wird mit einem unübersetzbaren englischen Ausdruck auch **„net barter terms of trade"**[29] genannt. Hervorzuheben ist allerdings, daß die tot in dieser Fassung *nichts über die Mengenentwicklung des Außenhandels aussagt*. So kann eine Verbesserung der tot mit einer Schrumpfung der Außenhandelswerte und entsprechenden negativen Wirkungen auf Einkommen, Beschäftigung und Produktivität verbunden sein.

(b) Weitere terms-of-trade-Versionen

Eine Erhöhung der Aussagekraft der tot wird mit den **„gross barter terms of trade"** angestrebt. Man versteht darunter das Verhältnis zwischen Import*mengen*index und Export*mengen*index ($\frac{Q_M}{Q_X}$).

Zunächst ist zu bemerken, daß bei ausgeglichener Leistungsbilanz $\frac{P_X}{P_M} = \frac{Q_M}{Q_X}$ sein muß; denn ausgeglichene Leistungsbilanz bedeutet Gleichheit von Exportwert und Importwert pro Periode: $P_X \cdot Q_X = P_M \cdot Q_M$, woraus sich nach Umformung $\frac{P_X}{P_M} = \frac{Q_M}{Q_X}$ ergibt. Das entspricht auch völlig der bisherigen Überlegung, wonach das Preisverhältnis zweier Güter dem reziproken Wert ihrer mengenmäßigen Austauschrelation entspricht. Zu fragen bliebe, ob die Verwendung der „gross barter tot" irgendwelche Vorteile gegenüber den „net barter tot" bringt.

29 Auch die Bezeichnung „commodity tot" ist gebräuchlich.

Die Antwort ist ein bedingtes „Ja". Eine Verbesserung der „net barter tot" kann mit einer erheblichen Schrumpfung des Außenhandels einhergehen. Hätten sich z. B. die „net barter tot" gegenüber dem Basiszeitraum verbessert auf $\frac{P_{X1}}{P_{M1}} = \frac{150}{120} = 1{,}25$, so könnte das begleitet gewesen sein von einer Schrumpfung der Außenhandelsmengen. Die „gross barter tot" würden zwar eine gleich große „Verbesserung" aufweisen, z. B. $\frac{Q_{M1}}{Q_{X1}} = \frac{75}{60} = 1{,}25$, ließen aber gleichzeitig erkennen, daß die „Verbesserung" der tot mit einer Schrumpfung der Außenhandelsmengen erkauft wurde, wobei überdies die Exporte des Inlandes absolut einen weit größeren Rückgang aufweisen als die Importe. Und in diesem Beispiel sind schließlich nicht nur die Außenhandelsmengen, sondern auch die Außenhandelswertindices gesunken:

$$\begin{aligned} P_{X1} \cdot Q_{X1} &= P_{M1} \cdot Q_{M1} \\ 150 \cdot 60 &= 120 \cdot 75 \\ 9000 &= 9000 \end{aligned}$$

Setzt man die Preis- und Mengenindices des Basiszeitraumes gleich 100, so ergibt sich für die Import- und Exportwerte jeweils ein Index von 10 000. Im Beispielsfall sind damit die Außenhandelswerte um 10 % geschrumpft.

Eine solche Entwicklung dürfte in vielen Fällen trotz der Verbesserung des Realtauschverhältnisses vom Exportland als negativ angesehen werden. Denn die Verringerung des Exportabsatzes wie die der wertmäßigen Importnachfrage bringt zumindest strukturelle Veränderungen der Gesamtnachfrage mit sich, möglicherweise wird aber auch der Umfang der Gesamtnachfrage beeinflußt. Die damit notwendig werdenden Anpassungen der Produktionsstruktur bringen immer Schwierigkeiten und Friktionen für die betroffenen Branchen, Unternehmen und deren Beschäftigte mit sich. Nur stellen sie hier nicht den notwendigen Preis für die Durchsetzung einer größeren internationalen Spezialisierung und Arbeitsteilung dar, sondern sind im Gegenteil die Folge einer Reduzierung des Außenhandels und damit der internationalen Arbeitsteilung. Eine solche Entwicklung bewirkt aber in aller Regel eine Verlangsamung der wirtschaftlichen Wohlstandssteigerung oder führt sogar zu einer Verminderung des wirtschaftlichen Wohlstandes. Unter diesem Aspekt betrachtet, bieten die „gross barter tot" eine erheblich bessere Grundlage zur Beurteilung der wirtschaftlichen Konsequenzen einer Verbesserung der tot.

Wenn dennoch bei tot-Betrachtungen und -Statistiken die **„gross barter tot" so gut wie keine Rolle spielen**, so liegt das daran, daß ihre beschriebene Aussagefähigkeit davon abhängt, daß die Leistungsbilanz ausgeglichen ist, daß man also mit den Exporterlösen sämtliche Importe bezahlt. Bei einem Importüberschuß

z. B. ist das nicht der Fall; denn dann reichen die Erlöse aus den Exporten ja nicht aus, die gesamten Importe damit zu bezahlen. In Höhe des Importüberschusses muß vielmehr ein Kredit in Anspruch genommen bzw. Forderungen gegenüber dem Ausland (z. B. Devisenreserven) abgebaut werden. Keinesfalls kann in diesem Fall die Relation zwischen Import- und Exportmengen dem realen Tauschverhältnis entsprechen. Da in der Realität ausgeglichene Leistungsbilanzen und vor allem die Aufrechterhaltung des Gleichgewichts im Zeitverlauf zu den Ausnahmen zählen, haben die „gross barter tot" kaum eine praktische Relevanz.

Damit ist aber die Zahl der terms-of-trade-Varianten nicht erschöpft. Unter der Bezeichnung **„income terms of trade"** wird die Beziehung $\frac{P_X \cdot Q_X}{P_M}$ verstanden. Es werden also der Exportwertindex $(P_X \cdot Q_X)$ und der Importpreisindex (P_M) in Beziehung gesetzt. Eine Vergrößerung des Ausdrucks bedeutet, daß mit dem Exporterlös $P_X \cdot Q_X$ eine größere Menge an Gütern importiert werden kann; denn unter der Voraussetzung einer ausgeglichenen Leistungsbilanz gilt: $Q_M = \frac{P_X \cdot Q_X}{P_M}$. Insofern ist einzusehen, daß vorstehende Beziehung auch als *„Importkapazität"* bezeichnet wird; denn sie zeigt, welche Gütermengen mit Hilfe der Exporterlöse importiert werden können. Allerdings sind auch die „income tot" keine terms of trade im eigentlichen Sinne; denn sie zeigen nicht das reale Austauschverhältnis oder seine Veränderung an. Vielmehr können sich Realtauschverhältnis $(\frac{P_X}{P_M})$ und „income tot" $(\frac{(P_X \cdot Q_X)}{P_M})$ gegenläufig entwickeln. Unterstellen wir der Einfachheit halber Konstanz von P_M, so würde $\frac{P_X}{P_M}$ mit sinkendem P_X ebenfalls sinken. $\frac{P_X \cdot Q_X}{P_M}$ hingegen könnte sich mit sinkendem P_X erhöhen, wenn die Abnahme von P_X durch eine Zunahme von Q_X überkompensiert würde. Das heißt nichts anderes, als daß der Exportwert auch bei sinkenden Exportpreisen steigen kann, wenn sich die Exportmenge entsprechend vergrößert. Aufschluß über die Verbesserung oder Verschlechterung des Tauschverhältnisses im Außenhandel gewinnt man also nicht. Es wird nur klar, ob man mit den getätigten Exporten eine größere oder kleinere Importmenge finanzieren kann als zum Basiszeitraum.

Man muß also, wenn man etwas über das reale Austauschverhältnis im Außenhandel aussagen will, trotz erheblicher Mängel auf die „net barter tot" $(\frac{P_X}{P_M})$ zurückgreifen. Ein wesentlicher Mangel bestand ja darin, daß die Mengenentwicklung völlig außer Betracht bleibt. Eine weitere Schwäche der „net barter tot" liegt darin, daß u. U. auch eine „Verschlechterung" des Austauschverhältnisses aus der Sicht des Exportlandes positiv zu beurteilen sein kann. Man stelle sich vor, die Exportgüterpreise sinken aufgrund erheblicher Produktivitätssteigerungen in der Exportgüterindustrie; gehen wir der Bequemlichkeit halber wieder von konstanten Importgüterpreisen aus, so bedeutet das eine „Verschlechterung“ der „net barter tot“. Produktivitätssteigerung bedeutet aber Kostenminderung pro Produkteinheit; d. h. der Faktoreinsatz je produzierte Einheit sinkt. Die „ersparten“ Faktoren und Ressourcen können zur Steigerung des Gesamtoutputs verwendet werden. Wenn jetzt die Exportpreise in geringerem Maße sinken als die Stückkosten (bzw. der Faktoreinsatz pro Stück), so hat sich die Situation für das Exportland verbessert, denn der Erlöseinbuße pro Stück steht eine größere Kostensenkung pro Stück gegenüber.

Um diesem Mangel abzuhelfen, kann man die **„factoral terms of trade“** bilden, indem man den Preisindex der Exportgüter mit dem Produktivitätsindex der Exportgüter (E_X) multipliziert und zum Preisindex der Importgüter in Beziehung setzt: $\frac{P_X \cdot E_X}{P_M}$. Ein Ansteigen der Relation bedeutet, daß der Aufwand an Ressourcen (Faktoren) zur Erlangung einer bestimmten Importmenge abgenommen hat, die Situation für das Exportland sich also verbessert hat. Und das kann bei konstantem P_M und sinkendem P_X geschehen, wenn die Abnahme von P_X durch eine größere Zunahme von E_X überkompensiert wird. „Net barter tot“ und „factoral tot“ können sich also gegenläufig verändern.

Der Vollständigkeit halber sei erwähnt, daß man auch die „*double factoral tot*“ bilden könnte, in die nicht nur der Produktivitätsindex der Exportgüterindustrien des exportierenden Landes eingeht, sondern auch die Produktivitätsentwicklung der Industrien aller Länder, deren Güter das betrachtete Land importiert: $\frac{P_X \cdot E_X}{P_M \cdot E_M}$.

Die Aussagefähigkeit dieser Beziehung ist für das exportierende Land geringer als die von $\frac{P_X \cdot E_X}{P_M}$; denn es kommt in erster Linie darauf an, zu erfahren, wie sich der Ressourcenaufwand für eine bestimmte Importmenge entwickelt hat.

Trotz der größeren Aussagekraft werden „factoral tot“ in der empirischen Analyse so gut wie nirgends verwendet. Der Grund dafür führt zu den technischen Schwierigkeiten, die der zuverlässigen Ermittlung der tot im allgemeinen und der „factoral tot“ im besonderen entgegenstehen. Die spezielle Schwierigkeit der „factoral tot“ ist die Ermittlung der Produktivitätsentwicklung in meist vielen Exportgüterbranchen für noch sehr viel mehr Exportgüter. Ein solcher Produktivitätsindex dürfte überdies nicht einfach die durchschnittliche Produktivitätsentwicklung in der Exportgüterindustrie wiedergeben. Vielmehr müßten die Produktivitätssteigerungen in den einzelnen Exportgüterzweigen gewichtet mit ihrem Anteil am Gesamtexport in den Index eingehen. Für die „double factoral tot“ erscheint ein solches Verfahren vorerst gänzlich aussichtslos, da nicht nur die Produktivitätsentwicklung der Exportindustrien des Inlandes, sondern auch aller ausländischen Industriezweige, deren Waren das Inland importiert, empirisch zu ermitteln wären.

(c) Probleme der tot-Ermittlung

Eine technisch-statistische Schwierigkeit besteht in der *Ermittlung der Preisindices* für die Export- und die Importgüter. Die hierbei auftauchenden Probleme sind für jede Art von Preisindex relevant. Sie bestehen einmal in der Wahl des *„richtigen" Basisjahres.* Wählte man z. B. Basisperioden, in denen außergewöhnlich große Preisveränderungen stattgefunden haben, so würde dadurch die Indexentwicklung mehr oder weniger stark verfälscht. Treffendes Beispiel dafür wäre der Koreaboom, als infolge des Koreakonfliktes die Rohstoffpreise außergewöhnlich hoch lagen. Ein auf dem Jahr 1953 oder 1954 basierender Index würde stark fallende Rohstoffpreise als Folge der Beruhigung der Lage auf den Rohstoffmärkten anzeigen. Länder, die hauptsächlich Rohstoffe exportieren und Industriegüter importieren, wie das bei vielen Entwicklungsländern der Fall ist, hätten dadurch drastische Verschlechterungen ihres Realtauschverhältnisses zu verzeichnen. Bei der Wahl eines „normalen" Jahres als Basis würde die Verschlechterung zumindest weniger stark ausfallen.

Auch die *Länge des Vergleichszeitraumes* ist von Bedeutung: Erstens kann sich das Sortiment der Export- und auch der Importgüter im Zeitverlauf mehr oder weniger stark ändern. Es erscheint aber wenig sinnvoll, die Preisindices zweier Perioden gegenüberzustellen, wenn sie sich auf stark unterschiedliche Warenkörbe beziehen. Zweitens kann sich auch bei gleichbleibendem Sortiment das Gewicht der einzelnen Güter erheblich ändern, so daß eine Korrektur der Gewichtungen erfolgen müßte.

Ein weiterer Punkt ist der Umstand, daß die Preisindices die *Qualitätsveränderung* gleichnamiger Güter nicht registrieren. So kann z. B. die Preiserhöhung eines Gutes gänzlich durch eine Qualitätsverbesserung bedingt sein. Es wird also ein anderes, nämlich verbessertes, Gut angeboten; von einer Verteuerung des ursprünglichen Gutes kann daher eigentlich nicht gesprochen werden. Würde sich das Realtauschverhältnis aufgrund (stärkerer) Qualitätsverbesserungen bei den Exportgütern erhöhen, so wäre es verfehlt, von einer „Verbesserung" zu sprechen. Diese Differenzierung liefert der Preisindex jedoch nicht. Man könnte diesen Gesichtspunkt vernachlässigen, wenn man mit ungefähr gleichen Qualitätsveränderungen bei Export- und Importgütern rechnen könnte. Das ist jedoch nicht gewährleistet. So sind die Möglichkeiten der Qualitätsverbesserung bei vielen Rohstoffen und Agrarprodukten als recht begrenzt anzusehen, während die diesbezüglichen Möglichkeiten bei vielen industriellen Produkten weit größer sind. Wenn daher ein Land vornehmlich Rohstoffe exportiert und gewerbliche Erzeugnisse importiert, so können sich qualitätsbedingte Preiserhöhungen auf das Realtauschverhältnis auswirken und zu den erwähnten Fehlschlüssen führen.

Die *Quintessenz* all dieser Überlegungen und Einwendungen ist, daß bei der Interpretation von Veränderungen des Realtauschverhältnisses Vorsicht und Zurückhaltung geboten ist[30]. Behält man diese Gesichtspunkte im Auge, so kann die tot-Entwicklung wertvolle Informationen über die Vorteilhaftigkeit des Außenhandels für ein Land liefern. Überdies verliert ein Teil der Einwendungen an Bedeutung, wenn man tot-Veränderungen innerhalb kurzer Zeiträume betrachtet. So sind wesentliche Änderungen des Sortiments der Export- und Importgüter innerhalb kurzer Fristen ebensowenig zu erwarten, wie ins Gewicht fallende Qualitätsveränderungen oder Produktivitätsverbesserungen. Da es sich bei unserer speziellen Fragestellung nach den Wirkungen einer Wechselkursänderung auf das Realtauschverhältnis um eine kurzfristige Betrachtung handelt, ist der Aussagegehalt einer diagnostizierten Änderung des Realtauschverhältnisses relativ hoch einzuschätzen. Im folgenden Abschnitt wird daher diese Frage untersucht.

(d) Änderungen des Realtauschverhältnisses durch Abwertung

Bevor am *Beispiel einer Abwertung* versucht wird, die Frage nach den Wirkungen einer administrativen Wechselkursänderung auf das Realtauschverhältnis des abwertenden Landes zu beantworten, ist nachdrücklich auf einen **verbreiteten Fehler** hinzuweisen, der der irrigen Meinung Vorschub geleistet hat, daß eine Abwertung auf jeden Fall zu einer Verschlechterung der tot führe. Die geläufige aber falsche Argumentation ist: Eine Abwertung verbilligt die Inlandswaren für Ausländer (≙ die Exportpreise sinken) und verteuert die Auslandswaren für Inländer (≙ die Importpreise steigen). Demnach verschlechtert sich das Realtauschverhältnis.

Der Fehler dieser Argumentation besteht darin, daß Unvergleichbares verglichen wird, nämlich die sinkenden *Dollar*-Preise der Exportgüter mit den steigenden *DM*-Preisen der Importgüter. Notwendig ist aber, daß man jeweils die Entwicklung der Dollar-Preise *oder* die der DM-Preise von Export- und Importgütern gegenüberstellt. Denn wie wir inzwischen wissen, bedeutet ein nach erfolgter DM-Abwertung eingetretener Rückgang der Dollar-Preise für Exportgüter keineswegs zwangsläufig auch ein Sinken der entsprechenden DM-Preise; vielmehr steigen die DM-Preise in der Regel; äußerstenfalls können sie konstant bleiben (siehe oben, S. 124 ff.). Da gleichzeitig die DM-Preise der Importe steigen,

30 Eine ausführliche Behandlung der tot-Probleme findet sich u. a. bei G. M. *Meier*: International Trade and Development. New York 1963. 3. Kapitel, S. 40 ff. (2. Auflage unter dem Titel: The International Economics of Development. New York 1968, S. 41 ff.).

hängt es vom Verhältnis der Steigerungsraten ab, ob eine Verschlechterung oder Verbesserung des Realtauschverhältnisses eintritt.

Wie schon die Erörterung der Abwertungswirkungen auf die Export- und Importwerte ergab, hängen die Preis- und Mengenänderungen von den Elastizitäten der Angebots- und Nachfragekurven für Export- und Importgüter ab. Es läßt sich nun zeigen, daß eine Verbesserung der tot um so eher zu erwarten ist, je kleiner die Elastizitäten des Export- und Importangebots sind. Zu diesem Zweck bedienen wir uns wieder der vertrauten Marktdiagramme für Export- und Importgüter, deren Preise in Inlandswährung (DM) angegeben sind. In Abb. 20a und b sind Exportangebot (*AX*) und Importangebot (*AM*) als völlig unelastisch eingezeichnet ($\varepsilon_X = 0; \varepsilon_M = 0$).

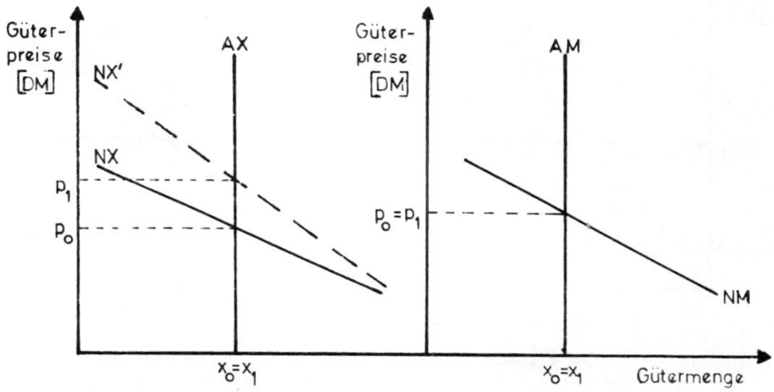

Abb. 20a: **Exportmarkt**
Abwertung der DM

Abb. 20b: **Importmarkt**
Abwertung der DM

Da wegen der Unelastizität des Importangebots die DM-Importpreise unverändert bleiben, bei den Exportgütern hingegen infolge der Verschiebung der Exportnachfrage eine Erhöhung der DM-Exportpreise eintritt, verbessert sich das Realtauschverhältnis ($\frac{P_X}{P_M}$) für das Abwertungsland. Ein Blick auf Abb. 20a und b zeigt, daß, wenn die Angebotskurven *AX* und *AM* eine positive Neigung erhalten ($\varepsilon_X > 0; \varepsilon_M > 0$), der Anstieg der Exportpreise bei gleichem Abwertungssatz abnimmt und gleichzeitig ein Anstieg auch der Importpreise zu verzeichnen ist. Das bedeutet, daß die Erhöhung des Realtauschverhältnisses geringer ist als in dem in Abb. 20a und b dargestellten Fall unelastischer Angebotskurven. Damit ist die obige Aussage erwiesen, daß eine **Verbesserung der tot als Folge einer Abwertung um so eher zu erwarten ist, je kleiner die Elastizitäten des Export- und des Importangebots sind.**

Ein Rückblick auf die Analyse der Wirkungen von Wechselkursänderungen zeigt, daß die Angebotselastizitäten für die Reaktion der Leistungsbilanz dieselbe Rolle spielen wie für die Reaktion des Realtauschverhältnisses. Auch die Leistungsbilanz verbessert sich (aktiviert sich) als Folge einer Abwertung um so eher, je kleiner die Angebotselastizitäten von Export und Import sind (vgl. S. 109 f.).

Es bleibt nun noch nach dem Einfluß der Nachfrageelastizitäten auf die Reaktion der tot zu fragen. Schon aus Gründen der Symmetrie ist zu vermuten, daß, ebenso wie bei der Leistungsbilanzreaktion, die Chancen für eine Verbesserung der tot mit *steigenden* absoluten Elastizitäten der Exportnachfrage und der Importnachfrage steigen. Die Abb. 21a und b bestätigen diese Vermutung.

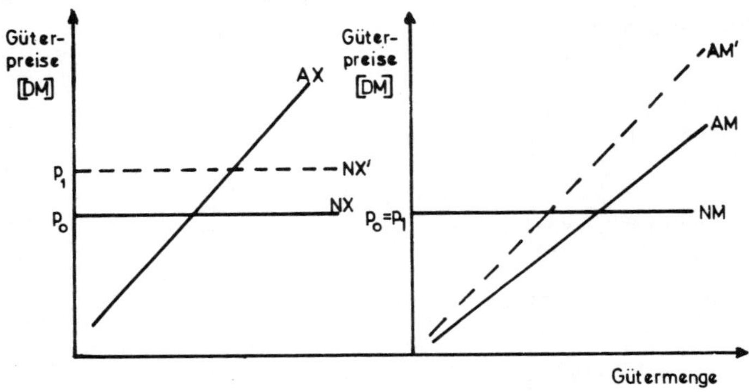

Abb. 21a: **Exportmarkt**
Abwertung der DM

Abb. 21b: **Importmarkt**
Abwertung der DM

Die Kurven der Export- und der Importnachfrage (*NX* und *NM*) sind als völlig elastisch ($\eta_X = \infty; \eta_M = \infty$) eingezeichnet. Bei dieser Konstellation ergibt sich eine Erhöhung der Exportpreise bei Konstanz der Importpreise, was mit einer Verbesserung der tot identisch ist. Wenn man sich nun in Abb. 21 negativ geneigte Nachfragekurven ($|\eta_X| < \infty; |\eta_M| < \infty$) eingezeichnet denkt, so wird die Preissteigerung der Exportpreise geringer, während die Importpreise nunmehr steigen. Konsequenz ist, daß die Verbesserung der tot (sofern es überhaupt zu einer solchen kommt) geringer ausfällt als bei völlig elastischen Nachfragekurven. Man kann also sagen, daß eine **Verbesserung des Realtauschverhältnisses infolge einer Abwertung um so eher zu erwarten ist, je größer die Elastizitäten von Export- und Importnachfrage sind.** Auch hier spielen die Nachfrageelastizitäten der Tendenz nach die gleiche Rolle wie bei den Auswirkungen einer Abwertung auf die Leistungsbilanz (vgl. S. 108 f.).

(e) Bedingung für tot-Verbesserung durch administrative Wechselkursänderung

Von Interesse wäre es nunmehr, die obigen tendenziellen Aussagen mit einer präzisen Bedingung zu vervollständigen, deren Erfüllung die *Verbesserung der tot nach einer Abwertung* sicherstellt. Eine solche *Bedingung* ist von Joan *Robinson* formuliert worden[31]:

(8) $$\eta_M \, \eta_X > \varepsilon_M \, \varepsilon_X$$

Auch hier wird auf die Ableitung der Formel verzichtet und auf das Buch von *Rose* verwiesen[32]. Wichtig ist jedoch die in ihr enthaltene Aussage, daß eine Abwertung immer dann zu einer Verbesserung des Realtauschverhältnisses führt, wenn das Produkt der Nachfrageelastizitäten das Produkt der Angebotselastizitäten übersteigt[33]. Also auch bei niedrigen Nachfrageelastizitäten kann es zu tot-Verbesserungen kommen, wenn nur die Angebotselastizitäten noch geringer sind.

Auch hier wäre es also verfehlt, der Abwertung eine bestimmte *zwangsläufige* Wirkung auf die tot zuzuschreiben. Grundsätzlich sind vielmehr sowohl Verbesserungen als auch Verschlechterungen möglich. Und da die Elastizitäten von Land zu Land gänzlich verschieden sein können, können auch die tot-Wirkungen einer Abwertung von Land zu Land unterschiedlich sein. Neben anderen hat jedoch Joan *Robinson* die Meinung vertreten, daß im Normalfall eine Verschlechterung der tot als Folge einer Abwertung zu erwarten sei[34].

Wenn allerdings die verschiedentlich geäußerte These zutrifft, daß nämlich in der Regel die Nachfrageelastizitäten im Verhältnis zu den Angebotselastizitäten groß sind (Elastizitätsoptimismus), so müßte es in der Mehrzahl der Fälle auch zu Realtauschverbesserungen für das abwertende Land kommen.

Selbst im Falle eines einzelnen Landes ist es jedoch schwer, aufgrund *empirischer* Untersuchungen zu einer eindeutigen Aussage zu gelangen. Denn mit dem Nachweis einer Verbesserung der tot nach einer Abwertung ist noch keineswegs der ursächliche Zusammenhang bewiesen. Vielmehr wäre im einzelnen zu prüfen, welche anderen Faktoren in welcher Weise auf die tot eingewirkt haben. Für die Bundesrepublik ist z. B. festzustellen, daß nach den diversen DM-Aufwertungen bzw. Außenwertsteigerungen der DM bei flexiblen Wechselkursen in

---

31 Joan *Robinson:* Beggar-my-Neighbour Remedies for Unemployment. In: Essays in the Theory of Employment. Oxford 1953 (1. Aufl. London 1937), S. 163 f.

32 Klaus *Rose:* Theorie der Außenwirtschaft. 6. Aufl., Berlin, Frankfurt/Main 1976, S. 78 ff.

33 Bei einer Aufwertung führt die Einhaltung der Bedingung zu einer Verschlechterung des Realtauschverhältnisses.

34 Joan *Robinson:* Beggar-my-Neighbour Remedies for Unemployment, a. a. O., S. 163.

den Jahren 1969–72 stets eine Verbesserung des Realtauschverhältnisses für den deutschen Außenhandel zu verzeichnen war. Im Jahre 1973 jedoch, als die DM die bis dahin größte Außenwertsteigerung von durchschnittlich ca. 13 % gegenüber den Währungen aller Partnerländer und von ca. 23 % gegenüber dem Dollar erfuhr, verschlechterten sich die tot[35].

Ein Umstand, der sich in jedem Fall als wirtschaftspolitisch bedeutsam erweisen wird, ist, daß eine *tot-Verbesserung für das Abwertungsland zu Lasten des Auslandes geht*, d. h. dort eine tot-Verschlechterung verursacht. Wird eine solche Wirkung vom Ausland registriert oder auch nur vermutet, so wäre dieses neben der durch die Abwertung im Normalfall induzierten Passivierung der ausländischen Leistungsbilanz ein zweiter Grund für die Partnerländer, irgendwelche *Abwehrmaßnahmen* (z. B. Gegenabwertung) zu ergreifen. Derartige „Handelskriege" haben aber stets die Wirkung, den Außenhandel und damit den Grad der internationalen Arbeitsteilung zu vermindern. Die Allokation der Produktionsfaktoren wird dadurch fast immer verschlechtert und somit Produktivität und Wirtschaftswachstum im Weltmaßstab verringert.

b) Einfluß der internationalen Preisrelationen auf die Höhe flexibler Wechselkurse

(1) Die Kaufkraftparitätentheorie

Bei der Erörterung des sogenannten Wechselkursmechanismus (vgl. S. 73 ff.) hatte sich gezeigt, daß Veränderungen des Preisniveaus eines Landes den Wechselkurs, also das Austauschverhältnis seiner Währung zu den Währungen seiner Außenhandelspartner, beeinflussen. Die Frage wäre nun, in welcher Höhe sich der Wechselkurs zwischen zwei Währungen bei gegebenem Preisniveau in den beiden Ländern einstellt. Nach einer von dem schwedischen Nationalökonomen Gustav *Cassel* als Kaufkraftparitätentheorie bezeichneten Lehre *entspricht der Wechselkurs zwischen zwei Währungen dem umgekehrten Verhältnis der inneren Kaufkraft dieser beiden Währungen.*

Wenn man sich zur Veranschaulichung vorstellt, in zwei Ländern, Deutschland und Österreich, würde nur ein Gut produziert, das in Deutschland 1,- DM pro Einheit und in Österreich 10 österreichische Schilling pro Einheit kostet, dann wäre die innere Kaufkraft einer DM zehnmal so groß wie die eines Schillings (öS). Gemäß der Kaufkraftparitätentheorie müßte sich ein Wechselkurs von

$$w = \frac{1}{10} = 0{,}10 \left[\frac{\text{DM}}{\text{öS}}\right]$$

---

[35] Siehe: Mut zur Stabilisierung. Jahresgutachten 1973/74 des Sachverständigenrates. Stuttgart 1973. S. 59 und 62.

einstellen. Da in der Realität eine Vielzahl von Gütern gehandelt wird, kann das Verhältnis der Kaufkraft zweier Währungen nicht als das Verhältnis von Inlands- zu Auslandspreis *eines* Gutes angegeben werden. Es müßten also die Preisniveaus beider Länder in Beziehung gesetzt werden, was durch die Ermittlung und Gegenüberstellung der Preisindices des Inlandes und des Auslandes $[\frac{Pi}{Pa}]$ geschehen kann.

Ein Wechselkurs, der dieser Relation entspräche, würde bewirken, daß der Kaufkraftunterschied zwischen den beiden Währungen durch den Wechselkurs ausgeglichen wird, oder anders ausgedrückt: Der Wechselkurs gewährleistet, daß man für einen bestimmten Betrag an Inlandswährung nach Umtausch in Auslandswährung im Ausland genau die Warenmenge erwerben kann, die man im Inland erworben hätte, wenn man den Geldbetrag nicht transferiert, sondern im Inland ausgegeben hätte. Daß der Wechselkurs tatsächlich dem Verhältnis zwischen inländischem und ausländischem Preisniveau entspricht, soll automatisch dadurch sichergestellt sein, daß Abweichungen davon zusätzliche Außenhandelsströme induzieren, die ihrerseits das Devisenangebot oder die Devisennachfrage in der Weise beeinflussen, daß sich der „richtige" Wechselkurs einstellt.

Daraus würde insbesondere auch folgen, daß *Veränderungen* der Preisniveaurelationen zwischen zwei Ländern eine entsprechende Veränderung des Wechselkurses nach sich ziehen. Kommt es z. B. im Ausland zu einer Inflation oder ist im Ausland eine stärkere Inflation als im Inland zu verzeichnen, so daß sich das Preisniveauverhältnis von z. B. $\frac{Pi}{Pa} = \frac{1}{10}$ auf $\frac{1}{12{,}5}$ verändert, so würden die Inländer weniger im Ausland und die Ausländer mehr im Inland kaufen; das bedeutete aus der Sicht des Inlandes steigende Exporte und sinkende Importe; auf den Devisenmarkt würde demzufolge das Devisenangebot (aus steigenden Exporterlösen) zunehmen und die Devisennachfrage abnehmen. Der Preis für Auslandswährung (Wechselkurs) müßte also fallen (der Außenwert der Inlandswährung steigen). Hätte der Wechselkurs vorher entsprechend der Preisniveaurelation

$$w_0 = \frac{1}{10} = 0{,}10\ [\frac{DM}{öS}]$$

betragen, so würde er jetzt sinken auf

$$w_1 = \frac{1}{12{,}5} = 0{,}08\ [\frac{DM}{öS}].$$

(2) Einwendungen gegen die Kaufkraftparitätentheorie

Die Kaufkraftparitätentheorie beruht jedoch auf einer Reihe expliziter oder impliziter Annahmen, die in der Realität nicht gegeben sind. Es ist daher nicht schwer einzusehen, daß ihre Aussage, der Wechselkurs entspreche stets dem umgekehrten Kaufkraftverhältnis der beteiligten Währungen und bewirke damit eine internationale Angleichung der Kaufkraft dieser Währungen, in dieser strikten Form nicht der realen Entwicklung entspricht. Die diesbezüglichen **Einschränkungen** ergeben sich insbesondere daraus, **daß eine erhebliche Anzahl von Gütern international nicht gehandelt wird.** Sie beeinflussen aber mehr oder minder stark das Preisniveau und damit die innere Kaufkraft der Währung des jeweiligen Landes. Preisveränderungen dieser Güter induzieren jedoch nicht zwangsläufig zusätzliche Außenhandelsströme, über die eine Angleichung des Wechselkurses an die veränderte Kaufkraftrelation der beiden Währungen erfolgen könnte. In diesen Fällen ist eine Abweichung des Wechselkurses von der Kaufkraftrelation unvermeidlich.

1. Ein Grund dafür, daß Güter international nicht gehandelt werden, kann einmal in der *technischen Unmöglichkeit* liegen. So sind bestimmte Dienstleistungen (Friseur, Schuhmacher, ärztliche Behandlung, Wohnungsnutzung u. ä.) nicht oder nur in beschränktem Umfang, z. B. via Tourismus, international handelbar. Preisveränderungen bei diesen Gütern schlagen daher nicht oder nur gedämpft auf den Außenhandel und damit auf den Wechselkurs durch.

2. Zum zweiten kommt internationaler Handel dann nicht zustande, wenn die *Preisdifferenz zwischen Inland und Ausland geringer* ist als die beim internationalen Handel entstehenden *zusätzlichen Belastungen wie Transport- und Versicherungskosten, Zollbelastungen* u. ä. Treten nun Preisveränderungen ein, ohne daß die Preisdifferenzen die Außenhandelsbelastungen übersteigen, so werden dadurch keine zusätzlichen Außenhandelsströme, also auch keine Wechselkursänderungen induziert; d. h. der Veränderung der Kaufkraftrelationen folgt keine Wechselkursanpassung.

Die Wirkungen von Preisveränderungen auf den Außenhandel können auch durch *bewußte wirtschaftspolitische Manipulation der Handelsbelastungen* kompensiert werden. So kann z. B. das inflationierende Inland die zu erwartende Erhöhung seiner Importe und die Minderung seiner Exporte durch eine Erhöhung der Importzölle einerseits und durch Begünstigung der Exporte (Exportsubventionen) andererseits zu verhindern versuchen. Das Ergebnis wäre auch hier, daß die Veränderung der Kaufkraftrelation zweier Währungen keine zusätzlichen Außenhandelsströme, also auch keine Wechselkursänderungen, induziert. Ein Blick auf das System der Marktregulierungen auf dem europäischen Agrarmarkt zeigt, daß es sich bei dem skizzierten Fall um ein in der wirtschaftspolitischen Wirklichkeit praktiziertes Verfahren handelt, bei dem durch Variieren der Zollbelastung für Agrarimporte das Absinken der Inlandspreise der importierten Agrargüter unter ein bestimmtes Niveau verhindert wird.

Der krasseste Fall staatlicher Einflußnahme auf den Außenhandel sind Export- und/oder Importverbote. Preisveränderungen bei Gütern, die von diesen Maßnahmen erfaßt sind, rufen keinerlei Reaktionen im Bereich des Außenhandels hervor und haben daher auch keine Wechselkursanpassung zu Folge.

3. Drittens und letztens führen Preisveränderungen auch dann nicht zu Veränderungen des Außenhandels, wenn es sich bei den betreffenden Gütern um sogenannte „*nationale Güter*" handelt; das sind Güter, für die im Ausland kein Bedarf besteht, und die daher nur im Inland produziert und verbraucht werden. Auch in diesen Fällen ist klar, daß Preisänderungen bei diesen Gütern im Prinzip das Inlandspreisniveau beeinflussen, jedoch keinen Außenhandel und keine Wechselkursänderung induzieren. Das Gewicht derartiger Güter im Welthandel dürfte insgesamt gesehen unerheblich sein, obwohl sich dafür durchaus Beispiele finden lassen. So ist z. B. die Kochbanane (Matoke) in einigen afrikanischen Ländern (Uganda) eines der wichtigsten Nahrungsmittel und Inlandsprodukte überhaupt. Sie wird jedoch nicht exportiert. Preisveränderungen bei diesem Produkt haben großen Einfluß auf das inländische Preisniveau, berühren aber Außenhandel und Wechselkurse nicht. Eine Übereinstimmung zwischen Wechselkurs und der Kaufkraftrelation der Währungen ist hier keineswegs zu erwarten.

Viel größere Bedeutung als die rein nationalen Güter haben in der weltwirtschaftlichen Wirklichkeit jedoch die vielen Güter, deren *Gewicht in den nationalen Güterkörben höchst unterschiedlich* ist. Reis kann hier als ein Beispiel für viele gelten; denn zweifellos spielt Reis in vielen Ländern die Rolle eines wichtigen Grundnahrungsmittels mit entsprechend hohem Gewicht im nationalen Güterkorb. In anderen Ländern dagegen wird er zwar konsumiert, spielt aber eine völlig untergeordnete Rolle. Wenn z. B. in einem Land *A* mit starkem Reisverbrauch der Reispreis steigt, so wird das Preisniveau dieses Landes auch bei Konstanz der übrigen Preise merklich erhöht. Nach der Kaufkraftparitätentheorie müßten jetzt die Reisexporte dieses Landes schrumpfen, so daß wegen des sinkenden Devisenangebots der Außenwert seiner Währung sinkt (der Devisenpreis steigt). Durch die Devisenverteuerung sind für das Land *A* auch die Güter des Auslandes teurer geworden: die Auslandskaufkraft der Währung *A* hat sich ebenso wie die Binnenkaufkraft verringert. Wenn jedoch im Partnerland *B* der im Land *A* verteuerte Reis nur eine untergeordnete Rolle spielt, ist die folgende Importeinschränkung ohne großen Einfluß auf den Devisenmarkt. Die dadurch verursachte Wechselkursänderung (sinkender Außenwert der Währung von *A*, steigender Außenwert der Währung von *B*) ist zu klein, um die durch Erhöhung des Reispreises entstandene Diskrepanz der Preisniveauentwicklung in *A* und *B* auszugleichen.

Wer in diesem Zusammenhang auf die Idee käme, der Kaufkraftparitätentheorie dadurch zu mehr Relevanz zu verhelfen, daß er irgendwelche speziellen, „geeigneteren" Preisindices zum Vergleich heranzöge, begäbe sich in eine Sackgasse. Beschränkte man sich z. B. auf die Preisindices der Außenhandelsgüter und dabei womöglich noch auf die Güter, die in den Warenkörben der zu vergleichenden Länder ein ähnliches Gewicht haben, so dürfte sich der Zusammenhang zwischen dem Verhältnis *dieser* Preisindices und dem Wechselkurs weit deutlicher nachweisen lassen. Allerdings stimmt die Entwicklung der Außenhandelspreisindices nicht notwendigerweise mit der Entwicklung des allgemeinen Preisniveaus in den Ländern überein. Demzufolge würden die Wechselkursänderungen die Kaufkraftparität der Währungen in Bezug auf die Außenhandelsgüter herstellen, nicht jedoch die allgemeine Kaufkraftparität.

Aus dem Bisherigen ist zu folgern, daß der frei bewegliche Wechselkurs in aller Regel *nicht* dem Verhältnis der nationalen Preisniveaus entsprechen wird, weil Veränderungen der inneren Kaufkraft einer Währung nicht zwangsläufig zu entsprechenden Wechselkursänderungen führen müssen. Denkbar ist das vielmehr nur dann, *wenn die Verbrauchs- und Kaufgewohnheiten der betrachteten Länder sehr ähnlich sind,* so daß die der Indexermittlung zugrundegelegten nationalen Warenkörbe auch hinsichtlich der Gewichtung der einzelnen Waren weitgehend identisch sind. Diese Voraussetzung dürfte zwar in den seltensten Fällen vollkommen erfüllt sein, aber immerhin ist die Schlußfolgerung erlaubt, daß sich der von der Kaufkraftparitätentheorie postulierte Zusammenhang zwischen Kaufkraftrelation und Austauschrelation (Wechselkurs) zweier Währungen um so deutlicher durchsetzen wird, je ähnlicher - ceteris paribus - Wirtschafts- und Konsumstruktur der beteiligten Länder sind.

(3) „Relative" Kaufkraftparitätentheorie

Einem Teil dieser Einwände kann durch eine Modifizierung der Kaufkraftparitätentheorie Rechnung getragen werden. Die sogenannte „relative" Version der Kaufkraftparitätentheorie *akzeptiert die Existenz dauerhafter Kaufkraftunterschiede* einer Währung im In- und Ausland, so daß der Wechselkurs nicht dem Verhältnis der Preisniveaus von Inland und Ausland entsprechen muß. Allerdings wird behauptet, daß sich der Wechselkurs im Zeitverlauf in der gleichen Weise verändere, wie sich das Preisniveauverhältnis zwischen den Ländern ändert:

$$w_1 : w_0 = \frac{Pi_1}{Pa_1} : \frac{Pi_0}{Pa_0} = \frac{Pi_1}{Pi_0} : \frac{Pa_1}{Pa_0}$$

Inflationiert also das Inland stärker als das Ausland, so daß

$$\frac{Pi_1}{Pi_0} > \frac{Pa_1}{Pa_0},$$

so steigt auch der Wechselkurs ($w_1 > w_0$). Der Wechselkurs wird also von den Unterschieden der Inflationsraten der beteiligten Länder bestimmt; er bewirkt aber nicht den Ausgleich der Kaufkraftunterschiede einer Währung im In- und Ausland.

Aber auch gegen diese Version gibt es **schwerwiegende Einwände**, die sich dahingehend zusammenfassen lassen, daß nicht alle Wechselkursänderungen durch Veränderungen der Kaufkraftrelationen der beteiligten Währungen verursacht werden. Vielmehr kann eine Reihe anderer Faktoren die gleiche Wirkung ohne vorherige Preisniveauänderungen erzielen:

(1) So können im Bereich des Außenhandels *Geschmacksveränderungen* zu erhöhten Importen führen, die Wechselkursänderungen bewirken, ohne daß sich die Preisniveaus in den beiden Ländern geändert haben müssen. Die gleiche Wirkung ist zu verzeichnen, wenn das Inland aufgrund *wachsenden Volkseinkommens* (bei stabilen Preisen) seine Importe steigert. Bei elastischem Importangebot kommt es dann zu Wechselkursänderungen ohne Preisniveauverschiebungen. Schließlich können Außenhandelsströme und damit Wechselkursänderungen durch Veränderungen der Zusatzbelastungen im Außenhandel induziert werden, ohne daß eine Veränderung der nationalen Preisniveaus vorangegangen wäre. Die Neueinführung oder die Erhöhung eines bereits vorhandenen Zolls kann als anschauliches Beispiel dienen.

(2) Außerdem ist hervorzuheben, daß der Wechselkurs in der Realität entscheidend von *internationalen Kreditbewegungen* bestimmt werden kann, ohne daß diese unmittelbar auf die Preisniveaus einwirken müssen. Mit Sicherheit ist das bei Krediten der Fall, die nicht zum Kauf von Gütern und Leistungen verwandt werden.

(3) Und schließlich sei vermerkt, daß die jederzeitige Anpassung des Wechselkurses an Veränderungen der Kaufkraftrelationen durch die *Trägheit der Anpassungsmechanismen* auf den internationalen Märkten verhindert bzw. verzögert wird. Mangelnde Markttransparenz vor allem kann eine schnelle Reaktion des Außenhandels auf veränderte Preisrelationen verhindern, so daß schon aus diesem Grunde die jeweilige Übereinstimmung des Wechselkurses mit dem Preisniveauverhältnis nicht gegeben sein kann[36].

---

[36] Eine ausführliche Auseinandersetzung mit der Kaufkraftparitätentheorie findet sich bei Bela Balassa: The Purchasing-Power Parity Doctrine: A Reappraisal. Journal of Political Economy, Vol. 72, Nr. 6 (Dez. 1964), S. 584 ff.

3. Preise und Zahlungsbilanz

a) Der Geldmengen-Preis-Mechanismus

Im folgenden wird gezeigt, daß es einen wechselseitigen Zusammenhang zwischen Preisniveau und Zahlungsbilanz gibt. Preisniveauänderungen rufen bestimmte Zahlungsbilanzreaktionen hervor, und Zahlungsbilanzstörungen beeinflussen das Preisniveau. Der Terminus Geldmengen-Preis-Mechanismus ruft Assoziationen mit dem oben behandelten Wechselkurs-Mechanismus hervor (s. S. 70 ff). Die Wirkung des letzteren bestand ja darin, daß in einem Währungssystem mit flexiblen Wechselkursen Störungen des Zahlungsbilanzgleichgewichts Veränderungen des Wechselkurses induzierten, die der Tendenz nach zu einer Wiederherstellung des Zahlungsbilanzgleichgewichts führten. Sind die Wechselkurse jedoch staatlicherseits fixiert, so kann sich der selbsttätige Wechselkursmechanismus nicht auswirken[37]. Aber auch bei **festen Wechselkursen** wirkt ein Automatismus, nämlich der Geldmengen-Preis-Mechanismus, in Richtung auf den Wiederausgleich der gestörten Zahlungsbilanz.

Die **grundsätzliche Wirkungsweise des Mechanismus** läßt sich folgendermaßen beschreiben: Die Zahlungsbilanz eines Landes werde durch Aufnahme eines Kredites aus dem Ausland aktiviert. Ein Wiederausgleich der Zahlungsbilanz könnte nun einfach dadurch erfolgen, daß das Inland die empfangenen Mittel in voller Höhe zu Güterkäufen im Kreditgeberland verwendet. Der Aktivsaldo der Kapitalverkehrsbilanz würde dann durch einen gleichhohen Passivsaldo der Handelsbilanz kompensiert. Dieser Fall soll jedoch *nicht* gegeben sein; das Kreditnehmerland verwendet den Kredit also nicht zu Güterkäufen im Kreditgeberland. Dann spielt sich im Prinzip folgender Vorgang ab: Im kreditnehmenden *Inland* kommt es zu einer Erhöhung des Devisenangebots; die Notenbank muß zwecks Stabilhaltung des Wechselkurses Devisen aufkaufen; dadurch erhöht sich der Geldumlauf im Inland. Es kommt zu einem Anstieg des inländischen Preisniveaus. Im kreditgebenden Ausland dagegen vermindert sich der Geldumlauf um den Kreditbetrag. Das führt im Ausland zu einem Druck auf die Preise. Das entstehende Preisgefälle zwischen In- und Ausland bewirkt nun sinkende Exporte und steigende Importe, also eine Passivierung der Leistungsbilanz im Kreditnehmerland. Dadurch wird der durch den Kapitalimport verursachte Devisenzufluß kompensiert. Im kreditgebenden Ausland vollzieht sich

---

[37] Genau genommen kann sich der Wechselkurs-Mechanismus bei festen Wechselkursen innerhalb der Bandbreiten auswirken. In der Regel ist die dadurch gegebene Schwankungsmöglichkeit jedoch zu klein, um erhebliche Zahlungsbilanzungleichgewichte kompensieren zu können. Ferner ist zu beachten, daß auch bei festen Wechselkursen nicht jeder Devisenzufluß oder -abfluß zu Interventionen der Notenbank führt. Diese erfolgen vielmehr erst dann, wenn der Wechselkurs eine der Bandgrenzen erreicht.

der entgegengesetzte Vorgang: Die induzierte Preissenkung aktiviert dort die Leistungsbilanz, so daß der durch die Kredithingabe entstandene Passivsaldo der Kapitalverkehrsbilanz wieder kompensiert wird.

Der beschriebene Mechanismus wurde bereits von den Klassikern der Nationalökonomie unter den Bedingungen der Goldwährung abgeleitet. Da auch bei der Goldwährung die Austauschrelationen der einzelnen Währungen nur in geringem Umfang von dem durch den Goldgehalt der Währungen bestimmten Verhältnis abweichen konnte, glich die Goldwährung in dieser Hinsicht dem nach dem 2. Weltkrieg installierten Währungssystem mit festen Wechselkursen.

Daß der Geldmengen-Preis-Mechanismus jedoch keineswegs die automatische Lösung aller Zahlungsbilanzprobleme in solchen Währungssystemen sicherstellt, zeigt schon die praktische Erfahrung seit Ende des 2. Weltkrieges. Die Geschichte des Bretton-Woods-Systems kann geradezu als die Geschichte langanhaltender, struktureller Zahlungsbilanzungleichgewichte bezeichnet werden. Sie ist reich an Beispielen von Ländern, die vergeblich den Abbau ihres Defizits (Großbritannien) oder auch ihres Zahlungsbilanzüberschusses (Bundesrepublik) anstrebten.

Die Wirksamkeit des Geldmengen-Preis-Mechanismus in der beschriebenen Art ist vielmehr an eine **Reihe spezieller Annahmen** geknüpft, die in vielen Fällen nicht erfüllt sein dürften:

1. Vorausgesetzt wird einmal, daß Störungen des Zahlungsbilanzgleichgewichts *in gleichem Umfang eine Ausweitung bzw. Verminderung der Geldmenge* in dem betreffenden Land nach sich ziehen. Zunächst ist zu sagen, daß es zahlungsbilanzwirksame Transaktionen gibt, die die Inlandsliquidität unberührt lassen. Erhält z. B. die Notenbank einen Auslandskredit, den sie zur Aufstokkung ihrer Devisenreserven verwendet, so hat sich die Kapitalverkehrsbilanz und damit ceteris paribus auch die Zahlungsbilanz aktiviert; eine Liquiditätsvermehrung ist jedoch nicht eingetreten. Auch Auslandskredite, die der Prolongation bestehender Kredite dienen, beeinflussen die Geldmenge nicht.

Aber auch in den „klassischen“ Fällen von Zahlungsbilanzstörungen, in denen die Notenbank zwecks Stabilisierung des Wechselkurses interveniert, muß es per Saldo nicht unbedingt zu einer Geldmengenveränderung entsprechenden Umfangs kommen. Ist beispielsweise die Notenbank gezwungen, die infolge eines Kapitalexports verstärkte Devisennachfrage durch Devisenverkäufe zu kompensieren, um ein Ansteigen des Wechselkurses zu verhindern, so nimmt sie damit Inlandsgeld aus dem Verkehr. Sie verfügt jedoch über ausreichende Möglichkeiten, die Geldmengenverminderung durch expansive geldpolitische Maßnahmen wieder auszugleichen. Ob sie eine solche Politik betreibt, ist Tatfrage. Jedoch kann man sagen, daß die Wünsche und der Druck wichtiger Interessentengruppen in diese Richtung gehen werden. Insbesondere Unternehmerverbänden und Gewerkschaften kann es nicht gleichgültig sein, wenn die Geldmengenkontraktion zu einer Verminderung der Gesamtnachfrage, also zu Umsatzrückgängen und zu einer Gefährdung der Arbeitsplätze, führt.

Aber auch wenn die Notenbank die Geldmengenverminderung durch eigene kontraktive Maßnahmen aufrechterhalten oder sogar verstärken möchte, muß dieses Bemühen nicht zum Erfolg führen. Kontraktive Geldpolitik ist mit einer Steigerung der Zinssätze verbunden. Hohe Zinsen jedoch locken tendenziell zusätzliche Geldmittel aus dem Ausland an. Die Notenbank muß diese Devisen aufkaufen und vermehrt damit die Inlandsgeldmenge.

2. Gesetzt den Fall, die Geldmengenveränderung als Folge der Zahlungsbilanzstörung träte ein, so wäre eine weitere Voraussetzung für die beschriebene Wirkung des Geldmengen-Preis-Mechanismus das Vorhandensein eines *proportionalen Zusammenhangs zwischen Geldmenge und Gesamtnachfrage* (quantitätstheoretischer Ansatz), die dann ihrerseits das Preisniveau beeinflussen; denn nur bei entsprechenden Veränderungen des Preisniveaus werden ja die Veränderungen der Außenhandelsströme induziert, die die ursprüngliche Störung der Zahlungsbilanz ausgleichen. Dieser Zusammenhang kann jedoch keinesfalls als gesichert angesehen werden. Schlagen sich z. B. anlagesuchende Auslandsgelder als Guthaben bei Inlandsbanken nieder, so erhöhen sich deren Liquidität und damit die Kreditvergabemöglichkeiten. Ob es aber zu einer Kreditausweitung kommt, hängt vom Verhalten der Kreditnehmer ab. Die These, daß die Kreditnachfrage für Investitionszwecke empfindlich auf Zinssignale reagiert, ist kaum zu halten; die Gewinn- und Absatzerwartungen der Unternehmer spielen meist die gewichtigere Rolle. Auch daß die Konsumenten sich durch günstigere Kreditbedingungen zu verstärkter Konsumnachfrage anregen lassen, ist fraglich; denn ihre Reaktion hängt nicht allein von der Zinshöhe ab. Auch bei ihnen spielen die Erwartungen hinsichtlich der Einkommens- und Konjunkturentwicklung erfahrungsgemäß eine wesentliche Rolle. Eine Geldvermehrung kann sich also je nach der speziellen Situation unterschiedlich auf Investitions- und Konsumnachfrage auswirken. Ähnliche Argumente gelten für den Fall der Geldmengenkontraktion; auch hier kann man nicht von einer unter allen Umständen eintretenden Schrumpfung der Gesamtnachfrage ausgehen.

3. Wir wollen nun wiederum unterstellen, daß sich diese Einwendungen in einem konkreten Fall als nicht stichhaltig erwiesen haben, so daß die Geldmengenveränderung tatsächlich eine entsprechende Nachfrageveränderung verursacht. Ist nun damit auch die entsprechende *Preisniveauänderung* sichergestellt? – Auch diese Frage ist zu verneinen! Der augenfälligste Fall ist dann gege-

ben, wenn eine *Nachfrageerhöhung im Zustand der Unterbeschäftigung* eintritt. Preiserhöhungen sind hier nicht oder nicht „im entsprechenden Umfang“ zu erwarten. Ein weiterer wichtiger Grund für die Lockerung des Zusammenhanges zwischen Nachfrage- und Preisentwicklung ergibt sich aus der Tatsache einer erheblichen Starrheit der Preise nach unten. Selbst schwere konjunkturelle Abschwünge haben in jüngerer Zeit äußerstenfalls mäßige Preisniveausenkungen zur Folge; in den meisten Fällen kommt es sogar lediglich zu einer Verlangsamung der Preissteigerungen. Ein wesentlicher Grund dafür ist die Kostenstarrheit, insbesondere die der Lohnkosten. Die Konstellation auf dem Arbeitsmarkt in der Grundstruktur eines bilateralen Monopols läßt Lohnsenkungen unwahrscheinlich erscheinen; auch wäre darin angesichts der wirtschaftspolitischen Zielsetzung größerer Verteilungsgerechtigkeit eine unerwünschte Entwicklung zu sehen. Mit zunehmender Betriebsgröße und steigendem Technisierungsgrad der Produktion steigt überdies der Fixkostenanteil, der sich einer kurzfristigen, bewußten Reduzierung entzieht. Schließlich tragen auch Monopolisierungstendenzen auf den Märkten dazu bei, die Flexibilität der Preise zu mindern. Da marktbeherrschende Unternehmen oder solche mit wesentlichen Marktanteilen erhebliche Preisgestaltungsspielräume haben, führt hier ein Nachfragerückgang *nicht zwangsläufig* zu Preissenkungen; vielmehr können es diese Unternehmen als günstiger ansehen, die Preise beizubehalten und dafür Absatzeinbußen in Kauf zu nehmen.

Schon an dieser Stelle kann man sagen, daß der vollständige automatische Wiederausgleich der Zahlungsbilanz via Geldmengen-Preis-Mechanismus gänzlich unwahrscheinlich ist. Denn die Chance, daß alle für seine volle Wirksamkeit notwendigen Voraussetzungen realiter erfüllt sind, ist sehr gering.

4. Jedoch sei zum Abschluß noch auf eine weitere Voraussetzung eingegangen, die der Lehre vom automatischen Zahlungsbilanzausgleich zugrundeliegt. Es wird nämlich *unterstellt, daß die Leistungsbilanz in dem Sinne normal reagiert, daß Preisniveausteigerungen die Leistungsbilanz passivieren, während Preisniveausenkungen sie aktivieren.* Nun war schon im Zusammenhang mit administrativen Wechselkursänderungen das Problem der normalen oder anomalen Leistungsbilanzreaktion aufgetaucht. Da Wechselkursänderungen im Normalfall ebenfalls Preisänderungen bewirken, scheint das Problem ähnlich gelagert und die Frage angebracht, ob auch bei Preisveränderungen, die nicht die Folge einer vorangegangenen Wechselkursveränderung sind, anomale Leistungsbilanzreaktionen möglich sind. Die Frage lautet also: **Wie reagiert die Leistungsbilanz auf Änderungen des Inlandspreisniveaus?**

Die Antwort scheint zunächst auf der Hand zu liegen: Eine Erhöhung des inländischen Preisniveaus wird die Exporte mindern und die Importe erhöhen, so daß eine Passivierung der Leistungsbilanz eintritt. Ein Absinken der Inlandspreise bewirkt demnach das Entgegengesetzte, nämlich eine Aktivierung der Leistungsbilanz. Diese Reaktion ist in der Tat als die normale anzusehen, aber ist sie auch die einzig mögliche?

In nun schon gewohnter Manier suchen wir festzustellen, in welcher Weise sich Importwert und Exportwert infolge einer Preisniveauverschiebung ändern. Dabei gehen wir von dem Fall einer *Preiserhöhung im Inland aus,* die die Folge einer Erhöhung der Inlandsnachfrage ist. Wir machen uns zunächst die früher gewonnene Erkenntnis zunutze, daß die Importnachfrage (*NM*) die Überschußnachfrage des Inlandes ist, die zu den jeweiligen Preisen durch Inlandsanbieter nicht gedeckt wird. Das Importangebot des Auslandes (*AM*) dagegen ergibt sich aus dem Angebotsüberschuß, den die ausländischen Anbieter zu den jeweiligen Preisen nicht im Ausland absetzen können.

Tritt nun die angenommene Erhöhung der Inlandsnachfrage ein (Rechtsverschiebung der Nachfragekurve von *N* nach *N'* in Abb. 22a), so bewirkt das auch eine Erhöhung der Importnachfrage von *NM* nach *NM'* (siehe Abb. 22b), weil die Nachfrageüberschüsse bei den jeweiligen Preisen jetzt gestiegen sind.

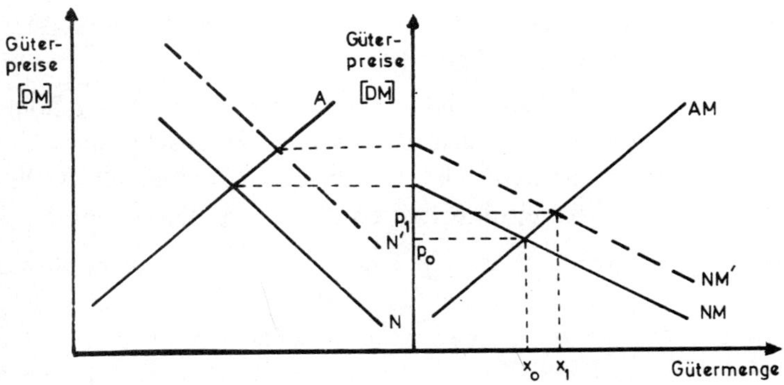

Abb. 22a: **Inlandsmarkt** *Abb. 22b:* **Importgütermarkt**

Wie Abb. 22b zeigt, zieht die Erhöhung der Importnachfrage sowohl eine Erhöhung der Importmenge als auch eine Erhöhung der Importpreise nach sich, so daß eine *Erhöhung des Importwertes* eintritt. Dieses Ergebnis ist mit einer Ausnahme immer zu verzeichnen. Die Ausnahme ist der wenig realistische Fall einer völlig unelastischen Importnachfrage, bei der Importmenge und Importpreis und damit auch der Importwert konstant bleiben.

Nun muß noch die Reaktion des Exportwertes auf eine Inlandspreissteigerung festgestellt werden. Hier ist daran zu erinnern, daß das Exportangebot der inländischen Produzenten (AX) dem Überschußangebot entspricht, das sie zu den jeweiligen Preisen im Inland nicht absetzen können (siehe Abb. 23a und b). Die Exportnachfrage (NX) ist gleich der Überschußnachfrage im Ausland (der Verlauf in Abb. 23b ist ohne Konstruktion angenommen). Eine Nachfrage- und Preiserhöhung im Inland (von N nach N') führt zu einer Linksverschiebung der inländischen Exportangebotskurve, weil die Inlandsnachfrage jetzt einen größeren Anteil des Gesamtangebots absorbiert. Ein Angebotsüberschuß stellt sich also erst bei einem höheren Preis ein und ist in allen Punkten kleiner als vor der Nachfrageerhöhung (Verschiebung der Exportangebotskurve nach AX').

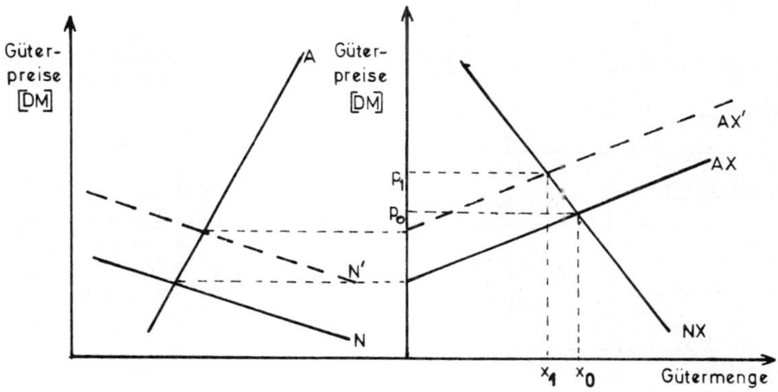

Abb. 23a: **Inlandsmarkt** *Abb. 23b:* **Exportgütermarkt**

Was ergibt sich daraus für den Exportwert? Abb. 23b zeigt, daß sich die Preise erhöhen, die abgesetzten Mengen jedoch sinken. Es treten also zwei den Exportwert *entgegengesetzt* beeinflussende Wirkungen auf. Welche der beiden Wirkungen überwiegt, hängt, wie der bloße Augenschein zeigt, von der *Elastizität der Exportnachfragekurve* im relevanten Bereich ab.

1. Ist $|\eta_X| = 1$, so kompensieren sich die Wirkungen genau, der Exportwert bleibt konstant.

2. Ist $|\eta_X| > 1$, so schrumpft der Exportwert; der Extremfall $|\eta_X| = \infty$ zeigt das am klarsten: Es findet eine Mengenschrumpfung bei unveränderten Preisen statt.

3. Ist $|\eta_X| < 1$, so erhöht sich der Exportwert; der Extremfall $\eta_X = 0$ zeigt das am klarsten: Es findet eine Preissteigerung bei konstanter Absatzmenge statt.Es sind also drei unterschiedliche Reaktionen des Exportwertes auf eine Inlandspreiserhöhung möglich: Konstanz, Absinken oder Ansteigen.

Die Frage nach der Wirkung einer Preisniveauerhöhung im Inland auf die Leistungsbilanz ist *zusammenfassend* so zu beantworten, daß vom Importwert immer eine Passivierungstendenz ausgeht, weil er sich immer (mit einer Ausnahme) erhöht. Vom Exportwert geht dann eine Passivierungstendenz aus, wenn $|\eta_X| \geq 1$ ist; denn dann verringert sich der Exportwert oder er bleibt konstant. In diesen Fällen passiviert sich die Leistungsbilanz. - Ist jedoch $|\eta_X| < 1$, so erhöht sich der Exportwert. Trotzdem kommt es *dann* zu einer Passivierung der Leistungsbilanz, wenn die Importwertsteigerung die Exportwertsteigerung übertrifft. Möglich ist jedoch auch, daß der Exportwert stärker ansteigt als der Importwert. Bei dieser einen Konstellation kommt es dann trotz Preissteigerung im Inland zu einer Aktivierung der Leistungsbilanz. Tabelle 5 zeigt die möglichen Konstellationen.

Tabelle 7: **Reaktion der Leistungsbilanz auf eine Steigerung des inländischen Preisniveaus**

Importwert	steigt immer (Ausnahme: konstant, wenn $\eta_M = 0$)		
Exportwert	sinkt bei $|\eta_X| > 1$	konstant bei $|\eta_X| = 1$	steigt bei $|\eta_X| < 1$
Leistungsbilanz	Passivierung (normal)	Passivierung (normal)	Passivierung möglich (normal) Aktivierung möglich (anomal)

Wenn man sich noch einmal vergegenwärtigt, wovon es abhängt, ob die Leistungsbilanz *anomal,* d. h. mit einer Aktivierung auf eine Inlandspreiserhöhung (und umgekehrt) reagiert, so kann man sagen, daß *die Wahrscheinlichkeit einer anomalen Reaktion um so größer ist, je unelastischer Import- und Exportnachfrage sind.* Denn es war gezeigt worden, daß bei $\eta_M = 0$ der Importwert bei Preiserhöhung konstant blieb und daß bei $|\eta_X| < 1$ der Exportwert stieg; also Aktivierung der Leistungsbilanz bei Preiserhöhung. Daraus ergibt sich als Bedingung für eine *normale* Reaktion der Leistungsbilanz auf eine Preisniveauänderung:[38]

$$|\eta_X| + |\eta_M| > 1.$$

Die Bedingung ist formal mit der Marshall-Lerner-Bedingung identisch, deren Erfüllung die normale Reaktion der Leistungsbilanz auf Wechselkursänderungen bei unendlichen Angebotselastizitäten sicherstellt. Der Leser sollte sich klarmachen, daß die unter der Voraussetzung *fester Wechselkurse* abgeleiteten Ergebnisse sowohl für die Rechnung in eigener wie auch in fremder Währung gültig sind; denn bei unverändertem Wechselkurs bedeutet eine Erhöhung der

---

[38] Näheres siehe *Ghaddar:* Außenwirtschaftstheorie, a. a. O., I. Teil, S. 102.

Außenhandelswerte in Inlandswährung auch eine Erhöhung der in Auslandswährung angegebenen Außenhandelswerte, weil die Umrechnung über einen *konstanten* Faktor, den Wechselkurs, erfolgt. Für eine Verringerung der Außenhandelswerte gilt Entsprechendes.

Aus dem Bisherigen ergibt sich also für das *Funktionieren des Geldmengen-Preis-Mechanismus folgende weitere Einschränkung:* Sofern die Leistungsbilanz auf Preisveränderungen *anomal* reagiert, wirkt sich der Mechanismus nicht in Richtung auf einen Wiederausgleich der Leistungsbilanz aus; vielmehr tritt eine Vergrößerung des Ungleichgewichts ein. Die Ursachenkette wäre in Stichworten folgende: Störung durch Aktivierung der Zahlungsbilanz ⟶ Devisenzuflüsse ⟶ Vermehrung der inländischen Geldmenge ⟶ Preisniveausteigerung ⟶ *Aktivierung* der Leistungsbilanz = Verstärkung der Zahlungsbilanzstörung usw.

Zur Frage, *ob in der Realität eher normale oder eher anomale Reaktionen zu erwarten sind,* kann auf die Ausführungen über die Zahlungsbilanzwirkungen von Wechselkursänderungen verwiesen werden (s. S. 87 ff.). Es ist jedoch die Meinung verbreitet, daß im allgemeinen die Nachfrageelastizitäten recht groß sind, so daß eine normale Reaktion die Regel ist.

Nun hat sich in den letzten Jahren *in der Bundesrepublik* (und in anderen Ländern) *eine Entwicklung vollzogen,* die dieser These zu widersprechen scheint: *hohe Preissteigerungsraten bei gleichzeitigem hohen Aktivsaldo der Handelsbilanz.* Allerdings ist dieses Phänomen kaum dazu geeignet, die These einer vorwiegend anomalen Reaktion der Leistungsbilanz empirisch zu stützen, weil bisher stets unterstellt war, daß die Preissteigerung nur in einem Land eintrat, während im Ausland Preiskonstanz herrschte. Wäre man im obigen Modellfall – der jüngeren historischen Wirklichkeit entsprechend – davon ausgegangen, daß es auch im Ausland zu erheblichen Preissteigerungen kam, so wäre das Ergebnis anders ausgefallen. Es hätte sich nämlich auf dem Importgütermarkt (Abb. 22b) nicht nur die Importnachfrage geändert, sondern es wäre auch zu einer Linksverschiebung der Angebotskurve für Importe (*AM*) gekommen. Wenn nämlich im Ausland die Preise steigen, können die ausländischen Anbieter zu gleichen Preisen nur geringere Mengen liefern (der Angebotsüberschuß im Ausland ist gesunken). Die Wirkung einer linksverschobenen Importangebotskurve wäre in jedem Fall eine verringerte Importmenge, während der Preis über p_1 liegen würde. Das Ausmaß der Preissteigerung ist von der Elastizität der Importnachfrage (*NM*) abhängig. Je größer absolut η_M, desto weniger steigt der Preis über p_1. Bei hoher Nachfrageelastizität würde demnach der Importwert unter $x_1 p_1$ liegen und möglicherweise auch unter dem Importwert in der Ausgangssituation ($x_0 p_0$). Dieses Ergebnis hätte man schon aufgrund des gesunden Menschenverstandes für den Fall erwartet, daß die Preissteigerungen im Ausland höher sind als die im Inland. In einer solchen Situation wäre es also verfehlt, eine Steigerung des Importwertes als sicher oder auch nur als wahrscheinlich anzusehen.

In Bezug auf den Exportwert hatten wir gesehen, daß eine Preissteigerung im Inland sowohl eine Erhöhung als auch eine Verminderung des Exportwertes zur Folge haben kann. Steigt nun aber das Preisniveau nicht nur im Inland, sondern auch im Ausland, so wird außer dem Exportangebot (*AX* in Abb. 23b) auch die Exportnachfragekurve (*NX* in Abb. 23b) beeinflußt. Und zwar erfährt sie eine Rechtsverschiebung, weil bei steigender Nachfrage im Ausland der Nachfrageüberschuß wächst. Die Nachfrageüberschüsse des Auslandes aber bilden die Exportnachfrage im Inland. Ihr Anstieg führt demnach zu einer Vergrößerung der Exportnachfrage. Eine Rechtsverschiebung von *NX* in Abb. 23b aber bringt gegenüber dem Fall ohne Preiserhöhung im Ausland (p_1x_1) sowohl eine Preis- wie auch eine Mengenerhöhung mit sich. Damit wächst die Wahrscheinlichkeit, daß es auch zu einer Erhöhung des ursprünglichen Exportwertes (p_0x_0 in Abb. 23b) kommt.

Das keineswegs überraschende *Ergebnis* dieser kurzen Überlegung ist, daß bei gleichzeitigen Preisniveauerhöhungen im Inland und im Ausland eine Passivierung der Leistungsbilanz im Inland unwahrscheinlicher wird, als wenn nur das Inland inflationiert. Entscheidend für das schließliche Ergebnis ist dabei auch das Verhältnis zwischen inländischer und ausländischer Inflationsrate. Wenn man davon ausgeht, daß sich Inlands- und Auslandsinflation in ihrer Leistungsbilanzwirkung *tendenziell* kompensieren, bestimmt in erster Annäherung die Netto-Inflationsrate die Wirkung auf die Leistungsbilanz.

b) Internationale Inflationsübertragung bei festen Wechselkursen

(1) Die „importierte Inflation"

In einer Welt, die in den letzten Jahren von einer zunehmenden Ausbreitung inflationärer Preissteigerungen bei gleichzeitigem Anstieg der Inflationsraten gekennzeichnet war, gewannen die Fragen nach den möglichen Wegen internationaler Inflationsübertragung und nach den Möglichkeiten, einer solchen Ansteckung zu entgehen, zunehmend an Bedeutung. *Einen* Weg der Inflationsübertragung bei festen Wechselkursen zeigte das eben behandelte Theorem des Geldmengen-Preis-Mechanismus auf. Danach führt Inflation im Ausland bei normaler Leistungsbilanzreaktion zu einer Aktivierung der inländischen Leistungsbilanz. Die inländische Notenbank muß zwecks Stabilhaltung des Wechselkurses das zusätzliche Devisenangebot ankaufen und vermehrt damit die Inlandsliquidität. Die vermehrte Geldmenge schließlich führt zu Preissteigerungen im Inland. Die Inflationsübertragung geschieht also durch den liquiditätsvermehrenden Effekt, den eine Aktivierung der Leistungsbilanz bei festen Wechselkursen hervorruft.

Diese Erklärung internationaler Inflationsverbreitung stand in der Zeit nach dem 2. Weltkrieg, als man die Wirkungen des neuen Weltwährungssystems zu analysieren suchte, im Vordergrund der wissenschaftlichen Diskussion; sie wurde unter dem Stichwort „importierte Inflation" geführt. Deshalb assoziiert man heute vielfach diese Art der Inflationsübertragung (durch Leistungsbilanzüberschüsse) mit dem Terminus Inflationsimport, obwohl sich zeigen wird, daß eine Inflation auch ohne Leistungsbilanzüberschüsse, ja sogar trotz einer Passivierung der Leistungsbilanz des betreffenden Landes importiert werden kann.

Obwohl heute wohl kaum jemand bezweifelt, daß über die beschriebenen Liquiditätswirkungen induzierter Änderungen der Leistungsbilanzsalden Preisbewegungen übertragen werden können, hat in der Bundesrepublik eine ausführliche Diskussion darüber stattgefunden, ob Saldeneffekte eine erhebliche oder geringfügige Rolle bei derartigen Übertragungsprozessen spielen[39]. Die Diskussion wurde ausgelöst durch die Wiederentdeckung eines anderen Übertragungsmechanismus, der längere Zeit kaum Beachtung gefunden hatte und dann unter der Bezeichnung „direkter internationaler Preiszusammenhang" sozusagen ein glänzendes come back erlebte. Bevor auf diesen Preiszusammenhang eingegangen wird, sei jedoch darauf verwiesen, daß trotz der vielen Einschränkungen, denen der klassische Geldmengen-Preis-Mechanismus unterliegt, weitgehende Übereinstimmung darin besteht, **daß sich ein von inflationierenden Partnerländern umgebenes Land bei festen Wechselkursen auf die Dauer nicht erfolgreich gegen den Inflationsimport wehren kann.** Denn alle wirtschaftspolitischen Maßnahmen, die auf eine Neutralisierung der via Leistungsbilanzüberschüsse vermehrten Inlandsliquidität abzielen, erhöhen tendenziell die Inlandszinsen bzw. verknappen die Geldmenge und schaffen somit für ausländische Anleger einen Anreiz, Geld zu importieren, wodurch die Inlandsliquidität ausgeweitet wird *(„Bumerangeffekt" der Geldpolitik bei festen Wechselkursen).*

Über Ausmaß und Zeitablauf des Übertragungseffektes durch Liquiditätsausdehnung kann aber kaum etwas Generelles gesagt werden; zu sehr hängt der Umfang der Leistungsbilanzänderung von den besonderen Gegebenheiten des speziellen Falles ab, die sich insbesondere in der Größe der Angebots- und Nachfrageelastizitäten niederschlagen, und zu sehr hängen die sich daraus ergeben-

---

[39] Ein zusammenfassender Überblick findet sich bei Hubertus *Adebahr:* Der direkte internationale Preiszusammenhang – Rückblick auf eine deutsche Diskussion. Zeitschrift für Wirtschafts- und Sozialwissenschaften. 92. Jg. (1972), S. 657 ff.

den Preiswirkungen von anderen Faktoren, wie der Außenhandelsquote des Landes, dem Beschäftigungsgrad u. a., ab.

(2) Der direkte internationale Preiszusammenhang

Wäre der beschriebene Saldenmechanismus der einzige Weg der internationalen Inflationsverbreitung, so hieße das, daß eine Auslandsinflation nur durch eine Aktivierung der inländischen Leistungsbilanz ins Inland übertragen werden könnte. Wie wir wissen, kann aber die Leistungsbilanz des Inlandes auf eine Auslandsinflation auch anomal, d. h. mit einer Passivierung, reagieren. In diesem Fall wäre demzufolge eine Inflationsübertragung ins Inland unmöglich.

Diese Schlußfolgerung erscheint jedoch von vornherein zweifelhaft. Denn warum sollten inländische Produzenten, die gleichzeitig im In- und Ausland anbieten, ihre Inlandspreise nicht erhöhen, wenn sie im Ausland höhere Preise erzielen? Und warum sollten ausländische Anbieter, die sowohl im Ausland verkaufen, wie auch ins Inland importieren, ihre Importpreise nicht den gestiegenen Preisen im Ausland anpassen?

Diese Fragen führen zu der altbekannten Tatsache, daß es auf einem vollkommenen Markt (atomistische Marktstruktur, homogenes Gut, Markttransparenz) keine Preisunterschiede geben kann, die über die Differenz der Distributionskosten (Transport, Versicherung etc.) hinausgehen. Jede Preiserhöhung auf einem lokalen Teilmarkt würde entsprechende Preiserhöhungen auf allen anderen lokalen Märkten nach sich ziehen, denn es würde sofort zu Nachfrageverlagerungen von den teureren zu den billigeren Teilmärkten kommen (z. B. durch Arbitragegeschäfte), so daß alsbald die Preisgleichheit wieder hergestellt wäre. *Diese Überlegungen gelten auch für den Weltmarkt*, sofern die *Bedingungen des vollkommenen Marktes* erfüllt sind. Weitere Voraussetzung ist ein *Währungssystem mit festen Wechselkursen*, in dem die Preisangleichung nur über die Güterpreise und nicht auch über Veränderungen der Austauschrelationen der Währungen (Wechselkursmechanismus) erfolgen kann[40].

(a) Inflationsübertragung trotz Passivierung der Leistungsbilanz

Nun fiele es sicherlich nicht schwer, durch eine Kritik der gemachten Voraussetzungen die Existenz einheitlicher Weltmärkte in Zweifel zu ziehen und dadurch die darauf basierende These von der internationalen Preisverbundenheit zu erschüttern. Hier soll jedoch zunächst die grundsätzliche Frage geklärt werden, ob der internationale Preiszusammenhang sich auch bei (anomaler) Passivierung der Leistungsbilanz durchsetzen kann. *Rose* hat nachgewiesen, daß diese Möglichkeit besteht[41]. Der Nachweis geschieht durch Verwendung

[40] Vgl. *Adebahr:* Preiszusammenhang, a. a. O., S. 661.

[41] *Rose:* Außenwirtschaft, 3. Aufl., a. a. O., S. 106 ff.

des bisherigen Instrumentariums und Interpretation der bisherigen Ergebnisse.

Auf S. 145 ff. (vgl. Abb. 22 u. 23) war die Frage erörtert worden, wie sich eine durch Nachfrageerhöhung im Inland verursachte Erhöhung des Inlandspreisniveaus auf die Leistungsbilanz auswirkt. Ergebnis war, daß normalerweise eine Passivierung eintritt, bei einer speziellen Konstellation aber auch eine Aktivierung der Leistungsbilanz eintreten kann. Modifizieren wir jetzt den Fall entsprechend unserer Fragestellung in der Weise, daß die nachfragebedingte Preiserhöhung im Ausland stattfindet, so wäre eine Aktivierung der inländischen Leistungsbilanz die normale Reaktion. Es läßt sich jedoch zeigen, daß sich bei einer bestimmten Konstellation eine Passivierung der Leistungsbilanz ergibt, und sich dennoch die Export- und Importgüterpreise im Inland erhöhen (Inflationsübertragung). Die Voraussetzungen für diesen Fall sind: 1. Der Importwert erhöht sich, was bei $|\eta_M| < 1$ eintritt. 2. Die immer eintretende Steigerung des Exportwertes fällt kleiner aus als die Steigerung des Importwertes. (Je kleiner $|\eta_X|$ desto kleiner der Exportwertanstieg.)

Die nachfolgenden Abbildungen deuten eine solche Konstellation an. Abb. 24a zeigt, wie im Ausland aufgrund einer Nachfrageausdehnung (von N_a nach N_a') eine Preiserhöhung eintritt. Damit erhöht sich im Ausland ceteris paribus der Nachfrageüberschuß für dieses Gut. Da der Nachfrageüberschuß im Ausland die Exportnachfrage im Inland darstellt, führt eine Ausweitung der Nachfrageüberschüsse zu einer Erhöhung der Exportnachfrage (von NX nach NX' in Abb. 24b). Das hat eine Preiserhöhung für Exportgüter auch im Inland (von p_0 auf p_1) zur Folge (Abb. 24 b). Da die Preiselastizität der Exportnachfrage (η_X) jedoch absolut gering ist, fällt der Exportwertanstieg nur klein aus.

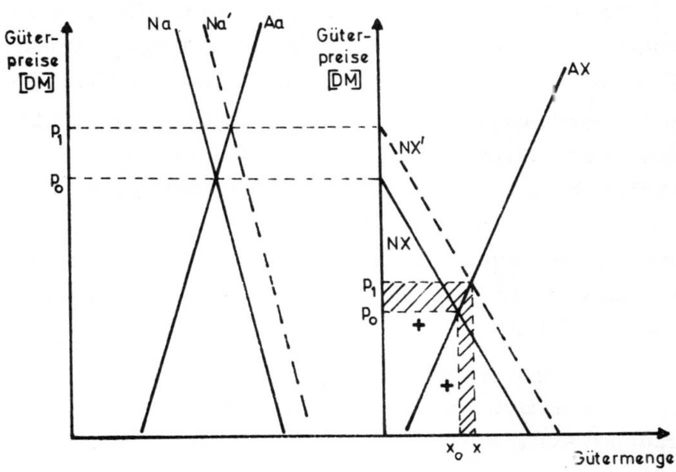

Abb. 24a: **Ausland** *Abb. 24b:* **Exportmarkt des Inlands**

Abb. 25 a und b zeigen, wie eine nachfragebedingte Preiserhöhung im Ausland sich im Inland auswirkt, wenn es sich um Güter handelt, die das Inland importiert. Nachfrageausdehnung verringert nämlich den Angebotsüberschuß im Ausland und bewirkt eine Einschränkung des ausländischen Importangebots von *AM* nach *AM'* in Abb. 25b. Es kommt zu einer Erhöhung der Importgüterpreise im Inland von p_0 nach p_1. Man sieht deutlich, daß es trotzdem zu einer Erhöhung des Importwertes kommt, weil die Preiselastizität der Importnachfrage kleiner als eins ist ($|\eta_M| < 1$).

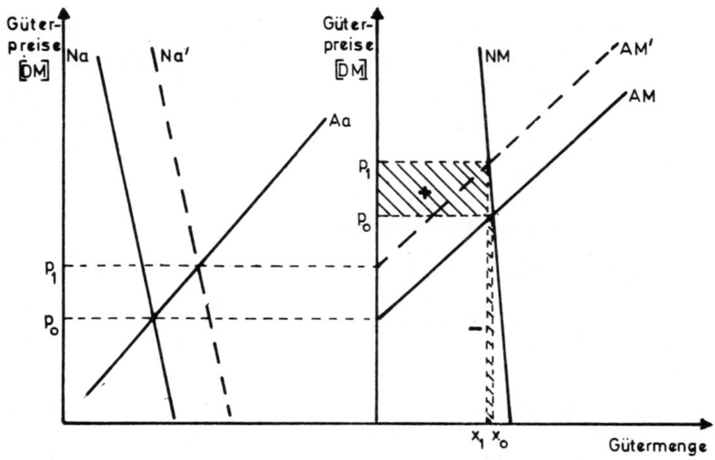

Abb. 25a: **Ausland** *Abb. 25b:* **Importgütermarkt des Inlands**

Wenn, wie der Augenschein bei Vergleich von Abb. 24b und 25b zeigt, die Erhöhung es Importwertes größer ist als die Erhöhung des Exportwertes, ist eine Passivierung der Leistungsbilanz eingetreten; gleichzeitig haben sich jedoch die Importgüter- wie auch die Exportgüterpreise im Inland erhöht.

Die Auslandspreiserhöhung ist also trotz Passivierung der inländischen Leistungsbilanz auf das Inland übertragen worden. Der direkte internationale Preiszusammenhang kann sich demnach ohne den Liquiditätseffekt eines Leistungsbilanzüberschusses durchsetzen. Man kann daher konstatieren, daß der Saldeneffekt und der direkte internationale Preiszusammenhang zwei selbständig wirkende Mechanismen sind, über die sich inflationäre Preissteigerungen international ausbreiten können.

Zu überlegen wäre noch die naheliegende Frage, in welchem Umfang sich die Preiserhöhung eines Gutes im Ausland auf den Inlandspreis auswirkt. Eine Antwort darauf läßt sich aus den Abb. 24b und 25b herleiten. Man erkennt nämlich aus Abb. 24b, daß die Preiserhöhung eines inländischen Exportgutes im Ausland dann in vollem Umfang auf den Inlandspreis dieses Gutes durchschlägt, wenn die Elastizität der Exportnachfrage (*NX*) unendlich ist ($|\eta_x| = \infty$). Je kleiner die absolute Nachfrageelastizität wird, desto mehr bleibt die Steigerung der Inlandspreise hinter der Preissteigerung im Ausland zurück. Hingegen wirkt die Elastizität des Exportangebots genau entgegengesetzt. Hier ist der Preisübertragungseffekt am größten, wenn $\varepsilon_x = 0$ ist.

Bei den Importgütern des Inlandes steigt das Ausmaß der Preisübertragung mit der Elastizität des Importangebotes (*AX*) (Abb. 25b). Bei völlig elastischem Angebot ($\varepsilon_M = \infty$) steigt der Inlandspreis des Importgutes im gleichen Umfang wie der Auslandspreis. Dagegen steigt der Preisübertragungseffekt mit *sinkender* Elastizität der Importnachfrage. Am größten ist er, wenn $\eta_M = 0$ ist.

Die Preisübertragungseffekte sind also ceteris paribus um so größer, je elastischer Exportnachfrage und Importangebot bzw. je unelastischer Exportangebot und Importnachfrage für ein Land sind.

Die Größe von η_X und ε_M hängt nun wesentlich von der *wirtschaftlichen Größe* des betrachteten Landes ab. Ist das Land sehr klein, so kann sein Exportangebot nur einen verschwindenden Teil der Weltexportnachfrage decken. Veränderungen seines Exportangebots üben dann keinerlei Einfluß auf den Preis aus. Die Exportnachfragekurve ist daher aus seiner Sicht völlig elastisch. Auch die Importangebotskurve ist ceteris paribus um so elastischer, je kleiner das jeweilige Land ist. Denn die Importnachfrage eines sehr kleinen Landes ist im Verhältnis zum Weltmarktangebot so klein, daß Veränderungen seiner Nachfrage den Preis nicht beeinflussen. Die Importangebotskurve ist aus seiner Sicht völlig elastisch. Kleine Länder sind daher schon aus diesem Grunde gegen die Übertragung von Auslandsinflation anfälliger als große. Hinzu kommt, daß wegen ihrer größeren Abhängigkeit von ausländischen Bezugsquellen die Elastizität ihrer Importnachfrage (η_M) absolut gering und wegen ihres Angewiesenseins auf ausländische Absatzmärkte die Elastizität ihres Exportangebots (ε_X) ebenfalls gering ist. Beides verstärkt den Preisübertragungseffekt, wie man sich leicht anhand der Abb. 24b und 25b klarmachen kann.

(b) Prämissen für die Wirksamkeit des direkten internationalen Preiszusammenhanges

Das Ergebnis der bisherigen Analyse basiert aber, wie eingangs bemerkt, auf einer Reihe mehr oder weniger unrealistischer *Prämissen:*

1. Insbesondere wurde von *einheitlichen internationalen Märkten* ausgegangen, und zwar nicht nur im Sinne des Fehlens jeglicher Handelsbeschränkungen, sondern auch im Sinne *vollkommener Märkte,* auf denen homogene Güter bei völliger Markttransparenz und atomistischer Marktstruktur gehandelt wer-

den. Der Umstand jedoch, daß auf der überwiegenden Mehrzahl aller Märkte heterogene Güter gehandelt werden, daß die Markttransparenz mehr oder weniger beschränkt ist und daß oligopolistische Marktstrukturen an der Tagesordnung sind, beeinträchtigt den Preiszusammenhang. Es ist somit auch von den diesbezüglichen Umständen des Einzelfalles abhängig, in welchem Umfang und wie schnell sich Preiserhöhungen im Ausland auf die Preise der Export- und der Importgüter des Inlandes übertragen.

2. Die Enge des internationalen Preiszusammenhanges wird in der Realität auch wesentlich bestimmt durch den *Einsatz handelspolitischer Instrumente.* Insbesondere (Einfuhr-)Kontingente können den Preiszusammenhang gänzlich unterbrechen. Da sich nämlich das Angebot im Inland aus dem Importkontingent und dem Angebot der inländischen Produzenten zusammensetzt, bleibt der sich dabei ergebende Preis von Preisveränderungen dieser Ware im Ausland so lange unberührt, wie der Auslandspreis unter dem sich nach Kontingentseinführung ergebenden Inlandspreis liegt. Aber auch Zölle können den internationalen Preiszusammenhang lockern. Insbesondere variable Zollsätze, wie sie im Abschöpfungssystem der EG-Agrarmarktordnung Anwendung finden, sind dafür ein anschauliches Beispiel. Denn die Zollsatzänderung dient hier dem ausdrücklichen Zweck, die Inlandspreise zu stabilisieren, d. h. gegen ausländische Preisänderungen abzuschirmen. Das geschieht, indem bei sinkenden Auslandspreisen die Zollbelastung erhöht und bei steigenden Auslandspreisen abgebaut wird.

3. Schließlich darf nicht vergessen werden, daß ein direkter Preiszusammenhang nur bei *international gehandelten Gütern* bestehen kann. Also nur die Preise der Export- und Importgüter können durch eine Auslandsinflation direkt erhöht werden[42]. Welchen Einfluß eine Preiserhöhung der Außenhandelsgüter auf das Gesamtpreisniveau des Inlandes hat, hängt daher von seiner *Außenhandelsabhängigkeit* ab. Bei Ländern mit geringer Außenhandelsquote (z. B. USA) wirken sich Preiserhöhungen der Export- und Importgüter relativ geringfügig auf das allgemeine Preisniveau aus; bei Ländern mit hoher Außenhandelsquote (in der Bundesrepublik z. B. machen Exporte und Importe zusammen ca. 40 % des Bruttosozialprodukts aus) bestimmen Preisveränderungen der Außenhandelsgüter in viel stärkerem Maße das Inlandspreisniveau.

Trotz dieser Einschränkungen und Modifizierungen besteht kein Zweifel daran, daß der direkte internationale Preiszusammenhang eine gewichtige Rolle bei der Inflationsübertragung spielt. Die rapide Ausweitung des Außenhandels,

---

42 Beeinflußt werden allerdings auch die Preise derjenigen Binnengüter, in die verteuerte Importgüter als Vorprodukte eingehen. Auch von Exportpreiserhöhungen können durch Überwälzungsprozesse Preissteigerungen auf andere Bereiche ausstrahlen.

die damit einhergehende zunehmende wirtschaftliche Verflechtung der Volkswirtschaften, die Verbesserung der Kommunikationsmöglichkeiten und der Abbau der Handelsschranken nach dem 2. Weltkrieg haben zu einer engeren Verbindung der Märkte geführt und den Preiszusammenhang tendenziell gestärkt.

(c) Saldenmechanismus versus direkter internationaler Preiszusammenhang

Über das tatsächliche Gewicht, das die beiden Übertragungsmechanismen bei realen Übertragungsprozessen haben, sind zum Teil überpointierte Behauptungen aufgestellt worden, die zumindest keinen Anspruch auf Allgemeingültigkeit haben. Erwiesen ist einerseits, daß Inflation auch ohne Exportüberschüsse via direkten Preiszusammenhang übertragen werden kann: einmal, weil die zur Finanzierung einer Nachfrageausdehnung notwendige Liquidität auch aus anderen Quellen kommen kann (Ausgabenexpansion der öffentlichen Haushalte, Kreditschöpfung der Banken) und zum zweiten, weil ein Anstieg des Preisniveaus auch ohne Ausdehnung der Gesamtnachfrage denkbar ist. Letzteres läßt sich gut an dem Fall verdeutlichen, in dem eine Erhöhung der Importgüterpreise den Importwert konstant läßt, weil $\eta_M = -1$ ist. Die Ausgaben für Importe verändern sich also trotz gestiegener Importpreise nicht; folglich stehen für die Nachfrage nach Inlandsgütern die gleichen Mittel zur Verfügung wie vorher. Preise und abgesetzte Mengen der Inlandsgüter ändern sich nicht. Das Gesamtpreisniveau jedoch wird durch die Importpreissteigerungen (bei konstanten Preisen der Inlandsgüter) erhöht.

Andererseits ist sicher, daß von durch Exportüberschüsse erzwungenen Geldmengenvermehrungen eigene Inflationsimpulse ausgehen. Daß diese zusätzliche Liquidität nicht ausgabenwirksam wird, ist recht unwahrscheinlich und von sehr speziellen Annahmen hinsichtlich des Verhaltens der Wirtschaftssubjekte abhängig. Viel realistischer ist die Annahme, daß die Wirtschaftssubjekte in einer Phase steigender Liquidität und beginnender oder fortschreitender Geldentwertung auch ihre Ausgaben steigern, daß also eine Nachfrageausweitung mit preissteigernder Wirkung eintritt. Auch wirtschaftspolitisch macht es einen erheblichen Unterschied, ob man versuchen muß, eine bereits vollzogene Liquiditätsausweitung (Exportüberschüsse) zu neutralisieren oder ob man sich auf vorbeugende Maßnahmen gegen eine mögliche Nachfrageausdehnung beschränken kann.

Auch am Fall einer anomalen Reaktion der Leistungsbilanz auf aus dem Ausland übertragene Preissteigerungen läßt sich die Eigenständigkeit des Saldeneffekts demonstrieren. Die Passivierung der Leistungsbilanz bedeutet eine Verringerung der Gesamtnachfrage bei gleichzeitiger Liquiditätsminderung. Der direkte Einfluß auf die Außenhandelspreise wird nun ganz oder teilweise durch

Preisreduktionen bei Inlandsgütern kompensiert; möglicherweise wirkt sich aber auch die verringerte Nachfrage auf die Außenhandelsgüter aus, indem die Importnachfrage sinkt und die Exportangebote zu reduzierten Preisen erfolgen. Auch die direkten Preissteigerungen bei den Außenhandelsgütern können auf diese Weise verringert werden.

c) Internationale Inflationsübertragung bei flexiblen Wechselkursen

An früherer Stelle (s. oben S. 75 ff.) war als besonderer Vorzug flexibler Wechselkurse herausgestellt worden, daß infolge der Anpassung des Wechselkurses eine Anpassungsinflation im Inland an die inflationäre Entwicklung im Ausland vermieden wird. Wie sich gleich zeigen wird, muß man von der Ausschließlichkeit dieser Aussage einige Abstriche machen.

Zunächst ist zu bekräftigen, daß in einem System flexibler Wechselkurse Zahlungsbilanzungleichgewichte nicht oder nur kurzfristig entstehen können, so daß die Inflationsübertragung *aufgrund der liquiditätsvermehrenden Wirkung von Zahlungsbilanzüberschüssen* ausgeschlossen ist oder nur insoweit wirksam werden kann, als sich die Wechselkursanpassung wegen mangelhafter Transparenz, wegen des Zeitbedarfs der Reaktionen oder wegen eventueller Notenbankinterventionen verzögert. Auf alle Fälle sind die Übertragungseffekte geringfügig im Vergleich zum Fall fester Wechselkurse.

Auch der direkte internationale Preiszusammenhang bleibt bei flexiblen Wechselkursen im Prinzip unwirksam. Denn die Erhöhung der Auslandspreise der Außenhandelsgüter ($p_{a_1} > p_{a_0}$) induziert eine Verminderung des Wechselkurses ($w_1 < w_0$), so daß das Produkt aus beiden, das ja die jeweiligen Inlandspreise (p_i) ergibt, konstant bleibt.

$$p_{i_0} = w_0 \cdot p_{a_0} = w_1 \cdot p_{a_1} = p_{i_1}.$$

Diese Aussagen müssen jedoch in verschiedenen Fällen erheblich korrigiert werden:

1. Der erste dieser Fälle ist gegeben, wenn man die bisher implizierte *Voraussetzung einer normalen Leistungsbilanzreaktion aufgibt.* Das würde bedeuten, daß eine Erhöhung der Auslandspreise zu einer *Passivierung* der inländischen Leistungsbilanz führt. Es entstünde also ein Nachfrageüberschuß nach Devisen, was bei stabilem Devisenmarkt zu einem *Ansteigen* des Wechselkurses bis zum neuen Gleichgewichtswechselkurs führt. Wird hier auch kein Liquiditätseffekt wirksam, weil die Entstehung des Defizits durch die Wechselkursbewegung vermieden wird, so setzt sich doch der Preiszusammenhang durch. Denn da

$$p_{a_1} > p_{a_0}$$

und $$w_1 > w_0,$$

ist auch $$w_1\, p_{a_1} > w_0\, p_{a_0}$$

d. h. $$p_{i_1} > p_{i_0}.$$

Wie man sieht, ist der übertragene Preissteigerungseffekt stärker als bei festen Wechselkursen, wo nur die Steigerung der Auslandspreise und nicht auch die Wechselkurssteigerung auf die Binnenpreise wirkt.

2. Auch wenn man eine anomale Reaktion der Leistungsbilanz als für die Wirklichkeit von nur geringer Relevanz außer Betracht läßt, ergeben sich weitere Einschränkungen der obigen Aussagen. Für den (realistischen) Fall nämlich, daß bei einer Preisniveausteigerung im Ausland die Einzelpreise ganz unterschiedlich steigen und die *Preisstruktur somit verändert wird*, kann nicht erwartet werden, daß der Einfluß des ausländischen Preisniveauanstiegs auf das inländische Preisniveau durch das Sinken des Wechselkurses voll neutralisiert wird. Man stelle sich beispielsweise vor, daß die Auslandspreise der inländischen Importgüter stärker steigen als die Auslandspreise der inländischen Exportgüter. Da es gegenüber einer ausländischen Währung nur *einen* Wechselkurs gibt, kann dieser nicht gleichzeitig um den Preisänderungssatz der Importgüter *und* um den der Exportgüter sinken. D. h. in diesem Fall wird der Rückgang des Wechselkurses geringer sein als die Preissteigerungsrate für Importgüter und stärker als die für Exportgüter. Das aber bedeutet, daß die höhere Importpreissteigerung durch den Wechselkursrückgang nur teilweise kompensiert wird; *die Inlandspreise für Importgüter steigen also.* Die geringere Exportpreissteigerung dagegen wird durch den Wechselkursrückgang überkompensiert; *die Inlandspreise der Exportgüter sinken also.* Wie sich die entgegengesetzte Preisentwicklung der Außenhandelsgüter auf das gesamte Inlandspreisniveau auswirkt, d. h. ob und in welchem Umfang es zu einer allgemeinen Preissteigerung oder Preissenkung kommt, hängt davon ab,

a) wie unterschiedlich der Preisanstieg für Export- und Importgüter im Ausland tatsächlich ist,

b) welche Veränderungen der Inlandspreise dieser Güter sich daraus ergeben, was wiederum von den Angebots- und Nachfrageelastizitäten abhängig ist, und schließlich

c) mit welchem Gewicht die Exportgüter und die Importgüter in den Inlandspreisindex eingehen[43].

---

[43] Ausführliche und exakte Analysen zum Problem der Inflationsübertragung bei flexiblen Wechselkursen finden sich bei Bent *Hansen:* Inflation Problems in Small Countries.

Es ist jedoch hervorzuheben, daß - wenn man vom Fall anomaler Leistungsbilanzreaktion absieht - die *Inflationsübertragung bei flexiblen Wechselkursen fast immer bedeutend geringer ist als bei festen Wechselkursen.* Denn wie im eben angeführten Beispiel gezeigt, sinkt der Wechselkurs (im Gegensatz zu festen Wechselkursen). Multipliziert mit dem gestiegenen Auslandspreis, muß sich ein geringerer Preisanstieg ergeben als bei festem Wechselkurs[44]. Das ist im Beispiel bei den Exportgütern der Fall. Ihr Einfluß auf das Inlandspreisniveau wird jedoch noch dadurch gemindert, daß die Inlandspreise für Importgüter sinken, weil der Wechselkurs stärker gesunken ist, als ihr Auslandspreis gestiegen ist. Unter bestimmten Voraussetzungen kann dieser preissenkende Einfluß den inflationsfördernden der erhöhten Exportgüterpreise auch übertreffen, so daß die Auslandsinflation zu einer tendenziellen Senkung des Inlandspreisniveaus führt. Die obigen Überlegungen haben daher die Tauglichkeit flexibler Wechselkurse als Barriere gegen Auslandsinflation keineswegs widerlegt, sondern nur in gewissem Umfang eingeschränkt.

3. Darüber hinaus läßt sich zeigen, daß der trotz flexibler Wechselkurse mögliche Inflationsimport *Zinsveränderungen* induzieren kann, die in Richtung auf eine weitere *Verminderung der Inflationsübertragung* wirken, und zwar in folgender Weise: Da bei flexiblen Wechselkursen keine (nachhaltigen) Leistungsbilanzsalden entstehen, entfällt auch deren Wirkung auf die Inlandsliquidität. Eine aus dem Ausland via direkten internationalen Preiszusammenhang übertragene Preiserhöhung erhöht tendenziell den Geldbedarf der Wirtschaftssubjekte zur Tätigung ihrer Umsätze. Die steigende Geldnachfrage führt aber bei unveränderter Inlandsgeldmenge (konstantes Geldangebot) zu steigenden Zinsen. Geht man nun davon aus, daß die Nachfrage nach Gütern und Leistungen nicht gänzlich unabhängig von der Zinsentwicklung ist, so führt die Zinserhöhung zu einer Abschwächung der Gesamtnachfrage. Auf die Außenhandelsgüter bezogen, bedeutet das eine Verringerung der Importnachfrage. Es kommt somit zu einer zusätzlichen Verringerung der Devisennachfrage (für Importe), woraus ein zusätzlicher Wechselkursrückgang resultiert. Der Wechselkurs sinkt also stärker als ohne Zinsveränderungen und kompensiert daher ausländische Preiserhöhungen in stärkerem Maße. Der Inflationsimport wird also durch den Zinseffekt weiter eingeschränkt.

4. Schließlich ergibt sich noch ein weiterer ernstzunehmender Einwand gegen flexible Wechselkurse als Mittel zur Abwehr von Inflationsimporten, wenn man

National Bank of Egypt, 50th Anniversary Commemoration Lectures. Kairo 1960. - Uwe *Westphal:* Die importierte Inflation bei festem und flexiblem Wechselkurs. Tübingen 1960. - Klaus *Rose,* Dieter *Bender:* Flexible Wechselkurse und Inflationsimport, Jb. f. Nat. Ök. u. Stat. Bd. 187 (1973), S. 481 ff.

[44] Bei festen Wechselkursen und vollkommenen Märkten steigt der Inlandspreis um den gleichen Prozentsatz wie der Auslandspreis.

den *internationalen Kapitalverkehr* in die Betrachtung einbezieht. Der flexible Wechselkurs bewirkt dann nicht den Ausgleich der Leistungsbilanz, sondern den Ausgleich der Zahlungsbilanz, d. h. die Übereinstimmung von Devisenangebot, das aus Exporten *und* Kapitalimporten stammt, und Devisennachfrage, die für Importe *und* Kapitalexporte verwendet wird. Eine Wirkung auf die Inlandsliquidität entfällt also auch hier weitgehend. Jedoch ist der Ausgleich der Leistungsbilanz, also die Übereinstimmung von Export- und Importwert, damit keineswegs sichergestellt.

So kann *z. B. eine Aktivierung der Leistungsbilanz (Exportüberschuß) durch eine gleichzeitige Passivierung der Kapitalverkehrsbilanz (Kapitalexporte) kompensiert werden.* Bezüglich des *Wechselkurses* heißt das, daß er *höher* ist, *als das bei ausgeglichener Kapitalverkehrsbilanz der Fall wäre.* Denn dann würde der Exportüberschuß einen Angebotsüberschuß an Devisen am Gesamtmarkt verursachen und zu einer Wechselkurssenkung führen, die diesen Überschuß beseitigt. Daß das wegen des Defizits in der Kapitalverkehrsbilanz nur abgeschwächt oder gar nicht geschieht, *verstärkt* ceteris paribus *den direkten internationalen Preiszusammenhang;* denn die Inlandspreise der Export- und Importgüter ergeben sich (bei vollkommenen Märkten) als Produkt aus den gestiegenen Auslandspreisen und dem weniger stark gesunkenen Wechselkurs. D. h. die Auslandspreiserhöhungen schlagen stärker auf die Inlandspreise durch, weil das Defizit in der Kapitalverkehrsbilanz ein stärkeres Absinken des Wechselkurses verhindert hat. Ist der zusätzliche Kapitalexport und damit die zusätzliche Devisennachfrage gerade so groß, wie das zusätzliche Devisenangebot aus den durch die Auslandsinflation resultierenden Exportüberschüssen, bleibt der Wechselkurs konstant, und die Inlandspreise steigen um den gleichen Prozentsatz wie die Auslandspreise. Ist der Kapitalexport noch größer, so daß die zusätzliche Devisennachfrage das zusätzliche Devisenangebot (aus Exportüberschüssen) übersteigt, so steigt der Wechselkurs sogar und der Anstieg der Inlandspreise ist höher als der der Auslandspreise.

Diese die Inflationsübertragung bei flexiblen Wechselkursen fördernde Wirkung des Kapitalverkehrs beruht aber ganz auf der angenommenen Konstellation. Andere Konstellationen in vielerlei Nuancen sind möglich, und am Beispiel einer anderen, keineswegs irrealen Situation läßt sich zeigen, *daß der internationale Kapitalverkehr die Inflationsübertragung auch hemmen kann.* Wird nämlich die infolge einer Auslandsinflation eintretende Aktivierung der inländischen Leistungsbilanz von einer Aktivierung der Kapitalverkehrsbilanz durch Netto-Zunahme der Kapitalimporte begleitet, wird der Angebotsüberschuß an Devisen aus dem Leistungsbilanzüberschuß durch die Kapitalimporte noch erhöht. Die Wechselkurssenkung muß also stärker ausfallen als ohne Kapitalimporte.

Das bedeutet aber, daß sich Erhöhungen der Auslandspreise in geringerem Umfang auf die Inlandspreise auswirken als ohne Kapitalimport. Der Kapitalverkehr, hier in Form eines Netto-Kapitalimports, mindert also die Inflationsübertragung. Je nach Umfang des Kapitalimports kann es auch zu einer völligen Neutralisierung der Inflationierungswirkung oder sogar zu einer Überkompensation, d. h. zu einer Deflationierung, kommen.

Das Fazit des Vorangegangenen ist, daß bei flexiblen Wechselkursen und normaler Reaktion der Leistungsbilanz der Inflationsimport durch zusätzliche Netto-Kapitalexporte gefördert und durch zusätzliche Netto-Kapitalimporte gehemmt wird.

Es soll an dieser Stelle nicht ausführlich über die Ursachen internationaler Geld- und Kapitalbewegungen gesprochen werden. Wohl aber kann als sicher angesehen werden, daß zumindest ein Teil davon nicht zinsunelastisch ist. Die *nationale Geldpolitik* hat es damit in der Hand, durch Zinserhöhung im Inland Kapitalimporte zu induzieren und damit der wechselkurserhöhenden Wirkung von Kapitalexporten entgegenzuwirken; gleichzeitig wirkt die Zinserhöhung auch tendenziell einer eventuellen Nachfrageerhöhung im Inland entgegen. Bei Bedarf können durch zinssenkende Maßnahmen aber auch Kapitalimporte abgewehrt werden, wenn sie deflationierend wirken.

Die *besondere Qualität der Geldpolitik*, die ja in jedem Währungssystem einsetzbar ist, ergibt sich *bei flexiblen Wechselkursen* daraus, daß sie völlig von der Aufgabe entlastet ist, zwecks Stabilerhaltung des Wechselkurses für den Ausgleich der Zahlungsbilanz zu sorgen. Der Zahlungsbilanzausgleich ist durch Wechselkursanpassung sichergestellt. Schwerwiegende Veränderungen der Inlandsgeldmenge durch nachhaltige Zahlungsbilanzungleichgewichte können nicht erfolgen. Die Geldpolitik entgeht damit dem bei festen Wechselkursen gegebenen schwerwiegenden Dilemma, auf der einen Seite die durch einen Zahlungsbilanzüberschuß erzwungene Vermehrung der Inlandsgeldmenge durch eine kontraktive Zinspolitik zu beseitigen und auf der anderen Seite gerade durch diese Politik (der hohen Zinsen) vermehrt Auslandsgeld anzulocken und damit zu einer weiteren Ausdehnung des inländischen Geldvolumens beizutragen. Bei der Kompensierung der liquiditätsmindernden Wirkung von Zahlungsbilanzdefiziten durch expansive Geldpolitik (niedrige Zinsen) kommt es zu entsprechenden Wirkungen mit umgekehrten Vorzeichen, d. h. der erhöhten Kreditaufnahme im Inland (Liquiditätsvermehrung) steht wegen der niedrigen Inlandszinsen ein tendenziell höherer Abfluß von Liquidität ins Ausland gegenüber.

Zusammenfassend läßt sich zur Frage des Inflationsimports bei flexiblen Wechselkursen folgendes sagen:

1. Liquiditätsausweitungen durch Zahlungsbilanzüberschüsse als Mechanismus der Inflationsübertragung sind bei flexiblen Wechselkursen weitgehend ausgeschaltet. Sie spielen höchstens eine zeitlich und umfangmäßig stark begrenzte Rolle.

2. Der direkte internationale Preiszusammenhang wird bei flexiblen Wechselkursen und normaler Leistungsbilanzreaktion durch entgegengesetzte Wechselkursveränderungen gelockert. Ganz ohne Einfluß auf die Inlandspreise bleibt die Auslandsinflation jedoch nur dann, wenn sich die Auslandspreise für Export- und Importgüter *gleichmäßig* erhöhen. Andernfalls kann es je nach der Unterschiedlichkeit der Preisbewegungen bei Außenhandelsgütern im Ausland und je nach dem Gewicht, mit dem sie in den Inlandspreisindex eingehen, zu Erhöhungen des Inlandspreisniveaus kommen; die Erhöhung wird aber wesentlich geringer sein als bei festen Wechselkursen; u. U. kann es auch zu einer Senkung des Inlandspreisniveaus kommen.

3. Gleichzeitige Kapitalexporte verhindern oder mindern allerdings das Absinken des Wechselkurses und fördern daher die Inflationsübertragung; für Kapitalimporte gilt das Entgegengesetzte. Der Kapitalverkehr ist jedoch bei flexiblen Wechselkursen durch geldpolitische Maßnahmen wirksamer und problemloser zu beeinflussen als bei festen Wechselkursen.

4. Einkommen und Zahlungsbilanz

Ein erheblicher Teil der bisherigen Ausführungen befaßte sich mit Zusammenhängen zwischen Zahlungsbilanz und Wechselkursen bzw. Preisen. So wurde ausführlich erörtert, welche Auswirkungen administrative Wechselkursänderungen auf die Leistungsbilanz ausüben. Dabei wurde darauf verwiesen, daß die sich als Resultat ergebenden Veränderungen des Leistungsbilanzsaldos *vorläufigen* Charakter haben. Wenn man nämlich bedenkt, daß jede Veränderung des Außenbeitrages eine gleichgroße Veränderung des Sozialprodukts bedeutet und daß von Einkommensänderungen Rückwirkungen auf den Außenhandel ausgehen, so können die sich aufgrund der jeweiligen Angebots- und Nachfrageelastizitäten ergebenden Veränderungen der Leistungsbilanz nur als die *Primärwirkungen* angesehen werden, die durch die von den Einkommensänderungen ausgehenden Sekundärwirkungen verstärkt oder abgeschwächt werden.

Da unter der Voraussetzung einer ausgeglichenen Kapitalverkehrsbilanz im System flexibler Wechselkurse erhebliche und nachhaltige Leistungsbilanzungleichgewichte nicht entstehen können, treten auch keine oder nur relativ schwache Einkommenswirkungen auf. Es ist daher im folgenden zunächst nur von einem *Währungssystem mit festen Wechselkursen* die Rede.

a) Der Geldmengen-Einkommen-Mechanismus

Es war gezeigt worden, daß bei Auftreten von Zahlungsbilanzungleichgewichten selbsttätige Mechanismen in Kraft treten, die in Richtung auf einen Wiederausgleich der Zahlungsbilanz wirken. Bei flexiblen Wechselkursen war es der sog. Wechselkursmechanismus, bei festen Wechselkursen der sog. Geldmengen-Preis-Mechanismus. Letzterer wirkt im Prinzip derart, daß eine auftretende Leistungsbilanzstörung über Geldmengenveränderungen entgegengesetzte Preisbewegungen im Inland und im Ausland hervorruft, wodurch Außenhandelsströme induziert werden, die das Zahlungsbilanzgleichgewicht wiederherstellen oder zumindest in diese Richtung wirken. Es läßt sich nun zeigen, daß eine solche Ausgleichstendenz auch wirksam wird, *wenn die Beweglichkeit der Preise eingeschränkt oder überhaupt nicht gegeben ist* (staatlich fixierte Preise).

Die Störung der Zahlungsbilanz soll durch einen *Kredit des Inlandes an das Ausland erfolgen.* Dadurch soll es zu einer Geldmengenverminderung im Inland und zu einer -vermehrung im Ausland kommen. Geht man davon aus, daß die Liquiditätsveränderung nachfragewirksam ist, so dehnt sich im kreditnehmenden Ausland die Gesamtnachfrage aus, was zu einer Erhöhung des Volkseinkommens führt; im kreditgebenden Inland dagegen sinkt die Gesamtnachfrage und damit auch das Volkseinkommen. Die Nachfrage- und Einkommensausdehnung im Ausland führt zu vermehrter Importnachfrage *(Passivierung der ausländischen Leistungsbilanz* ≙ Aktivierung der inländischen Leistungsbilanz); die Nachfrage- und Einkommensschrumpfung im Inland läßt die inländischen Importe schrumpfen *(Aktivierung der inländischen Leistungsbilanz).* Es kommt also im Inland durch Exportsteigerung und Importschrumpfung zu einer *Aktivierung der Leistungsbilanz, die die Passivierung der Kapitalverkehrsbilanz* infolge Kreditvergabe (= Kapitalexport) *tendenziell ausgleicht.*

Einige kurze Überlegungen zeigen, daß dieser *Geldmengen-Einkommen-Mechanismus ebensowenig wie der Geldmengen-Preis-Mechanismus den automatischen und kompletten Wiederausgleich der Zahlungsbilanz garantiert.* Vielmehr handelt es sich auch hier um eine Tendenz, die je nach den Gegebenheiten des jeweiligen Landes in der speziellen Situation mehr oder weniger stark wirksam wird:

1. Zu bedenken ist zunächst, daß *nicht jede Zahlungsbilanzstörung eine gleichgroße Einkommensänderung* hervorruft. Die Einkommensänderung setzt aber den Ausgleichsvorgang überhaupt erst in Gang, so daß jegliche Ausgleichstendenz entfallen müßte, wenn die Zahlungsbilanzstörung keine Einkommensänderung hervorriefe. Bei Zahlungsbilanzstörungen in Form einer Veränderung des Leistungsbilanzsaldos tritt dieses Problem nicht auf. Die Änderung des

Leistungsbilanzsaldos ist gleichbedeutend mit einer Einkommensänderung. Tritt eine Zahlungsbilanzstörung jedoch, wie oben angenommen, infolge einer Veränderung in der Kapitalverkehrsbilanz (Kreditvergabe an das Ausland) auf, so ist es keineswegs sicher, daß sich das Inlandseinkommen in Höhe des Mittelabflusses vermindert.

Ob und in welchem Umfang eine Einkommensminderung erfolgt, hängt zunächst von der *Aufbringung des Kreditbetrages im Inland* und von seiner *Verwendung im Ausland* ab. Entstammen die Mittel z. B. einem Notenbankkredit, so bleibt das Inlandsgeldvolumen unverändert; eine Nachfrageschrumpfung tritt nicht ein, und das Inlandseinkommen bleibt demzufolge unverändert. Wird nun gleichzeitig der Kredit im Ausland zur Aufstockung der amtlichen Währungsreserven verwendet, so ist er nachfrageunwirksam, und das Volkseinkommen im Ausland erhöht sich nicht. In diesem Fall konstanter Einkommen im In- und Ausland werden keinerlei Güter- und Leistungsströme induziert, die das Zahlungsbilanzungleichgewicht der Tendenz nach kompensieren könnten. Wenn aber, was man als den Normalfall ansehen kann, der Kredit im In- und Ausland mehr oder weniger stark nachfragewirksam wird, kommt es zu einer *Einkommensschrumpfung im kreditgebenden Inland* mit nachfolgender *Aktivierungstendenz der Leistungsbilanz* durch Rückgang der Importe und Steigerung der Exporte, während das *Einkommen im Ausland steigt und die Leistungsbilanz sich demzufolge passiviert* (steigende Importe, sinkende Exporte).

Nur als Faktum sei kurz vermerkt, daß es in der Realität meist schwerfällt, halbwegs zuverlässige Aussagen über die Nachfragewirksamkeit gewährter oder empfangener Auslandskredite zu machen. Entsprechend vage müssen schon aus diesem Grund Aussagen über den Wirkungsumfang des Geldmengen-Einkommen-Mechanismus ausfallen.

2. Ein *zweiter Grund* dafür, daß der Geldmengen-Einkommen-Mechanismus in der Realität die vollkommene Wiederherstellung des Zahlungsbilanzgleichgewichts meist nicht zu bewirken vermag, liegt darin, daß die *importsteigernde* (importmindernde) *Wirkung von Einkommenserhöhungen* (Einkommensminderungen) *begrenzt und von Land zu Land unterschiedlich* sein kann. Geeignete Meßgröße ist die marginale Importquote, $g = \frac{dM}{dY}$, die anzeigt, welcher Anteil eines Einkommenszuwachses für zusätzliche Importe verwendet wird. Die marginale Importquote ist in aller Regel kleiner als eins. Je kleiner sie ist, desto geringer sind die durch eine Einkommensteigerung induzierten Importe. Im Extremfall $g = 0$ würde eine Einkommenserhöhung gar keine zusätzlichen Importe und damit keine Ausgleichstendenz der Leistungsbilanz hervorrufen. Wenn die Situation im beteiligten Ausland ebenso ist, wird der Geldmengen-Einkommen-Mechanismus nicht einmal als Tendenz wirksam.

Bevor im folgenden dem Zusammenhang zwischen Einkommensänderungen und Leistungsbilanz näher nachgegangen wird, sei auch hier darauf aufmerksam gemacht, daß durch wirtschaftspolitische, insbesondere geldpolitische Maßnahmen die Geldmengenwirkungen von Zahlungsbilanzstörungen ganz oder teilweise kompensiert werden können, so daß auch dadurch das Ingangkommen des Mechanismus ganz verhindert oder seine Auswirkungen vermindert werden können.

b) Der Leistungsbilanzmultiplikator

Bei der vorangehenden Erörterung des Geldmengen-Einkommen-Mechanismus wurde argumentiert, daß Zahlungsbilanzstörungen die Gesamtnachfrage beeinflussen, was zu einer Veränderung des Volkseinkommens führt; diese induziert dann die ausgleichenden Güterströme. Bei dieser Argumentation wurde die Wirkung von Nachfrageänderungen auf das Einkommen nicht präzisiert. Möglicherweise konnte sogar der Eindruck entstehen, daß Nachfrageänderungen und die daraus resultierenden Einkommensänderungen umfangmäßig gleichgesetzt wurden. Aus der Multiplikatorlehre wissen wir, daß diese Gleichsetzung unzutreffend ist, weil Nachfrageveränderungen multiplikative Prozesse in Gang setzen, die zu Einkommensänderungen über den Umfang der ursprünglichen Nachfrageänderung hinausführen.

Es ist daher wünschenswert, den Einfluß von nachfragewirksamen Zahlungsbilanzstörungen auf das Volkseinkommen über die bisherigen recht allgemeinen Überlegungen hinaus zu präzisieren. Wünschenswert wäre es auch, zu genaueren Aussagen über die Wirkungen der induzierten Einkommensveränderungen auf den Außenhandel und damit auf die Leistungsbilanz zu gelangen. Wir bedienen uns dazu des bekannten Multiplikatortheorems, mit dessen Hilfe es ermöglicht werden soll, ex-ante-Aussagen über die Wirkungen von Nachfrageänderungen auf das Volkseinkommen und über deren Rückwirkungen auf die Leistungsbilanz zu machen.

(1) Exportmultiplikator und Leistungsbilanz

1. Einkommenswirkungen: Ausgangspunkt soll eine Exportsteigerung sein. Hier ist der primäre Einkommenseffekt eindeutig. Er entspricht genau der Exportausdehnung. Die Aufgabe besteht nun zunächst darin, die durch die Exportsteigerung und den dadurch ausgelösten multiplikativen Expansionsprozeß verursachten sekundären Einkommenssteigerungen zu ermitteln.

Wir bedienen uns dabei der bekannten Definitionsgleichung für das Volkseinkommen, die für eine *offene* Volkswirtschaft die Exporte und Importe als Bestandteil des Volkseinkommens enthält:

(1) $$Y = C + I + X - M \quad \text{(Definitionsgleichung)}$$

Sie stellt eine ex-post-Beziehung dar und zeigt nur, für welche Zwecke die in der Periode produzierten Güter und Leistungen verwendet wurden, nämlich für Konsumzwecke, für Investitionen und für Exporte. Da die inländische Konsum- und Investitionsnachfrage auch die Nachfrage nach entsprechenden Importgütern enthält, muß man die Importe subtrahieren, wenn man zur Verwendung des *inländischen* Volkseinkommens gelangen will. Die ex post stets gegebene Übereinstimmung zwischen Gesamtangebot ($Y + M$) und Gesamtnachfrage ($C + I + X$) besagt aber keineswegs, daß sie auch im voraus (ex ante) aufgrund der Planungen der Wirtschaftssubjekte gegeben ist. Viel wahrscheinlicher ist, daß zwischen dem beabsichtigten Angebot und der beabsichtigten Nachfrage Diskrepanzen bestehen, so daß sich Angebots- oder Nachfragelücken herausstellen. Aufgrund dieser Situation werden Wirtschaftssubjekte gezwungen oder veranlaßt, ihre Planungen zu korrigieren. Wenn man nun Aussagen darüber machen möchte, wie Wirtschaftssubjekte reagieren, wenn sich Planungsdaten ändern, muß man ihre Verhaltensregeln kennen. Erst dann sind Voraussagen über ihre Reaktionen möglich. Die üblichen diesbezüglichen Annahmen sind nun die, daß der Konsum (C) von der Höhe des Volkseinkommens abhängt:

(2) $$C = C(Y) \quad \text{(Verhaltensgleichung).}$$

Dabei wird die Höhe der durch eine Einkommenssteigerung hervorgerufenen Konsumausdehnung durch die marginale Konsumquote (b) bestimmt:

(3) $$b = \frac{dC}{dY}$$

Wenn man davon ausgeht, daß es einen autonomen Konsum (C_a) gibt, der von der Einkommenshöhe unabhängig ist, also auch dann stattfände, wenn das Einkommen auf Null sänke, so ergibt sich die folgende Konsumfunktion

(4) $$C = C_a + b \cdot Y \quad \text{(Verhaltensgleichung).}$$

Bei geometrischen Darstellungen des Multiplikatorprozesses geht man - eben um der Darstellbarkeit des Vorganges willen - von einer Konstanz der marginalen Konsumquote aus. Unter dieser recht problematischen Voraussetzung läßt sich die Konsumfunktion als Gerade darstellen (siehe Abb. 26a). Der Anstieg der Geraden entspricht dann der marginalen Konsumquote ($tg\alpha = \frac{dC}{dY}$ = konst.).

Die zweite Verhaltensannahme bezieht sich auf die Importnachfrage. Auch bei ihr wird eine Abhängigkeit von der Einkommenshöhe unterstellt:

(5) $$M = M(Y) \quad \text{(Verhaltensgleichung).}$$

Die Abhängigkeit der Importe vom Einkommen wird durch die marginale Importquote konkretisiert:

(6) $$g = \frac{dM}{dY}$$

Unter Berücksichtigung eines autonomen, d. h. einkommensunabhängigen Imports (M_a) ergibt sich als Importfunktion:

(7) $$M = M_a + g \cdot Y \quad \text{(Verhaltensgleichung).}$$

Unter der Annahme einer konstanten marginalen Importquote läßt sich auch die Importfunktion als Gerade darstellen (siehe Abb. 26b).

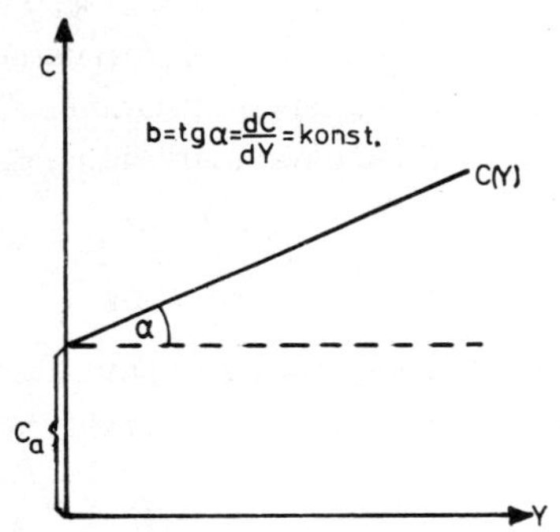

Abb. 26a: **Konsumfunktion**

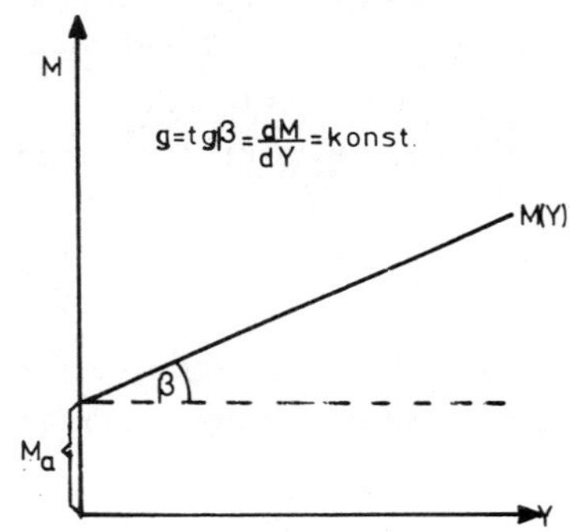

Abb. 26b: **Importfunktion**

Exporte (X) und Investitionen (I) werden als autonome, d. h. einkommensunabhängige Größen angesehen. Insbesondere in bezug auf die Investitionen ist das eine höchst problematische Annahme. Mit der Aufhebung dieser Annahme tauscht man jedoch ein Problem gegen ein anderes ein. Das neue Problem bestünde darin, zu einer empirisch gehaltvollen Aussage über den Zusammenhang zwischen Einkommen und Investition (Investitionsfunktion) zu gelangen.

Geht man von autonomer Investitionsnachfrage aus, so ist das ex-ante-Gleichgewicht, d. h. die Gleichheit von geplantem Gesamtangebot und geplanter Gesamtnachfrage, gegeben, wenn

(8) $$Y = C(Y) + I + X - M(Y) \quad \text{(Gleichgewichtsbedingung).}$$

Daraus ergibt sich durch Einsetzen von (4) und (7)

(9) $$Y = C_a + b \cdot Y + I + X - (M_a + g \cdot Y)$$

Dieses ex-ante-Gleichgewicht ist ein illusionärer Zustand, da es in der Realität so gut wie nie verwirklicht ist. Denn es bedeutet ja, daß das *beabsichtigte* Angebot in Struktur und Umfang mit der *beabsichtigten* Konsum-, Investitions- und Exportnachfrage übereinstimmt. Dennoch ist es als vorgestellter Ausgangspunkt theoretischer Betrachtungen von erheblichem Nutzen, da es einen Ruhezustand liefert, der die Wirkungen einer ganz bestimmten Störung dieses Zustandes (z. B. durch eine Erhöhung der Exportnachfrage) isoliert zu analysieren erlaubt. Im Falle eines bereits gegebenen Ungleichgewichts wäre es weit schwieriger, die Anpassungsreaktionen einer neuerlichen Gleichgewichtsstörung von den schon in Gang befindlichen Anpassungsprozessen zu isolieren.

Der bei Erfüllung der Gleichgewichtsbedingung (9) gegebene Gleichgewichtszustand läßt sich graphisch darstellen. Dabei ist es hilfreich, sich zu vergegenwärtigen, daß das Gesamtangebot an Gütern und Leistungen einmal aus dem Inland stammt (Y) und zum zweiten aufgrund der Importnachfrage durch das Ausland zur Verfügung gestellt wird (M). Dieses Faktum wird auch deutlich, wenn man Gleichung (8) leicht umformt zu

(8a) $$Y + M(Y) = C(Y) + I + X,$$

wobei die linke Seite das geplante Gesamtangebot und die rechte Seite die geplante Gesamtnachfrage wiedergibt. Abb. 27 zeigt einen solchen Gleichgewichtszustand. Die Angebotskomponenten sind dargestellt einmal durch die 45°-Gerade, auf der in sämtlichen Punkten die Gleichheit zwischen inländischem Angebot Y (Abszissenabschnitt) und monetärer Nachfrage (Ordinatenabschnitt) gegeben ist. Zu dieser Einkommensgeraden werden als zweite Angebotskomponente die Importe addiert. Da sie gemäß Verhaltensgleichung (4) eine Funktion der Einkommenshöhe sind, ergibt sich die Kurve des Gesamtangebots $[Y + M(Y)]$ nicht als Parallele zur 45°-Geraden; vielmehr wächst der Abstand zwischen beiden mit steigendem Einkommen. Wohl aber ist die Kurve wegen der angenommenen Konstanz der marginalen Importquote (Abb. 26b) eine Gerade.

Die Nachfragekomponenten sind gegeben einmal durch den Konsum als Funktion des Einkommens $C(Y)$, wobei diese Funktion gemäß Abb. 26a eine ansteigende Gerade ist, sodann durch die einkommensunabhängigen Investitionen (I) und durch die ebenfalls einkommensunabhängigen Exporte (X). Die Gesamtnachfrage in Abhängigkeit vom Einkommen $[C(Y) + I + X]$ ergibt sich daher als Parallele zur Konsumfunktion im Abstand $I + X$. Der ex-ante-Gleichgewichtszustand ist gegeben im Punkt A in Abb. 27. Die Abbildung zeigt übrigens deutlich, daß gesamtwirtschaftliches Gleichgewicht keineswegs eine ausgeglichene Leistungsbilanz voraussetzt. In Punkt A ist $M > X$.

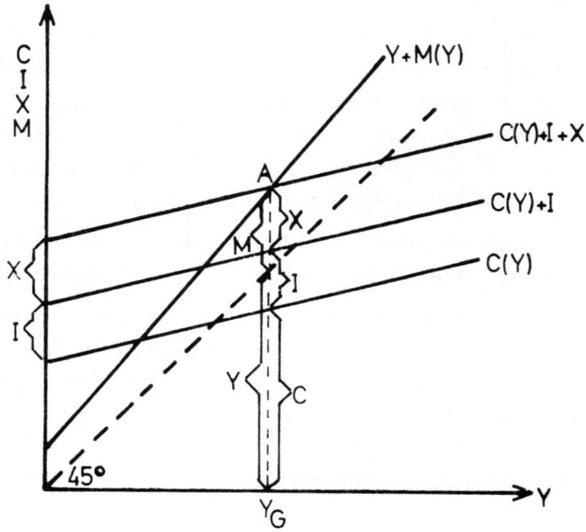

Abb. 27: **Ex-ante-Gleichgewicht**

Damit ist ein theoretisches Modell gegeben, das im Rahmen seiner Prämissen die Beantwortung der Frage erlaubt, wie sich eine Zahlungsbilanzstörung in Gestalt einer autonomen Exportsteigerung auf das Volkseinkommen auswirkt und wie die so induzierte Einkommenssteigerung auf die Leistungsbilanz zurückwirkt. Die wesentlichen Charakteristika und Annahmen des Modells wurden bereits genannt:

1. Einkommensabhängigkeit des Konsums und der Importe;
2. Einkommensunabhängigkeit von Investitionen und Exporten. Weitere Annahmen sind:
3. Konstanz der Preise und Wechselkurse; würde man nämlich Preis- und Wechselkursänderungen zulassen, so würden sich gemäß dem Geldmengen-Preis- bzw. Wechselkursmechanismus Veränderungen der Leistungsbilanz ergeben. Es fiele dann schwer, die Wirkungen festzustellen, die auf die Einkommensänderungen zurückgehen. Bei den Veränderungen des Einkommens und seiner Komponenten handelt es sich also stets um reale Veränderungen.

4. Außerdem wird unterstellt, daß Nachfrageveränderungen immer zu gleich hohen Veränderungen der Produktion führen. Ließe man nämlich zu, daß z. B. eine Erhöhung der Exportnachfrage ganz oder zum Teil aus Lagerbeständen bedient wird, so wäre die primäre Erhöhung des realen Sozialprodukts geringer als die Exporterhöhung. Der folgende Multiplikatorprozeß hinge dann von der nicht sicher bekannten Primärwirkung der Exporterhöhung ab.

Mit Hilfe des Multiplikatorprozesses, der im Prinzip dadurch in Gang kommt, daß die zusätzliche Exportnachfrage Einkommen in gleicher Höhe schafft, das gemäß der marginalen Konsumquote *teilweise* verausgabt wird, wodurch neue Einkommen entstehen, die wiederum teilweise zu Konsumzwecken verwendet werden usw., läßt sich nunmehr der *Einfluß einer Exportänderung auf das Volkseinkommen* ermitteln, indem man Gleichung (8) nach X differenziert:

(8) $$Y = C(Y) + I + X - M(Y)$$

(10) $$\frac{dY}{dX} = \frac{dC}{dY} \cdot \frac{dY}{dX} + 1 - \frac{dM}{dY} \cdot \frac{dY}{dX}$$

da I = konstant ⟶ $\frac{dI}{dX} = 0$; da $\frac{dC}{dY} = b$ und $\frac{dM}{dY} = g$

ergibt sich (10) zu

(11) $$\frac{dY}{dX} = b \cdot \frac{dY}{dX} + 1 - g \cdot \frac{dY}{dX}$$

(12) $$\frac{dY}{dX}(1 - b + g) = 1$$

(13) $$dY = dX\left(\frac{1}{1-b+g}\right)$$

(14) $$\boxed{dY = dX\left(\frac{1}{s + g}\right)}$$

Man sieht, daß der Multiplikator $\left(\frac{1}{s+g}\right)$ und damit die aus einer Exportsteigerung resultierende *Einkommenssteigerung um so größer wird, je größer die marginale Konsumquote b* (je kleiner die marginale Sparquote s) *und je kleiner die marginale Importquote g ist.*

Das Ergebnis wird plausibel, wenn man sich vor Augen hält, daß Importe wie Sparen wirken; denn die dazu verwendeten Mittel werden nicht im Inland verausgabt und können daher auch das Inlandseinkommen nicht erhöhen, genau wie gesparte Beträge. Da in der Regel $s + g < 1$, ist der Multiplikator größer als eins, so daß man sagen kann, die Einkommensveränderung ist normalerweise größer als die sie verursachende Exportveränderung.

Es sei daran erinnert, daß die Multiplikatorformel im Falle einer *einmaligen* Erhöhung der Exportnachfrage die Summe aller Einkommenserhöhungen in den einzelnen Perioden des Multiplikatorprozesses ergibt, wobei die Einkommenszuwächse im Verlauf gegen Null tendieren, so daß nach Ablauf des Prozesses das ursprüngliche Gleichgewichtseinkommen wieder erreicht ist. Im Falle einer *dauerhaften* Erhöhung der Exportnachfrage dagegen ergibt sich als Resultat der Zuwachs des Gleichgewichtseinkommens. Es kommt also zu einer dauerhaften Erhöhung des Einkommens. Die Summe der Zuwächse in den einzelnen Perioden ist in diesem Falle unendlich groß.

2. **Leistungsbilanzreaktion:** Nachdem nun klar ist, welche Einkommenserhöhung unter den gemachten Annahmen als Folge einer Zahlungsbilanzstörung (in Form eines Exportanstieges) eintritt, ist weiter nach den Rückwirkungen dieser Einkommenserhöhung auf die Leistungsbilanz zu fragen. Denn gemäß dem Geldmengen-Einkommen-Mechanismus soll ja die induzierte Einkommenserhöhung zu einer Passivierung der Leistungsbilanz führen, die - zumindest tendenziell - den Wiederausgleich der Zahlungsbilanz bewirkt.

War die Leistungsbilanz im Ausgangsgleichgewicht ausgeglichen, so bildet sich durch die Exporterhöhung ein Aktivsaldo (B) in gleicher Höhe. Da gemäß Verhaltensgleichung (5) der Import mit dem Einkommen variiert, führt die durch den Exportanstieg verursachte Einkommenssteigerung ihrerseits zu einer Importsteigerung, deren Umfang durch die marginale Importquote bestimmt wird. Der Aktivsaldo der Leistungsbilanz (B) wird also in Höhe der zusätzlichen Importe gemindert:

(15) $$B = X - M \quad \textit{(Definitionsgleichung).}$$

Dafür kann man unter Berücksichtigung von Gleichung (7) schreiben:

(16) $$B = X - (M_a + g \cdot Y)$$

Die Veränderung des Leistungsbilanzsaldos infolge einer infinitesimal kleinen Änderung des Exports ergibt sich nun durch Differenzieren von (16) nach X:

(17) $$\frac{dB}{dX} = 1 - g \cdot \frac{dY}{dX}$$

aus (14) folgt:

$$\frac{dB}{dX} = 1 - g \cdot \frac{1}{s + g}$$

$$\frac{dB}{dX} = \frac{s + g - g}{s + g}$$

(18)
$$dB = dX \cdot \frac{s}{s+g}$$

Zur Interpretation des Leistungsbilanzmultiplikators ($\frac{s}{s+g}$) ist als erstes zu sagen: Wenn die marginale Sparquote und die marginale Importquote positiv sind, was in aller Regel der Fall sein wird, so ist auch der Leistungsbilanzmultiplikator positiv. Das aber bedeutet, **daß es zu einer endgültigen Aktivierung der Leistungsbilanz kommt.** Die aufgrund der Einkommenserhöhung induzierten Importe reichen also nicht aus, die durch die anfängliche Exportsteigerung bewirkte Aktivierung der Leistungsbilanz voll zu kompensieren. Daß aber die Wiederausgleichstendenz des Geldmengen-Einkommen-Mechanismus wirksam ist, geht daraus hervor, daß die endgültige Erhöhung des Aktivsaldos der Leistungsbilanz (dB) geringer ist als die ursprüngliche Exporterhöhung (dX). Diese Feststellung ergibt sich aus dem Umstand, daß der Leistungsbilanzmultiplikator kleiner als eins ist. (Jedenfalls ist er es dann, wenn $g > 0$ ist, wovon man in aller Regel ausgehen kann.) Je kleiner allerdings die marginale Importneigung ist, desto größer wird auch der Saldenanstieg; denn geringe Importneigung bedeutet, daß Einkommensanstiege nur in geringem Umfang zu vermehrten Importen führen. Im Extremfall $g = 0$ werden gar keine Importe induziert. Das durch die anfängliche Exportsteigerung bewirkte Leistungsaktivum bleibt dann in vollem Umfang bestehen ($dB = dX$).

Aber auch der andere Extremfall, nämlich der völlige Wiederabbau des Aktivsaldos ist möglich. Damit wäre im übrigen der klassische Fall des Geldmengen-Einkommen-Mechanismus, der den völligen Wiederausgleich der Zahlungsbilanz bewirkt, gegeben. Voraussetzung dafür wäre jedoch eine marginale Sparneigung von Null (bzw. eine marginale Konsumneigung von eins); dann würde auch der Multiplikator Null. Das hieße, daß jeder Einkommenszuwachs, soweit er nicht zu Importzwecken verwendet wird, wieder in vollem Umfang die inländische Konsumnachfrage erhöht. Die aus diesem Prozeß resultierende Einkommenserhöhung ist so groß, daß die von ihr (bei positiver marginaler Importquote) induzierten Importe ausreichen, um die Exporterhöhung voll zu kompensieren. Es ist jedoch unmittelbar klar, daß es sich hier von den Voraussetzungen her um einen Ausnahmefall handelt. In der Realität muß man davon ausgehen, daß der Geldmengen-Einkommen-Mechanismus nicht den automatischen Wiederausgleich der Zahlungsbilanz, sondern lediglich eine mehr oder minder starke Tendenz dazu bewirkt.

Zur weiteren Veranschaulichung läßt sich das eben erörterte Beispiel auch graphisch darstellen (siehe Abb. 28). Als Ausgangspunkt wird die in Abb. 27 dargestellte Gleichgewichtssituation benutzt. Sie wird durch einen autonomen dauerhaften Exportanstieg (ΔX) gestört.

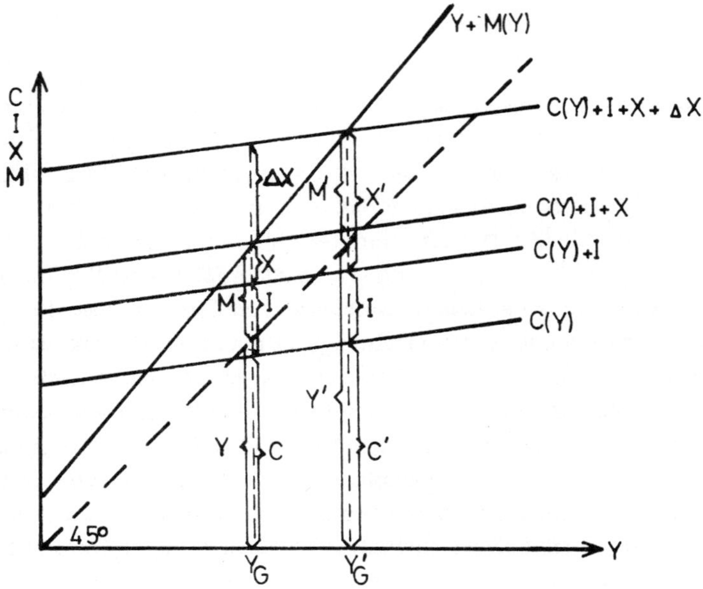

Abb. 28: **Exportmultiplikator**

Um der Übersichtlichkeit willen ist der Anpassungsprozeß (Multiplikatorprozeß) graphisch nicht dargestellt. Man sieht jedoch, daß die Störung des Gleichgewichtszustandes durch den zusätzlichen Export (ΔX) zu einem neuen, höheren Gleichgewichtseinkommen (Y'_G) führt. Es ist ohne weiteres einsichtig, daß – entsprechend der Multiplikatorformel ($\frac{1}{s+g}$) – die Einkommenssteigerung um so größer ist, je steiler die Konsumfunktion verläuft, d. h. je größer die marginale Konsumquote ist, und je flacher die Importfunktion verläuft, d. h. je kleiner die marginale Importquote ist.

Es ist außerdem klar erkennbar, daß sich die Leistungsbilanz aktiviert hat, allerdings in geringerem Umfang als ΔX, denn die Importe sind ebenfalls gestiegen. Das entspricht ganz den bisherigen Überlegungen im Zusammenhang mit dem Leistungsbilanzmultiplikator.

Die vorangegangene komparativ-statische Analyse zeigte, welche endgültige Veränderung das Gleichgewichtseinkommen durch eine von der Leistungsbilanz ausgehende Störung (autonome Exporte) erfährt. Es werden also zwei Zustände, Ausgangs- und Endgleichgewicht, gegenübergestellt, ohne daß der Anpassungsprozeß dargestellt würde, der von einem Zustand zum anderen führt. Da es sich dabei um die wohlbekannte Sequenzanalyse des Keynesschen

Multiplikatorprozesses handelt, kann hier auf eine Darstellung verzichtet werden.

Hinzuweisen ist in diesem Zusammenhang noch auf folgendes:

1. Wenn die Störung des Ausgangsgleichgewichts durch eine *Verminderung* der Exporte erfolgt, so kommt es zu einem *kontraktiven* Multiplikatorprozeß, in dessen Verlauf sich eine Einkommensverminderung und eine Passivierung der Leistungsbilanz ergibt. Der entstehende Passivsaldo ist jedoch entsprechend der Multiplikatorformel (18) geringer als die Exportminderung.

2. In der Realität ist eine *Steigerung der Exporte häufig zwangsläufig mit einer Zunahme der Importe verbunden,* weil die Importgüter (Rohstoffe, Halbwaren) zur Produktion der Exportgüter benötigt werden. Das bedeutet aber, daß die Ausdehnung der inlandswirksamen Gesamtnachfrage per Saldo um den Importanteil geringer ist als die Exportsteigerung. Demzufolge dürften die Exporte auch nur um diese Importe verringert in die Multiplikatorformeln (14) und (18) eingehen. Entsprechend geringer wären demzufolge die resultierende Einkommenssteigerung wie auch die Aktivierung der Leistungsbilanz.

Hinsichtlich der Ausgangsfrage nach der Wirksamkeit des Geldmengen-Einkommen-Mechanismus kann abschließend gesagt werden, daß er nur unter ganz bestimmten unrealistischen Annahmen den völligen Wiederausgleich der gestörten Zahlungsbilanz bewirkt. Ebenso unwahrscheinlich sind jedoch die Voraussetzungen für eine völlige Wirkungslosigkeit des Mechanismus. Im Normalfall ist also eine, je nach den speziellen Gegebenheiten stärkere oder schwächere, Wiederausgleichstendenz zu erwarten.

Vorbehalte gegen dieses Ergebnis können sich jedoch aus einer Kritik an dem verwendeten Multiplikatormodell und an den ihm zugrundeliegenden Prämissen ergeben. Einige Bemerkungen dazu folgen am Ende der Multiplikatorbetrachtungen.

(2) Investitionsmultiplikator und Leistungsbilanz

Ausgangspunkt der Überlegungen des vorigen Abschnitts war eine Gleichgewichtsstörung durch Exportsteigerung. Verursacht wurden dadurch zunächst Einkommenssteigerungen und des weiteren Importsteigerungen, die die anfängliche Exportsteigerung zu kompensieren tendierten (Geldmengen-Einkommen-Mechanismus). Störungen des gesamtwirtschaftlichen Gleichgewichts können nun nicht nur durch Veränderungen des Leistungsbilanzsaldos hervorgerufen werden, sondern durch jegliche Veränderung der im Inland wirksamen Gesamtnachfrage. Häufig benutztes Musterbeispiel hierfür ist eine *autonome Veränderung der Investitionsnachfrage* im Inland. Auch ohne nähere

Analyse wird klar, daß durch eine Steigerung der Investitionsnachfrage ebenfalls ein expansiver Multiplikatorprozeß ausgelöst wird und daß die dadurch verursachte Einkommenssteigerung ebenfalls Importerhöhungen induziert. Der Unterschied besteht jedoch darin, daß bei der Exporterhöhung eine Aktivierung der Leistungsbilanz am Anfang steht, die durch die folgenden Importe teilweise kompensiert wird, während bei einer Erhöhung der Investitionsnachfrage die Leistungsbilanz allein durch die induzierten Importe verändert, d. h. passiviert wird. Schon jetzt kann man daher sagen, daß Exportsteigerungen und Steigerungen der Investitionsnachfrage ceteris paribus die gleiche einkommenssteigernde Wirkung haben, daß aber Exporterhöhungen zu einer dauerhaften Aktivierung, Investitionserhöhungen dagegen zu einer dauerhaften Passivierung der inländischen Leistungsbilanz führen.

1. **Einkommenswirkungen:** Zur Bestätigung dieser Aussage sei zunächst der Einkommensmultiplikator einer Investitionsveränderung (Investitionsmultiplikator) abgeleitet. Das geschieht ganz analog dem Vorgehen beim Exportmultiplikator. Ausgangspunkt ist wieder die Gleichgewichtsbedingung (8), die in diesem Fall nach I differenziert wird:

$$Y = C(Y) + I + X - M(Y) \tag{8}$$

$$\boxed{dY = dI \cdot \frac{1}{s+g}} \tag{19}$$

Gleichung (19) bestätigt die Aussage, daß die Einkommenswirkung einer zusätzlichen Investition genauso groß ist wie die einer gleichgroßen Exportsteigerung; denn der Multiplikator ist in beiden Fällen $\frac{1}{s+g}$.

2. **Leistungsbilanzreaktion:** Es bleibt nun noch die Frage nach der Wirkung der Investitionserhöhung auf die Leistungsbilanz. Ausgegangen wird wiederum von der Definitionsgleichung des Leistungsbilanzsaldos (16), die diesmal nach I differenziert wird:

$$B = X - M_a - g \cdot Y \tag{16}$$

$$\frac{dB}{dI} = -g \cdot \frac{dY}{dI} \tag{20}$$

aus (19) folgt:

$$\frac{dB}{dI} = -\frac{g}{s+g}$$

$$\boxed{dB = -\frac{g}{s+g} \cdot dI} \tag{21}$$

Zunächst bestätigt sich also, *daß die Investitionssteigerung zu einer Passivierung (negatives Vorzeichen) der Leistungsbilanz führt.* Da der Multiplikator im Normalfall absolut kleiner als eins ist, ist das entstehende Defizit jedoch kleiner als die vorangegangene Investitionserhöhung. Es leuchtet unmittelbar ein, daß das Defizit um so größer wird, je größer die Grenzneigung zum Import (g) ist; denn je größer g, desto größer ist der durch eine Einkommenssteigerung induzierte Import. Ist $g = 0$, so wird überhaupt kein Import induziert, und es erfolgt auch keine Passivierung; die Leistungsbilanz bleibt unverändert.

Über den Einfluß der marginalen Sparneigung läßt sich sagen: Je kleiner s, desto größer das entstehende Defizit; denn geringe Sparneigung ist gleichbedeutend mit großer marginaler Konsumneigung, die zu starker Einkommenserhöhung führt, woraus wegen $M = M(Y)$ hohe Importe folgen. Das maximale Defizit wird erreicht, wenn $s = 0$ ($b = 1$) ist; dann wird der Leistungsbilanzmultiplikator eins, so daß das entstehende Defizit den Umfang der Investitionserhöhung erreicht.

Auch dieser Fall ist zur Veranschaulichung in Abb. 29 dargestellt.

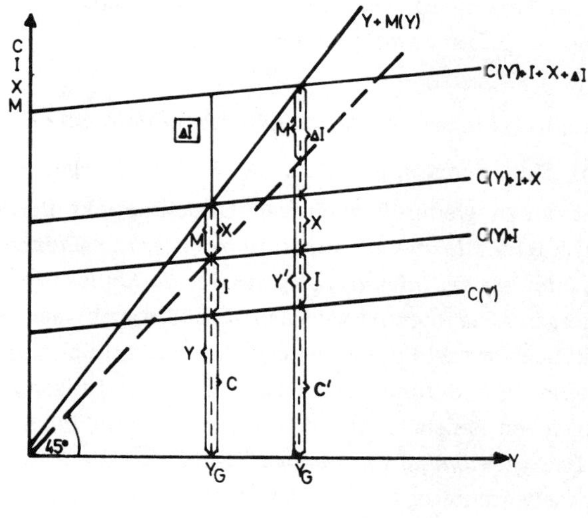

Abb. 29: **Investitionsmultiplikator**

Man erkennt, daß die Importe gegenüber der Ausgangssituation gestiegen sind ($M' > M$). Da die Leistungsbilanz anfangs ausgeglichen war und die Exporte konstant geblieben sind, ergibt sich ein Leistungsbilanzdefizit.

Die *wirtschaftspolitisch wichtige Aussage* der bisherigen Ergebnisse ist, daß *expansive Einkommens- und Beschäftigungspolitik durch Investitionsankurbe-*

lung immer zu einer Passivierung der Zahlungsbilanz führt, während bei exportsteigernden Maßnahmen eine Aktivierung erfolgt. Bei der in der Gegenwart sehr häufig anzutreffenden wirtschaftlichen Konstellation einer mehr oder weniger ausgeprägten Stagnation, verbunden mit Zahlungsbilanzdefiziten, würde eine Investitionsbelebung zwar einerseits im Sinne der angestrebten Erhöhung von Einkommen und Beschäftigung wirken, andererseits aber die Zahlungsbilanzschwierigkeiten noch erhöhen. Exportfördernde Maßnahmen dagegen dienen der Realisierung beider Ziele: sie wirken einkommenssteigernd und zugleich leistungsbilanzaktivierend.

Dennoch sei schon an dieser Stelle dringend davor gewarnt, in ihnen das probate Mittel zur Überwindung der beschriebenen Situation zu sehen; denn einmal verschaffen exportfördernde Maßnahmen (wie z. B. Exportsubventionen) den subventionierten Unternehmen künstliche Vorteile gegenüber Auslandskonkurrenten, so daß eine Verschlechterung der internationalen Allokation der Ressourcen bewirkt wird, und zum zweiten ist zu befürchten, daß die diskriminierten Partnerländer Vergeltungsmaßnahmen ergreifen, die den Vorteil für das erste Land aufheben, aber den Ausgangszustand nicht wiederherstellen, sondern zu einer Verringerung des internationalen Handels und damit zu einer Verminderung der internationalen Arbeitsteilung führen.

(3) Multiplikatoreffekte bei Berücksichtigung internationaler Rückwirkungen

(a) Exportmultiplikator bei Rückwirkungen

Sobald man einen weiteren wichtigen Gesichtspunkt in Betracht zieht, erkennt man, daß *im allgemeinen investitionsfördernde Maßnahmen im wohlverstandenen Interesse des Inlandes wie auch des Auslandes protektionistischen Exportförderungsmaßnahmen vorzuziehen sind.* Dieser bisher vernachlässigte Gesichtspunkt besteht darin, daß jede Veränderung der inländischen Leistungsbilanz auch eine Veränderung der ausländischen Leistungsbilanz mit umgekehrtem Vorzeichen bedeutet: *Eine Exporterhöhung im Inland bedeutet eine gleich große Importerhöhung im Ausland.* Und führt die Exporterhöhung zu einer Einkommenserhöhung im Inland, so verursacht die ausländische Importerhöhung dort einen Kontraktionsprozeß, der das Auslandseinkommen schrumpfen läßt. Diese Einkommensminderung im Ausland wirkt nun aber auf das Inland zurück, indem wegen der Abhängigkeit der Importe vom Volkseinkommen die ausländischen Importe wieder schrumpfen, was für das Inland eine Schrumpfung seiner Exporte und seines Einkommens bedeutet. **Die Rückwirkungen aus dem Ausland vermindern also die aus der ursprünglichen Exporterhöhung resultierende Einkommenserhöhung und den Aktiv-Saldo der Leistungsbilanz.**

Dieser Vorgang läßt sich schematisiert wie folgt darstellen[45]:

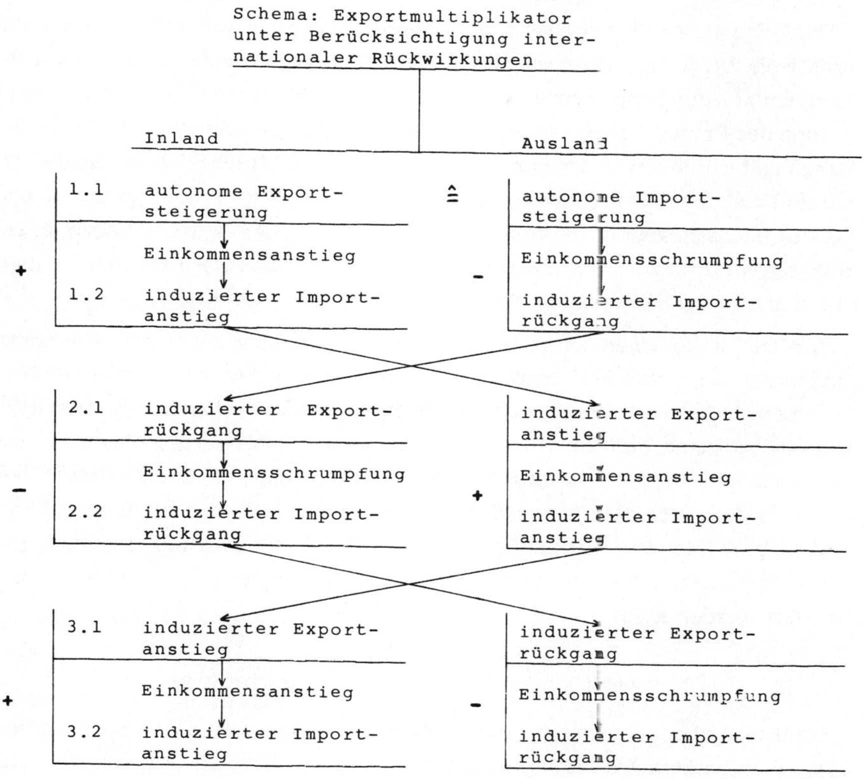

usw.

Ohne Berücksichtigung der Rückwirkungen aus dem Ausland würden sich die von einer autonomen Exportsteigerung ausgehenden Leistungsbilanzwirkungen im Inland auf 1.1 und 1.2 beschränken, d. h. der ursprüngliche Aktivierungseffekt von 1.1 wird um 1.2 vermindert. Zieht man die Rückwirkungen aus dem Ausland in Betracht, so ergibt sich mit 2.1 ein Passivierungseffekt, der zwar durch den Importrückgang 2.2 vermindert wird, aber per Saldo die anfängliche Aktivierung durch 1.1 zusätzlich verringert. Die Passivierungswirkung aus 2.1 und 2.2 wird nun allerdings wieder dadurch reduziert, daß vom Importanstieg 1.2 Rückwirkungen aus dem Ausland ausgehen, die mit 3.1 einen Exportanstieg im Inland induzieren, der seinerseits durch einen Importanstieg (3.2) teilweise

[45] Siehe *Ghaddar:* Außenwirtschaftstheorie, a. a. O., I. Teil, S. 26.

kompensiert wird. Per Saldo ergibt sich aus 3.1 und 3.2 eine Aktivierungswirkung, die jedoch kleiner ist als die Passivierungswirkung aus 2.1 und 2.2 und diese daher auch nicht voll kompensieren kann.

Die Folge dieser Prozesse setzt sich theoretisch immer weiter fort, wobei die praktische Wirkung jedoch sehr bald gegen Null geht, weil die induzierten Leistungsbilanzänderungen bald vernachlässigbar klein werden. Das Charakteristische des Prozeßablaufs ist jedoch, daß Aktivierungs- und Passivierungswirkungen alternieren (was im Schema durch Plus- und Minuszeichen angedeutet ist) und daß die Wirkung des vorangegangenen Prozesses immer größer ist als die des nächstfolgenden, so daß sie nie voll kompensiert wird. Insofern ist es zulässig, verkürzt zu sagen, *daß die Aktivierungswirkung einer Exportsteigerung durch die Rückwirkungen aus dem Ausland vermindert wird.*

Für die Einkommenswirkungen gilt Entsprechendes. Auch hier wechseln sich Steigerungs- und Schrumpfungsprozesse ab, wobei die vorangehende Einkommensänderung immer größer ist als die folgende. Deshalb ist es auch hier zulässig zu sagen, *daß die durch den autonomen Export verursachte Einkommenserhöhung teilweise durch den Einkommensrückgang kompensiert wird, der die Folge des durch die Rückwirkungen aus dem Ausland verursachten Exportrückgangs (2.1) ist.* Ein Blick auf die Auslandspalte zeigt, daß hier eine Einkommensschrumpfung eintritt, die auch in den folgenden Perioden nicht voll kompensiert werden kann.

(b) Investitionsmultiplikator bei Rückwirkungen

Steht nun aber nicht eine Exportsteigerung, sondern eine *Investitionserhöhung im Inland* am Anfang, so verläuft der Prozeß anders. Hier ist zu bedenken, daß die als Folge der induzierten Einkommenserhöhung im Inland hervorgerufene Importsteigerung eine Exportsteigerung und damit *Volkseinkommenssteigerung* für das Ausland bedeutet. Dadurch aber werden ausländische Importe (d. h. inländische Exporte) induziert. Das aber bedeutet für das Inland

1. zusätzliche Einkommenssteigerung infolge induzierter Exporte und
2. Verminderung des durch die anfängliche Importerhöhung verursachten Leistungsbilanzdefizits infolge der induzierten Exporte.

Auch der Prozeß der Wirkungen und Rückwirkungen einer autonomen Investitionssteigerung im Inland läßt sich schematisiert darstellen:

Man sieht zunächst, *daß die durch die Investitionen (1.1) im Inland induzierte Passivierung der Leistungsbilanz (1.2) in den nächsten Perioden durch, wenn auch ständig kleiner werdende, Aktivierungseffekte* (2.1 - 2.2, 3.1 - 3.2 usw.) *reduziert wird.* Man sieht ferner, daß sowohl der Anfangseffekt der Investitionssteigerung wie auch die nachfolgenden *Rückwirkungen sowohl im Inland wie auch im Ausland ausschließlich Einkommenserhöhungen* nach sich ziehen.

Schema: Investitionsmultiplikator unter Berücksichtigung internationaler Rückwirkungen

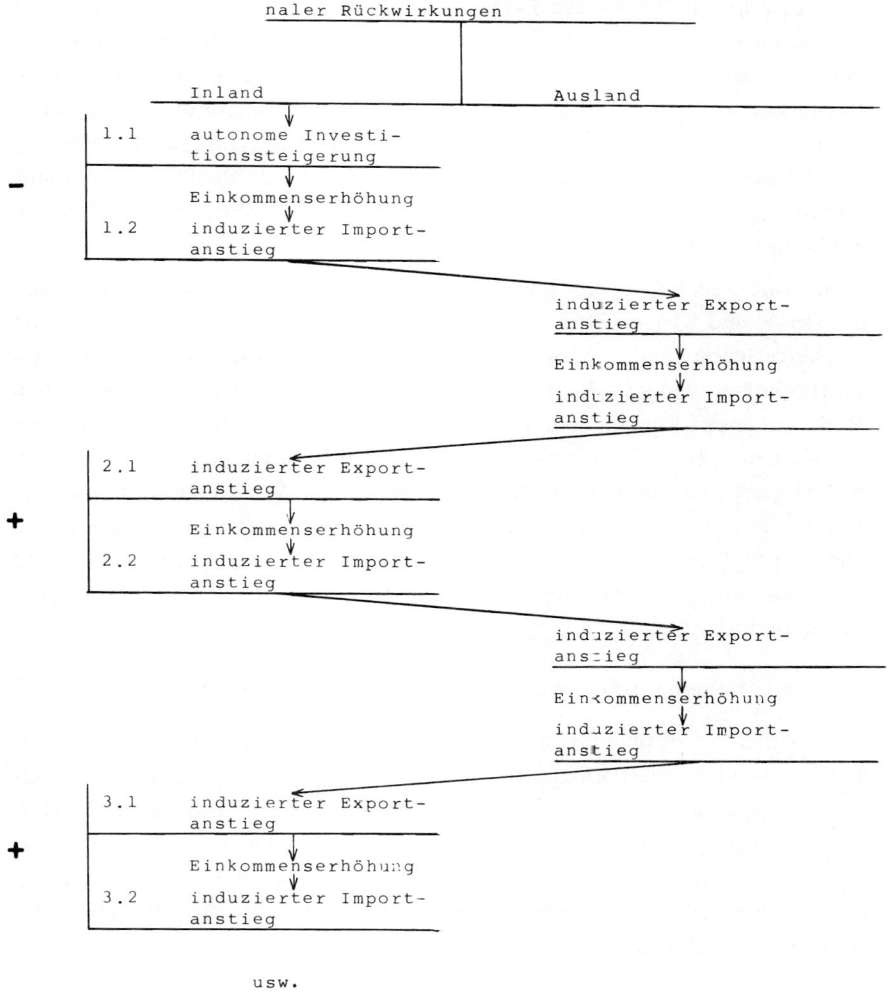

(c) Vergleich

Vergleicht man nun zusammenfassend die Wirkungen einer autonomen *Exporterhöhung* und einer autonomen *Investitionssteigerung* unter Einbeziehung der Rückwirkungen, so ist bezüglich der *Leistungsbilanz* zu sagen, *daß die autonomen Exporte zu einer geringeren Verbesserung der Leistungsbilanz führen als ohne Berücksichtigung der Rückwirkungen und daß die Passivierungswirkung zusätzlicher Investitionen geringer ist als ohne Rückwirkungen.*

Hinsichtlich der *Einkommenswirkung* ist einmal hervorzuheben, *daß die durch einen Investitionsanstieg verursachte Erhöhung des Inlandseinkommens größer ist als die durch einen gleich großen Exportanstieg verursachte und daß zweitens die exportfördernden Maßnahmen zu einer Verminderung der Einkommen im Ausland führen, während investitionserhöhende Maßnahmen sowohl im Inland wie auch im Ausland einkommenssteigernd wirken.* Aus diesem Grund ist Investitionsförderung im Prinzip einer protektionistischen Exportförderung vorzuziehen, zumal die Passivierungstendenz der inländischen Leistungsbilanz dadurch gemildert wird, daß im Ausland die Importe wegen der induzierten Einkommenserhöhung steigen.

Zur *praktischen Relevanz der Rückwirkungen* ist zu sagen, daß sie stark von der Größe und wirtschaftlichen Bedeutung des jeweiligen Landes abhängt. Ist das betreffende Land so klein oder verteilt sich sein Außenhandel auf so viele Partnerländer, daß eine Export- oder eine Importerhöhung keine merklichen Einkommenswirkungen in den einzelnen Partnerländern hervorrufen, so ergeben sich auch keine Rückwirkungen, oder sie sind vernachlässigbar klein. Ferner ist auch hier daran zu erinnern, daß sämtliche Wirkungen (also auch die Rückwirkungen) durch wirtschaftspolitische Gegenmaßnahmen im Ausland ganz oder teilweise kompensiert werden können. Die abgeleiteten Ergebnisse gelten also nur unter der Voraussetzung wirtschaftspolitischen Stillhaltens der Partnerländer.

(d) Mathematische Analyse der internationalen Rückwirkungen

Die bisher auf verbalem Wege analysierten Auswirkungen werden durch die Ergebnisse einer mathematischen Analyse bestätigt und präzisiert. Für den interessierten Leser ist die etwas langwierige Ableitung im Anhang auf S. 189 ff. wiedergegeben. Bezeichnet man die Inlandsgrößen mit dem Index 1 und die Auslandsgrößen mit dem Index 2, so wird durch einen autonomen Export im Inland unter Berücksichtigung der Rückwirkungen aus dem Ausland folgende Einkommenserhöhung induziert:

(22) $$dY = \frac{1}{s_1 + g_1 + g_2 \cdot \frac{s_1}{s_2}} \, dX_1$$

Vergleicht man (22) mit dem Exportmultiplikator *ohne* Rückwirkungen

(14) $$dY = \frac{1}{s + g} \, dX,$$

so liegt der Unterschied in dem Ausdruck $g_2 \cdot \frac{s_1}{s_2}$ im Nenner. Da g und s positive Größen sind, ist der Ausdruck positiv, d. h. der Nenner größer, und damit der Multiplikator in (22) kleiner als in (14). Damit werden die vorherigen Überlegungen, daß die exportinduzierten Einkommenserhöhungen bei Berücksichtigung der Rückwirkungen aus dem Ausland kleiner sind, bestätigt. Und zwar fällt die Einkommenserhöhung um so kleiner aus, je größer die marginalen Importneigungen und je kleiner die marginalen Sparneigungen *im Ausland* sind. Die Erklärung dafür ist, daß eine große marginale Importquote im Ausland eine große Importschrumpfung als Folge einer Einkommensschrumpfung bewirkt; das aber ist eine gleich große Exportschrumpfung im Inland mit nachfolgender Einkommensschrumpfung. Eine kleine marginale Sparquote im Ausland bewirkt starke Konsumabnahme, also große Einkommensschrumpfung mit entsprechend großer Rückwirkung auf den Import im Ausland und damit auf den Export im Inland.

Für den *Leistungsmultiplikator eines autonomen Exports* ergibt sich unter Einbeziehung der Rückwirkungen aus dem Ausland (Ableitung siehe Anhang)

(23) $$dB_1 = \frac{s_1}{s_1 + g_1 + g_2 \cdot \frac{s_1}{s_2}} \cdot dX_1$$

Ein Vergleich mit dem Leistungsbilanzmultiplikator *ohne* Rückwirkung aus dem Ausland

(18) $$dB = \frac{s}{s + g} \cdot dX$$

zeigt, daß der Unterschied wiederum in dem positiven Ausdruck $g_2 \cdot \frac{s_1}{s_2}$ besteht. Der Leistungsbilanzmultiplikator *mit* internationaler Rückwirkung ist also kleiner als bei Vernachlässigung der Rückwirkungen. Das entspricht den bisherigen Überlegungen und geht auch aus dem ersten Schema (s. S. 179) hervor.

Für den *Investitionsmultiplikator einer offenen Wirtschaft unter Berücksichtigung internationaler Rückwirkungen* ergibt sich formelmäßig (Ableitung siehe Anhang):

(24) $$dY_1 = \frac{1 + \frac{g_2}{s_2}}{s_1 + g_1 + \frac{s_1}{s_2} \cdot g_2} \cdot dI$$

Vergleicht man ihn mit dem Investitionsmultiplikator *ohne* Rückwirkungen

(19) $$dY = \frac{1}{s + g},$$

so ergibt sich, daß der Multiplikator in (24) größer ist als der in (19). Der Beweis läßt sich führen durch Überprüfung der Behauptung:

$$\frac{1}{s_1 + g_1} < \frac{1 + \frac{g_2}{s_2}}{s_1 + g_1 + \frac{s_1}{s_2} \cdot g_2}$$

Nach Ausmultiplizieren ergibt sich:

$$s_1 + g_1 + g_2 \cdot \frac{s_1}{s_2} < s_1 + s_1 \frac{g_2}{s_2} + g_1 + g_1 \frac{g_2}{s_2}$$

$$0 < g_1 \cdot \frac{g_2}{s_2}$$

Da die marginalen Spar- und Importquoten in aller Regel positiv sind, ist diese Ungleichung erfüllt.

Es ergibt sich also zunächst, daß die Einkommenserhöhung infolge einer autonomen Investition größer ist, wenn man die internationale Rückwirkung berücksichtigt (s. auch Schema 2 auf S. 181). Vergleicht man ferner die Einkommenswirkung einer autonomen Investition und eines autonomen Exports jeweils unter Einbeziehung der internationalen Rückwirkung, indem man (24) und (22) gegenüberstellt, so zeigt sich, daß der Investitionsmultiplikator größer ist; denn der Zähler von (24) ist bei gleichem Nenner um den positiven Ausdruck $\frac{g_2}{s_2}$ größer als der von (22). Die Einkommenswirkung einer autonomen Investition ist also größer als die eines gleich großen autonomen Exports. Auch insofern werden also die vorherigen Überlegungen bestätigt.

Für den *Leistungsbilanzmultiplikator einer autonomen Investition* schließlich ergibt sich bei Einbeziehung der internationalen Rückwirkungen (Ableitung siehe Anhang):

(25) $$dB_1 = - \frac{g_1 \cdot s_2}{s_1 s_2 + s_2 g_1 + s_1 \cdot g_2} dI$$

Nach den vorherigen Überlegungen müßte sich bei Vernachlässigung der internationalen Rückwirkungen eine stärkere Passivierungswirkung ergeben als bei ihrer Berücksichtigung. Es müßte also gelten:

$$\frac{g_1}{s_1 + g_1} > \frac{g_1 \cdot s_2}{s_1 s_2 + s_2 g_1 + s_1 \cdot g_2}$$

Nach Ausmultiplizieren ergibt sich:

$$g_1 s_1 s_2 + s_2 g_1^2 + s_1 g_1 g_2 > g_1 s_1 s_2 + s_2 g_1^2$$

$$s_1 g_1 g_2 > 0$$

Bei positiven marginalen Spar- und Importquoten ist die Ungleichung erfüllt und die bisherige Überlegung bestätigt, daß das durch eine Investition induzierte Leistungsbilanzdefizit durch die internationalen Rückwirkungen vermindert wird.

Auch das **Fazit** deckt sich mit den bisherigen Schlußfolgerungen:

1. Investitionsankurbelung stellt die wirksamere Beschäftigungspolitik dar. Sie hat zudem noch den erheblichen Vorteil, auch die Einkommen der Partnerländer zu erhöhen. Vergeltungsmaßnahmen und damit die Durchkreuzung der eigenen Absichten sind daher nicht zu befürchten. Andererseits wird jedoch die Leistungsbilanz passiviert. Bei sehr kritischer Zahlungsbilanzsituation könnte dieses Ergebnis aus politischer Sicht untragbar sein. Zu bedenken ist jedoch, daß eine Erhöhung von Einkommen und Beschäftigung bei entsprechender Förderung der Wettbewerbsfähigkeit der Inlandswirtschaft auf längere Sicht ein erfolgversprechenderes Mittel zur Verbesserung der Leistungsbilanz darstellt als protektionistische Maßnahmen.
2. Zusätzliche Exporte vermehren das Inlandseinkommen; sie führen jedoch zu Einkommensschrumpfungen in den Partnerländern. Damit ist der Anreiz für diese Länder groß, Abwehrmaßnahmen zu ergreifen. In diesem Fall würde nicht nur die Einkommenserhöhung im Inland ganz oder teilweise wieder beseitigt, sondern auch die durch die Exporterhöhung bewirkte Leistungsbilanzverbesserung. Eine solche Politik kann also nur dann zu nachhaltigen Erfolgen führen, wenn sie mit Zustimmung oder unter Duldung aller oder wichtiger Partner durchgeführt wird. Eine solche bewußte Rücksichtnahme auf die Interessen einzelner Länder kann sich aus deren besonderer Situation ergeben und durchaus auch im langfristigen Interesse der anderen Länder liegen. Insbesondere bei Entwicklungsländern können sich richtig angewendete Exportförderungsmaßnahmen als wichtiges, ja unerläßliches Entwicklungsinstrument erweisen.

   Bei Nichtduldung durch die Partnerländer allerdings schaffen sie nur zeitliche Vorsprünge und bergen insbesondere die Gefahr in sich, daß die Länder in einen sich verschärfenden Wettlauf protektionistischer Maßnahmen verfallen. Auf die Nachteile der damit zwangsläufig einhergehenden Schrumpfung des Welthandels wird später eingegangen.

(4) Zur Aussagekraft und Anwendbarkeit der Multiplikatortheorie

Auch bei der Einkommensanalyse sollte man sich stets der **beschränkten Aussagekraft** bewußt sein, die die auf dem Wege der herkömmlichen Multiplikatortheorie gewonnenen Ergebnisse haben. Die Einschränkungen ergeben sich einmal aus diversen, mit der Wirklichkeit nicht in Übereinstimmung befindlichen Modellannahmen und zum zweiten aus der Schwierigkeit der zuverlässigen empirischen Ermittlung wichtiger Parameter.

Die **wichtigsten Kritikpunkte** an der Multiplikatortheorie für eine **geschlossene Volkswirtschaft** sind bekannt und sollen daher hier nur kurz rekapituliert werden:

1. Die *Konsumnachfrage* wird als allein *von der Einkommenshöhe abhängig* angesehen. In der Realität wird sie mit Sicherheit auch von anderen Faktoren, wie den Erwartungen der Individuen, ihrer sozialen Stellung, von Geschmacks- und Modetrends u. ä., abhängen.

2. Die *Investitionen und die Staatsausgaben* als wichtige Bestandteile der Gesamtnachfrage werden häufig als *einkommensunabhängig* angenommen. Diese Annahme ist offensichtlich höchst bedenklich. Will man diesem Mangel abhelfen, was formal keine Schwierigkeit bereitet, so verlagert sich das Problem im Falle der Investitionen auf die empirische Ermittlung einer entsprechenden Investitionsfunktion und der sich daraus ergebenden marginalen Investitionsquote, im Falle der Staatsausgaben auf die Ermittlung einer Staatsausgabenfunktion mit der entsprechenden marginalen Ausgabenquote. Diese Probleme addieren sich zu den Schwierigkeiten, die sich bei der Ermittlung der Konsumfunktion und der häufig als konstant angenommenen marginalen Konsumquote ergeben.

3. In der Multiplikatortheorie wird mit einer *einheitlichen marginalen Konsumquote* operiert. Es ist aber davon auszugehen, daß unterschiedliche soziale Gruppen unterschiedliche Konsumneigungen haben. Da sich andererseits die zusätzlichen Einnahmen aus einer Nachfrageerhöhung keineswegs gleichmäßig auf alle Gruppen verteilen, hängt der Multiplikatoreffekt wesentlich von der Konsumneigung der primär begünstigten Gruppe oder Gruppen und nicht von irgendeiner durchschnittlichen Gesamtkonsumquote ab. Eine besonders problematische „Gruppe" ist in diesem Zusammenhang der Staat. Da Ausgaben des Staates von vielfältigen und ganz anderen Beweggründen bestimmt werden als die der Privaten, sind sowohl ihre alleinige Abhängigkeit von der Einkommenshöhe als auch ihre eventuelle Einbeziehung in eine aggregierte marginale Quote der Gesamtausgaben äußerst fragwürdig.

4. Über die *Zeitdauer der einzelnen Perioden* oder Phasen, in denen der Multiplikatorprozeß abläuft, weiß man nichts Sicheres. Die wirtschaftspolitisch wichtige Aufgabe, die zu erwartende Wirkung einer Nachfrageveränderung innerhalb eines bestimmten Zeitraumes, z. B. innerhalb des nächsten halben Jahres, halbwegs zuverlässig zu prognostizieren, gestaltet sich auch deswegen besonders schwierig.

5. Die Multiplikatortheorie unterstellt, daß die Anbieter *ihren Produktionsumfang an der Nachfrage der Vorperiode ausrichten.* Das heißt, auf eine Nachfrageerhöhung folgt eine gleich große Produktionssteigerung. Eine solche Verhaltensweise der Unternehmer ist jedoch keineswegs als sicher anzusehen. Vielmehr ist sowohl der Fall denkbar und plausibel begründbar, daß die Produktionserhöhung hinter der Nachfrageerhöhung zurückbleibt (oder die Produktion gar sinkt), als auch der entgegengesetzte Fall, daß die Produktionserhöhung die vorangegangene Nachfrageerhöhung übersteigt. Der Grund für die Möglichkeit unterschiedlicher Reaktionen liegt hauptsächlich in den Absatzerwartungen der Unternehmer. Diese werden maßgeblich bestimmt durch die vermutete Konjunkturentwicklung, durch erkennbare oder mutmaßliche strukturelle Veränderungen in der Wirtschaft und durch die Einschätzung der zukünftigen Wirtschafts- und Konjunkturpolitik des Staates. So kann trotz eines Nachfrageanstieges die mittelfristige Entwicklung durchaus negativ eingeschätzt werden, so daß die Unternehmer von Produktionserhöhungen absehen. Ein solches Verhalten ist um so wahrscheinlicher, je größer die Lagervorräte sind, über die die Anbieter verfügen. Sie ermöglichen es ihnen, den kurzlebigen Nachfragestoß ohne Produktionsausdehnung (oder bei gleichzeitiger Produktionssenkung) zu befriedigen. Halten dagegen die Unternehmer den Nachfrageanstieg für den Beginn eines nachhaltigen Aufschwungs oder einer für sie positiven Strukturentwicklung, so ist eine überproportionale Produktionsausdehnung mit entsprechender Lageraufstockung wahrscheinlich.

6. Für die praktische Anwendung ist von Bedeutung, daß der in der Theorie mit Hilfe der ceteris-paribus-Klausel sichergestellte *isolierte* Ablauf des Multiplikatorprozesses in der Realität so gut wie ausgeschlossen ist. Im Zeitverlauf sind durch Änderung von Daten und Erwartungen Anstöße zu weiteren Multiplikatorprozessen wahrscheinlich, die den betrachteten überlagern und in seiner Wirkung beeinflussen. Zu bedenken ist auch, daß die in der Analyse unterstellte Gleichgewichtssituation im Ausgangspunkt nie gegeben ist. Die neue Nachfrageänderung trifft also auf in Gang befindliche Anpassungsprozesse, deren Einkommenswirkung sie erhöht oder kompensiert. Es erscheint ziemlich aussichtslos, das so vorhandene Geflecht von Interdependenzen, von Wirkungen und Rückwirkungen zu entwirren.

Es ist nun zu fragen, *ob die Einbeziehung außenwirtschaftlicher Beziehungen* **(offene Wirtschaft)** *die Aussagekraft multiplikatortheoretischer Ergebnisse zusätzlich mindert.* **Weitere Probleme** erwachsen insbesondere aus der Importfunktion, d. h. aus der unterstellten Abhängigkeit der Importe von der Einkommenshöhe:

1. Hier liegt die Schwierigkeit einmal bei der *Ermittlung der marginalen Importquote*, die ebenso wie die marginale Konsumneigung bei unterschiedlichen sozialen Gruppen unterschiedlich und außerdem mit steigendem Einkommen auch veränderlich sein dürfte. Eine lineare Importfunktion (marginale Importquote = konstant) wäre demnach unrealistisch. Es bestünde also die Notwendigkeit, die „realistische" nicht-lineare Importfunktion zu ermitteln, was darauf hinausläuft festzustellen, wie sich die marginale Importneigung mit Veränderung des Volkseinkommens ändert. Die Veränderlichkeit der marginalen Importneigung hängt aber nicht nur vom Umfang der Einkommensänderung, sondern auch von der Verteilung der zusätzlichen Einkommen auf die einzelnen Gruppen ab. Wenn z. B. die Zusatzeinkommen vornehmlich einer sozialen Gruppe zufließen, bestimmt deren spezifische Importquote weitgehend den Multiplikatorprozeß und nicht eine aggregierte Durchschnittsquote.

Nur wenn man davon ausgehen kann, daß die *Einkommensverteilung* durch das zusätzliche Einkommen *nicht verändert* wird und die Einkommensänderungen relativ klein sind, ist es gerechtfertigt, eine aggregierte marginale Importquote zu benutzen und deren Konstanz zu unterstellen. Die Ermittlung einer solchen aggregierten Gesamtquote stellt dabei allerdings ein gesondertes Problem dar.

2. Weiterhin ist ebenso wie bei der Konsumfunktion zu bezweifeln, ob die unterstellte einseitige *Abhängigkeit der Importe von der Einkommenshöhe* den tatsächlichen Verhältnissen annähernd gerecht wird. Auch hier ist mit großer Wahrscheinlichkeit ein gesonderter Einfluß anderer schon genannter Faktoren (Einkommenserwartungen, Geschmacks- und Modewandlungen u. ä.) anzunehmen.

Besonders hinzuweisen ist in diesem Zusammenhang auf das häufig gegebene, von Fall zu Fall unterschiedlich starke Komplementaritätsverhältnis zwischen Inlandsproduktion und Importen. Der Grund dafür ist, daß viele Inlandsproduzenten Importgüter (Rohstoffe, Halbfabrikate) verarbeiten. So können Importgüter für die Durchführung bestimmter Investitionen unerläßlich sein. In diesen Fällen stellen die Importe *nicht* eine abhängige Variable der Einkommenshöhe dar, sie sind vielmehr *Voraussetzung* für die Erhöhung der Inlandsproduktion und damit auch für den daraus folgenden Einkommensanstieg. Die sich aus der Multiplikatortheorie ergebende Schlußfolgerung, daß zusätzliche Importe (über einen negativen Multiplikatorprozeß) das Volkseinkommen mindern, ist hier unzutreffend. Sie trifft nur zu, wenn die importierten Güter substitutiv an die Stelle von Inlandsgütern treten, wenn also eine Verminderung der inlandswirksamen Gesamtnachfrage eintritt.

3. Die schon häufiger angesprochenen *Aggregationsprobleme verschärfen sich bei Einbeziehung der internationalen Rückwirkungen* erheblich. Denn nun wird es bei der empirischen Arbeit erforderlich, marginale Konsum- und Importquoten *für das Ausland* zu ermitteln, wobei „Ausland" für die Vielzahl möglicherweise sehr verschiedener Partnerländer steht, die von den Leistungsbilanzänderungen des Inlandes berührt werden. Für sie die marginalen Konsum- und Importquoten festzustellen und zu einem gewichteten Durchschnittswert zu aggregieren, dürfte auf kaum überwindbare Schwierigkeiten stoßen, so daß alle verwendeten Werte nur den Gütegrad grober Schätzwerte mit entsprechend großen Fehlerwahrscheinlichkeiten haben. Ob allerdings derartige Schätzfehler zu Ergebnisabweichungen führen, die in der Realität ins Gewicht fallen, hängt in erster Linie davon ab, wie stark sich Leistungsbilanzänderungen des Inlandes auf die Leistungsbilanzen der Partnerländer auswirken, d. h. wie stark der primäre Einkommenseffekt im Ausland ist. Sind diese Wirkungen im Verhältnis zu den Gesamteinkommen der einzelnen Länder gering, so sind auch der Multiplikatoreffekt und die davon ausgehenden Rückwirkungen relativ unbedeutend. In einem solchen Fall ist es ziemlich unerheblich, ob die marginalen Konsum- und Importquoten mit kleinen oder großen Ermittlungsfehlern behaftet sind.

Anhang

Export-, Investitions- und Leistungsbilanzmultiplikator bei Berücksichtigung der internationalen Rückwirkungen (Zwei-Länder-Modell)

a) Exportmultiplikator

Für das Volkseinkommen des Landes 1 gilt in Abwandlung von Formel (9) auf S. 169 die Gleichgewichtsbedingung:

$$(1)' \qquad Y_1 = C_{a_1} + b_1 \cdot Y_1 + I_1 + X_{a_1} + X_{ind_1} - (M_{a_1} + g_1 Y_1)$$

und analog für Land 2

$$(2)' \qquad Y_2 = C_{a_2} + b_2 \cdot Y_2 + I_2 + X_{a_2} + X_{ind_2} - (M_{a_2} + g_2 Y_2);$$

dabei bezeichnen C_a, X_a und M_a den autonomen (von Volkseinkommensänderungen unabhängigen) Konsum, Export und Import, während X_{ind} den durch Volkseinkommensänderungen des jeweils anderen Landes induzierten Export darstellt.

Eine Änderung des autonomen Exportes des Landes 1 stellt im Zweiländerfall eine Änderung des autonomen Imports des Landes 2 dar:

(3)' $$\Delta X_{a_1} \equiv \Delta M_{a_2}$$

Die Änderungen von X_{ind_1} und X_{ind_2} sind abhängig von den Volkseinkommensänderungen des anderen Landes, d. h.

(4)' $$\Delta X_{ind_1} = g_2 \cdot \Delta Y_2$$

(5)' $$\Delta X_{ind_2} = g_1 \cdot \Delta Y_1$$

Bei einer Änderung des autonomen Exportes des Landes 1 ändern sich die Volkseinkommen beider Länder unter Einbeziehung der Gleichungen (3)' bis (5)' wie folgt:

(6)' $$\Delta Y_1 = b_1 \Delta Y_1 + \Delta X_{a_1} + g_2 \Delta Y_2 - g_1 \Delta Y_1$$

(7)' $$\Delta Y_2 = b_2 \Delta Y_2 + g_1 \Delta Y_1 - g_2 \Delta Y_2 - \Delta X_{a_1}$$

Es sind also zwei Gleichungen mit zwei Unbekannten vorhanden. Durch Isolierung von Y_1 und Y_2 aus (6)' und (7)' unter Beachtung der Identitäten $s_1 = 1 - b_1$ und $s_2 = 1 - b_2$ erhält man:

(6a)' $$\Delta Y_1 = \frac{g_2 \Delta Y_2 + \Delta X_{a_1}}{s_1 + g_1}$$

und

(7a)' $$\Delta Y_2 = \frac{g_2 \Delta Y_1 - \Delta X_{a_1}}{s_2 + g_2}$$

Durch Einsetzen von (7a)' in (6a)' und umgekehrt erhält man nach einigen Umformungen

(22) $$\Delta Y_1 = \frac{1}{s_1 + g_1 + g_2 \cdot \frac{s_1}{s_2}} \cdot \Delta X_{a_1}$$

und

(22)* $$\Delta Y_2 = \frac{1}{s_2 + g_2 + g_1 \cdot \frac{s_2}{s_1}} \cdot (- \Delta X_{a_1})$$

b) Leistungsbilanzmultiplikator bei Erhöhung des autonomen Exports

Für die Leistungsbilanz gilt unter Beachtung des induzierten Exports nach Gleichung (16) auf S. 176

(8)' $$B_1 \equiv - B_2 = X_{a_1} + X_{ind_1} (Y_2) - (M_{a_1} + g_1 Y_1)$$

Bei einer Änderung des autonomen Exports des Landes 1 ergibt sich für seinen Leistungsbilanzsaldo:

(8a)' $$\Delta B_1 \equiv - \Delta B_2 = \Delta X_{a_1} + g_2 \Delta Y_2 - g_1 \Delta Y_1$$

Durch Einsetzen von (6a)' und (7a)' in (8a)' erhält man nach einigen Umformungen

(23) $$\Delta B_1 \equiv - \Delta B_2 = \frac{s_1}{s_1 + g_1 + g_2 \cdot \frac{s_1}{s_2}} \cdot \Delta X_{a_1}$$

c) Investitionsmultiplikator

Unter Zugrundelegung der Gleichungen (1)' und (2)' und unter Berücksichtigung von (4)' und (5)' gilt bei einer Investitionsänderung des Landes 1 für die Volkseinkommen der Länder 1 und 2:

(9)' $$\Delta Y_1 = b_1 \Delta Y_1 + \Delta I_1 + g_2 \Delta Y_2 - g_1 \Delta Y_1$$

und

(10)' $$\Delta Y_2 = b_2 \Delta Y_2 + g_1 \Delta Y_1 - g_2 \Delta Y_2$$

Aus (9)' wird ΔY_1 wie folgt isoliert

(9a)' $$\Delta Y_1 = \frac{\Delta I_1 + g_2 \Delta Y_2}{s_1 + g_2}$$

und (10)' umgeformt in

(10a)' $$\Delta Y_2 = \frac{g_1}{s_2 + g_2} \cdot \Delta Y_1$$

Durch Einsetzen von (10a)' in (9a)' und nach einigen Umformungen erhält man

(24) $$\Delta Y_1 = \frac{1 + \frac{g_2}{s_2}}{s_1 + g_1 + \frac{s_1}{s_2} \cdot g_2} \cdot \Delta I_1$$

und mit einer entsprechenden Operation

(24)* $$\Delta Y_2 = \frac{\frac{g_1}{s_2}}{s_1 + g_1 + \frac{s_1}{s_2} \cdot g_2} \cdot \Delta I_1$$

d) *Leistungsbilanzmultiplikator bei Änderung der Investitionen*

Bei Investitionsänderungen in Land 1 ergibt sich aus Gleichung (8)' bei Beachtung von Gleichung (4)' für die Änderung des Leistungsbilanzsaldos:

(25)' $$\Delta B_1 \equiv - \Delta B_2 = g_2 \Delta Y_2 - g_1 \Delta Y_1$$

Setzt man in (25) für Y_1 und Y_2 die Werte aus den Gleichungen (24) und (24)*, so erhält man nach einigen Umformungen

(25) $$\Delta B_1 = \frac{g_1 \cdot s_2}{s_1 \cdot s_2 + s_2 \cdot g_1 + s_1 \cdot g_2} \cdot \Delta I_1$$

c) Internationale Einkommenseffekte bei flexiblen Wechselkursen

(1) Terms of trade-Effekte

Nachdem im vorigen Abschnitt gezeigt wurde, daß bei offenen Volkswirtschaften Einkommensveränderungen von einem Land zum anderen übertragen werden, wenn die beteiligten Länder ihre Wechselkurse fixiert haben, soll nun gefragt werden, ob der gleiche Effekt auch bei flexiblen Wechselkursen eintritt.

Die Frage scheint sich von selbst zu beantworten, wenn man sich vergegenwärtigt, daß die internationale Übertragung von Einkommensänderungen über Änderungen des Leistungsbilanzsaldos erfolgt. Wie bereits im Zusammenhang mit dem Wechselkursmechanismus ausgeführt, gewährleisten flexible Wechselkurse eine jederzeit ausgeglichene Leistungsbilanz, wenn man von zeitlichen Verzögerungen absieht und außerdem eine ausgeglichene Kapitalverkehrsbilanz unterstellt. Eine *Einkommenssteigerung im Ausland beispielsweise*, die entsprechend der marginalen Importquote die ausländischen Importe (inländische Exporte) erhöht, führt wegen der verstärkten Devisennachfrage zu Wechselkurssteigerungen, die die Angleichung des Exportwertes an den gestiegenen Importwert bewirken. Die bei festen Wechselkursen entstehende Passivierung der ausländischen bzw. Aktivierung der inländischen Leistungsbilanz bleibt demzufolge aus und damit auch die durch einen Aktivsaldo verursachte Einkommenserhöhung im Inland. *Die Einkommensänderungen im Ausland werden also durch entsprechende Veränderungen des Wechselkurses aufgefangen und ihr Durchschlagen auf das Inland damit verhindert.*

(a) Theoretische Argumentation

Dieses Ergebnis bedarf aber zumindest theoretisch einer Korrektur. Das *Inlandseinkommen bleibt ja nur dann konstant, wenn die inlandswirksame Gesamtnachfrage unverändert bleibt.* Das ist aber *durch eine ausgeglichene Lei-*

stungsbilanz allein nicht gewährleistet. Wenn - wie im obigen Beispiel - aufgrund der Einkommensexpansion im Ausland die Nachfrage nach inländischen Exportgütern steigt, so ist das gleichbedeutend mit einer (primären) Einkommenssteigerung gleicher Höhe im Inland. Konstanz des Einkommens wäre nur dann realisierbar, wenn der Erhöhung der Nachfrage aus dem Ausland (Exportsteigerung) eine entsprechende Verminderung der Inlandsnachfrage gegenüberstünde. Es ist nun naheliegend zu argumentieren, daß die Erhöhung des Importwertes, die wegen der Gleichheit von Exporten und Importen den gleichen Umfang wie die Exporterhöhung haben muß, die Einschränkung der inlandswirksamen Nachfrage zwangsläufig mit sich bringt.

Das wird besonders anschaulich, wenn man in der üblichen Definitionsgleichung für das Volkseinkommen

$$Y = C + I + X - M$$

die Inlandsnachfrage nach Konsum- und Investitionsgütern $(C + I)$ aufspaltet in die inländische Nachfrage nach inländischen Gütern $(C_i + I_i)$ und in die inländische Nachfrage nach ausländischen Gütern $(C_w + I_w)$:

$$Y = C_i + I_i + C_w + I_w + X - M.$$

Dabei sind $C_w + I_w$ und M identisch. Es ist jetzt unmittelbar einsichtig, daß eine gleichgroße Steigerung von X und M (und damit auch $C_w + I_w$) das Volkseinkommen Y nur dann unverändert läßt, *wenn die inländische Nachfrage nach Inlandsgütern $(C_i + I_i)$ im gleichen Umfang sinkt wie die Importe steigen,* so daß die inlandswirksame Gesamtnachfrage $C_i + I_i + X$ unverändert bleibt.

Die Frage ist daher, *ob sicher ist, daß die Importerhöhung auf Kosten der Nachfrage nach Inlandsgütern geht,* daß also die Inländer ihre Inlandsnachfrage einschränken, wenn sie die Importnachfrage steigern. Denkbar sind zwei davon abweichende Reaktionen: 1. Die Inländer schränken die Inlandsnachfrage nicht ein oder in geringerem Umfang, als die Importe steigen. Das hieße, die inlandswirksame Gesamtnachfrage $(C_i + I_i + X)$ steigt. Es kommt dann zu einer Einkommensexpansion! Möglich würde eine solche Nachfrageausdehnung durch Verminderung der Sparquote (Entsparen). 2. Die Inländer schränken die Inlandsnachfrage in stärkerem Umfang ein, als die Importe steigen. In diesem Fall sänke die inlandswirksame Gesamtnachfrage. Die Wirkung wäre kontraktiv! Ermöglicht würde eine solche Entwicklung durch eine Erhöhung der Sparquote.

Gibt es aber eine plausible Erklärung für eine der beiden beschriebenen Verhaltensvarianten oder sogar für beide?

Hier sollte man sich daran erinnern, daß *Wechselkursänderungen* das Preisverhältnis zwischen Export- und Importgütern, *die terms of trade, beeinflussen.* Im zugrundegelegten Beispiel führt die Einkommensexpansion im Ausland über eine Erhöhung der ausländischen Importe zu einer Aktivierungstendenz der *inländischen* Leistungsbilanz, was eine Erhöhung des Außenwertes der inländischen Währung (Aufwertungseffekt) zur Folge hat. Wenn man nun unterstellt, daß eine Aufwertung eine Verbesserung der terms of trade bewirkt (was von vielen als der realistische Fall angesehen wird), so heißt das bekanntlich, daß das Inland für gleiche Mengen an Exportgütern gestiegene Mengen an Importgütern eintauscht. Die *Verfügbarkeit von Gütern und Leistungen im Inland steigt, und damit das Realeinkommen.*

Es wird nun argumentiert, daß die Konsumenten auf eine *Erhöhung ihres Realeinkommens mit einer Erhöhung des Sparens reagieren. Bei gleichem Geldeinkommen* würde das zu einer *Verminderung der monetären Nachfrage nach inländischen Konsumgütern* führen. Wird nämlich bei gleichem Geldeinkommen mehr gespart, so steht weniger für Ausgabenzwecke zur Verfügung. Wird von diesem „Weniger" ein gestiegener Betrag für Importe verwendet (wie oben angenommen wurde), so müssen die inländischen Ausgaben für inländische Konsumgüter stärker sinken, als die Importe gestiegen sind. Das bedeutet per Saldo eine Verringerung inlandswirksamer Gesamtnachfrage ($C_i + I_i + X$); denn die Exporte sind in gleichem Umfang gestiegen wie die Importe; sie können also den Rückgang der Inlandsnachfrage nach inländischen Gütern ($C_i + I_i$) nicht voll kompensieren. **Es findet daher ein Kontraktionsprozeß als Folge der ausländischen Expansion statt.**

Im übrigen hängt die Kontraktionswirkung *nicht* davon ab, daß sich bei Aufwertung eine Erhöhung der Import- und Exportwerte ergibt. Tritt nämlich aufgrund entsprechender Angebots- und Nachfrageelastizitäten ein Rückgang der Außenhandelswerte ein, so bleibt davon unberührt, daß sich bei Verbesserung des Realtauschverhältnisses aufgrund erhöhten Sparens die monetäre Nachfrage der Inländer verringert. Zwar wird nun ein geringerer Betrag der inländischen Geldeinkommen für Importe verwendet. Wegen der geringeren Gesamtausgaben der Inländer steigen aber ihre Inlandsausgaben nicht so stark, wie die Importausgaben gefallen sind. Wegen der Gleichheit von Export- und Importwert setzt sich damit die inlandswirksame Gesamtnachfrage zusammen aus verringerten Exporten und nicht in gleichem Umfang gestiegenen Inlandsausgaben ($C_i + I_i$); das heißt, sie hat sich gegenüber der Ausgangslage verringert. Auch in diesem Fall findet eine Einkommenskontraktion im Inland statt.

Damit haben wir eine plausible Erklärung für die obige Verhaltensvariante 2 gefunden, die zu dem unerwarteten Ergebnis führt, daß bei flexiblen Wechselkursen Einkommenserhöhungen (Konjunkturaufschwünge) im Ausland zu Einkommensminderungen (Konjunkturdämpfung) im Inland führen.

Allerdings ist mit Nachdruck auf **zwei Einwände** hinzuweisen:

1. Dieses Ergebnis ist ganz von der Richtigkeit der Annahme abhängig, daß die durch die tot-Verbesserung verursachte Erhöhung des Realeinkommens zu einer Verringerung der monetären Nachfrage führt. Träte nämlich aus irgendwelchen Gründen das Gegenteil ein, würde also entspart und damit die monetäre Gesamtnachfrage erhöht, so würde im Inland ein *expansiver* Prozeß induziert.

2. Weitere Voraussetzung für das paradox anmutende Ergebnis (Auslandsexpansion induziert Kontraktion im Inland) ist, daß Außenwertverbesserungen (Aufwertung) einer Währung zu einer Verbesserung der terms of trade und Außenwertverschlechterungen (Abwertung) zu einer tot-Verschlechterung führen. In dem keineswegs irrealen Fall einer umgekehrten Reaktion (Aufwertung führt zu tot-Verschlechterung, Abwertung führt zu tot-Verbesserung) würde sich ein „normales" Ergebnis einstellen (Auslandsexpansion induziert Inlandsexpansion bzw. Auslandskontraktion induziert Inlandskontraktion).

Bevor einiges über die praktische Relevanz derartiger terms of trade-Effekte gesagt wird, sei daher auch kurz der Fall einer *Verschlechterung der terms of trade* behandelt, die von vielen als die wahrscheinlichste Folge einer Verringerung des Außenwertes der Inlandswährung (Abwertung) angesehen wird. Es sei angenommen, daß Abwertungseffekt und tot-Verschlechterung die Folge eines konjunkturellen Abschwunges (Einkommensrückgang) im Ausland seien. Ohne detaillierte Darlegung kann in Analogie zum vorher behandelten Fall einer tot-Verbesserung argumentiert werden: Die tot-Verschlechterung führt zu einer Verminderung des Realeinkommens im Inland. Werden die Wirtschaftssubjekte dadurch zum Entsparen veranlaßt, weil sie ihren realen Konsum durch Steigerung der Ausgaben beibehalten wollen, so wird die monetäre Gesamtnachfrage im Inland erhöht. Die Folge ist ein expansiver Prozeß. Ebenso wie im obigen Fall tritt dieses Ergebnis sowohl dann ein, wenn Import- und Exportwert sich verringert haben, als auch im Falle ihrer Erhöhung. Eine Verschlechterung des Realtauschverhältnisses führt also bei konstantem Geldeinkommen zu einem expansiven Prozeß. Ist die tot-Verschlechterung – wie hier angenommen – die Folge eines Konjunkturabschwunges im Ausland, so kann man sagen, die Kontraktion im Ausland habe einen expansiven Prozeß im Inland ausgelöst. Ist die tot-Verschlechterung dagegen Folge eines Aufschwunges im Ausland (mit Aufwertungstendenz für die Inlandswährung), so wird im Inland ein expansiver Prozeß ausgelöst.

(b) Praktische Relevanz

Was ist nun zur *praktischen Relevanz* dieses tot-Effektes bei flexiblen Wechselkursen zu sagen, der zumindest dann, wenn er zu *entgegengesetzten* Einkommensveränderungen im In- und Ausland führt, als unerwartet betrachtet werden kann?

1. Die praktische Wirksamkeit, d. h. der Umfang der aus dem Ausland induzierten Einkommensveränderungen, hängt ab einmal von der *Größe der tot-Veränderung* und zum zweiten von der *Reaktion der Wirtschaftssubjekte* auf die tot-Änderung. In kurzen Zeiträumen, die hier zur Debatte stehen, werden Veränderungen des Realtauschverhältnisses nur wenige Prozentpunkte betragen. Die sich daraus ergebende Realeinkommensveränderung hängt von der Außenhandelsabhängigkeit des jeweiligen Landes ab. Bei der schon recht hohen Import- bzw. Exportquote von 20 %, wie sie z. B. die Bundesrepublik in etwa aufweist, ergibt sich eine Realeinkommensänderung von 1/5 der tot-Änderung, d. h. sie würde sich häufig nur im Bereich von Prozentbruchteilen bewegen. Wirklich durchgreifende belebende und dämpfende Effekte auf die Binnenwirtschaft sind daher aus diesem Grunde recht unwahrscheinlich. Hinzu kommt, daß die Reaktion der Wirtschaftssubjekte auf Realeinkommensveränderungen auch von deren Umfang abhängig ist. Ist die Veränderung nämlich klein, so wird sie von den Wirtschaftssubjekten wahrscheinlich gar nicht wahrgenommen, oder liegt unter der Schwelle, die sie zu Reaktionen veranlaßt. Es spricht also einiges dafür, daß kleine tot-Veränderungen überhaupt keinen Effekt im oben dargestellten Sinn nach sich ziehen.

2. *Ein weiterer Einwand,* der die praktische Relevanz des tot-Effektes bei flexiblen Wechselkursen zusätzlich mindert, ergibt sich aus dem früher dargelegten Umstand, daß die ständige Gleichheit von Export- und Importwerten bei flexiblen Wechselkursen in der Realität nur auf mittlere Sicht gewährleistet ist. Kurzfristig ergeben sich dagegen wegen der Zeitverzögerungen, mit denen Wirtschaftssubjekte allenthalben auf Datenänderungen reagieren, zeitweilige Ungleichgewichte in der Leistungsbilanz. Da diese Leistungsbilanzsalden Veränderungen des Volkseinkommens darstellen, die zudem den tot-Effekten zeitlich vorgelagert sind, dürfte sich insbesondere der „paradoxe" tot-Effekt praktisch nicht auswirken. Im Falle einer Expansion im Ausland z. B. würde sich im Inland eine Aktivierungstendenz mit entsprechend expansiver Wirkung auf die Inlandswirtschaft ergeben. Stellt sich dann aufgrund der Aufwertungstendenz der Inlandswährung eine Verbesserung der tot ein, die die beschriebene Kontraktionswirkung auslöst, so dürfte diese den Expansionseffekt aus dem zeitweiligen Aktivsaldo der Leistungsbilanz bei weitem nicht kompensieren. Kommt es dagegen im obigen Fall zu einer Verschlechterung der tot, so kann sich ein expansiver Effekt ergeben, der den expansiven Saldeneffekt verstärkt.

Unter Berücksichtigung aller Einschränkungen ist die praktische Relevanz des tot-Effektes als sehr gering zu veranschlagen. Von der anfänglichen Aussage, daß flexible Wechselkurse eine gute Abschirmung gegen die Übertragung von Einkommensschwankungen aus dem Ausland bewirken, sind de facto nur geringe Abstriche zu machen.

(2) Der Einfluß der Kapitalverkehrsbilanz

Aber auch diese Antwort kann noch nicht zufriedenstellen. Denn für die Aussage, daß bei flexiblen Wechselkursen der Einfluß ausländischer Einkommens- und Beschäftigungsschwankungen auf die Inlandswirtschaft im großen und ganzen recht gut durch entsprechende Wechselkursänderungen aufgefangen wird, weil dadurch die Bildung nachhaltiger Leistungsbilanzungleichgewichte verhindert wird, ist die Einhaltung einer schon genannten *Voraussetzung besonders wichtig: die Ausgeglichenheit der Kapitalverkehrsbilanz.* Der freie Wechselkurs bringt ja das *gesamte* Devisenangebot und die *gesamte* Devisennachfrage zum Ausgleich; Gesamtangebot und -nachfrage umfassen also auch Devisenangebot und -nachfrage aus dem internationalen Kapitalverkehr. Und nur wenn die Kapitalverkehrsbilanz im Gleichgewicht ist und bleibt, gehen von ihr keine Wirkungen auf den Wechselkurs aus. *Ist die Kapitalverkehrsbilanz jedoch nicht ausgeglichen, so kommt das Gleichgewicht auf dem Devisenmarkt und damit der Zahlungsbilanzausgleich bei unausgeglichener Leistungsbilanz zustande.* Das aber bedeutet, daß das Volkseinkommen im Inland durch den entstandenen Leistungsbilanzsaldo verändert wird. Auf diesem Weg kommt es dann doch *zur Induzierung von Einkommensänderungen durch Auslandseinflüsse.*

Ein *konkreter Fall* könnte sich wie folgt entwickeln[46]: Ein Aufschwung im Ausland erhöht die Inlandsexporte; das erhöhte Devisenangebot der Exporteure würde ceteris paribus den Wechselkurs drücken (Aufwertungstendenz) und dadurch zu zusätzlichen Importen anreizen, die die Leistungsbilanz wieder ausgleichen. Erhöht sich jedoch zusammen mit dem Güterexport der Kapitalexport, so wird der Angebotsüberschuß an Devisen aus den zusätzlichen Exporten absorbiert durch die zusätzliche Devisennachfrage zur Durchführung der erhöhten Kapitalexporte. Es bildet sich also *ein nachhaltiger Leistungsbilanzüberschuß, der zusammen mit dem entstandenen Defizit der Kapitalverkehrsbilanz eine ausgeglichene Zahlungsbilanz ergibt.* Hinzuzufügen ist allerdings, daß der entstandene Leistungsbilanzüberschuß das Volkseinkommen im Inland nur dann erhöht, wenn die inländische Nachfrage nach Inlandsgütern ($C_i + I_i$) unverändert bleibt oder in geringerem Umfang sinkt, als der Außenbeitrag gestiegen ist; denn nur dann steigt die inlandswirksame Gesamtnachfrage

---

[46] Vgl. dazu ausführlicher *Rose, Bender:* Flexible Wechselkurse, a. a. O., S. 500 ff.

$(C_i + I_i + X)$. Denkbar ist nämlich auch, daß die für die zusätzlichen Kapitalexporte benötigten Mittel dem Inlandsmarkt entzogen werden, d. h. voll zu Lasten der inländischen Nachfrage gehen. In diesem Fall würde die erhöhte Nachfrage aus dem Ausland durch den Rückgang der inländischen Nachfrage kompensiert. Eine Einkommensveränderung fände nicht statt.

Allerdings ist eine solche Entwicklung als recht unwahrscheinlich anzusehen. Viel wahrscheinlicher ist, daß zusätzliche Kapitalexporte ganz oder teilweise mit Hilfe geschöpfter Kredite finanziert werden und/oder daß ein Entsparprozeß einsetzt, der zusätzliche Mittel freimacht. Eine Verminderung der inländischen Nachfrage träte dann nicht ein, oder sie wäre geringer als die Kapitalexporte. Per Saldo käme es also zu einer Ausdehnung der Gesamtnachfrage und damit zu einer Einkommensexpansion im Inland.

Es wäre nun noch zu überlegen, *wieso es zu diesen, die Wirkung der zusätzlichen Güterexporte kompensierenden, Kapitalexporten kommen sollte.* Die Gründe dafür können so vielfältig sein, wie es Motive für internationale Kapitalbewegungen gibt. Ein zwangsläufiger, stets durchschlagender Zusammenhang der Art, daß Auslandsentwicklungen, die zur Steigerung der inländischen Güterexporte führen, stets auch die inländischen Kapitalexporte forcieren, existiert nicht. *Eine* mögliche Entwicklung ist allerdings, daß der Aufschwung im Ausland dort zu Zinssteigerungen führt, so daß es für Inländer lukrativ wird, Mittel im Ausland anzulegen. Es ist jedoch keineswegs sicher, daß die Zinsbewegung im Ausland ein Zinsgefälle entstehen läßt, das ausreicht, inländische Kapitalexporte zu induzieren.

Daneben aber gibt es, wie noch zu zeigen sein wird, internationale Kapitalbewegungen, die in keinem oder nur in lockerem Zusammenhang zu den Zinsrelationen stehen. Ein Teil der staatlichen Kapitalexporte bzw. -importe (z. B. Entwicklungshilfe) gehört mit Sicherheit dazu. So kann es durchaus zu Kapitalbewegungen kommen, die dem Zinsgefälle entgegenlaufen, also einen *Netto-Kapitalimport* ins Inland bedeuten. Trotz des Aufschwunges im Ausland muß sich jetzt die *Leistungsbilanz des Inlandes passivieren* bis der Aktivsaldo der Kapitalverkehrsbilanz kompensiert und die Zahlungsbilanz somit ausgeglichen ist. Die Passivierung der Leistungsbilanz kommt dabei dadurch zustande, daß der Kapitalimport das Devisenangebot erhöht, was zu einer Steigerung des Außenwertes der Inlandswährung (Aufwertungseffekt) führt. Bei normaler Reaktion folgt darauf eine Passivierung der Leistungsbilanz. Ein Leistungsbilanzdefizit vermindert aber die Gesamtnachfrage und damit das Volkseinkommen, es sei denn, die Verringerung der Auslandsnachfrage wird durch Steigerung der inländischen Nachfrage kompensiert.

Fazit ist also, daß es auch bei flexiblen Wechselkursen bei entsprechender Entwicklung der Kapitalverkehrsbilanz zu nachhaltigen Ungleichgewichten der Leistungsbilanz mit entsprechenden Einkommenswirkungen kommen kann. Flexible Wechselkurse wären danach kein Schutz vor der Übertragung von Beschäftigungs- und Preisbewegungen aus dem Ausland.

(3) Einige wirtschaftspolitische Folgerungen

Dabei sind jedoch folgende wirtschaftspolitisch sehr bedeutsame Unterschiede zum System fester Wechselkurse zu beachten:

1. Der *Liquiditätseffekt* als sehr wirksames Vehikel bei der Übertragung von Einkommens- und/oder Preisschwankungen aus dem Ausland *kommt bei flexiblen Wechselkursen nicht zum Zuge.* Während nämlich bei festen Wechselkursen Ungleichgewichte der Zahlungsbilanz mit ihrer direkten Wirkung auf das inländische Geldvolumen nicht nur möglich, sondern beinahe die Regel sind, ist die Zahlungsbilanz insgesamt bei flexiblen Wechselkursen immer ausgeglichen.

2. Es ist bedeutend einfacher und erfolgversprechender, die *Einkommenswirkungen* einer unausgeglichenen Leistungsbilanz *bei flexiblen Wechselkursen* mit wirtschaftspolitischen Mitteln zu vermeiden als die Liquiditäts- und Einkommenswirkungen eines Zahlungsbilanzungleichgewichts bei festen Wechselkursen. Ist die obige Konstellation gegeben (passive Kapitalverkehrsbilanz und aktive Leistungsbilanz), so können die wirtschaftspolitischen Instanzen durch eine Politik der Kreditverteuerung das Zinsgefälle und damit das Defizit in der Kapitalverkehrsbilanz abbauen. Infolge nachlassender Devisennachfrage sinkt der Wechselkurs (Außenwert der Inlandswährung steigt), was zu einem Abbau des Leistungsbilanzüberschusses führt. Meint die Regierung jedoch, aus politischen Gründen auf Netto-Kapitalexporte nicht verzichten zu können, so kann sie versuchen, die einkommens- und preissteigernden Wirkungen des zwangsläufig entstehenden Leistungsbilanzüberschusses durch die Reduzierung der inländischen Nachfrage im Umfang des Kapitalexportes zu kompensieren.

Bei festen Wechselkursen dagegen stellt sich mit dem Ausgleich einer Teilbilanz keineswegs automatisch auch das Gleichgewicht der anderen ein. Ein grundlegendes Dilemma besteht vielmehr darin, daß Maßnahmen zum Ausgleich der Leistungsbilanz tendenziell ein Ungleichgewicht in der Kapitalverkehrsbilanz provozieren. Versucht man z. B. den liquiditätssteigernden Effekt einer aktiven Leistungsbilanz durch restriktive Geldpolitik zu kompensieren, so werden infolge der Zinssteigerungen Auslandsgelder angelockt, die bei festen Wechselkursen die Inlandsliquidität wieder vermehren.

So bleibt festzustellen, **daß bei flexiblen Wechselkursen die Übertragung von Preis- und Einkommensänderungen aus dem Ausland ceteris paribus in geringerem Umfang erfolgt als bei festen Wechselkursen und daß zweitens die Chancen zur wirtschaftspolitischen Regulierung derartiger Übertragungsprozesse erheblich größer sind.**

5. Die Mängel der herkömmlichen Zahlungsbilanztheorie und die Absorptionstheorie

Ein schwerwiegender Mangel der herkömmlichen Zahlungsbilanztheorie ist darin zu sehen, daß zwei theoretische Ansätze *unverbunden* nebeneinander stehen: der preistheoretische Ansatz und der einkommenstheoretische Ansatz. Ersterer analysiert die Einflüsse, die von Änderungen der internationalen Preisrelationen (z. B. durch Wechselkursänderungen) auf den Außenhandel (Export- und Importwerte) ausgehen. Wichtigste Bestimmungsgrößen sind hierbei die jeweiligen Preiselastizitäten. Der einkommenstheoretische Ansatz dagegen analysiert die wechselseitigen Zusammenhänge zwischen Leistungsbilanzänderungen und Volkseinkommen. Das Bedenkliche ist, daß in jedem der beiden Ansätze eine Einflußgröße im Mittelpunkt steht, die bei dem anderen Ansatz völlig unberücksichtigt bleibt. In der Elastizitätsanalyse ist es das Einkommen, das konstant gehalten wird, während in der einkommenstheoretischen Betrachtung von konstanten Preisen und Wechselkursen ausgegangen wird. Gerade die Überlegungen des letzten Abschnittes über Einkommenseffekte bei flexiblen Wechselkursen haben gezeigt, daß es enge Zusammenhänge auch zwischen Wechselkursen (Preisrelationen) und Volkseinkommen gibt.

Aus didaktischen Gründen ist eine isolierte Darstellung beider Ansätze durchaus gerechtfertigt, sofern man sich der Problematik der zugrunde liegenden Prämissen bewußt ist. Um zu Ergebnissen zu gelangen, die eine hinreichend zuverlässige Prognose realer wirtschaftlicher Prozesse erlauben, wäre allerdings eine Synthese beider Ansätze unerläßlich. Der im vorigen Abschnitt beschriebene tot-Effekt war ein Schritt in diese Richtung, denn er zeigte, daß die mit Wechselkursänderungen einhergehenden tot-Veränderungen das Volkseinkommen beeinflussen können. Auch bei der Analyse der Zahlungsbilanzwirkungen von administrativen Wechselkursänderungen war schon darauf hingewiesen worden, daß die primäre Wirkung der Wechselkursänderung auf die Leistungsbilanz dadurch reduziert werden kann, daß die induzierte Leistungsbilanzänderung eine Einkommensänderung herbeiführt, die ihrerseits gemäß der marginalen Importquote die Importe und damit die Leistungsbilanz verändert. Dieses alles sind verbale Plausibilitätserklärungen, die weit von einem Gesamtprognosemodell entfernt sind.

Die Bemühungen, ein in diesem Sinne umfassendes Modell zu konstruieren, waren vielfältig, aber bislang ohne durchschlagenden Erfolg. Besondere Beachtung fand in diesem Zusammenhang der von S. S. *Alexander* entwickelte „*Absorptions-Ansatz*“[47], der in der Folgezeit diskutiert und modifiziert wurde. Entsprechend den institutionellen und währungspolitischen Gegebenheiten dieser Zeit stand dabei das Problem im Mittelpunkt, die Bedingungen für eine endgültige Aktivierung der Leistungsbilanz infolge einer Abwertung abzuleiten.

Ausgangspunkt dieses Ansatzes ist die triviale Erkenntnis, daß vom jeweiligen Sozialprodukt dem Ausland nur so viel überlassen werden kann, wie vom Inland nicht selbst zu Konsum- und Investitionszwecken „absorbiert“ wird. Faßt man dementsprechend Inlandskonsum (C) und Inlandsinvestition (I) unter dem Symbol A (= Absorption) zusammen, so läßt sich die übliche Definitionsgleichung für das Volkseinkommen so schreiben:

$$Y = A + X - M \tag{1}$$

oder

$$Y - A = X - M \tag{1a}$$

Sie zeigt, daß eine Erhöhung des Außenbeitrages (Aktivierung der Leistungsbilanz) z. B. als Folge einer Abwertung bei festem Einkommen nur bei Reduzierung der Absorption (A) oder bei gleichbleibender Absorption nur bei einer entsprechenden Einkommenserhöhung möglich ist.

Da wir von der Elastizitätsanalyse her wissen, daß unter bestimmten Voraussetzungen eine Abwertung zu einer Veränderung des Leistungsbilanzsaldos führt ($\Delta X - \Delta M$), woraus eine Einkommensänderung (ΔY) folgt, ist nach einer Bestimmungsgröße für die Absorption zu suchen. Da es sich bei der Absorption um die Inlandsausgaben für Konsum- und Investitionsgüter handelt, liegt es nahe, sie als von der Einkommenshöhe abhängig zu betrachten [$A = A(Y)$]. Ist a die marginale Absorptionsquote ($a = \frac{\Delta A}{\Delta Y}$), so ergibt sich aus (1a) die folgende Gleichgewichtsbedingung:

$$\Delta X - \Delta M = \Delta Y - a \cdot \Delta Y \tag{2}$$

Sie besagt folgendes: Die durch eine Abwertung herbeigeführte primäre Verbesserung der Leistungsbilanz, die einer gleichgroßen Erhöhung des Volkseinkommens (ΔY) entspricht, ist nur dann endgültig, wenn die marginale Absorptionsquote Null ist, d. h. wenn das zusätzliche Einkommen keine zusätzlichen Ausgaben induziert. Dann nämlich wird $a \cdot \Delta Y = 0$, und es gilt $\Delta X - \Delta M = \Delta Y$. In

---

[47] S. S. *Alexander*: Effects of a Devaluation on a Trade Balance. Staff Papers of the International Monetary Fund, Bd. 2 (1952). – *Ders.*: A Simplified Synthesis of Elasticities and Absorption Approaches. AER, Bd. 49 (1959).

dem viel realistischeren Fall, daß $a > 0$, kommt es zu zusätzlicher Absorption, so daß die endgültige Verbesserung der Leistungsbilanz um $a \cdot \Delta Y$ kleiner ausfällt als die primäre. In dem anderen Extremfall einer marginalen Absorptionsquote von 1 wird die primäre Leistungsbilanzverbesserung völlig wieder beseitigt, weil alle Einkommenszuwächse zu zusätzlichen Ausgaben verwendet werden.

Der Absorptionsansatz hebt also zunächst zwei Umstände hervor, die uns schon geläufig waren, nämlich, daß nicht mehr verteilt werden kann, als da ist, d. h. Inlandsabsorption und Außenbeitrag können zusammen nicht größer sein als das Volkseinkommen, und zweitens, daß eine wechselkursbedingte Leistungsbilanzänderung durch eine Veränderung der Absorption reduziert werden kann.

Als neue und höchst *problematische Größe* wird die *marginale Absorptionsquote* eingeführt, von der der endgültige Leistungsbilanzeffekt einer Wechselkursänderung entscheidend abhängt. Sie ist eine hochaggregierte Größe, denn sie stellt die Zusammenfassung der marginalen Konsumquote, der marginalen Investitionsquote und der marginalen Staatsausgabenquote dar. Es haben also zunächst alle die Einwendungen volle Gültigkeit, die schon im Zusammenhang mit der marginalen Konsumquote beim Multiplikatormodell vorgebracht wurden. Hinzuzufügen wäre, daß durch die nun erfolgte Vervielfachung des Aggregationsgrades sich auch die Schwierigkeiten für eine empirische Ermittlung vervielfachen. Des weiteren erscheint die Annahme, daß alle drei Ausgabenkategorien (Konsum-, Investitions-, Staatsausgaben) *allein von der Einkommenshöhe abhängen, als gänzlich unrealistisch.* Die völlig unterschiedlichen Motivationen, die den Ausgabenentscheidungen der drei Gruppen (private Haushalte, Unternehmen, öffentliche Hand) zugrunde liegen, lassen es nahezu als sicher erscheinen, daß diese ihre Entscheidungen an *unterschiedlichen* Größen orientieren. Wenn man also der Elastizitätsanalyse mit Recht mangelnde Operationalität bescheinigen kann, so trifft dies in verstärktem Maß für die Absorptionsanalyse zu.

In seiner Bedeutung reduziert wird dieser Nachteil, wenn man realistischerweise davon ausgeht, daß ein erheblicher Teil der inländischen Absorption autonom, d. h. vom Einkommen unabhängig, ist. Allerdings tauscht man dafür die Schwierigkeit ein, ermitteln zu müssen, welche anderen Faktoren in welcher Weise die einkommensunabhängige Absorption beeinflussen. Auch hierzu sind Modellansätze entwickelt worden[48], die in ihrer Kompliziertheit und Komplexität jedoch einen eklatanten Mangel empirischer Fundierung aufweisen.

---

[48] S. C. *Tsiang:* The Role of Money in Trade-Balance Stability: Synthesis of the Elasticity and Absorption Approaches. AER, Bd. 51 (Dec. 1961), S. 912 ff.

Immerhin lassen sich einige plausible Überlegungen dazu anstellen, welche anderen Faktoren als das Einkommen die Absorption beeinflussen können:

1. Eine Größe, die den Absorptionsumfang beeinflussen könnte, ist das *Preisniveau*. Damit würden alle Fälle interessant, bei denen als Folge einer Abwertung (Wechselkursänderung) eine Preissteigerung im Inland auftritt. Das ist immer dann zu erwarten, wenn die infolge der Aktivierung der Leistungsbilanz vergrößerte Gesamtnachfrage auf eine vollbeschäftigte Wirtschaft oder auf partielle Engpässe stößt, wie sie in der wirtschaftlichen Realität häufig zu verzeichnen sind.

Zu fragen wäre, ob allgemeine Preissteigerungen einen eigenen Einfluß auf den Absorptionsumfang ausüben und damit den primären Leistungsbilanzeffekt der Abwertung modifizieren und möglicherweise kompensieren. Es ist nützlich, sich zunächst vor Augen zu halten, daß Einkommenserhöhungen, die sich bei gleichzeitigen Preissteigerungen vollziehen, ganz oder zum Teil *nominell* sind, d. h. das Realeinkommen steigt nicht in gleichem Maße wie das monetäre Einkommen. Bei Vollbeschäftigung ist - zumindest kurzfristig - überhaupt keine Output-Steigerung möglich, so daß das Realeinkommen konstant bleibt, und die gestiegene Gesamtnachfrage via Preissteigerungen zu einer ausschließlich nominellen Einkommenssteigerung führt.

a) Es gibt nun eine verbreitete und recht *plausible Hypothese*, die besagt, *daß die Konsumenten auch in Inflationszeiten bestrebt sind, ihren realen Konsum und damit ihren Lebensstandard beizubehalten*. Viel weniger plausibel ist ein solches Verhalten allerdings bei Investoren. Wenn - wie allgemein unterstellt - die Ertragschancen hervorragendes Kriterium bei Investitionsentscheidungen sind, so bleibt zunächst offen, wie die allgemeinen und speziellen Ertragserwartungen bei Inflation sein werden. Denkbar sind sowohl positive wie negative Erwartungen; denkbar ist demzufolge auch gegensätzliches Investitionsverhalten, d. h. es kann je nach den Ertragserwartungen zu einem überproportionalen oder zu einem unterproportionalen Ansteigen der Investitionsausgaben kommen. Im ersten Fall würden die *realen* Investitionen steigen, im zweiten würden sie sinken. Noch schwieriger ist es, etwas Generelles über den Zusammenhang zwischen Preissteigerungen und öffentlichen Ausgaben zu sagen. Allein der Umstand, daß die verschiedenen öffentlichen Hände - in der Bundesrepublik insbesondere die drei Gebietskörperschaften Bund, Länder und Gemeinden - unterschiedliche und möglicherweise gegensätzliche Interessen verfolgen, macht es gänzlich unwahrscheinlich, daß sie einer einheitlichen Verhaltensregel folgen.

Das für die Konsumenten plausible Verhalten, ihre Ausgaben so zu bemessen, daß wenigstens der reale Konsum gehalten wird, kann man also nicht schematisch auch auf alle anderen Ausgabenkategorien übertragen, wie das gelegentlich geschieht. Gehen wir jedoch davon aus, daß diese Hypothese das Konsumentenverhalten zutreffend beschreibt, so folgt daraus für die Konsumausgaben: Die marginale Konsumquote (die ja Bestandteil der marginalen Absorptionsquote ist) steigt, weil von dem zusätzlichen Geldeinkommen ein höherer Teil verausgabt werden muß, um bei steigendem Preisniveau ein Absinken des Realkonsums zu verhindern. Unter der Voraussetzung, daß von den privaten Investitionen und den Staatsausgaben kein ändernder Einfluß ausgeht, würde sich damit die marginale Absorptionsquote erhöhen. Das hieße aber, daß von der Erhöhung des Geldeinkommens weniger (oder gar nichts) für die Verbesserung der Leistungsbilanz übrigbleibt als bei konstanter marginaler Konsumquote.

Es lassen sich jedoch auch einige Argumente anführen, die gegen eine Erhöhung der Absorption infolge Preissteigerung oder sogar für ihre Verringerung sprechen:

b) Bei geringen Preissteigerungsraten und insbesondere auch in der Anfangsphase inflationärer Entwicklungen nehmen die Wirtschaftssubjekte die Geldentwertung häufig nicht wahr oder negieren sie. Diese „*Geldillusion*" veranlaßt sie, ihre Ausgaben so zu bemessen, als erhielten sie pro Geldeinheit nach wie vor dieselbe Gütermenge und als würde eine 10%ige Steigerung ihres Geldeinkommens eine Steigerung ihres Realeinkommens um 10 % bedeuten. Das heißt, die oben angenommene Steigerung der marginalen Absorptionsquote würde unterbleiben und damit auch die reduzierende Wirkung auf die infolge Abwertung eingetretene primäre Leistungsbilanzverbesserung. Bei Vorliegen von Geldillusion wäre also die Chance einer nachhaltigen Aktivierung der Leistungsbilanz trotz Preissteigerung gegeben.

c) Im Gegensatz zu der obigen These, daß die Konsumenten bei Inflation ihre Ausgaben steigern, weil sie ihren Realkonsum halten wollen, steht der sog. *Pigou-Effekt*. Pigou meinte nämlich, daß die Konsumenten bestrebt sein würden, den *realen* Wert ihrer Ersparnisse aufrechtzuerhalten, um ihre Sparziele (Anschaffung langlebiger Gebrauchsgüter, Sicherung des Lebensabends) trotz Preissteigerung in der vorgesehenen Weise realisieren zu können. Bei gleichzeitigem nominellen Einkommenszuwachs würde das zu einer Erhöhung der marginalen Sparquote und gleichbedeutend damit zu einer Verringerung der marginalen Absorptionsquote führen. Der Effekt bestünde also in einer Verringerung der Absorption gegenüber der Situation bei stabilen Preisen, so daß die endgültige Aktivierung der Leistungsbilanz größer ausfallen würde.

Es handelt sich hier also um widersprüchliche Thesen, die jedoch insofern miteinander vereinbar sind, als sich bestimmte Gruppen in der einen und andere Gruppen in der anderen Weise verhalten können. Damit wird eine Aussage über das Gewicht der sich daraus ergebenden Einflußtendenzen rein spekulativ, zumal ja noch andere Parameter das Ausgabenverhalten der Wirtschaftssubjekte beeinflussen.

2. Eine solche Größe könnte der *Zinssatz* sein. Bei steigenden Geldeinkommen und Preisen wächst wegen der absolut steigenden Umsätze der Geldbedarf für Transaktionszwecke; ist die Geldversorgung nicht sehr elastisch, so kommt es zu einer Zinssteigerung. Das könnte der Tendenz nach eine zweifache Wirkung haben. Erstens könnte es für die Konsumenten einen verstärkten Sparanreiz bedeuten und zweitens die Investitionsausgaben der Unternehmen einschränken. Beides würde in Richtung auf eine Verringerung der Absorption und damit zugunsten einer Verstetigung der primären Leistungsbilanzverbesserung wirken. Allerdings ist inzwischen hinreichend bekannt, daß die Zinsabhängigkeit sowohl des Sparens als auch der Investitionstätigkeit im allgemeinen recht gering und im speziellen von verschiedenen Nebenbedingungen abhängig ist.

3. Da man davon ausgehen kann, daß verschiedene soziale Gruppen unterschiedliche Konsumquoten haben, könnten auch Veränderungen der *Einkommensverteilung* die aggregierte Konsumquote verändern. Änderungen der Einkommensverteilung treten aber mit ziemlicher Sicherheit als Folge von Preissteigerungen auf, weil Preiserhöhungen zumindest in der ersten Phase vornehmlich den Unternehmungen in Gestalt höherer Einnahmen zugute kommen. Der daraus resultierende Einfluß auf die Absorptionsquote ist jedoch recht ungewiß, obwohl häufig argumentiert wird, die Absorptionsquote würde fallen, weil die Gruppen mit hohen Konsumquoten nur geringe oder keine Einkommenszuwächse und die Gruppen mit kleinen Konsumquoten (Unternehmer) hohe Einkommenszuwächse haben. Abgesehen von der Fragwürdigkeit derartiger verallgemeinernder Verhaltensannahmen für große, sehr heterogene Gruppen würden derartige Reaktionen auch vom Inflationstempo, vom Ausmaß der ausgelösten Einkommensverteilung und vom Verhalten der Unternehmer als Investoren abhängen. Denkbar wäre, daß sich die marginale Investitionsquote wegen der gestiegenen Gewinne erhöht und damit auch die Gesamtabsorptionsquote tendenziell steigt.

4. Schließlich gibt es ein Argument, das nicht auf die Veränderung der Absorptionsquote abhebt, sondern darauf verweist, daß eine reale Einkommenssteigerung auch bei Vollbeschäftigung möglich ist, so daß eine nachhaltige Verbesserung der Leistungsbilanz möglich ist, ohne daß sich die Absorptionsquote vermindern muß. Diese Steigerung des Realeinkommens könnte bewirkt werden durch eine *Umlenkung der Produktionsfaktoren (Reallokation)* in produktivere Verwendungen. Die so erreichte Produktivitätssteigerung würde auch bei gleichbleibendem Faktoreinsatz eine Steigerung des realen Sozialprodukts

ermöglichen. Daß eine solche produktivitätssteigernde Reallokation im Gefolge einer Abwertung stattfindet, ist dann zu erwarten, wenn die abgewertete Währung vorher überbewertet war, so daß im Inland Produktionsfaktoren auch in Produktionsbereichen gebunden waren, die zum Gleichgewichtswechselkurs nicht mit dem Ausland hätten konkurrieren können. Die Wechselkursveränderung erzwingt hier eine Strukturänderung mit produktivitätssteigernder Wirkung.

Gegen diese Argumentation ist sachlich nichts einzuwenden. Es ist allerdings zu bedenken, daß das Zustandekommen dieser positiven Wirkung, insbesondere was Umfang und Zeitpunkt betrifft, von einigen Faktoren abhängt. Zunächst ist für den Umfang der erhofften Wirkung der Abwertungssatz von Bedeutung. Je größer jedoch der Abwertungssatz ist, desto wahrscheinlicher ist es, daß sich Partnerländer gegen die Verschlechterung ihrer Exportchancen und die verschärfte Konkurrenz der Importprodukte mit Maßnahmen zur Wehr setzen, die die beschriebene Wirkung tendenziell rückgängig machen oder gar einen Zustand herbeiführen, der ungünstiger ist als der vor der Abwertung. Wird der Abwertungssatz jedoch klein gehalten, so ist der Reallokationseffekt möglicherweise zu klein, um merkliche Wirkungen hervorzurufen.

Des weiteren ist einmal zu bedenken, daß Strukturwandlungen sich nicht kurzfristig vollziehen und daß demzufolge mit der daraus resultierenden Erhöhung des Realeinkommens erst nach geraumer Zeit zu rechnen ist. Zum zweiten pflegen Strukturveränderungen von mehr oder weniger starken Reibungsverlusten begleitet zu sein, weil Arbeitskräfte zum Erwerb neuer Qualifikationen gezwungen sind und weil Anlagen (obwohl technisch funktionsfähig) plötzlich wirtschaftlich veraltet sind. In der Übergangsphase kann dieser Prozeß also sogar zur Minderung des Realeinkommens führen.

Die **Quintessenz** des bisher Gesagten ist, daß die Aussichten, mit Hilfe einer Abwertung eine *nachhaltige Aktivierung der Leistungsbilanz* zu erreichen, dann recht gut sind, *wenn die abwertende Wirtschaft unterbeschäftigt ist.* Dann kommt es nämlich mit Sicherheit zu einer realen Einkommenserhöhung, die auch ohne Reduzierung der Absorption einen höheren Außenbeitrag ermöglicht. Allerdings kann nicht damit gerechnet werden, daß die primäre Leistungsbilanzsteigerung voll erhalten bleibt, weil mit Sicherheit ein Teil des Einkommenszuwachses absorbiert wird.

Ist dagegen die Inlandswirtschaft vollbeschäftigt und sind reale Einkommenserhöhungen daher fraglich, so lassen sich eine Reihe von Argumenten finden, die für ein stärkeres Ansteigen der Absorption, also für einen stärkeren Abbau des primären Aktivsaldos der Leistungsbilanz sprechen. Andere Argumente aber weisen in die entgegengesetzte Richtung. Da sich über alle diese potentiellen Wirkungen quantitative Aussagen kaum machen lassen, weil sie auch von den jeweiligen Gegebenheiten abhängen, sind alle zusammenfassenden *Aussagen über die Erfolgschancen einer Abwertung bei vollbeschäftigter Wirtschaft mit starker Unsicherheit* behaftet. Diese Unsicherheit wird noch dadurch verstärkt, daß in der Realität häufig weder Unterbeschäftigung noch Vollbeschäftigung existieren, sondern ein Zwischenstadium, in dem in manchen Bereichen noch Kapazitätsreserven mobilisiert werden können, es aber bei einer Ausdehnung der Gesamtnachfrage wegen zahlreicher Engpässe gleichzeitig auch zu einer Steigerung des Preisniveaus kommt

Diese recht unbefriedigende Quintessenz ist überdies auch noch insofern unvollständig, als sich die bisherigen Überlegungen sozusagen in einem politikfreien Raum abspielten. Denn es wurde fast nirgends in Rechnung gestellt, daß der *Staat erhebliche Eingriffsmöglichkeiten* hat, die die bewußte Lenkung der Entwicklung erlauben. In erster Linie ginge es darum zu verhindern, daß die abwertungsbedingte Leistungsbilanzverbesserung durch ein Ansteigen der Absorption wieder beseitigt wird. Durch eine gegensteuernde Ausgabenpolitik (Reduzierung der öffentlichen Ausgaben) und eine verschärfte Einnahmenpolitik (Steuererhöhungen) im Zusammenspiel mit geldpolitischen Maßnahmen läßt sich dieses Ziel im Prinzip erreichen. Auf einem anderen Blatt allerdings steht, ob ein solches Programm politisch durchsetzbar ist. Des ungeteilten Beifalls der inländischen Bürger dürfte es sich keinesfalls erfreuen; bedeutet es doch für die Konsumenten eine Verringerung des verfügbaren Einkommens und für die Unternehmer eine Beeinträchtigung der Nachfrage, möglicherweise bei gleichzeitiger Erhöhung der Steuerlast.

Literatur zum II. Kapitel

Adebahr, Hubertus: Der internationale direkte Preiszusammenhang. Zeitschrift für Wirtschafts- und Sozialwissenschaften. 92. Jg. (1972), S. 657 ff.

Alexander, S. S.: Effect of a Devaluation: A Simplified Synthesis of Elasticities and Absorption Approaches. American Economic Review, Bd. 49 (1959).

Bender, Dieter: Abwertung und gesamtwirtschaftliches Gleichgewicht. Berlin 1972.

Black, J.: A Geometrical Analysis of the Foreign Trade Multiplier, Economic Journal, Bd. 67 (1957).

Cramer, Peter: Der direkte internationale Preiszusammenhang. Köln 1971.

Graf, Gerhard: Hypothesen zur internationalen Konjunkturtransmission. Weltwirtschaftliches Archiv, Bd. 111 (1975).

Jacob, Kl.-D.: Wechselkurs und Leistungsbilanz. Berlin 1972.

Laursen, S. und *Metzler,* L. A.: Flexible Exchange Rates and the Theory of Employment. The Review of Economics and Statistics, Vol. 32 (1950).

Kleinewefers, Henner: Theorie und Politik der Abwertung. Basel/Tübingen 1969.

Machlup, Fritz: International Trade and the National Income Multiplier. New York 1965.

Rose, K. und *Bender*, D.: Flexible Wechselkurse und Inflationsimport. Jahrbücher für Nationalökonomie und Statistik, Bd. 187 (1973).

Rose, Klaus: Theorie der Außenwirtschaft. II. Teil, 2.–5. Kapitel, 6. Aufl., München 1976.

Roth, Jürgen: Der internationale Konjunkturzusammenhang bei flexiblen Wechselkursen. Tübingen 1975.

Schäfer, Wolf: Ansatzpunkte zur Bestimmung eines Gleichgewichtswechselkures. Jahrbücher f. Nat.ök. u. Statistik, Bd. 189 (1975).

Sohmen, Egon: Wechselkurs und Währungsordnung. V. Kapitel, Tübingen 1973.

Stern, R. M.: The Balance of Payments. Chicago 1973.

Yeager, L. B.: Absorption and Elasticity: A Fuller Reconciliation. Economica, Bd. 37 (1970).

Zweiter Teil

Internationaler Geld- und Kapitalverkehr

Erstes Kapitel

Internationale Kapitalbewegungen und Zahlungsbilanz

1. Der Kapitalverkehr in der Weltwirtschaft

Gerade in der jüngsten Zeit ist der breiten Weltöffentlichkeit durch verschiedene spektakuläre Ereignisse wie Erdölkrise, Rohstoffhausse, Mißernten für Getreide und Zucker besonders nachdrücklich ins Bewußtsein gerückt worden, daß die natürlichen Ressourcen der Erde begrenzt sind. Eine besonders wichtige Voraussetzung für die ergiebige Nutzung dieser knappen Ressourcen und für die Steigerung der Ergiebigkeit ist das *volkswirtschaftliche Produktionselement Kapital*. Es entsteht dadurch, daß Einkommensbezieher zeitweise auf den Konsum eines Teils ihres Einkommens verzichten *und* daß sie oder andere diese Einkommensteile zur Investition verwenden, also zur Produktion von Gütern, die nicht direkt dem Konsum dienen, sondern dazu, eine ergiebigere Produktion von Konsumgütern zu ermöglichen. Insofern kann man von einer *Umwegproduktion* sprechen, deren Ergebnis jedoch die Steigerung der Produktivität der eingesetzten Faktoren ist. Ist schon bei konstanter Produktionstechnik der Kapitalbedarf zur Durchführung der Ersatzinvestitionen groß, so erfordert die Entwicklung und Anwendung technischer Neuerungen aller Art in noch stärkerem Umfang den Einsatz des Produktionsfaktors Kapital zur Ermöglichung der Neuinvestitionen.

Kapitalbedarf und Kapitalbildung differieren international stark, so daß auch die Kapitalknappheit in den einzelnen Volkswirtschaften unterschiedlich sein kann. So hängt der jeweilige **Kapitalbedarf** einer Volkswirtschaft zunächst von der Branchen- und Produktionsstruktur der Wirtschaft und vom Stand der Produktionstechnik ab. Hochindustrialisierte Volkswirtschaften würden demnach einen größeren Kapitalbedarf haben als weniger industrialisierte. Allerdings kann das Bemühen solcher Länder, ihren Entwicklungsrückstand zu vermindern, den Kapitalbedarf wegen der dazu notwendigen Neuinvestitionen außerordentlich erhöhen. Darüber hinaus ist auch die Bevölkerungszahl und ihr Wachstum für den Kapitalbedarf bestimmend; denn je schneller sich der Produktionsfaktor Arbeit vermehrt, um so schneller muß der komplementäre Faktor Kapital mitwachsen, um den gegebenen Stand der Produktionstechnik zu sichern, ohne strukturelle Unterbeschäftigung in Kauf nehmen zu müssen. Da es aber Entwicklungsländer sind, die das höchste Bevölkerungswachstum aufweisen, ergibt sich auch hieraus eine Erhöhung ihres Kapitalbedarfs. In den Industrieländern wiederum steigerten der rasante technische Fortschritt, der zum großen Teil mit einer Erhöhung des Kapitaleinsatzes verbunden ist, und die wirtschaftspolitische Priorität des Wachstumszieles den Kapitalbedarf. Deutliches Indiz für diese Entwicklung ist der Umstand, daß die Aufwendung für die Kapitalausstattung eines Arbeitsplatzes während der letzten Jahrzehnte, ja während der letzten Jahre, in fast allen Wirtschaftszweigen stark gestiegen ist; d. h. die Kapitalintensität der Produktion oder der Kapitaleinsatz je Beschäftigten hat sich in den Industrieländern stark erhöht.

Die **Kapitalbildung** weist international besonders *große Unterschiede* auf. Da zeitweiliger Konsumverzicht Voraussetzung für die Kapitalbildung ist, liegt es auf der Hand, daß ein Zusammenhang zwischen der Höhe der Pro-Kopf-Einkommen und der Kapitalbildung besteht. Man kann nämlich davon ausgehen, daß - bei gleicher Einkommensverteilung - die Sparquote, d. h. der Teil des Einkommens, auf dessen Konsum freiwillig zeitweilig verzichtet wird, um so höher ist, je höher die Pro-Kopf-Einkommen liegen.

Der Staat hat allerdings die Möglichkeit, durch Erhöhung der steuerlichen Belastung einen Konsumverzicht zu erzwingen und durch Investition der zusätzlichen Steuereinnahmen die Kapitalbildung zu erhöhen. Jedoch sind dieser *„Zwangskapitalbildung"* einmal dadurch Grenzen gesetzt, daß eine Erhöhung des Zwangssparens durch eine Verringerung des freiwilligen Sparens kompensiert werden kann. Eine zweite Begrenzung ergibt sich daraus, daß bei niedrigem Einkommensniveau (wie in vielen Entwicklungsländern) eine Erhöhung der Steuerlast schnell zu einer Gefährdung der Existenzfähigkeit der Bevölkerung führen würde. Selbst wenn die politischen Instanzen bereit wären, eine solche Konsequenz in Kauf zu nehmen, wäre es drittens erforderlich, daß sich ein solches Konzept politisch und verwaltungstechnisch durchsetzen ließe. Dazu bedürfte es nicht nur eines mit entsprechenden Machtmitteln ausgestatteten Staatsapparates, sondern vor allem auch einer gut organisierten und leistungsfähigen Staatsverwaltung. Gerade letztere Voraussetzung ist in vielen Entwicklungsländern zur Zeit noch nicht erfüllt.

Die obigen Aussagen werden durch das verfügbare *empirische Material* weitgehend bestätigt. So zeigt eine UN-Veröffentlichung[1] mit Daten für die Jahre 1971-1973, daß die Staaten mit den niedrigsten Sparquoten (weniger als 10 % des Bruttosozialproduktes) auch zu den ärmsten Ländern gehören. Mehr als die Hälfte dieser Länder haben Pro-Kopf-Einkommen unter 100 Dollar pro Jahr.

---

1 *United Nations* (Hrsg.): World Economic Survey, 1974, Part One. New York 1975, S. 27 ff., 75 (Table 27).

Entsprechend wiesen die Länder mit hohen Sparquoten ganz überwiegend relativ hohe Pro-Kopf-Einkommen auf (über 300 Dollar pro Jahr). Die Hauptquelle der gesamtwirtschaftlichen Ersparnisse in den meisten Entwicklungsländern ist der Unternehmenssektor. Hingegen tragen die Sektoren Staat und private Haushalte meist in weit geringerem Maße zur Ersparnisbildung bei. Mangelnde Leistungsfähigkeit der öffentlichen Verwaltung und niedriges Lohnniveau sind die Erklärung für diesen Umstand.

Es bleibt also bei der Grundaussage, daß die Sparfähigkeit und damit die Kapitalbildung vom Einkommensniveau des jeweiligen Landes abhängt. Und die außerordentlich großen Einkommensunterschiede zwischen Industrieländern und armen Entwicklungsländern sind es, die primär die sehr unterschiedliche Kapitalbildung erklären.

Der internationale Kapitalverkehr ermöglicht es im Prinzip, diese internationalen Unterschiede in der Kapitalversorgung und im Kapitalbedarf auszugleichen. Eine wichtige Form der internationalen Kapitalübertragung ist der *internationale Kredit.* Dabei stellen Inländer ausländischen Kreditnehmern Mittel zur Verfügung, die sie zum Erwerb von Konsumgütern und zur Finanzierung von Investitionen verwenden können. Nur im zweiten Fall ist Kapital gebildet und zur Nutzung ins Ausland übertragen worden. *Erhebungstechnische Schwierigkeiten* machen es jedoch unmöglich, die erhobenen statistischen Daten über den internationalen Kapitalverkehr zu untergliedern in den eigentlichen Kapitalverkehr, d. h. in Mittel, die im Empfängerland produktiv verwendet werden und daher zu Kapitalbildung führen, und in solche internationalen Bewegungen von Zahlungsmitteln, die keine Kapitalübertragung darstellen, weil sie z. B. konsumtiv verwendet werden oder zur Aufstockung der Devisenreserven einer Notenbank dienen. Es werden daher in den Statistiken des internationalen Kreditverkehrs alle *langfristigen Kredite* unterschiedlos dem Kapitalverkehr zugerechnet. Das „langfristig" gilt dabei nur aus der Sicht des Kreditnehmers. Es ist jedoch keineswegs sicher, daß auch der oder die Kreditgeber ihre Mittel langfristig binden. Bei Erwerb von fungiblen ausländischen Wertpapieren (Anleihen und Aktien) können die Anleger vielmehr ihre Engagements kurzfristig wieder lösen.

Kurzfristiger internationaler Kapitalverkehr oder *internationaler Geldverkehr* werden alle internationalen Kredite genannt, die dem Kreditnehmer nur eine kurzfristige Verfügung über die empfangenen Mittel sichern. Aber auch hier steht keineswegs fest, daß es sich immer um ein kurzfristiges Engagement handelt. Eine Verlängerung der Anlagedauer seitens des Anlegers ist meist möglich und geschieht de facto auch häufig. Die praktizierte Abgrenzung zwischen kurzfristig und langfristig ist daher keine Gewähr für die korrekte Wiedergabe der Anlagedauer der Mittel im Ausland.

Auch ist keineswegs ausgeschlossen, daß der internationale Geldverkehr zu einer internationalen Kapitalübertragung im obigen Sinne führt. Vielmehr können auch kurzfristige Mittel via Prolongation oder Anschlußkredit zur Finanzierung von Investitionen verwendet werden. Aus diesen Gründen sind statistische Daten über den internationalen Geld- und Kapitalverkehr mit Vorsicht zu interpretieren.

Gäbe es einen vollkommenen internationalen Kapitalmarkt, so wäre gewährleistet, daß das Produktionselement Kapital auch international jeweils dort zum Einsatz käme, wo die höchste Produktivität erreichbar ist. Obwohl der internationale Kapitalmarkt weit davon entfernt ist, vollkommen zu sein, kann unterstellt werden, daß auch eine partielle Beseitigung der Unvollkommenheiten dazu beiträgt, seine Funktionsfähigkeit im Sinne einer *Lenkung des Kapitals zu den Orten produktivster Verwendung* zu erhöhen. Das ist auch die Grundlage für die *Forderung nach einer möglichst weitgehenden Liberalisierung des internationalen Geld- und Kapitalverkehrs.*

Schon an dieser Stelle sei jedoch darauf hingewiesen, daß Freiheit des internationalen Kapitalverkehrs keine hinreichende Bedingung für die optimale Allokation des Produktionsfaktors Kapital im Weltmaßstab darstellt. Denn die Unvollkommenheiten des internationalen Kapitalmarktes ergeben sich nicht nur aus den administrativen Eingriffen und Regulierungsmaßnahmen, denen er ausgesetzt ist, sondern auch aus dem Umstand, daß die *Ertragserzielung nur eines von mehreren Anlagemotiven der internationalen Anleger ist.* Es ist daher nicht sichergestellt, daß der *Zins* – selbst wenn er ein zuverlässiger Indikator für die Effizienz der Mittelverwendung wäre – auch die *Lenkungsfunktion* hat, die der Preis auf vollkommenen Märkten erfüllt.

Trotz dieser Vorbehalte kann schon jetzt ohne allzu großes Risiko die Behauptung gewagt werden, daß der internationale Geld- und Kapitalverkehr eine wichtige Voraussetzung zur Steigerung der Effizienz des Kapitaleinsatzes darstellt, daß er also geeignet ist, das Wirtschaftswachstum in der Weltwirtschaft zu beschleunigen und Entwicklungsrückstände zu vermindern.

Zum **Umfang** der internationalen Kapitalbewegungen läßt sich, ohne auf einzelne Formen des Kapitalverkehrs und auf einzelne Geber- und Nehmerländer einzugehen, nur wenig sagen. Jedoch hat der internationale Kapitalverkehr nach dem Zweiten Weltkrieg einen außerordentlichen Aufschwung erlebt. *Kapitalgeber* waren in der ersten Nachkriegszeit in erster Linie die USA, die insbesondere westeuropäischen Ländern im Rahmen des Marshall-Planes Wiederaufbauhilfe leisteten. Bald gesellten sich als Kapitalgeber auch andere Länder, wie Großbritannien und Frankreich hinzu, die Kredite insbesondere in ihre Überseegebiete vergaben. Diese Anfänge der Entwicklungshilfe weiteten sich rasch aus, sowohl was den Umfang der Leistungen als auch was den Kreis der Beteiligten und die Zahl der damit befaßten nationalen wie internationalen Institutionen anlangt.

Neben diesem in ganz überwiegendem Maße *staatlichen Kapitalverkehr* entwickelte sich der *private internationale Kapitalverkehr* umfangmäßig noch rascher. Allerdings lag hier der Anlageschwerpunkt nicht in den Entwicklungsländern sondern in den Industrieländern, so daß die kapitalmäßige Verflechtung zwischen den westlichen Industrieländern weit größer ist als die zwischen Industrie- und Entwicklungsländern.

2. Die Ursachen des internationalen Kapitalverkehrs und die Motive der Anleger

Wenn man nach Ursachen und Motiven internationaler Kapitalbewegungen fragt, empfiehlt es sich, zwischen *privatem* und *öffentlichem* Kapitalverkehr zu unterscheiden; denn die Ursachen dieser Kategorien von Kapitalverkehr weisen besonders deutliche Unterschiede auf. Damit wäre gleichzeitig auch *eine* von mehreren Gliederungsmöglichkeiten des internationalen Kapitalverkehrs vollzogen. Allerdings ist sie insofern nicht ganz eindeutig, als bei jedem Kapitaltransfer zwei Parteien beteiligt sind, von denen die eine Seite ja privat, die andere staatlich sein kann. Über die jeweilige Einordnung soll hier der Status des Kapitalgebers entscheiden; denn seine Motive und Verhaltensweisen bestimmen in erster Linie Art, Umfang und Richtung des internationalen Kapitalverkehrs.

a) Ursachen privaten Kapitalexports

Die Ursachen des privaten Kapitalexports sind letztlich in den *Motiven der Kapitalexporteure* zu suchen, die man grob in drei Kategorien gliedern kann:

(1) Motiv der Gewinnerzielung

(2) Motiv der Risikovermeidung oder -minderung

(3) Altruistische und karitative Motive

(1) Motiv der Gewinnerzielung

Die vornehmlich oder ausschließlich vom *Ertragsstreben* bestimmten Kapitalanleger werden demzufolge Geld- oder Kapitalanlagen im Ausland dann vornehmen, wenn sie höhere Erträge versprechen oder sogar garantieren als vergleichbare Inlandsanlagen. Eine solche Situation ist im Prinzip gegeben bei Vorhandensein einer internationalen *Zinsdifferenz.* Der Kredit fließt tendenziell vom Markt des niedrigen an den des höheren Zinses. Dabei bestimmt nicht die Rendite im engeren Sinne allein die Richtung des Geld- und Kapitalflusses, auch die unterschiedliche Risikohöhe ist wichtig. Das *Risiko wirkt als Barriere,* die erst durch eine entsprechend höhere Zinsdifferenz überwunden wird. Bei einem Zinsunterschied von beispielsweise 2 v.H. wird ein Kreditstrom nur dann einsetzen, wenn das zusätzliche Risiko mit weniger als 2 v.H. eingeschätzt wird. Das Risiko hemmt den privaten internationalen Kreditverkehr, ähnlich wie die Transportkosten den internationalen Handel hemmen. Es ist beinahe selbstverständlich, daß private Anleger jene Länder meiden, bei denen wegen drohender oder vollzogener staatlicher Eingriffe das Risiko sehr groß oder unkalkulierbar geworden ist. Die starke Zurückhaltung privater Kreditgeber gegenüber Anlagen in vielen Entwicklungsländern beruht in erster Linie auf dieser Unsicherheit; denn auch heute noch werden Maßnahmen ergriffen, die den Rücktransfer der kreditierten Mittel be- oder verhindern, die freie Verwendbarkeit der Zinserträge einschränken oder gar die Kreditrückzahlung in Frage stellen.

Ertragsorientiert sind auch *spekulative Auslandsanlagen.* Während bei der Ausnutzung von internationalen Zinsdifferenzen (Zinsarbitrage) Risiken soweit wie möglich ausgeschlossen werden (z. B. durch Kurssicherungsgeschäfte), werden bei spekulativen Kapitalbewegungen Risiken wegen einer gleichzeitig vorhandenen Gewinnchance in Kauf genommen. So kann jemand Inlandsgeld in Auslandswährung transferieren und im Ausland anlegen, weil er glaubt, daß der Wechselkurs der Auslandswährung steigen wird. Auch die Anlage in ausländischen Wertpapieren hat dann spekulativen Charakter, wenn man auf ein Ansteigen der Wertpapierkurse hofft. Ist darüber hinaus eine solche Transaktion nicht gegen Wechselkursschwankungen abgesichert, so kommen als weitere spekulative Momente Risiko und Chance von Wechselkursänderungen hinzu.

Ertragsorientiert sind ferner Auslandsanlagen, die der *Steigerung des Unternehmensertrages dienen sollen.* Insbesondere Beteiligungen und Kredite an Tochterunternehmen im Ausland erfolgen vor allem im Interesse des Gesamtzieles der Unternehmung, die im Ausland anlegt (z. B. Maximierung des Gewinns einer bestimmten Periode), selten nur aus Gründen des Zinsgewinns. Ein wichtiger Anreiz für Auslandsinvestitionen kann die *günstigere Kostensituation* z. B. in Form niedrigerer Löhne sein. Auch niedrigere *steuerliche Belastung* im Ausland kann ein wichtiger Faktor sein. Ebenso können sich bei minimalen Erträgen durch Verlagerung der Gewinne auf die niedrig versteuerte ausländische Tochtergesellschaft erhebliche wirtschaftliche Vorteile durch Steuerersparnis ergeben. Auch *Erschließungsinvestitionen* (Rohstoffquellen, Absatzgebiete) rentieren sich oftmals nicht direkt; über günstige Marktwege dagegen geben sie indirekt immer wieder Anlaß zu außergewöhnlichen Gewinnen. Monopolisierungstendenzen auf den Weltrohstoffmärkten können gleichfalls zu nicht unbeträchtlichen internationalen Bewegungen von Kapital führen. Und schließlich können auch *Importbeschränkungen* des Auslandes (z. B. in Form von hohen Einfuhrzöllen) für exportorientierte Unternehmen des Inlands einen Grund zu Kapitalanlagen im Ausland darstellen. Denn durch eine Verlagerung der Produktion ins Ausland werden die Importbarrieren übersprungen.

Die zunehmende Liberalisierung des Güter- und Kapitalverkehrs begünstigte dieses marktwirtschaftlichen Prinzipien durchaus entsprechende Verhalten der Unternehmungen, Ertragschancen auch im Ausland wahrzunehmen.

Dadurch erhielt die Bildung *multinationaler Unternehmungen* einen wesentlichen Antrieb. Allerdings übertrug sich damit die der marktwirtschaftlichen Ordnung innewohnende Tendenz zur Selbstzerstörung durch die Herausbildung wettbewerbsbeschränkender Machtpositionen auch auf die internationalen Märkte. Die besondere Problematik dieser Entwicklung ist darin zu sehen, daß der mißbräuchlichen Ausnutzung von Machtpositionen durch multinationale Unternehmen mit dem jeweiligen nationalen Wettbewerbsrecht nicht adäquat begegnet werden kann.

Man kann also *zusammenfassend feststellen*, daß die überwiegend ertragsorientierten privaten Kapitalanlagen (Direktinvestitionen) inländischer Unternehmen im Ausland entweder *kostenseitig bedingt* sein können (billigere Arbeitskräfte, preiswerterer und sicherer Rohstoffbezug, niedrigere Steuern) oder aber der *Absatzausweitung* dienen können (Erweiterung bestehender oder Erschließung neuer Märkte). Unabhängig davon sind für das Zustandekommen derartigen Kapitaltransfers die wirtschaftlichen Rahmenbedingungen im Gastland von wesentlicher Bedeutung, weil sie das Risiko der Auslandsanlage maßgeblich beeinflussen.

(2) Motiv der Risikovermeidung oder -minderung

Neben der Ertragsorientierung ist als weiteres Anlagemotiv im internationalen Geld- und Kapitalverkehr das der *Risikoausschaltung* oder *-minderung* zu beachten. Zwar werden Ertrags- und Risikogesichtspunkte von den Anlegern in aller Regel gleichzeitig beachtet, jedoch kann das Gewicht des Risikos so groß werden, daß Ertragsaspekte weit in den Hintergrund treten. So wird, wenn in einem Lande das Risiko der Kapitalanlage sehr hoch ist, ein dem internationalen Zinsgefälle *entgegenfließender* Kapitalstrom einsetzen. Bei großer politischer und/oder allgemein wirtschaftlicher Unsicherheit kommt es also zu **Kapitalflucht** aus dem betreffenden Land. D. h. ausländische, insbesondere aber auch inländische Anleger ziehen ihre Mittel aus dem Inland ab, um sich gegen Enteignung oder andere Risiken zu schützen. So kennen Schweizer Banken viele Beispiele für ausländische Mittel, die bei ihnen aus diesen Gründen auf Nummernkonten Zuflucht suchten.

Eine andere Art von risikobedingten internationalen Kapitalbewegungen, die durch *krisenhafte Entwicklungen im Währungsbereich* provoziert werden, ist das sog. **„heiße Geld“** (hot money). Hierbei handelt es sich um *kurzfristige* Anlagen, die bei Auftreten von Währungsunruhen aus der oder den gefährdeten Währungen in andere Währungen, die als sicherer angesehen werden, transferiert werden. Der Sinn der Aktion besteht darin, dem Risiko einer Verschlechterung des Außenwertes der betreffenden Währung auszuweichen. Allerdings hat in der Praxis *ein Teil des heißen Geldes eindeutig spekulativen Charakter*. Es geht hier also um die Ausnutzung einer Gewinnchance und nicht um die Vermeidung eines Risikos. So handeln z. B. Amerikaner spekulativ, die angesichts einer bevorstehenden Dollar-Abwertung die Dollar in kurzfristige DM-Forderungen transferieren, um die DM nach erfolgter Dollar-Abwertung wieder in Dollars zu transferieren. Sie erlösen auf diese Weise einen höheren Dollarbetrag, als sie vor der Abwertung eingesetzt hatten. Deutsche dagegen, die ihre Dollarguthaben in DM transferieren, weil sie befürchten, daß ein späterer Transfer nur zu einem für sie ungünstigen Wechselkurs möglich sein würde, streben Risikovermeidung an.

In der Realität wird das eigentliche Motiv häufig nicht eindeutig erkennbar sein. Außerdem dürfte es zwischen „Fluchtgeldern“ und „hot money“ häufig Zusammenhänge geben. So liegt es nahe, daß Inhaber von Fluchtgeldern ihre im Ausland befindlichen Guthaben vor einer Entwertung gegenüber anderen Währungen schützen wollen. Bei vermuteten Wechselkursänderungen werden sie also aus der oder den schwachen in die starken Währungen transferieren.

Besonderes Gewicht, ja systemverändernde Wirkung erlangten Bewegungen heißen Geldes Anfang der siebziger Jahre. In kurz aufeinanderfolgenden Wellen flossen riesige Dollarbeträge in verschiedene westeuropäische Länder, insbesondere in die Bundesrepublik, um dem Risiko einer Dollarabwertung zu entgehen bzw. um die sich daraus ergebenden Gewinnchancen wahrzunehmen. Denn seit der 1969 erfolgten Aufwertung der DM rückte das Bewußtsein einer erheblichen Überbewertung des Dollars immer stärker in den Vordergrund und damit auch die Überzeugung, daß weitere Wechselkurskorrekturen unvermeidlich seien. Mehrere durch die heißen Gelder erzwungene oder zumindest beschleunigte Wechselkursänderungen, darunter die weltweite Neufestsetzung der Wechselkursrelationen vieler westlichen Währungen im Dezember 1971, führten jeweils nur zu vorübergehender Beruhigung der währungspolitischen Situation. So war es beinahe zwangsläufig, daß das Währungssystem von Bretton Woods schließlich de facto abgelöst wurde, indem im März 1973 alle westeuropäischen Staaten (und viele andere Staaten ebenfalls) ihre Wechselkurse gegenüber dem Dollar freigaben. Diese Entwicklung wurde begünstigt durch die immer stärkere internationale Verflechtung der nationalen Kreditmärkte und die Herausbildung neuer internationaler Geldmärkte (Eurodollarmarkt), die den internationalen Kreditverkehr erleichterten und beschleunigten.

Es gab jedoch zwei wesentliche Gründe dafür, daß auch nach der Einführung flexibler Wechselkurse die spekulativen Devisenströme nicht versiegten. Einmal war es der Umstand, daß die Notenbanken immer wieder durch Interventionen in die freie Wechselkursbildung eingriffen (schmutziges Floaten) und damit der spekulativen Phantasie neue Nahrung gaben. So hätte z. B. eine Einstellung der Interventionen der Notenbanken zu abrupten Wechselkursänderungen führen können. Zum zweiten war es die in vieler Hinsicht einmalige Erfahrung der Ölkrise, die neben anderen schwerwiegenden Wirkungen den wenigen ölproduzierenden Ländern riesenhafte Dollarbeträge zuschwemmte. Die Unmöglichkeit, diese Beträge umgehend zu Importerhöhungen zu nutzen oder langfristig im In- oder Ausland anzulegen, führte dazu, daß der Großteil dieser Mittel im Ausland kurzfristige Anlage suchte und somit das Volumen des hot money in der Weltwirtschaft drastisch erhöhte. Bewegungen dieses Geldes hatten daher (wegen ihres Umfanges) starke Wirkungen auf die Devisenmärkte und führten zu erheblichen Wechselkursschwankungen, die wiederum die Währungsrisiken im internationalen Güter- und Kapitalverkehr erhöhten und daher von den betroffenen Ländern nicht ohne weiteres hingenommen wurden.

(3) Altruistische und karitative Motive

Eine weitere Ursache privaten Kapitalexports kann der Wunsch sein, im Ausland lebende Angehörige zu unterstützen oder aus karitativen Gründen bedürftigen Ausländern direkt oder indirekt über karitative Institutionen finanzielle Hilfe zu gewähren. Ins Gewicht fallende Dimensionen gewann diese Art von Kapitalexport in einigen westeuropäischen Ländern, insbesondere aber in der Bundesrepublik, mit der ungeahnten Zunahme der Gastarbeiter. Allerdings wäre es nicht nur vertretbar sondern auch logischer, die Gastarbeiterüberweisungen nicht als unentgeltliche finanzielle Leistung des Inlands an das Ausland auszuweisen, wie das in der Zahlungsbilanzrechnung der Bundesrepublik geschieht, sondern sie als Gegenwert für importierte Dienstleistungen anzusehen[2].

b) Ursachen staatlichen Kapitalexports

(1) Außenpolitische Motive

Im Prinzip können auch staatliche Kapitalexporte von den Motiven Ertragsstreben und Risikovermeidung ausgelöst sein. Die typischen Beweggründe sind das jedoch nicht. Vielmehr spielen *außenpolitische Motive* bei staatlichen Kapi-

2 Vgl. oben, S. 42 ff.

talexporten häufig die überragende Rolle. Hinter dem Etikett „außenpolitisch" verbirgt sich allerdings meist ein *Komplex unterschiedlicher Motive und Ziele*, unter denen auch ökonomische ihren Platz haben.

Außenpolitisch bestimmt waren und sind vor allem die *Entwicklungshilfe und die Militärhilfe* als die vom Umfang her bedeutendsten Arten staatlichen Kapitalexports nach dem Zweiten Weltkrieg. Hier steht das unmittelbare wirtschaftliche Interesse der Geberländer zumindest nicht im Vordergrund, obwohl zu Recht auch auf die langfristig positive ökonomische Wirkung effizienter Entwicklungshilfe für die Geberländer hingewiesen wird. Der vielleicht stärkste Impuls ging vielmehr von dem Streben der beiden weltpolitischen Machtblöcke aus, das Abwandern der Entwicklungsländer in das jeweils gegnerische politische Lager zu verhindern. Inwieweit dabei *im Einzelfall moralische, sicherheitspolitische, kulturhistorische, rohstoffpolitische, ökonomische oder noch andere Beweggründe* mitspielen oder im Vordergrund standen, läßt sich häufig kaum nachprüfen oder beweisen. Es gibt allerdings auch Fälle, bei denen das ökonomische Interesse des Geberlandes oder einzelner Gruppen klar zutage tritt. So bei den Arten von Entwicklungshilfe, die direkt der Exportförderung dienen, wie z. B. gebundene Kredite, die den Empfänger zu Käufen im Geberland verpflichten. Im weiten Sinne außenpolitischen Charakter haben auch *Reparationszahlungen* oder im speziellen Fall Deutschlands die *Wiedergutmachungszahlungen* an Israel.

(2) Ökonomisches Motiv - gesamtwirtschaftliche Ziele

Aber auch dort, wo bei staatlichen Kapitalexporten das *ökonomische Motiv* nachweisbar oder klar ersichtlich ist, geht es im allgemeinen nicht um die Verfolgung einzelwirtschaftlicher Interessen, sondern um die *Verfolgung gesamtwirtschaftlicher Ziele*. So kann z. B. ein staatlicher Kredit an das Ausland mit der Absicht der Steigerung der Exportnachfrage zum Zweck der *Stützung der Binnenkonjunktur* gewährt werden (Ziel der Vollbeschäftigung).

Ein anderes gesamtwirtschaftliches Ziel, das als Bestimmungsgrund für staatliche Kapitalexporte eine größere Rolle spielt, ist in einem internationalen Währungssystem mit festen Wechselkursen das *Zahlungsbilanzgleichgewicht*. Dem nach dem Zweiten Weltkrieg installierten Bretton-Woods-System war eine Tendenz zu strukturellen Zahlungsbilanzungleichgewichten immanent. Zur Aufrechterhaltung des Systems wurden neben anderen Maßnahmen immer wieder in erheblichem Umfang Währungskredite von Überschußländern oder internationalen Organisationen an Defizitländer gegeben, um wenigstens eine vorübergehende Verbesserung der Zahlungsbilanzsituation herbeizuführen. Diese Maßnahmen erwiesen sich à la longue jedoch als nutzlos, weil in der Mehrzahl der Fälle die Defizitländer den ihnen mit der Zahlungsbilanzhilfe gewährten zeitlichen Spielraum nicht für die notwendigen Anpassungsmaßnahmen nutzten.

c) Induzierte und autonome Kapitalbewegungen

In den Rahmen der Überlegungen über die Ursachen internationalen Kapitalverkehrs gehört auch die Unterscheidung zwischen induziertem und autonomem Kapitalverkehr. Von *induziertem* Kapitalverkehr wird dann gesprochen, wenn der Staat Kapitalbewegungen als *bewußte* und *gewollte* Reaktion auf die Entwicklung der Zahlungsbilanz vornimmt oder veranlaßt. *Autonom* sind dementsprechend die Kapitalbewegungen, die allein aufgrund der Marktgegebenheiten und ohne die Absicht der bewußten Beeinflussung der Zahlungsbilanz zustande kommen. Induzierte Kapitalbewegungen sind also das Resultat politischen Handelns, mit der Ausrichtung auf das gesamtwirtschaftliche Ziel Zahlungsbilanzausgleich. Wenn z. B. ein Staat wegen einer Passivierung seiner Leistungsbilanz (sinkende Devisenbestände) die Kreditgewährung an Entwicklungsländer einschränkt oder wenn ein Land einem ins Defizit geratenen Partnerland Stützungskredite gewährt, so wären das Beispiele für internationale Kreditbewegungen, die durch die Zahlungsbilanzentwicklung eines oder mehrerer Länder induziert worden sind.

Auch die spezielle Situation der Bundesrepublik liefert ein anschauliches Beispiel für induzierte staatliche Kapitalexporte. Aufgrund der jahrzehntelangen Überschußposition der deutschen Leistungsbilanz sahen sich die jeweiligen Bundesregierungen veranlaßt, aber auch in der Lage, Kredite und Finanzhilfen in erheblichem Umfang an das Ausland zu vergeben. D. h. die Regierungen sahen sich in der günstigen Situation, daß das zahlungsbilanzpolitisch Gebotene den außenpolitischen Wünschen entsprach. Damit ist angedeutet, daß es zu *Zielkollisionen* zwischen außenpolitischen und zahlungsbilanzpolitischen Zielsetzungen kommen kann. Aus diesem Grunde dürfte es in vielen konkreten Fällen schwierig oder unmöglich sein nachzuweisen, ob und in welchem Umfang ein Kapitalexport durch die Zahlungsbilanzsituation induziert worden ist[3]. Dadurch wird die Relevanz dieser analytisch überzeugenden Gliederung stark beeinträchtigt.

3. Formen internationalen Kapitalverkehrs

Auch im Vorangegangenen ist implizit schon von Formen des internationalen Kapitalverkehrs die Rede gewesen, wie überhaupt festzustellen ist, daß es enge Interdependenzen zwischen Ursachen und Formen des Kapitalverkehrs gibt. Außerdem ist auch der Begriff „Formen“ nicht eindeutig. So könnte man priva-

---

3 Vgl. oben, S. 65 f.

ten und öffentlichen Kapitalverkehr auch als Formen des internationalen Kapitalverkehrs bezeichnen, ebenso die schon getroffene Unterscheidung zwischen autonomem und induziertem Kapitalverkehr. Deswegen sei vorweg bemerkt, daß es im folgenden vornehmlich *um den technischen Aspekt,* um die Modalitäten des internationalen Kapitalverkehrs geht, d. h. um die Frage, auf welche Art und Weise Kapital ins Ausland transferiert werden kann. Ein wichtiges Unterscheidungsmerkmal in diesem Zusammenhang ist die *Fristigkeit der Anlage,* die im übrigen auch die Abwicklungsmodalitäten des Kapitalverkehrs beeinflußt. Es wird daher zunächst zwischen kurzfristigen und langfristigen internationalen Kapitalbewegungen unterschieden.

a) Kurzfristige internationale Kapitalbewegungen

Üblicherweise werden Kreditgeschäfte mit Laufzeiten bis zu zwei Jahren als kurzfristig bezeichnet. Das gilt auch für internationale Kredite. Der internationale Kurzkredit kann grundsätzlich in den gleichen Formen abgewickelt werden, wie sie auch auf den inländischen Kreditmärkten üblich sind. So kann es sich im Verkehr zwischen Banken um *kurzfristige Buchkredite* entsprechend den inländischen Geldmarktkrediten handeln, also um Tagesgeld, tägliches Geld, Monatsgeld etc. Ebenso können auch (aus der Sicht des Anlegers) ausländische *Geldmarktpapiere,* also ausländische Schatzwechsel und andere kurzfristige Staatspapiere Gegenstand des Kreditgeschäftes sein.

Eine wichtige Form internationalen Kurzkredites *zwischen Nichtbanken* ist der *Wechselkredit* in Form des Handelswechsels und des Bankakzeptes. De facto kurzfristig ist auch ein Teil der internationalen Wertpapiergeschäfte, nämlich dann, wenn ausländische Aktien, Obligationen, Pfandbriefe oder Staatsanleihen in spekulativer Absicht, also zur Realisierung vermuteter Kurschancen, gekauft werden. Ferner treten auch Private als *Einleger bei ausländischen Banken* auf. Wenn es sich dabei um Sichtdepositen oder kurzfristig terminierte Einlagen handelt, ist auch hier ein kurzfristiger internationaler Kreditverkehr zu verzeichnen. Auf der anderen Seite können Inländer kurzfristige Kredite (Kontokorrent-, Wechselkredit o. a.) bei ausländischen Banken aufnehmen. Seit den sechziger Jahren hat sich eine besondere Organisationsform, ein neuer Markt für internationale Ausleihungen von auf ausländische Währung lautenden Sichtdepositen (Devisen) entwickelt, der Eurodollarmarkt. Sein Volumen und damit seine Bedeutung als internationaler Geldmarkt hat sich ständig erhöht (Näheres siehe III. Kapitel: Euromärkte, S. 322 ff.).

Wenn man vom Eurodollarmarkt zunächst absieht, so ist zu vermerken, daß sich die Abwicklung des kurzfristigen internationalen Kapitalverkehrs auf relativ wenige internationale **„Finanzplätze"** konzentriert. Zu nennen sind insbesondere New York, London, Zürich, Paris und Frankfurt. Aber auch andere Plätze wie Singapur oder Hongkong haben Bedeutung. Darüber hinaus sind in einigen arabischen Ländern, wie auch in Persien und in anderen Ländern, Bemühungen zur Etablierung neuer internationaler Finanzzentren erkennbar.

Es gibt jedoch verschiedene *Voraussetzungen* dafür, daß das Publikum einen „Platz“ als internationalen Geldmarkt akzeptiert und entsprechend frequentiert. Wichtige Voraussetzung ist das *Vertrauen in die Stabilität der Währung* des Gastlandes. Denn vermutete Verringerungen des Außenwertes (des Wechselkurses) der jeweiligen Währung bedeuten für die Ausländer, die Transaktionen auf der Basis dieser Währung abwickeln, ein erhöhtes Risiko bzw. eine Erhöhung der für die Absicherung dieses Risikos aufzuwendenden Kosten (Kurssicherungskosten). Weitere wichtige Voraussetzungen sind: (1) *Freie Konvertierbarkeit* der jeweiligen Währung, die den jederzeitigen Transfer in eine andere Währung ermöglicht. (2) Ein *leistungsfähiges Bank- und Börsenwesen*, das sowohl vom Volumen der zu bewältigenden Transaktionen als auch von den vorhandenen Anlagealternativen und Kreditmöglichkeiten internationalen Geldmarktansprüchen genügt. (3) Die jeweilige Währung sollte als *Transaktionswährung* im internationalen Waren- und Kreditverkehr eine bedeutende Rolle spielen; denn es liegt auf der Hand, daß internationale Geldmarktgeschäfte bevorzugt in den Währungen durchgeführt werden, in denen auch der internationale Handel und der damit verbundene Kreditverkehr abgewickelt wird.

Diese Voraussetzungen wurden bis zum Zweiten Weltkrieg vom *englischen Pfund* am besten erfüllt. Ein großer Teil des Welthandels wurde in Pfund Sterling fakturiert. London verfügte über das bestausgebildete Bankwesen, und die offiziellen Währungsreserven der meisten Länder bestanden ganz oder teilweise aus Pfund Sterling. *London* war daher lange Zeit unangefochten der wichtigste internationale Finanzplatz. Es mußte diese Rolle jedoch nach Ende des Zweiten Weltkrieges an **New York** abtreten. Denn die inzwischen errungene wirtschaftliche Vormachtstellung der USA machte den Dollar mit der beginnenden Liberalisierung des internationalen Handels- und Zahlungsverkehrs zur ersten Transaktionswährung, zumal die USA inzwischen den größten Anteil am Welthandel erreicht hatten. Die 1946 in Bretton Woods vereinbarte Neuordnung des Weltwährungssystems machte den Dollar außerdem zur Leitwährung und damit zur wichtigsten internationalen Reservewährung. Die Stellung Londons als internationaler Geldmarkt wurde auch durch die Labilität der englischen Wirtschaft erschüttert, die ihren Ausdruck u. a. in strukturellen Leistungsbilanzdefiziten, in Reglementierungen des Zahlungsverkehrs, in Pfundabwertungen und schließlich in der Freigabe des Pfundkurses fand. Wenn London trotzdem auch gegenwärtig noch seine nicht unbedeutende Stellung als internationaler Finanzplatz behauptet, so ist das einmal auf die nach wie vor hohe Leistungsfähigkeit des britischen Bankwesens zurückzuführen, zum anderen darauf, daß die Länder der sogenannten Sterling Area (in der Hauptsache ehemalige englische Kolonien) zum Teil noch in Pfund Sterling fakturieren und Währungsreserven in Pfund Sterling halten, und schließlich auf die neuen Aufgaben, die London mit der Entstehung des Eurodollarmarktes zugewachsen sind.

Aber auch die *Stellung des Dollars* ist durch die währungspolitische Entwicklung der siebziger Jahre *erschüttert* worden. Daß er trotz der schweren Währungskrisen in dieser Zeit, die im wesentlichen Dollar-Krisen waren und zur De-facto-Suspendierung des Bretton-Woods-Systems führten, *dennoch die führende Währung* im internationalen Handels- und Kreditverkehr blieb, ist auf den Mangel an vollwertigen Alternativen zurückzuführen. Kein anderes westliches Land hat die organisatorische und banktechnische Kapazität, um die Rolle des New Yorker Geldmarktes zu übernehmen. Vor allem aber hätte kein anderes Land nationale Währung für internationale Transaktionszwecke in dem Umfang bereitstellen können, wie es zur Aufrechterhaltung und Durchführung des stark gewachsenen internationalen Waren- und Kreditverkehrs erforderlich gewesen wäre. So haben in den letzten Jahren zwar andere Währungen und Finanzplätze, insbesondere die DM und der Schweizer Franken, an Bedeutung gewonnen, indem sie in gewissem Umfang als Fakturawährung, als Anlagewährung und auch als Reservewährung verwendet wurden, den ersten Platz konnten sie dem Dollar und damit New York jedoch nicht streitig machen.

(1) Außenhandelskredite

Beim Abschluß internationaler Handelsgeschäfte werden häufig spezielle Kreditvereinbarungen getroffen. Nur in relativ seltenen Fällen wird ein Außenhandelsgeschäft ohne Kredit abgewickelt. Normalerweise erfolgt die Bezahlung von privaten Handelsgeschäften gegen Wechsel, und dieser wird vom Lieferanten im Lande mit dem günstigeren Zinssatz diskontiert. Kreditgeber kann sowohl der Lieferant (Exporteur) als auch der Abnehmer (Importeur) sein. Ersteres ist der Fall, wenn die Bezahlung erst eine bestimmte vereinbarte Frist *nach Erhalt* der Waren erfolgt (Lieferantenkredit); letzteres ist der Fall, wenn der Importeur *vor Erhalt* der Waren zahlt (Abnehmerkredit). Bei den kreditierten Mitteln kann es sich um Eigenmittel der Außenhändler oder aber um kreditierte Mittel inländischer oder ausländischer Banken handeln.

Die Außenhandelsfinanzierung durch den Importeur *(Abnehmerkredit)* findet zumeist auf eine der folgenden Arten statt: (1) Kasse gegen Dokumente: Der Käufer hat sofort bei Eintreffen der Dokumente zu zahlen, was einer Kreditgewährung gleichkommt, wenn – was die Regel ist – die Dokumente früher als die Ware selbst beim Importeur eintreffen. (2) Letter of Credit: Der Importeur hat eine Bank beauftragt, dem Exporteur auf Grund eines Letter of Credit zu zahlen. Außer dem Kreditverhältnis zwischen Exporteur und Importeur besteht hier ein Kreditverhältnis zwischen Importeur und Bank. (3) Vorauszahlung: Der Importeur gewährt selbst den Kredit, der vorzugsweise bei Großaufträgen zur Erstellung von Industrieanlagen gewährt wird. Wenn der ausländische Abnehmer sich selbst um einen Kredit bemüht, so wendet er sich meist an ein Finanzierungsinstitut im Lande des Lieferanten. In der Bundesrepublik vergibt die Kreditanstalt für Wiederaufbau als deutsche „Entwicklungsbank“ solche Finanzkredite.

Ist der Exporteur Kreditgeber *(Lieferantenkredit)*, so sind dies die gebräuchlichsten Kreditformen: (1) Offener Buchkredit: Der Exporteur räumt einen ungedeckten Blankokredit ein, der allerdings durch einen Avalkredit abgesichert werden kann. (2) Trassierung auf den Käufer: Der Importeur muß bei Erhalt der Dokumente sein Akzept geben. Der Lieferant (Exporteur) gewährt also einen Wechselkredit, wodurch sich für ihn allerdings Refinanzierungsmöglichkeiten bei Banken ergeben können.

Wegen der scharfen Anbieterkonkurrenz auf den Weltmärkten und wegen des akuten Kapitalmangels in vielen Abnehmerländern hat der **Lieferantenkredit** immer mehr an Bedeutung gewonnen; gleichzeitig haben sich seine Laufzeiten tendenziell immer mehr verlängert; denn die Lieferanten versuchten zunehmend auch mit Hilfe attraktiver Finanzierungskonditionen Aufträge hereinzuholen, indem sie bei niedrigen Zinsen die Laufzeiten erhöhten. De facto sind Lieferantenkredite daher häufig mittel- oder langfristig. Damit wird allerdings dem Exporteur im allgemeinen ein so beträchtliches Risiko aufgebürdet, daß er sich dagegen zu versichern sucht.

Im Jahre 1934 vereinigten sich die Kreditversicherer zur „Union d'assureurs des crédits internationaux“ (Berner Union), die eine Art Kodex der guten Sitten beim Exportkredit erarbeitet hat. Sie empfiehlt ihren Mitgliedern, Lieferantenkredite nur zu versichern, wenn das Zahlungsziel um nicht mehr als fünf Jahre nach dem Ablieferungstermin liegt. Abweichungen von dieser Norm sind allerdings infolge des verschärften Konkurrenzkampfes auf den internationalen Märkten in den letzten Jahren häufig geworden. Ein wesentlicher Grund für diese Entwicklung liegt auch darin, daß die Staaten offene oder versteckte Exportförderung betreiben. *Ein* Instrument im vielfältigen Arsenal der staatlichen Exportförderungsmaßnahmen ist die völlige oder teilweise *Übernahme des Risikos, das auf Außenhandelsforderungen* lastet. Eine teilweise Risikoübernahme liegt dann vor, wenn die Exporteure für die Versicherung ihrer Forderung zwar eine Prämie zahlen, das Prämienaufkommen jedoch nicht ausreicht, die Verlustfälle abzudecken, so daß die Differenz aus öffentlichen Mitteln zugeschossen werden muß. Nach diesem Prinzip arbeiten in der Bundesrepublik die Hermes Kreditversicherungs-AG und die Deutsche Revisions- und Treuhand-AG.

Der kreditgewährende Exporteur wird zwecks Minderung oder Ausschaltung des Wechselkursrisikos nach Möglichkeit durchzusetzen versuchen, daß der Handelsabschluß auf seine eigene Währung oder auf eine harte, sichere Währung lautet. Auf sie wäre dann auch der entsprechende Wechsel ausgestellt. England war lange Zeit der Weltbankier für Außenhandelsgeschäfte. Ein hochspezialisierter Geldmarkt steht hierfür in London zur Verfügung, auf dem die Merchant Banks eine Schlüsselstellung einnehmen. Gegen eine Kommission, deren Höhe von der Kreditfähigkeit der Kunden und von den Wechselbeträgen abhängt, setzen sie ihr Akzept auf die Handelswechsel. Sie übernehmen die wechselmäßige Haftung für die Bezahlung der Waren und nehmen als Sicherheit die Verschiffungsdokumente in Verwahrung. Diese Wechsel werden von den Londoner Diskontbanken angekauft, die das Wechseldiskontgeschäft bei Inanspruchnahme von täglich kündbaren Krediten bei den Depositenbanken auf eigene Rechnung betreiben. Da jedoch die internationale Geltung des Pfund Sterling aus den erwähnten Gründen radikal gesunken ist, wird auch die internationale Bedeutung des Londoner Geldmarktes mehr und mehr beeinträchtigt.

(2) Arbitragebedingte Kurzkredite

Derartige Kurzkredite werden durch bestehende Zinsunterschiede zwischen In- und Ausland induziert. Durch Geldanlage im Ausland realisiert der jeweilige inländische Anleger einen zusätzlichen *Zinsgewinn* (Arbitragegewinn). Je unbeschränkter von staatlichen Reglementierungen die Geldströme über die Grenzen fließen können und je ausschließlicher sie von Zinserwägungen bestimmt werden, desto schneller und vollkommener werden internationale Zinsdifferenzen abgebaut.

Internationale Zinsarbitrage wird *insbesondere von Banken* betrieben, die über die notwendige Marktübersicht verfügen und die Modalitäten und Usancen dieses Geschäftes am besten kennen. Sie sind es vor allem, die auf eine Erhöhung des Zinses auf einem ausländischen Geldmarkt mit Geldexporten reagieren, indem sie ausländische Geldmarktpapiere kaufen oder indem sie bei ausländischen Banken kurzfristige Termineinlagen vornehmen. In zunehmendem Maße wird jedoch diese Geschäftsart auch von großen Industrie- und Handelsunternehmen, insbesondere von multinationalen Unternehmen, betrieben. Auch sie sind darum bemüht, auf diese Weise ihre nicht unbeträchtlichen liquiden Mittel möglichst zinsgünstig anzulegen. Im Gegensatz zur bisherigen Darstellung kann die Initiative zur Zinsarbitrage auch vom Schuldner (Kreditnehmer) ausgehen, indem er sich auf dem Geldmarkt mit den niedrigsten Zinsen verschuldet und damit eine Verringerung der Kreditkosten erreicht.

Da es sich um grenzüberschreitende Kreditbewegungen handelt, die mit einem Transfer von einer Währung in eine andere einhergehen, ist der Erfolg von solchen Transaktionen (Zinsgewinn bzw. Kreditkostenverringerung) immer dann gefährdet, wenn eine Wechselkursänderung möglich ist. Will der Arbitrageur sich nicht auf spekulative Engagements einlassen - was in der Realität übrigens nicht selten geschieht -, so muß er sich gegen dieses *Risiko absichern.* Diese Sicherung ist z. B. für einen deutschen Geldexporteur, der Gelder kurzfristig am New Yorker Geldmarkt anlegen möchte, dann gegeben, wenn er nach Beendigung seiner Anlage die Dollar zu einem bestimmten, *vorher bekannten und unveränderlichen* Wechselkurs in seine heimische Währung zurücktauschen kann. Diese Möglichkeit der Absicherung gegen Wechselkursrisiken bietet der Devisenmarkt, und zwar der *Devisenterminmarkt;* denn hier treten Marktteilnehmer auf, die bereit sind, das Kursrisiko zu übernehmen. Allerdings hat der Arbitrageur dafür im allgemeinen gewisse Kosten (Kurssicherungskosten) zu tragen. Sie mindern natürlich bei gegebener Zinsdifferenz zwischen In- und Ausland den möglichen Zinsgewinn und können ihn u. U. ganz kompensieren. In diesem Fall würde es also trotz vorhandener Zinsdifferenz *nicht* zu internationalen Geldströmen kommen. Die Funktionsweise der Devisenmärkte ist im II. Kapitel „Devisenmärkte“ eingehend dargestellt.

(3) Spekulationsbedingte Kurzkredite

An früherer Stelle war darauf verwiesen worden, daß das Spekulations- und das Risikominderungsmotiv wichtige Anstöße für internationale Kurzkredite darstellen. Wenn man von der Waren- und der Wertpapierspekulation absieht, die ja sowohl im Inland wie im Ausland möglich sind, so ist die eigentlich typische Quelle für Spekulationschancen, aber auch Risiken, im internationalen Kreditverkehr der Wechselkurs oder besser gesagt, seine Veränderungen. Bei absolut festen Wechselkursen kann es also *Devisenspekulationen* nicht geben, wie ebenso Vorkehrungen zur Vermeidung des Wechselkursrisikos überflüssig sind. Wenn auch Paritätsänderungen im System von Bretton Woods entsprechend den Intentionen der Systemgründer zunächst recht selten waren, so war doch ein gewisser Anreiz zu Währungsspekulationen vorhanden. Dieser Anreiz wurde um so größer, je unsicherer die Wechselkursstabilität wurde bzw. je häufiger Wechselkurskorrekturen vorgenommen wurden. Bei floatenden Wechselkursen bieten sich ebenfalls erhebliche Möglichkeiten für die Währungsspekulation. Das *Grundmuster eines wechselkursbedingten spekulativen Kurzkredites* ist folgendes: Der Spekulant transferiert in eine solche Währung, von der er glaubt, daß sich ihr Außenwert in Kürze erhöhen wird. Den transferierten Betrag legt er kurzfristig und leicht liquidierbar (im Ausland) an. Trifft seine Erwartung ein und der Außenwert der Währung (z. B. der DM) steigt, so kehrt er in die ursprüngliche Währung (z. B. in den Dollar) zurück, wobei er mehr Dollar erlöst, als er ursprünglich für den DM-Erwerb aufgewendet hat. Diese Differenz ist sein Spekulationsgewinn, der allerdings gegebenenfalls noch um die Differenz des Zinsertrages zwischen Inlands- und Auslandsanlage und um die Kosten des Transfers zu korrigieren ist.

Nicht jeder wechselkursbedingte Wechsel von einer Währung in eine andere ist jedoch als Spekulation zu bezeichnen. Zumindest gedanklich kann man zwischen Spekulation und *Risikoverminderung* unterscheiden. Im konkreten Fall mag die Zuordnung allerdings schwierig sein. Aus einer Reihe von Gründen halten Gläubiger oft erhebliche Mittel nicht in ihrer heimischen sondern in ausländischer Währung. Von den Devisenguthaben der Notenbanken und Geschäftsbanken war schon die Rede. Aber auch große Unternehmen, vermögende Privatleute oder Staaten, z. B. Erdölländer, halten in erheblichem Umfang Devisen, und zwar in einer Währung, die sie für hart (stets konvertierbar) und/oder wertstabil (nach innen und außen) und/oder relativ gut verzinslich halten. Diese Gelder werden meist kurzfristig angelegt, um sie bei Bedarf anderweitig einsetzen zu können. Man kann davon ausgehen, daß die Interessenlage dieser Anleger sich in der Regel von der aktiver Spekulanten unterscheidet. Sie möchten einmal die jederzeitige Verfügbarkeit ihrer Guthaben gesichert wissen, wofür die Konvertibilität der jeweiligen Währung wichtige Voraussetzung ist. Sie möchten vor allem aber verhindern, daß der Wert ihres Devisenguthabens gegenüber anderen Währungen sinkt; denn der Transfer in eine andere Währung im Zuge einer anderweitigen Verwendung der Guthaben brächte dann einen Verlust. Das Bestreben, einen solchen Verlust zu vermeiden, ist es also, das diese Anleger veranlaßt, im Falle eines Abwertungsverdachts „ihrer“ Währung in eine andere Währung „umzusteigen“. Und der hohe Liquiditätsgrad ihrer Anlagen ermöglicht ihnen eine prompte Reaktion auf erkennbare oder vermutete währungspolitische Veränderungen. Dieser Empfindlichkeit und der hohen Reaktionsgeschwindigkeit, die sie mit spekulativen Geldern gemeinsam haben, verdanken diese Anlagen ihre Bezeichnung als „*heißes Geld*“. Wie bereits betont, können sie in Währungssystemen mit festen Wechselkursen zur Gefährdung des ganzen Systems führen, zumal die dadurch verursachten Devisenströme durch die rein spekulativen Gelder noch vergrößert werden. Auch diese Gelder werden unter den Begriff „hot money“ subsumiert; denn sie unterscheiden sich von erstgenannten in der Hauptsache durch die Motivation der Guthabeninhaber. Die empirische Ermittlung der Handlungsmotive dürfte in diesem speziellen Fall auf besondere Schwierigkeiten stoßen. Außerdem ist zu bedenken, daß sich Motive auch mischen können oder daß sich die Motivation der Akteure im Zeitverlauf ändern kann.

Die technische Abwicklung dieser Art von internationalem Kapitalverkehr zeigt im Prinzip keine Besonderheiten gegenüber anderen kurzfristigen Engagements. D. h. als *Anlageformen* kommen *Sicht- und Termineinlagen* bei ausländischen Banken in Betracht oder aber *kurzfristige Wertpapiere,* insbesondere Staatspapiere (wie Schatzwechsel etc.) des Anlagelandes. Als Anlageort werden vorzugsweise die leistungsfähigen internationalen Finanzmärkte ausgewählt, also je nach der Währung, in der man anlegen möchte, New York, London, Zürich, Frankfurt usw. Zu erwähnen ist auch hier der Eurodollarmarkt, der auch Nichtbanken einerseits Anlagemöglichkeiten für ihre Devisenguthaben, andererseits aber zusätzliche Kreditquellen erschließt. (Näheres siehe unten, S. 322 ff.) Sind auch die durch vermutete Wechselkursveränderungen ausgelösten Devisentransaktionen von Umfang und Wirkung her am bedeutsamsten, so gibt es noch *andere Risiken,* die zur Geldanlage im Ausland veranlassen können. So das politische Risiko einer Verstaatlichung oder das Risiko eines Kapitalexportverbots oder des Transferverbot der Kapitalerträge oder das Risiko einer verschärften Besteuerung (Steuerflucht). Es liegt auf der Hand, daß diese Kapitalbewegungen mit einem Mantel der Geheimhaltung umgeben werden (Kapitalflucht). Es liegt daher die Vermutung nahe, daß derartige Anlagen de facto eher langfristigen Charakter haben und aus Geheimhaltungsgründen auf währungspolitische Signale nicht mit der gleichen Empfindlichkeit reagieren wie das sog. hot money.

(4) Devisen-Kurzkredite

Zu einem beachtlichen Teil waren und sind kurzfristige internationale Anlagen die notwendige Folge des herrschenden Weltwährungssystems. So bedingte das auf festen Wechselkursen basierende Bretton-Woods-System einen gewissen Bestand an Währungsreserven bei den beteiligten Notenbanken. Diese Währungsreserven wurden in erster Linie in den Leitwährungen Dollar und Pfund Sterling gehalten, wobei das Pfund immer mehr an Bedeutung verlor. Die offiziellen Währungsreserven stellen eine im Prinzip *kurzfristige Kreditgewährung* an das jeweilige Reservewährungsland dar; denn die Dollarreserven werden von den Notenbanken entweder als kurzfristige Dollarguthaben bei amerikanischen, insbesondere New Yorker Banken gehalten (Währungsreserven in Pfund Sterling finden entsprechende Anlage bei Londoner Banken) oder aber sie werden in kurzfristigen amerikanischen Staatspapieren wie Schatzwechseln und anderen Geldmarktpapieren angelegt. Bei strukturellen Zahlungsbilanzüberschüssen und damit wachsenden Währungsreserven eines Landes werden diese de facto zu unfreiwilligen langfristigen Krediten.

Auch nachdem die Wechselkurse vieler westlicher Industrieländer seit Frühjahr 1973 gegenüber dem Dollar frei schwanken, so daß Notenbankinterventionen gegenüber dem Dollar überflüssig wären und sich daher auch das Halten von Dollarreserven eigentlich erübrigte, verfügen Notenbanken, wie z. B. die

Deutsche Bundesbank, nach wie vor über Devisenreserven. Sie werden auch gegenwärtig noch - wenn auch zurückhaltender - zur Wechselkursbeeinflussung eingesetzt.

Derartige Devisen-Kurzkredite werden jedoch nicht nur von Notenbanken sondern *auch von Geschäftsbanken* an das Ausland gewährt. Seit nämlich 1958 die westeuropäischen Länder zur Konvertibilität zurückgekehrt waren, konnten die Banken sicher sein, jederzeit Devisen in heimische Währung und umgekehrt transferieren zu können. Das veranlaßte sie, ihr Fremdwährungsgeschäft stark auszuweiten, indem sie z. B. von Exporteuren Devisen aufkauften, ohne sie sofort in einheimische Währung zu transferieren. Vielmehr legten sie sie ebenfalls kurzfristig auf ausländischen Geldmärkten an, um sie bei Bedarf an eigene Kunden, z. B. Importeure oder Kreditnehmer, weiterzugeben. Der Grund der Anlage im Ausland ist in diesen Fällen also nicht oder nicht ausschließlich das attraktive ausländische Zinsniveau, sondern das Bestreben, Kunden kostengünstig mit Devisen bedienen zu können.

Über diese „normalen" und herkömmlichen Fremdwährungsgeschäfte der Banken hinaus hat sich seit Mitte der sechziger Jahre eine besondere Art von Fremdwährungsgeschäften herausgebildet und immer größere Bedeutung erlangt, die sich durch einige insbesondere institutionelle und technische Besonderheiten auszeichnet, so daß es gerechtfertigt erscheint, hier von einem besonderen Kreditmarkt zu sprechen. Dieser, mit der Bezeichnung Eurodollarmarkt belegte internationale Geldmarkt, wird wegen seiner erheblichen Bedeutung in einem gesonderten Abschnitt ausführlicher behandelt.

b) Langfristiger internationaler Kapitalverkehr

Die Gewährung von langfristigen Krediten an ausländische Schuldner wird grundsätzlich durch die gleichen Faktoren bestimmt wie der internationale Strom kurzfristiger Kredite, also vor allem durch Ertragsdifferenzen (Zinsdifferenzen, unterschiedliche Gewinnchancen) und das Risiko, insbesondere das Wechselkursrisiko. Da die Schuldverhältnisse stets in einer Währung begründet werden müssen, die entweder für den Schuldner oder für den Gläubiger oder auch für beide eine fremde Währung ist, müssen mögliche Wechselkursschwankungen einkalkuliert werden. Das ist um so schwieriger, je langfristiger der Kredit ist. Wenn auch die Ertragsdifferenzen der wichtigste Anlaß zu langfristigen Krediten sind, so gibt es doch auch langfristige Kredite, bei denen das spekulative Moment im Vordergrund steht. Das Risikokapital sucht mitunter nicht oder nicht präzise kalkulierbare Chancen als Anlageziel.

(1) Langfristige Lieferantenkredite und Darlehen

Auch bei den langfristigen Kapitalbewegungen gibt es hinsichtlich der technischen Abwicklung und der juristischen Gestaltung erhebliche Unterschiede, in denen sich zum Teil auch die unterschiedliche Zweckbestimmung der transferierten Mittel widerspiegelt. Eine dieser möglichen Kreditformen ist der *langfristige Lieferantenkredit.* Insbesondere beim Export von Investitionsgütern und ganzen Industrieanlagen ist die Einräumung von mittel- und langfristigen Krediten an die Abnehmer kaum zu umgehen, weil diese die Auftragsvergabe in vielen Fällen von einer für sie befriedigenden Regelung der Finanzierung abhängig machen. Im übrigen gilt das an früherer Stelle für die *kurzfristigen* Lieferantenkredite Gesagte (vgl. S. 225 f.).

Als mittel- oder langfristige Kredite sind auch **dauerhafte Swings** (Verrechnungsspitzen) im Handel zwischen zwei Ländern anzusehen. Solche Swings können nur entstehen, wenn zumindest eines der Partnerländer den Außenhandel staatlich reglementiert. Wird zwischen zwei Staaten ein Handelsabkommen abgeschlossen, welches das Volumen und die Zusammensetzung des Warenaustausches zwischen beiden Ländern für eine bestimmte Periode festlegt, so wird in aller Regel ein Swing in bestimmter Höhe vorgesehen. Er legt fest, in welchem Ausmaß der Wert der Exporte jedes der beteiligten Länder vom Wert der Importe abweichen darf. Damit soll dem Umstand Rechnung getragen werden, daß es schon aus technischen Gründen schwierig ist, für ein jederzeitiges Gleichgewicht des Exports und Imports zwischen den beiden Ländern zu sorgen.

Der Intention nach ist dieser Swing aber kurzfristiger Natur. Er ist spätestens am Ende des Vertragszeitraumes durch Devisenzahlungen auszugleichen. Die Realität sieht jedoch häufig anders aus. Im Handel zwischen Ostblockstaaten, im Rahmen des Comecon beispielsweise, werden Swings mit sog. konvertierbarem Rubel ausgeglichen. Diese Rubelguthaben nehmen jedoch nicht selten den Charakter eingefrorener Guthaben an, weil die Möglichkeit der Comecon-Länder, über die Planansätze hinaus zu exportieren, sehr begrenzt sind. Daher ist auch die Bereitschaft, gegen konvertible Rubel zu liefern, gering. Den Guthabeninhabern bieten sich also nur wenig Verwendungsmöglichkeiten. 1975 haben Comecon-Länder erstmals in nennenswertem Umfang harte Währung im internen Comeconhandel eingesetzt. Und zwar ging es dabei jeweils um die Bezahlung von zusätzlichen, über die bilateralen Außenhandelsvereinbarungen hinausgehende Lieferungen.

Bei Abkommen zwischen westlichen und Ostblockländern ist der Fall eines Exportüberschusses des westlichen Landes problematisch, weil die Ostblockländer meist nicht willens oder in der Lage sind den Saldo durch Devisenzahlungen auszugleichen. So geschieht es nicht selten, daß der Saldo in die nächste

Abkommens-Periode mit hinübergenommen wird. Ein Musterbeispiel eines solchen Dauerswings bietet der Handel zwischen der Bundesrepublik und der DDR. Ein seit mehreren Jahren bestehender Aktivsaldo der Bundesrepublik in unterschiedlicher Höhe (1974 ca. 2 Mrd. DM) wurde 1975 in einem Abkommen sanktioniert und auf eine Höhe von 850 Mill. DM für die Zeit von 1976 bis 1981 fixiert. Realiter handelt es sich bei diesem Swing um einen zinslosen staatlichen Kredit der Bundesrepublik an die DDR.

Eine weitere Form des langfristigen internationalen Kredits ist das *Darlehen*. Ähnlich wie auf den nationalen Kreditmärkten betätigen sich von *privater* Seite insbesondere die Banken als Darlehensgeber im Auslandsgeschäft. Wegen des erhöhten Risikos und der Schwierigkeit einer wirksamen Kreditsicherung im Auslandsgeschäft ist der Umfang derartiger privater Darlehen im Vergleich zu anderen Formen des langfristigen internationalen Kapitalverkehrs gering. Das gilt jedoch nicht für Auslandsdarlehen, die von *staatlicher* Seite gegeben werden. Vielmehr machen die Darlehen einen bedeutenden Teil des staatlichen Kapitalexports aus. Insbesondere im Rahmen der bilateralen oder multilateralen *Entwicklungshilfe* wird in großem Umfang mit Darlehen operiert. Zwar sind bei der Vielzahl der nationalen und internationalen Institutionen, die mit der Vergabe und/oder Verwaltung der öffentlichen Entwicklungshilfemittel beauftragt sind, durchaus unterschiedliche Praktiken zu konstatieren. Sie ändern jedoch nichts am Grundtatbestand der Darlehensgewährung.

(2) Portfolioinvestitionen

Wenn vom langfristigen internationalen Kapitalverkehr die Rede ist, werden als typische und bedeutsame Formen insbesondere des privaten Kapitalexports die Portfolioinvestitionen und die Direktinvestitionen herausgestellt. Unter Portfolioinvestitionen (Portefeuille-Investitionen) versteht man die *Anlage in fungiblen* (d. h. börsengängigen) *ausländischen Wertpapieren*, und zwar in Aktien oder in festverzinslichen Wertpapieren längerer Laufzeit. Aktienanlagen sind jedoch nur dann Portfolioinvestitionen, wenn der Aktienanteil so klein bleibt, daß der Erwerber nicht die Möglichkeit erlangt, auf die Unternehmenspolitik Einfluß zu nehmen. Der wesentliche Vorteil dieser Art von Anlage gegenüber dem normalen Darlehen ist aus der Sicht des Gläubigers die Fungibilität der Papiere, d. h. die Möglichkeit, die Wertpapiere jederzeit zu liquidieren. Da diese Möglichkeit jedoch sowohl mit dem Wechselkursrisiko wie auch mit dem Risiko eines potentiellen Absinkens des Börsenkurses belastet ist, ist für den inländischen Anleger der Bekanntheitsgrad und die *Bonität des Schuldners besonders wichtig.* Es ist daher nicht verwunderlich, daß nur Wertpapiere erstklassiger Schuldner auch von Ausländern gekauft werden. „Erste Adressen" können auch mit Aussicht auf Erfolg Anleihen im Ausland emittieren. Eine solche erste Adresse ist beispielsweise die Weltbank, die als absolut sicherer Schuldner gilt. Aber auch weltbekannte Großunternehmen emittieren Anleihen im Ausland, ebenso Staaten oder Großstädte.

Die Absatzchancen derartiger Anleihen ausländischer Schuldner werden ganz wesentlich dadurch gefördert, daß sie *an den Inlandsbörsen notiert* und gehandelt werden. Nur in diesem Fall haben inländische Anleger die Gewähr für ausreichende, billige und unkomplizierte Informationsmöglichkeiten; das gleiche gilt im übrigen für ausländische Aktien. Ein weiteres Mittel der Absatzförderung für ausländische Anleihen besteht darin, daß die Wertpapiere nicht auf die Währung des Schuldners lauten, sondern auf die Währung des Landes, in dem sie abgesetzt werden sollen. So wird z. B. an den deutschen Börsen eine ganze Reihe von *DM-Anleihen ausländischer Schuldner* notiert, unter denen sich Großunternehmen wie Chrysler, Du Pont und Shell aber auch Staaten wie Dänemark, Finnland und Neuseeland sowie Großstädte wie Montreal, Osaka und Wien befinden. Damit ist für die inländischen deutschen Gläubiger (Wertpapierkäufer) zumindest das Wechselkursrisiko ausgeschlossen. Eine weitere Möglichkeit der Minderung des Wechselkursrisikos für die Wertpapierkäufer besteht darin, die Anleihe in einer allseits als *hart und wertbeständig geltenden Währung* zu begeben. Das traf früher für den Dollar zu, so daß *Dollar-Anleihen*, die außerhalb der USA notiert wurden, recht häufig waren. Auch heute noch werden an deutschen Börsen Dollar-Anleihen gehandelt. Die für den Gläubiger günstigste Regelung bieten die sog. *Währungsanleihen* (Anleihen mit Währungsoption). Sie werden in einer bestimmten Währung emittiert, der Gläubiger hat aber das Recht, die Rückzahlung in einer Währung seiner Wahl zu verlangen. Dabei kann er in der Regel unter einer Anzahl vorher in den Anleihebedingungen festgelegten Währungen wählen. Er kann in diesem Falle also aus Wechselkursveränderungen Nutzen ziehen, indem er sich für die Währung entscheidet, deren Außenwert relativ am stärksten gestiegen ist. Das Wechselkursrisiko wird damit ganz auf den Gläubiger verlagert. Das dürfte auch der Grund dafür sein, daß diese Anleiheart verhältnismäßig selten ist.

Ein nennenswerter internationaler Effektenverkehr hatte sich nach langer Unterbrechung erst nach dem Zweiten Weltkrieg wieder herausgebildet. Seit der Weltwirtschaftskrise und insbesondere während des Krieges selbst war er wegen der totalen Reglementierung bzw. des Verbotes internationaler Kredittransaktionen fast vollständig zum Erliegen gekommen. Nach dem Krieg wurden diese Beschränkungen nach und nach gelockert, wobei die *Bundesrepublik neben der Schweiz und Holland die weitestgehende Liberalisierung* durchführte. Einen wirklich freien Kapitalverkehr hat es in der Nachkriegszeit auch zwischen den westlichen Industrieländern nie gegeben. Vielmehr hat sich nach den krisenhaften Erschütterungen des Weltwährungssystems Anfang der siebziger

Jahre die *Tendenz zur Reglementierung* des internationalen Kapitalverkehrs allenthalben *wieder verstärkt*. So blieb auch die Integration der nationalen Kapitalmärkte (auf denen die börsengängigen Wertpapiere gehandelt werden) zu einem einheitlichen internationalen Kapitalmarkt beschränkt. Im Vergleich zur Situation vor und während des Krieges war die Entwicklung jedoch durchaus vielversprechend. In einem gewissen Umfang trug auch die Herausbildung des sog. Euro-Kapitalmarktes zur Belebung des langfristigen internationalen Kapitalverkehrs in Form internationaler Anleihen bei. (Näheres dazu ist dem Abschnitt Eurokapitalmarkt zu entnehmen.)

Allerdings wurde auch deutlich, daß es im Grunde nur die westlichen Industriestaaten waren, die an dieser Entwicklung partizipierten. Es bestätigte sich nämlich, daß die vorbehaltlose Anerkennung *bestimmter Rechtsgrundsätze* die Voraussetzung für das Zustandekommen eines *privaten* internationalen Kapitalverkehrs, insbesondere eines Effektenverkehrs, ist. Da viele der in der Nachkriegszeit selbständig gewordenen Entwicklungsländer diese Voraussetzung nicht oder nur unzureichend erfüllten, ist es zu nenneswerten Kapitalimporten durch Wertpapierverkäufe an private Käufer aus Industrieländern nicht gekommen. Die zusätzlichen Risiken (Verlust-, Transferrisiko) waren einfach zu hoch, als daß sie durch eine vergleichsweise höhere Verzinsung der Wertpapiere hätten kompensiert werden können.

Diese Aussage gilt jedoch nicht in gleicher Weise für die im folgenden zu besprechende Art langfristiger Auslandsanlagen, die Direktinvestitionen. Sie wurden und werden auch von Privaten in erheblichem Umfang in Entwicklungsländern vorgenommen. Der Grund liegt letztlich darin, daß die besonders hohen Gewinnchancen bzw. Kosteneinsparungsmöglichkeiten, die sie bieten, weit häufiger als Kompensation der hohen Risiken angesehen werden, als die relativ geringen Zinsdifferenzen bei Portfolioinvestitionen im Ausland.

(3) Direktinvestitionen

Von Direktinvestitionen im Ausland spricht man, wenn der Anleger durch *Beteiligungserwerb* einen direkten Einfluß auf die Leitung eines bestehenden ausländischen Unternehmens erlangt oder wenn die Investition der *Neugründung eines Unternehmens* im Ausland dient, das dann ganz oder teilweise unter der Kontrolle des Investors steht oder wenn der Anleger einem schon bestehenden und von ihm mehr oder weniger kontrollierten Unternehmen *neue Mittel* zuführt.

Bei den Unternehmungen, in die investiert wird, kann es sich um rechtlich selbständige oder um rechtlich unselbständige handeln. Erstere sind Unternehmungen mit eigener Rechtspersönlichkeit (z. B. Aktiengesellschaft in der Bundesrepublik), die sich jedoch entweder ganz oder teilweise im Besitz ausländischer Personen befinden und damit unter deren Kontrolle stehen oder aber, deren Anteile ganz oder zu einem erheblichen Teil von einer Unternehmung gehalten werden, so daß die Mutterfirma die Geschäftspolitik des Tochterunternehmens überwacht bzw. bestimmt. Bei den rechtlich unselbständigen ist zu denken an Betriebsstätten wie etwa Montagebetriebe, Werkstätten, Verkaufsniederlassungen, Einkaufs- oder Rohstoffgewinnungsbetriebe. Sie alle unterstehen meist der unmittelbaren Weisung der Hauptverwaltung im Ausland.

Entscheidendes Merkmal einer Direktinvestition ist also die *Kontrolle bzw. der unmittelbare Einfluß des Investors.* Dazu gehört allerdings auch der Wille zur Einflußnahme. Bei Vorliegen der bloßen Einfluß*möglichkeit*, die aber vom Investor nicht genutzt wird, kann man schwerlich von Direktinvestition sprechen. Schon daraus folgt, daß die Grenze zwischen Portfolio- und Direktinvestition im konkreten Fall strittig sein kann. Zum anderen ist auch nicht eindeutig bestimmbar, welcher Kapitalanteil einen genügend großen Einfluß sichert, um von Direktinvestition sprechen zu können.

Sieht man von diesen Abgrenzungsschwierigkeiten ab, so ist zu vermerken, daß das Streben nach Kontrolle über und Einflußnahme auf das jeweilige Unternehmen aus einer Reihe möglicher *Motive bzw. Ziele* resultiert, die bei Portfolioinvestitionen *nicht* im Spiel sind. Bei der Portfolioinvestition geht es dem Anleger in der Regel um die möglichst risikolose Ausnutzung einer Zins- oder Dividendendifferenz gegenüber entsprechenden Inlandsanlagen. Allerdings kann es sich auch um spekulative Engagements handeln, bei denen der Anleger auf Kurssteigerungen für die von ihm erworbenen Dividenden- oder Rentenpapiere hofft. Direktinvestitionen und die damit angestrebte Kontrolle des betreffenden Unternehmens lassen sich letztlich auf einen oder mehrere der folgenden Gründe zurückführen:

1. *Erschließung von Auslandsmärkten bzw. Ausbau oder Sicherung schon errungener Marktpositionen im Ausland:* Die Direktinvestition erscheint hier als geeignetes Mittel, wenn der betreffende Auslandsmarkt durch Zollmauern oder andere Handelshemmnisse gegen Auslandskonkurrenz abgeschirmt ist. Die Gründung eines Produktionsbetriebes (Tochterunternehmung) innerhalb der „Zollmauern" würde die Abwehrwirkung der Zölle vermeiden.

Direktinvestitionen in Form von Verkaufsniederlassungen und/oder Kundendienstbetrieben im Ausland wirken in die gleiche Richtung, weil sie den Anbieter näher an den Markt bringen und ihm eine bessere Anpassung an die besonderen Gegebenheiten im Ausland erlauben. Allerdings werden damit Zollhindernisse nicht umgangen.

2. *Sicherung einer ausreichenden und/oder „billigen" Rohstoffversorgung:* Für Unternehmungen, deren Rohstoffbedarf für die eigene Produktion groß ist *und* die sich einer relativ geringen Anzahl von ausländischen Rohstoffanbietern gegenübersehen, kann der Besitz einer eigenen Rohstoffquelle aus mehreren Gründen eine günstige Alternative sein. Einmal bleiben sie von den für viele Rohstoffe typischen und häufig sehr drastischen Preisschwankungen verschont. Zum zweiten bleiben sie von monopolistischen Preismanipulationen unberührt. Und schließlich erreichen sie damit eine gewisse Sicherheit und Beständigkeit der Rohstoffversorgung. D. h. sie sind gegen eventuelle Boykottmaßnahmen oder andere Lieferbeschränkungen einzelner oder mehrerer Anbieter geschützt. Dieser Schutz ist jedoch keineswegs absolut. Staatliche Eingriffe, wie Ausfuhrsperren oder Enteignung ausländischer Investoren, können zu einem völligen Versiegen der Versorgungsquelle führen. Die Entwicklung der letzten Jahre mit dem sich ausbreitenden Bewußtsein einer bedrohlichen weltweiten Verknappung wichtiger Rohstoffe und mit dem eindeutigen und sich verstärkenden Trend zur Nationalisierung der Rohstoffvorkommen zeigt, daß es sich hier nicht um rein akademische Überlegungen handelt.

3. *Senkung der Produktionskosten:* Ein wichtiger Grund für Direktinvestitionen im Ausland ist das Ausnutzen von Kostenvorteilen. Die Vermeidung oder Senkung von *Transportkosten* oder das Ausweichen zu Standorten mit *niedrigeren Steuern* (sofern sie Kostencharakter haben) lassen sich hierunter subsumieren. Am bedeutsamsten ist jedoch der Fall, daß die *Preise der Produktionsfaktoren* international so große Unterschiede aufweisen, daß davon ein Anreiz zu Faktorbewegungen ausgeht. Dieser Anreiz kann sich in der Realität um so stärker auswirken, je weniger die internationalen Faktor- und Güterbewegungen staatlich reglementiert werden.

Im Prinzip können sowohl der Faktor Arbeit wie auch der Faktor Kapital international „wandern". Obwohl auch der Faktor Arbeit, wie das Gastarbeiterphänomen in Westeuropa zeigt, durchaus international mobil sein kann, ist der Mobilitätsgrad des Faktors Kapital im allgemeinen bedeutend höher. Zu den vielfältigen subjektiven und objektiven Mobilitätshemmnissen, die die Menschen davon abhalten, in das Land mit dem jeweils höchsten Lohnniveau zu wandern, gesellt sich der Umstand, daß internationale Wanderungen im allgemeinen auch stärkeren staatlichen Reglementierungen unterworfen sind als Kapitalbewegungen. Die Freizügigkeit innerhalb der EG muß bislang noch als Ausnahme gelten. Vorhandene Lohndifferenzen lassen sich jedoch auch ohne Arbeiterwanderungen ausnutzen, indem nicht die Beschäftigten in die Hochlohnländer, sondern das Kapital (in Form von Direktinvestitionen) in die Länder mit niedrigem Lohnniveau wandert. Das so entstandene Tochterunternehmen im Ausland arbeitet wegen der *geringen Lohnkosten* kostengünstiger und stärkt damit die internationale Wettbewerbsstellung des Unternehmens. Die vielen Produktionsverlagerungen in Niedriglohnländer, die westliche Industriefirmen in den letzten Jahren vorgenommen haben, dokumentieren die praktische Relevanz dieses Vorganges.

Ein Investitionsfall, der sich zwar auch dem Motiv Kostenminderung zuordnen läßt, der aber durch eine spezielle Wechselkurssituation induziert wird, ist folgender: In Währungssystemen mit *festen* Wechselkursen führen unterschiedliche Inflationsraten in den einzelnen Ländern dazu, daß die Wechselkurse „nicht mehr stimmen", d. h. sie spiegeln nicht mehr die Kaufkraftrelation der jeweiligen Währungen wider. Für das Land mit den höheren Teuerungsraten werden die Güter des preisstabileren Landes im Vergleich zu den Inlandsgütern immer preisgünstiger. Das reizt nicht nur zu vermehrten Güterkäufen im Ausland (Importen) an, sondern auch zu Anlagenkäufen, d. h. zu Käufen ganzer Unternehmen im Ausland, zur Neugründung von Unternehmungen oder zum Beteiligungserwerb, also zu Direktinvestitionen.

Eine solche Situation war beispielsweise bis Ende der sechziger Jahre zwischen den USA und der Bundesrepublik gegeben; denn einerseits gehörten im auf festen Wechselkursen basierenden Bretton-Woods-System Wechselkursanpassungen zu den Ausnahmen, und eine Wechselkursänderung der Leitwährung Dollar war ohnehin lange Zeit gänzlich tabu, andererseits waren die Preisanstiege in den USA über längere Zeiträume durchschnittlich höher als in der Bundesrepublik. So ergaben sich für amerikanische Investoren preisgünstige Investitionsmöglichkeiten in der Bundesrepublik, aber auch in anderen westeuropäischen Ländern. Es ist zu vermuten, daß dies, verbunden mit den relativ niedrigen Lohnkosten in der Bundesrepublik, ein wichtiges Motiv für den starken Anstieg der amerikanischen Investitionen in der Bundesrepublik und in Westeuropa während jener Periode war. Dafür spricht auch der Umstand, daß sich die Situation gewandelt hat, seit die DM gegenüber dem Dollar floatet und das durchschnittliche Lohnniveau der Bundesrepublik das der USA erreicht, wenn nicht sogar überschritten hat. Der Umfang der deutschen Direktinvestitionen ist deutlich im Wachsen begriffen, während die US-Investitionen in der Bundesrepublik stagnieren.

Niedrigere Investitionskosten können allerdings auch die Folge bewußter staatlicher Maßnahmen zur *Förderung ausländischer Investitionen* sein. Zu den vielfältigen denkbaren Maßnahmen gehören vor allem preiswerter Grundstückserwerb und zinsgünstige Kredite aus Staatshand sowie Steuernachlässe für ausländische Investoren.

4. *Ausnutzung spezifischer Produktionsmöglichkeiten mit vielversprechenden Gewinnchancen:* In der Vergangenheit war es insbesondere *ein* Grund, der

Unternehmer aus Industrieländern zu Direktinvestitionen in Kolonien und abhängige Gebiete veranlaßte: Die *großen Gewinnchancen*, die die Produktion und Verarbeitung von Gütern bot, die aus klimatischen oder anderen Gründen ausschließlich oder besonders günstig in diesen Ländern produziert werden konnten. Hierzu zählte die Gewinnung von mineralischen Rohstoffen ebenso wie der Anbau und die Verarbeitung von tropischen und subtropischen Agrarprodukten. Ohne an dieser Stelle näher auf die Problematik derartiger Direktinvestitionen einzugehen, sei doch auf *zwei folgenschwere Nachteile für die Gastländer* hingewiesen: (a) Die Beschränkung der Investitionen auf die Produktion eines oder weniger Rohstoffe schuf oder förderte eine *Einseitigkeit der Produktionsstruktur*, die eine ausgewogene wirtschaftliche Entwicklung dieser Länder erschwerte oder unmöglich machte. (b) Den ausländischen Investoren gelang es nicht selten, in den Gastländern *monopolartige Stellungen* zu erringen. Insbesondere ermöglichte es ihnen ihre starke Position auf dem *Arbeitsmarkt* des jeweiligen Landes, Löhne und Arbeitsbedingungen auf einem niedrigen Niveau zu halten.

Kam zur Ausbeutung des Gastlandes noch eine starke Anbieterposition des betreffenden Unternehmens, so waren die Voraussetzungen für außerordentliche Gewinne und damit starke Investitionsanreize gegeben.

5. *Weitere Gründe für Direktinvestitionen:* Die Nutzung von *Patenten* auch im Ausland kann zur Gründung eines Produktionsbetriebes im Ausland führen; insbesondere wenn eine Lizenzvergabe nicht möglich oder nicht günstig erscheint. – Direktinvestitionen können auch durch die *erzwungene Reinvestierung von Gewinnen* schon bestehender Unternehmungen im Ausland induziert werden. Ein solcher Zwang ist dann gegeben, wenn das Gastland den Transfer von Gewinnen ins Ausland unterbindet oder beschränkt.

4. Transfertheorie und Zahlungsbilanzausgleich

Ein Hauptpunkt der bisherigen zahlungsbilanztheoretischen Betrachtungen war die Frage, wie sich Veränderungen im Außenhandel (z. B. Exportanstieg) auf die Zahlungsbilanz auswirken und umgekehrt. Kapitalbewegungen wurden dabei häufig als durch den Außenhandel induziert angesehen, oder sie wurden ganz aus der Betrachtung ausgeschlossen. Der Umstand, daß von den in großem Umfang durchgeführten autonomen *Kapitalbewegungen* wesentliche und *eigenständige Wirkungen auf die Zahlungsbilanz* ausgehen, wurde bisher vernachlässigt. Im folgenden werden zu diesem Fragenkreis einige Überlegungen angestellt. Dabei wird zwischen dem Problem des monetären Transfers und dem des realen Transfers unterschieden. Unter **monetärem Transfer** wird dabei die Übertragung von Kaufkraft, also von Ansprüchen auf Güter und Leistungen vom Kreditgeber- auf das Kreditnehmerland verstanden. Der **reale Transfer** vollzieht sich dann, wenn dem Kreditstrom ein Güterstrom folgt. Das kann im Prinzip auf zweierlei Weise geschehen: einmal, indem der Kredit vom Kreditnehmerland direkt zum Erwerb von Gütern und Leistungen im Ausland verwendet wird, zum zweiten, indem die Kaufkraftübertragung (monetärer Transfer) in den beteiligten Ländern *Einkommenswirkungen* hervorruft, *die dann ihrerseits den Außenhandel so beeinflussen, daß der infolge des Kredittransfers entstandene Saldo in der Kapitalverkehrsbilanz ganz oder teilweise durch einen entgegengesetzten Saldo in der Leistungsbilanz kompensiert wird.*

a) Monetärer Transfer und Zins-Kredit-Mechanismus

Ein monetäres Transferproblem taucht überhaupt nicht auf, wenn das Kreditnehmerland die aus dem Ausland empfangenen Mittel unmittelbar dazu verwendet, Güter und Leistungen aus dem Kreditgeberland zu erwerben. *In diesem Fall entfällt der Transfer* von einer Währung in die andere. Dieser Ablauf ist jedoch nicht zwangsläufig. In der Realität ist vielmehr häufig der Fall zu verzeichnen, daß der Kreditnehmer die empfangenen Devisen nicht zu Importen verwendet, sondern sie in eigene Währung transferiert, um sie im Inland zu verwenden. Die Wirkungen, die aus dieser monetären Transaktion resultieren, stellen das sogenannte monetäre Transferproblem dar.

Welche Wirkungen im einzelnen zu verzeichnen sind, hängt wesentlich auch vom bestehenden Wechselkurssystem ab. Bei *flexiblen Wechselkursen* führt das vermehrte Angebot der Währung des Kreditgeberlandes zu einem Absinken des Außenwertes dieser Währung, da ceteris paribus ein erhöhtes Devisenangebot nur zu sinkenden Preisen (Wechselkursen) absetzbar ist. Mit dieser Wechselkursanpassung ist der monetäre Transfer vollzogen. Unter der Voraussetzung, daß der Kredit an das Ausland nicht mit Hilfe zusätzlich geschöpfter Mittel finanziert wurde, bleibt die Geldmenge in beiden Ländern unverändert. Zins- und/oder Preiswirkungen als Folge des monetären Transfers sind mithin nicht zu erwarten. Wohl aber übt die Wechselkursänderung einen Einfluß auf den Außenhandel der beteiligten Länder aus. Der gesunkene Außenwert der Währung des Kreditgeberlandes bewirkt normalerweise eine Erhöhung seiner Exporte und eine Verminderung seiner Importe, also eine Aktivierung der Leistungsbilanz. Somit vollzieht sich im übrigen auch ein realer Transfer: Der an das Ausland gegebene Kredit (Passivierung der Kapitalverkehrsbilanz) führt zu Güterkäufen des Auslandes im Inland (Aktivierung der Leistungsbilanz). Es handelt sich hierbei um den schon an anderer Stelle beschriebenen *Wechselkursmechanismus,* der bei flexiblen Wechselkursen Zahlungsbilanzungleichgewichte auszugleichen tendiert.

Ist also bei flexiblen Wechselkursen und funktionsfähigen Devisenmärkten der monetäre Transfer einer internationalen Kapitalbewegung im Normalfall kaum problematisch, so kann man das für ein System mit *festen Wechselkursen* nicht sagen. *Ein Problem* liegt in der *Interventionspflicht* der Notenbanken zwecks Stabilhaltung der Wechselkurse. Dieser Pflicht können sie bei defizitärer Zahlungsbilanz nur bei Vorhandensein ausreichender Währungsreserven genügen. Andernfalls werden Maßnahmen notwendig (z. B. Beschränkungen des internationalen Kapitalverkehrs oder Abwertung), die den monetären Transfer unmöglich machen, ihn erschweren oder für einen der Beteiligten ein zusätzliches Risiko mit sich bringen.

Ein zweites Problem liegt in den Folgen des monetären Transfers: Die Notenbankinterventionen verändern die Geldmenge in den beteiligten Ländern; und zwar verringert sie sich c. p. im kreditgebenden Land, während sie sich im kreditnehmenden Land vermehrt. Daraus resultiert der Tendenz nach eine entgegengesetzte *Veränderung des Preisniveaus* in den beiden Ländern. Die inflationäre Wirkung im Kreditnehmerland ist dabei als das schwerwiegendere Problem anzusehen. Der monetäre Transfer wird so zum Stabilitätsproblem.

Es sei an dieser Stelle zunächst wiederholend darauf hingewiesen, daß die Preisniveauänderungen durch den bereits ausführlich behandelten Geldmengen-Preis-Mechanismus (siehe S. 142 ff.) eine Tendenz zum Wiederausgleich der durch den Auslandskredit gestörten Zahlungsbilanzen über eine entsprechende Veränderung der Leistungsbilanz induzieren.

Darüber hinaus aber können durch den sog. **Zins-Kredit-Mechanismus** *zusätzliche Kapitalströme* angeregt werden, die dem ursprünglichen internationalen Kredit entgegenlaufen und ihn damit tendenziell kompensieren. Es wäre nach den Gründen für das Zustandekommen derartiger *kompensatorischer Kapitalbewegungen* zu fragen. Die Argumentationskette ist einfach: *Im kreditgebenden Land* verringert sich infolge der Devisenverkäufe der Notenbank die inländische Geldmenge. Bei konstanter Nachfrage nach Geld bzw. Kredit muß es zu einem *Zinsanstieg* kommen, es sei denn, die geldpolitischen Instanzen versuchen, die Verminderung des Geldangebots durch entsprechende Maßnahmen zu kompensieren. *Im kreditnehmenden Land* dagegen kommt es zu einer *Zinssenkung*, da die aus dem Ausland zufließenden Mittel die Inlandsgeldmenge erhöhen, sofern nicht kontraktive geldpolitische Maßnahmen diesen Effekt ganz oder teilweise kompensieren. Die entgegengesetzten Zinsveränderungen im In- und Ausland führen unter bestimmten Voraussetzungen zu einem *Zinsgefälle* vom Kreditnehmer- zum Kreditgeberland. Dadurch werden für zinsorientierte ausländische Anleger Anlagen im Kreditgeberland attraktiv. *Dem ursprünglichen Kapitalexport würden also durch Zinsveränderungen induzierte Kapitalimporte* *entgegenfließen*. Dadurch wird die ursprüngliche Passivierung der Kapitalverkehrsbilanz tendenziell wieder ausgeglichen.

Der Zins-Kredit-Mechanismus als selbsttätiger Ausgleichsmechanismus, der in derselben Richtung wie Geldmengen-Preis- und Geldmengen-Einkommen-Mechanismus wirkt, kann aber nur unter rigorosen Voraussetzungen zu einer vollständigen Wiederherstellung des Zahlungsbilanzgleichgewichts führen. Eine davon wäre, daß internationale Kapitalbewegungen gänzlich oder ganz überwiegend zinsorientiert sind. Die Diskussion der Motive internationaler Kapitalbewegungen hat uns jedoch gezeigt, daß das nicht der Fall ist. Eine zweite Voraussetzung wäre die geldpolitische Enthaltsamkeit der kompetenten Instanzen, insbesondere also der Notenbank. Diese Voraussetzung ist jedoch zumindest dann unrealistisch, wenn die durch den Kapitalverkehr verursachten Geldmengenänderungen stabilitäts- und/oder konjunkturpolitische Ziele über Gebühr beeinträchtigen. Man muß daher unter realistischen Voraussetzungen beim Zins-Kredit-Mechanismus eher von einer Tendenz als von einem echten Ausgleichsmechanismus sprechen.

Im übrigen sei schon an dieser Stelle darauf hingewiesen, daß selbst bei Entstehen eines internationalen Zinsgefälles und bei Zinsorientierung der Kreditgeber keineswegs ein entsprechender Kreditstrom in das zinshöhere Land einsetzen muß. Wegen des Wechselkursrisikos wird nämlich der Kreditgeber seine Mittel nur dann im Ausland anlegen, wenn die Zinsdifferenz zwischen In- und Ausland groß genug ist, das Wechselkursrisiko zu kompensieren bzw. die Kosten einer Kurssicherung abzudecken. Die technischen, organisatorischen und sonstigen Einzelheiten der diesbezüglichen Vorgänge auf dem Devisenmarkt werden im folgenden Kapitel behandelt.

b) Realtransfer und Zahlungsbilanzausgleich

Der Begriff Realtransfer geht auf die Vorstellung zurück, daß beim internationalen Kreditverkehr die Übertragung der Zahlungsmittel (monetärer Transfer) gewissermaßen nur die erste Stufe eines Prozesses darstellt, an dessen Ende die Übertragung von Gütern und Leistungen steht. Danach zöge also eine Kreditvergabe an das Ausland (Kapitalexport) letztlich einen Güterexport nach sich, *so daß die Passivierung der Kapitalverkehrsbilanz durch eine Aktivierung der Leistungsbilanz zumindest teilweise kompensiert wird*. Diese Argumentation erinnert sofort an die an früherer Stelle besprochenen selbsttätigen Ausgleichsmechanismen der Zahlungsbilanz. Das war bei festen Wechselkursen einmal der *Geldmengen-Einkommen-Mechanismus* (s. oben, S. 164 ff.). Danach führt ein Ungleichgewicht in der Zahlungsbilanz zu entgegengesetzten Einkommens- und damit Nachfrageänderungen in den beteiligten Ländern. Diese Einkommensänderungen induzieren zusätzliche Warenströme, die eine Tendenz zum

Wiederausgleich der Zahlungsbilanz bewirken. Zum zweiten war es der *Geldmengen-Preis-Mechanismus* (s. oben, S. 142 ff.). Hier wurde argumentiert, daß ein Zahlungsbilanzungleichgewicht Veränderungen der Geldmenge und der Preise zur Folge hat, so daß durch eine Veränderung der internationalen Preisrelationen zusätzlich Warenströme induziert werden, die in Richtung auf einen Wiederausgleich der Zahlungsbilanz wirken. Die beiden Mechanismen bilden demgemäß auch den theoretischen Inhalt der **klassischen Transfertheorie.** Der zweite theoretische Ansatz ist die **Keynessche (oder moderne) Transfertheorie.** Sie baut auf den gleichen theoretischen Grundlagen auf wie die klassische Theorie, unterscheidet sich aber von dieser durch die Eliminierung einiger realitätsferner Annahmen. Die Besonderheit der Transfertheorie gegenüber den an früherer Stelle analysierten Ausgleichstendenzen der Zahlungsbilanz liegt also nicht im theoretischen Ansatz, sondern lediglich in der *speziellen Ausgangssituation:* Die Störung des Zahlungsbilanzgleichgewichts wird durch einen internationalen Kapitaltransfer verursacht.

In beiden Theorien geht es außerdem um den Realtransfer bei *festen* Wechselkursen, weil bei flexiblen Wechselkursen der Realtransfer via Wechselkursmechanismus gesichert und damit unproblematisch ist, wenn man von zeitlichen Verzögerungen und anderen marktbedingten Friktionen einmal absieht.

(1) Die klassische Transfertheorie

Der klassischen Transfertheorie liegen einige wichtige, weil das Ergebnis beeinflussende, **Prämissen** zugrunde: 1. Durch Veränderungen der Gesamtnachfrage verursachte *Multiplikatorwirkungen finden keine Berücksichtigung.* 2. Es herrscht stets *Vollbeschäftigung;* d. h. auch bei verminderter Nachfrage sorgt der funktionierende Marktmechanismus durch Rückgang der Güter- und Faktorpreise für Vollbeschäftigung. 3. Es werden *keine Horte* gebildet oder aufgelöst, ebensowenig findet eine Veränderung der Geldmenge durch geldpolitische Maßnahmen statt. 4. Die *Wechselkurse sind fest.*

Konsequenz dieser Voraussetzungen ist zunächst, daß der *Geldmengen-Einkommen-Mechanismus* in Gang gesetzt wird: Der Kapitalexport bewirkt, daß sich im Kapitalexportland die Geldmenge und damit die Gesamtnachfrage genau um den Betrag des dem Ausland gewährten Kredites vermindert, während sie sich im Kapitalimportland um den gleichen Betrag erhöht. Die Nachfrageminderung im Kapitalexportland ($-\Delta N_1$) kann zu Lasten des Konsums oder der Investitionen oder beider gehen. Vermindern wird sich dabei nicht nur die Nachfrage nach Inlandsgütern sondern auch die nach Auslandsgütern, also die Importe. Der Umfang der Importminderung ($-\Delta M_1$) im Kapitalexportland hängt ab von der marginalen Importquote (g_1):[4]

(1) $$\Delta M_1 = - g_1 \cdot \Delta N_1$$

M = Import
N = Gesamtnachfrage
g = marginale Importquote

Im Kapitalimportland dagegen erhöhen sich nach den gemachten Voraussetzungen die Gesamtausgaben um den vollen Betrag der zugeflossenen Mittel und infolgedessen auch die Importe entsprechend der marginalen Importquote des Kapitalimportlandes (g_2) um

(2) $$\Delta M_2 = g_2 \cdot \Delta N_2$$

In beiden Fällen ist es jedoch eigentlich nicht vertretbar, mit gesamtwirtschaftlichen (durchschnittlichen) marginalen Importquoten zu operieren; denn es kommt hier nur auf die Importneigung derjenigen an, die den Kredit aufbringen bzw. ihn erhalten. Diese aber kann von Person zu Person, von Gruppe zu Gruppe stark differieren.

Der zusätzliche Import des Kapitalimportlandes ist gleichbedeutend mit einer gleichgroßen Ausfuhrsteigerung des Kapitalexportlandes (ΔX_1):

(3) $$\Delta M_2 = \Delta X_1$$

Im Kapitalexportland ist also erstens eine Importminderung, zweitens eine Exportsteigerung eingetreten. Das heißt, die durch die Importminderung eingetretene Aktivierung der Leistungsbilanz wird durch die Exportsteigerung noch verstärkt. Beide zusammen ergeben den **Realtransfer**:

(4) $$\Delta X_1 - \Delta M_1 = g_2 \cdot \Delta N_2 + g_1 \cdot \Delta N_1$$

Dabei ist, wie gesagt, zu beachten, daß ΔN_1 negativ ist, so daß der letzte Ausdruck positiv und damit die obige Differenz größer wird als ΔX_1. Da ΔN_1 und ΔN_2 betragsmäßig gleich groß und gleich dem Kapitalexport (ΔK) sind, kann man ΔK in (4) einsetzen und erhält:

(5) $$\Delta X_1 - \Delta M_1 = (g_2 + g_1) \cdot \Delta K$$

Man sieht also, daß unter den gemachten Bedingungen allein die durch die Aufbringung bzw. Verwendung der Kreditmittel verursachte Nachfrageänderung einen Realtransfer bewirkt, dessen Höhe von der marginalen Importnei-

[4] In Anlehnung an *Rose:* Außenwirtschaft, a. a. O., 6. Aufl., S. 159 f.

gung in den beteiligten Ländern abhängt. Und zwar wird ein *vollständiger Realtransfer* dann erreicht, *wenn die Summe der marginalen Importquoten 1 wird.* Dann sind Exportzuwachs und Importminderung im Kapitalexportland gerade gleich dem Kapitalexport. Ist dagegen $g_2 + g_1 < 1$, so ist der Realtransfer (d. h. die Aktivierung der Leistungsbilanz) kleiner als der vorausgegangene Kapitalexport. Bei $g_2 + g_1 > 1$ dagegen übersteigt der Realtransfer den vorangegangenen Kapitalexport. Es ist davon auszugehen, daß der durch die unmittelbaren Nachfrageänderungen bewirkte Realtransfer nur im Ausnahmefall einen völligen Zahlungsbilanzausgleich herbeiführt, weil die marginalen Importquoten in vielen Fällen kleiner als 0,5 sein werden. - Des weiteren müßten die vorangestellten Prämissen erfüllt sein. Allein das Zulassen von Hortung und Geldschöpfung (Prämisse 3) stellt das Ergebnis völlig in Frage. So würde bei einer Finanzierung des Kapitalexportes durch Kreditschöpfung die Importminderung ausbleiben; bei völliger oder teilweiser Hortung der Kreditmittel im Empfängerland würde dort die Importsteigerung und damit die Exportsteigerung im Kreditgeberland ausbleiben oder sich verringern. D. h. die Aktivierung der Leistungsbilanz des Kreditgeberlandes, also der Realtransfer, entfiele oder wäre weit geringer.

Von diesen Einwendungen abgesehen, geht nach klassischer Auffassung eine **zusätzliche Wirkung** in Richtung auf den Zahlungsbilanzausgleich von einer Veränderung der Preisrelationen zwischen Inland und Ausland aus *(Geldmengen-Preis-Mechanismus).* Ist z. B. der durch den Kapitalexport induzierte Aktivsaldo der Leistungsbilanz (= Realtransfer) kleiner als der Kapitalexport ($\Delta X_1 - \Delta M_1 < \Delta K$), so bedeutet das, daß die *inlandswirksame Gesamtnachfrage* gegenüber dem Zeitpunkt vor dem Kapitalexport *gesunken* ist, denn die zusätzlichen Exporte vermehren zwar die inländische Geldmenge, und der Importrückgang lenkt Mittel in gleicher Höhe auf den Inlandsmarkt, beides zusammen reicht jedoch nicht aus, um den durch den Kapitalexport erfolgten Mittelentzug voll zu kompensieren. Per Saldo ergeben sich also im Inland: Verringerte Geldmenge bzw. verringerte Gesamtausgaben. Das führt bei funktionierenden Märkten jedoch zu einer *Preissenkung im Inland.* Im Kreditnehmerland kommt es zur entgegengesetzten Entwicklung. Die Nachfrageausdehnung durch die zugeflossenen Mittel ist größer als die daraus folgende Importausdehnung. Per Saldo ergibt sich also eine Nachfrageausdehnung und wegen der Vollbeschäftigungsprämisse eine Preissteigerung. Insgesamt ergibt sich für das Kreditgeberland eine Verschiebung der Preisrelationen zu seinen Gunsten, die zusätzlich exportfördernd bzw. importhemmend wirkt, so daß sich der Leistungsbilanzsaldo theoretisch so lange verbessert, bis der Realtransfer dem monetären Transfer entspricht. *Das Zusammenwirken von Geldmengen-Einkommen- und Geldmengen-Preis-Mechanismus bewirkt also im klassischen Modell letztlich den vollständigen Realtransfer.*

Die Einwände gegen den Geldmengen-Preis-Mechanismus wurden genannt (s. S. 143 ff.) und liegen auf der Hand. Sie richten sich gleichzeitig gegen die Prämissen 1–3 der klassischen Transferanalyse. Insbesondere ist ja bei einer metallfreien Währung die Geldmenge manipulierbar. Schon aus diesem Grund ist es keineswegs sicher, daß in der beschriebenen Situation eine Nachfrage- und damit Preissenkung im Inland (Kreditgeberland) eintritt; denn der Mittelabfluß könnte ja durch Geldschöpfung kompensiert werden. Die zusätzliche Leistungsbilanzaktivierung tritt dann nicht oder nicht im beschriebenen Umfang ein. Nur bei einer Goldwährung, die eine Veränderung der Geldmenge mit wirtschaftspolitischen Mitteln weitgehend ausschließt, funktioniert der Geldmengen-Preis-Mechanismus in der beschriebenen Weise.

(2) Die Keynessche (moderne) Transfertheorie

Der oben dargestellte „Klassische Transfermechanismus" beruht auf recht unrealistischen Voraussetzungen. Vor allem wäre zu berücksichtigen, daß autonome Kapitalbewegungen ja Kaufkraftübertragungen darstellen, die im Empfängerland ausgabensteigernd und damit einkommenssteigernd wirken können, während sie im Kreditgeberland durch eine Verminderung der Nachfrage einkommensmindernd wirken können. Es können somit *Multiplikatorprozesse* ausgelöst werden. Man müßte zweitens realistischerweise berücksichtigen, daß die *Finanzierung* von grenzüberschreitenden Kapitalbewegungen aus *Horten oder durch Kreditschöpfung* möglich ist, d. h. eine Verminderung der inländischen Geldmenge infolge der Kreditvergabe ins Ausland träte dann nicht ein. Ebenso ist die *Verwendung* der Mittel nicht eindeutig vorbestimmt; sie können im Empfängerland z. B. gehortet werden, so daß im Kreditnehmerland nicht zwangsläufig eine Nachfragesteigerung eintreten muß.

Zieht man diese Bestandteile der Keynesschen Analyse ins Kalkül (Keynesscher Transfermechanismus), so sieht man sofort, daß allein durch den Umstand, daß der Geldmengenvermehrung im Ausland keineswegs eine gleichgroße Geldmengenverminderung im kreditgewährenden Inland entsprechen muß, die „klassische" Argumentation entscheidend geschwächt wird. Denn im kreditgewährenden Inland muß nun nicht eine Importminderung (wegen Geldmengenminderung) eintreten, so daß eine Komponente zur Bewerkstelligung des Realtransfers fortfällt. Ähnliches gilt für die Exportsteigerung durch zusätzliche Nachfrage aus dem kreditempfangenden Ausland, wenn die Mittel im Ausland zum Teil gehortet werden.

Welche Wirkungen auf die Leistungsbilanz des kreditgebenden Landes tatsächlich auftreten, hängt daher entscheidend davon ab, wie die Kredite *finanziert* sind und wie sie im Empfängerland *verwendet* werden.

Zwei grundsätzliche **Finanzierungsarten** sind möglich: 1. durch Geldschöpfung, 2. durch Verminderung der inländischen Nachfrage im kreditgebenden Land. *Zwei grundsätzliche* **Verwendungsarten** durch das kreditnehmende Land sind möglich: 1. zur Nachfrageerhöhung, 2. zur Hortung. In der folgenden Aufstellung sind durch Kombination der unterschiedlichen Finanzierungs- und Verwendungsarten fünf typische Fälle konstruiert worden.

	Finanzierung im Geberland (1)	Verwendung im Empfängerland (2)
Fall 1	durch Geldschöpfung	zur Hortung
Fall 2	durch Geldschöpfung	zur Nachfrageerhöhung
Fall 3	durch Nachfrageminderung	zur Hortung
Fall 4 (klassischer Fall)	durch Nachfrageminderung	zur Nachfrageerhöhung
Fall 5	teils durch Geldschöpfung, teils durch Nachfrageminderung	teils zur Hortung, teils zur Nachfrageerhöhung

Man kann jetzt im Prinzip mit Hilfe der Multiplikatoranalyse für die einzelnen Fälle den Einfluß des Kapitalexports (über die Nachfrageänderungen, die er im In- und Ausland auslöst) auf die Leistungsbilanz (Realtransfer) ableiten. Allerdings müßte man außer den primären Nachfrageänderungen die marginalen Sparquoten (s_1, s_2) und die marginalen Importquoten (g_1 g_2) der beiden Länder kennen, um die im Zuge des induzierten Multiplikatorprozesses auftretenden Einkommensänderungen zu ermitteln.

Der einfachste Fall ist **Fall 1**: Weder im kreditgebenden noch im kreditnehmenden Land finden Änderungen der Gesamtnachfrage statt. Im Kapitalexportland werden die Kreditmittel durch Geldschöpfung aufgebracht. Sie beeinflussen also die inlandswirksame Geldmenge nicht. Im Kapitalimportland verschwinden die empfangenen Mittel in Horten. Auch hier bleibt die Geldmenge unverändert. Ein Einfluß auf die Leistungsbilanz beider Länder ist daher nicht zu verzeichnen. *Es findet kein Realtransfer statt!*

Fall 5 ist der schwierigste, weil hier erstens die Einkommensminderung infolge Nachfragerückgang im Land 1 und die aus ihr folgende Importsenkung (Realtransfer) sowie zweitens die Einkommenssteigerung infolge Nachfragesteigerung in Land 2 und die aus ihr folgende Importerhöhung (= Exporterhöhung in Land 1) zu berücksichtigen sind. Erschwert wird die Analyse in praxi dadurch, daß es außerdem festzustellen gilt, zu welchen Teilen durch Geldschöpfung oder durch Nachfrageminderung finanziert wurde und zu welchen Teilen die Mittel vom Empfängerland zur Hortung oder zur Nachfrageausweitung verwendet wurden.

Abgesehen von dieser zusätzlichen Schwierigkeit entspricht Fall 5 im wesentlichen Fall 4. Letzteren könnte man insofern als „klassischen Fall" bezeichnen, als er bezüglich der Finanzierungs- und Verwendungsart mit den Voraussetzungen der klassischen Transfertheorie übereinstimmt. Wir werden uns daher im folgenden auf die Behandlung der Fälle 2-4 beschränken.

Zu Fall 2: Das Einkommen im Geberland (1) bleibt *zunächst* unverändert, da die ins Ausland fließenden Kreditmittel geschöpft sind und die Inlandsnachfrage nicht beeinflussen. Im Empfängerland (2) dagegen erhöhen sich Nachfrage und Einkommen primär um den Kreditbetrag. Dieser Einkommenzuwachs wird in der nächsten Periode entsprechend der marginalen Konsumquote (c_2) bzw. der marginalen Sparquote (s_2) und der marginalen Importquote (g_2) zu Konsum, Importen oder Sparen verwendet. Im Empfängerland entwickelt sich also ein expansiver Multiplikatorprozeß, der jedoch wegen der Einmaligkeit des Kreditzuflusses nicht zu einer dauernden Einkommenserhöhung führt (d. h. die Einkommenzuwächse pro Periode konvergieren gegen Null).

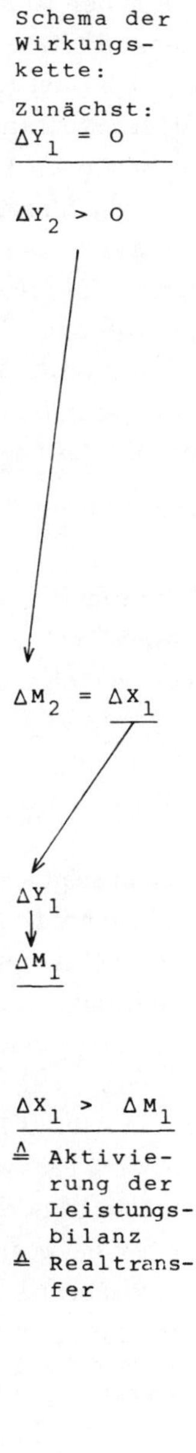

Bestimmend für den Realtransfer des vom Land 1 gegebenen Kredites ist der im Empfängerland durch die Einkommenszuwächse entsprechend der marginalen Importquote induzierte Importzuwachs; denn Importzuwachs im Empfängerland (2) ist ja gleichbedeutend mit *Exportzuwachs* im Kreditgeberland (1). Die Summe dieser Exportzuwächse wäre als Realtransfer anzusehen, wenn die Importe unverändert blieben. Da jedoch die Exportzuwächse gleich hohe Einkommenssteigerungen bedeuten, läuft auch im Geberland ein Multiplikatorprozeß ab, der entsprechend der marginalen Importquote (g_1) zu Importzuwächsen führt. Der Realtransfer ist also die Differenz zwischen induzierten Exporten und induzierten Importen.

Es liegt auf der Hand, daß die Exportsteigerung in Land 1 aufgrund der ursprünglichen Einkommensteigerung im Nehmerland größer ist als die Importsteigerung in Land 1 aufgrund seiner gestiegenen Exporte, so daß also ein Realtransfer stattfindet.

Zwischenergebnis ist, daß eine Kreditvergabe an das Ausland bei der angenommenen Konstellation auch im Geberland einkommens- und beschäftigungssteigernde Wirkungen ausübt. Die Frage ist nur, ob der Realtransfer die Höhe des vorangegangenen Kredittransfers erreicht und damit das Zahlungsbilanzgleichgewicht wiederherstellt.

Aus der Multiplikatorlehre ist bekannt, daß die Höhe der Multiplikatorwirkung in offenen Volkswirtschaften von der marginalen Sparquote (s) und von der marginalen Importquote (g) des betreffenden Landes abhängig ist. Will man die Rückwirkungen aus dem Ausland und die Wirkungen auf die Leistungsbilanz erfassen (Leistungsbilanzmultiplikator), so benötigt man im Zweiländerfall auch die Marginalquoten des Partnerlandes. Mit Hilfe der Formel für den Leistungsbilanzmultiplikator[5] erhält man dann die Veränderung des Leistungsbilanzsaldos (ΔB). Dabei ist zu beachten, daß der Anstoß des Multiplikatorprozesses durch primäre Nachfrageerhöhung (ΔN_2) im Kreditnehmerland in Höhe des empfangenen Kredites erfolgt. Es ergibt sich also die Veränderung des Leistungsbilanzsaldos in Land 2, die im Zwei-Länder-Fall jedoch gleich der Veränderung des Leistungsbilanzsaldos von Land 1 mit umgekehrtem Vorzeichen ist.

(1) $$\Delta B_2 = - \frac{g_2 \cdot s_1}{s_1 \cdot s_2 + s_1 \cdot g_2 + s_2 \cdot g_1} \cdot \Delta N_2$$

Nimmt man nun für die Marginalquoten willkürliche aber realistisch erscheinende Werte an ($s_1 = 0{,}4$; $g_1 = 0{,}2$; $s_2 = 0{,}3$; $g_2 = 0{,}1$), so ergibt sich bei einem Kredit von 100 folgendes numerische Ergebnis

$$\Delta B_2 = - \frac{0{,}1 \cdot 0{,}4}{0{,}4 \cdot 0{,}3 + 0{,}4 \cdot 0{,}1 + 0{,}3 \cdot 0{,}2} \cdot 100 = - 18{,}2$$

$$\Delta B_1 = 18{,}2$$

Man sieht also, daß im Fall 2, d. h. *bei Aufbringung der Kreditmittel durch Geldschöpfung, der Realtransfer relativ gering ist.* Das erklärt sich einmal daraus, daß im Kreditgeberland in diesem Fall eine primäre Minderung der Gesamtnachfrage nicht eintritt, so daß auch ein daraus resultierender Rückgang der Importe nicht zu verzeichnen ist. Zum zweiten ist die Höhe des Realtransfers in allen Fällen von der Größe der marginalen Spar- und Importquoten der beteiligten Länder bestimmt. Dabei liegt auf der Hand, daß der Realtransfer ceteris paribus um so höher sein wird, je kleiner die marginalen Sparquoten und je größer die marginalen Importquoten sind; denn kleine Sparquoten (= große Konsumquoten) ziehen bei primären Nachfrageänderungen hohe sekundäre Einkommensänderungen nach sich. Diese beeinflussen die Importe um so mehr, je größer die marginale Importquote ist. Die obige Formel für den Leistungsbilanzmultiplikator

[5] Siehe oben, S. 172 f.

zeigt, daß vollständiger Realtransfer nur unter der unrealistischen Voraussetzung $s_2 = 0$ eintritt.

Zu Fall 3: Im Kreditnehmerland (2) passiert zunächst nichts, da der empfangene Kredit gehortet wird. Im Kreditgeberland (1) dagegen vermindert sich die Gesamtnachfrage um den Kreditbetrag und führt zu einem kontraktiven Multiplikatorprozeß, d. h. zu einer Einkommensschrumpfung. Infolge der Einkommensschrumpfung kommt es in der nächsten Periode gemäß der marginalen Importquote (g_1) zu einem Importrückgang. Der Importrückgang ist gleichbedeutend mit einem Exportrückgang in Land 2, so daß auch hier die Einkommen schrumpfen (kontraktiver Multiplikatorprozeß) und nun auch die Importe in Land 2 (= Exporte in Land 1) sinken. Allerdings leuchtet unmittelbar ein, daß die Importschrumpfung in Land 1 (aufgrund der Nachfrageminderung) größer ist als der daraus resultierende Importrückgang in Land 2 (= Exportrückgang in Land 1). Das heißt, in Land 1 ist der Importrückgang größer als der Exportrückgang, so daß es zu einer Aktivierung der Leistungsbilanz kommt. Die Leistungsbilanzentwicklung erfolgt also in derselben Richtung wie im Fall 2, nämlich: Kapitalexport führt zu einer Aktivierung der Leistungsbilanz.

Schema der Wirkungskette:

Zunächst: $\Delta Y_2 = 0$

$\Delta Y_1 < 0$

↓

$-\Delta M_1 = -\Delta X_2$

↙

$-\Delta Y_2$

↓

$-\Delta M_2 = -\Delta X_1$

$\Delta M_1 < \Delta X_1$

≙ Aktivierung der Leistungsbilanz

Die Formel des Leistungsbilanzmultiplikators erbringt unter Annahme der gleichen Marginalquoten wie oben aufgrund der primären Nachfrageminderung im Kapitalexportland (ΔN_1) das folgende Ergebnis:

(2)
$$\Delta B_1 = - \frac{g_1 \cdot s_2}{s_1 \cdot s_2 + s_1 \cdot g_2 + s_2 \cdot g_1} \cdot \Delta N_1$$

$$\Delta B_1 = - \frac{0{,}2 \cdot 0{,}3}{0{,}4 \cdot 0{,}3 + 0{,}4 \cdot 0{,}1 + 0{,}3 \cdot 0{,}2} \cdot - 100$$

$$\Delta B_1 = 27{,}3$$

Hierbei ist zu beachten, daß der kontraktive Multiplikatorprozeß durch die Nachfrageminderung im Kreditgeberland ($-\Delta N_1$) induziert wird.

Man sieht jedoch, daß auch in diesem Fall der Realtransfer (von 27,3) nicht ausreicht, um den vorangegangenen monetären Transfer (von 100) zu kompensieren.

Daß der Realtransfer mit 27,3 größer ausfällt als im Fall 2 liegt daran, daß g_1 mit 0,2 doppelt so groß gewählt wurde wie g_2 mit 0,1. Im eben behandelten Fall 3 findet die primäre Nachfrageminderung in Land 1 statt und hat entsprechend dem großen g_1 (= 0,2) eine hohe Aktivierungswirkung (Importminderung). Im Fall 2 trat die *primäre* Nachfragesteigerung in Land 2 mit der niedrigen marginalen Importquote (g_2 = 0,1) ein und hatte eine entsprechend geringere Aktivierungswirkung in Land 1 (durch Exportsteigerung) zur Folge. Bei umgekehrten Größenrelationen von g_1 und g_2 würden sich c. p. auch die Ergebnisse umkehren. Jedenfalls ist zu konstatieren, daß ein vollständiger Realtransfer nicht eintritt, wenn nicht außergewöhnliche Voraussetzungen erfüllt sind. Im Fall 3 beispielsweise müßte die marginale Sparquote des Geberlandes (s_1) gleich Null sein.

Allerdings *differieren die Einkommenswirkungen* in beiden Fällen grundlegend: Während im Fall 2 die Einkommen sowohl im Empfängerland (infolge der primären Nachfrageerhöhung) als auch im Geberland (wegen der induzierten Exporte) *steigen*, *sinken* sie im Fall 3 sowohl im Geberland (infolge der primären Nachfrageminderung) als auch im Empfängerland (wegen induzierter Exportrückgänge). Man kann also die gleiche Maßnahme (Kapitalexport) je nach Finanzierung und Verwendung sowohl als konjunkturbelebendes als auch als konjunkturdämpfendes Mittel empfehlen.

Zu Fall 4 (klassischer Fall): Auch die Einkommenswirkungen im vierten Beispielsfall unterscheiden sich von den beiden vorangegangenen, wie sich leicht einsehen läßt: Im Geberland (1) schrumpft das Einkommen multiplikativ, weil der Kredit an das Ausland annahmegemäß durch Verminderung der Nachfrage finanziert wird. Allerdings ist die Einkommensschrumpfung ceteris paribus kleiner als im Fall 3, weil sie durch Exporterhöhungen, die durch die Einkommenserhöhung im Kreditnehmerland induziert werden, teilweise kompensiert werden. Im Empfängerland (2) kommt es zu einer multiplikativen Einkommenserhöhung, weil der empfangene Kredit annahmegemäß verausgabt wird (Nachfrageerhöhung). Im Endeffekt wäre also (im Fall 4) im Geberland eine konjunkturdämpfende, im Nehmerland dagegen eine konjunkturbelebende Wirkung zu verzeichnen.

Schema der Wirkungskette:

$-\Delta Y_1$ ↓ $-\Delta M_1 = -\Delta X_2$ ↓ $-\Delta Y_2$ ↙ $-\Delta M_2 = -\Delta X_1$

$\Delta M_1 < \Delta X_1$

≙ Aktivierung der Leistungsbilanz

$+\Delta Y_2$ ↓ $+\Delta M_2 = \Delta X_1$ ↓ $+\Delta Y_1$ ↓ $+\Delta M_1$

$\Delta X_1 > \Delta M_1$

≙ Aktivierung der Leistungsbilanz

Hinsichtlich der Leistungsbilanz ergibt sich auch in diesem Fall eine Verbesserung (Aktivierung). Sie muß - bei Zugrundelegen der gleichen Werte für die marginalen Spar- und Importquoten - deshalb höher sein als in den vorangegangenen Fällen, weil diesmal in beiden Ländern primäre Nachfragewirkungen auftreten, die *beide* in Richtung auf eine Aktivierung der Leistungsbilanz des Kapitalexportlandes (1) wirken. Die Nachfrageminderung im Kreditgeberland (1) führt zu einer Importminderung und die Nachfrageerhöhung im Kreditnehmerland (2) induziert eine Steigerung der Exporte des Kreditgeberlandes.

Beide Primäreffekte ($-\Delta N_1$ und ΔN_2) müssen im Leistungsbilanzmultiplikator Berücksichtigung finden. Dazu benutzt man zunächst Gleichung (1), die die Wirkung der Nachfrageerhöhung im Kreditnehmerland auf die Leistungsbilanz ergibt:

(1) $$\Delta B_2 = -\frac{g_2 \cdot s_1}{s_2 s_1 + s_1 g_2 + s_2 g_1} \cdot \Delta N_2$$

Die Passivierung der Leistungsbilanz im Kreditnehmerland ist gleichbedeutend mit einer gleich großen Aktivierung der Leistungsbilanz im Kreditgeberland, so daß Gleichung (1) *mit umgekehrtem, also positivem Vorzeichen,* den Effekt der Nachfrageerhöhung im Kreditnehmerland auf die Leistungsbilanz des Kreditgeberlandes ausdrückt:

(1a) $$\Delta B_1' = \frac{g_2 \cdot s_1}{s_1 s_2 + s_1 g_2 + s_2 g_1} \cdot \Delta N_2$$

Außerdem ist noch der Effekt der durch die Kreditvergabe bedingten Nachfrageminderung im Kreditgeberland auf seine Leistungsbilanz zu berücksichtigen.

Er ergibt sich gemäß Gleichung (2):

(2) $$\Delta B_1'' = -\frac{g_1 s_2}{s_1 s_2 + s_1 g_2 + s_2 g_1} \cdot \Delta N_1$$

Die Zusammenfassung von (1a) und (2) ergibt dann die Gesamtwirkung auf die Leistungsbilanz des Kreditgeberlandes:

(3) $$\Delta B_1 = \Delta B_1' + \Delta B_1'' = \frac{s_1 \cdot g_1 \cdot \Delta N_2 - g_1 \cdot s_2 \cdot \Delta N_1}{s_1 \cdot s_2 + s_1 \cdot g_2 + s_2 \cdot g_1}$$

Wegen $|\Delta N_1| = |\Delta N_2|$ und $\Delta N_1 < 0$ wird (3) zu

(3a) $$\Delta B_1 = \frac{s_1 \cdot g_2 + g_1 \cdot s_2}{s_1 \cdot s_2 + s_1 \cdot g_2 + s_2 + g_1} \cdot \Delta N$$

Setzt man für die Marginalquoten die oben angenommenen Werte ein, so ergibt sich folgendes Resultat:

$$\Delta B_1 = \frac{0{,}4 \cdot 0{,}1 + 0{,}2 \cdot 0{,}3}{0{,}4 \cdot 0{,}3 + 0{,}4 \cdot 0{,}1 + 0{,}3 \cdot 0{,}2} \cdot 100$$

$$\Delta B_1 = 45{,}5$$

Der Realtransfer (= Aktivierung der Leistungsbilanz des Kreditgeberlandes) ist hier - wie erwartet - größer als in den vorangegangenen Fällen. *Aber auch in diesem Fall wäre ein vollständiger Realtransfer nur unter der sehr unwahrscheinlichen Voraussetzung möglich, daß die marginale Sparquote in einem der beiden Länder gleich Null ist.*

Zu Fall 5: Diese Konstellation entspricht im Prinzip dem oben behandelten Fall 4. Der Unterschied besteht lediglich darin, daß einmal im Kreditgeberland die primäre Nachfrageminderung kleiner ist als der Kreditbetrag, weil dieser zum Teil durch Kreditschöpfung aufgebracht wird, und daß zweitens im Kreditnehmerland auch die primäre Nachfragesteigerung kleiner als die empfangene Kreditsumme ist, weil ein Teil des Kredites gehortet wird. Unter Verwendung der gleichen Wertansätze wie bisher ändert sich die Formel des Leistungsbilanzmultiplikators gegenüber Fall 4 also nur insofern, als ΔN_1 und ΔN_2 im Zähler absolut kleiner werden, so daß auch der Realtransfer (ΔB_1) kleiner ist als im Fall 4. Dieses Ergebnis bedarf kaum einer Erläuterung, da klar ist, daß der Umfang der Leistungsbilanzaktivierung c. p. von der Größe der primären Nachfrageänderung in den beteiligten Ländern abhängt.

Hauptergebnis der Keynesschen Transfertheorie ist demnach, **daß es unter normalen Bedingungen nicht zu einem vollständigen Realtransfer kommt!**

(3) Weitere Überlegungen zum Transferproblem

In der Rückschau auf die Keynessche Transfertheorie ist jedoch auf einen wichtigen, weil für die Praxis relevanten Einwand hinzuweisen[6]. Bei den bisherigen Überlegungen wurde davon ausgegangen, daß es für internationale Kredite zwei Finanzierungsarten nämlich Kreditschöpfung (Enthorten) und Nachfrageminderung und zwei Verwendungsarten, nämlich Nachfrageerhöhung und Horten gibt. In Wirklichkeit sind jedoch jeweils **eine weitere Finanzierungsart** und **eine weitere Verwendungsart** möglich:

1. Die *Aufbringung* der Mittel im kreditgebenden Inland könnte auch *durch primäre Einschränkung der Importe* erfolgen.

2. Der Kredit kann vom Kreditnehmerland unmittelbar zum Kauf von Auslandsgütern, also *zur Erhöhung der Importe, verwendet* werden.

---

[6] H. G. *Johnson:* The Transfer Problem and Exchange Stability. In: *Ders.:* (Hrsg.): International Trade and Economic Growth, London 1958, S. 169 ff.

Der zweite Fall, der in der Praxis von größerer Bedeutung ist, ist bei allen warengebundenen Auslandskrediten gegeben, bei denen die Kreditgewährung (z. B. an ein Entwicklungsland) mit der Auflage verbunden ist, dafür Waren im Kreditgeberland zu kaufen. Aber auch bei den stark verbreiteten Handelskrediten besteht ein unmittelbarer Zusammenhang zwischen Kredit- und Warengeschäft.

Es ist nun aber zu überlegen, welche Wirkungen sich tendenziell für die Leistungsbilanz ergeben, wenn die Mittelaufbringung durch Importverringerung erfolgt und/oder die Mittel im Nehmerland zur Importerhöhung verwendet werden:

1. Werden die Mittel in voller Höhe *durch Importeinschränkung aufgebracht*, so kommt es in Höhe des Kredites zu einer Aktivierung der Leistungsbilanz des Kreditgeberlandes, also zum vollständigen Realtransfer. Ob es dabei bleibt, hängt von der Verwendung der Mittel im Kapitalnehmerland ab:

a) Werden sie zur Nachfrageausweitung verwendet, so gleicht diese gerade den Exportausfall aus, der durch den Importrückgang im Kapitalgeberland bedingt ist. Das heißt, das Einkommen im empfangenden Ausland bleibt unverändert. Der Realtransfer ist vollkommen und endgültig.

b) Werden die zufließenden Mittel im Ausland gehortet, so sinkt dort das Einkommen, weil die Exporte in Höhe des Kredites gesunken waren. Es kommt zu einem Kontraktionsprozeß, in dessen Folge die Importe sinken, d. h. die Exporte des Kreditgeberlandes sinken und verringern den ursprünglichen Aktivsaldo, so daß der vollständige Realtransfer nicht mehr gegeben ist.

c) Werden schließlich die zufließenden Mittel ausschließlich zur Importsteigerung benutzt, was eine gleich große Exportsteigerung im Geberland bedeutet, so aktiviert sich die Leistungsbilanz des Geberlandes weiter. Allerdings kommt es in diesem Fall zu einer multiplikativen Einkommensschrumpfung im Nehmerland (wegen Exportschrumpfung in Höhe des Kredites) und zu einer multiplikativen Einkommenssteigerung im Geberland (wegen Exportsteigerung). Dadurch wird der Aktivsaldo der Leistungsbilanz im Kreditgeberland vermindert; denn die Einkommenserhöhung im Geberland induziert entsprechend g_1 zusätzliche Importe, d. h. zusätzliche Exporte des Nehmerlandes. Jedoch ist der Realtransfer größer als der monetäre Transfer.

2. Übrig bleiben jetzt noch die Fälle, bei denen der *Kredit vom Empfänger voll zu Importen verwendet wird*. Für das Kreditgeberland bedeutet das zunächst eine Steigerung seiner Exporte in Höhe des Kreditbetrages, also vollkommenen Realtransfer. Ob das das endgültige Ergebnis ist, hängt davon ab, wie die Kreditmittel aufgebracht wurden:

a) Wurden sie durch Einschränkung der inlandswirksamen Nachfrage aufgebracht, so bleibt das Volkseinkommen des Geberlandes per Saldo unverändert, denn die kontraktive Wirkung der Nachfrageminderung wird durch die expansive Wirkung der Exportsteigerung kompensiert. Der Realtransfer ist vollkommen und endgültig!

b) Wird der Kredit aus Horten oder durch Kreditschöpfung finanziert, so ist dieser Vorgang für das Geberland einkommensneutral. Es bleibt also die primäre Einkommenssteigerung infolge der um den Kreditbetrag gestiegenen Exportnachfrage. Aus ihr resultiert ein expansiver Multiplikatorprozeß, in dessen Verlauf es im Geberland zu Importsteigerungen gemäß der marginalen Importquote (g_1) kommt. Die zusätzlichen Importe vermindern den Aktivierungseffekt des Exportanstiegs, so daß der Realtransfer nicht vollständig ist.

c) Die Konstellation „Verwendung des Auslandskredites zu Importen und Aufbringung durch Importminderung" entspricht dem obigen Fall 1 c). Die Leistungsbilanzwirkungen sind identisch. „Normalerweise" ist in diesem Fall der Realtransfer sogar größer als der monetäre Transfer.

Auf die theoretisch exakte Einbeziehung dieser Art von Finanzierung und Verwendung eines Auslandskredites in ein umfassendes Transfermodell sei hier verzichtet und auf die verfügbare Literatur verwiesen. Ein derartiges Transfermodell wurde zuerst von H. G. *Johnson* entwickelt[7].

Wir begnügen uns mit dem bisherigen Ergebnis, daß der Umfang des Realtransfers einer internationalen Kapitalbewegung keineswegs dem monetären Transfer entsprechen muß, daß er vielmehr von den marginalen Konsum- und Importquoten sowie von der Finanzierungs- und Verwendungsart des Kredites abhängt. Ein 100%iger oder darüberliegender Transfer ist prinzipiell möglich.

Eine andere, aus wirtschaftspolitischer Sicht besonders wichtige Frage ist es allerdings, wie realitätsnah die Voraussetzungen sind, unter denen die verschiedenen möglichen Ergebnisse zustandekommen. Wird man, aufs Ganze gesehen, wohl die Aussage wagen können, daß **in der überwiegenden Zahl der konkreten Fälle kein vollständiger Realtransfer zu erwarten ist,** so ist andererseits darauf zu verweisen, daß insbesondere der Fall 2.a) eine Konstellation kennzeichnet, die in der wirtschaftlichen Realität keine Seltenheit darstellt. Vollständiger oder darüber hinausgehender Realtransfer stellt also nicht nur eine theoretische Möglichkeit dar.

[7] H. G. *Johnson:* The Transfer Problem and Exchange Stability, a. a. O., S. 169 ff. – Siehe auch Klaus *Rose:* Theorie der Außenwirtschaft, 6. Aufl., a. a. O., S. 167 ff. – Eberhard von *Wangenheim:* Die Wirkungen zwischenstaatlichen Kapitalverkehrs auf Wechselkurse und Zahlungsbilanzen. Berlin 1967. S. 98 ff.

5. Weitere Wirkungen des internationalen Kapitalverkehrs

Hinter dem Problem des Realtransfers internationaler Kapitalbewegungen steht die Frage, ob bei festen Wechselkursen das durch eine Passivierung der Kapitalverkehrsbilanz (Kapitalexport) gestörte Gleichgewicht der Zahlungsbilanz durch eine induzierte Aktivierung der Leistungsbilanz wiederhergestellt wird und umgekehrt. Ergebnis war, daß sowohl unter klassischen Bedingungen als auch unter realitätsnäheren Bedingungen der völlige Wiederausgleich der Zahlungsbilanz zwar möglich ist, aber eher die Ausnahme darstellt. Das heißt also, daß als Folge von internationalen Kapitalbewegungen dauerhafte Zahlungsbilanzungleichgewichte auftreten können[8].

Damit ist *eine* mögliche Wirkung internationalen Kapitalverkehrs gekennzeichnet. Die Wirkung bedarf der wertenden, an den wirtschaftspolitischen Zielsetzungen orientierten Interpretation. Zunächst ist lapidar festzustellen, daß die genannte Wirkung dem Ziel des außenwirtschaftlichen Gleichgewichts zuwiderläuft. Abgesehen davon, daß dieses Negativum durch positive Wirkungen des Kapitalverkehrs auf andere, möglicherweise vorrangige Ziele kompensiert werden kann, hängt auch die Wirkung des Einflusses auf die Zahlungsbilanz von der Ausgangssituation der Zahlungsbilanz ab. So kann bei einer strukturell aktiven Zahlungsbilanz eine aus Kapitalexporten resultierende Passivierungstendenz auch im Hinblick auf das Gleichgewichtsziel als positiv gewertet werden, während die Vergrößerung eines schon vorhandenen Passivsaldos eindeutig negativ zu beurteilen ist.

Die Zahlungsbilanzwirkungen internationaler Kapitalbewegungen stellen überdies nur eine von mehreren ökonomisch relevanten Wirkungen dar, die sämtlich in eine politisch wertende Betrachtung einbezogen werden müßten. Dabei hängt das Ergebnis der politischen Wertung nicht nur von den objektiven Wirkungen der Kapitalbewegungen ab, sondern eben entscheidend auch von dem der Wertung zugrundeliegenden Zielsystem, d. h. von Art, Rangfolge und Gewichtung der wirtschaftspolitischen oder auch allgemeinpolitischen Ziele, sofern sie mit Hilfe von Kapitalbewegungen realisierbar erscheinen. Und schließlich ist für das Ergebnis einer derartigen Wertung von Bedeutung, ob sie von einem gruppenspezifischen, einem nationalen oder einem globalen Standpunkt aus erfolgt.

In jedem Fall jedoch ist die möglichst exakte Erfassung der objektiven Wirkungen unerläßliche Voraussetzung für eine auf nationaler Basis erfolgende Beurteilung. In den Überlegungen zum Realtransfer waren ausdrücklich oder

---

8 Lutz *Beinsen*: Fundamentale Ungleichgewichte der Zahlungsbilanz als Folge internationaler Kapitalbewegungen. Berlin 1969.

implizit Hinweise auf weitere Wirkungen internationaler Kapitalbewegungen enthalten.

a) Wirkungen auf den Außenhandel

Das Faktum des Realtransfers selbst besagt ja nichts anderes, als daß sich Veränderungen im internationalen Handel vollzogen haben. Diese Änderungen können das Volumen oder die Struktur des Außenhandels betreffen oder beides.

Bei flexiblen Wechselkursen bewirkt der Wechselkursmechanismus (siehe oben, S. 73 ff.), daß ein durch internationalen Kapitalverkehr entstandener Saldo bzw. eine Saldenänderung der Kapitalverkehrsbilanz durch einen gleich großen entgegengesetzten Saldo der Leistungsbilanz wieder ausgeglichen wird. Der Realtransfer ist also vollständig. Es sei daran erinnert, daß in der Realität die Reaktion des Außenhandels auf Wechselkursänderungen mit z. T. erheblichen zeitlichen Verzögerungen erfolgt, so daß auch bei flexiblen Wechselkursen realiter ein zumindest zeitlich befristetes Ungleichgewicht der Zahlungsbilanz möglich und auch sehr wahrscheinlich ist. Sieht man hiervon ab, so hat bei flexiblen Wechselkursen ein Saldo der Kapitalverkehrsbilanz eine gleich große entgegengesetzte Änderung des Außenhandels zur Folge.

Bei festen Wechselkursen dagegen ist die Wirkung internationaler Kapitalbewegungen auf das Außenhandelsvolumen unsicher. Wie gezeigt wurde, hängt sie insbesondere von der Art der Aufbringung und der Art der Verwendung der Kreditmittel ab. Dabei kann es zu gänzlich divergierenden Ergebnissen kommen. Das Außenhandelsvolumen kann sowohl konstant bleiben (Fall 1), als auch steigen (Fall 2), als auch sinken (Fall 3). In der Realität kann man aber davon ausgehen, daß der *langfristige* Kapitalverkehr per Saldo eine **handelsausweitende Wirkung** hat. Denn in überwiegendem Umfang führen aufgenommene Auslandskredite im Nehmerland zur Importsteigerung entweder infolge *direkter* Verwendung zu Importzwecken oder *indirekt* via marginale Importquote. Der Fall der Hortung dürfte demgegenüber weniger häufig sein. Von der Kreditgeberseite wird eine Außenhandelsschrumpfung induziert, wenn entweder die Kreditmittel durch Senkung der Importe oder durch Senkung der Binnennachfrage aufgebracht werden. Demgegenüber ist die Finanzierung durch Kreditschöpfung eine durchaus realistische Alternative. Aber auch wenn die erstgenannte Aufbringungsart überwiegen sollte, so kann ihre handelsmindernde Wirkung durch die Verwendung der Mittel zu Importen im Empfängerland überkompensiert werden.

Hinsichtlich der **Außenhandelsstruktur** kann ohne weiteres von einer Veränderung ausgegangen werden. Lediglich für den in der Realität weniger häufigen Fall, in dem der Kapitaltransfer ohne Wirkung auf das Außenhandelsvolumen bleibt, erfährt auch die Struktur keine Veränderung. Bei Veränderungen des

Außenhandelsvolumens ist dagegen eine Konstanz der Handelsstruktur gänzlich unwahrscheinlich.

Bei der Wertung der Außenhandelsveränderung sind gruppenspezifische, nationale und weltwirtschaftliche Gesichtspunkte zu trennen. *Gruppenspezifische Interessen* werden mit Sicherheit durch volumenmäßige und strukturelle Außenhandelsänderungen berührt. In erster Linie sind es die einzelwirtschaftlichen Interessen der direkt am Außenhandel Beteiligten, also der Exporteure und Importeure. Eine Ausdehnung des Exportvolumens bedeutet dabei nicht zwangsläufig eine Verbesserung der Position aller Exporteure. Vielmehr kann die Exportausdehnung in einem oder mehreren Ländern von Exportschrumpfungen in anderen Ländern begleitet sein. Im nationalen Rahmen können überdies unterschiedliche Branchen von Außenhandelsänderungen höchst ungleichmäßig betroffen bzw. begünstigt sein. Derartige Strukturveränderungen im internationalen wie im nationalen Rahmen bringen für die (von Schrumpfungen) Betroffenen erhebliche Schwierigkeiten und damit einzelwirtschaftliche Nachteile mit sich.

Allerdings sind die Vor- und Nachteile einzelner Gruppen kein geeigneter Maßstab für die *gesamtwirtschaftlichen Wirkungen* von Außenhandelsänderungen. Die Schwierigkeit liegt dabei nicht nur in der Unvergleichbarkeit individueller Nutzen, die die Ermittlung der Gesamtnutzenänderung durch Saldierung der individuellen Vor- und Nachteile unmöglich macht, sondern auch in der Vielfalt der Wirkungen, die durch *einen* Vorgang (hier: Kapitaltransfer) ausgelöst werden und die die verschiedenen wirtschaftspolitischen Ziele in unterschiedlichem Umfang und in unterschiedlicher Richtung beeinflussen können. Es hängt dann von der Rangfolge und Gewichtung der Ziele ab, ob per Saldo eine positive oder negative Gesamtwirkung auf die nationale Wirtschaft zu diagnostizieren ist. Diese wiederum zeigt nicht zwangsläufig eine gleichartige *Wirkung für die Weltwirtschaft* an. Vielmehr können positive Wirkungen in einer Volkswirtschaft durch negative Wirkungen in anderen Volkswirtschaften überkompensiert werden oder umgekehrt.

Trotzdem wird steigender Außenhandel im allgemeinen positiv beurteilt. Dabei wird meist ausgesprochen oder unausgesprochen vom globalen Standpunkt aus argumentiert und *eine* Wirkung in den Vordergrund gestellt, nämlich die auf das weltwirtschaftliche Wachstum.

b) Wirkungen auf das wirtschaftliche Wachstum

Sofern die Ausdehnung des Außenhandels von den Marktkräften induziert wird, bewirkt sie eine *Umverteilung der Produktionsfaktoren* in den Nationalwirtschaften auf andere Verwendungen, und zwar im Sinne einer erhöhten Effizienz des Faktoreinsatzes. Die Veränderung der internationalen Produktionsstruktur in Richtung auf eine *Erhöhung der internationalen Arbeitsteilung* erhöht die Produktivität und beschleunigt das Wachstum. Wachsendes oder beschleunigt wachsendes Weltsozialprodukt muß aber nicht allen am Außenhandel beteiligten Volkswirtschaften zugute kommen. Die Entwicklung des internationalen Handels in der Nachkriegszeit ist ein eindrucksvoller Beleg dafür, daß sich auch eine außerordentlich starke Außenhandelsexpansion sehr ungleichmäßig auf die am Außenhandel beteiligten Länder verteilen kann. Typisch für die Außenhandelsentwicklung in dieser Periode war die sehr starke Zunahme der Welthandelsanteile der Industrieländer. Sie resultierte aus dem überproportional starken Anstieg des Handels zwischen den westlichen Industrieländern. Die Hauptbenachteiligten waren die Entwicklungsländer, wenn auch entsprechend den jeweiligen nationalen Gegebenheiten in unterschiedlichem Ausmaß.

Der internationale Kapitalverkehr übt jedoch nicht nur „indirekt" über die Beeinflussung des Außenhandels Wirkungen auf das Wachstum der Weltwirtschaft aus. Vielmehr ist die *internationale Übertragung von Kapital* durch Direktinvestitionen oder langfristige Kredite als eines der wichtigsten Instrumente zur direkten und gezielten **Förderung des wirtschaftlichen Wachstums in unterentwickelten Ländern** anzusehen. In den meisten Entwicklungsländern ist der Kapitalmangel eines der wesentlichsten Entwicklungshemmnisse. Da die Kapitalbildungsmöglichkeiten in diesen Ländern aus unterschiedlichen Gründen häufig sehr beschränkt sind und da andererseits eine Mindestkapitalausstattung Voraussetzung für den produktiven Einsatz der vorhandenen Ressourcen (Arbeit, Boden) oder für die Steigerung der Produktivität bereits eingesetzter Faktoren ist, können Kapitalzuflüsse aus dem Ausland einen wichtigen oder sogar unerläßlichen Wachstumsmotor darstellen.

Bei der Frage der Vorteilhaftigkeit oder der Notwendigkeit von Kapitalzuflüssen in Entwicklungsländer handelt es sich um eine vielschichtige Problematik. Zwar wird die generelle Wünschbarkeit von Kapitaltransfer von den Entwicklungsländern allgemein bejaht, jedoch werden an diese positive Aussage vielfach eine Reihe von Bedingungen geknüpft, die mit den spezifischen Gegebenheiten des Empfängerlandes aber auch mit dem Standort des Urteilenden erheblich variieren können.

Ein wichtiger Diskussionspunkt ist hierbei die Frage, ob *Direktinvestitionen* ausländischer Unternehmen oder aber die *Portfolioinvestitionen* (langfristige Darlehen, Anleihen, usw.) die zweckmäßigste Form des Kapitaltransfers darstellen. Obwohl eine ausführlichere Erörterung dieser Frage dem Kapitel „Entwicklungsländer" im zweiten Band vorbehalten bleiben muß, kann schon hier gesagt werden, daß eine allgemeingültige Antwort schwerlich möglich ist. Für beide Transferformen lassen sich positive wie negative Argumente ins Feld führen. *Gegen Direktinvestitionen* wird eingewendet:

1. Sie können die Einseitigkeit der Produktionsstruktur vieler Entwicklungsländer zementieren helfen, wenn sie vorwiegend auf die Ausbeutung der Bodenschätze oder anderer natürlicher Ressourcen gerichtet sind.

2. Ihr Beitrag zur Stimulierung inländischen Wirtschaftswachstums bleibt dann gering, wenn sie nicht zu einer starken Steigerung des Einsatzes inländischer Arbeitskräfte und inländischer Vorleistungen führen; das ist z. B. der Fall, wenn mit dem Kapital hochentwickelte kapitalintensive Technologien und entsprechendes Fachpersonal importiert werden. Stimulierende Auswirkungen auf andere Wirtschaftszweige oder Verzahnung mit der inländischen Wirtschaft bleiben unter diesen Umständen gering.

3. Eine beschleunigte, nur von den Ertragsinteressen der ausländischen Investoren bestimmte Erschöpfung der Rohstoffreserven kann die Folge sein.

4. Die wirtschaftlichen und auch die politischen Einflüsse der ausländischen Investoren können die Souveränitätsrechte des jeweiligen Entwicklungslandes (über Gebühr) beeinträchtigen.

Diese und mögliche andere negative Wirkungen von Direktinvestitionen stellen jedoch *keine Zwangsläufigkeit* dar. Vielmehr können sie im Prinzip vermieden oder durch Modifizierung in ein Positivum verwandelt werden. So kann z. B. durch Beteiligung des Entwicklungslandes an den ausländischen Investitionen sowohl die Gefahr der wirtschaftlichen und/oder politischen Überfremdung vermieden werden, wie auch einer vorzeitigen Erschöpfung der Rohstoffreserven vorgebeugt werden kann. Durch strukturpolitische Förderungsmaßnahmen kann außerdem darauf hingewirkt werden, daß ausländische Investitionen in Bereiche gelenkt werden, die zu einer Auflockerung (Diversifizierung) der Produktionsstruktur beitragen. Im Falle des Erfolges wäre auch die Verzahnung mit der übrigen Wirtschaft gewährleistet und stimulierende Wirkungen auf vor- und nachgelagerte Bereiche sicher. Und schließlich könnte die Anwendung adäquater Technologien (d. h. den Gegebenheiten des jeweiligen Landes angemessene Technologien) sowohl den technischen Fortschritt beschleunigen als auch einen möglichst umfangreichen Einsatz inländischer Arbeitskräfte und Vorleistungen bewirken.

Allerdings sollte auf keinen Fall übersehen werden, daß die erfolgreiche Verwirklichung der hier aufgezeigten prinzipiellen Möglichkeiten das eigentliche Problem der Direktinvestitionen darstellt. Es sollte jedoch klar geworden sein, daß die Beurteilung von Direktinvestitionen in Entwicklungsländern außer vom Standpunkt des Urteilenden auch von einer Reihe objektiver Gegebenheiten abhängt, die von Land zu Land variieren können und daher ein generelles Urteil verbieten.

Das gleiche ist im übrigen für *Portfolioinvestitionen* festzustellen, für die Form langfristigen Kapitaltransfers also, bei der die Kapitalgeber nicht gleichzeitig als Investoren im Empfängerland auftreten. Zwar können hierbei einige Nachteile für das Empfängerland vermieden werden, die als Folge von Direktinvestitionen auftreten können: So insbesondere die Entwicklung einer unausgewogenen Produktionsstruktur durch den Import unangemessener Technologien und durch fehlende Verflechtung mit der Inlandswirtschaft, so auch die Erringung wirtschaftlicher Machtpositionen, die die Ausbeutung des Landes durch niedrige Preise für die im Lande verfügbaren Ressourcen erlauben, d. h. durch niedrige Löhne für die einheimischen Arbeitskräfte und/oder durch niedrige Preise für Grund und Boden bzw. für die Gewinnung der darin enthaltenen Bodenschätze. Voraussetzung für die Vermeidung dieser Nachteile ist allerdings, daß das jeweilige Entwicklungsland die aufgenommenen Kredite zweckentsprechend und zieladäquat verwendet. Dazu muß es über ein erfolgversprechendes entwicklungspolitisches Konzept verfügen.

Andererseits können Portfolioinvestitionen eine Reihe von Wirkungen *nicht* erzielen, die den Direktinvestitionen eigen und für das Empfängerland meist von erheblicher Bedeutung sind. Dazu gehört in erster Linie der Technologietransfer, d. h. die Übertragung von technischem Wissen und fortgeschrittenen technischen Methoden in das Empfängerland. Wesentliche Erfolgsvoraussetzung stellt hier das Eigeninteresse des ausländischen Investors dar, das die Aktivierung seiner technischen Kenntnisse und Erfahrungen bewirkt. Aber neben der Anwendung technischer Kenntnisse und Methoden hat auch der Einsatz kaufmännischen Spürsinns und unternehmerischer Risikobereitschaft für das Empfängerland Bedeutung. Denn man kann in vielen Fällen davon ausgehen, daß Unternehmertum und modernes Management in Entwicklungsländern zu den „knappen Faktoren" gehören, deren Herausbildung meist nur mit erheblichem Zeitaufwand möglich erscheint.

Auf eine knappe Formel gebracht kann man also sagen, daß das Problem des Kapitalimports als Wachstums- und Entwicklungsstimulanz für Entwicklungsländer nicht eine Frage des „ob", sondern eine Frage des „wie" ist, von deren richtiger Beantwortung allerdings der Erfolg entscheidend abhängt.

Die Entwicklungsländer standen deswegen im Mittelpunkt der vorstehenden Überlegungen, weil einerseits für sie die Wachstums- und Entwicklungsförderung ein besonders vordringliches Problem darstellt, andererseits aber die möglichen negativen Nebenwirkungen von Kapitalimporten bei ihnen am ehesten zu erwarten sind. Es muß aber hervorgehoben werden, daß sich die Wachstumswirkungen internationalen Kapitalverkehrs keineswegs auf die Fälle beschränken, in denen ein Entwicklungsland Kapitalnehmer ist. Der viel umfangreichere *Kapitalverkehr zwischen den Industrieländern* hat vielmehr ebenfalls wachstumssteigernde Effekte, sofern er bewirkt, daß das Kapital in produktivere Verwendungen gelangt.

c) Wirkungen auf die Einkommensverteilung

Aus den Feststellungen, daß erstens steigender internationaler Kapitalverkehr auch zu einer Erhöhung des internationalen Warenaustausches führt und daß zweitens steigender Welthandel via Steigerung der internationalen Arbeitsteilung den Weltwohlstand erhöht, ergibt sich ein Kausalzusammenhang zwischen Kapitalverkehr und globalem Wohlstand, zu dessen genauerer Charakterisierung allerdings kaum etwas Generelles gesagt werden kann. Wohl aber kann man mit Sicherheit sagen, daß die ungleichmäßige Verteilung der Kapitalströme in der Weltwirtschaft während der Nachkriegszeit die *Ungleichheit der Wohlstandsentwicklung* in den verschiedenen Regionen der Erde verstärkt hat.

Demzufolge wäre eine Umlenkung der Kapitalströme im Sinne einer gleichmäßigeren Verteilung ein Mittel zur Verringerung der außerordentlich großen internationalen Einkommensunterschiede. Wie bereits erwähnt, handelt es sich bei der Verstärkung des Kapitaltransfers in arme Länder zwar um eine notwendige, jedoch keinesfalls um eine hinreichende Bedingung für den Abbau des Wohlstandsgefälles; denn die Steigerung des Kapitalzuflusses in Entwicklungsländer ist noch keine Gewähr für die zweckentsprechende und erfolgreiche Verwendung dieser Mittel. Außerdem sollte gesehen werden, daß eine bewußte Umlenkung des Kapitalstroms zugunsten der Entwicklungsländer zumindest kurz- und mittelfristig die Steigerung des Weltwohlstandes insgesamt verlangsamen kann, weil möglicherweise oder sogar ziemlich wahrscheinlich kurzfristig produktivere Einsatzmöglichkeiten in entwickelten Ländern zur Verfügung stünden. Aber das ist der notwendige und nicht zu hohe Preis, der für eine Nivellierung der internationalen Einkommensdiskrepanzen zu zahlen wäre. Gerechtfertigt wäre dieser Preis allerdings nur dann, wenn die angestrebte Wachstumsbeschleunigung in den Entwicklungsländern damit auch erreicht würde. Das wiederum ist, wie auch die Erfahrungen der praktischen Entwicklungspolitik zeigen, durchaus keine Selbstverständlichkeit.

Ein *weiteres Verteilungsproblem* ergibt sich auf der *nationalen Ebene* insbesondere der Kapitalimport-Länder; denn es ist keineswegs gewährleistet, daß alle sozialen Gruppen eines Landes gleichmäßig an einer durch die Kapitalimporte induzierten Einkommenssteigerung partizipieren oder daß sogar die Nivellierung einer schon vorhandenen starken Ungleichverteilung der Einkommen eingeleitet wird. Es spricht vielmehr einiges dafür, daß dieses wirtschaftspolitische Ziel für eine Übergangszeit zurückgestellt wird, indem versucht wird, über eine Begünstigung der Investitionen bzw. eine steuerliche Entlastung der Erträge einen nachhaltigen Wachstumsimpuls auszulösen. Im Erfolgsfall wird ein überproportionaler Anteil des Einkommenszuwachses dem Unternehmenssektor zufließen. Trägt das Wirtschaftssystem planwirtschaftliche Züge, so daß der Staat die Unternehmerfunktion ausübt, so kann er es ebenfalls für angemessen und zweckmäßig ansehen, den Anstieg der realen Masseneinkommen zugunsten der Investitionen zu drosseln; nur stehen ihm hierzu weitere, rigorosere Mittel zur Verfügung, wie z. B. entsprechende Lohn- und/oder Preisfestsetzungen.

d) Wirkungen auf die Konjunkturentwicklung

(1) Bei festen Wechselkursen

Die früheren Überlegungen zum Transfermechanismus hatten bereits ergeben, daß internationale Kapitalbewegungen bei festen Wechselkursen sowohl im Geber- wie auch im Empfängerland die Gesamtnachfrage beeinflussen und somit multiplikative Einkommensveränderungen induzieren können. Sie sind also prinzipiell in der Lage, die konjunkturelle Entwicklung zu beeinflussen. Es war aber auch klargeworden, daß die allgemeingültige Beantwortung der Frage, ob ein bestimmter Kapitaltransfer im Geber- und/oder Empfängerland eine expansive oder eine kontraktive Wirkung auslöst, nicht möglich ist. Vielmehr hängt das in erster Linie von der Art der Aufbringung der Mittel im Geberland sowie von ihrer Verwendung im Kreditnehmerland ab.

Die Unterschiedlichkeit der möglichen konjunkturellen Wirkungen von Kapitaltransfers verleiht der *Frage nach ihrer wirtschaftspolitischen Steuerbarkeit* besonderes Gewicht. – Aus der Sicht des *Geberlandes* scheint es möglich, die konjunkturellen Wirkungen von Kapitalexporten insoweit zu steuern, als sie von der Art der Mittelaufbringung ausgehen. Ist der *Staat selber Kapitalexporteur*, so kann er versuchen, die Finanzierung den konjunkturellen Erfordernissen anzupassen. Allerdings sind den diesbezüglichen Möglichkeiten durchaus Grenzen gesetzt. Das gilt insbesondere für den Fall einer beabsichtigten Kontraktionswirkung. Hierbei müßte der Staat seine Ausgaben im Inland zugunsten der Kapitalexporte vermindern. Wesentliche Kürzungen der Staatsausgaben sind jedoch in der Regel nur unter erheblichen Schwierigkeiten durchzusetzen. Einer der wichtigsten Gründe dafür ist, daß Ausgabenkürzungen fast immer unpopulär sind oder zumindest die Interessen mehr oder minder großer (Wähler-)Gruppen berühren. Auf besonders wenig öffentliche Gegenliebe dürfte eine Ausgabenkürzung stoßen, wenn gleichzeitig die Kredite an das Ausland erhöht werden. Eine durch Geldschöpfung finanzierte Kreditgewährung an das Ausland dagegen dürfte im allgemeinen auf weniger Widerstand in der Öffentlichkeit stoßen.

Handelt es sich jedoch um *private Kapitalexporte*, so haben sie kontrakte Wirkung, wenn sie aus der vorhandenen Liquidität finanziert werden (es tritt ein Nachfragerückgang ein), und sie sind konjunkturneutral, wenn sie vollständig mit ad hoc geschöpfter Liquidität finanziert werden (die Nachfrage verändert sich nicht). Die Möglichkeit, die kontraktive Wirkung von Kapitalexporten bei Bedarf durch expansive geldpolitische und fiskalpolitische Maßnahmen zu kompensieren, erscheint im großen und ganzen aussichtsreich.

Schwieriger erscheint es dagegen, im konjunkturellen Boom sicherzustellen, daß die privaten Kapitalexporte zu Lasten der Inlandsliquidität gehen und somit zu einem konjunkturdämpfenden Mittelentzug (Nachfragerückgang) im Inland führen; denn bei festen Wechselkursen ist der Erfolg kontraktiver und damit zinssteigernder geldpolitischer Maßnahmen in Frage gestellt, weil dadurch liquiditätsvermehrende Mittelzuflüsse aus dem Ausland provoziert werden.

Die *endgültige* konjunkturelle Wirkung im Geberland hängt aber, wie gezeigt, auch von der *Verwendung der Mittel im Kreditnehmerland* und den daraus resultierenden Rückwirkungen ab, wobei man in der Regel davon ausgehen kann, daß das Inland (Kreditgeberland) nur geringe wirtschaftspolitische Einflußmöglichkeiten auf die Entwicklung im Kreditnehmerland hat. Werden die Mittel z. B. zur Aufstockung der Devisenreserven des Kreditnehmerlandes verwendet, so wären zumindest kurzfristig keinerlei Rückwirkungen zu verzeichnen. Werden sie jedoch ganz oder teilweise zu Käufen verwendet, so müßte daraus im Umfang der marginalen Importquote eine Importsteigerung, d. h. eine Exportsteigerung des Geberlandes mit expansivem Effekt resultieren. Dazu ist jedoch *einschränkend zu bemerken:* (1) Gibt man die Zwei-Länder-Betrachtung auf, so führt eine Importsteigerung des Kreditnehmerlandes nicht mehr zwangsläufig zu einer (gleich großen) Exportsteigerung im Kreditgeberland. Denn sofern es sich nicht um einen warengebundenen Kredit handelt, können die zusätzlichen Importe aus beliebigen anderen Ländern stammen. Damit ist im realistischen Mehr-Länder-Fall zumindest der enge zeitliche Zusammenhang zwischen Kapitalexport und Güterexport aufgehoben. In der Realität kommt es also neben der Verwendungsart und der marginalen Importneigung auch darauf an, aus welchem Land das Kreditnehmerland gegebenenfalls die zusätzlichen Importe bezieht. (2) Aber auch wenn man davon ausgehen könnte, daß die zusätzlichen Importe im Kreditgeberland gekauft werden, wäre es so gut wie unmöglich, zuverlässig abzuschätzen, welchen Umfang die Importnachfrage haben wird.

Denn hierbei tritt wieder das ungelöste Problem der Ermittlung marginaler Spar- und Importquoten im Ausland auf. Zusammenfassend ist also zu sagen, daß Kapitalexporte konjunkturelle Wirkungen im Herkunftland auslösen können. Richtung und Umfang dieser Wirkungen sind jedoch von einer Reihe von Faktoren im Geber- *und* Nehmerland abhängig, deren Bestimmung erhebliche Schwierigkeiten bereitet. Auch die wirtschaftspolitische Steuerung der Vorgänge im Kapitalgeberland ist nur zum Teil möglich.

Aus der Sicht des *Empfängerlandes* stellen sich die konjunkturellen Probleme eines internationalen Kapitaltransfers ähnlich dar. Das Problem liegt hier in der Kompensierung der expansiven Effekte der Kapitalimporte im Konjunkturboom. Nur in den Fällen, in denen der *Staat selbst Empfänger und Verwender* des ausländischen Kapitals ist, bestünde die prinzipiell erfolgversprechende Möglichkeit, durch zeitliche und sektorale Dosierung den konjunkturellen Erfordernissen Rechnung zu tragen.

Handelt es sich bei den *Kreditnehmern jedoch um Private,* so hat der Staat in marktwirtschaftlich organisierten Volkswirtschaften keinen direkten Einfluß auf die Verwendung, solange er nicht zu dirigistischen Maßnahmen greift. Sofern die aufgenommenen Auslandskredite nicht unmittelbar zu Importzwekken verwendet werden, vermehren sie die Inlandsliquidität und die inländische Gesamtnachfrage. Die Kompensation dieses Effektes durch kontraktive Geldpolitik wäre auch hier wegen der bekannten Bumerangwirkung wenig aussichtsreich.

Allerdings tritt das Problem der konjunkturellen Wirkungen von Kapitalimporten nicht selten in den Hintergrund, weil das Ziel „konjunkturelle Stabilität" angeblich oder tatsächlich mit anderen als vorrangig eingestuften Zielen kollidiert. Das gilt insbesondere für Entwicklungsländer, wo das Ziel der konjunkturellen Stabilität neben dem überragenden Ziel des Wachstums und der wirtschaftlichen Entwicklung meist eine untergeordnete Rolle spielt. Außerdem kann die Gefahr einer konjunkturellen Überhitzung durch einströmendes Auslandskapital in Entwicklungsländern einmal dadurch gemildert werden, daß in erheblichem Umfang ungenutzte Ressourcen verfügbar sind und zum zweiten dadurch, daß das Auslandskapital in relativ großem Umfang zur Finanzierung von zusätzlichen Importen verwendet und daher im Kreditnehmerland nicht nachfragewirksam wird.

(2) Konjunkturelle Wirkungen bei flexiblen Wechselkursen

An anderer Stelle (siehe oben, S. 158 ff.) war bereits die Frage erörtert worden, ob flexible Wechselkurse die internationale Übertragung von Einkommenswirkungen verhindern. Ergebnis war, daß flexible Wechselkurse einerseits einen recht wirksamen Schutz gegen außenwirtschaftlich bedingte Liquiditätsveränderungen bieten, wie sie bei festen Wechselkursen unvermeidlich sind. Denn Wechselkursveränderungen sorgen dafür, daß Angebot und Nachfrage nach Devisen und damit die Zahlungsbilanz stets ausgeglichen sind. Notenbankinterventionen in Form von Devisenankäufen oder -verkäufen finden nicht statt. Die Inlandsgeldmenge wird also auf diesem Wege nicht beeinflußt. Andererseits bedeutet Zahlungsbilanzgleichgewicht keineswegs Leistungsbilanzgleichgewicht. Ein autonomer Kapitalexport würde wegen der gestiegenen Devisennachfrage den Außenwert der Auslandswährung steigen lassen (steigender Wechselkurs). Das würde den Wechselkursmechanismus in Gang setzen, der über eine Aktivierung der Leistungsbilanz des Geberlandes zu einer Kompensierung des Defizitsaldos der Kapitalverkehrsbilanz führt. Die Zahlungsbilanz ist somit zwar ausgeglichen, sie weist jedoch ein Aktivum in der Leistungsbilanz und ein Passivum in der Kapitalverkehrsbilanz auf. Der Leistungsbilanzüberschuß ist aber gleichbedeutend mit einer Steigerung der inlandswirksamen Gesamtnachfrage, die ihrerseits in bekannter Weise einen expansiven Multiplikatorprozeß in Gang setzt. Festzuhalten ist daher, daß auch bei flexiblen Wechselkursen von internationalen Kapitalbewegungen konjunkturelle Wirkungen ausgehen können.

Ob und in welchem Umfang im Endeffekt eine Einkommensteigerung realisiert wird, hängt allerdings auch davon ab, ob der Kapitalexport aus geschöpften oder aus vorhandenen Mitteln finanziert wurde. Im zweiten Fall kompensiert die durch die Aktivierung der Leistungsbilanz verursachte Nachfrageerhöhung nur den vorangegangenen, durch den Kapitalexport bedingten Nachfrageausfall. Vor allem aber sind die Chancen, durch geld- oder fiskalpolitische Maßnahmen derartige Konjunkturwirkungen - sofern sie als unerwünscht betrachtet werden - zu kompensieren, besser als bei festen Wechselkursen.

(3) Konjunkturübertragung durch Kapitaltransfer?

In den bisherigen Beispielen wurde das Zustandekommen von internationalen Kapitalbewegungen unterstellt und die daraus resultierenden Wirkungen analysiert, ohne daß nach den Ursachen der Kapitalbewegungen gefragt wurde. Eine recht naheliegende Vermutung wäre, daß eine Ursache in der Unterschiedlichkeit des Konjunkturverlaufs in den Partnerländern zu suchen ist. Sollte sich diese Vermutung als stichhaltig erweisen, wäre zu prüfen, wie derart induzierte Kapitalbewegungen von einem Land auf das andere wirken. Es wäre weiter zu prüfen, ob ein derartiger Effekt von der Art des Wechselkurssystems abhängig ist. Hier mündet die Problematik in die weiterführende Frage, ob und unter welchen Umständen die wirtschaftspolitischen Ziele des außenwirtschaftlichen und des binnenwirtschaftlichen Gleichgewichtes miteinander vereinbar sind. Dieser Problemkomplex wird im währungspolitischen Teil unter der Überschrift *„Externes und internes Gleichgewicht“* (S. 366 ff.) abgehandelt.

e) Wirkungen auf die Preise

Der Vollständigkeit halber seien an dieser Stelle auch die möglichen Preiswirkungen internationaler Kapitalbewegungen angeführt. Schon bei der Erläuterung des Geldmengen-Preis-Mechanismus (S. 142 ff.) war argumentiert worden, daß aus dem Ausland einströmendes Kapital bei festen Wechselkursen eine Ausdehnung der Inlandsliquidität zur Folge hat, was zumindest bei Vollbeschäftigung zum Ansteigen des Preisniveaus führt. Ebenso wie die möglicherweise folgenden Wirkungen auf Einkommen und Beschäftigung (Konjunkturwirkungen) hängen auch die Preiswirkungen u. a. von der Verwendung der Mittel im Kreditnehmerland und von ihrer Aufbringung im Kreditgeberland ab. Wie bereits erörtert, muß nicht jeder Mittelzufluß nachfragewirksam werden (z. B. dann nicht, wenn die empfangenen Mittel gehortet werden). Aber auch dann, wenn der Kreditempfänger im entsprechenden Umfang zusätzliche Nachfrage entfaltet, können die wirtschaftspolitischen Instanzen eine Ausdehnung der Gesamtnachfrage durch kontraktive Maßnahmen zu verhindern suchen.

Allerdings ist hier wiederum auf das *Dilemma der Geldpolitik* in dieser Situation zu verweisen. Es besteht ja darin, daß die kontraktive Geldpolitik infolge steigender Zinsen weitere Gelder aus dem Ausland anlockt, wodurch die angestrebte Verminderung der Binnenliquidität ganz oder teilweise verhindert wird. Im großen und ganzen ist daher davon auszugehen, daß bei festen Wechselkursen Netto-Kapitalimporte die Inlandsgeldmenge erhöhen. Inwieweit die Geldvermehrung Preisniveausteigerungen nach sich zieht, hängt neben dem stark von den Erwartungen bestimmten Nachfrageverhalten der Wirtschaftssubjekte und neben dem Beschäftigungsgrad der Wirtschaft vor allem auch von der *Größenordnung der Kapitalimporte* ab. Mit anderen Worten, es bedarf schon erheblicher Mittelzuflüsse, um überhaupt einen merklichen Einfluß auf das Inlandspreisniveau zu bewirken.

Es hängt also wesentlich von der jeweiligen historischen Konstellation ab, ob und welche Preiseffekte der internationale Kapitalverkehr in einer Volkswirtschaft bewirkt. In der jüngsten Geschichte der Bundesrepublik hat es Konstellationen gegeben, die die preistreibende Wirkung von Kapitalimporten stark begünstigten. Das war z. B. Anfang der siebziger Jahre der Fall. Hier addierten sich die aus großen Exportüberschüssen stammenden Devisenzuflüsse zu den im Verlauf der verschiedenen schweren Währungskrisen in die Bundesrepublik einströmenden außerordentlich großen Devisenbeträgen. Hinzu kam eine Situation der Vollbeschäftigung und optimistischer konjunktureller Erwartungen. In dieser Zeit begannen die Inflationsraten in der Bundesrepublik zu steigen und erreichten mit 6 % (und darüber) bis dahin unbekannte Höhen.

Es liegt nahe, in den starken Devisenzuflüssen in Verbindung mit konjunkturellem Boom und Vollbeschäftigung eine Hauptursache für den Inflationsschub zu sehen. Allerdings darf dabei nicht vergessen werden, daß in dieser Zeit die Haupthandelspartner der Bundesrepublik Deutschland weit höhere Inflationsraten zu verzeichnen hatten, so daß sich die Inflationsübertragung zumindest zum Teil auch auf dem Wege des direkten internationalen Preiszusammenhanges vollzogen haben dürfte.

f) Zusammenfassung

Zunächst ist hervorzuheben, daß internationaler Kapitaltransfer in vielen Fällen nicht ohne Auswirkungen auf den Außenhandel bleibt (Realtransfer). Damit ist eine - wenn auch in der Vielzahl der Fälle unvollkommen wirkende - Tendenz zum Wiederausgleich einer durch Kapitaltransfer gestörten Zahlungsbilanz gegeben. Die Bestimmungsgründe für den Umfang des Realtransfers versucht die Transfertheorie zu klären, wobei der Ansatz der Multiplikatortheorie Verwendung findet. Die Ergebnisse der Keynesschen Transfertheorie sind daher mit den gleichen Vorbehalten zu versehen wie die der Multiplikatortheorie. Darüber hinaus ist zu bemängeln, daß jeweils ein relevanter Verwendungsfall (Verwendung von Importen) und ein Finanzierungsfall (Finanzierung durch Verminderung der Importe) außer Betracht bleibt.

Abgesehen von der Frage des Wiederausgleichs der Zahlungsbilanz können internationale Kapitalbewegungen in den beteiligten Ländern mannigfache weitere Wirkungen von erheblichem Eigengewicht hervorrufen, und zwar insbesondere auf den Außenhandel, auf die Effizienz des Faktoreinsatzes und damit auf das wirtschaftliche Wachstum, auf die Einkommensverteilung, auf die Konjunktur- und auf die Preisentwicklung. Die vielleicht wichtigste Konsequenz aus dem oben dazu Gesagten ist, *daß die diesbezüglichen Wirkungen stark von jeweiligen Gegebenheiten des konkreten Falles abhängen.* Dem Wirtschaftspolitiker stehen also keine allgemeinverbindlichen Aussagen über die Wirkungen des Kapitaltransfers zur Verfügung. Vielmehr bedarf es in der Regel einer auf den konkreten Fall abgestellten Wirkungsanalyse. Zu bedenken ist, daß es nicht nur um den Umfang des Kapitaltransfers geht, sondern auch um seine Art und Form; denn von ihr können eigenständige Wirkungen ausgehen, die es wirtschaftspolitisch zu berücksichtigen bzw. auszunutzen gilt.

Literatur zum I. Kapitel

Heidhues, Franz: Zur Theorie der internationalen Kapitalbewegungen. Tübingen 1969

Johnson, H. G.: The Transfer Problem and Exchange Stability. Journal of Political Economy. Bd. 64 (1956). Wiederabgedruckt in: Johnson, H. G. (Hrsg.): International Trade and Economic Growth, London 1958

—: : The Classical Transfer Problem: An Alternative Formulation. Economica, Vol. 42 (1975)

Jones, R.: The Transfer Problem Revisited. Economica, Vol. 37 (1970)

Kindleberger, C. P.: International Economics. Part III, Chapter 14, 15. 5. Aufl., Homewood 1973

Kruse, Alfred: Außenwirtschaft. § 7, 3. Aufl., Berlin 1972

Machlup, Franz: International Trade and the National Income Multiplier. Philadelphia 1943, S. 19 ff.

Metzler, L. A.: The Transfer Problem Reconsidered. Journal of Political Economy, Vol. 50 (1942)

Rose, Klaus: Theorie der Außenwirtschaft, II. Teil, 7. Kap., 6. Aufl., München 1976

v. Wangenheim, Eberhard: Die Wirkungen zwischenstaatlichen Kapitalverkehrs auf Wechselkurse und Zahlungsbilanzen. Berlin 1968

Zweites Kapitel

Devisenmärkte und Devisengeschäfte

Über den Devisenmarkt ist im Vorangegangenen schon häufig gesprochen worden, ohne daß immer ausdrücklich diese Bezeichnung gebraucht wurde. Aber wenn z. B. die Wirkungen von Wechselkursänderungen auf die Zahlungsbilanz analysiert wurden (Feststellen von Veränderungen der Export- und Importwerte), so ging es dabei auch um die Frage, wie sich Devisenangebot und Devisennachfrage verändern; denn Zahlungsbilanzgleichgewicht heißt ja: Gleichheit von Devisenangebot und Devisennachfrage (für Zahlungsbilanzungleichgewicht gilt Entsprechendes). Im folgenden soll nunmehr systematischer über den institutionellen Rahmen und die Transaktionen auf den Devisenmärkten gesprochen werden.

Auf dem Devisenmarkt werden also Sichtguthaben in ausländischer Währung angeboten (z. B. von Exporteuren oder von Kapitalanlegern, die aus Zins-, Risiko- oder spekulativen Erwägungen ihr [Auslands-] Geld im Inland anlegen wollen) und nachgefragt (z. B. von Importeuren oder von Anlegern, die ihr (Inlands-) Geld aus Zins-, Risiko- oder spekulativen Erwägungen im Ausland anlegen wollen). Die hier angedeuteten Motive für ein Überwechseln von einer Währung in eine andere sind keineswegs vollständig. Allgemeinpolitische, humanitäre, familiäre und noch andere Gründe können internationale Zahlungsströme verursachen. Voraussetzung für das Zustandekommen solcher Transaktionen ist die *Konvertibilität* der Währungen (d. h. die freie Eintauschbarkeit der Währungen untereinander).

Der Markt also, auf dem Sichtguthaben in ausländischer Währung gegen Inlandswährung angeboten und nachgefragt werden, ist der Devisenmarkt. Wir wissen, daß der Preis, der in Inlandswährung für den Erwerb einer Einheit Auslandswährung gezahlt oder für den Verkauf erlöst wird, *Devisenkurs oder Wechselkurs* genannt wird (Preisnotierung)[9].

Institutionell spielt sich der Devisenhandel ganz überwiegend zwischen den Banken ab, die zum einen als *Vermittler* ihrer Auftraggeber fungieren können,

[9] Preisnotierung für den Dollar in Deutschland: $w = 2{,}50 \left[\frac{DM}{\$}\right]$; Mengennotierung für den Dollar in Deutschland: $w_m = 0{,}40 \left[\frac{\$}{DM}\right]$.

indem sie Kauf- und Verkaufaufträge für Devisen von ihren Kunden entgegennehmen. Wenn die Ankauf- und Verkaufaufträge, die bei einer Bank eingehen, nicht gerade zufällig übereinstimmen, so geht die Bank an den Devisenmarkt, um entweder ihre überschüssigen Angebotsaufträge anzubieten oder ihre überschüssigen Nachfrageaufträge nachzufragen. Die Banken tätigen jedoch am Devisenmarkt auch sogenannte *Eigengeschäfte*. Sie spielen dann nicht mehr die Rolle eines Vermittlers, sondern werden für eigene Rechnung tätig. Sie können das tun an den *amtlichen* **Devisenbörsen** Berlin, Düsseldorf, Frankfurt, Hamburg und München. Hier wird täglich der amtliche Tageskurs (Kassakurs) für 16 Währungen festgestellt. Zum anderen gibt es den sogenannten **freien Devisenmarkt**, d. h. den direkten Devisenhandel zwischen den Banken außerhalb der amtlichen Devisenbörsen.

Bis zur Freigabe des Wechselkurses der DM im Frühjahr 1973 intervenierte die Bundesbank an der Frankfurter Devisenbörse durch An- oder Verkauf von Dollar, wenn der Kurs aufgrund eines bestehenden Ungleichgewichts zwischen Angebot und Nachfrage die offizielle Bandbreite zu überschreiten drohte. Die Verpflichtung der Notenbanken zur Intervention auf dem Devisenmarkt beruhte bekanntlich auf der Konstruktion des Weltwährungssystems von Bretton Woods, das es den Notenbanken zur Pflicht machte, Wechselkursschwankungen über die festgelegten Bandbreiten hinaus zu verhindern. Innerhalb dieser Interventionsgrenzen vollzog sich die Kursbildung entsprechend der jeweiligen Angebots- und Nachfragesituation. Dabei ist es hier noch am ehesten gerechtfertigt, von einem vollkommenen Markt zu sprechen, weil die Zahl der Marktteilnehmer groß, das gehandelte Gut homogen und die Markttransparenz sowohl an wie zwischen den Börsen, aber auch am außerbörslichen Devisenmarkt, aufgrund eines gut organisierten Kommunikationssystems hervorragend ist.

Das Diagramm (Abb. 30) zeigt die prinzipielle Angebots- und Nachfragestruktur auf dem Devisenmarkt für Dollar-Devisen, wobei die ausgezogenen Linien die Kurvenverläufe im System fester Wechselkurse innerhalb der Bandbreite und die gestrichelten Linien die Kurvenverläufe bei flexiblen Wechselkursen kennzeichnen. Wenn man davon ausgeht, daß Devisenangebots- und Devisennachfragekurve an einem bestimmten Börsentag normal verlaufen, d. h. daß das Angebot mit steigenden Kursen zunimmt, während die Nachfrage abnimmt, so stellt sich ein stabiler Gleichgewichtswechselkurs (w_k) ein. Bei festen Wechselkursen wird der Verlauf der Angebots- und Nachfragekurven an den Interventionspunkten durch die Bereitschaft der Notenbank bestimmt, zu diesen Kursen je nach Marktlage beliebige Devisenbeträge zu kaufen oder zu verkaufen. Das heißt, Devisenangebots- und Devisennachfragekurve verlaufen nach Erreichen der Interventionskurve völlig elastisch. Der Wechselkurs kann nur innerhalb der Bandbreite schwanken. Bei flexiblen Wechselkursen dagegen ist die Schwankungsbreite im Prinzip unbegrenzt.

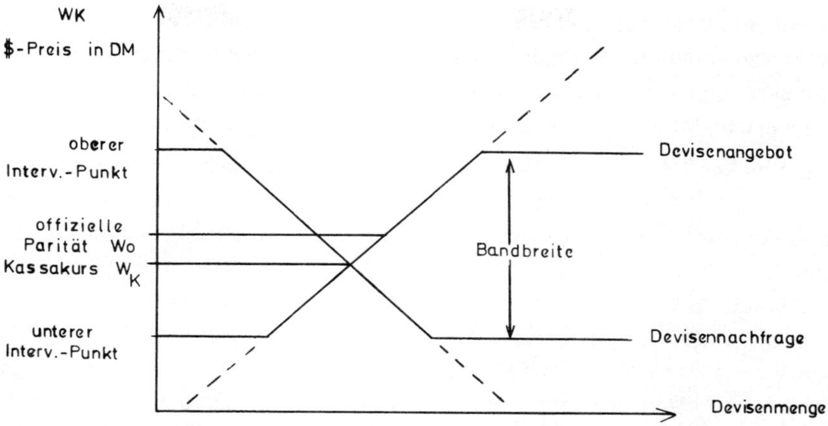

Abb. 30: **Devisenmarkt bei festen Wechselkursen**

Die Interventionen gegenüber dem Dollar wurden im Frühjahr 1973 de facto von den wichtigsten Welthandelsländern eingestellt, und auf der Währungskonferenz von Jamaika im Januar 1976 wurden die flexiblen Wechselkurse auch offiziell sanktioniert. Abgesehen davon, daß Pläne zur Wiedereinführung eines weltweiten Systems fester Wechselkurse jedoch keineswegs endgültig aufgegeben worden sind, existiert mit dem europäischen Floating-Block auch in der Gegenwart ein Währungsblock mit festen Wechselkursen, dessen Mitglieder verpflichtet sind, die Wechselkurse gegenüber den anderen Mitgliedswährungen durch entsprechende Interventionen innerhalb der vereinbarten Bandbreite stabil zu halten. (Näheres siehe S. 470 ff.)

Der weitaus größte Teil des Devisenhandels spielt sich direkt zwischen den Banken auf dem freien Devisenmarkt ab. Dabei ist noch zu beachten, daß nicht jede Ungleichheit zwischen den täglichen Kauf- und Verkaufaufträgen bei einer Bank dazu führt, daß diese auf dem Devisenmarkt tätig wird. Vielmehr verfügen die im Auslandsgeschäft tätigen Banken über mehr oder weniger große Devisenguthaben (working balances). Sie können also Überschußnachfrage in gewissem Umfang aus eigenen Mitteln befriedigen oder Überschußangebot für eigene Rechnung ankaufen und damit ihre Auslandsguthaben erhöhen. Diese Möglichkeit des *Selbsteintritts,* das heißt die Vermittlerrolle mit der des Vertragspartners zu tauschen, erlaubt es den Banken, ihre eigenen Ertragsinteressen zu verfolgen. Der Devisenhandel ist daher jedenfalls zu einem bestimmten Teil kein Dienstleistungsgeschäft der Banken mehr, sondern *Eigengeschäft.*

Ein Vorteil, den die Banken durch den Selbsteintritt erzielen können, ist das Ausnutzen von Zinsdifferenzen zwischen Inland und Ausland. Bietet z. B. eine Geldanlage im Inland kurzfristig eine bessere Verzinsung, so wird die Bank bereit sein, Auslandsguthaben zugunsten von Inlandsguthaben abzubauen. Sie wird also eine Überschußnachfrage nach Devisen durch Verkauf eigener Devisen befriedigen, weil sie dafür besser verzinsliche Forderungen in Inlandswährung erhält. Unschwer läßt sich der umgekehrte Fall konstruieren.

Ein weiterer Anreiz zum Selbsteintritt ist die Möglichkeit zum Ausnutzen von kurzfristigen Wechselkursschwankungen. Im außerbörslichen Telefonhandel zwischen den Banken ergeben sich nämlich häufig Wechselkurse, die von dem amtlichen Börsenkurs abweichen. Die Bank kann also, wenn die Konstellation gegeben ist, dem Auftraggeber die benötigten Devisen zum amtlichen Kurs im Eigengeschäft verkaufen und sich die Devisen zu einem günstigeren (niedrigeren) Kurs außerhalb der Börse beschaffen. Sie kann andererseits einem Kunden Devisen auf eigene Rechnung abkaufen und sie außerhalb der Börse zu einem höheren Kurs verkaufen.

Wir haben gesehen, daß es aus vielerlei Anlässen zum Transfer von einer Währung in eine andere kommen kann. Häufig ist der monetäre Transfer nur notwendige *Begleiterscheinung* einer anderen Transaktion, z. B. eines Handelsgeschäftes oder einer langfristigen Kreditvergabe oder -nahme. Es gibt aber auch Devisengeschäfte (Überwechseln von einer Währung in eine andere), die *um ihrer selbst willen* vorgenommen werden, weil sich die Beteiligten von dieser Transaktion selbst Vorteile versprechen. Wie bereits angedeutet, kann es sich dabei im Prinzip um zwei Geschäftstypen handeln, nämlich um **Arbitragegeschäfte**, bei denen es um die Ausnutzung bestehender Zinsdifferenzen oder Kursdifferenzen für kurzfristige Geldanlagen zwischen Inland und Ausland geht, und zweitens um **Devisenspekulation**, bei der es um die Ausnutzung erwarteter Wechselkursschwankungen geht. Beide Geschäftsarten sind kurzfristiger Natur und können - insbesondere die Devisenspekulation - die Verhältnisse auf dem Devisenmarkt nachhaltig beeinflussen. Besonders markantes Beispiel hierfür waren die spekulativen Devisenzuflüsse in die Bundesrepublik in der zweiten Jahreshälfte 1970 und in den ersten Monaten 1971; Vorgänge, die sich in den folgenden Jahren häufiger wiederholten.

1. Devisenkassa- und Devisenterminmarkt

Bevor wir uns im einzelnen mit der Arbitrage und der Spekulation befassen, muß geklärt werden, daß der Devisenhandel sich auf zwei unterschiedlichen Märkten vollzieht, dem *Devisenkassa-* und dem *Devisenterminmarkt.* Die Trennung der Märkte ergibt sich jedoch nicht daraus, daß unterschiedliche Güter auf ihnen gehandelt würden, auch nicht aus Mangel an Markttransparenz, sondern wegen der Unterschiedlichkeit der Zeitpunkte, auf die sich die Geschäfte beziehen.

Auf dem **Devisenkassamarkt** werden *Sofort-Geschäfte* getätigt, d. h. man kauft (oder verkauft) Devisen zum *Kassakurs* (amtlicher Börsenkurs oder frei ausgehandelter Kurs) und die Erfüllung des Geschäftes erfolgt sofort; der Devisenkäufer hat also sofort den Kaufbetrag in Inlandswährung bereitzustellen, und der Devisenverkäufer hat sofort den veräußerten Devisenbetrag bereitzustellen. Das „Sofort" ist hierbei entsprechend den Usancen an den Börsen und im zwischenbanklichen Verkehr mit „innerhalb von zwei Werktagen nach Abschluß" zu interpretieren.

Auf dem **Devisenterminmarkt** hingegen werden Geschäfte getätigt, bei denen das *Verpflichtungsgeschäft*, der Vertragsabschluß also, zwar *in der Gegenwart*, das *Erfüllungsgeschäft* jedoch, also die Anschaffung der verkauften Devisen und die Bereitstellung der Kaufsumme in Inlandswährung, *in der Zukunft* liegt. - Wenn also ein Exporteur eine fällige Devisenforderung (über den Vermittler Bank) zum Tageskurs an einen Importeur veräußert, so liegt ein Kassageschäft vor. Wenn dagegen der Exporteur heute mit dem Importeur vereinbart, ihm (dem Importeur) in drei Monaten einen bestimmten Devisenbetrag zu einem schon heute fest vereinbarten Kurs zu überlassen, so liegt ein Devisentermingeschäft vor. Den vereinbarten Kurs nennt man *Terminkurs;* er stimmt gewöhnlich *nicht* mit dem Kassakurs überein. Das ist ein sicheres Zeichen dafür, daß es sich um getrennte, und zwar um zeitlich getrennte Märkte handelt.

Den Prozentsatz, um den der Terminkurs (w_t) vom Kassakurs (w_k) abweicht, nennt man **Swapsatz** (S):

$$S = \frac{w_t - w_k}{w_k}$$

Betrüge z. B. der Kassakurs für Dollar 2,50 $\frac{DM}{\$}$ und der Terminkurs für Dollar 2,55 $\frac{DM}{\$}$, so ergäbe sich ein Swapsatz von

$$S = \frac{2{,}55 - 2{,}50}{2{,}50} = \frac{0{,}05}{2{,}50} = 2\,\%.$$

Der Terminkurs kann nun *über* oder *unter* dem Kassakurs liegen; das heißt, der per Termin gehandelte Dollar kann teurer oder billiger sein als der per Kassa gehandelte Dollar. Ist der Terminkurs - wie im obigen Beispiel - *höher* als der Kassakurs (ist der Termindollar also teurer), so nennt man den Swapsatz *Report* (oder Prämie); liegt der Terminkurs *unter* dem Kassakurs (ist der Termindollar also billiger), so heißt der Swapsatz *Deport* (oder Discount).

Für einen Teil der Akteure ist der Antrieb zum Handel mit Termindevisen das Streben nach **Absicherung gegen das Wechselkursrisiko.** Die Abdeckung dieses Risikos ist insbesondere für den internationalen Handel von großer Bedeutung. Es ist eine ganz alltägliche Situation, daß der Exporteur seinem Abnehmer ein Zahlungsziel von vielleicht drei, sechs oder neun Monaten einräumt. Wird in Auslandswährung fakturiert, so ist es für den inländischen Exporteur von größter Bedeutung, gegen ein Absinken der Auslandswährung gesichert zu sein, andernfalls bedeutet eine Kurssenkung eine entsprechende Verminderung seines Erlöses in Inlandswährung. (Ein Ansteigen des Wechselkurses würde ihm allerdings einen Zusatzgewinn einbringen. Spekulativ veranlagte Außenhändler könnten also das Risiko um der Gewinnchance willen bewußt in Kauf nehmen). Vor entsprechenden Problemen steht auch der Importeur. Ist ihm von ausländischen Lieferanten z. B. ein Zahlungsziel eingeräumt worden, so besteht für ihn bei Fakturierung in Auslandswährung das Risiko, daß die in drei Monaten fällige Devisenverbindlichkeit durch Steigen des Wechselkurses (in Inlandswährung gerechnet) verteuert wird, was de facto auf eine Verteuerung der Einkaufspreise der von ihm importierten Güter hinausliefe. Auch er hat allerdings die Chance, bei Absinken des Wechselkurses Spekulationsgewinne zu realisieren.

Wenn aber beide, wie es der Normalfall ist, eine Ausschaltung des Kursrisikos anstreben, so wäre es im Interesse des Exporteurs, seine in drei Monaten fällige Devisenforderung schon heute zu einem *heute* verbindlich festgelegten Kurs zu verkaufen (wofür er möglicherweise einen kleinen, aber feststehenden und damit kalkulierbaren Deport in Kauf nimmt). Dem Importeur hingegen wäre daran gelegen, sich die zur Begleichung seiner in drei Monaten fälligen Devisenverbindlichkeit benötigten Devisen schon heute zu einem fest vereinbarten Kurs vertraglich zu sichern (eventuell unter Inkaufnahme eines Reports). Wenn sich ein Exporteur und ein Importeur mit jeweils einer Forderung bzw. Verbindlichkeit gleicher Größe, gleicher Währung und gleicher Fälligkeit träfen, läge es nahe und böte keine Schwierigkeit, ein Devisentermingeschäft auf der Basis des heutigen Kassakurses abzuschließen, das für sie beide das Wechselkursrisiko ausschlösse. Ein solches Zusammentreffen von Anbietern und Nachfragern von Termindevisen bliebe jedoch Zufall oder wäre schwierig zu bewerkstelligen, wenn man sich nicht der Vermittlung der Banken mit ihrem gut eingespielten Informationssystem bediente, die aber ebenso wie auf dem Devisenkassamarkt aus ihrer Vermittlerrolle heraustreten können (durch Selbsteintritt).

Zu bemerken ist, daß es für Termindevisen auch zu Zeiten fester Wechselkurse keine offizielle Parität und keine Bandbreiten gab. Im Gegensatz zu den Kassakursen kann der Terminkurs auch außerhalb einer offiziell festgelegten

Bandbreite liegen, weil die Notenbanken auf dem Terminmarkt nicht zur Intervention verpflichtet waren und sind. Das heißt aber nicht, daß sich die Notenbank auf dem Terminmarkt jeglicher Einflußnahme enthalten muß. Sie kann vielmehr, und die Deutsche Bundesbank hat das zeitweise auch getan, als Anbieter und Nachfrager auf dem Terminmarkt auftreten und damit die Höhe des Terminkurses beeinflussen. Die Höhe des Terminkurses bzw. die Höhe der Differenz zwischen Termin- und Kassakurs (= Swapsatz) bestimmt aber - wie wir sehen werden - wesentlich den Umfang von Geldexport (Devisenabflüsse) und Geldimport (Devisenzuflüsse). Die Notenbank hat hier also im Prinzip ein Mittel, den kurzfristigen Kapitalverkehr und damit die Zahlungsbilanz zu beeinflussen[10].

2. Arbitragegeschäfte

Es sollen nun die hauptsächlichen Geschäftstypen im kurzfristigen internationalen Geldverkehr behandelt werden, die einen Währungsumtausch erfordern und daher zu einer Inanspruchnahme der Devisenmärkte führen. Die erste Kategorie sind die Arbitragegeschäfte. Arbitragegeschäfte sind alle Geschäfte, die darauf angelegt sind, *tatsächlich bestehende Preisdifferenzen auszunutzen;* mag es sich dabei um Warenpreise, Wertpapierkurse, Devisenkurse oder Kreditzinsen handeln[11]. Sie haben keinen spekulativen Charakter. In diesem Zusammenhang ist es nötig, zwischen Devisen- und Zinsarbitrage zu unterscheiden.

a) Devisenarbitrage

Die Devisenarbitrage beruht darauf, daß zwischen verschiedenen Börsenplätzen bestehende Wechselkursunterschiede ausgenutzt werden. So kann und wird jemand, der eine Verbindlichkeit in Auslandswährung zu begleichen hat (z. B. ein Importeur), den Umtausch in die fremde Währung möglichst dort vornehmen, wo er den geringsten Preis für Auslandswährung zu zahlen hat, wo der Wechselkurs also am niedrigsten ist. (Ein deutscher Schuldner z. B. kann Dollardevisen in der Bundesrepublik oder in den USA oder auch an einem dritten Platz kaufen.) Diesen Vorgang, der dem Suchen nach der günstigsten Einkaufs- oder Verkaufsgelegenheit auf dem Gütermarkt entspricht, nennt man **Devisenausgleichsarbitrage.** Häufig nehmen allerdings die mit der Devisenbeschaffung beauftragten Banken die Arbitrage im eigenen Interesse vor.

Sie beschaffen also die Devisen zu einem möglichst günstigen Kurs und stellen dem Kunden den (ungünstigeren) amtlichen Kurs in Rechnung.

---

10 Näheres siehe unten, S. 314 ff.

11 Der Begriff Arbitrage hat noch eine weitere Bedeutung. Er bezeichnet auch ein freiwilliges Schiedsgerichtsverfahren, dem sich Außenhändler zwecks außergerichtlicher Beilegung von Streitfällen und Meinungsverschiedenheiten unterwerfen.

Die Devisenausgleichsarbitrage kann im übrigen nicht nur zwischen zwei Plätzen (Währungen) vorgenommen werden (Zwei-Punkt-, Zwei-Währungs- oder direkte Arbitrage), sondern auch zwischen drei oder noch mehr Währungen (indirekte, Dreiecks- bzw. Vielecksarbitrage). So kann es für jemanden, der Dollardevisen benötigt, lohnend sein, seine Inlandswährung (z. B. DM) nicht direkt in Dollar zu transferieren, sondern über eine dritte Währung zu gehen, z. B. über Schweizer Franken. Das lohnt sich dann, wenn der indirekte oder *Kreuzwechselkurs* zwischen DM (in Frankfurt) und Schweizer Franken (in Zürich) und Dollar (in New York) niedriger ist als der direkte Wechselkurs zwischen DM und Dollar. Der Kreuzwechselkurs ergibt sich in unserem Beispiel aus der Multiplikation des Wechselkurses zwischen DM und Schweizer Franken (w_2) sowie zwischen Schweizer Franken und Dollar (w_3).

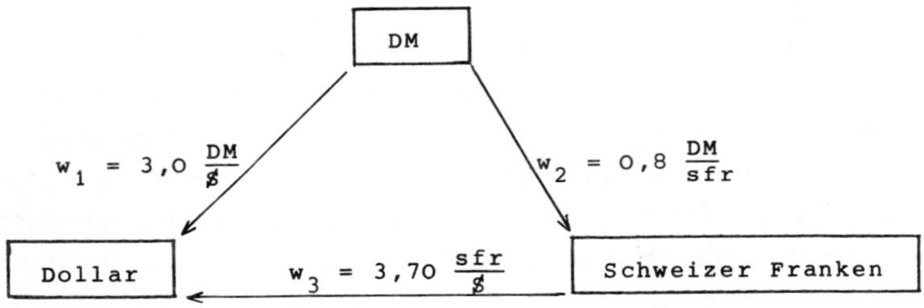

Schema: **Dreiecksarbitrage**

Bei den angenommenen Wechselkursen (siehe Schema) ist die Bedingung

$$w_1 > w_2 \cdot w_3 \text{ erfüllt; denn } 3{,}70 \frac{\text{sfr}}{\$} \cdot 0{,}8 \frac{\text{DM}}{\text{sfr}} = 2{,}96 \frac{\text{DM}}{\$}.$$

Das heißt, wenn man den Umweg über den Schweizer Franken macht, braucht man nur 2,96 DM pro Dollar aufzuwenden gegenüber 3,00 DM pro Dollar in Frankfurt oder in New York.

Neben der Ausgleichsarbitrage gibt es eine weitere Form der Devisenarbitrage, die ausschließlich von gut informierten „Professionals" ausgeführt wird, die **Devisendifferenzarbitrage.** Dieses Geschäft wird um seiner selbst willen betrieben: Es werden Devisen nur deswegen gekauft, weil sie gleichzeitig teurer verkauft werden können. Um das Risiko zwischenzeitlicher Kursveränderungen auszuschließen, muß der jeweilige Akteur sicherstellen, daß er Devisenankauf und -wiederverkauf buchstäblich *gleichzeitig* durchführt. Die Akteure sind *berufsmäßige Devisenhändler* der Banken, die die Gleichzeitigkeit der Geschäftsabschlüsse durch simultane Telefongespräche erreichen. Es handelt sich also um Eigengeschäfte der Banken. Da die Markttransparenz dieser Beteiligten gut ist, werden auftretende örtliche Wechselkursdifferenzen schnell ausgeglichen. Dauerhafte Wechselkursunterschiede bestehen nur in Höhe der anfallenden Transferkosten (Porti, Telefon, Courtage), die jedoch bei der Höhe der gehandelten Beträge kaum ins Gewicht fallen.

Devisendifferenzarbitrage kann man im Prinzip auch als Dreiecks- oder Vielecksarbitrage betreiben. Praktisch ist das jedoch so gut wie ausgeschlossen, weil eine Dreiecksdifferenzarbitrage beispielsweise die *gleichzeitige* Abwicklung von drei Geschäften notwendig macht; demonstriert an unserem Beispiel sind das: 1. Verkauf von DM gegen Schweizer Franken, 2. Verkauf von Schweizer Franken gegen Dollar, 3. Verkauf von Dollar gegen DM. Der Devisenhändler müßte im Zeitpunkt des Geschäftsabschlusses also drei Geschäftspartner, die Käufer der drei Währungen, am Telefon haben. Das läßt sich jedoch nur schwer realisieren. Andererseits wäre ein Nacheinander der Geschäfte wegen der kurzfristig möglichen Kursschwankungen zu riskant.

Zusammenfassend ist zu sagen, daß die Devisenarbitrage bestehende Wechselkursunterschiede ausnutzt. Sie hat also in ihrer reinen Form keinerlei spekulativen Charakter; denn sie stützt sich nicht auf Erwartungen, sondern auf Fakten. Die Wirkung der Arbitrage besteht in der Verbindung *örtlich* getrennter Märkte und damit in der Beseitigung bestehender Wechselkursunterschiede.

b) Zinsarbitrage

(1) Voraussetzungen und Wirkungen

Für Zinsarbitragegeschäfte läßt sich im Prinzip das gleiche sagen: Hier sollen Zinsdifferenzen zwischen Inland und Ausland ausgenutzt werden, womit eine Tendenz zur Zinsangleichung zwischen In- und Ausland entsteht. Allerdings spielt hier im Gegensatz zur Devisenarbitrage der *Zeitfaktor* eine wesentliche Rolle. Wenn man ein Zinsgefälle zwischen In- und Ausland ausnutzen will, muß man für eine gewisse, wenn vielleicht auch nur kurze Zeit, Mittel im Ausland anlegen. Ein reines Arbitragegeschäft kann hier nur dann abgewickelt werden, wenn die Auslandsanlage gegen zwischenzeitlich mögliche Wechselkursänderungen abgesichert ist. M. a. W., der Zinsarbitrageur braucht einen funktionierenden Devisenterminmarkt und auch einen Kassamarkt; denn er muß die Devisen, die er im Ausland anlegen will (Geldexport), per Kasse kaufen, und er muß sie per Termin (Ablauf der Anlagezeit) verkaufen. Diese Kopplung eines Kassamit einem Termingeschäft nennt man **Swapgeschäft.** Da aus Vorangegangenem bekannt ist, daß Kassa- und Terminkurs nicht übereinstimmen müssen (Swapsatz), hängt die Frage, ob sich die Anlage im Ausland lohnt, bei gegebener Zinsdifferenz vom Swapsatz ab.

Wird zum Beispiel der Termindollar mit einem Deport (Abschlag) von 1 % gegenüber dem Kassadollar gehandelt (man erhält beim Verkauf von Dollar per Termin 1 % weniger, als man per Kassa dafür bezahlt hat), so lohnt sich eine Auslandsanlage nur, wenn der Zinssatz im Ausland um mehr als 1 % über dem Inlandszins liegt. Dabei ist zu beachten, daß Swapsatz und Zinssätze nur dann unmittelbar vergleichbar sind, wenn sie sich auf den gleichen Zeitraum beziehen. Bei Zinsen ist der Bezugszeitraum in aller Regel 1 Jahr, so daß zum direkten Vergleich nur der Swapsatz von 12-Monats-Devisen geeignet ist. Ist das Termingeschäft kürzer- oder längerfristig als ein Jahr, so muß man den Jahreszins auf die Termindauer umrechnen. Bei 3-Monats-Devisen z. B. müßte der Jahreszins durch vier dividiert werden.

Die präzise **Bedingung für Geldexporte** ist, daß der erwirtschaftete Gesamtbetrag aus einer Auslandsanlage (K_A) größer ist als der erwirtschaftete Gesamtbetrag aus einer gleichgroßen Inlandsanlage (K_I):

(1) $$K_A > K_I$$

(2) $$K_I = G\,(1 + Z_i)$$

(3) $$K_A^{\$} = \frac{G}{W_K}\,(1 + Z_a)$$

(3a) $$K_A^{DM} = G\,\frac{W_T}{W_K}\,(1 + Z_a)$$

Durch Einsetzen von (2) und (3a) wird (1) zu:

(4) $$G\,\frac{W_T}{W_K}\,(1 + Z_a) > G\,(1 + Z_i)$$

dividiert durch G ergibt:

$$\frac{W_T}{W_K} > \frac{1 + Z_i}{1 + Z_a}$$

Beide Seiten um 1 vermindert ergibt:

$$\frac{W_T - W_K}{W_K} > \frac{Z_i - Z_a}{1 + Z_a}$$

(5) $$\frac{W_T - W_K}{W_K} > (Z_i - Z_a) \cdot \frac{1}{1 + Z_a}$$

K_I = Erwirtschafteter Gesamtbetrag nach Inlandsanlage (DM)

K_A = Erwirtschafteter Gesamtbetrag nach Auslandsanlage

G = angelegte Geldmenge (DM)

w_K = Kassakurs (in DM)

w_T = Terminkurs (in DM) für 12-Monats-Devisen

Z_i = Zinssatz für 12-Monats-Geld im Inland

Z_a = Zinssatz für 12-Monats-Geld im Ausland

Da Z_a relativ klein ist und daher der Ausdruck $\frac{1}{1 + Z_a}$ nur unwesentlich von 1 verschieden ist, wird er häufig vernachlässigt. Für überschlägige Rechnungen gilt dann:

$$(6) \qquad (Z_a - Z_i) + \frac{w_T - w_K}{w_K} > 0$$

Die Bedingung (6) bestätigt die obige Aussage, daß sich bei höherer Verzinsung im Ausland Geldanlagen im Ausland nur lohnen, wenn die Zinsdifferenz absolut größer ist als der negative Swapsatz (Deport). Hingegen lohnt sich bei $Z_a > Z_i$ eine Auslandsanlage (Geldexport) immer, wenn die Auslandswährung per Termin mit einem Report (Aufschlag) gehandelt wird (positiver Swapsatz).

Zahlenbeispiel:

$$Z_a = 8\,\%,\ Z_i = 4\,\%,\ w_K = 2{,}50\ \frac{\text{DM}}{\$},\ w_T = 2{,}35\ \frac{\text{DM}}{\$}$$

$$(0{,}08 - 0{,}04) + \frac{2{,}35 - 2{,}50}{2{,}50} = 0{,}04 - 0{,}06 = -\,0{,}02$$

Bedingung (6) ist also *nicht* erfüllt, so daß sich ein Geldexport trotz des um 4 % höheren Auslandszinses nicht lohnt.

Welche möglichen Schlußfolgerungen ergeben sich aber für den Fall, daß die Inlandsverzinsung größer ist als die Auslandsverzinsung ($Z_i > Z_a$)? Unter Vernachlässigung des Swapsatzes wäre klar, daß ein Anreiz zu Geldimporten gegeben wäre (Ausländer würden höherverzinsliche Anlagen im Inland vornehmen bzw. Inländer würden niedrigerverzinsliche Auslandskredite aufnehmen). Allerdings müßte der inländische Zins um so viel über dem ausländischen liegen, daß er durch den Swapsatz nicht kompensiert wird; denn die importierten und per Kasse verkauften Devisen müssen per Termin wieder gekauft werden. Wenn sie per Termin mehr kosten, als man per Kasse dafür bekommen hat (positiver Swapsatz = Report), so geht ein Teil des Zinsvorteils verloren. Die **Bedingung für das Zustandekommen von Geldimporten** *zu Arbitragezwecken* lautet daher:

$$(6a) \qquad (Z_a - Z_i) + \frac{w_T - w_K}{w_K} < 0$$

Wir sehen, daß die Bedingung erfüllt ist, wenn bei $Z_a - Z_i < 0$ der Swapsatz positiv ($w_T > w_K$) und absolut kleiner als die Zinsdifferenz ist. Die Bedingung ist auf jeden Fall erfüllt, wenn bei $Z_a - Z_i < 0$ der Swapsatz negativ (Deport: $w_T < w_K$) ist. Das leuchtet unmittelbar ein, denn zum Zinsvorteil einer Inlandsanlage gesellt sich der Vorteil, beim Rückkauf der Devisen per Termin weniger bezahlen zu müssen, als man beim Verkauf per Kasse dafür bekommen hat.

Die Bedingungen (6) und (6a) zeigen aber auch, daß Zinsarbitragegeschäfte nicht nur vom Vorhandensein der „richtigen" Zinsdifferenz abhängig sind, sondern ebenso vom Swapsatz. So kann es zu Geld*importen* kommen, obwohl der Inlandszins niedriger als der Auslandszins ist. Bei $Z_a - Z_i > 0$ wäre nämlich die Bedingung für den Geldimport (6a) auch erfüllt, wenn der Swapsatz negativ (Deport) und absolut größer als die Zinsdifferenz wäre. Dann würde nämlich die niedrigere Verzinsung im Inland überkompensiert durch den Vorteil, per Termin die Devisen billiger kaufen zu können, als man sie per Kasse verkauft hat. Für Geldexporte gilt Entsprechendes. Auch sie können sich bei niedrigerer Auslandsverzinsung lohnen. Bedingung ist, daß Termindevisen mit einem Report (Aufschlag) gehandelt werden, der größer ist als die (negative) Zinsdifferenz. Dann überkompensiert nämlich der Vorteil, Devisen per Termin teurer verkaufen zu können, als sie per Kasse gekauft wurden, den Zinsverlust, und Bedingung (6) ist erfüllt.

Nach dem Bisherigen sind folgende **Wirkungen der Zinsarbitrage** zu konstatieren: 1. Wie jede Arbitrage wirkt sie in Richtung auf einen Preisausgleich, hier also auf einen *Zinsausgleich* zwischen Inland und Ausland. Voraussetzung ist jedoch die Freiheit des internationalen Geld- und Kapitalverkehrs. Bei bestimmten Konstellationen ($Z_a > Z_i$ und Deport $> Z_a - Z_i$; $Z_a < Z_i$ und Report $> Z_i - Z_a$) kann es allerdings auch zu Geldbewegungen kommen (Geldimport im ersten Fall, Geldexport im zweiten Fall), die die Zinsdifferenz tendenziell noch verstärken.

2. Außerdem wurde gezeigt, *daß die Zinsausgleichstendenz ihre Grenzen in den Kurssicherungskosten hat.* Das heißt, sind die Auslandszinsen höher als die Inlandszinsen und liegt ein Deport vor, so wird die Zinsdifferenz nur bis zur Höhe des Deports abgebaut bzw. der Swapsatz (Deport) paßt sich an die Zinsdifferenz an. Bei höheren Inlandszinsen und Report bleibt eine dauerhafte Zinsdifferenz in Höhe des Reports bestehen.

Ist die Angleichung zwischen Zinsdifferenz und Swapsatz vollzogen, so ist *„Zinsparität"* zwischen Inland und Ausland erreicht; denn die Kurssicherungskosten sind dann gerade so hoch, daß sie den Zinsvorteil ausgleichen. Aus der Sicht des potentiellen Anlegers herrscht also Zinsparität, obwohl die Zinssätze im Inland und Ausland unterschiedlich sind. Zu berücksichtigen ist jedoch, daß dieser *Angleichungsprozeß* in der Realität aus verschiedenen Gründen *behindert* werden kann:

a) Wird die Auslandsanlage als *risikoreicher* angesehen als die Inlandsanlage, was in aller Regel der Fall ist, so muß ihre Rendite die der Inlandsanlage um ein bestimmtes Mindestmaß übersteigen, ehe es zum Geldexport kommt. Ist dieses Mindestmaß (als Risikoprämie zu interpretieren) nicht erreicht, so kommt es auch dann nicht zu Zinsarbitragegeschäften (Geldexporten), wenn die Zinsdifferenz ($Z_a - Z_i$) größer ist als der Deport.

b) Bei der Abwicklung der Geschäfte fallen meist *zusätzliche Kosten* an, die ebenfalls durch die Zinsdifferenz gedeckt sein müssen.

c) Möglicherweise befinden sich die Banken in einem *Liquiditätsengpaß*, der sie daran hindert, Arbitragemöglichkeiten wahrzunehmen. Aus allen diesen Gründen bildet sich eine *Indifferenzmarge*, innerhalb derer es nicht zu Geldexporten kommt, obwohl die Rendite der Auslandsanlage höher liegt als die der Inlandsanlage. Für Geldimporte gilt Entsprechendes.

(2) Arbitragewunschkurve

Unter Berücksichtigung dieser Überlegungen lassen sich die von den Arbitrageuren beabsichtigten Kapitalbewegungen im Diagramm darstellen:

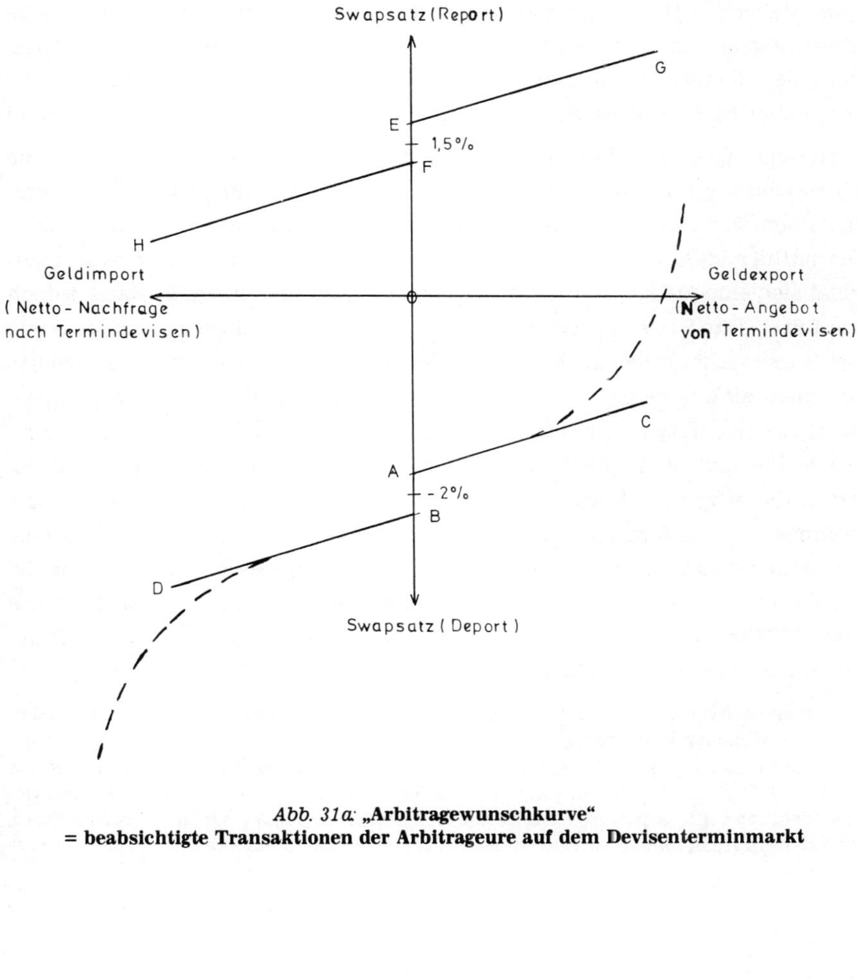

Abb. 31a: **„Arbitragewunschkurve"**
= beabsichtigte Transaktionen der Arbitrageure auf dem Devisenterminmarkt

Es wird unterstellt, daß der Inlandszins um 2 % niedriger ist als der Auslandszins. (Auf der Ordinate unterhalb des Nullpunktes abgetragen.) Dann besteht für die Arbitrageure ein Anreiz zum Geldexport, sofern nicht Kurssicherungskosten entstehen (Deport), die höher sind als 2 %. Theoretisch müßte es also schon dann zu Geldexporten kommen, wenn der Deport nur um ein Geringes kleiner ist als 2 %. In praxi beginnt der Kapitalexport jedoch erst, wenn eine Indifferenzmarge überschritten ist, die *Keynes* auf etwa 1/2 % bezifferte[12]. Empirische Untersuchungen haben jedoch gezeigt, daß dieser Wert in der Realität auch wesentlich niedriger liegen kann[13]. Punkt A sei jedenfalls die obere Grenze der Marge. Hier beginnt die Angebotskurve für Termindevisen zu Arbitragezwekken. Nun kann man sicherlich nicht davon ausgehen, daß beim Deport *OA* sämtliche potentiellen Anlagemittel exportiert werden.Vielmehr dürfte der Geldexport um so größer sein, je geringer der Deport bei gegebener Zinsdifferenz ist; denn die Auslandsanlage wird damit immer günstiger. Die Kurve verläuft also nicht völlig elastisch, sondern steigt in irgendeiner Weise an. Da die zur Verfügung stehenden Mittel begrenzt sind, dürfte die Kurve eine abnehmende Elastizität aufweisen und schließlich völlig unelastisch werden, weil dann eine Steigerung der Geldexporte auch durch noch so günstige Konditionen nicht mehr erreichbar ist. (Im Diagramm durch den gestrichelten Kurventeil angedeutet.)

Zu Geldimporten kommt es dann, wenn der höhere Zins im Ausland durch die Kurssicherungskosten überkompensiert wird. Der Geldimport wird also erst beginnen, wenn der Deport absolut um die Indifferenzmarge über die Zinsdifferenz (hier angenommen mit −2 %) liegt. Für ausländische Geldimporteure verzinst sich eine Anlage im Inland zwar um 2 % niedriger als im Ausland, jedoch kaufen sie ihre Devisen ja per Termin um mehr als 2 % billiger zurück als sie sie per Kasse verkauft haben. Ihr Ausgangskapital hat sich also infolge des Deports um mehr als 2 % vermehrt und damit die negative Zinsdifferenz überkompensiert. Die Nachfrage nach Termindevisen zwecks Kurssicherung von Geldimporten beginnt also im Punkt B des Diagramms. Auch hier ist zu sagen, daß die Attraktivität von Geldimporten um so größer ist, je mehr der Deport die angenommene Zinsdifferenz von 2 % übersteigt; denn das Renditeplus einer Inlandsanlage gegenüber einer vergleichbaren Auslandsanlage steigt in gleichem Maße. Wiederum ist es gerechtfertigt anzunehmen, daß der Umfang der Geldimporte von der Höhe des Renditeplus abhängt; d. h. die Nachfragekurve nach Termindevisen zu Arbitragezwecken fällt, ausgehend von *B*, nach unten ab.

---

[12] John M. *Keynes:* Ein Traktat über Währungsreform (Original: A Tract on Monetary Reform). München und Leipzig 1924. S. 131.

[13] Vgl. Paul *Einzig:* Some Recent Changes in Forward Exchange Practices. The Economic Journal, 1960, S. 486 ff. – In der jüngeren Vergangenheit sahen sich deutsche Banken verschiedentlich sogar gezwungen, auch ohne Renditevorteil Auslandsanlagen vorzunehmen, weil sich im Inland keine ausreichenden Anlagemöglichkeiten boten.

Die Lage dieser aus einem Angebotsteil (*AC*) und einem Nachfrageteil (*BD*) für Termindevisen bestehenden „Arbitragewunschkurve“ hängt von der Höhe der Zinsdifferenz zwischen Inland und Ausland ab. Je geringer der Zinsvorsprung des Auslandes ist, desto mehr wandert die Kurve im Diagramm nach oben. Es gibt also theoretisch unendlich viele unterschiedliche Kurven. De facto ist ihre Zahl jedoch begrenzt, weil erstens die in der Praxis vorkommenden Zinsdifferenzen relativ klein sind und weil zweitens diese begrenzte Spanne ebenfalls aus praktischen und technischen Gründen nicht beliebig unterteilbar ist.

Deutlich ist jedoch, daß die „Arbitragewunschkurve“ (zumindest der Angebotsast) oberhalb der Abszisse verlaufen muß, sobald sich die Zinsdifferenz umkehrt, wenn also der Inlandszins über dem Auslandszins liegt. Im Diagramm ist beispielhaft der prinzipielle Kurvenverlauf für eine Zinsdifferenz von 1,5 % angenommen. Die Kurve verläuft ganz entsprechend der, die sich bei umgekehrter Zinsdifferenz in der unteren Diagrammhälfte ergibt.

Die Kurve zeigt jedoch nur die jeweiligen „Wünsche“ der Arbitrageure an; denn das Zustandekommen der Geschäfte hängt davon ab, in welchem Umfange die Arbitrageure Geschäftspartner finden (Spekulanten, Händler), die ihnen Termindevisen liefern bzw. abnehmen.

(3) Wechselkurssystem und Zinsarbitrage

Eine für die Wirklichkeitsnähe der bisherigen Überlegungen wichtige Feststellung ist, daß die Absichten der Arbitrageure neben den genannten Faktoren auch vom jeweils herrschenden Wechselkurssystem beeinflußt werden. Die bisherigen Ausführungen zu Art und Umfang der beabsichtigten Arbitrage (Arbitragewunschkurve) gelten uneingeschränkt nur bei flexiblen Wechselkursen. Nur dann nämlich kann man, wie es in Abb. 31a zum Ausdruck kommt, davon ausgehen, daß der Swapsatz im Prinzip jede beliebige Höhe erreichen kann.

1. Bei festen Wechselkursen jedoch und unter der zusätzlichen Voraussetzung, daß **keine Auf- oder Abwertung erwartet wird, wird sich der Terminkurs nur innerhalb der offiziellen Bandbreite der Kassakurse bewegen.** Daraus würde folgen, daß der Abstand zwischen Termin- und Kassakurs höchstens so groß werden kann wie die Bandbreite. Und zwar wäre das dann der Fall, wenn sich Terminkurs und Kassakurs jeweils am entgegengesetzten Interventionspunkt befänden. Damit ergibt sich für den Report und den Deport eine eindeutige Obergrenze.

Allerdings wäre noch zu erklären, warum der Terminkurs, der keiner offiziellen Begrenzung unterliegt, dennoch nicht die Interventionsgrenzen der Kassakurse überschreiten wird, wenn allgemein *keine* Paritätsänderung erwartet wird. Ohne Paritätsveränderung ist das Risiko einer Kassakursänderung auf die offizielle Bandbreite begrenzt. Diejenigen, die Forderungen oder Verbindlichkeiten gegen Wechselkursschwankungen absichern wollen, werden daher möglicherweise nicht bereit sein, höhere Kurssicherungskosten in Kauf zu nehmen, als der maximal möglichen Verschlechterung der Kassakurse innerhalb der Bandbreite entspricht. Allerdings ist es offen, für welches Verhalten sich die Arbitrageure entscheiden. Da es eine absolute Sicherheit für die Unveränderlichkeit der Parität nicht gibt, handeln die Arbitrageure, die auf eine Kurssicherung außerhalb der Bandbreiten verzichten, *definitionsgemäß* auch spekulativ. In einer ruhigen währungspolitischen Situation und für kurze Zeiträume mag das spekulative Risiko sehr gering sein. In einem solchen Fall ließe sich die Ansicht vertreten, daß die Arbitrageure *praktisch* nicht spekulativ handeln.

Ebenso wie die Beurteilung einer „Nichtsicherung" offener Devisenpositionen von der konkreten Situation abhängt, dürfte das tatsächliche Verhalten der Arbitrageure von den konkreten Umständen abhängen: Je länger die Fristen und je unruhiger die währungspolitische Lage, desto weniger Arbitrageure werden auf eine Kurssicherung verzichten.

Die Zusammenhänge seien an einem *konkreten Beispiel veranschaulicht:* Die offizielle Schwankungsbreite der Kassakurse betrage 4 % (± 2 %); der Inlandszins liege um 3 % über dem Auslandszins ($\Delta Z = 3$ %); eine *Paritätsänderung wird für ausgeschlossen gehalten.* – Unter diesen Voraussetzungen besteht ein *Anreiz zum Geldimport.* Geldimporte erhöhen das Angebot an Kassadevisen und bewirken c. p. ein *Absinken der Kassakurse.* Gleichzeitig fragen die Geldimporteure zum Zwecke der Kurssicherung Termindevisen nach, so daß die *Terminkurse steigen.* Es wird sich also ein *Report* bilden, der für die Geldimporteure Kurssicherungskosten darstellt, die den Zinsvorteil der Inlandsanlage verringern. Der Zinsvorteil wäre vollends kompensiert, wenn der Report so groß würde wie die Zinsdifferenz, also 3 %. Nach der obigen Behauptung kann der Swapsatz jedoch nicht größer werden als die Bandbreite, also 2 %. Das folgt erstens daraus, daß der Rückgang der Kassakurse am unteren Interventionspunkt endet, weil dann die Notenbank intervenieren muß. Zweitens wird zumindest ein Teil der Geldimporteure Termindevisen zum Zweck der Kurssicherung nur so lange nachfragen, bis der Terminkurs den oberen Interventionskurs erreicht. Dann nämlich können sie auf eine Kurssicherung verzichten, weil unter der Voraussetzung unveränderter Paritäten der Kassakurs auch nicht höher steigen kann, so daß ein Terminkauf keinen Vorteil bedeutet.

Schon an dieser Stelle sei jedoch darauf verwiesen, daß die *Begrenzung der Terminkurse* auf die offizielle Bandbreite der Kassakurse in entscheidendem Maße *vom Verhalten der Devisenspekulanten bestimmt* wird. Sie können Spekulationsgewinne erzielen, wenn die zukünftigen Kassakurse von den gegenwärtigen Terminkursen abweichen. Auf unser Beispiel angewendet heißt das, die Terminspekulanten werden Termindevisen anbieten (verkaufen), wenn sie erwarten, daß der Kassakurs zum Zeitpunkt der Fälligkeit unterhalb des Terminkurses liegt. Dann nämlich können sie die Devisen per Kasse billiger erwerben als sie durch Terminverkauf dafür erlösen. Hat nun der *Terminkurs den oberen Interventionskurs erreicht* und erwarten sie mit Sicherheit keine Paritätsänderung, so werden die *Spekulanten zu diesem Kurs beliebig viel Termindevisen anbieten* (völlig elastisches Angebot). In dieser Situation ist nämlich das Spekulationsrisiko gleich Null; denn der Kassakurs kann nicht über den oberen Interventionspunkt steigen, so daß ein Spekulationsverlust nicht eintreten kann. Der ungünstigste Fall für sie wäre, daß im Zeitpunkt der Erfüllung der Kassakurs ebenfalls am oberen Interventionspunkt läge, so daß weder ein Gewinn noch ein Verlust zu verzeichnen wäre.

Das elastische Angebot der Spekulanten an der oberen Interventionsgrenze bewirkt daher unabhängig vom Nachfrageverhalten der Geldimporteure, daß der Terminkurs den oberen Interventionspunkt nicht überschreitet. Es wird sich also ein Report von 2 % einstellen, obwohl das Arbitragegleichgewicht erst bei einem Report von 3 % erreicht wäre. D. h. es ergäbe sich beim Report von 2 % eine Übernachfrage nach Termindevisen seitens der Geldimporteure im Umfang *AB* (s. Abb. 31b).

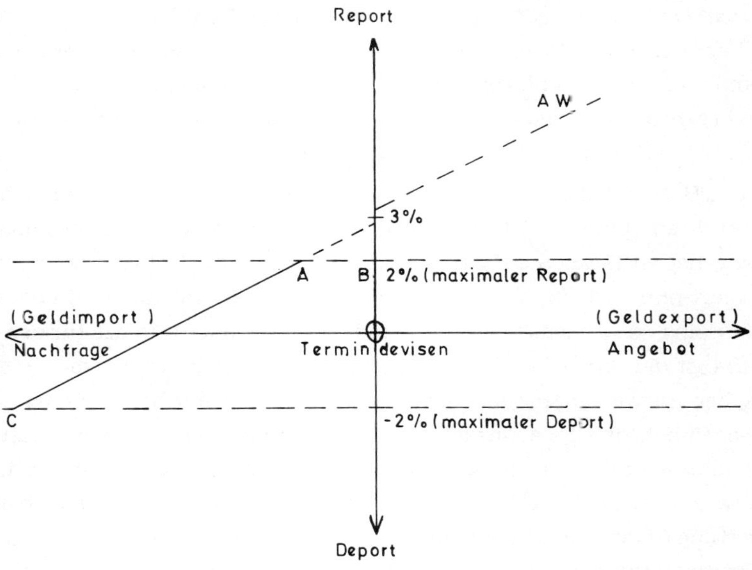

Abb. 31b: **Arbitragewunschkurve bei festen Wechselkursen mit erwarteter Konstanz der Parität**

Aus Abb. 31b wird auch ersichtlich, daß bei einer gegebenen Bandbreite der Kassakurse von 4 % der relevante Teil der Arbitragewunschkurve *AC* ist. Er verläuft zwischen maximal möglichem Report und maximal möglichem Deport; denn darüber hinausgehende Swapsätze sind nicht möglich.

Der Nettogeldimport (*AB*) bedeutet aber auf dem Kassamarkt ein entsprechendes Überangebot an Devisen, das die Notenbank gegen Hergabe von Inlandsgeld aus dem Markt nehmen muß. Die Inlandsliquidität wird demzufolge vermehrt und führt zu einer Senkung der Geldmarktzinsen. Dieser Druck auf die Inlandszinsen hält so lange an, bis die Zinsdifferenz zwischen Inland und Ausland auf 2 % gesunken ist; dann nämlich ist das Arbitragegleichgewicht erreicht und der Devisenzustrom versiegt. Bei festen Wechselkursen gibt es also eine Tendenz zur Anpassung der größeren Zinsdifferenz an den kleineren maximalen Swapsatz.

Ist dagegen die Zinsdifferenz kleiner als der maximale Swapsatz, so paßt sich der Swapsatz dieser Zinsdifferenz an. Betrüge die Zinsdifferenz z. B. 1 %, so würde sich ein Gleichgewichtsreport von 1 % einstellen. Die Arbitragewunschkurve in Abb. 31b würde also entsprechend parallel nach unten verschoben und die Ordinate bei 1 % (Report) schneiden.

2. Wiederum andere Konsequenzen für die Terminkursbildung und damit auch für die Absichten der Arbitrageure ergeben sich, wenn die *Wechselkurse zwar fixiert* sind, wenn jedoch allgemein **eine baldige Paritätsänderung erwartet wird.** Nach dem oben Gesagten leuchtet unmittelbar ein, daß die Arbitrageure in diesem Fall auch Terminkurse akzeptieren, die außerhalb der offiziellen Bandbreite liegen; denn sobald die erwartete Paritätsänderung eintritt, werden die Kassakurse außerhalb der alten Bandbreite liegen.

Wird z. B. eine Aufwertung der Inlandswährung erwartet, so wird sich der Kassakurs am unteren Interventionspunkt befinden, weil ein spekulatives Überangebot an Devisen auf den Markt drängt, das die Notenbank ankaufen muß. Liegt nun - wie im obigen Beispiel - der Inlandszins (um 3 %) über dem Auslandszins, so werden Geldimporte induziert. Die obere Grenze für den Terminkurs ist der obere Interventionspunkt, weil ein höherer Kassakurs angesichts der Aufwertungserwartungen ausgeschlossen erscheint. Es ist sogar wahrscheinlich, daß die Arbitrageure einen Terminkurs in Höhe des Interventionspunktes zum Teil nicht akzeptieren, weil sie eine Kurssicherung in dieser Höhe wegen der nahen Aufwertung für unnötig halten. Wenn sie eine baldige Aufwertung für absolut sicher halten, werden sie überhaupt keine Terminkäufe von Devisen tätigen, weil nach der Aufwertung die Kassakurse niedriger liegen würden und Devisen damit für sie billiger wären. Hierbei käme allerdings wiederum ein spekulatives Moment in das Verhalten der Arbitrageure.

Es kann jedoch offen bleiben, wie die Arbitrageure reagieren, weil nahezu ausgeschlossen erscheint, daß ein Terminkurs zustande kommt, der über dem unteren Interventionspunkt liegt. In Erwartung der Aufwertung werden nämlich die Spekulanten vermehrt Termindevisen anbieten, weil sie erwarten, sie bei Fälligkeit zu einem aufwertungsbedingt niedrigeren Kassakurs beschaffen zu können. Sie werden also auch zu Terminkursen unterhalb des unteren Interventionspunktes anbieten, die untere Grenze bildet jedoch der erwartete Kassakurs (nach Aufwertung).

Es gibt jedoch auch eine Obergrenze für den Terminkurs, bei deren Erreichen das Termindevisenangebot seitens der Spekulanten beliebig groß wird, weil das Risiko praktisch Null ist. Es spricht einiges dafür, daß dieser Kurs der alte untere Interventionskurs ist; denn wenn die Aufwertung als sicher gilt, so ist auch zu erwarten, daß der Kassakurs nach der Aufwertung unter der noch gültigen unteren Interventionsgrenze liegen wird. Ein Terminkurs in Höhe der unteren Interventionsgrenze bietet somit sichere Gewinnchancen ohne Risiko; die Spekulanten werden daher zu diesem Kurs jede Nachfrage nach Termindevisen seitens der Geldimporteure (Arbitrageure) befriedigen. Kommen Angebot und Nachfrage bei diesem Kurs zum Ausgleich, so ergibt sich ein Swapsatz von Null.

In diesem Fall ist also ebenso wie bei erwarteter Konstanz der Parität eine Angleichung des Swapsatzes an die Zinsdifferenz (von 3 %) nicht möglich. Während jedoch im ersten Fall durch Entstehung eines Reports von 2 % eine *Annäherung* zwischen Zinsdifferenz (3 %) und Swapsatz stattfand, wird in diesem Fall die Zinsdifferenz *nicht* durch eine Swapsatzänderung kompensiert[14]. Bei entsprechenden Elastizitäten des Angebots der Spekulanten und der Nachfrage der Arbitrageure ist sogar möglich, daß sie bei einem Terminkurs unterhalb der unteren Interventionsgrenze zur Deckung kommen. Dann existiert also ein Deport. Die Rendite der Inlandsanlage steigt damit noch über die Zinsdifferenz von 3 %.

In jedem der beiden Fälle bleibt jedenfalls der Anreiz zu Geldimporten bestehen, so daß der Zustrom von Kassadevisen ständig anhält. Eine mögliche Konsequenz wäre, daß die damit einhergehende ständige Liquiditätsvermehrung die inländischen Geldmarktzinsen so lange sinken läßt, bis die Zinsdifferenz zwischen Inland und Ausland gänzlich abgebaut ist. Die zweite mögliche Konse-

---

14 Nicht zutreffend ist jedoch folgende, sich auf eben diesen Fall beziehende Aussage von *Filc*: „Zinsdifferenzen und Swapsätze bestehen dann völlig unabhängig voneinander, weder bestimmt der Swapsatz die Zinsdifferenz noch läßt sich der Swapsatz aus dem internationalen Zinsgefälle erklären. Der Swapsatz wird dann allein durch die Höhe der von den Spekulanten erwarteten Paritätsänderung bestimmt." (Wolfgang *Filc*: Zinsarbitrage und Währungsspekulation. Berlin 1975, S. 58).

quenz wäre, daß der infolge des Devisenzustroms steigende Zahlungsbilanzüberschuß einen Aufwertungsdruck erzeugt bzw. einen bestehenden Aufwertungsdruck erhöht und damit wesentlich zur Erfüllung der Aufwertungserwartungen beiträgt.

3. Devisenspekulation

a) Kassaspekulation

Während es sich bei Arbitragegeschäften um die Ausnutzung tatsächlich vorhandener Preisdifferenzen (bei der Devisenarbitrage: Wechselkurs- oder Zinsdifferenzen) handelt, geht es bei der Spekulation ganz allgemein um die **Ausnutzung erwarteter Preisdifferenzen.** Die Spekulation ist also mit dem **Risiko der Nichterfüllung der Erwartungen** behaftet, das bei der Arbitrage definitionsgemäß gar nicht besteht. Spekulation kann als Neben- oder Begleiterscheinung anderer Geschäfte auftreten, so, wenn ein Exporteur eine in drei Monaten fällig werdende Devisenforderung ungesichert läßt, weil er erwartet, daß sich der Devisenkurs in diesem Zeitraum erhöhen wird und er somit einen Kursgewinn realisieren kann. Entsprechendes gilt für Importeure. Ein solches Verhalten der Außenhändler ist besonders dann zu erwarten, wenn sich bei festen Wechselkursen der Kassakurs an einem der Interventionspunkte befindet. Ist es z. B. der untere Interventionspunkt, so kann der Wechselkurs nicht mehr weiter absinken. Der Wert einer Devisenforderung kann sich also nicht weiter verringern. Eine Absicherung dieser Forderung erscheint daher nicht nötig. Dennoch ist dieses Vorgehen für den Exporteur nicht risikolos. Das Risiko besteht nämlich in der Möglichkeit einer zwischenzeitlichen Aufwertung der Inlandswährung. Auch in diesem Fall muß man daher strenggenommen von Spekulation sprechen, wenn auch das Risiko nicht so groß oder besser abschätzbar sein mag. Für inländische Importeure gelten entsprechende Überlegungen, wenn sich der Kassakurs an der oberen Bandgrenze befindet.

Auch ein Zinsarbitragegeschäft kann – wie oben bereits ausgeführt – aus den gleichen Gründen ohne Kurssicherung vorgenommen werden. Kauft also jemand per Kasse Devisen, um sie wegen der höheren Verzinsung im Ausland anzulegen, und unterläßt er es, sie gleichzeitig per Termin zu verkaufen, weil er ein Steigen der Devisen-Kassakurse erwartet, so daß er teurer verkaufen kann, als er gekauft hat, so spekuliert er auch. Man spricht in diesen Fällen von *gebundener Spekulation.*

Die Grenzen zwischen „gebundener" und „reiner" Spekulation sind fließend. Häufig sieht man es einem Geschäft nicht an, ob es vorwiegend oder gänzlich aus Spekulationserwägungen oder etwa zum Zwecke der Zinsarbitrage unternommen wurde. Im eben geschilderten Fall (höhere Zinsen im Ausland, Kassadevisen-Kauf und Anlage im Ausland *ohne* Terminverkauf) sind beide Gründe im Spiele, ohne daß man über ihr Gewicht Schlüssiges sagen könnte. Werden dagegen Kassadevisen gekauft und ohne Kurssicherung im Ausland angelegt, obwohl die Verzinsung im Ausland geringer ist als im Inland, so handelt es sich mit Sicherheit um ein reines Spekulationsgeschäft. Solche Operationen kommen offensichtlich nur dann zustande, wenn erwartet wird, daß der Zinsverlust durch den potentiellen Gewinn aus der erwarteten Kurssteigerung überkompensiert wird. Das ist dann der Fall, wenn die Differenz zwischen erwartetem (w_{K_e}) und gegenwärtigem Kassakurs (w_K) größer ist als die Zinsdifferenz zwischen Inland und Ausland:

$$\frac{w_{K_e} - w_K}{w_K} > Z_i - Z_a \,.$$

Bei den bisherigen Beispielen wurde immer auf ein Steigen der Devisenkurse spekuliert. Wird dagegen ein *Absinken des Devisenkurses erwartet* (z. B Außenwertsteigerung der DM von 2,50 $\frac{\text{DM}}{\$}$ auf 2,25 $\frac{\text{DM}}{\$}$), so ist ebenfalls Spekulation möglich, und zwar für diejenigen, die im Besitz von Devisenguthaben sind, also insbesondere Ausländer, aber auch inländische Banken, die ihre „working balances" abbauen, und multinationale Unternehmen, die mit ihren Devisenguthaben das gleiche tun („hot money", vgl. oben, S. 228 ff.). Sie können per Kasse Forderungen in Inlandswährung erwerben, um dann, wenn der Devisenkurs (ihren Erwartungen gemäß) gefallen ist, Devisen billiger zurückzukaufen, als sie sie vorher verkauft haben.

Die bisher genannten Spekulationen nennt man *Kassaspekulationen,* weil ausschließlich am Kassa-Devisenmarkt operiert wird. Zusammenfassend kann man sagen, daß die Transaktionen (Devisenverkäufe und Devisenkäufe) der Kassaspekulanten bei einer bestimmten *erwarteten* Entwicklung des Kassakurses (w_{K_e}) von der Höhe des tatsächlichen gegenwärtigen Kassakurses (w_K) abhängen. Und zwar wird es entsprechend Abb. 32 zu spekulativen Verkäufen von Devisen (Devisenangebot steigt) kommen, wenn der erwartete Kurs unter dem gegenwärtigen Kassakurs liegt ($w_{K_e} < w_K$). Der Kurvenast rechts von der Ordinate (positive Abszisse) kennzeichnet also den Angebotsteil der Transaktionskurve der Kassaspekulanten. Der links von der Ordinate verlaufende Ast der Transaktionskurve stellt die Devisennachfrage der Kassaspekulanten in Abhängigkeit vom Kassakurs dar; denn sobald der Kassakurs unter den erwarteten Kurs sinkt, lohnt es, Devisen zu kaufen, um sie nach Eintreffen der Kurssteigerung mit Gewinn zu verkaufen. Sowohl für das Devisenangebot wie für die Devisennachfrage der Spekulanten erscheint plausibel, daß sie mit wachsender Differenz zwischen w_{K_e} und w_K zunehmen, weil damit die Gewinnchance steigt. Die Kurve ist daher auch nicht unendlich elastisch, sondern weist eine Neigung auf.

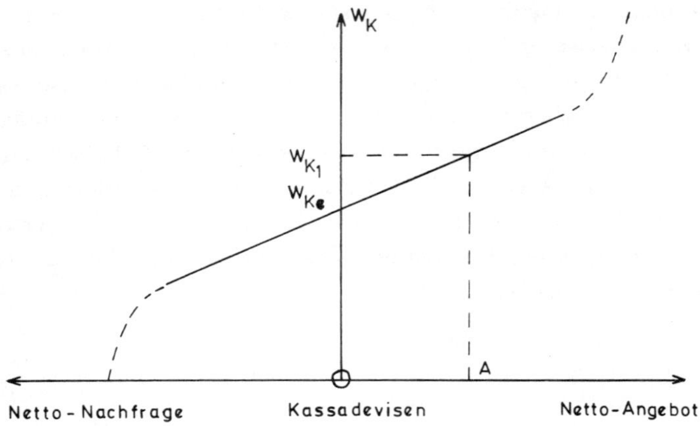

Abb. 32: **Transaktionskurve der Kassaspekulanten bei flexiblen Wechselkursen**

Im übrigen ist zu beachten, daß es sich in Abb. 32 um eine aggregierte Transaktionskurve handelt, die aus der horizontalen Addition der individuellen Transaktionskurven der einzelnen Spekulanten entstanden ist. Diese Individualkurven stimmen in der Regel *nicht* überein, weil die Erwartungen hinsichtlich des zukünftigen Kurses von Person zu Person unterschiedlich sein können und tatsächlich auch sind. Bei einem beliebigen gegenwärtigen Wechselkurs (w_K) werden die erwarteten Kurse (w_{K_e}) der Individuen z. T. über und z. T. unter dem Gegenwartskurs liegen. D. h. bei diesem Kurs werden Devisen zu Spekulationszwecken sowohl angeboten als auch nachgefragt. Die aggregierte Transaktionskurve zeigt also in jedem Punkt die jeweilige Netto-Nachfrage bzw. das Netto-Angebot. Beim Wechselkurs w_{K_1} beispielsweise (s. Abb. 32) wird nicht nur die Devisenmenge *OA* angeboten, vielmehr übersteigt bei diesem Kurs das Angebot die Nachfrage um *OA*. Im Schnittpunkt der Transaktionskurve mit der Ordinate sind daher Devisenangebot und Devisennachfrage nicht Null, sondern gleich groß; ihr *Saldo* ist also Null. w_{K_e} im Diagramm ist demzufolge ein Durchschnittskurs, von dem die individuellen Kurse mehr oder weniger stark abweichen.

Der lineare Kurvenverlauf in Abb. 32 ist nicht sehr realistisch. So dürfte sich die Begrenztheit der verfügbaren Spekulationsfonds in der Weise auswirken, daß die Elastizität der Kurve mit zunehmender Ausschöpfung der Fonds verringert und schließlich Null wird (siehe gestrichelte Kurventeile in Abb. 32).

Des weiteren wird der Kurvenverlauf vom Wechselkurssystem beeinflußt. Bei *festen Wechselkursen* und unter der Voraussetzung, daß *keine Auf- oder Abwertung* erwartet wird (w_{K_e} liegt also innerhalb der Bandbreite), wird die Transaktionskurve um so elastischer, je mehr sich der Kassakurs einer der Interventionsgrenzen (I_0 und I_u in Abb. 33) nähert; denn der Spielraum für eine noch stärkere Abweichung des Kassakurses vom erwarteten Wechselkurs sinkt mit zunehmender Annäherung des Kassakurses an einen der Interventionskurse. Die Möglichkeit einer weiteren Steigerung des erwarteten Spekulationsgewinnes wird also immer geringer, so daß es sich immer weniger lohnt, verfügbare Spekulationsfonds zurückzuhalten. Hat der gegenwärtige Kassakurs einen der Interventionskurse erreicht, so ist die maximal mögliche Differenz zwischen gegenwärtigem und erwartetem Kassakurs erreicht und damit auch die maximale Gewinnchance. Die Spekulanten haben nun keinerlei Veranlassung mehr, spekulative Mittel zurückzuhalten, so daß die Transaktionskurve von diesem Punkt an bis zur Erschöpfung der Fonds völlig elastisch wird (siehe Abb. 33).

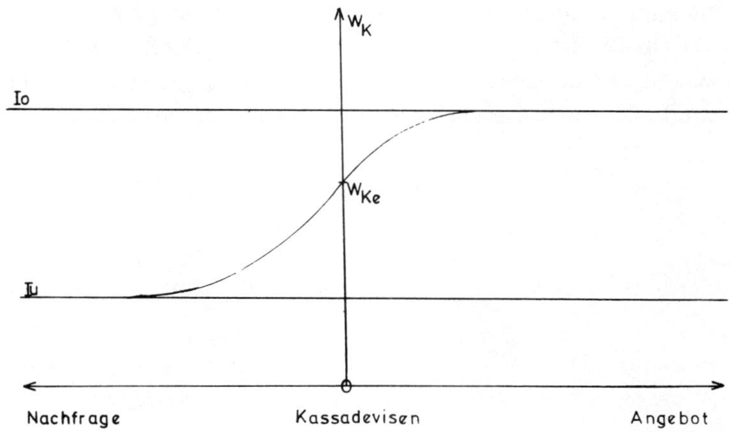

Abb. 33: **Transaktionskurve der Kassaspekulanten bei festen Wechselkursen**

Wird hingegen *mit einer Paritätsänderung (Aufwertung oder Abwertung) gerechnet*, so liegt der erwartete Wechselkurs (w_{K_e}) außerhalb der Bandbreite. Bei einer erwarteten Abwertung (z. B. DM-Abwertung von 2,50 $\frac{DM}{\$}$ auf 2,75 $\frac{DM}{\$}$) würde w_{K_e} oberhalb der oberen Interventionsgrenze (I_o) liegen. Die Transaktionskurve hat dann den in Abb. 34 wiedergegebenen prinzipiellen Verlauf (*AC*). Der gestrichelte Kurventeil ist fiktiv und nur zur Veranschaulichung eingezeichnet; denn die Kassakurse können sich (bis zu einer Paritätsänderung) nur innerhalb der Bandbreite bewegen. Ergebnis ist, daß bei jedem möglichen Kassakurs innerhalb des Bandes ein Nachfrageüberhang seitens der Kassaspekulanten zu verzeichnen ist, weil sie eine wesentliche Verteuerung der Devisen (durch Abwertung) erwarten.

Der genaue Verlauf der Kurve ist situationsbedingt. Wenn beispielsweise ein hoher Abwertungssatz erwartet wird, wenn vor allem aber die Abwertungserwartungen als gänzlich sicher eingeschätzt werden, wird die *gesamte* spekulative Devisennachfrage schon bei Kassakursen auftreten, die in der Nähe der oberen Interventionsgrenze liegen. Die Transaktionskurve würde dann entlang der oberen Interventionsgrenze parallel zur Abszisse verlaufen (*BC* in Abb. 34). Gründe dafür sind, 1. daß bei dem Ungleichgewicht am Devisenmarkt ein Entfernen des Kassakurses vom oberen Interventionskurs als unwahrscheinlich angesehen wird, 2. daß ein Warten auf niedrigere Kassakurse die Spekulationschance zunichte machen kann, wenn inzwischen die Abwertung erfolgt, 3. daß die möglicherweise noch eintretenden Minderungen der Kassakurse als relativ geringfügig im Vergleich zur erwarteten Paritätsänderung angesehen werden, so daß sich ein Abwarten auch aus diesem Grunde nicht lohnt. - Die Gründe können bewirken, daß die Spekulanten ihre gesamten Fonds einsetzen und erschöpfen, wenn der Kassakurs an der oberen Interventionsgrenze liegt.

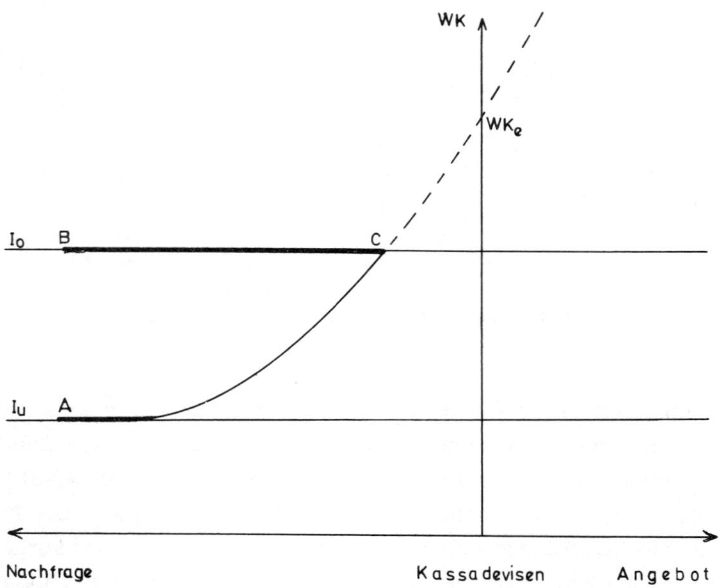

Abb. 34: **Transaktionskurve der Kassaspekulanten bei festen Wechselkursen und erwarteter Abwertung**

Bei Aufwertungsverdacht ergeben sich entsprechende Überlegungen: Der erwartete Wechselkurs (w_{K_e}) befände sich unterhalb des unteren Interventionskurses (I_u). Bei allen Kassakursen innerhalb der Bandbreite ergäbe sich ein spekulatives Überangebot an Kassadevisen. Der Leser mache sich den prinzipiellen Verlauf der Transaktionskurve bei erwarteter Aufwertung der Inlandswährung klar!

b) Terminspekulation

Außer der Kassaspekulation sind jedoch auch spekulative Operationen am Terminmarkt, also *Terminspekulationen*, möglich. Und sie werden auch tatsächlich in erheblichem Umfang vorgenommen. Die Grundüberlegung ist folgende: Wenn die Spekulanten der Meinung sind, daß der *zukünftige* Kassakurs (etwa der in drei Monaten) *über* dem gegenwärtigen Terminkurs für Drei-Monats-Devisen liegen wird, ist es lohnend, Devisen *per Termin zu kaufen* und sie, wenn das Fälligkeitsdatum gekommen ist, per Kasse zu dem höheren Kassakurs (also mit Gewinn) zu verkaufen. Das Risiko liegt darin, daß sich die Erwartungen hinsichtlich der Entwicklung des Kassakurses nicht oder nicht im erwarteten Umfang erfüllen. In verkürzter Schreibweise lautet die Regel: Wenn $w_{K_e} > w_T \longrightarrow$ *Kauf* per Termin und *Verkauf* per Kasse zum höheren Kassakurs.

Das Zustandekommen eines solchen spekulativen Termingeschäftes hängt demnach erstens davon ab, welchen Wahrscheinlichkeitsgrad oder Sicherheitsgrad man der Erfüllung der eigenen Erwartungen beimißt, und zweitens davon, wie groß die Differenz zwischen erwartetem Kassakurs und gegenwärtigem Terminkurs ist (also vom Umfang der erwarteten Gewinnchancen).

Auch wenn die Situation entgegengesetzt der bisher unterstellten ist, nämlich wenn die *erwarteten* Kassakurse *unter* den gegenwärtigen Terminkursen liegen, sind Spekulationsgeschäfte möglich und lohnend. Die Spekulanten werden dann *Devisen per Termin verkaufen* in der Hoffnung, sie zum Fälligkeitstermin per Kasse billiger erwerben zu können. In verkürzter Schreibweise lautet die Regel: Wenn $w_{K_e} < w_T \longrightarrow$ *Verkauf* per Termin und *Kauf* per Kasse zum niedrigeren Kassakurs.

Es ist naheliegend anzunehmen, daß es eine individuell unterschiedliche *Gewinnschwelle* gibt (Mindestgewinn), die überschritten sein muß, damit es überhaupt zu Spekulation kommt; das heißt, nicht schon bei jeder beliebig kleinen Differenz zwischen erwartetem Kassa- und gegenwärtigem Terminkurs wird spekuliert. Die Spekulanten treten also als Anbieter oder Nachfrager nach Termindevisen auf, je nachdem, ob der gegenwärtige Terminkurs über oder unter dem erwarteten Kassakurs liegt. Wenn, wie angenommen, die Größe der Differenz zwischen Terminkurs und erwartetem Kassakurs die spekulative

Nachfrage und das spekulative Angebot an Termindevisen bestimmt, läßt sich dieser Zusammenhang folgendermaßen graphisch verdeutlichen:

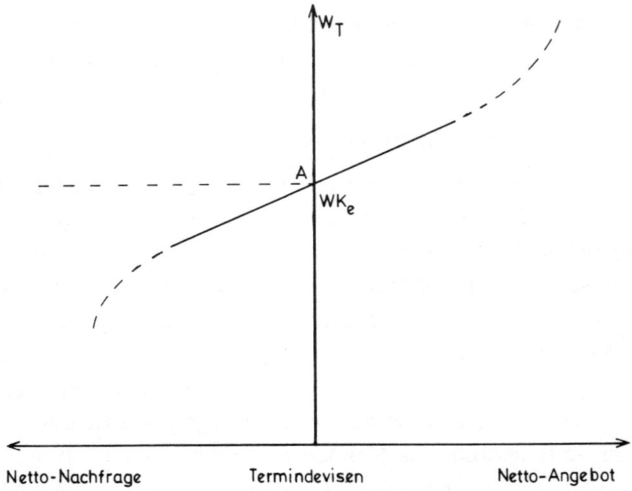

Abb. 35: **Transaktionskurve der Terminspekulanten**

Im obigen Diagramm (Abb. 35) sind auf der Ordinate die alternativen Terminkurse abgetragen (w_{K_e} bezeichnet den erwarteten Kassakurs). Der positive Abszissenast bezeichnet das jeweilige Netto-Angebot, der negative Ast die jeweilige Netto-Nachfrage nach Termindevisen. Ist nämlich $w_T = w_{K_e}$, so werden Spekulanten Termindevisen weder anbieten noch nachfragen; liegt jedoch der Terminkurs (w_T) über dem erwarteten Kassakurs (w_{K_e}), so werden Termindevisen angeboten, weil die Spekulanten erwarten, die Devisen per Kasse billiger kaufen zu können, als sie sie per Termin verkauft haben. Die Differenz ist ihr Gewinn. Ist dagegen der Terminkurs niedriger als der erwartete Kassakurs, so werden die Spekulanten Termindevisen nachfragen (kaufen), in der Erwartung, sie zum Termin teurer verkaufen zu können. Da zu erwarten ist, daß das Angebot bzw. die Nachfrage nach Termindevisen wegen der wachsenden Gewinnchance mit steigender Differenz zwischen w_T und w_{K_e} wächst, verlaufen die Kurven geneigt. Mit Hilfe bestimmter Verhaltensannahmen sind auch hier andere (gekrümmte) Kurvenverläufe begründbar.

Die in Abb. 35 wiedergegebene Kurve stellt die *aggregierte* Transaktionskurve der Terminspekulanten dar. Auch sie entsteht durch horizontale Addition der individuellen Transaktionskurven, die sich deswegen voneinander unterscheiden, weil die individuellen Erwartungen hinsichtlich der Terminkursentwicklung unterschiedlich sind. Genau wie bei der Kassaspekulation (Abb. 32) zeigt die Kurve die Nettoumsätze an, hier allerdings in Abhängigkeit von der Höhe der *Termin*kurse. w_{K_e} ist dementsprechend der durchschnittlich erwartete Kassakurs; liegt der Terminkurs auf gleicher Höhe, so ist der Nettoumsatz an Termindevisen gleich Null, weil Angebot und Nachfrage gleich groß sind.

Nun ist noch zu berücksichtigen, daß Terminspekulationen insofern auch den Kassamarkt tangieren, als die Spekulanten die per Termin gekauften Devisen per Kasse wieder verkaufen bzw. die per Termin verkauften Devisen bei Fälligkeit des Geschäftes per Kasse kaufen müssen. Allerdings ist festzustellen, daß die Transaktionen der Terminspekulanten am Kassamarkt *nicht* von dem zu dem Zeitpunkt gerade gegebenen Kassakurs bestimmt sind, vielmehr ergeben sie sich als zwangsläufige Folge der früher abgeschlossenen Termingeschäfte. Überwiegen z. B. bei den zu einem bestimmten Zeitpunkt fällig werdenden spekulativen Termingeschäften per Saldo die Terminverkäufe, so muß genau in Höhe dieses Saldos eine Nettonachfrage der Terminspekulanten nach Kassadevisen auftreten, die unabhängig vom gegebenen Kassakurs ist.

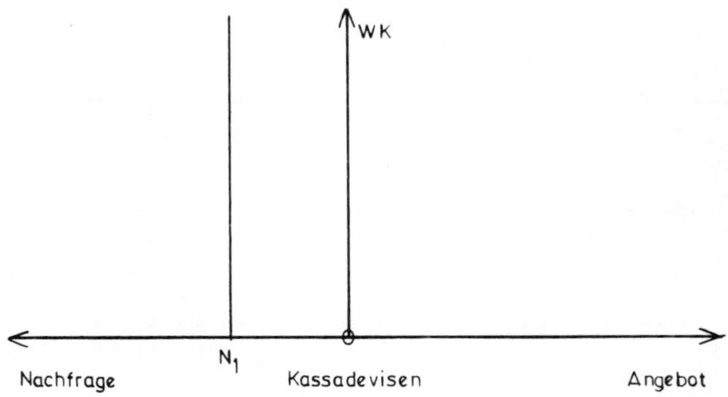

Abb. 36: **Netto-Transaktionskurve der Terminspekulanten am Kassamarkt**

Die Netto-Transaktionskurve der Terminspekulanten am Kassamarkt verläuft daher - wie Abb. 36 zeigt - parallel zur Ordinate, wobei der Abstand ON_1 dem Umfang der Nettonachfrage entspricht.

Eine Besonderheit der Terminspekulation, etwa gegenüber der Kassaspekulation oder gegenüber der Zinsarbitrage, besteht darin, daß sie *keine liquiden Mittel erfordert und bindet.* Denn der Spekulant braucht sich die Devisen, die er per Termin verkauft hat, erst zum Erfüllungszeitpunkt per Kasse zu besorgen, bzw. er braucht die per Termin gekauften Devisen erst zum Termin zu bezahlen (die Summe kann er durch Kassa-Verkauf der erworbenen Termindevisen erlösen). Abgesehen wird von der Kaution, die bei Devisentermingeschäften meist zu hinterlegen ist.

Ebenso wie bei der Kassaspekulation ist anzumerken, daß auch die Transaktionskurve der Terminspekulanten vom bestehenden Wechselkurssystem beeinflußt wird. Wie bereits im Zusammenhang mit der Zinsarbitrage ausgeführt, werden *bei festen Wechselkursen und ohne Erwartung einer Paritätsänderung* die Terminkurse nur innerhalb des offiziellen Kassakursbandes liegen können; denn immer, wenn der Terminkurs eine der Bandgrenzen erreicht, ist für die Spekulanten ein risikoloses Engagement möglich, so daß sie ihre Engagements beliebig auszudehnen bereit sind. Die Transaktionskurve wird daher an den Interventionspunkten unendlich elastisch (siehe Abb. 37a).

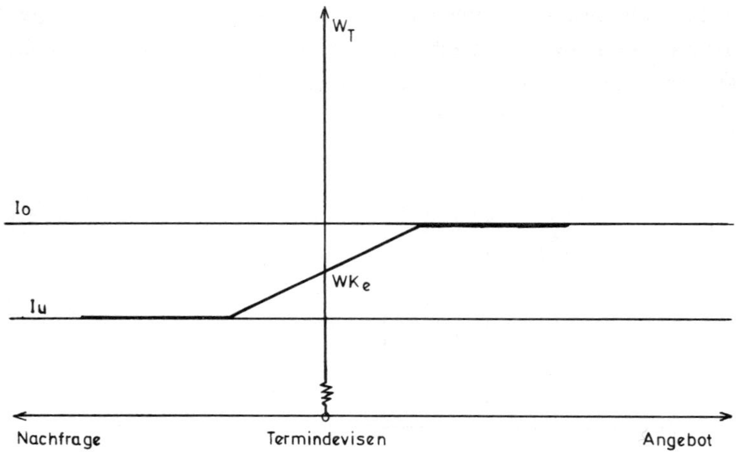

Abb. 37a: **Netto-Transaktionskurve der Terminspekulanten bei erwarteter Konstanz der Parität**

Erreicht z. B. der Terminkurs die obere Interventionsgrenze (I_0), so bieten die Spekulanten beliebig viel Termindevisen an, weil sie sicher sind, daß bei Fälligkeit der Kontrakte der Kassakurs, zu dem sie die Devisen beschaffen müssen, sehr wahrscheinlich unterhalb I_0, auf keinen Fall jedoch über I_0 liegen wird. Ein Spekulationsverlust ist also ausgeschlossen. – Erreicht der Terminkurs die untere Interventionsgrenze (I_u), so kaufen die Spekulanten beliebig viel Termindevisen, weil bei Fälligkeit die Kassakurse wahrscheinlich über I_u, auf keinen Fall jedoch unter I_u liegen werden. Ihre Chance, die erworbenen Devisen per Kassa teurer, also mit Gewinn, zu verkaufen ist groß, ihr Verlustrisiko dagegen gleich Null.

Wird dagegen im *System fester Wechselkurse eine Paritätsänderung für sicher gehalten*, so ändert sich die Transaktionskurve der Terminspekulanten. Da ihre Transaktionen vom erwarteten Kassakurs (w_{K_e}) abhängen und dieser aufgrund der erwarteten Paritätsänderung außerhalb der noch gültigen Kassakursbandbreite liegt, verläuft zumindest ein Teil ihrer Transaktionskurve außerhalb des offiziellen Bandes. Wird z. B. eine Abwertung erwartet, so verschiebt sich der Schnittpunkt der Transaktionskurve mit der Ordinate auf die Höhe des nach der Abwertung erwarteten Kassakurses (w_{K_e}'' in Abb. 37b). Dieser Kurs liegt über dem noch gültigen oberen Interventionspunkt (I_{0_1}).

Problematisch ist allerdings die Frage nach dem gesamten Verlauf der Transaktionskurve der Terminspekulanten, die sich aufgrund der erwarteten Paritätsänderung ergibt. Die Antwort darauf kann um so eindeutiger ausfallen, je sicherer die Erwartungen der Spekulanten hinsichtlich des Umfanges und des Zeitpunktes der bevorstehenden Paritätsänderung sind. Haben sie bestimmte und sichere Vermutungen sowohl über den Abwertungssatz wie auch über eventuelle Veränderungen der Bandbreite wie auch über den Zeitpunkt der Abwertung, so kann man sagen, daß die „neue" Transaktionskurve innerhalb der Bandbreite der erwarteten Parität verläuft. Wenn nämlich die Spekulanten die Bandgrenzen der neuen Parität kennen oder zu kennen glauben, dann wird ihre Transaktionskurve an den Bandgrenzen völlig elastisch: An der oberen Interventionsgrenze (I_{0_2} in Abb. 37b) wird das Termindevisenangebot völlig elastisch, weil die Kassakurse nach der Abwertung nicht höher steigen können, so daß bei einem Termindevisenverkauf zu diesem Kurs ein Verlustrisiko durch höhere Kassakurse nicht besteht. Die Spekulanten dehnen daher ihr Terminangebot zu diesem Kurs beliebig aus. Entsprechendes gilt, wenn der Terminkurs die neue untere Interventionsgrenze erreicht (I_{u_2} in Abb. 37b): Die Spekulanten können dann Termindevisen kaufen in der Absicht, sie bei Fälligkeit teurer zu verkaufen. Sie brauchen dabei nicht zu befürchten, daß der Kassakurs inzwischen unter I_{u_2} sinkt. Die Risikolosigkeit des Engagements veranlaßt sie, ihre Nachfrage bei diesem Kurs beliebig auszudehnen (völlig elastische Nachfrage).

Einzufügen ist, daß in dieser Situation eine *Marktspaltung* eintritt: Für alle Devisentermingeschäfte, die *vor* dem vermuteten Abwertungszeitpunkt fällig werden, gilt die gleiche Transaktionskurve wie bei erwarteter Konstanz der Parität (TSP_1 in Abb. 37b); denn die Kassakurse können ja bis zur Abwertung die Bandgrenzen I_{u_1} und I_{0_1} nicht überschreiten. Für alle Devisentermingeschäfte hingegen, die *nach* dem vermuteten Abwertungszeitpunkt fällig werden, gilt die „neue" Transaktionskurve (TSP_2).

Abb. 37b zeigt zunächst genau wie Abb. 37a die Transaktionskurve der Terminspekulanten bei erwarteter Konstanz der Parität (TSP_1). Die Kassakurse können zwischen I_{u_1} und I_{0_1} schwanken; w_{K_e} ist der von den Spekulanten erwartete Kassakurs; bei ihm schneidet TSP_1 die Ordinate; die Neigung der Kurve zwischen I_{u_1} und I_{0_1} ist willkürlich angenommen. - TSP_2 zeigt die Transaktionskurve bei erwarteter Abwertung. Sie verläuft zwischen I_{u_2} und I_{0_2}, den erwarteten Interventionsgrenzen der zukünftigen Parität. Dort, wo die Spekulanten den Kassakurs innerhalb des neuen Bandes vermuten (w_{K_e}'') schneidet die Transaktionskurve (TSP_2) die Ordinate.

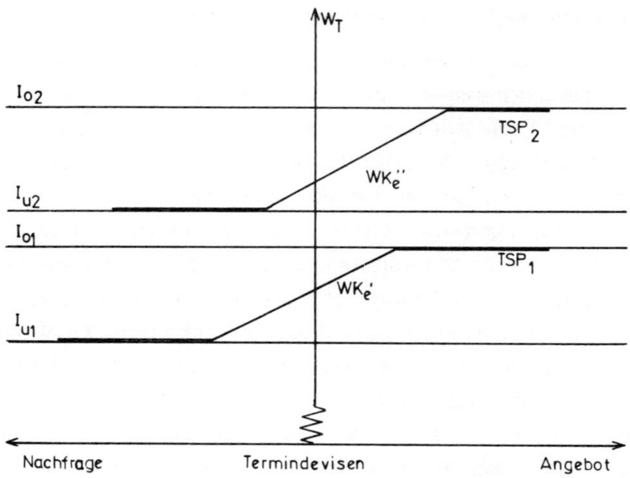

Abb. 37b: **Netto-Transaktionskurve der Terminspekulanten bei erwarteter Paritätsänderung**

Die wesentliche Aussage ist also, daß bei erwarteter Paritätsänderung und unter den gemachten Voraussetzungen die Transaktionskurve der Terminspekulanten für Terminabschlüsse mit Fälligkeit nach der erwarteten Paritätsänderung zwischen den Interventionspunkten der *erwarteten* neuen Parität verläuft.

Dieses Ergebnis ist jedoch insofern problematisch, als es u. a. auf den recht *realitätsfernen Annahmen* beruht, daß die Spekulanten den Zeitpunkt der Paritätsänderung voraussehen und daß sie zweitens eine sichere Erwartung hinsichtlich ihres Umfanges haben. Da es sich bei Paritätsänderungen nicht zuletzt um politische Entscheidungen handelt, die von mancherlei auch außerökonomischen Gesichtspunkten bestimmt werden, sind diesbezügliche Prognosen von großer Unsicherheit geprägt. Mag auch im konkreten Fall eine Paritätsänderung als unausweichlich und damit sicher gelten, so ist damit über Zeitpunkt und Umfang noch gar nichts gesagt.

Die *Unsicherheit hinsichtlich des Zeitpunktes* der Paritätsänderung hat folgende Konsequenz: Für die kurzfristigen Termingeschäfte, die den Großteil des Gesamtvolumens des Devisenterminmarktes ausmachen, ist die Transaktionskurve (TSP_1) zwischen den noch gültigen Bandgrenzen (I_{0_1} und I_{u_1}) relevant, weil die Spekulanten davon ausgehen müssen, daß bei Fälligkeit der Abschlüsse noch die alte Parität besteht. Nur für die längerfristigen Terminabschlüsse, vor deren Fälligkeit die erwartete Abwertung nach Meinung der Spekulanten mit einiger Sicherheit vollzogen sein müßte, könnte die Transaktionskurve TSP_2 zwischen den Bandgrenzen der neuen mutmaßlichen Parität relevant sein.

Als zweite Schwierigkeit bei bevorstehenden Paritätsänderungen kommt die *Unsicherheit des Umfangs* der erwarteten Paritätsänderung hinzu. In der Tat werden die Spekulanten häufig keine hinreichend zuverlässige und präzise Vorstellung vom Umfang der bevorstehenden Paritätsänderung haben. Dementsprechend fehlen auch genauere Vorstellungen über die Lage der Interventionsgrenzen (I_{u_2} und I_{0_2}), zwischen denen die Transaktionskurve TSP_2 verlaufen würde. Stattdessen ergibt sich ein mit steigender Unsicherheit wachsender Streubereich, innerhalb dessen die Spekulanten die neue Parität mit einiger Sicherheit vermuten. Auch die zukünftigen Bandgrenzen (I_{u_2} und I_{0_2}) weisen demzufolge entsprechende Streubereiche auf. Dabei werden die Spekulanten aus Vorsichtsgründen von den jeweils extremen Möglichkeiten innerhalb der Streubereiche ausgehen, d. h. jeweils vom niedrigsten I_{u_2} und vom höchsten I_{0_2} innerhalb des Streubereichs. Zwischen diesen beiden Kursen, die weiter auseinander liegen, als der gegebenen Bandbreite entspricht, müßte dann die Transaktionskurve TSP_2 verlaufen.

Es soll jedoch nicht der Eindruck erweckt werden, als wären in diesem Falle exakte Ober- und Untergrenzen der Transaktionskurve der Terminspekulanten diagnostizierbar; denn der Streubereich der möglichen zukünftigen Paritäten ist in der Vorstellung der einzelnen Spekulanten sicherlich nicht exakt begrenzt; hinzu kommt, daß die diesbezüglichen individuellen Vorstellungen nicht übereinstimmen. Dennoch ist davon auszugehen, daß sich auch unter diesen Umständen eine Transaktionskurve ergibt, die in ihrem prinzipiellen Verlauf der in Abb. 37b dargestellten nahekommt. Denn sowohl im Streubereich der zukünftigen oberen wie auch der zukünftigen unteren Interventionsgrenze wird die Kurve immer flacher werden und schließlich parallel zur Abszisse verlaufen[15].

---

[15] Es ist daher der Meinung von *Schröder* zu widersprechen, der bei erwarteter Paritätsänderung eine Transaktionskurve der Terminspekulanten unterstellt, die der bei flexiblen Wechselkursen entspricht (vgl. Abb. 35); d. h. sie weist keine Ober- und Untergrenzen auf; vielmehr sind beide Kurvenäste durch *abnehmende* Elastizitäten gekennzeichnet. (Siehe Jürgen *Schröder*: Zur Theorie der Devisenterminmärkte. Berlin 1969 S. 108 f.).

Bei einer erwarteten Abwertung spricht zudem einiges dafür, daß die „alte" noch gültige obere Interventionsgrenze (I_{0_1}) die untere Grenze der „neuen" Transaktionskurve wird. Denn wenn die Spekulanten auch hinsichtlich des Abwertungssatzes im Dunkeln tappen, so ist in einer abwertungsreifen Situation doch sicher, daß der Kassakurs nach erfolgter Abwertung nicht unterhalb der jetzt noch gültigen Obergrenze I_{0_1} liegen wird und daß das in absehbarer Zeit nach der Abwertung auch nicht zu erwarten ist. Es wäre also nicht abwegig, wenn die Spekulanten angesichts großer Unsicherheit über den Abwertungssatz I_{0_1} als die Untergrenze für die Kassakurse nach der Abwertung betrachten.

4. Außenhandelsbedingte Devisentransaktionen

Neben den bisher genannten Arbitrageuren und Spekulanten sind als weitere Gruppe von Akteuren, die am Devisenkassa- und Devisenterminmarkt auftreten, die Außenhändler zu nennen. Es war bereits erwähnt worden, daß Außenhändler ihre Warengeschäfte auch mit Devisenspekulation verbinden können, und auch Zinsarbitrage kann von ihnen praktiziert werden. Insofern gehen keine besonderen Einflüsse auf den Devisenmarkt von ihnen aus. Der besondere Einfluß rührt jedoch daher, daß der Umfang der Außenhandelsumsätze und damit auch der Umfang der Deviseneinnahmen und -ausgaben der Außenhändler von der Wechselkurshöhe abhängt. Das wiederum bedeutet, daß der Umfang des Devisenangebots der Exporteure und der Umfang der Devisennachfrage der Importeure wechselkursabhängig ist. „Normalerweise" kann man unterstellen, daß mit steigendem Devisenkurs, also sinkendem Außenwert der Inlandswährung, die Exportumsätze (in Devisen) steigen, weil die Inlandswaren für Ausländer billiger werden. Damit steigt auch das Devisenangebot der Exporteure am Kassa- und Terminmarkt mit steigendem Wechselkurs. Hingegen sinkt „normalerweise" die Devisennachfrage der Importeure mit steigendem Wechselkurs, weil die Auslandswaren für Inländer teurer werden und daher die Importausgaben (in Devisen) sinken. So ergeben sich „normale" Angebots- und Nachfragekurven der Außenhändler für Kassadevisen (Abb. 38a) und für Termindevisen (Abb. 39a).

Diese Marktdiagramme lassen sich in solche des *Netto*angebots und der *Netto*nachfrage überführen, indem man die den verschiedenen Wechselkurshöhen entsprechenden Angebots- bzw. Nachfrage*überschüsse* auf ein anderes Koordinatenkreuz überträgt. Den prinzipiellen Verlauf der sich dann ergebenden Transaktionskurven der Außenhändler am Kassa- und Termindevisenmarkt zeigen Abb. 38b und 39b.

Auch hier taucht die Frage auf, ob das Wechselkurssystem Einfluß auf den Verlauf der Transaktionskurve der Händler hat.

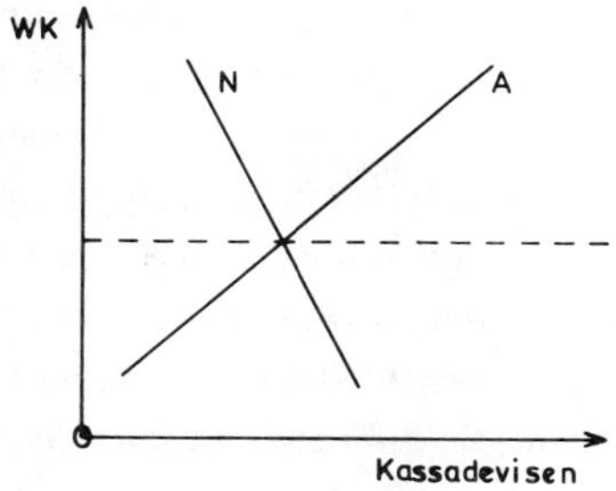

Abb. 38a: **Angebot und Nachfrage der Außenhändler nach Kassadevisen**

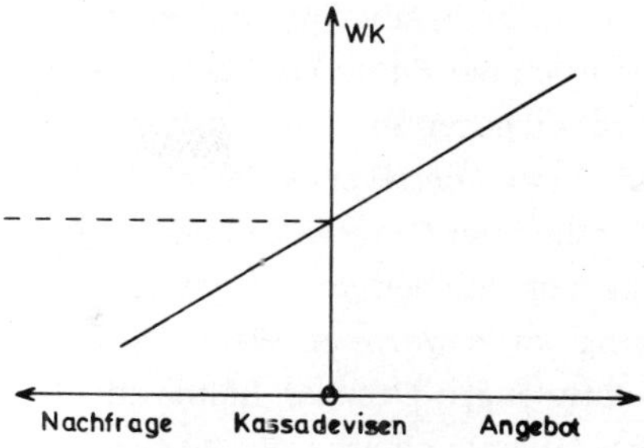

Abb. 38b: **Netto-Transaktionskurve der Außenhändler am Kassamarkt**

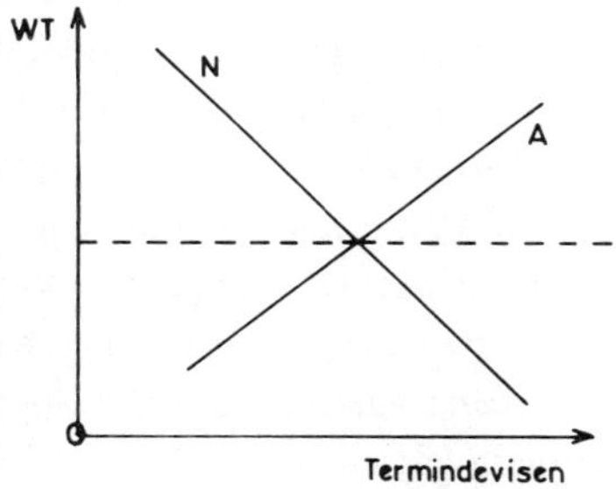

Abb. 39a: **Angebot und Nachfrage der Außenhändler nach Termindevisen**

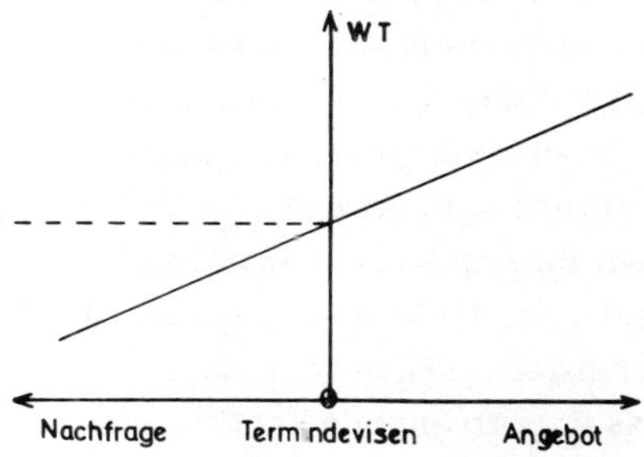

Abb. 39b: **Netto-Transaktionskurve der Außenhändler am Terminmarkt**

1. Betrachten wir zunächst die Transaktionskurve der Außenhändler am Kassamarkt.

a) Bei *festen Wechselkursen ohne Erwartung einer baldigen Paritätsänderung* kann man hinsichtlich der „*Kassakurve*" (Abb. 38b) sagen, daß sie faktisch an den Interventionsgrenzen endet, weil die Kassakurse dank der Interventionspflicht der Notenbanken die Grenzen nicht übersteigen können. In diesem Zusammenhang ist hervorzuheben, daß die Reagibilität des Außenhandels (und der damit einhergehenden Devisentransaktionen) auf Wechselkursänderungen begrenzt ist. Es führt nicht jede kleine und kurzfristige Wechselkursschwankung zu entsprechenden Außenhandelsreaktionen. Aber auch größere Wechselkursänderungen schlagen erst mit erheblicher Zeitverzögerung auf den Außenhandel durch. Man kann daher davon ausgehen, daß bei festen Wechselkursen mit geringen Bandbreiten von 1 % bis 3 % Wechselkursschwankungen innerhalb des Bandes ohne großen Einfluß auf den Außenhandel bleiben.

b) Im Falle einer mit *Sicherheit erwarteten Paritätsänderung* ergibt sich hinsichtlich der *Kassa-Transaktionskurve der Außenhändler* nur dann keine Modifikation gegenüber dem bisher Gesagten, wenn unterstellt wird, daß die Außenhändler keinerlei spekulatives Verhalten zeigen. Eine solche Annahme mag hinsichtlich der Güter- und Leistungsströme gerechtfertigt sein, da sich das zeitliche Verschieben von Außenhandelsabschlüssen zwecks spekulativer Ausnutzung von erwarteten Wechselkursänderungen aus verschiedenen Gründen in relativ engen Grenzen halten dürfte. Jedoch bietet die *finanzielle Abwicklung* der Außenhandelsgeschäfte Gestaltungsmöglichkeiten, die Raum für *spekulative Praktiken* lassen. Ansatzpunkt sind hier die terms of payment[16], die vereinbarten Zahlungsmodalitäten also, wozu insbesondere der Zahlungszeitpunkt gehört.

Wenn beispielsweise eine Abwertung der Inlandswährung bevorsteht (z. B. DM-Abwertung von 2,50 $\frac{DM}{\$}$ auf 2,75 $\frac{DM}{\$}$), so ist es für *Exporteure* verlockend, fällige Forderungen in Auslandswährung (Devisen) erst nach erfolgter Abwertung in Inlandswährung umzutauschen, weil sie dann einen größeren Betrag Inlandswährung dafür erlösen. Außerdem werden sie aus dem gleichen Grunde bereit sein, ihren ausländischen Kunden verlängerte Zahlungsziele einzuräumen (Veränderung der terms of payment). Beide Reaktionen bewirken, daß sich das Devisenangebot seitens der Exporteure bis zur Abwertung verringert, auch wenn das Exportvolumen keine signifikanten Änderungen aufweist.

Für die *Importeure* hingegen ist ein Verhalten interessant, das zu einer Erhöhung ihrer Devisennachfrage vor der Abwertung führt. Da sie für eine bestimmte Devisenmenge nach der Abwertung mehr DM zahlen müssen als davor, werden sie ihre Verbindlichkeiten in Auslandswährung nach Möglichkeit vor der Abwertung begleichen (Verzicht auf Zahlungsziele, Vorauszahlungen, Anzahlungen etc.).

So kann durch bloße Veränderung der finanziellen Abwicklung von Außenhandelsgeschäften der Kassa-Devisenmarkt merklich beeinflußt werden. Im konkreten Fall einer erwarteten Abwertung würde durch die oben beschriebene Reaktion ein Nachfrageüberschuß induziert. Im Diagramm (Abb. 38b) käme das durch eine Verschiebung der Transaktionskurve nach oben zum Ausdruck. Und zwar würde ihr Schnittpunkt mit der Ordinate oberhalb des oberen Interventionspunktes (nicht eingezeichnet) liegen, der aber wegen der Wechselkursfixierung nicht realisierbar ist. Beim oberen Interventionskurs, der sich bei Abwertungsverdacht sicherlich einstellen wird, ist demzufolge eine Netto-Nachfrage seitens der Außenhändler zu verzeichnen. Sie muß durch Devisenverkäufe seitens der Notenbank befriedigt werden. Die damit einhergehende Verminderung

[16] Siehe oben, S. 52 ff.

der offiziellen Devisenreserven verstärkt den Abwertungsdruck und trägt mit dazu bei, daß die Abwertungserwartungen sich (beschleunigt) erfüllen.

2. Als nächstes wäre zu überlegen, ob die *Transaktionskurve der Außenhändler am Terminmarkt* unter den Bedingungen fester Wechselkurse irgendwelche Modifikationen erfährt. Für den Fall, daß die Außenhändler auf keinen Fall ein Wechselkursrisiko einzugehen bereit sind und demzufolge Devisenforderungen und -verbindlichkeiten, die erst später fällig werden, durch Termingeschäfte absichern wollen, werden sie das bei jedem Wechselkurssystem tun. Ihre Transaktionskurve entspricht also der bei flexiblen Wechselkursen. Allerdings war gezeigt worden, daß die Terminkurse bei erwarteter Konstanz der Parität wegen des Verhaltens der Spekulanten die Bandgrenzen nicht überschreiten werden (Vgl. oben, S. 296 f.). Der praktisch relevante Teil der Transaktionskurve der Händler bei dieser Konstellation ist daher der innerhalb der offiziellen Bandbreite.

Verhalten sich dagegen die Händler spekulativ, dann wird ihre Termintransaktionskurve davon bestimmt, ob sie eine Paritätsänderung erwarten oder nicht. In beiden Fällen verhalten sie sich im Prinzip wie Terminspekulanten.

a) Wird *keine Paritätsänderung erwartet,* so läuft die Kurve – ähnlich wie die der Terminspekulanten – mit steigender Elastizität an den Bandgrenzen aus (vgl. Abb. 37a); denn ist der Terminkurs am *oberen* Interventionspunkt, dann werden die Exporteure ihre sämtlichen zukünftigen Devisenforderungen per Termin zu diesem Kurs verkaufen (anbieten), weil sie einen besseren Kurs nicht erreichen können; die Importeure hingegen werden gar keine Termindevisen nachfragen, weil der künftige Kassakurs auch nicht ungünstiger sein kann; vielmehr ist die Wahrscheinlichkeit groß, daß er niedriger, also für sie günstiger, sein wird. Es ergibt sich also bei diesem Terminkurs ein Angebotsüberschuß in Höhe der *gesamten* noch nicht fälligen Devisenforderungen der Exporteure.

Erreicht der Terminkurs den *unteren* Interventionspunkt, so ist die Situation gerade umgekehrt. Die Exporteure nehmen gar keine Terminverkäufe vor, weil der spätere Kassakurs für sie auch nicht niedriger und damit ungünstiger, wohl aber günstiger sein kann. Für die Importeure ist dagegen die günstigste Situation gegeben. Billiger werden sie die Devisen auch per Kasse nicht kaufen können. Sie werden daher im Umfang ihrer gesamten noch nicht fälligen Devisenverbindlichkeiten Termindevisen kaufen. Gleich groß ist auch der Nachfrageüberschuß bei diesem Kurs. – Die Transaktionskurve für Termindevisen der spekulativen Außenhändler verläuft somit bei erwarteter Konstanz der Parität zwischen den Bandgrenzen der Kassakurse.

b) *Bei erwarteter Paritätsänderung* dagegen stellen spekulativ eingestellte Außenhändler ähnliche Erwägungen an wie Terminspekulanten. Man kann also insoweit auf Abb. 37b und die dazugehörigen Ausführungen verweisen. Es ist allerdings besonders hervorzuheben, daß Außenhändler noch weniger als Spekulanten in der Lage sein werden, die strikten Voraussetzungen zu erfüllen, von denen die Transaktionskurve in Abb. 37b bestimmt wird; denn das spekulative Moment ist bei ihnen ja nur mehr oder weniger Begleiterscheinung ihrer Außenhandelstätigkeit. Man kann daher bei ihnen noch weniger als bei den Terminspekulanten davon ausgehen, daß in der Realität bei Abwertungsverdacht ihre Transaktionskurve im Prinzip TSP_2 in Abb. 37b entspräche. Mit Sicherheit ist eigentlich nur feststellbar, daß bei Abwertungsverdacht der noch bestehende obere Interventionspunkt (I_{0_1}) nicht die Obergrenze für Terminabschlüsse der „spekulativen" Außenhändler ist; denn die Importeure müssen von einem Ansteigen der Kassakurse über I_{0_1} hinaus ausgehen, so daß auch Terminkäufe zu entsprechend höheren Terminkursen für sie in Frage kommen. Für die Exporteure eröffnen die erwarteten höheren Kassakurse zusätzliche Gewinnchancen, so daß sie zu einem Terminkurs in Höhe von I_{0_1} keineswegs ihre gesamten noch nicht fälligen Devisenforderungen zum Verkauf anbieten.

Hier liegt es noch näher als bei den Spekulanten zu vermuten, daß sie (die Händler) in Ermangelung zuverlässiger Informationen über die nach der Abwertung geltende Parität und die dazugehörigen Interventionsgrenzen den noch gültigen oberen Interventionspunkt I_{0_1} zur Untergrenze ihrer „neuen" Transaktionskurve machen. Denn da der Kassakurs nach erfolgter Abwertung mit Sicherheit darüber liegen wird, können die Exporteure bei einem Terminkurs von I_{0_1} abwarten *(gar kein Terminangebot)* und ihre Devisen bei Fälligkeit zu höheren Kassakursen verkaufen, während die Importeure sämtliche später fälligen Devisenverbindlichkeiten per Termin nachfragen, weil sie sie per Kasse nicht mehr so billig werden kaufen können. - Eine ähnliche „pragmatische" Obergrenze der Außenhändlerkurve bei Abwertungsverdacht läßt sich nicht begründen. Dennoch wird man sagen können, daß die Kurve nach oben begrenzt ist: Die Importeure sind nicht bereit, zu jedem beliebig hohen Kurs Termindevisen zu kaufen. Irgendwann kann auch der Vorsichtigste sicher sein, daß der zukünftige Kassakurs nicht höher liegen kann. Ihre Nachfrage wäre dann gleich Null. - Auch die Exporteure wissen, daß der zu erwartende Kassakursanstieg begrenzt ist; bei hohen Terminkursen werden sie daher alle erst später fälligen Devisenforderungen per Termin verkaufen, weil sie realistischerweise nicht darauf spekulieren können, per Kasse noch mehr dafür zu erlösen.

5. Gesamtgleichgewicht auf dem Devisenmarkt

a) Modellmäßige Betrachtungen

Der prinzipielle Verlauf der Devisentransaktionskurven der Außenhändler (Abb. 38b, 39b) *und* Spekulanten (Abb. 32–37) auf dem Kassa- und Terminmarkt ist nun bekannt. Ferner kennen wir die Arbitragewunschkurve (Abb. 31), d. h. die

Transaktionen, die die Arbitrageure bei alternativen Swapsätzen und gegebener Zinsdifferenz auf dem Devisenterminmarkt tätigen möchten. Es gilt nun festzustellen, welche Transaktionen die Arbitrageure aufgrund des Angebots und der Nachfrage der anderen Gruppen auf den Märkten tatsächlich vornehmen können (**Arbitragemöglichkeitskurve**). Denn wollen die Arbitrageure z. B. aufgrund einer höheren Verzinsung im Inland Geld importieren, so müssen sie ja per Kasse Devisen verkaufen (anbieten) und per Termin denselben Betrag kaufen (nachfragen). Zu suchen wäre also einmal der Kassa-Kurs, bei dem auf dem Kassamarkt ein Nachfrageüberschuß seitens der Nichtarbitrageure entsteht, der gerade dem Angebot an Kassadevisen seitens der Arbitrageure entspricht. Zu suchen wäre zweitens der Terminkurs, bei dem auf dem Terminmarkt ein Angebotsüberschuß seitens der Nichtarbitrageure entsteht, der gerade der Nachfrage seitens der Arbitrageure entspricht. Bei diesen Kursen wäre das Gleichgewicht sowohl auf dem Kassa- wie auf dem Terminmarkt gewährleistet; d. h. Angebot und Nachfrage *aller* Beteiligten auf den beiden Märkten (Arbitrageure, Spekulanten und Händler) wären gleich groß.

Ein solches **Gesamtgleichgewicht** und die Bedingungen, unter denen es zustandekommt, lassen sich im Prinzip veranschaulichen durch eine Zusammenfassung der bisher abgeleiteten Transaktionskurven der einzelnen Teilnehmergruppen auf den beiden Devisenmärkten. Unterstellt werden *flexible Wechselkurse*, so daß die dabei relevanten Transaktionskurven zusammengefaßt werden müssen. Das ist in Abb. 40 geschehen. Sie enthält mit Abb. 40a zunächst die *Aggregation der Transaktionskurven der am Kassamarkt aktiven Nichtarbitrageure*, also die Kurven der Kassamarktspekulanten (Abb. 32), der Terminspekulanten am Kassamarkt (Abb. 36) und der Außenhändler am Kassamarkt (Abb. 38b). Ihre horizontale Addition ergibt eine Kurve, wie sie in Abb. 40a abgebildet ist. Abb. 40b dagegen enthält die *aggregierten Transaktionskurven der am Terminmarkt aktiven Nichtarbitrageure*, und zwar der Terminmarktspekulanten (Abb. 35) und der Außenhändler (Abb. 39b). In Abb. 40c schließlich ist die *Arbitragewunschkurve* (*AW*) wiedergegeben, die ja zeigt, welche Arbitragegeschäfte bei einer unterstellten Zinsdifferenz zwischen In- und Ausland von 2 % die Arbitrageure bei unterschiedlichen Swapsätzen *beabsichtigen* (vgl. Abb. 31a).

Zu fragen wäre nun, *in welchem Umfang sich die Absichten der Arbitrageure unter Berücksichtigung der Gegebenheiten auf dem Kassa- und Terminmarkt realisieren lassen.* Eine Teilantwort auf diese Frage ist, daß keinerlei Arbitrage möglich ist, wenn die Netto-Transaktionen der Nichtarbitrageure sowohl auf dem Kassa- als auch auf dem Terminmarkt gleich Null sind. Gemäß den Abbildungen 40a und 40b ist das auf dem Kassamarkt beim Kassakurs von $w_K = 2{,}50$ und auf dem Terminmarkt bei einem Terminkurs von $w_T = 2{,}525$ der Fall. D. h.

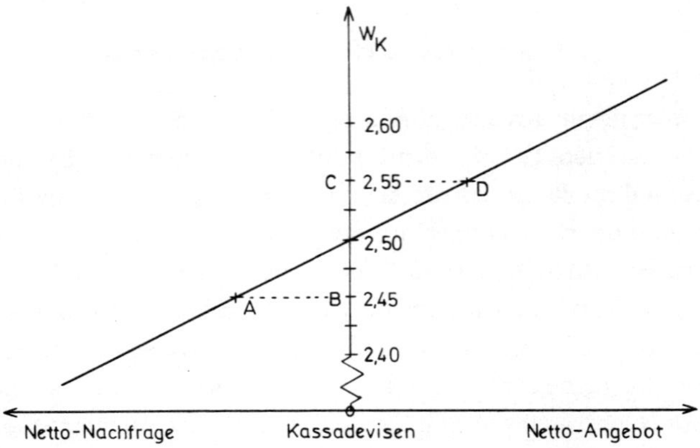

Abb. 40a: **Netto-Kassatransaktionen der Spekulanten und Außenhändler**

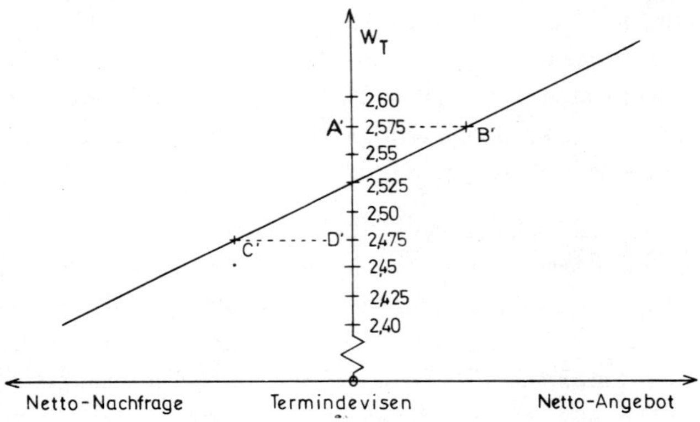

Abb. 40b: **Netto-Termintransaktionen der Spekulanten und Außenhändler**

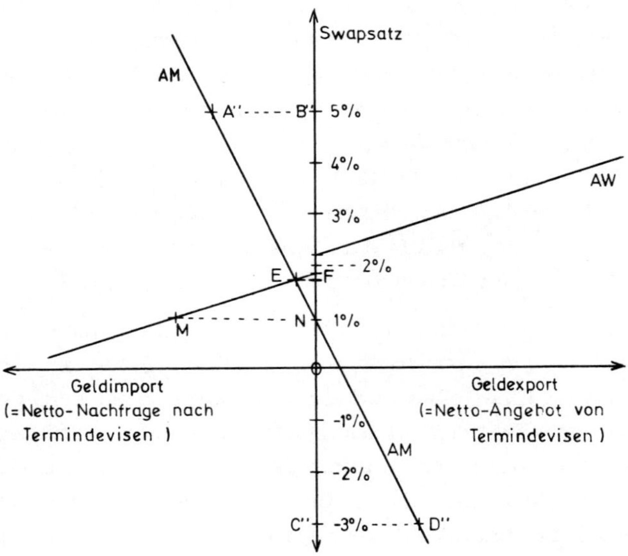

Abb. 40c: **Termintransaktionen der Arbitrageure**

bei einem Report von 1 % wären keine Netto-Transaktionen der Arbitrageure möglich, obwohl sie bei der angenommenen Zinsdifferenz einen Netto-Geldimport im Umfang von *MN* beabsichtigen. Punkt *N* in Abb. 40c zeigt also die Arbitragemöglichkeiten bei einem Report von 1 %.

Gesucht werden die Arbitragemöglichkeiten bei anderen Swapsätzen aber ansonsten unveränderten Devisenmarktverhältnissen Zu diesem Zweck wählen wir einen Kassakurs und einen Terminkurs so aus, daß auf dem einen Markt ein Nachfrageüberschuß und auf dem anderen Markt ein *gleich großer* Angebotsüberschuß entsteht. So entsteht z. B. bei einem Kurs von $w_K = 2{,}450$ auf dem Kassamarkt ein Nachfrageüberschuß in Höhe von *AB*. Ein gleich großer Angebotsüberschuß auf dem Terminmarkt (*A'B'*) bildet sich bei einem Kurs von $w_T = 2{,}575$. Die Kursdifferenz entspricht einem Report von 5 %:

$$S = \frac{2{,}575 - 2{,}450}{2{,}450} = \frac{0{,}125}{2{,}450} \approx 5\,\%.$$

Bei einem Report von 5 % hätten Arbitrageure die Möglichkeit, Geldimporte in Höhe von *A″B″* (= *A'B'* = *AB*) vorzunehmen; denn in Höhe des Nachfrageüberschusses auf dem Kassamarkt können sie Devisen verkaufen (und den Erlös im Inland anlegen); gleichzeitig erlaubt ihnen der gleich große Angebotsüberschuß auf dem Terminmarkt, die gleiche Devisenmenge per Termin zurückzukaufen. Punkt *A″* in Abb. 40c kennzeichnet demzufolge einen weiteren Punkt auf der Arbitragemöglichkeitskurve (*AM*).

Um einen dritten Punkt auf der Arbitragemöglichkeitskurve zu erhalten, wählen wir wiederum zwei Wechselkurse, bei denen die Kassa- und die Termintransaktionen der Nichtarbitrageure gleich große, aber entgegengesetzte Ungleichgewichte aufweisen. Dieses Mal handelt es sich jedoch um einen Deport; denn der Kassakurs ($w_K = 2{,}55$) liegt über dem Terminkurs ($w_T = 2{,}475$), was einem Deport von 3 % entspricht:

$$S = \frac{2{,}475 - 2{,}55}{2{,}55} = \frac{-\,0{,}075}{2{,}55} \approx -\,3\,\%.$$

Bei diesen Wechselkursen weist der Kassamarkt der Nichtarbitrageure einen Angebotsüberschuß in Höhe von *CD* auf (Abb. 40a) und der Terminmarkt einen Nachfrageüberschuß in gleicher Höhe (*C'D'* in Abb. 40b). Die Arbitrageure könnten also im Umfang von *C″D″* (Abb. 40c) kursgesicherten Geldexport betreiben, indem sie *C'D'* Devisen am Terminmarkt verkaufen, der ja einen gleich großen Nachfrageüberschuß aufweist. Dann herrschte auf den Devisenmärkten Gleichgewicht; denn die Ungleichgewichte auf dem Kassa- und dem Terminmarkt, würden durch die Arbitrage beseitigt. Mit Punkt *D″* in Abb. 40c haben wir somit einen dritten Punkt auf der Arbitragemöglichkeitskurve. Man verbindet ihn mit den beiden anderen bisher abgeleiteten Punkten (*N* und *A″*) und erhält die Arbitragemöglichkeitskurve (*AM*).

Die Arbitragemöglichkeiten, die diese Kurve aufzeigt, stimmen jedoch bis auf einen Fall nicht mit den Arbitrageabsichten der Arbitrageure überein. Bei der angenommenen Zinsdifferenz zwischen Inland und Ausland von 2 % gibt es nur einen Swapsatz, bei dem Arbitragemöglichkeiten und Arbitragewünsche sich decken, nämlich im Schnittpunkt *E* von Arbitragewunsch- und Arbitragemöglichkeitskurve bei einem Report von etwa 1,7 %. Bei funktionierenden Devisenmärkten und unter der Voraussetzung, daß alle Einflußgrößen im Modell erfaßt sind, wird sich bei einer Zinsdifferenz von 2 % ein Report bilden, der zu Geldimporten der Arbitrageure im Umfang von *EF* führt. Und sie bewirken genau den Ausgleich der Ungleichgewichte auf Kassa- und Terminmarkt.

Daß der Marktmechanismus tatsächlich in Richtung auf ein Gesamtgleichgewicht wirkt, zeigt folgende Überlegung: Bei der in Abb. 40 angenommenen Konstellation würde sich bei *Nichtberücksichtigung der Arbitrageure* auf dem Kassamarkt ein Gleichgewicht beim Wechselkurs $w_K = 2{,}50$ und auf dem Terminmarkt bei einem Wechselkurs von $w_T = 2{,}525$ einstellen. Bei diesem Report von 1 % möchten die Arbitrageure jedoch gemäß Abb. 40c Geldimporte in Höhe von *MN* vornehmen. Sie bieten also Devisen per Kasse an, wodurch ein Überangebot entsteht, das den Kassakurs sinken läßt. Gleichzeitig fragen sie per Termin Devisen nach; der entstehende Nachfrageüberschuß läßt den Terminkurs steigen. Steigender Terminkurs und sinkender Kassakurs bedeuten Vergrößerung des Reports. Der Prozeß endet, wenn die Ungleichgewichte auf den Devisenmärkten der Nichtarbitrageure groß genug sind, die Realisierung der Arbitragewünsche zu ermöglichen. Im obigen Beispiel ist das bei einem Report von ca. 1,7 % der Fall.

b) Realitätsbedingte Einschränkungen

Zu dieser modellmäßigen Betrachtung ist eine Bemerkung von erheblichem praktischen Gewicht zu machen. Alle hier erfaßten Devisentransaktionen sind als von den Wechselkursen oder dem Swapsatz abhängig dargestellt worden. *Für einen nicht unerheblichen Teil der Devisentransaktionen kann jedoch eine solche Abhängigkeit nicht unterstellt werden.* Zu nennen sind hier insbesondere die durch den langfristigen Kapitalverkehr bedingten Devisenkäufe oder -verkäufe. So werden die privaten Direktinvestitionen und die staatlichen Kredite an das Ausland aber auch die privaten und staatlichen Transfers von einer Reihe von Motiven bestimmt, die von Wechselkursveränderungen kaum oder gar nicht berührt werden. Wohl aber beeinflussen die durch sie ausgelösten Devisentransaktionen den Wechselkurs, und zwar namentlich den Kassakurs.

Die Folge ist ein veränderter Swapsatz, der seinerseits wiederum die Arbitragewünsche und -möglichkeiten berührt. Das zustandekommende Gleichgewicht unterscheidet sich jedenfalls von dem, das bei Fehlen dieser wechselkursunabhängigen Transaktionen entsteht. Andererseits erlaubt das Modell die Bestimmung dieses Gleichgewichts nicht, da die darin enthaltenen unabhängigen Variablen als Bestimmungsgrößen dieses Teils der Devisentransaktionen eben nicht in Betracht kommen.

Läßt man diese Einwände einmal außer Betracht, so ist darauf hinzuweisen, daß auf dem Devisenmarkt als einem komplexen System interdependenter Größen die Veränderung *einer* Variablen unter Umständen die Veränderung *einer Reihe anderer* Variabler nach sich zieht, ehe ein neues Gleichgewicht erreicht ist. An Abb. 40 läßt sich unter Rückgriff auf die Transaktionskurven der einzelnen Gruppen am Kassa- und Termindevisenmarkt (Abb. 32–37) beispielhaft demonstrieren, welche tendenziellen Wirkungen die Veränderung einer Variablen auf das gesamte System hat: So würde z. B. eine inflationsbedingte Passivierungstendenz der inländischen Leistungsbilanz (steigende Importe, sinkende Exporte) zu einem Nachfrageüberschuß nach Kassadevisen und damit zu einem Anstieg der Kassakurse führen. Die Transaktionskurve der Außenhändler am Kassamarkt (Abb. 38a) verschiebt sich nach links bzw. nach oben. Nimmt man nun an, daß erstens durch diesen Prozeß die Erwartungen und damit die Transaktionen der Spekulanten nicht beeinträchtigt werden und daß zweitens die Nachfrage der Importeure nach Termindevisen nicht oder nicht in gleichem Umfang zunimmt wie die nach Kassadevisen[17], so ergibt sich eine *Veränderung des Swapsatzes*. Der in der Ausgangssituation von Abb. 40a und 40b gegebene Report (der Gleichgewichtsterminkurs lag über dem Gleichgewichtskassakurs) wird verringert oder sogar in einen Deport verkehrt. Diese Swapsatzänderung beeinflußt wiederum die Handlungen der Arbitrageure. Abb. 40c zeigt, daß mit sinkendem Report (oder steigendem Deport) bei Konstanz der internationalen Zinsdifferenz die Geldimportwünsche der Arbitrageure steigen. Inwieweit lassen sie sich jedoch verwirklichen? Oder anders gefragt: Wie verändert sich die Arbitragemöglichkeitskurve? Die Antwort ist: Sie verschiebt sich nach unten! Hat sich beispielsweise der Report auf Null reduziert, so heißt das, daß bei diesem Swapsatz Devisenangebot und -nachfrage der Nichtarbitrageure auf beiden Märkten gerade ausgeglichen sind. Geldimport oder Geldexport zu Arbitragezwecken ist beim Swapsatz von Null nicht möglich; die neue Arbitragemöglichkeitskurve geht also durch den Nullpunkt in Abb. 40c; andere Punkte der neuen Arbitragemöglichkeitskurve lassen sich entsprechend finden. Ergebnis ist, daß

[17] Das ließe sich damit begründen, daß bei Importsteigerungen die Position der Importeure gegenüber den ausländischen Lieferanten geschwächt wird, so daß es ihnen in geringerem Umfang als bisher gelingt, Zahlungsziele durchzusetzen.

der Schnittpunkt zwischen *AW*- und neuer *AM*-Kurve weiter links liegt, so daß ein größerer Geldimport bei einem geringeren Gleichgewichtsreport realisiert wird.

Eine im Grundsatz ganz ähnliche Wirkung tritt ein, wenn sich die Kurserwartungen der Spekulanten ändern. Dann würden sich nämlich ihre Transaktionskurven nach oben oder unten verschieben und damit auch die aggregierten Transaktionskurven der Nichtarbitrageure (Abb. 40a und 40b) in der gleichen Richtung verändern. Da aber der Anteil der spekulativen Transaktionen auf den beiden Märkten unterschiedlich ist, wirken sich auch Änderungen ihrer Transaktionen in unterschiedlichem Umfang auf die Gesamttransaktionen aus. Mit anderen Worten: Kassa- und Terminkurs verändern sich in unterschiedlichem Umfang. Das aber bedeutet eine *Veränderung des Swapsatzes* gegenüber der Ausgangssituation. Eine Swapsatzänderung aber beeinflußt in der soeben beschriebenen Weise die Arbitrage. Es kommt nämlich zu einer Verschiebung der Arbitragemöglichkeitskurve, was einmal den Umfang der realisierten Arbitrage verändert und zum zweiten zu einem anderen Gleichgewichtsswapsatz führt.

Eine Änderung der Gesamtkonstellation auf dem Devisenmarkt und ein Anpassungsprozeß hin zu einem neuen Gleichgewicht wird auch ausgelöst, wenn sich - bei Konstanz der übrigen Gegebenheiten - *die Zinsrelation zwischen In- und Ausland ändert;* denn sie ist ja ein wesentlicher Bestimmungsfaktor für die Aktivität der Arbitrageure. Eine Veränderung der Zinsdifferenz hätte eine Verschiebung der Arbitragewunschkurve (*AW*) zur Folge. In Abb. 40c ist eine Zinsdifferenz von 2 % unterstellt. Würde sie sich beispielsweise erhöhen, so würde sich die Arbitragewunschkurve entsprechend nach oben verschieben. Das Ergebnis wäre, daß c. p. auf dem Gesamtmarkt ein höherer Gleichgewichtsswapsatz zustande käme, bei dem erhöhte Geldimporte realisiert würden. Würde die Zinsdifferenz sinken, so würden wegen der nach unten verschobenen AW-Kurve die Geldimporte sinken, und schließlich würde es zu Geld*exporten* kommen, wenn die Zinsdifferenz kleiner als 1 % würde oder sich gar umkehrte.

Die soeben angeführten Fälle waren markante Beispiele dafür, daß die Veränderung nur einer Variablen (Bestimmungsgröße) einen recht komplizierten Anpassungsprozeß auf den Devisenmärkten hin zu einem neuen Gleichgewicht in Gang bringt. Diese Zusammenhänge sind wirtschaftspolitisch interessant, weil sie Ansatzpunkte für eine Devisenkurspolitik aufzeigen. Bevor darauf eingegangen wird, sei jedoch darauf hingewiesen, daß die Interdependenzen zwischen den Bestimmungsgrößen vielfältiger und komplizierter sind, als es in den obigen Überlegungen zum Ausdruck kam. So würde beispielsweise eine Veränderung der Differenz zwischen Inlands- und Auslandszins möglicherweise nicht ohne Rückwirkungen auf die Wechselkurserwartungen der Spekulanten bleiben; denn Zinsänderungen signalisieren ja wirtschaftliche Entwicklungen, die sich auch auf dem Devisenmarkt niederschlagen können, z. B. als Folge von Veränderungen im Außenhandel. Mit anderen Worten, es gibt mit Sicherheit wechselseitige Zusammenhänge zwischen den genannten Faktoren; sie lassen sich jedoch nur schwer präzisieren.

6. Devisenkurspolitik der Notenbank

Von einem wichtigen Akteur an den Devisenmärkten war bisher nur am Rande die Rede: von der Notenbank. Die Notenbank kann durch gezielte Interventionen an den Devisenmärkten die Wechselkurse so beeinflussen, daß die von ihr verfolgten Ziele dadurch gefördert werden. Abgesehen von der Aufgabe, bei einem System fester Wechselkurse für die Stabilhaltung der Wechselkurse zu sorgen, ist als *ein Hauptziel* der Devisenkurspolitik der Notenbank die Absicherung binnenwirtschaftlicher Maßnahmen und Entwicklungen gegen unerwünschte Einflüsse aus dem Ausland anzusehen. Eine der wirtschaftspolitisch relevantesten Konstellationen bei festen Wechselkursen ist, daß sich eine stabilitätsbewußte Volkswirtschaft gegen die Einflüsse einer inflationierenden Umwelt abzuschirmen versucht. Diese Einflüsse können von außenhandelsbedingten, von zinsinduzierten oder auch von spekulativen Devisenzuflüssen herrühren, die gleichermaßen die Binnenliquidität erhöhen und damit den Erfolg der Stabilitätspolitik gefährden.

Auch bei flexiblen Wechselkursen können Devisenströme unerwünschte Wirkungen insbesondere auf die Zahlungsbilanzstruktur hervorrufen. So würden z. B. spekulative Geldimporte c. p. den Devisenkurs senken und somit die Exporte des Inlandes verringern und die Importe erhöhen. Eine solche Entwicklung der Leistungsbilanz kann aus mancherlei Gründen, z. B. aus beschäftigungspolitischen, unerwünscht sein. Die Abwehr der Geldimporte oder ihre Kompensierung durch Induzierung von Geldexporten wäre ein geeignetes Mittel, diese Entwicklung zu verhindern.

Von den möglichen wechselkurspolitischen Maßnahmen sind administrative Wechselkursänderungen (Auf- und Abwertungen) hier schon deswegen außer Betracht zu lassen, weil sie üblicherweise nicht in die Kompetenz der Notenbank fallen. Damit verbleiben *der Notenbank drei prinzipielle Möglichkeiten für Interventionen* im Rahmen einer Devisenkurspolitik:

1. Beeinflussung der Devisenkassakurse
2. Beeinflussung der Devisenterminkurse
3. Beeinflussung des Swapsatzes (Swappolitik)

Die *angestrebte Wirkung* einer solchen Politik ist es, durch Veränderung der Wechselkurse oder des Swapsatzes das Verhalten der Akteure auf den Devisenmärkten in bestimmter Weise zu beeinflussen und damit Devisenzuflüsse und -abflüsse zu steuern.

a) Interventionen der Notenbank am Devisenkassamarkt

Bei *festen Wechselkursen* ist als erstes die Aufgabe der Stabilhaltung der Wechselkurse (Kassakurse) zu nennen, die im allgemeinen der Notenbank übertragen ist. Diese Aufgabe macht bekanntlich Interventionen, d. h. Käufe oder Verkäufe von Kassadevisen, seitens der Notenbank nötig, wenn der Kassakurs die vorgegebene Bandbreite zu verlassen droht. Der Notenbank bleibt also kein Entscheidungsspielraum: Wenn die Kassakurse an die Bandgrenzen geraten, *muß* sie den Angebotsüberschuß an Devisen durch Ankäufe aus dem Markt nehmen bzw. den Nachfrageüberschuß durch Devisenverkäufe ausgleichen. Befinden sich die Kassakurse dagegen nicht in der Nähe der Interventionspunkte, so hat die Notenbank die Möglichkeit, durch Beeinflussung des Wechselkurses andere Ziele zu verfolgen. Diese Möglichkeit ist jedoch de facto wegen der meist engen Bandbreiten recht beschränkt.

Bei *flexiblen Wechselkursen* dagegen ist der prinzipielle Gestaltungsspielraum für die Notenbank theoretisch unbeschränkt. Verändert die Notenbank durch Käufe oder Verkäufe von Kassadevisen den Kassakurs, so beeinflußt sie damit den Swapsatz. Bietet die Notenbank z. B. Kassadevisen an, so sinkt der Kassakurs (die Transaktionskurve in Abb. 40a verschiebt sich nach unten). Ein vorhandener Deport vermindert sich bzw. ein vorhandener Report erhöht sich. Unter sonst gleich bleibenden Umständen werden dadurch Geldimporte vermindert bzw. Geldexporte angeregt. Käme es z. B. infolge der Devisenverkäufe der Notenbank gegenüber der Ausgangssituation in Abb. 40c zu einer Erhöhung des Reports von 1 % auf 2 %, so kämen die Geldimporte der Arbitrageure zum Erliegen, die Arbitragemöglichkeitskurve (*AM*) verschöbe sich nach oben, so daß sie die Ordinate bei 2 % schneiden würde. Stiege der Report über 2 %, so würden für die Arbitrageure Geldexporte interessant.

Umgekehrt kann die Notenbank Geldimporte fördern bzw. Geldexporte drosseln, indem sie durch Devisenkäufe den Kassakurs erhöht. Ein bestehender Report wird dadurch c. p. vermindert, ein bestehender Deport wird erhöht.

Es gibt jedoch einige *Voraussetzungen*, von denen es abhängt, ob die eben beschriebene Beeinflussung der Swapsätze eintritt:

1. Eine Voraussetzung für die gezielte Beeinflussung des Swapsatzes durch Kassamarktinterventionen ist, daß *Kassa- und Terminkurse voneinander unab-*

hängig sind. Wenn jedoch der Kassakurs durch Notenbankkäufe angehoben wird, so wird das die Erwartungen der Spekulanten hinsichtlich der zukünftigen Kassakursentwicklung nicht unberührt lassen. Der von ihnen für die Zukunft erwartete Kassakurs wird wahrscheinlich ebenfalls steigen, was zu einer Erhöhung der Nachfrage nach Termindevisen führen würde. Die Folge ist ein Ansteigen auch des Terminkurses; das äußert sich graphisch in einer Verschiebung der Transaktionskurve der Terminspekulanten (s. Abb. 35) nach oben. Per Saldo käme es wegen der richtungsgleichen Veränderung von Kassa- und Terminkurs somit nicht zu einer wesentlichen Veränderung des Swapsatzes.

2. Ein weiterer Grund dafür, daß die Kassamarktinterventionen auch in der Praxis kein bevorzugtes Mittel der Notenbanken zur Beeinflussung des Swapsatzes ist, mag die *Größe des Marktvolumens* sein, die wesentlich über der des Terminmarktes liegt. Die Notenbank müßte also auf dem Kassamarkt erheblich mehr Mittel einsetzen, um die gleichen Kursänderungen zu erreichen wie auf dem Terminmarkt.

Wenn die Notenbanken dennoch recht häufig und in nicht unbeträchtlichem Umfang auf dem Kassamarkt aktiv sind, so streben sie damit meist eine *Glättung der Kursausschläge* an, oder aber sie wollen eine sich abzeichnende Kursentwicklung verlangsamen, um Anpassungsprozesse zu erleichtern, oder auch, um überschätzte Erwartungen und sich daraus ergebende Überhitzungen zu vermeiden.

Einen gewissen Einfluß auf die Devisenmarkttransaktionen kann die Notenbank in der Bundesrepublik auch ohne Interventionen durch die sogenannten **Geld-Brief-Kurspolitik** erzielen. Sie wird ermöglicht durch den Umstand, daß auf dem Devisenmarkt unterschiedliche Kurse für den Kauf und den Verkauf von Kassadevisen notiert werden. Und zwar ist der Ankaufskurs, auch *Geldkurs* genannt, niedriger als der Verkaufskurs, der auch *Briefkurs* genannt wird. Sie ergeben sich durch Zuschläge zum bzw. Abschläge vom täglich an den Devisenbörsen ermittelten *amtlichen Mittelkurs.* Die Höhe dieser Zu- und Abschläge wird von der Bundesbank festgelegt. Sie beträgt z. B. für den Dollar im Normalfall 0,5 Pfg. pro Dollar. Beträgt z. B. an einem bestimmten Börsentag der Mittelkurs für den Dollar 2,5650 [$\frac{DM}{\$}$], so errechnen sich bei einer Spanne von 0,5 Pfg. der Geldkurs mit 2,5600 und der Briefkurs mit 2,5700. Die Bundesbank kann jedoch diese Spanne verändern. Sie hat das gelegentlich auch getan; so hat sie die Spanne für den Dollar zeitweise drastisch von 0,5 Pfg. auf 2,5 Pfg. erhöht.

Damit bewirkt sie, *daß die Kosten eines Hin- und Rücktausches von Devisen sich erhöhen.* Denn wenn jemand z. B. zwecks Auslandsanlage Devisen zum (höheren) Geldkurs kauft und sie später zum (niedrigeren) Briefkurs wieder verkauft, so entstehen ihm in Höhe der Spanne zwischen Geld- und Briefkurs Kosten. Zinsarbitrageure, die ohnehin eine Kurssicherung durch einen entsprechenden Terminabschluß vornehmen, berührt dieser Umstand nicht. Spekulanten und spekulativ eingestellte Arbitrageure jedoch, die die Chance eines Kursgewinns wahrnehmen wollen und daher keine Kurssicherung vornehmen, werden durch eine Vergrößerung der Spanne tangiert. Denn *je größer die Spanne ist, desto größer muß die erwartete Wechselkursänderung sein, die dem Spekulanten noch einen Gewinn bringt.* Und zwar ist ein Spekulationsgewinn erst dann zu erzielen, wenn die Kursänderung größer ist als die Spanne zwischen Geld- und Briefkurs. Eine Vergrößerung der Spanne drängt also die Spekulation tendenziell zurück. Bei Kurssteigerungserwartungen der Spekulanten würden die spekulative Devisennachfrage und damit die Devisenabflüsse gebremst. Das wirkt sich auf die Kursentwicklung am Kassamarkt dämpfend aus und beeinflußt über den Kassakurs tendenziell auch den Swapsatz.

Allzu große Wirkungen darf man aber auch von dieser Maßnahme nicht erwarten. Sieht die Spekulation erhebliche und durchgreifende Wechselkursänderungen als sicher an, so wird sie auch durch Transaktionskosten von einigen Promille nicht von entsprechenden Abschlüssen abgehalten.

b) Interventionen der Notenbank am Devisenterminmarkt

(1) „Outright"-Termingeschäfte

Die Notenbank kann auch am Devisenterminmarkt intervenieren. Sie ist jedoch *nicht* dazu verpflichtet, auch bei festen Wechselkursen nicht, denn sie hat nur für die Stabilhaltung des Kassakurses zu sorgen. Terminabschlüsse der Notenbank nennt man „reine" oder „outright"-Termingeschäfte. Sie sind zu unterscheiden von sogenannten Swap-Geschäften, bei denen die Notenbank das jeweilige Termingeschäft mit einem entgegengesetzten Kassageschäft gleichen Umfanges verbindet.

Indem die Notenbank als Käufer oder Verkäufer von Termindevisen auftritt, kann sie den *Terminkurs* und damit auch den *Swapsatz beeinflussen.* Möchte sie z. B. aus binnenwirtschaftlichen Gründen den Geldexport zwecks Verminderung der Inlandsliquidität erhöhen, so könnte sie durch Ankauf von Termindevisen den Terminkurs erhöhen. Die so bewirkte Steigerung eines bestehenden Reports bzw. Verringerung eines bestehenden Deports wirkt in Richtung auf eine Verstärkung der Geldexporte.

Wegen des *geringen Marktvolumens* im Vergleich zum Kassamarkt schlagen Terminoperationen der Notenbank stärker auf die Terminkurse durch als vergleichbare Operationen am Kassamarkt auf die Kassakurse. Eine entsprechende Wirkung auf die Swapsätze ist jedoch nur dann sichergestellt, wenn sich der Terminkurs unabhängig vom Kassakurs verändert. Diese Voraussetzung ist hier eher erfüllt als im umgekehrten Fall. Denn zumindest bei flexiblen Wechselkursen werden die Erwartungen der Nichtarbitrageure, insbesondere der Spekulanten, hinsichtlich der Kassakursentwicklung nicht unmittelbar berührt. Sie haben daher auch keine Veranlassung, ihr Verhalten am Kassamarkt zu ändern und damit eine Veränderung des Kassakurses zu induzieren.

Bei festen Wechselkursen jedoch, wie auch in Fällen, in denen die Notenbank trotz formeller Flexibilität die Kassakursentwicklung mehr oder weniger stark zu beeinflussen sucht, können *Terminmarktinterventionen der Notenbank als Signal* für bestimmte Absichten der Notenbank verstanden werden und damit auch die Kassamarktakteure zu Reaktionen veranlassen. Gerät z. B. die Inlandswährung in Abwertungsverdacht (Kassakurs am oberen Interventionspunkt) und verkauft die Notenbank dennoch Termindevisen, obwohl sie dazu ja nicht verpflichtet ist, so signalisiert sie damit, daß sie die bestehende Parität zu verteidigen gewillt ist. Das *kann* zu einer Abschwächung oder Revision der Abwertungserwartungen führen, die spekulativen Devisenabflüsse verringern und damit auch den Kassakurs senken.

Anzumerken ist weiterhin, daß die *Notenbank* in Verfolgung spezieller Zielsetzungen *ihre Termingeschäfte auf bestimmte Gruppen von Marktteilnehmern beschränken kann.* Eine Möglichkeit wäre, *Zinsarbitrageuren* Terminabschlüsse zu günstigeren Terminkursen als auf dem freien Markt anzubieten, um sie zu zusätzlichen Geldexporten oder Geldimporten zu veranlassen. Will die Notenbank z. B. die Geldexporte steigern, um Inlandsliquidität zu binden und/oder um einen Aktivsaldo der Devisenbilanz zu vermindern, so kann sie ihre Bereitschaft erklären, von Geldexporteuren Termindevisen zu einem höheren Kurs als dem Marktkurs anzukaufen. Die Rendite von Auslandsanlagen steigt also und damit auch der Anreiz zu Geldexporten. Darüber hinaus kann die Notenbank auch versuchen, die *Geldexporte in bestimmte Länder* oder sogar in bestimmte Anlagen zu lenken, indem sie z. B. nur Termin-Dollar, die darüber hinaus z. B. in amerikanischen Schatzwechseln angelegt werden müssen, ankauft. Das Problem dieser Art von Intervention besteht in der Notwendigkeit, den so entstehenden *Teilmarkt gegenüber den übrigen Marktteilnehmern wirksam abzuschotten.* Gelänge das nicht, so würden Spekulanten die Gelegenheit benutzen, auf dem freien Devisenmarkt Termindevisen zu kaufen, um sie sofort zum höheren Terminkurs der Notenbank zu verkaufen. Der von der Notenbank mit ihrer Aktion angestrebte zusätzliche Geldexport käme nicht zustande, und außerdem würde der Terminkurs auf dem freien Markt wegen der zusätzlichen Nachfrage steigen.

Eine weitere Möglichkeit für die Notenbank bestünde darin, ihre Terminmarktinterventionen auf Geschäfte mit *Außenhändlern* zu beschränken. Als Zielsetzungen könnten dahinter stehen z. B. die Aktivierung der Leistungsbilanz zwecks Reduzierung eines Zahlungsbilanzdefizits oder auch die beschäftigungspolitisch erwünschte Erhöhung der Exportnachfrage. In diesen Fällen müßte die Notenbank den Exporteuren Termindevisen zu einem höheren Kurs als dem Marktkurs abkaufen. Dadurch steigen die Exporterlöse in Inlandswährung und für die Exporteure entsteht ein Anreiz, die Exporte auszudehnen. Allerdings ist die Wirksamkeit dieser Maßnahme dadurch beschränkt, daß die Reagibilität des Außenhandels auf relativ kleine Wechselkursänderungen gering ist und daß eventuelle Wirkungen erst mit erheblicher Zeitverzögerung eintreten. Während also die angestrebte Aktivierung der Leistungsbilanz erst später zu erwarten ist, tritt mit Sicherheit kurzfristig eine Zahlungsbilanzpassivierung ein. Sie kommt durch einen Anstieg der Geldexporte zustande. Denn da das Terminangebot der Exporteure am freien Markt fortfällt (es wird ja von der Notenbank aufgenommen), steigt der freie Terminkurs. Das bedeutet Erhöhung eines bestehenden Reports und Steigerung der Rendite von Auslandsanlagen. – Auch hier wäre außerdem eine wirksame Martabgrenzung sicherzustellen; d. h. die Termindevisen dürften nur zur Kurssicherung von Devisenforderungen aus Exportgeschäften verwendet werden.

(2) Swappolitik

Die Swappolitik der Notenbank ist dadurch gekennzeichnet, daß die Notenbank *gleichzeitig auf dem Terminmarkt und dem Kassamarkt aktiv* wird. Und zwar geschieht das in der speziellen Weise, daß sie *mit jedem ihrer Geschäftspartner* (in der Regel sind es Banken) **gleichzeitig ein Termingeschäft und ein Kassageschäft gleichen Umfanges** abschließt. So kann sie entweder Geldexporteuren Kassadevisen verkaufen und ihnen gleichzeitig jeweils den gleichen Betrag per Termin abkaufen oder aber sie kauft Geldimporteuren Kassadevisen ab und verkauft ihnen gleichzeitig in gleichem Umfang Termindevisen. Das *Mittel*, das die Zinsarbitrageure zu Swapabschlüssen mit der Notenbank veranlassen soll, sind die Kassa- und Terminkurse, die die Notenbank für diese Geschäfte festlegt. Sie wird daher die Kurse und damit den *Swapsatz so festsetzen*, daß er die Arbitrageure zu einem Verhalten veranlaßt, das die notenbankpolitischen Ziele fördert.

Wenn beispielsweise die Notenbank bei festen Wechselkursen ihre kontraktive Geldpolitik im Inland (Zinssteigerung) gegen konterkarierende Devisenzuflüsse aus dem Ausland absichern will, so müßte sie versuchen, kompensierende Geldexporte zu induzieren; das gleiche gilt, wenn sie aus zahlungsbilanzpolitischen Gründen die Verminderung eines Zahlungsbilanzüberschusses anstrebt. Das gelingt nur, wenn sie Geldexporteuren Swapabschlüsse zu einem Swapsatz anbietet, der Auslandsanlagen rentabler macht als Inlandsanlagen. Läge z. B., wie in Abb. 40c auf S. 307 der Inlandszins infolge der kontraktiven Geldpolitik 2 % über dem entsprechenden Auslandszins, so müßte die Notenbank einen Report von über 2 % bieten, um Geldexporte attraktiv werden zu lassen. Diese Geldexporte kompensieren dann die aufgrund der Marktlage erfolgenden Geldimporte (*EF* in Abb. 40c).

Möchte die Notenbank dagegen das Zustandekommen oder die Steigerung von Geldimporten erreichen, weil ihr z. B. an einer Aktivierung der Devisenbilanz oder an einer Auflockerung des inländischen Geldmarktes gelegen ist, so muß sie sich zu einem Kauf von Kassadevisen bei gleichzeitigem Verkauf von Termindevisen bereit erklären, und zwar zu einem unter dem Marktswap liegenden Swapsatz. D. h. sie müßte einen bestehenden Report unterbieten bzw. einen bestehenden Deport (absolut) überbieten.

Die Swapsatzpolitik hat insofern *Ähnlichkeit mit der Offenmarktpolitik* der Bundesbank, als in beiden Fällen die Rendite einer Anlage variiert wird, und es den Banken überlassen bleibt, ob und in welchem Umfang sie von der gebotenen Anlagemöglichkeit Gebrauch machen. In beiden Fällen ist es keineswegs sicher, daß sie die von der Notenbank gewünschte Reaktion zeigen. Denn Geldanlagen im Ausland bewirken eine Verminderung der Bankenliquidität. Zwar sind die Mittel während des vorgesehenen Anlagezeitraums nicht fest gebunden. Jedoch ist eine vorzeitige Rückführung der Mittel mit u. U. erheblichen zusätzlichen Kosten verbunden. Denn erstens müssen die Devisen aus der vorzeitig aufgelösten Auslandsanlage per Kasse verkauft werden, was je nach der Höhe des Kassakurses mehr oder weniger ungünstig sein kann. Zweitens muß der Arbitrageur bei Fälligkeit seine Verpflichtung aus dem Swapgeschäft mit der Notenbank erfüllen und ihr Devisen liefern. Da seine Auslandsanlagen aufgelöst sind, muß er sich die Devisen am Kassamarkt beschaffen oder er mußte sich für die Restlaufzeit durch den Kauf von Termindevisen abgesichert haben. Im ersten Fall besteht neben den dabei anfallenden Transaktionskosten das Risiko einer inzwischen eingetretenen ungünstigen Kassakursentwicklung. Im zweiten Fall hängt es von der inzwischen eingetretenen Terminkursentwicklung ab, ob gegenüber dem ursprünglichen Engagement ein Nachteil oder ein Vorteil eintritt.

Eine zusätzliche und eindeutige Liquiditätseinschränkung erfolgt dann, wenn die Mittel im Ausland als Termineinlagen gehalten werden. Diese Anlageart ist auf dem als internationaler Geldmarkt immer größere Bedeutung gewinnenden Eurogeldmarkt üblich; sie erlaubt einen vorzeitigen Abzug der Einlage in der Regel nicht.

Man kann also davon ausgehen, daß die Banken den Liquiditätsgrad derart angelegter Mittel als vermindert betrachten. Sie werden daher auch bei Fixierung günstiger Swapsätze durch die Notenbank überlegen, ob und in welchem Umfang eine Verringerung ihrer Liquidität durch Auslandsanlagen vertretbar erscheint. Bei angespannter Liquiditätslage kann sich also eine die Förderung der Geldexporte bezweckende Swapsatzpolitik als wirkungslos erweisen. Im Vergleich dazu ist der Liquiditätsgrad einer Anlage in inländischen Offenmarktpapieren höher einzuschätzen, auch wenn ihre vorzeitige Rückgabe an die Notenbank wegen der höheren Rücknahmesätze eine Einbuße bedeutet. Zusätzliche Schwierigkeiten und Risiken wie bei Auslandsanlagen treten dabei jedoch nicht auf.

Die Notenbank kann ihre Swapgeschäfte entweder am freien Markt tätigen, so daß jeder Marktteilnehmer mit ihr kontrahieren kann und damit die Einheitlichkeit der Marktkurse und Swapsätze gewahrt bleibt, oder aber sie kann *Marktspaltung betreiben, indem sie nur mit bestimmten Teilnehmern kontrahiert* und das möglicherweise auch nur unter bestimmten Bedingungen. Es existieren dann *unterschiedliche Swapsätze nebeneinander.* Die *Deutsche Bundesbank kontrahiert nur mit Banken* und hat außerdem Swapabschlüsse in den allermeisten Fällen davon abhängig gemacht, daß sie der Kurssicherung von Auslandsforderungen dienten.

Aber gerade die durch diese Marktspaltung bewirkte Unterschiedlichkeit der Swapsätze veranlaßte die Banken zu sogenannten **Karussellgeschäften**, deren Wirkung den Absichten der Notenbank gänzlich zuwiderläuft. Denn ihr Wesen besteht darin, daß die Banken Devisen eigens zu dem Zweck importieren, um sie im Rahmen der von der Notenbank gebotenen günstigen Swapbedingungen wieder zu exportieren. Der von der Notenbank angestrebte Netto-Geldexport kommt also nicht zustande. Will die Notenbank dagegen den Geldimport durch einen über dem Marktswap liegenden Deport fördern, so kann auch das durch entsprechende Karussellgeschäfte konterkariert werden; die Banken würden in dem Fall Devisen exportieren, um sie dann - kursgesichert durch ein Swapgeschäft mit der Notenbank - wieder zu importieren. Auch hier ist der angestrebte Netto-Geldimport gleich Null.

Zu erklären bliebe noch, worin für die Banken der *Vorteil derartiger Karussellgeschäfte* liegt. Die Antwort lautet: *In dem Unterschied zwischen Marktswapsatz und Notenbankswapsatz!* Bietet nämlich die Notenbank zwecks Förderung des Geldexportes bei gegebenem Deport am freien Markt einen Report (oder einen niedrigeren Deport), dann können die Banken zunächst Devisen importieren, indem sie die Devisen per Kasse verkaufen und durch gleichzeitigen Terminkauf zum marktmäßigen Deport kurssichern. Die so erworbene Inlandswährung benutzen sie nun zu einem Swapabschluß mit der Notenbank; d. h. sie exportieren die Mittel wieder, indem sie von der Notenbank per Kasse Devisen kaufen und sie gleichzeitig per Termin verkaufen. Die Devisen werden im Ausland angelegt. Bei Fälligkeit der Termingeschäfte liefern die Banken der Notenbank die Devisen und erhalten dafür Inlandswährung. Diese brauchen sie nur zum Teil einzusetzen, um in Erfüllung des zweiten Termingeschäftes (zu günstigerem Kurs) Devisen zu erwerben und an den Auslandsgläubiger zurückzuzahlen.

Man sieht, daß durch diese Transaktionen per Saldo weder die Inlandsliquidität noch die Devisenbilanz verändert wird. Es lassen sich also auf diese Weise weder zahlungsbilanzpolitische noch liquiditätspolitische Ziele verfolgen.

(3) Terminmarktpolitik der Bundesbank und Grenzen dieser Politik

Die *Deutsche Bundesbank* hat die devisenterminmarktpolitischen Instrumente im Zeitverlauf variabel gehandhabt. Ihre diesbezügliche Kompetenz leitet sich aus § 19 Abs. 1 des Bundesbankgesetzes her, in dem der Bundesbank umfassende währungspolitische Befugnisse zuerkannt werden. Ihre Terminmarktoperationen beschränkten sich lange Zeit (bis 1968) auf Swapgeschäfte mit Banken. Dabei ging es meist um eine Förderung der Geldexporte. Es wurden ausschließlich auf Dollar lautende Geschäfte getätigt. Zum Teil wurde als weitere Bedingung die Anlage der exportierten Mittel in US-Geldmarktpapieren verlangt.

Da die Wirkungen dieser Swapsatzpolitik durch von den Banken vorgenommene Karussellgeschäfte stark beeinträchtigt wurden, stellte die Bundesbank 1968 (abgesehen von einer kurzen einmaligen Aktion im Jahr 1971) ihre Swapoperationen ein. In der Folgezeit (1971 und 1973) hat sie verschiedentlich während jeweils kurzer Zeiträume „outright"-Termingeschäfte abgeschlossen, d. h. sie erklärte sich bereit, Geschäftsbanken zu einem von ihr fixierten Kurs Termindollar abzukaufen. Gelegentlich intervenierte sie auch am freien Terminmarkt; d. h. sie kaufte zum jeweiligen Marktkurs Termindollar, um durch ihre Nachfrage einen Anstieg des Terminkurses zu bewirken.

Seit Freigabe der Wechselkurse im März 1973 ist der Terminmarktpolitik der Notenbank zu einem wesentlichen Teil die Grundlage entzogen. Denn theoretisch gehen bei flexiblen Kursen von Devisenbewegungen keine Einflüsse auf die Inlandsliquidität aus, und das Zahlungsbilanzgleichgewicht ist durch den Wechselkursmechanismus gesichert. Einschränkend ist jedoch darauf zu verweisen, daß erstens der Wechselkursmechanismus keineswegs in diesem Sinne ideal wirkt[18], daß zweitens das System flexibler Wechselkurse in seiner reinen Form bislang nicht verwirklicht ist (schmutziges Floaten, europäischer Währungsverbund) und daß drittens über das bloße Zahlungsbilanzgleichgewicht hinaus möglicherweise eine bestimmte Zahlungsbilanzstruktur angestrebt wird, wobei Terminmarktinterventionen ein denkbares Instrument wären. Die Bundesbank hat jedoch in den letzten Jahren (seit Frühjahr 1973) keine Terminmarktinterventionen mehr vorgenommen. Der Umstand, daß sie bei starken *spekulativen* Strömungen kaum eine Wirkung erzielen können, dürfte dabei mit ausschlaggebend gewesen sein.

Es sei betont, daß die Terminmarktpolitik der Notenbank im Zusammenhang mit anderen geld- und währungspolitischen Maßnahmen gesehen werden muß. Sie hat im wesentlichen *Ergänzungs- und Absicherungscharakter* und ist bei isoliertem Einsatz von sehr begrenzter Wirkung. Bei einer *binnenwirtschaftlich orientierten Politik* geht es in erster Linie um die Absicherung der Wirkungen des traditionellen geldpolitischen Instrumentariums gegen konterkarierende Einflüsse aus dem Ausland. So hat eine restriktive Geldpolitik, die unter Einsatz der Diskontpolitik konjunktur- und inflationsdämpfend wirken soll, eine tendenzielle Zinssteigerung und eine Verminderung der Bankenliquidität zur Folge. Erhöhte Inlandszinsen locken Auslandsgelder an und eine Liquiditätsverknappung im Inland läßt die Banken nach ausländischen Finanzierungsquellen Ausschau halten. Beides wirkt also der Restriktionspolitik der Notenbank entgegen. Hier könnte eine den Geldexport fördernde bzw. die Geldimporte hemmende Terminmarktpolitik angebracht sein. Die Notenbank könnte entweder günstige Swapsätze (Reports) fixieren, die trotz des gestiegenen Inlandszinses eine Geldanlage im Ausland (Geldexport) lukrativ machen, und damit die erhöhten Geldimporte kompensieren; sie könnte aber auch auf dem freien Markt Termindevisen kaufen, bis sich ein vorhandener Deport so weit verringert bzw. ein vorhandener Report so weit erhöht hat, daß dadurch der gestiegene Inlandszins kompensiert ist und für zusätzliche Geldimporte kein Anreiz mehr besteht.

Bei einer *zahlungsbilanzorientierten* Terminmarktpolitik geht es um die Ergänzung anderer Maßnahmen zur Erreichung zahlungsbilanzpolitischer Ziele. So können Swapoperationen oder auch „outright"-Geschäfte allein keine grundlegenden Veränderungen der Zahlungsbilanz herbeiführen. Wohl aber kann durch die Induzierung entsprechender Arbitragegeschäfte eine prekäre Zahlungsbilanzsituation gemildert werden, etwa indem ein hohes Defizit vermindert oder indem extreme Überschüsse abgebaut werden. Auf diese Weise wird Zeit für andere durchgreifende Maßnahmen gewonnen. Von besonderer

---

[18] Siehe oben, S. 73 ff.

Bedeutung kann darüber hinaus die Wirkung von Terminmarktinterventionen sein, wenn es auf diese Weise gelingt, die Spekulanten zu entmutigen bzw. zu einer Korrektur ihrer Erwartungen und damit ihres Verhaltens beizutragen.

Die schon angedeuteten begrenzten Wirkungen der Termindevisenpolitik ergeben sich einmal daraus, daß konterkarierende Karussellgeschäfte getätigt werden. Zum zweiten ist die Wirkung der Terminpolitik im wesentlichen auf den *kurzfristigen* internationalen Kapitalverkehr beschränkt. Die Transaktionen der Grundbilanz werden dagegen kaum davon berührt. Zum dritten sind die Arbitragemittel der Banken begrenzt, so daß die Notenbank auch aus diesem Grund nicht in jeder Situation damit rechnen kann, daß sie auf ihre Maßnahmen in erwünschter Weise reagieren. Und schließlich kann auch eine Rolle spielen, daß der Notenbank durch ihre Interventionen u. U. Kosten entstehen, z. B. indem sie Termindevisen zu einem Kurs ankauft, der höher ist als der Kurs für Kassadevisen.

Literatur zum II. Kapitel

Braun, Oswald: Zur Theorie des Devisenterminmarktes (I) und (II). Jahrbücher für Nationalökonomie und Statistik, Bd. 177 (1965), S. 22 ff u. S. 132 ff.

Filc, Wolfgang: Zinsarbitrage und Währungsspekulation. Berlin 1975

Graf, Gerhard: Zur formalen Theorie des Devisenterminmarktes. Berlin 1971

Grubel, H. G.: Forward Exchange, Speculation and the International Flow of Capital. Stanford (Calif.), 1966

Neldner, Manfred: Die Kursbildung auf dem Devisenterminmarkt und die Devisenterminpolitik der Zentralbanken. Berlin 1970

Schröder, Jürgen: Zur Theorie der Devisenterminmärkte. Berlin 1969

Sohmen, Egon: Wechselkurs und Währungsordnung. 4. Kap. Tübingen 1973

Drittes Kapitel
Euromärkte

1. Der Eurogeldmarkt

Eurogeldmarkt und Devisenmarkt werden häufig in einem Atemzug genannt. Es besteht daher die Gefahr einer fälschlichen Vermengung dieser Begriffe. Es sei darum nachdrücklich betont, daß es sich hierbei um zwei grundsätzlich unterschiedliche Märkte handelt: Der Eurogeldmarkt ist genau wie der nationale Geldmarkt ein **Kreditmarkt**, der sich durch bestimmte spezielle Konditionen und Formalia auszeichnet. Der Devisenmarkt dagegen ist der Markt, auf dem ausländische Währungen (Devisen) gekauft und verkauft werden. Der Devisenkäufer ist also *kein* Kreditnehmer; er erwirbt vielmehr Devisen durch Zahlung in heimischer Währung.

Das schließt allerdings keineswegs aus, daß Eurogeldmarkt und Devisenmarkt in enger Wechselbeziehung stehen. So kann z. B. ein auf dem Eurogeldmarkt aufgenommener Devisenkredit in DM transferiert werden; d. h. der Kreditnehmer verkauft die ihm kreditweise überlassenen Dollar auf dem Devisenmarkt gegen DM. Umgekehrt kann jemand auf dem Devisenmarkt DM in Dollar eintauschen, um diese auf dem Eurogeldmarkt anzulegen. Daraus läßt sich folgern, daß das Entstehen des Eurogeldmarktes die Devisentransfers erhöht, wie auch umgekehrt, daß die Existenz eines solchen internationalen Geldmarktes die Konvertibilität der (beteiligten) Währungen voraussetzt.

a) Das Phänomen

Beim Eurogeldmarkt handelt es sich – wie gesagt – um einen **internationalen Geldmarkt**, für den sich auch die nicht voll zutreffende Bezeichnung *Eurodollarmarkt* eingebürgert hat. Die Bezeichnung erklärt sich daraus, daß es zu Beginn fast ausschließlich Dollarkredite waren, die auf diesem Markt gehandelt wurden und daß sie auch heute noch den übergroßen Anteil ausmachen. Der internationale Charakter des Marktes ergibt sich jedoch *nicht* daraus, daß z. B. amerikanische Banken Dollarguthaben an Ausländer ausleihen oder daß Schweizer Banken dasselbe mit Schweizer Franken tun; derartige Geschäfte sind eindeutig dem jeweiligen nationalen Geldmarkt, also hier dem amerikanischen und dem schweizerischen zuzuordnen.

Für den Eurogeldmarkt hingegen ist typisch, daß auf ihm Kreditgeschäfte in Währungen *außerhalb ihres Geltungsbereiches* abgeschlossen werden. Ein typisches Eurokreditgeschäft wäre beispielsweise dann gegeben, wenn eine Londoner Bank ein bei ihr gehaltenes Dollarguthaben für kurze Frist an eine andere englische oder auch deutsche oder holländische Bank oder auch an ein Industrieunternehmen verleiht. Wesentliches Merkmal aller Eurogeschäfte ist also, daß der Kreditgeber (Eurobank) seinen Sitz nicht im Geltungsbereich der kreditierten Währung hat. Den Eurodollarmarkt könnte man also als Dollarkreditmarkt oder besser *Dollargeldmarkt außerhalb der USA* charakterisieren; entsprechend gibt es auch einen - wenn auch viel unbedeutenderen - DM-Geldmarkt außerhalb der Bundesrepublik, einen Schweizer Franken-Geldmarkt außerhalb der Schweiz usw. Der Eurogeldmarkt besteht also aus einer Reihe von Teilmärkten, unter denen aber nach wie vor der Eurodollarmarkt mit über 80 % des Gesamtvolumens der weitaus wichtigste ist.

b) Entstehungsursachen

Die Klärung des Phänomens Eurogeldmarkt hängt offensichtlich von der Beantwortung zweier Fragen ab: (1) Was veranlaßt Inhaber von Dollarguthaben, ihre Dollar bei Banken außerhalb der USA einzulegen? (2) Was veranlaßt Kreditnehmer, Dollarkredite nicht in den USA, sondern außerhalb der USA aufzunehmen? - Diese Fragen führen auf die Entstehungsursachen des Eurogeldmarktes zurück.

Es gibt eine *ganze Reihe von Gründen*, die zur Entstehung des Eurodollarmarktes als dem ersten und wichtigsten Teilmarkt des Eurogeldmarktes führten bzw. seine Entstehung begünstigten. Die Meinungen über die Gewichtigkeit der einzelnen Ursachen gehen auseinander. Wichtige Voraussetzung war zunächst die Wiederherstellung der Konvertibilität der Währungen der wichtigsten westlichen, insbesondere der westeuropäischen Industrieländer Ende der fünfziger Jahre. Eine weitere wichtige Voraussetzung war die starke Zunahme des amerikanischen Zahlungsbilanzdefizits, die eine Ausdehnung der Dollarguthaben in ausländischem Besitz implizierte; denn man kann unterstellen, daß Nicht-Amerikaner grundsätzlich eher bereit sind, ihre Dollarguthaben außerhalb der USA zu halten als Amerikaner. Schließlich wurde die Entwicklung des Eurodollarmarktes auch dadurch begünstigt, daß die englische Regierung etwa zur gleichen Zeit die damals weithin übliche Verwendung des englischen Pfundes zur Finanzierung von Außenhandelsgeschäften außerhalb Großbritanniens einschränkte, so daß die englischen Banken auf eine andere Währung ausweichen mußten, als die sich in erster Linie der Dollar anbot.

Einer der *direkten Anstöße* bestand jedoch darin, daß Ende der fünfziger Jahre verschiedene Ostblock-Banken ihre Dollarguthaben von amerikanischen zu englischen Banken verlagerten, um einer befürchteten Sperrung der US-Konten zu entgehen. Die englischen Banken ihrerseits versuchten, die bei ihnen eingelegten Dollarguthaben kreditweise weiterzugeben. – Die **Hauptursache** für die Entstehung des Eurodollarmarktes ist jedoch in bestimmten gesetzlichen Verzinsungsvorschriften in den USA und in dem Geschäftsgebaren amerikanischer Banken zu sehen. Sie bewirkten, daß die Anlagen von Ausländern auf dem US-Geldmarkt sehr niedrig oder gar nicht verzinst wurden, daß aber andererseits ausländische Kreditnehmer vergleichsweise sehr hohe Zinsen zu zahlen hatten[19]. So bestand einerseits für Inhaber von Dollarguthaben ein Anreiz, im Ausland nach höher verzinslichen Anlagemöglichkeiten zu suchen; andererseits waren die potentiellen Kreditnehmer auf der Suche nach zinsgünstigeren Dollarkrediten. Womit die beiden oben gestellten Fragen im wesentlichen beantwortet sind.

Es bedurfte darüber hinaus aber auch der Initiative der englischen Banken, die in dieser Konstellation eine aussichtsreiche Geschäftsmöglichkeit erkannten. Sie akzeptierten daher Dollar-Einlagen zu im Vergleich zu den USA höheren Zinsen und befriedigten damit eine sich schnell ausweitende Dollar-Nachfrage zu niedrigeren Sollzinsen, als für entsprechende Kredite in den USA zu zahlen waren.

c) Umfang des Eurogeldmarktes

Der Eurodollar- bzw. Eurogeldmarkt hat sich seitdem ständig und rapide ausgeweitet. Die genaue Entwicklung des Marktvolumens läßt sich allerdings nur schwer ermitteln, weil die Meldevorschriften die Banken meist nicht zu einem gesonderten Ausweis ihrer Eurogeschäfte verpflichten. Man ist also auf Schätzungen angewiesen, wenn man von den gesamten Fremdwährungsoperationen der Banken auf die Eurogeschäfte schließen will. Die Bank für Internationalen Zahlungsausgleich (BIZ) in Basel unterzieht sich dieser Aufgabe seit Jahren, indem sie aufgrund der Meldungen aus acht europäischen Ländern eigene, auf Schätzungen beruhende Berechnungen vornimmt. Wenn diese Zahlen auch nicht den Anspruch auf Exaktheit erheben können, so geben sie zweifellos die trendmäßige und größenordnungsmäßige Entwicklung wieder. Danach erhöhte sich das Eurogeldmarktvolumen[20] von ca. 1,1 Mrd. Dollar (1959)[21] über 25 Mrd.

---

[19] Aufgrund gesetzlicher Regelung, der sogenannten „Regulation *Q*“ aus dem Jahre 1937, dürfen Sichteinlagen und Einlagen mit einer Laufzeit von weniger als 30 Tagen in den USA überhaupt nicht verzinst werden. Auf der anderen Seite zeigten die amerikanischen Banken nur geringe Bereitschaft, Geldmarktkredite an ausländische Kreditnehmer zu gewähren. Sie stellten überdies Ausländern wegen des angeblich höheren Risikos höhere Zinsen in Rechnung.

[20] Gemessen am Umfang der gewährten Fremdwährungskredite in den acht europäischen Berichtsländern (Belgien-Luxemburg, Bundesrepublik Deutschland, Großbritannien, Italien, Niederlande, Schweden, Schweiz) jeweils zum Jahresende.

[21] W. M. M. *Makowski:* The Euro-Dollar Market: Methods and Prospects. In: G. *Reimann* u. a. (Hrsg.): The Challenge of International Finance. New York 1966, S. 169.

Dollar (1968)[22] bis auf 247 Mrd. Dollar Ende 1976[22]. Daraus geht hervor, daß der Markt eine geradezu explosionsartige Ausdehnung erfahren hat. Zu berücksichtigen ist hierbei, daß es sich nur um den „europäischen" *Euro*markt handelt, d. h. um die in Europa an europäischen Bankplätzen abgewickelten Geschäfte. Man kann zwar davon ausgehen, daß unter den internationalen Geldmärkten der europäische die weitaus bedeutendste Rolle spielt, wobei London als das eigentliche Eurogeldmarktzentrum, gefolgt von Luxemburg, Paris, Brüssel, Zürich und Frankfurt, anzusehen ist; es gibt jedoch auch außerhalb Europas bedeutende Eurogeldmärkte, so in Kanada, Japan, Mexiko und Singapur. Die weithin übliche Subsumierung dieser regionalen Teilmärkte unter den Begriff Euromarkt ist insoweit irreführend.

d) Teilnehmer

Wir hatten gesehen, daß die Existenz und das Funktionieren des Eurogeldmarktes davon abhängen, daß Banken bereit sind, Fremdwährungsguthaben zu akzeptieren (und zu verzinsen) und sie an Kreditnehmer weiterzugeben. Diese **„Händlerbanken"**, die de facto als **Mittler zwischen den beiden Marktseiten** (Kreditgeber und Kreditnehmer) auftreten und von denen es in Europa wahrscheinlich nicht viel mehr als 100 geben dürfte, stellen durch ein gut ausgebautes Kommunikationssystem untereinander die notwendige Markttransparenz her und ermöglichen damit erst die reibungslose und zeitsparende Bewältigung des außerordentlich großen Marktvolumens. Die übrigen Marktteilnehmer sind nur auf einer Seite im Markt, d. h. sie treten entweder als Anbieter oder Nachfrager von Dollarkrediten (oder Krediten in anderer Währung) auf.

1. Zu den **Anbietern** gehören einmal *Geschäftsbanken*, die liquide Mittel vorübergehend möglichst zinsgünstig anlegen wollen. Höhere Zinsen auf dem Eurogeldmarkt würden z. B. deutsche Banken dazu veranlassen, Liquiditätsüberschüsse nicht auf dem amerikanischen und auch nicht auf dem deutschen, sondern auf dem Eurogeldmarkt anzulegen. Auch *große Industrie- und Handelsfirmen*, insbesondere multinationale Konzerne, gehören zu den Anbietern. Sie halten stets einen mehr oder weniger großen Teil ihrer liquiden Mittel in Form von Dollarguthaben, von denen ein Teil den Charakter eines Liquiditätsüberschusses haben kann und somit für kurzfristige Anlagezwecke zur Disposition steht. Als Grund für die Anlage auf dem Eurogeldmarkt ist hier ebenfalls das Zinsgefälle zwischen Euromarkt und nationalem, insbesondere amerikanischem, Geldmarkt zu nennen.

Es ist hinzuzufügen, daß neben der Ausnutzung von Zinsdifferenzen (Zinsarbitrage) auch das Spekulationsmotiv bei Transaktionen auf dem Eurogeldmarkt eine gewisse Rolle spielen kann. Wird beispielsweise eine Dollaraufwer-

---

[22] *BIZ:* Jahresberichte, 40. (1969/70), S. 173; 47. (1976/77), S. 116.

tung erwartet, so können Spekulanten Nicht-Dollar-Guthaben auf dem Devisenmarkt in Dollar transferieren, diese auf dem Eurodollarmarkt anlegen und sie nach erfolgter Dollaraufwertung mit Gewinn wieder in die ursprüngliche Währung transferieren. Allerdings ist zu betonen, daß nicht wie bei der Zinsarbitrage zwischen nationalem und Eurogeldmarkt erst die Existenz des Euromarktes die Spekulationen ermöglicht; denn die Anlage der Dollarguthaben kann auch auf dem amerikanischen Geldmarkt erfolgen, zumal Zinserwägungen bei derartigen Währungsspekulationen eine untergeordnete Rolle spielen. Das Wesentliche bei der Devisenspekulation ist vielmehr der Wechsel von einer Währung in die andere, die Devisenmarkttransaktion also. Die Aussage, die Spekulation wäre ein Motiv für Euromarkttransaktionen, charakterisiert den Vorgang daher unzutreffend[23]. Wohl aber ist richtig, daß die Existenz des Eurogeldmarktes die Durchführung spekulativer Währungsgeschäfte erleichtert, weil er entsprechende erweiterte und erleichterte Anlage- und Kreditnahmemöglichkeiten in Fremdwährungen bietet.

Eine weitere wichtige Anbietergruppe sind die *Zentralbanken*. Auch sie können aus Rentabilitätsgründen einen Teil ihrer Dollarreserven in höher verzinsliche Euromarktanlagen schleusen. Um welche Notenbanken es sich dabei handelt und welchen Umfang derartige Anlagen haben, bleibt weitgehend unbekannt; denn die Rentabilität der offiziellen Devisenreserven ist ein gänzlich untergeordneter Gesichtspunkt der Notenbankpolitik und hat eigentlich hinter anderen Zielsetzungen zurückzustehen. Notenbanken verheimlichen daher gern rentabilitätsorientierte Handlungen.

Andere durchaus wichtige geld- und währungspolitische Ziele sind es dagegen in der Regel, die die Notenbanken zu Swapoperationen veranlassen. Auf diese Weise können sie *indirekt* zur Alimentierung des Eurodollarmarktes beitragen. Das wäre z. B. der Fall, wenn die Swappolitik der Notenbank die Arbitrageure zu einer Erhöhung der Geldexporte veranlaßt[24]. Der angestrebte währungspolitische Effekt kann in der Reduzierung eines vorhandenen Zahlungsbilanzüberschusses und/oder in der Verminderung der Inlandsliquidität bestehen.

Eine Sonderstellung unter den Anbietern am Eurodollarmarkt nimmt die *Bank für Internationalen Zahlungsausgleich (BIZ)* ein. An ihr sind fast alle europäischen und einige wichtige außereuropäische Notenbanken (USA, Kanada, Japan) beteiligt. Die BIZ wird nach erwerbswirtschaftlichen Grundsätzen geführt. Ihre Einlagen erhält sie fast ausschließlich von Zentralbanken. Ihre Anlagen nimmt sie in großem Umfang auf dem Eurogeldmarkt vor. Neben den Anlagen für eigene Rechnung tätigt sie auch Euromarktanlagen im Auftrag von

---

[23] Wolf *Schäfer*: Der Euro-Dollarmarkt. Tübingen 1971, S. 23.

[24] Siehe oben, S. 314 ff.

Zentralbanken. Dieses Verfahren ist den Auftraggebern deswegen angenehm, weil die absolute Diskretion der BIZ ihre Anonymität gewährleistet. Ob die BIZ bei ihren Euromarkttransaktionen auch währungspolitische Ziele im Auge hat, ist zumindest nicht zuverlässig bekannt, jedoch läßt ihr Verhalten in der Vergangenheit diesbezüglich einen positiven Schluß zu.

Schließlich wird der Eurogeldmarkt noch aus einer Reihe anderer Quellen gespeist. So treten neben der BIZ auch andere *internationale Organisationen* wie der Internationale Währungsfonds (IWF) und die Weltbank als Anleger auf. Auch *Regierungen* legen Teile ihrer Einnahmenüberschüsse kurzfristig auf dem Eurogeldmarkt an; eine besonders gewichtige Rolle spielen hier die ölexportierenden Länder. Vielleicht sollte in diesem Zusammenhang auch gesagt werden, daß diverse Ostblockbanken mit Sitz in Europa weiterhin zu den ständigen Teilnehmern am Eurogeldmarkt gehören.

Es sei an dieser Stelle noch einmal hervorgehoben, daß der Umfang des Angebots auf dem Eurodollarmarkt neben anderem in entscheidendem Maße von der Existenz und dem Umfang eines amerikanischen Zahlungsbilanzdefizits abhängt. Denn es bestimmt den Umfang der Dollarguthaben in ausländischem Besitz. Und speziell Nicht-Amerikaner sind am ehesten geneigt, ihr Dollarguthaben außerhalb der USA anzulegen. Konsequenterweise wird auch die Frage, wer Anbieter und wer Nachfrager auf dem Eurodollarmarkt ist, von der Zahlungsbilanzsituation der einzelnen Länder bestimmt. So läßt sich sagen, daß typische Defizitländer wie Großbritannien und Italien meist eine Netto-Schuldnerposition innehatten, während beispielsweise die Bundesrepublik Deutschland als typisches Überschußland auf dem Eurodollarmarkt meist eine Netto-Gläubigerposition aufwies.

Eine Veranschaulichung des Zusammenhangs zwischen Zahlungsbilanz und Position auf dem Eurodollarmarkt bot auch die Erdölkrise, die den erdölexportierenden Ländern eine Vervielfachung ihrer Deviseneinnahmen brachte. Da ein Zahlungsbilanzausgleich durch Importerhöhung wegen der kurzfristig begrenzten Importkapazität dieser Länder unmöglich war und da sich auch die langfristigen Kapitalanlagen im Ausland nicht schlagartig vergrößern ließen, flossen aus den Erdölländern große Beträge zur kurzfristigen Anlage auf den Eurodollarmarkt.

2. Als **Nachfrager** (Kreditnehmer) auf dem Eurogeldmarkt kommen im Prinzip auch alle als Anbieter genannten Gruppen in Betracht. Insbesondere für viele *Geschäftsbanken* gilt, daß sie den Euromarkt als einen Geldmarkt ansehen, der zudem noch den Vorzug besonderer Leistungsfähigkeit hat. Sie benutzen ihn daher zum Ausgleich ihrer Liquiditätsschwankungen; d. h. entsprechend der jeweiligen Situation treten sie als Anbieter oder Nachfrager von Liquidität

auf. Auf diese Weise trägt der Eurogeldmarkt in entscheidendem Maße zum internationalen Liquiditätsausgleich zwischen den Banken bei. Das kommt auch in dem großen Anteil zum Ausdruck, den die reinen *Inter-Bankgeschäfte* am Gesamtvolumen des Marktes haben. Allerdings schlägt die Zahlungsbilanzsituation des jeweiligen Landes auf die Position der Banken auf dem Euromarkt durch. Die Banken von Defizitländern, aber auch von Ländern mit scharf restriktiver Geldpolitik, treten vorwiegend als Nachfrager auf. Eine besonders wichtige Nachfragergruppe sind Filialen und Tochtergesellschaften *amerikanischer* Banken in Europa.

Eine weitere wichtige Nachfragergruppe sind *Großunternehmen* (Multinationale Unternehmen), so daß es nicht zutreffend ist, den Eurogeldmarkt ausschließlich oder ganz überwiegend als Interbankenmarkt anzusehen. Auch die Kreditaufnahmen seitens diverser Staaten oder staatlicher Stellen zeigen, daß die Eurogelder außer zum internationalen Liquiditätsausgleich zwischen Banken zur direkten Finanzierung unternehmerischer oder staatlicher Projekte verwendet werden. Die Möglichkeit, daß dabei längerfristige Vorhaben mit kurzfristigen Eurogeldern finanziert werden, ist nicht von der Hand zu weisen und birgt erhebliche Gefahren für die Funktionsfähigkeit des Eurogeldmarktes in sich.

Die interessante Frage, ob auch *Zentralbanken* westlicher Industrieländer zu den Nachfragern gehören oder gehört haben, wird im allgemeinen vorsichtig verneint.

e) Usancen und Geschäftsarten

Auf dem Eurogeldmarkt haben sich bestimmte **Usancen** herausgebildet, die das reibungslose Funktionieren des Marktes begünstigen: (1) Die Abschlüsse werden per Telefon oder Fernschreiber getätigt (die schriftliche Bestätigung folgt). (2) Es werden keine Sicherheiten verlangt außer einem erstklassigen „standing"; diese Voraussetzung erfüllen nur relativ wenige Banken und Großunternehmen. (3) Es wird strikteste Einhaltung der vereinbarten Konditionen praktiziert; insbesondere die nachträgliche Veränderung vereinbarter Laufzeiten ist gänzlich unüblich. (4) Es werden in der Regel nur Geschäfte von 500 000 Dollar oder einem Mehrfachen davon abgeschlossen.

Das Eurodollargeschäft weist **zwei Hauptgeschäftsarten** auf, nämlich einmal den unverbrieften Geldmarktkredit und zum zweiten den Handel mit speziellen Euro-Geldmarktpapieren. Beim *Euro-Geldmarktkredit* geht es um die unverbriefte kreditweise Übertragung eines Dollarguthabens vom Guthabeninhaber auf einen Kreditnehmer. Ähnlich wie auf den nationalen Geldmärkten haben sich bestimmte Standard-Kreditlaufzeiten eingebürgert, nämlich: ein Tag, zwei

Tage, sieben Tage, ein Monat, drei Monate und sechs Monate. Längere Laufzeiten kommen zwar ebenfalls vor, sind aber vergleichsweise selten.

Neben den Festgeldern gibt es auch auf dem Eurodollarmarkt Kündigungsgelder, bei denen nicht bestimmte Laufzeiten sondern bestimmte Kündigungsfristen vereinbart werden.

Seit 1966 gibt es einen expandierenden Handel mit einer besonderen Art von *Euro-Geldmarktpapieren*, den „London Dollar Certificates of Deposit". Sie werden von in London ansässigen Banken an Einleger ausgegeben, die sie vor Beendigung der Laufzeit veräußern können. Diese Dispositionsmöglichkeit während der Kreditlaufzeit soll die Anlagebereitschaft potentieller Anleger erhöhen; außerdem soll durch die relativ kleine Stückelung der Papiere von 10 000 $ und mehr der Kreis der Anleger erweitert werden.

f) Wirkungen und Probleme des Eurogeldmarktes

(1) Internationaler Liquiditätsausgleich

Der Eurogeldmarkt ist zwar nicht ausschließlich aber zu einem erheblichen Teil **Interbankenmarkt**, d. h. Banken geben „überschüssige" Fremdwährungsbestände kreditweise an andere Banken bzw. beschaffen sie sich bei Bedarf von anderen Banken. Die hohe Leistungsfähigkeit des Marktes ermöglicht einen schnellen und reibungslosen *internationalen Liquiditätsausgleich*. Für die Banken ist das insofern von Vorteil, als per Saldo die als notwendig betrachteten Liquiditätsreserven, insbesondere auch die working balances, verringert werden. Das bedeutet, daß Dollarguthaben aktiviert und zur Finanzierung des internationalen Handels oder anderer internationaler Transaktionen verwendet werden, die ohne Eurogeldmarkt als Liquiditätsreserve „inaktiv" blieben. Der Eurogeldmarkt ermöglicht also bei sonst gleichen Umständen die Finanzierung eines größeren Außenhandelsvolumens.

(2) Einheitliche Zinsbildung

Da der Euromarkt bislang von massiven direkten Eingriffen weitgehend verschont wurde und da er auch sonst den Voraussetzungen eines vollkommenen Marktes (Markttransparenz, homogenes Gut) recht nahe kommt, ist auch die *Zinsbildung weitgehend einheitlich*. So ist der Zins für den Drei-Monats-Dollar am Eurodollarmarkt gleich, unabhängig davon, ob die kreditgebende Eurobank ihren Sitz in London, Brüssel oder anderswo hat. Selbstverständlich gilt das erstens nur für Eurodollarkredite mit gleichen Fristigkeiten. Für unterschiedliche Fristigkeiten bilden sich auch unterschiedliche Zinsen. Zweitens gilt das auch nur für Schuldner gleicher Bonität. Im allgemeinen werden für Interbankkredite niedrigere Zinsen berechnet als für Kredite gleicher Fristigkeit an andere Kunden. Jedoch werden die Zinsen für den Kreditnehmer aus den genannten Gründen immer niedriger liegen als die am amerikanischen Geldmarkt (jedoch höher, als sie Kreditgeber bzw. Einleger dort erzielen können). Die Zinsen am amerikanischen Geldmarkt und deren Veränderung bestimmen also im wesentlichen den Bereich innerhalb dessen sich die Eurodollarzinsen bewegen können.

Innerhalb dieses Schwankungsbereiches schlagen Markteinflüsse (Angebots- und Nachfrageänderungen) stärker auf die Zinsen durch als auf nationalen Geldmärkten, weil auf den Euromärkten keine nationale Geldpolitik um die Beeinflussung bzw. Verstetigung der Zinsentwicklung bemüht ist. Die Zinsen auf den Euromärkten schwanken also stärker als auf nationalen Geldmärkten. Das bedeutet aber auch, daß die Zinsen auf dem Euromarkt die Marktverhältnisse deutlicher und ungeschminkter widerspiegeln. Damit kommt hier auch die Lenkungs- und Selektionsfunktion des Preises (hier des Zinses) besser zur Wirkung.

Zinsgleichheit am Eurogeldmarkt bedeutet im übrigen auch nicht, daß der Zins für alle Eurowährungen gleich ist. Bei gleicher Fristigkeit können die Nominalzinssätze für Euro-Dollar, Euro-DM, Euro-Gulden usw. durchaus unterschiedlich sein und in der Regel sind sie es auch. Die Zinsdifferenz hängt im wesentlichen von der Höhe der Kurssicherungskosten zwischen den jeweils betrachteten Währungen ab. Wird z B. der Dollar (gegenüber der DM) mit einem Deport gehandelt, so kann der Zins für Eurodollar um den Deport über dem DM-Zins liegen, ohne daß es zu zinsausgleichender Arbitrage kommt.

(3) Einflußnahme der Notenbanken

Wenn es auch richtig ist, daß der *Euromarkt vergleichsweise frei d. h. unreglementiert ist* und insbesondere keiner zentralen und koordinierten Kontrolle und Beeinflussung unterliegt, so können die Maßnahmen nationaler Währungsbehörden gewollt oder ungewollt einen mehr oder weniger starken Einfluß ausüben. Wegen der Abhängigkeit der Eurodollarzinsen von den US-Geldmarktzinsen wirkt sich insbesondere die *Geldpolitik der amerikanischen Zentralbank* stark aus. Aufgrund der Dominanz des Eurodollars gegenüber den anderen Eurowährungen bleiben auch deren Zinsen davon nicht unberührt. Aber auch die Maßnahmen anderer Zentralbanken oder Währungsbehörden können die Eurozinsen beeinflussen. So hat die gelegentliche geldexportfördernde *Swappolitik der Deutschen Bundesbank* das Angebot auf dem Euromarkt verstärkt und in Richtung auf eine Zinssenkung gewirkt. Andere direktere und zeitweise von einzelnen Notenbanken praktizierte Eingriffsmöglichkeiten sind: Verzinsungsverbot für Fremdwährungs- oder generell Auslandseinlagen. Das hält zinsorientierte Einleger von den Banken des betreffenden Landes fern. Insgesamt bewirkt es im wesentlichen nur eine regionale Verlagerung der Einlagen. Ähnlich wirkt die Begrenzung der Auslandsverbindlichkeiten bzw. -einlagen bei inländischen Banken auf eine bestimmte Höhe. Ein anderes Mittel wäre, die Auslandsverbindlichkeiten der Banken mindestreservepflichtig zu machen. Das würde tendenziell angebotsmindernd und damit zinssteigernd wirken. Denkbar wären weitere Maßnahmen, wie z. B. Beschränkungen bei der Vergabe von Fremdwährungskrediten u. a.

Bisher waren derartige Maßnahmen auf nationale Einzelmaßnahmen beschränkt und haben die Funktionsfähigkeit des Marktes nicht wesentlich beeinflussen können. Mit Hinweis auf die Gefahren, die er in sich birgt, wird jedoch immer wieder eine wirksame Kontrolle des Eurogeldmarktes gefordert. So besteht die Vermutung, daß kurzfristige Eurogelder zur Finanzierung mittel- und längerfristiger Vorhaben verwendet werden. Das geschieht im Vertrauen darauf, daß die Anschlußfinanzierung durch Folgekredite problemlos möglich ist. Bei einer drastischen Mittelverknappung auf dem Euromarkt könnten diese Schuldner in Schwierigkeiten kommen und möglicherweise Banken- und Firmenzusammenbrüche nach sich ziehen.

(4) Großes Spekulationspotential

Ein weiterer Risikofaktor besteht darin, daß der Eurogeldmarkt Private dazu veranlaßt, in sehr viel größerem Umfang Fremdwährungsguthaben zu halten. Diese Guthaben stellen ein schnell mobilisierbares *Spekulationspotential* dar, das bei Währungskrisen in Bewegung gerät und die Spekulationswellen entsprechend vergrößert. Die historischen Erfahrungen insbesondere der siebziger Jahre haben gezeigt, daß die Vermutung bevorstehender Paritätsänderungen zu riesigen Fluchtbewegungen aus der abwertungsgefährdeten Währung (also insbesondere aus dem Dollar) in andere Währungen (insbesondere in die DM und in den Schweizer Franken) führten, die mit währungspolitischen Mitteln kaum zu beeinflussen waren. Sie erzwangen schließlich eine Revision des Währungssystems von Bretton Woods und die Abkehr vom Prinzip fester Wechselkurse. Der Eurogeldmarkt hat diese Entwicklung zweifellos beschleunigt. Allerdings sei hervorgehoben, daß die Spekulationsbewegungen keineswegs die Ursache des Zusammenbruchs des internationalen Währungssystems waren, sondern Symptom und Konsequenz weltwirtschaftlicher Entwicklungen, die durch das wirtschaftspolitische Fehlverhalten wichtiger Welthandelsländer herbeigeführt wurden.

Eine weitere Konsequenz war, daß die Existenz des Eurogeldmarktes die bei festen Wechselkursen gegebene Wirkungsbeschränkung nationaler geldpolitischer Maßnahmen noch verstärkte; denn Geldzuflüsse aus dem Ausland, die eine kontraktive, zinssteigernde nationale Geldpolitik konterkarieren, werden durch das Vorhandensein des Euromarktes noch begünstigt und erleichtert. Die Freigabe der Wechselkurse im Frühjahr 1973 hat dieses Problem allerdings wesentlich gemildert.

Die Notwendigkeit einer *zentralen Kontrolle* des Marktes wird unterschiedlich beurteilt. Daß bestimmte Gefahren vorhanden sind, liegt auf der Hand. Andererseits hat der Eurogeldmarkt eine Reihe von Belastungsproben - als bisher letzte und vielleicht schwerste die Erdölkrise - schadlos und ohne schädliche Rückwirkungen überstanden. Zentrale Kontrollen jedoch bergen ihrerseits stets die Gefahr einer sich ständig verschärfenden Reglementierung in sich, die die eigentlichen Vorteile des Marktes zu beseitigen droht. Überdies ist angesichts der jahrelangen vergeblichen Bemühungen um eine Koordinierung der nationalen Währungspolitiken der westlichen Industrieländer mit der Installierung einer zentralen übernationalen Kontrollinstanz auch nicht zu rechnen.

(5) Inflationsförderung durch multiple Kreditschöpfung?

Ein weiteres stark und kontrovers diskutiertes Problem des Eurogeldmarktes ist die Frage nach seiner eventuell *inflationsfördernden Wirkung*. Eine solche Wirkung könnte man dann als gegeben ansehen, wenn der Eurodollarmarkt nachweislich zu einer Ausweitung der internationalen Liquidität führt oder wenn er die Umlaufgeschwindigkeit der Fremdwährungsguthaben erhöht oder wenn beides zutrifft.

Für eine **Erhöhung der Umschlaghäufigkeit** sprechen gute Gründe. Der Eurogeldmarkt macht es für Private attraktiv, Fremdwährungsguthaben, insbesondere Dollarguthaben, zu halten und nicht in heimische Währung umzutauschen. Der Vorgang erhöht zwar nicht die internationale Liquidität, jedoch ist zu vermuten, daß es aufgrund der hohen Leistungsfähigkeit des Eurogeldmarktes zu einer intensiveren Nutzung der Dollarguthaben im Sinne einer höheren Umschlaghäufigkeit kommt, als wenn die Guthaben vorwiegend von Notenbanken auf dem amerikanischen Geldmarkt gehalten würden. Überdies werden insbesondere Banken durch den Eurogeldmarkt tendenziell dazu veranlaßt, ihre working balances zugunsten verzinslicher Euromarktanlagen zu verringern, weil im Bedarfsfall eine Refinanzierung über den Eurogeldmarkt möglich ist. Auch für diese, dem Eurogeldmarkt zufließenden Mittel gilt, daß sie dort „intensiver" genutzt werden. Für die Bewältigung eines gleich großen Volumens internationaler Transaktionen wäre nunmehr ein verminderter Bestand an Dollarguthaben ausreichend. Ein gleich großer Bestand wirkt demnach tendenziell inflationär. Aussagen über die Stärke dieses Effektes sind indes kaum möglich.

Zweitens wäre zu prüfen, ob am Eurogeldmarkt eine **multiple Kreditschöpfung** im Sinne einer Vermehrung der internationalen Liquidität stattfindet. Die in der Literatur vertretenen Ansichten dazu sind widersprüchlich. Sie reichen von „unmöglich“ über „möglich, aber nicht zwangsläufig“ bis zu „auf jeden Fall“. Die Meinung, daß multiple Giralgeldschöpfung auf dem Eurogeldmarkt praktisch unmöglich sei, wird wie folgt begründet: Bei Euro-Einlagen handele es sich allermeistens um Terminguthaben, über die der Einleger während der Festlegungsfrist nicht verfügen könne. Das Guthaben könne daher nicht als Zahlungsmittel dienen und sei also auch kein Geld. Die Weitergabe der Eurodollar-Anlage seitens der Bank z. B. an eine andere Bank stellt dabei lediglich eine Kreditvermittlung dar[25].

Diese Argumentation ist unzutreffend. Es kommt für die Kreditschöpfung gar nicht darauf an, ob der *Einleger* über sein Guthaben verfügen kann oder nicht, sondern darauf, ob und wie *die Bank* darüber verfügen kann. Die Bank kann in vollem Umfang darüber verfügen, weil sie weder eine Mindestreserve halten noch mit einer Verfügung seitens des Einlegers vor Terminablauf rechnen muß. Entscheidend ist nun, *wie* die Bank darüber verfügt. Gewährt sie einer anderen Bank einen Eurokredit und gibt diese Bank ihrerseits wiederum einen Kredit an eine weitere Bank und wandert auf diese Weise das Dollarguthaben (Sichtguthaben bei einer amerikanischen Bank) über mehrere Stationen, wie es in der Realität häufig geschehen soll, so findet eine multiple Giralgeldschöpfung *nicht* statt; es handelt sich vielmehr um eine Kreditkette, d. h. um die kreditweise Weitergabe eines Dollar-Sichtguthabens von Kreditnehmer zu Kreditnehmer. Wenn der letzte in der Kreditkette das Sichtguthaben zu Zahlungszwecken verwendet, so wird damit auch deutlich, daß Zahlungsmittel nur in Höhe des ursprünglichen Dollarsichtguthabens zur Verfügung gestanden haben, also keine multiple Giralgeldschöpfung stattgefunden hat.

Für den beschriebenen Vorgang gibt es jedoch keine Zwangsläufigkeit. Möglich ist vielmehr auch folgender Ablauf: Die Eurobank gibt die Dollareinlage von z. B. 1000 Dollar kreditweise an ein Unternehmen weiter, das damit durch Überweisung an einen Gläubiger eine Zahlung leistet. Befindet sich das Konto des Gläubigers bei derselben Bank oder bei einer anderen Eurobank, so empfängt die Bank eine Dollareinlage, die sie wiederum ganz oder teilweise an einen Kreditnehmer geben kann. Verwendet dieser den Dollarkredit zur Zahlung, so kann sich der Vorgang wiederholen. Man sieht, daß der Ablauf dem bei „nationaler“ Giralgeldschöpfung aufgrund eines Zentralbankguthabens entspricht. *Multiple Kreditschöpfung auf dem Eurogeldmarkt ist also durchaus möglich.*

Eine ganz andere Frage ist allerdings, in welchem Umfang sie tatsächlich stattfindet. Für diese Frage ist der Umstand von Bedeutung, daß die im Euro-

---

[25] Vgl. *Schäfer: Der* Euro-Dollarmarkt, a. a. O., S. 54 ff. und die dort angegebene Literatur. - *Ders.:* Grundzüge des Euro-Geldmarktes. WISU, H. 3, 1974, S. 112.

geldmarkt befindlichen Mittel wieder abfließen und damit einen Kreditschöpfungsprozeß unterbinden können. Verwendet jemand einen Euro-Kredit zu Zahlungszwecken und tauscht der Empfänger die Dollar bei der Notenbank in heimische Währung um, so sind die Dollar aus dem Eurosystem abgeflossen; denn die Notenbank hält ihr Dollarguthaben normalerweise als Anlage am amerikanischen Geldmarkt. Allerdings können auch Notenbanken die ihnen zufließenden Mittel wieder auf dem Eurogeldmarkt anlegen. Die Geldschöpfung auf dem Eurogeldmarkt wird daher auch maßgeblich vom Verhalten der Notenbanken bestimmt.

Auch wenn die Zahlung mit Eurodollar durch Überweisung auf das Konto des Gläubigers bei einer amerikanischen Bank erfolgt, sind die Dollar dem Eurogeldmarkt entzogen. Wegen dieser erheblichen Abflußmöglichkeiten neigt man vielfach dazu, den Multiplikatoreffekt der Eurogeldmarkttransaktionen nicht allzu hoch einzuschätzen. Eine zuverlässige quantitative Abschätzung des Effektes ist jedoch schwierig.

Schließlich sei in diesem Zusammenhang wiederholt, daß die Existenz des Eurogeldmarktes die privaten Fremdwährungsguthaben (insbesondere die Dollarguthaben) und damit das Spekulationspotential erhöht hat. Die ungleiche internationale Inflationsentwicklung mit der Folge von Zahlungsbilanzungleichgewichten und entsprechenden Paritätsänderungserwartungen führte via Eurogeldmarkt zu starken spekulativen Devisenströmen, die in den Zuflußländern eine inflationsfördernde Liquiditätsausweitung bewirken. Der Eurogeldmarkt begünstigt also (bei festen Wechselkursen) die *internationale Inflationsübertragung.*

Es wäre jedoch völlig verfehlt, daraus eine negative Beurteilung des Eurogeldmarktes abzuleiten, denn er ist ja nur Vehikel für die Inflationsübertragung, wie es etwa auch der Außenhandel sein kann, ohne daß jemand auf die Idee käme, einen florierenden und expandierenden Außenhandel deswegen negativ zu beurteilen. Die sinnvollste Therapie ist immer die Ursachenbekämpfung im Ursprungsland der Inflation. Ist eine solche Politik nicht durchsetzbar, so bleibt betroffenen und stabilitätsbewußten Partnerländern als erfolgversprechende Alternative die außenwirtschaftliche Absicherung durch flexible Wechselkurse.

2. Der Eurokapitalmarkt

Der Eurokapitalmarkt wird auch Eurobond- und Euroanleihenmarkt genannt. Von einer Euroanleihe spricht man, wenn eine Anleihe *außerhalb des Heimatlandes des Schuldners* möglicherweise in mehreren Ländern plaziert wird und die *Anleihenwährung nicht der Währung dieser Länder entspricht;* weiteres Charakteristikum ist, daß die Emission häufig von einem internationalen

Bankenkonsortium durchgeführt wird. Die Voraussetzungen wären beispielsweise erfüllt, wenn ein amerikanisches Großunternehmen eine Dollaranleihe in mehreren westeuropäischen Ländern emittiert. Euroanleihen sind zu unterscheiden von „normalen" Auslandsanleihen, die der Schuldner zwar auch im Ausland auflegt, die jedoch auf die Währung des Plazierungslandes lauten. Auslandsanleihen, insbesondere amerikanischer Emittenten in einzelnen europäischen Ländern, wurden schon lange vor der Entstehung des Euroanleihenmarktes aufgelegt.

Ein Grund für die Entstehung des Eurokapitalmarktes war die in vielen Ländern geübte restriktive Kontrolle über ausländische Anleihenemissionen, die auch noch aufrechterhalten wurde, als der internationale Handel mit bereits umlaufenden ausländischen Wertpapieren schon weitgehend liberalisiert war. Mit Hilfe der Euroemissionen konnten diese Kontrollen umgangen werden.

Der eigentliche Beginn des Eurokapitalmarktes wird auf 1963 datiert. Bis dahin hatte sich schon eine Art internationaler Kapitalmarkt, insbesondere in New York, entwickelt. Denn amerikanische Banken wickelten Anleihenemissionen für Emittenten aus westlichen Ländern in Dollar ab. Die Plazierung erfolgte sowohl in den USA wie auch zu einem erheblichen Teil außerhalb der USA. Im Jahr 1963 wurde dann in den USA die Zinsausgleichssteuer eingeführt. Sie besteuerte den Erwerb von ausländischen Wertpapieren durch Amerikaner. Auf diese Weise sollte der Kapitalexport vermindert und das amerikanische Zahlungsbilanzdefizit reduziert werden. Diese Wertpapiere (von ausländischen Emittenten) wurden damit für amerikanische Anleger uninteressant. Das wiederum zwang die amerikanischen Banken, weitere Plazierungsversuche einzustellen, weil sie den wichtigen amerikanischen Abnehmerkreis verloren hatten. Darauf waren es (ähnlich wie beim Eurogeldmarkt) englische Banken, die die Initiative ergriffen und Dollaranleihen für ausländische Schuldner durchführten, die sie häufig unter Beteiligung nichtenglischer Banken (Konsortium) in mehreren europäischen Ländern plazierten.

Die meisten Euro-Anleihen werden auch heute noch in Dollar emittiert. Es kommen jedoch auch Anleihen in anderen Währungen heraus, von denen die nächstwichtigen die DM und der holländische Gulden sind. Außerdem kann die Anleihe auch auf Rechnungseinheiten lauten, etwa auf die Europäische Rechnungseinheit, oder aber es kann sich um eine „Währungsanleihe" handeln, die dem Gläubiger das Recht gibt, bei Zinszahlung und Tilgung unter mehreren Währungen zu wählen.

Als Emittenten treten private und staatliche Unternehmen, Regierungen und internationale Institutionen (Weltbank) auf. Die Nationalität der Emittenten ist ebenfalls breit gestreut. Sie stammen zum Teil auch aus außereuropäischen

Ländern, insbesondere aus den USA, aber auch aus Japan, Kanada, Australien, Südafrika und anderen Ländern. Der Umstand, daß Euroanleihen direkten nationalen Kontrollen meist nicht unterliegen und daß ihre Zinserträge in den meisten Ländern steuerfrei bleiben, erhöht ihre Attraktivität für Anleger.

Über den Kreis der Anleger gibt es mangels statistischer Unterlagen keine exakten Aussagen. Aber allein der Umstand, daß an den Euroanleihen-Konsortien Banken aus mehr als 15 Ländern beteiligt sind, weist darauf hin, daß der Kundenkreis national recht weit gestreut sein dürfte.

Eine gewisse Schwäche der Euroanleihen stellt der nicht optimal organisierte Sekundärmarkt für Eurotitel dar. Amtliche Börsennotierungen werden meist nicht vorgenommen. Nichtamtliche Kurse werden meist nur an jeweils einem der wenigen Börsenplätzen genannt, so daß die Informationsbeschaffung für ausländische Anleger schwierig ist. Außerdem sind derartige Kurse häufig nicht repräsentativ, weil der größte Teil der Geschäfte im außerbörslichen Handel abgewickelt wird.

Trotz dieses Handicaps hat sich der Eurokapitalmarkt - insbesondere wahrscheinlich wegen der steuerlichen Attraktivität dieser Anlage - zunächst ständig ausgeweitet. 1973/74 erfolgten dann jedoch, bedingt durch Weltwährungskrise, Erdölkrise und weltweite Konjunkturflaute, gepaart mit hohen Inflationsraten, außerordentlich starke Rückgänge, die das Emissionsvolumen praktisch halbierten. Aber bereits 1975 war der Rückgang wieder voll ausgeglichen, und 1976 brachte ein starkes Wachstum von 50 %[26].

Literatur zum III. Kapitel

Aschinger, F. E.: Das Währungssystem des Westens. Zweiter Teil, VIII. Abschnitt, 2. Aufl. Frankfurt a. M. 1973

Brandes, Henning: Der Euro-Dollarmarkt. Wiesbaden 1968

Einzig, Paul: The Euro-Dollar System. 5. Aufl., London 1973

—: : The Euro-Bond Market. 2. Aufl., London 1975

Heubes, Jürgen: Euro-Dollarmarkt und Inflation. Konjunkturpolitik, H. 2. 1975

Liepmann, Peter: Geldtheoretische und geldpolitische Probleme des Eurodollarmarktes. Berlin 1971

McKenzie, G. W.: The Economics of the Euro-Currency System. London 1976

Schäfer, Wolf: Der Euro-Dollarmarkt. Tübingen 1971

Widmer, Robert: Euromarkt, Eurogeld- und Eurokapitalmarkt. 2. Aufl. Frankfurt 1977 (Knapp-Taschenbücher Bd. 54)

---

[26] *BIZ:* Jahresberichte, 45. (1974/75), S. 173 und 47. (1976/77), S. 126.

Viertes Kapitel

Administrative Beschränkungen des internationalen Zahlungsverkehrs

1. Devisenbewirtschaftung

a) Ziele der Devisenbewirtschaftung

Im Verlauf der bisherigen Ausführungen sind bereits eine Reihe wirtschaftspolitischer Maßnahmen zur Beeinflussung des Außenwirtschaftsverkehrs zur Sprache gekommen (Auf- und Abwertung, Swapsatzpolitik). Sie dienen im allgemeinen vornehmlich zahlungsbilanzpolitischen Zielen, d. h. der Erhaltung oder Wiedergewinnung des Zahlungsbilanzgleichgewichts. Recht naheliegend ist der Gedanke, dieses Ziel durch staatliche Reglementierung des internationalen Zahlungsverkehrs zu verfolgen, wenn andere gebräuchliche Maßnahmen wie Abwertung oder kontraktive Geld- und Fiskalpolitik als nicht akzeptabel oder nicht aussichtsreich angesehen werden.

Die schärfste Form staatlicher Reglementierung des internationalen Kapital- und Güterverkehrs in marktwirtschaftlich organisierten Volkswirtschaften ist die Devisenbewirtschaftung[27].

Ausgangspunkt und Anlaß für ihre Einführung ist immer ein *chronischer Devisenmangel,* verursacht durch ein strukturelles Zahlungsbilanzdefizit (bei festen Wechselkursen). Das angestrebte Ziel ist die Beseitigung des Nachfrageüberhanges nach Devisen durch Reduzierung der Devisennachfrage auf das jeweilige Angebot, um den ständigen Devisenabfluß zu stoppen. Daneben können aber auch handelspolitische Ziele wie Exportförderung oder Beeinflussung der Außenhandelsstruktur verfolgt werden (siehe unten, S.341 f.).

b) Methoden und Techniken der Devisenbewirtschaftung

Hauptmerkmal eines solchen Systems ist, daß der Staat oder eine autorisierte Institution, wie z. B. die Zentralbank, das **Devisenmonopol** ausübt. Dieses Monopol wird durch entsprechende gesetzliche Regelungen erzwungen. Sie besagen zunächst, daß alle Inländer (evtl. auch im Inland befindliche Ausländer) ihre Devisen an den Staat abzuführen haben *(Andienungszwang).* Das verschafft dem

[27] Bei Zentralverwaltungswirtschaften, in denen der gesamte Außenwirtschaftsverkehr allein vom Staat geplant und durchgeführt wird, ist die Devisenbewirtschaftung zwangsläufiger Systembestandteil.

Staat gegenüber den Deviseninhabern die Stellung eines Nachfragemonopolisten. Zwangsläufig hat dann der Staat auch die *Verteilung der Devisen* zu übernehmen. Dabei kann er sich unterschiedlicher Methoden bedienen. Auf jeden Fall tritt er gegenüber den Nachfragern als einziger Anbieter von Devisen (Angebotsmonopolist) auf. Eine weitere unausweichliche Folge eines solchen Systems ist die **Aufhebung der Konvertibilität** der Inlandswährung. Inländer haben also nicht mehr die Möglichkeit, ihre Währung ohne ausdrückliche staatliche Genehmigung in Auslandswährung umzutauschen. In vielen Fällen ist auch die Ausländerkonvertibilität mehr oder weniger stark eingeschränkt. Das bedeutet, daß Ausländer ihre auf Inlandswährung lautenden Guthaben (z. B. aus Warenimporten) nicht in ihre eigene Währung umtauschen können. Man spricht in diesem Zusammenhang von „Mausefallenwährung", weil diese Guthaben praktisch blockiert sind; denn sie stehen nur für Dispositionen im Inland zur Verfügung. Für Ausländer ist das zweifellos eine weit schärfere Beschränkung als für Inländer.

Die Devisenbewirtschaftung kann *partiell oder total* sein. So kann sie sich (zunächst) auf eine *Beseitigung des freien Kapitalverkehrs* beschränken, wenn sich die Kapitalverkehrsbilanz infolge von Kapitalflucht ins Ausland und/oder durch einsetzende Kreditabzüge des Auslandes drastisch passiviert. Es wird dann ein Verbot bzw. eine Genehmigungspflicht für Vermögenstransfers ins Ausland sowie für Kreditvergaben und Schuldenrückzahlungen an das Ausland verfügt. Um den gewünschten Effekt sicherzustellen, muß nicht nur der Devisenerwerb für diese Zwecke untersagt werden, sondern auch der „Export" und „Import" von inländischem Bargeld. Einer derartigen Teildevisenbewirtschaftung wohnt jedoch eine *starke Tendenz zur Ausweitung* inne. Zunächst ist auch bei derartigen Teillösungen eine totale Kontrolle des Zahlungsverkehrs mit dem Ausland unerläßlich. Diese Kontrolle muß insbesondere *auch den Außenhandel erfassen*, weil andernfalls die Gefahr bestünde, daß die Warenexporteure mit Hilfe ihrer nicht kontrollierten Devisenerlöse die Kapitalverkehrsbeschränkungen unterlaufen. Darüber hinaus sind Kapitalflucht und Kreditabzüge in aller Regel Folgeerscheinungen einer negativen gesamtwirtschaftlichen Entwicklung des jeweiligen Landes (hohe Inflationsraten, nicht selten verbunden mit erheblicher Arbeitslosigkeit), die sich meist auch in einer Passivierungstendenz der Leistungsbilanz niederschlägt. Eine Sanierung der Kapitalverkehrsbilanz durch Eingriffe in den Kapitalverkehr würde also die Zahlungsbilanzprobleme nicht lösen.

Daher ist es nahezu eine Zwangsläufigkeit, die sich an vielen konkreten Fällen aufzeigen läßt, daß sich die Devisenbewirtschaftung vom Kapitalverkehr auch auf den Handels- und Dienstleistungsverkehr ausdehnt.

Eines der heikelsten Probleme der Devisenbewirtschaftung ist die **Verteilung der knappen Devisen.** Hierbei kann man *zwei grundsätzliche Methoden* unterscheiden: die *Devisenrationierung* und die Methode der *gespaltenen Wechselkurse.* Beide können in verschiedenen Varianten praktiziert werden:

1. Bei der **Devisenrationierung** teilt der Staat den Importeuren bestimmte Devisenkontingente zu, die in der Regel kleiner sind als ihr Devisenbedarf. Problematisch ist hierbei der Zuteilungsmodus. Erfolgt etwa die Zuteilung entsprechend den Importanteilen der einzelnen Importeure in einer Vorperiode, so ist damit der Markt für neue Wettbewerber geschlossen. Auch der Wettbewerb zwischen den etablierten Importeuren wird verringert. Erfolgt dagegen die Zuteilung in der zeitlichen Reihenfolge der Antragstellung, so liegt die Gefahr der Korruption und Vetternwirtschaft auf der Hand. Auch andere Verfahren sind mehr oder weniger problematisch.

Eine relativ liberale Variante der Devisenrationierung ist dann gegeben, wenn die Importeure die zugeteilten Devisen nach eigenem Gutdünken zu beliebigen Importen verwenden können. Hier können innerhalb des gesteckten Rahmens die Marktkräfte, insbesondere die Nachfragerpräferenzen, die Importstruktur beeinflussen. Häufig gibt sich jedoch der Staat mit einer bloßen Reduzierung des Importes nicht zufrieden, sondern versucht gleichzeitig, durch Beeinflussung der Importstruktur den gesamtwirtschaftlichen Nutzen des Importes zu maximieren. Mangels geeigneter Methoden zur Ermittlung des gesamtwirtschaftlichen Nutzens muß dabei auf unscharfe Kriterien wie „Dringlichkeit" des Importbedarfs zurückgegriffen werden, deren Konkretisierung dann aufgrund eines Werturteils des Entscheidungsgremiums oder gar aufgrund eines Kompromisses zwischen Interessengruppen erfolgt. Daß auf diese Weise die Verbesserung der Importstruktur gelingt, muß sehr bezweifelt werden. Am ehesten würden sich als Orientierungsgrößen noch Marktpreise und deren Entwicklung eignen. Allerdings ist gerade in Ländern mit Devisenbewirtschaftung die freie Preisbildung häufig gestört, im Extremfall durch Preisstopp.

Dennoch wird im Falle der Devisenbewirtschaftung die *Importstruktur meist staatlicherseits festgelegt,* indem das Devisenaufkommen auf die zu importierenden Waren- und Dienstleistungsarten aufgeteilt wird. Danach erfolgt dann die Zuteilung an die einzelnen Importeure mit der strikten Auflage ihrer zweckgebundenen Verwendung.

Eine weitere Verwendungsbeschränkung kann sich daraus ergeben, daß eine Zweckbindung nicht nur hinsichtlich der zu beziehenden Waren besteht, sondern daß auch das Bezugsland vorgeschrieben ist. Eine solche Praxis wird bei sich ausbreitender Devisenbewirtschaftung üblich, weil die Länder sich nun bemühen, ihre Zahlungsbilanzen möglichst gegenüber jedem einzelnen Partnerland ausgeglichen zu halten. Das ist deshalb ratsam, weil ein multilateraler Zahlungsbilanzausgleich wegen fehlender Konvertibilität nicht möglich ist. Das besagt, daß man ein Zahlungsbilanzdefizit nicht mit einem Überschuß gegenüber einem anderen Land ausgleichen kann.

2. Eine zweite grundsätzliche Methode zur Reduzierung der größeren Devisennachfrage auf ein kleines Angebot ist die Einführung **gespaltener Wechselkurse.** Dabei liegt der Ankaufskurs, zu dem die Inländer ihre Devisen an den Staat verkaufen müssen, unter dem Wechselkurs, zu dem die Importeure oder Kapitalexporteure die Devisen vom Staate erwerben können[28].

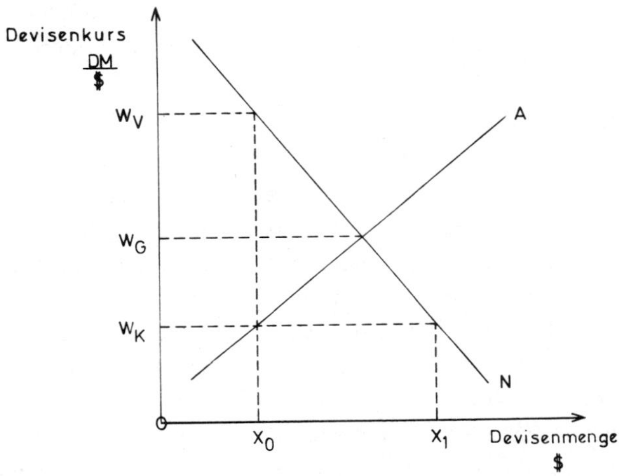

Abb. 41: **Devisenmarkt**

Abbildung 41 illustriert den Sachverhalt. Bei dem amtlich festgesetzten Ankaufskurs (w_K), der stets unter dem Gleichgewichtskurs w_G liegt, ergibt sich auf dem Devisenmarkt ein Nachfrageüberhang in Höhe von $x_1 - x_0$. Eine Reduzierung der Devisennachfrage auf das beim offiziellen Ankaufskurs anfallende Devisenangebot x_0 ist durch Erhöhung des Verkaufskurses auf w_V möglich.

Abgesehen davon, daß der Staat dabei einen Gewinn (je Deviseneinheit) in Höhe der Kursdifferenz erzielt, ist klar, daß man im Prinzip durch entsprechende Erhöhung des Verkaufskurses (w_K) die Nachfrage auf jeden beliebigen Umfang reduzieren kann, sofern die Nachfragestruktur normal ist.

28 Hierunter ist jedoch nicht die auch bei festen Wechselkursen stets vorhandene *kleine* Differenz zwischen Ankaufs- und Verkaufskurs (Brief- und Geldkurs) der Notenbank zu verstehen, die vornehmlich der Deckung der in diesem Zusammenhang entstehenden Kosten dient.

Das Finden des „richtigen" Verkaufskurses, bei dem die Nachfrage auf die vorhandene Devisenmenge reduziert wird, kann dem Markt überlassen werden, indem die Devisen von der Notenbank meistbietend *versteigert* werden. Bei diesem Verfahren ist eine staatliche Zuteilung der Devisen (Rationierung) nicht erforderlich.

Der staatlichen Absicht, die einzelnen Verwendungszwecke bzw. Gütergruppen je nach der (irgendwie ermittelten) Dringlichkeit unterschiedlich zu behandeln, kann durch Bildung von zweckgebundenen Devisenpools entsprochen werden, die jeweils ausschließlich für den vorgesehenen Zweck, z. B. den Import einer bestimmten Gütergruppe, verwendet werden dürfen. In der jeweiligen Ausstattung der Pools, durch die der Importwert für die einzelnen Warengruppen vorbestimmt wird, kommt die Dringlichkeit der verschiedenen Importgüter zum Ausdruck. In getrennten Auktionen könnten dann die Devisen jedes Pools zur Versteigerung gebracht werden. Dabei werden sich für Devisen aus verschiedenen Pools unterschiedliche Wechselkurse ergeben.

Möglich und üblich ist allerdings auch, daß der Staat bzw. die Notenbank die jeweiligen Verkaufskurse administrativ festsetzt. Da es jedoch kaum einmal gelingen dürfte, den Gleichgewichtskurs zu treffen, sind Nachfrageüberhänge zu erwarten. Der Staat müßte also dennoch zur Devisenrationierung greifen, um die zu knappen Devisen aus den verschiedenen Pools an die Importeure zu verteilen.

Eine Methode, die zwar keine Wechselkursspaltung darstellt, aber prinzipiell die gleiche Wirkung hervorruft, ist das sogenannte **Zwangsdepot.** Dabei ist der Devisenkäufer (Importeur) verpflichtet, bei Devisenerwerb einen bestimmten Betrag Inlandswährung (das Depot) für eine bestimmte Zeit zinslos bei der Notenbank zu hinterlegen. Der dabei entstehende Zinsverlust stellt aus der Sicht des Importeurs eine Verteuerung des Devisenerwerbs dar und ist daher einer entsprechenden Erhöhung des Wechselkurses gleichzusetzen.

Eine weitere Methode, die Devisen zu verteuern, ohne den Wechselkurs zu ändern, ist die Ausgabe von **Einfuhrzertifikaten,** die zum Erwerb von Devisen berechtigen. Sie werden vom Staat an die jeweils höchsten Bieter verkauft oder auf andere Weise entgeltlich abgegeben. Häufig sind die Zertifikate auch frei handelbar. Die Erwerbskosten für die Zertifikate stellen eine de-facto-Verteuerung der Devisen dar und bewirken eine Reduzierung der Devisennachfrage.

Im Rahmen der Devisenbewirtschaftung kann auch der *Devisenankaufskurs manipuliert* und gespalten werden. Zweck der Maßnahme ist eine Steigerung der Deviseneinnahmen aus Exporten. Eine Erhöhung der Ankaufskurse erhöht die Exporterlöse (in Inlandswährung) und stärkt gleich einer Subvention die Wettbewerbsfähigkeit der inländischen Exporteure. Ob dadurch allerdings der

Devisenanfall erhöht wird, hängt von den Elastizitäten der Exportnachfrage und des Exportangebotes ab[29].

Dieses Mittel kann man generell und selektiv einsetzen. Bei *genereller* Anhebung der Ankaufskurse rückt die Devisenbewirtschaftung sehr in die Nähe einer Abwertung; denn auch sie bedeutet ja eine Erhöhung des Wechselkurses für Devisenankäufe und -verkäufe. Eine Abwertung wäre in diesem Fall schon wegen der ungleich niedrigeren Verwaltungskosten vorzuziehen. Bei *selektiver* Handhabung würden für Devisenerlöse aus dem Export unterschiedlicher Güter unterschiedliche Ankaufskurse festgelegt. Auf diese Weise kann man die Exportstruktur und damit auch die Produktionsstruktur des Inlandes beeinflussen. Ein in der Praxis anzutreffendes Beispiel sind die erhöhten Ankaufskurse für Touristendevisen, die der Förderung des Tourismus als einer für manche Länder besonders wichtigen Form des Dienstleistungsexports dienen sollen.

c) Wirkungen der Devisenbewirtschaftung

Die Devisenbewirtschaftung ist mit drei **schwerwiegenden Nachteilen** verbunden, so daß sich ihre Anwendung unter ökonomischen Aspekten kaum rechtfertigen läßt. Sie verursacht hohe zusätzliche *Kosten*. Sie *beschränkt* oder unterbindet *den internationalen Kapitalverkehr*. Sie führt zu einer *Schrumpfung des Außenhandels* und zu einer Verringerung der internationalen Arbeitsteilung.

1. Die mit der Devisenbewirtschaftung verbundenen Kontrollen, Erhebungen, Genehmigungs- und Strafverfahren usw. erfordern einen **umfangreichen administrativen und juristischen Apparat**, der vom Staat zu finanzieren ist. Er weist im übrigen eine Tendenz zu ständiger Ausweitung auf, weil die vielfältigen Umgehungsmöglichkeiten eine immer weitere Vervollkommnung des Kontroll- und Überwachungsapparates erfordern. Dieser Bürokratismus bringt notwendigerweise auch für die Außenhändler zusätzliche Belastungen und Kosten mit sich.

2. Die Devisenbewirtschaftung ist stets mit einer weitgehenden **Einschränkung des Kapitalexports und des Vermögenstransfers ins Ausland** verbunden. Der aus der Sicht des betreffenden Landes positive Effekt, daß dringend benötigtes Kapital im Inland verbleibt, wird zweifach kompensiert: Zum einen dürfte ein Transferverbot die Unternehmungs- und Investitionslust der in ihrer Dispositionsfreiheit beschränkten Kapitalbesitzer und Unternehmer nicht gerade fördern. Pessimismus und Mißtrauen breiten sich aus, so daß die wachstumsfördernde Anlage der im Inland zurückgehaltenen Mittel keineswegs sichergestellt ist. – Zum anderen kommt der Kapitalimport ebenfalls weitge-

---

29 Näheres zur Wirkung von Wechselkursänderungen auf die Devisenerlöse aus Exporten siehe oben, S. 95 ff.

hend zum Erliegen, weil die Währung eines Landes mit Devisenbewirtschaftung aus der Sicht potentieller Kapitalimporteure eine *„Mausefallenwährung“* ist. Man kommt zwar ohne weiteres in sie hinein, jedoch wegen der Transferbeschränkungen nicht mehr hinaus. Selbst wenn ausländische Guthaben und Vermögenswerte vom Transferverbot ausgenommen sein sollten, würden potentielle Kapitalimporteure durch das große Risiko des jederzeit möglichen Widerrufs mit Sicherheit abgeschreckt.

Eine Möglichkeit, dieses Hemmnis zu überwinden, besteht darin, daß durch staatliche Garantien oder Bürgschaften das Risiko teilweise von den Kapitalimporteuren auf den Staat verlagert wird. Dieses Verfahren wird in erheblichem Umfang im Verkehr zwischen Industrie- und Entwicklungsländern geübt, wobei letztere meist eine mehr oder weniger strikte Devisenbewirtschaftung praktizieren. Der vergleichsweise geringe Umfang privater Kapitalimporte aus Industrieländern in Entwicklungsländer zeigt jedoch, daß diese Maßnahme nur begrenzt wirksam ist. Schließlich kann auch der Staat selber die Rolle des Kapitalimporteurs übernehmen. Die westlichen Kapitalexporte in Entwicklungsländer sind zum überwiegenden Teil staatlich. Für diese Transaktionen sind jedoch in der Regel nicht rein ökonomische, sondern entwicklungspolitische und außenpolitische Kriterien maßgebend.

Ganz abgesehen davon, daß die aus nationaler Sicht erhofften positiven Wirkungen von Kapitalverkehrsbeschränkungen durchaus zweifelhaft erscheinen, dürfen auch die weltwirtschaftlichen Aspekte nicht übersehen werden. Hierbei ist der Umstand hervorzuheben, daß die *internationale Allokation* des Produktionsfaktors Kapital *nicht* durch die Steuerungskräfte des Marktes, also durch die Zinshöhe bzw. die Kapitalrendite, sondern durch administrative Regeln bestimmt wird. Es ist daher mit Sicherheit davon auszugehen, daß mit zunehmender Verbreitung der Devisenbewirtschaftung die Effizienz des Kapitaleinsatzes im Weltmaßstab sinkt. Dabei soll nicht verkannt werden, daß bei selektiver und begrenzter Anwendung der Devisenbewirtschaftung dieser Effekt in Grenzen gehalten werden kann und überdies zugunsten anderer übergeordneter, insbesondere entwicklungspolitischer Ziele vorübergehend in Kauf zu nehmen ist.

3. Die Devisenbewirtschaftung führt zwangsläufig zu einer **Schrumpfung des internationalen Handels.** Der Zusammenhang ist höchst einfach. Die Devisenbewirtschaftung führt zu einer Überbewertung der Inlandswährung; denn der staatliche Devisenankaufskurs liegt unter dem Marktkurs. Die Exportchancen verschlechtern sich und die Exporte sinken. Daraufhin werden die Importe auf die Höhe der Exporte gesenkt, indem mit Hilfe der beschriebenen Maßnahmen die Devisennachfrage für Importzwecke auf das gewünschte Maß reduziert

wird. Die Importsenkung bedeutet für die Handelspartner dieses Landes eine Exportminderung.

Nun kann man einwenden, daß der Zahlungsbilanzausgleich statt durch Importminderung auch durch eine Förderung der Exporte z. B. durch Exportsubventionen erreichbar ist. Dazu ist zunächst zu bemerken, daß der eigentliche Zweck der Devisenbewirtschaftung stets die Reduzierung des Devisenabflusses und damit des Importes ist. Es ist also davon auszugehen, daß andere Mittel bereits ohne (ausreichenden) Erfolg ausprobiert wurden. Wenn neben der Devisenbewirtschaftung dennoch ein Exportförderungsprogramm durchgeführt wird, so wird das die notwendige Importdrosselung höchstens mindern.

Von besonderer praktisch-politischer Bedeutung ist in diesem Zusammenhang, daß die negativen Folgen der Devisenbewirtschaftung dann vergleichsweise gering bleiben, wenn es sich dabei um die isolierte Maßnahme eines oder weniger Länder von geringem weltwirtschaftlichem Gewicht handelt. Ihre Importminderungen beeinträchtigen den Welthandel nur marginal. Nach den bisherigen Erfahrungen wird jedoch die Devisenbewirtschaftung im Laufe schwerer internationaler Wirtschaftskrisen von vielen Ländern gleichzeitig angewendet. Das eklatanteste historische Beispiel bot die Entwicklung zwischen Weltwirtschaftskrise und Zweitem Weltkrieg. Ausgehend von Deutschland und einigen anderen Ländern, die während der Weltwirtschaftskrise zunächst nur den Kapitalverkehr beschränkten, gingen in der Folgezeit immer mehr Länder zur Devisenbewirtschaftung über, wobei sich die Restriktionen mehr und mehr verschärften. Während des Zweiten Weltkrieges war dann die Devisenbewirtschaftung weltweit verbreitet. In derartigen Situationen zunehmender Ausbreitung der Devisenbewirtschaftung verstärken sich ihre negativen Folgen überproportional. Zum einen sind Versuche, den Zahlungsbilanzausgleich durch Exportförderung herbeizuführen oder zu erleichtern zum Scheitern verurteilt. Denn viele oder die meisten Länder reduzieren mit Hilfe der Devisenbewirtschaftung ihre Importe. Auch Preisnachlässe oder andere Zugeständnisse der Anbieter führen nicht zu einer Erhöhung der Importwerte, da sie ja durch die staatlicherseits vorgegebene Devisenmenge fixiert sind. Da eine Erhöhung der Deviseneinnahmen durch Exportsteigerung mißlingt, muß der Zahlungsbilanzausgleich voll durch Importdrosselung, d. h. durch Verringerung des Außenhandels erfolgen.

Eine weitere, besonders schwerwiegende Konsequenz verbreiteter Devisenbewirtschaftung ist die Tendenz zum **Bilateralismus im Außenhandel.** Dabei genügt es nicht mehr, daß die Leistungsbilanz insgesamt im Gleichgewicht ist, vielmehr versucht jedes Land, seine Leistungsbilanz gegenüber jedem einzelnen Partnerland, also bilateral, auszugleichen. Der Grund für diese Politik ist die

Nichtkonvertierbarkeit der Währungen. Sie macht es unmöglich, die im Handel mit einem Land erzielten Überschüsse zur Abdeckung des im Handel mit einem anderen Land entstandenen Defizits zu verwenden. So ist man bemüht, Defizite auch im bilateralen Handelsverkehr zu vermeiden. Der Außenhandel sinkt damit auf die Stufe des Naturaltausches herab. Dabei bestimmt jeweils der Partner mit dem geringsten Bedarf den Umfang des Warenaustausches.

Es liegt auf der Hand, daß die Entwicklung zum Bilateralismus mit einer starken Schrumpfung des Außenhandels einhergeht. Daraus folgt eine **Verringerung der internationalen Arbeitsteilung** mit der Konsequenz, daß Produktionsfaktoren in unproduktivere Verwendungen wandern. Selbst beim verbleibenden Außenhandel wird die Lenkungsfunktion der Preise geschwächt, wenn z. B. zwecks Sicherung des zweiseitigen Zahlungsbilanzausgleichs Waren vom teureren Anbieterland bezogen werden.

d) Multilateraler Zahlungsausgleich (Devisenclearing)

Häufig wird versucht, die Nachteile der Devisenbewirtschaftung zu mildern. Diesem Zweck dienen *bilaterale Verrechnungsabkommen* zwischen Ländern, von denen eines oder beide Devisenbewirtschaftung praktizieren. Das Prinzip beruht darauf, daß der Zahlungsverkehr zwischen Inland und Ausland ersetzt wird durch die Verrechnung aller Forderungen und Verbindlichkeiten gegenüber dem Ausland. Als Verrechnungszentrale fungieren im allgemeinen die Notenbanken. Dabei zahlen die inländischen Importeure nicht an ihre ausländischen Lieferanten, sondern an die eigene Notenbank (in Inlandswährung) und die Exporteure empfangen keine Devisenzahlungen von ihren ausländischen Kunden, sondern Zahlungen in Inlandswährung von ihrer Notenbank. Im Partnerland geschieht Entsprechendes. Die Notenbanken erfassen auf diese Weise alle Forderungen und Verbindlichkeiten gegenüber dem Partnerland auf einem Verrechnungskonto (**bilaterales Devisenclearing**). Am Ende des Verrechnungszeitraumes sind dann lediglich entstandene Salden (Spitzen) durch Devisenzahlungen oder zusätzliche Warenlieferungen zu tilgen.

Eine gewisse, allerdings relativ geringfügige Milderung der handelsbeschränkenden Wirkung der Devisenbewirtschaftung ist dann zu verzeichnen, wenn in dem Verrechnungsabkommen *Swings* vereinbart werden, die das Entstehen von Überschüssen bzw. Defiziten bis zu festgelegten Höchstgrenzen erlauben, ohne daß sofort für einen Ausgleich zu sorgen wäre.

Ein weiterer Schritt in diese Richtung wäre der Übergang vom bilateralen zum **multilateralen Devisenclearing**. Dabei beteiligen sich drei oder mehr Staaten an dem Verrechnungssystem. Der entscheidende Vorteil beruht darauf, daß ein Land (A) seine Schulden gegenüber einem Land (B) gegen Forderungen gegenüber einem anderen Land (C) aufrechnen kann. Auf diese Weise können Salden in bilateralen Zahlungsbilanzen verrechnet werden, so daß Devisenzahlungen oder eine Einschränkung des Außenhandels vermieden werden. Diese Wirkung ist um so größer, je größer die Teilnehmerzahl eines solchen multilateralen Zahlungsausgleichs ist. Die grundsätzliche Wirkungsweise des multilateralen Clearing zeigen die folgenden Abbildungen[30] am Beispiel eines **Ringclearing** zwischen drei Ländern: Abb. 42a zeigt die Zahlungsbilanzsituation zwischen drei Ländern (A, B und C) in einem bestimmten Zeitraum, wobei die Pfeile Devisenforderungen in der jeweils angegebenen Höhe kennzeichnen. Nach Vornahme eines *bilateralen* Clearing ergeben sich die in Abb. 42b verzeichneten Salden.

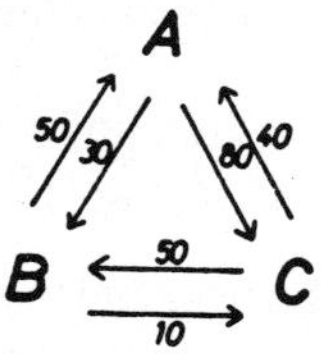

Abb.42a

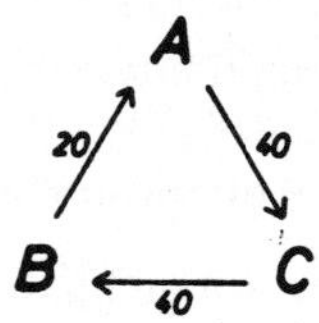

Abb.42b

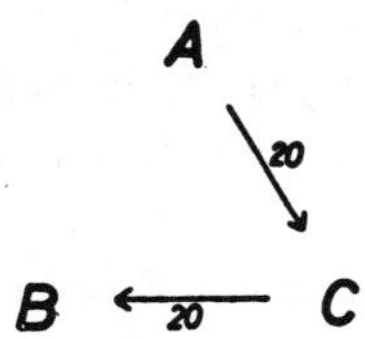

Abb.42c

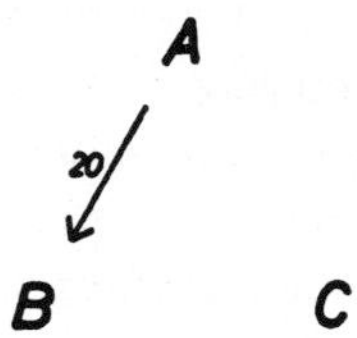

Abb.42d

Multilaterales Clearing

Beim multilateralen *Ringclearing* können zunächst einmal für jedes Land Forderungen in Höhe von 20 mit Verbindlichkeiten in gleicher Höhe verrechnet werden, so daß sich die Salden, wie in Abb. 42c gezeigt, verringert haben. Die Gesamtzahlungsbilanz von C ist ausgeglichen, nicht jedoch seine bilateralen Zahlungsbilanzen. Gegenüber A hat es eine Verbindlichkeit und gegenüber B eine Forderung von jeweils 20. Bei Ringclearing rechnet nun C seine Schuld gegenüber A mit seiner Forderung gegenüber B auf, so daß A für seine Forderung gegen C eine gleichhohe Forderung gegen B erwirbt (Abb. 42d). Die bilateralen Bilanzen von C sind nun ausgeglichen. Die Salden haben sich also gegenüber der Situation bei bilateralem Clearing von insgesamt 100 auf 20 verringert.

---

[30] Entnommen Alfred *Kruse:* Außenwirtschaft. 3. Aufl., Berlin 1972, S. 261 ff.

Nach dem Zweiten Weltkrieg wurde der internationale Zahlungsverkehr zwischen den westlichen Industrieländern z. T. mit Hilfe eines Ringclearing abgewickelt. Die Funktionsfähigkeit dieses Systems war jedoch eingeschränkt, weil sich immer wieder Länder weigerten, ihre Forderungen in härteren Währungen gegen Verbindlichkeiten in schwächeren Währungen aufrechnen zu lassen. Da andererseits auch für die Wiedereinführung der Konvertibilität der Währungen, zu der sich die IWF-Mitglieder verpflichtet hatten, eine langjährige Übergangszeit veranschlagt war, wurde im Rahmen der 1950 gegründeten *EZU* (Europäische Zahlungsunion) ein sogenanntes **Poolclearing** installiert. Hauptmerkmal des multilateralen Poolclearing ist, daß alle Teilnehmerländer ihre Forderungen und Verbindlichkeiten aus dem Außenwirtschaftsverkehr in den Pool einbringen, wo sämtliche Forderungen und Schulden eines Landes unabhängig von ihrer Herkunft gegeneinander verrechnet werden. Die Abbildungen 43a und 43b zeigen schematisch die Ergebnisse eines Poolclearing unter Annahme der gleichen Ausgangssituation wie in Abb. 42a:

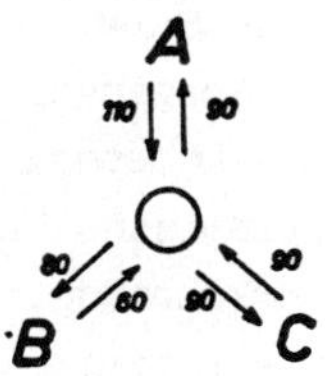

Abb. 43a

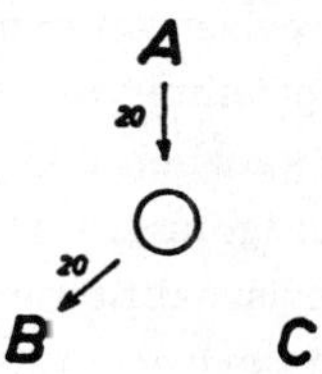

Abb. 43b

Multilaterales Poolclearing

Das Poolclearing im Rahmen der EZU hatte gegenüber dem Ringclearing zwei Vorteile. Einmal geschah die Verrechnung ohne besondere Genehmigung der Beteiligten. Sie wurde von der BIZ (Bank für Internationalen Zahlungsausgleich) im Auftrag der EZU vorgenommen. Daher konnte das Funktionieren des Systems nicht durch die unterschiedliche Wertschätzung der einzelnen Währungen gestört werden. Zweitens war das EZU-Clearing mit einer automatischen Kreditgewährung seitens der EZU an die Länder verbunden, deren Zahlungsbilanz insgesamt ein Defizit aufwies. Für sie entfiel daher der Zwang, das Defizit kurzfristig auszugleichen und zu diesem Zweck die Importe zu drosseln.

Das Poolclearing ermöglichte somit bei Devisenbewirtschaftung ein größeres Außenhandelsvolumen, als es mit Hilfe des Ringclearing oder gar bei bilateraler Verrechnung möglich gewesen wäre. Allerdings zeigte sich bald auch ein gewichtiger Nachteil des EZU-Clearing. Es bildeten sich bei festen Wechselkursen chronische und tendenziell wachsende Schuldner- und Gläubigerpositionen heraus. Die Erwartung oder Hoffnung, daß Defizite wieder abgebaut würden, erfüllten sich meist nicht. Da die EZU-Kredite an keinerlei Auflagen gebunden waren, wirkten sie nicht bremsend auf die inflationäre Politik mancher Länder, sondern begünstigten sie noch. 1958 hatte die EZU ihre Aufgabe erfüllt und stellte ihre Tätigkeit ein, weil 18 europäische Länder zur Konvertibilität zurückkehrten. Das Erbe der chronischen Zahlungsbilanzungleichgewichte jedoch wurde übernommen und sollte später zur Hauptursache für die großen Währungskrisen werden, die das Währungssystem von Bretton Woods zum Einsturz brachten.

2. Beschränkungen des internationalen Kapitalverkehrs

Die zu besprechenden Kapitalverkehrsbeschränkungen werden nicht - wie das verschiedentlich geschieht - mit Devisenbewirtschaftung gleichgesetzt. Sie unterscheiden sich von dieser einmal dadurch, daß sie sich nur auf Teile des Devisenverkehrs erstrecken. Zweitens fehlt in der Regel das Merkmal des zweiseitigen staatlichen Devisenmonopols. Die Inländer sind also nicht verpflichtet, sämtliche Devisen an den Staat abzuführen, und der Staat übernimmt auch nicht die Verteilung der Devisen. Drittens können Ausgangssituationen und Zielsetzung gänzlich anders sein. Während die Devisenbewirtschaftung stets auf die Beseitigung eines bestehenden Zahlungsbilanzdefizits durch Verminderung der Devisenabflüsse abzielt, werden Kapitalverkehrskontrollen auch zur Abwehr von Devisenzuflüssen bei aktiver Zahlungsbilanz eingesetzt. Eine enge Verwandtschaft mit der Devisenbewirtschaftung ist allerdings gegeben.

a) Liberalisierungsbemühungen in der Nachkriegszeit

Die offenkundigen Nachteile der Devisenbewirtschaftung führten nach dem Zweiten Weltkrieg dazu, daß bei der Neukonzipierung der Weltwirtschafts- und Weltwährungsordnung die Bemühungen auf eine möglichst weitgehende Liberalisierung des internationalen Güter- und Kapitalverkehrs und damit auf eine Beseitigung der Devisenbewirtschaftung gerichtet waren. Das fand seinen Niederschlag in den *IWF-Statuten,* wonach die Mitgliedsländer den internationalen Zahlungsverkehr nicht beschränken dürfen und bestehende Beschränkungen innerhalb einer längeren Übergangszeit beseitigen müssen[31]. Allerdings waren Kapitaltransfers von dieser Bestimmung ausdrücklich ausgenommen, so daß Kapitalverkehrsbeschränkungen nicht im Gegensatz zu den IWF-Bestimmungen standen.

Im Rahmen der OECD (Organization for Economic Co-operation and Development) wurde 1961 der Versuch unternommen, durch Verabschiedung eines *Libe-*

---

[31] Näheres siehe unten S. 406 f.

ralisierungskodex[32] auch dem internationalen Kapitalverkehr eine möglichst große Freizügigkeit zu sichern. Dabei konnte man sich jedoch nicht auf eine generelle Liberalisierung einigen. Vielmehr wurden nur einige spezielle Kapitaltransaktionen wie z. B. Direktinvestitionen in den Kodex aufgenommen. Und selbst hierfür gab es eine Reihe von Ausweichklauseln, so daß die Wirksamkeit dieser Bestimmungen „für den Ernstfall" von vorneherein gering einzuschätzen war.

Schließlich sei erwähnt, daß auch die *Liberalisierung des Kapitalverkehrs innerhalb der EWG ein ungelöstes Problem* war und blieb. Zwar enthielt Art. 67 des EWG-Vertrages die Bestimmung, daß die Mitgliedstaaten untereinander alle Beschränkungen des Kapitalverkehrs beseitigen; allerdings schließt sich der höchst problematische Zusatz an: „Soweit es für das Funktionieren des gemeinsamen Marktes notwendig ist." Zur Interpretation und Konkretisierung dieser Bestimmungen hat der Rat der EWG Richtlinien erlassen. Diese sehen für einige Arten von Kapitaltransaktionen eine völlige Liberalisierung vor, für andere dagegen ist die Liberalisierung de facto in das wirtschaftspolitische Ermessen des einzelnen Landes gestellt. Schutz- bzw. Ausweichklauseln ermöglichen darüber hinaus insbesondere bei Auftreten von Zahlungsbilanzschwierigkeiten das Ergreifen von Schutzmaßnahmen, die auch in einer Einschränkung des Kapitalverkehrs bestehen können.

Es ist festzustellen, daß die Bemühungen zur Liberalisierung des internationalen Kapitalverkehrs in der Nachkriegszeit weit weniger erfolgreich waren als die Liberalisierungserfolge im Außenhandel. Während es hier zwischen den westlichen Industrieländern zu einer fast völligen und endgültigen Beseitigung von mengenmäßigen Beschränkungen (Kontingenten) bei Industriegütern und zu weitgehenden Zollsenkungen mit dem Verbot der Wieder- oder Neueinführung kam, hat die Mehrzahl der westlichen Länder, insbesondere Belgien, Frankreich, Großbritannien und Italien, einen Teil ihrer Kapitalverkehrsbeschränkungen stets beibehalten und sich darüber hinaus die Möglichkeit offengehalten, weitere Beschränkungen bei Bedarf wiedereinzuführen, ohne damit gegen bindende Vereinbarungen zu verstoßen. Dennoch soll nicht verkannt werden, daß auch der internationale Kapitalverkehr, gemessen an den Verhältnissen während des Zweiten Weltkrieges, Anfang der 60er Jahre einen hohen Liberalisierungsgrad erreicht hatte. Einige Länder wie die Bundesrepublik und die USA hatten den Kapitalverkehr von jeglichen Beschränkungen befreit.

---

32 *OECD* (Hrsg.): Code of Liberalisation of Capital Movements. Paris 1965.

b) Weltweite Verschärfung der Kapitalverkehrsbeschränkungen

Allerdings leiteten die sich im Verlauf der 60er Jahre abzeichnenden krisenhaften Entwicklungen des Weltwährungssystems einen Umschwung ein. Viele Länder verschärften bestehende Vorschriften oder führten neue ein. Anlaß dafür war das Entstehen dauerhafter Zahlungsbilanzungleichgewichte und die in ihrem Gefolge auftretenden spekulativen Kapitalbewegungen. Die starke Zunahme der Dollarreserven infolge der ständigen amerikanischen Zahlungsbilanzdefizite, die wachsende Bedeutung der internationalen Finanzmärkte und auch die Vermehrung der multinationalen Unternehmen waren die Ursache für *das starke Anschwellen kurzfristiger Kapitalbewegungen* im Gefolge von Währungskrisen. Die Länder glaubten, mit Hilfe von Kapitalverkehrsbeschränkungen Wechselkursänderungen vermeiden und das Zahlungsbilanzgleichgewicht wieder herstellen zu können.

Schon ein flüchtiger Blick auf die Entwicklung einiger ausgeprägt dirigistischer Länder wie Frankreich, Italien und Großbritannien zeigt, daß auch eine ständige Verschärfung der Reglementierungen weder die Zahlungsbilanz sanieren, noch mehrfache Abwertungen verhindern, noch das Ausscheren aus dem europäischen Währungsverbund und den Übergang zu flexiblen Wechselkursen verhindern konnte.

Durch die Beschränkung der Reglementierungen auf den Kapitalverkehr sollte einmal erreicht werden, daß der internationale *Waren- und Leistungsverkehr möglichst unbeeinflußt* blieb. Des weiteren glaubte man, auf diese Weise *gezielt gegen unerwünschte Kapitalbewegungen* wie Kapitalflucht und den Zu- oder Abfluß kurzfristiger spekulativer Mittel vorgehen zu können. In ihnen wurde häufig die Wurzel des Übels gesehen, obwohl es sich lediglich um Symptome einer verfehlten binnenwirtschaftlichen Politik handelte. Und schließlich wurden *Eingriffe in den Kapitalverkehr als minder schwerwiegend* und kurzfristig beseitigbar angesehen.

c) Methoden und Techniken der Kapitalverkehrsreglementierung

Die angewendeten Formen und Techniken regulierender Eingriffe in den internationalen Kapitalverkehr sind äußerst *vielgestaltig*. Ihre erschöpfende Behandlung ist hier nicht möglich. In grober Einteilung kann man jedoch zwischen *indirekten* Beschränkungen, *direkten* Beschränkungen und der *Devisenmarktspaltung* unterscheiden.

1. Zunächst sei darauf hingewiesen, daß es eine Vielzahl von Möglichkeiten zur **indirekten Beeinflussung** des Kapitalverkehrs gibt. Dabei wird nicht die Kapitaltransaktion selbst verboten oder genehmigungspflichtig gemacht oder anderen Beschränkungen unterworfen, sondern sie wird finanziell belastet oder

auch entlastet. Als Beispiele dafür seien die Swapsatzpolitik der Notenbanken genannt, die dem Geldexporteur einen günstigeren als den Marktswapsatz (geringere Kurssicherungskosten) bietet, ferner das Verzinsungsverbot oder besonders hohe Mindestreserven für Auslandseinlagen. In diese Kategorie sind auch spezielle Steuern einzuordnen, die Kapitaltransaktionen oder deren Erträge besonders belasten. Das galt für die deutsche Kuponsteuer, die die Zinserträge aus deutschen festverzinslichen Wertpapieren für Ausländer mit 25 % belastete.

Man ist geneigt, diese *indirekten „marktkonformen" Mittel* als weniger gravierend anzusehen, weil sie das Wirken des Marktmechanismus nicht ausschalten. Allerdings können sie bei entsprechend rigoroser Handhabung Kapitaltransaktionen völlig unterbinden und damit in gleicher Weise wirken wie direkte Eingriffe (Verbote etc.). Außerdem haben sie mit diesen gemein, daß sie die Betroffenen zu Umgehungen herausfordern. Sofern der Staat nicht bereit ist, die Umgehungen hinzunehmen, können auch sie unter Umständen eine Kette sich steigernder Interventionen und Kontrollen auslösen. Dabei wird man sich sehr schnell genötigt sehen, auch zu direkten Eingriffen überzugehen.

2. Die **direkten Kapitalverkehrsbeschränkungen** setzen an den zu regulierenden Transaktionen selbst an:

a) Die naheliegendste Maßnahme ist das *Verbot oder die Genehmigungspflicht bestimmter Kapitaltransaktionen.* Diese können sich prinzipiell auf alle denkbaren Transaktionen beziehen, also z. B. auf den Erwerb ausländischer Wertpapiere oder den Verkauf inländischer Wertpapiere ins Ausland, auf die Kreditaufnahme im Ausland oder die Kreditvergabe an das Ausland, auf die Gewährung oder Inanspruchnahme von Lieferantenkrediten, auf den Erwerb von Haus- und Grundvermögen durch Inländer im Ausland oder durch Ausländer im Inland, auf die Durchführung von Direktinvestitionen durch Inländer im Ausland oder durch Ausländer im Inland.

b) Eine andere Maßnahmenkategorie kann an dem mit Kapitaltransaktionen einhergehenden *Zahlungsverkehr ansetzen,* indem z. B. bestimmte gängige Zahlungsarten untersagt werden und indem nur bestimmte Banken die Abwicklung des Zahlungsverkehrs durchführen dürfen.

c) Des weiteren kann auch das *Halten von Devisenguthaben* Beschränkungen unterworfen werden und damit die Transaktionen beschränken, die zu Devisenguthaben führen. So kann für aus bestimmten Transaktionen stammende Devisenguthaben die Umtauschpflicht eingeführt werden.

d) Ein von vielen westlichen Ländern, nicht jedoch von der Bundesrepublik angewendetes direktes Instrument ist die *Regulierung der Nettoauslandsposi-*

tion der Banken. Damit wird der Saldo zwischen Auslandsforderungen und -verbindlichkeiten der Banken bestimmten Vorschriften unterworfen. So können z. B. Netto-Devisenabflüsse über den Bankenapparat verhindert werden, indem den Banken eine Verschlechterung ihrer Nettoauslandspositionen untersagt wird.

Als lehrreiches Anschauungsobjekt für Anwendung und Wirkung der oben genannten Instrumente kann die *Bundesrepublik Deutschland* dienen. Sie hatte mit Einführung der Konvertibilität der D-Mark 1958 den Kapitalverkehr weitestgehend liberalisiert und hielt an diesem Grundsatz auch noch fest, als andere westliche Länder längst den Umschwung zu rigorosen Kapitalverkehrsbeschränkungen vollzogen hatten. Abgesehen von ganz vereinzelten Maßnahmen begann hier der systematische Einsatz dirigistischer Instrumente erst 1971, nachdem die sich häufenden Währungskrisen immer größere Devisenbeträge in die Bundesrepublik schwemmten. Da wechselkurspolitische Maßnahmen politisch (noch) nicht akzeptabel erschienen, versuchte man den *Zufluß spekulativer Mittel durch Kapitalverkehrsbeschränkungen einzudämmen.* Es begann mit indirekten und als vorübergehend bezeichneten Maßnahmen. So wurden Ausländereinlagen bei deutschen Banken mit einer *Sondermindestreserve* belegt. Die *Verzinsung von Ausländerguthaben wurde genehmigungspflichtig.* Nichtbanken mußten bei Aufnahme von Auslandskrediten bei der Bundesbank zinslos ein *Bardepot* halten. Nachdem die folgenden Währungskrisen die Unwirksamkeit dieser Maßnahmen offenbarten und der Devisenzufluß in die Bundesrepublik nicht ab- sondern sprunghaft zunahm, erfolgte eine entschiedene Hinwendung zum systematischen Dirigismus. Dieser Umstand und die spätere Entwicklung sind ein Beleg dafür, daß einer dirigistischen Politik eine **zwangsläufige Tendenz zur Eskalation** innewohnt. Sie resultiert aus dem folgerichtigen Bestreben, die zahlreichen Umgehungsmöglichkeiten zu verschließen und damit ein Scheitern der dirigistischen Politik zu verhindern.

Neben einer Verschärfung der indirekten Maßnahmen folgte als *direkte* Maßnahme im Juni 1972 die *Genehmigungspflicht für den Erwerb inländischer Schuldverschreibungen durch Ausländer* und im Februar 1973 auch für *Aktien.* Gleichzeitig wurde die Inanspruchnahme von *ausländischen Lieferantenkrediten,* die *Abtretung von Forderungen an Ausländer* und bestimmte Formen *ausländischer Direktinvestitionen* in der Bundesrepublik genehmigungspflichtig. Noch Mitte 1973 wurden einige zusätzliche Maßnahmen ergriffen; so die *Genehmigungspflicht für den Forderungserwerb* durch Ausländer. Die Bildung des europäischen Währungsverbundes mit flexiblen Wechselkursen gegenüber Drittländern im März 1973 sowie die Erdölkrise entschärften das Problem der spekulativen Devisenzuflüsse in die Bundesrepublik, so daß in der Folgezeit die Kapitalverkehrskontrollen allmählich wieder abgebaut wurden.

3. Die Instrumente der direkten Reglementierung des Kapitalverkehrs wurden von den meisten westlichen Industrieländern ebenfalls und meist in schärferer und umfassenderer Form als in der Bundesrepublik angewendet. Darüber hinaus jedoch wurde in vielen Ländern als weitere spezielle Maßnahme die **Devisenmarktspaltung** praktiziert. In der Bundesrepublik wurde davon kein Gebrauch gemacht. Bei der Devisenmarktspaltung wird staatlicherseits *eine Teilung des Devisenmarktes in zwei möglichst strikt voneinander getrennte Märkte* herbeigeführt. Auf dem einen Teilmarkt werden *zu festen Wechselkursen* Devisen aus Handels- und Dienstleistungsgeschäften mit dem Ausland gehandelt **(Handelsdevisen)**, während auf dem anderen Teilmarkt *bei flexiblen Wechselkursen* Devisen aus Finanztransaktionen mit dem Ausland **(Finanzdevisen)** gehandelt werden.

Das *Ziel* dieser Maßnahme ist die „marktkonforme" Ausschaltung der kurzfristigen destabilisierenden Kapitalströme. Bei massiven Kapitalabflüssen z. B. würden sich die Devisen ständig verteuern, so daß die inländischen Kapitalexporteure abgeschreckt würden. Der besondere *Vorzug* des Systems wird darin gesehen, daß die festen Wechselkurse für Handelsdevisen dem Außenhandel sichere Kalkulationsgrundlagen gewährleisten und damit einen ungehinderten und unverzerrten internationalen Güteraustausch ermöglichen. Weitere Vorteile gegenüber anderen Instrumenten sollen darin bestehen, daß direkte Kapitalverkehrsbeschränkungen weitgehend entbehrlich sind, daß staatliche Überwachungs- und Kontrollmaßnahmen stark reduziert werden und daß die staatlichen Durchführungskosten vergleichsweise gering sind.

Demgegenüber ist festzustellen, daß die für das Funktionieren des Systems unerläßliche Trennung der beiden Teilmärkte die *Erfassung und Kontrolle aller Leistungs- und Finanztransaktionen zwischen Inland und Ausland voraussetzt.* Da man den Zahlungsvorgängen nicht ansieht, ob sie der Abwicklung von Leistungs- oder Finanztransaktionen dienen, müssen auch alle Leistungsvorgänge erfaßt werden, um die Devisentransfers einer der beiden Transaktionsarten zuordnen zu können. *Die Kontrollmaßnahmen müssen also umfassend sein.* Um die Kontrolle der unzähligen Zahlungsvorgänge praktikabel zu machen, wird in der Regel zu mehr oder weniger weitgehenden Beschränkungen gegriffen. Häufig wird die Abwicklung des Devisenverkehrs nur einer beschränkten Anzahl „autorisierter" Banken erlaubt. Auch bestimmte Zahlungsarten, etwa durch Scheck, Postanweisung oder Bargeld, können untersagt werden.

Die zahlreichen Möglichkeiten zur **Umgehung der Marktspaltung** provozieren eine Verschärfung der Kontrollen und eine Ausdehnung der Beschränkungen. Eine prinzipielle Umgehungsmöglichkeit besteht darin, daß Transaktionen der behördlichen Erfassung entzogen werden. Eine zweite Umgehungsmöglichkeit ist die Falschdeklarierung einer Transaktion. So kann man unter dem Deckmantel eines Warenexportes einen Kapitalimport bewerkstelligen, indem man überhöhte Preise berechnet. In Höhe der Differenz zwischen tatsächlichen und Rechnungspreisen wird Kapital über den Markt für Handelsdevisen importiert. Ferner bieten die im Außenhandel üblichen Zahlungsmodalitäten Möglichkeiten für versteckte Kapitaltransaktionen. So können z. B. Warenexporteure durch pro-forma-Verlängerung der Zahlungsziele Kapital exportieren oder durch pro-forma-Verkürzung der Zahlungsziele Kapital importieren, und zwar jeweils über den Markt für Handelsdevisen.

Eine weitere Schwierigkeit bei der Praktizierung der Devisenmarktspaltung ergibt sich aus der *Interdependenz zwischen Außenhandel und Kapitalverkehr.* Einem monetären Kapitaltransfer ins Ausland folgt „normalerweise" ein Realtransfer in Form von Gütern und Leistungen[33]. Da sich die Marktspaltung nicht gegen diesen erwünschten, sondern nur gegen den unerwünschten kurzfristigen Kapitalverkehr richtet, stehen die wirtschaftspolitischen Instanzen vor der Aufgabe, die Beeinträchtigung des erwünschten Kapitalverkehrs durch entsprechende Maßnahmen zu vermeiden. Voraussetzung für die Bewältigung dieser Aufgabe ist jedoch die Unterscheidung zwischen erwünschtem und unerwünschtem Kapitalverkehr. Ein hinreichend zuverlässiges Verfahren ist bislang nicht verfügbar.

Als **Ergebnis** ist also festzuhalten, **daß die behaupteten Vorteile der Devisenmarktspaltung** (keine direkten Beschränkungen, Ausmaß der Kontrollen gering; Durchführungskosten gering) **nicht zutreffen.** Insbesondere ist hervorzuheben, daß auch der Leistungsverkehr keineswegs unbeeinflußt bleibt.

d) Wirkungen staatlicher Kapitalverkehrsbeschränkungen

Die prinzipiellen Wirkungen von Kapitalverkehrsbeschränkungen gleichen weitgehend denen der Devisenbewirtschaftung. Auf eine ausführliche Erörterung kann daher an dieser Stelle verzichtet werden. Hervorzuheben ist, daß auch durch Kapitalverkehrsbeschränkungen die Allokation der Produktionsfaktoren, insbesondere des Faktors Kapital beeinträchtigt wird. Die Frage, ob die Wirkungen weniger gravierend sind als bei totaler Devisenbewirtschaftung, ist ein graduelles Problem. Es verliert an Gewicht durch den Umstand, daß auch Kapitalverkehrsbeschränkungen eine Tendenz zur Selbstverstärkung innewohnt, die sie früher oder später in die Nähe der totalen Devisenbewirtschaftung rückt. **Ein geeignetes Mittel zur Abwehr spekulativer Kapitalbewegungen und zur langfristigen Sicherung des Zahlungsbilanzgleichgewichts kann in ihnen nicht gesehen werden.** Diese Aussage wird auch gestützt durch die praktischen

---

[33] Zum Problem des Realtransfers siehe oben, S. 241 ff.

Erfahrungen. Gerade die Länder, die in besonders großem Umfang und mit besonderer Intensität auf Kapitalverkehrsbeschränkungen zurückgriffen, an der Spitze Frankreich, aber auch Italien und Großbritannien, konnten weder die Kapitalabflüsse nachhaltig stoppen noch den Zahlungsbilanzausgleich sichern, sondern sahen sich schließlich gezwungen, zu flexiblen Wechselkursen überzugehen. Eine ökonomische Rechtfertigung haben derartige Beschränkungen allenfalls als **temporäre Notmaßnahme** gegen massive Devisenzuflüsse oder -abflüsse, die es kurzfristig zu stoppen gilt. Auf diese Weise kann ein zeitlicher Spielraum zur Einleitung der eigentlichen wirtschaftspolitischen Sanierungsmaßnahmen gewonnen werden. Ohne diese Maßnahmen müssen Kapitalverkehrsbeschränkungen auf die Dauer ihren Zweck verfehlen.

Literatur zum IV. Kapitel

Gröner, Helmut: Devisenmarktspaltung - Eine neue Form der Devisenkontrollen. Das Wirtschaftsstudium, 6. Jg. (1977), H. 6, S. 263 ff.

Groß, Richard: Freiheit und Intervention im Kapitalverkehr zwischen Industrieländern. Frankfurt a. M. 1970

Gutowski, Armin: Kapitalverkehrskontrollen - eine Alternative zu größerer Flexibilität? ORDO, Bd. 23 (1972)

Hasse, R.: *Werner*, H.; *Willgerodt*, H.: Außenwirtschaftliche Absicherung zwischen Markt und Interventionismus - Erfahrungen mit Kapitalverkehrskontrollen. Frankfurt a. M. 1975

Kruse, Alfred: Außenwirtschaft. §§ 13, 24, 3. Aufl. Berlin 1972

Meyer, F. W.: Art. Devisenbewirtschaftung. HdSW, zweiter Band. Stuttgart 1959

Werner, Horst: Die Kontrolle internationaler Kapitalbewegungen. Köln 1976

Schmidt, Susanne: Kapitalverkehrskontrollen und ihre Wirkung. Hamburg 1977

Dritter Teil

Währungspolitik und internationales Währungssystem

Erstes Kapitel

Nationale Währungspolitik und nationale Währungsordnung

1. Nationale und internationale Währungspolitik

Der Begriff „Währungspolitik" konkurriert in der Literatur mit dem Begriff „Geldpolitik". Diese Begriffe werden zuweilen unterschiedlich definiert, und zwar dergestalt, daß unter Geldpolitik *die* Maßnahmen im Bereich des Geldwesens subsumiert werden, die auf die Beeinflussung binnenwirtschaftlicher Aggregate wie Inlandsnachfrage oder Investitionen abzielen, während unter Währungspolitik die Maßnahmen zusammengefaßt werden, die durch Veränderungen im Bereich des Geldwesens den Geld- und Kapitalverkehr mit dem Ausland oder auch den Außenhandel beeinflussen sollen, wie z. B. die Swapsatzpolitik der Notenbank oder auch administrative Wechselkursänderungen.

Es spricht jedoch einiges *gegen* eine solche Differenzierung. Einmal dienen beide Maßnahmengruppen in der Hauptsache dem Ziel der Geldwertstabilität bzw. der Absicherung dieses Zieles gegen Einflüsse aus dem Ausland. Zum zweiten weisen die zur Anwendung gelangenden Maßnahmen insofern eine Gemeinsamkeit auf, als sie alle auf eine vorübergehende oder ständige Veränderung (Manipulation) im Bereich des inländischen Geldwesens hinauslaufen.

Aus diesen Gründen erscheint es zweckmäßig, auf eine unterschiedliche Definition der Begriffe *Geldpolitik und Währungspolitik* zu verzichten und sie *synonym* zu gebrauchen bzw. sich für einen der beiden Begriffe zu entscheiden. Im folgenden wird überwiegend der Begriff nationale Währungspolitik verwendet; er bezeichnet Maßnahmen im Bereich des Geld- und Währungswesens, die von *nationalen* Instanzen getroffen werden, um wirtschaftspolitische Ziele, insbesondere das der Geldwertstabilität und des außenwirtschaftlichen Gleichgewichts, zu realisieren. Er entspricht damit der weithin üblichen Abgrenzung des Begriffs Geldpolitik. **Die Begriffe „nationale Währungspolitik" und „Geldpolitik" in der üblichen Abgrenzung bezeichnen also gleiche Inhalte.**

Allerdings ist zu beachten, daß die so definierte nationale Währungspolitik nicht jene wirtschaftspolitischen Aktivitäten umfaßt, die im Bereich des *internationalen* Währungssystems von internationalen Institutionen oder von einer Mehrzahl von nationalen Instanzen (Regierungen) getroffen werden. Derartige Maßnahmen können beispielsweise die Installierung einer internationalen

Währungsordnung überhaupt betreffen, wie es 1944 in der Vereinbarung von Bretton Woods geschah. Sie können weiterhin Abänderungen und Modifikationen eines bestehenden internationalen Systems betreffen, wie es 1970 die Einführung der Sonderziehungsrechte oder 1971 die weltweite Neufestsetzung der Wechselkurse waren. Schließlich kann es sich um Maßnahmen internationaler Institutionen handeln, die mit der Wahrnehmung bestimmter Aufgaben oder mit der Realisierung vorgegebener Ziele im Bereich des internationalen Währungswesens betraut sind. Musterbeispiel für eine solche internationale Institution mit supranationalen Kompetenzen ist der Internationale Währungsfonds (IWF). Im Unterschied zur oben definierten Währungspolitik ist *Träger dieser* Politik nicht eine nationale sondern eine internationale Instanz bzw. eine *Mehrzahl* nationaler Instanzen; zum zweiten dient sie nicht der Durchsetzung spezifisch nationaler Interessen, sondern ist an *übernationalen Zielen* ausgerichtet. Es erscheint daher durchaus gerechtfertigt, von einer speziellen Politik zu sprechen. Entsprechend ihrer soeben beschriebenen Eigenart bietet sich die Bezeichnung **internationale Währungspolitik** an.

Es ist schon an dieser Stelle darauf hinzuweisen, daß es erhebliche Wirkungszusammenhänge zwischen nationaler und internationaler Währungspolitik gibt. So beinhaltet z. B. eine internationale Übereinkunft, die Wechselkurse zu fixieren, gleichzeitig eine recht weitgehende Festlegung der nationalen Wechselkurspolitik; denn die nationalen Währungsbehörden werden dadurch verpflichtet, die Konstanz der Wechselkurse durch entsprechende Interventionen aufrecht zu erhalten. Man kann darüber streiten, ob es sich hierbei überhaupt noch um nationale Währungspolitik im obigen Sinne handelt, oder ob nicht nationale Instanzen nur die Vollstrecker internationaler Währungspolitik ohne eigenen Entscheidungsspielraum sind. Auf jeden Fall hat diese starke Einengung des wechselkurspolitischen Spielraumes weitergehende Folgen für die nationale Währungspolitik. Denn wir wissen aus den früheren zahlungsbilanztheoretischen Darlegungen, daß Notenbankinterventionen zum Zweck der Wechselkursstabilisierung die Inlandsliquidität mehr oder weniger stark verändern können und damit ein Hauptziel der nationalen Währungspolitik, nämlich die Geldwertstabilität, gefährden. Die Vermeidung bzw. die Eindämmung dieser Gefahr erfordert nun den Einsatz entgegenwirkender wirtschaftspolitischer Maßnahmen insbesondere aus dem Bereich der nationalen Geldpolitik.

Die Interdependenz kann sich jedoch auch in der entgegengesetzten Richtung auswirken. So kann die nationale Währungspolitik eines Landes Wirkungen hervorrufen, die Maßnahmen auf der Ebene der internationalen Währungspolitik auslösen. Führt beispielsweise die nationale Wirtschafts- und Währungspolitik eines Landes zu einem erheblichen Zahlungsbilanzdefizit, so kann das – wie in der Vergangenheit vielfach geschehen - zur Gewährung zusätzlicher Devisenkredite seitens des IWF oder anderer Institutionen führen, die damit die Funktionsfähigkeit und den Fortbestand des internationalen Währungssystems sichern wollen.

2. Ziele der nationalen Währungspolitik und Probleme ihrer Realisierung

a) Politische, wirtschaftspolitische und währungspolitische Ziele

Jede Politik ist auf die Erreichung bestimmter Ziele gerichtet. Ziele beruhen auf Wertvorstellungen, auf Werturteilen also, und sind daher nicht „beweisbar" Die Aufstellung eines Zieles, eines Zielkatalogs oder einer Zielrangfolge ist ein normativer Akt, der sich einer wissenschaftlichen Analyse im Sinne einer empirischen Nachprüfung entzieht. Die *Begründung von Zielen* kann sich daher zu ihrer Untermauerung höchstens auf einen mehr oder weniger breiten Konsensus hinsichtlich der den aufgestellten Zielen zugrunde liegenden Wertungen stützen. Sie könnten allerdings auch mit der besseren Einsicht der Entscheidungsträger oder ähnlichem begründet werden.

Es herrscht relativ weitgehend Übereinstimmung darin, daß - zumindest in den westlichen Gesellschaften - *Wohlstand, Frieden, Freiheit, Gerechtigkeit* und *Sicherheit* allgemein als dominierende, vorrangige Werte angesehen werden. Die daraus von Politikern hergeleitete Rechtfertigung, diese Werte als „höchste" Ziele zu postulieren, beruht also letztlich auf individuellen Werturteilen und ist darum weder beweisbar noch widerlegbar.

Von wirtschaftlichen oder *wirtschaftspolitischen Zielsetzungen* kann man dann sprechen, wenn das angestrebte Ziel wirtschaftlicher Natur ist. So umfaßt das Ziel Freiheit neben dem angestrebten Sachverhalt „wirtschaftliche Freiheit" noch andere außerökonomische Sachverhalte (religiöse, politische, künstlerische Freiheit). Ähnliches gilt für die anderen Ziele.

Die wirtschaftspolitischen Ziele haben im Verhältnis zu den genannten „letzten", „höchsten" Zielen den Charakter von Zwischenzielen oder von Mitteln, mit deren Hilfe die Realisierung der Hauptziele angestrebt wird. Das gilt auch in Bezug auf das Ziel Wohlstand, sofern man den Begriffsinhalt nicht strikt auf den rein materiellen Wohlstand beschränkt. Die Realität zeigt, daß die wirtschaftspolitischen Ziele weder feststehend noch eindeutig sind. Das heißt, in der praktischen Wirtschaftspolitik gibt es nicht nur viele Ziele, sondern diese Ziele sind von Staat zu Staat, von Regierung zu Regierung (je nach der Parteien-Struktur der amtierenden Regierung) und von Periode zu Periode verschieden. Hinzu kommt, daß gleiche Zielsachverhalte verschieden formuliert werden. Immerhin ist bemerkenswert, daß sich in der Nachkriegszeit einige **wirtschaftspolitische Ziele** herausgebildet haben, die in den meisten westlichen Industrieländern als die wichtigsten anerkannt werden. Es sind dies: **Geldwertstabilität, Zahlungsbilanzgleichgewicht, Vollbeschäftigung, Wachstum und gerechte Einkommens- und Vermögensverteilung.** Auch für diese vorrangigen wirtschaftlichen Ziele gilt, daß sie nicht immer und überall explizit und eindeutig formuliert sind. Die Exekutive verfügt dann über mehr oder weniger große Interpretations- und damit Zielsetzungsspielräume.

Es ergibt sich nun die Frage, ob es spezielle **währungspolitische Ziele** gibt. Die Frage kann nicht meinen, ob es währungspolitische Ziele gibt, die noch nicht im Katalog der wirtschaftlichen Ziele enthalten sind; denn Währungspolitik ist ein spezieller Teil der allgemeinen Wirtschaftspolitik, dessen Besonderheit in der Art der eingesetzten Instrumente besteht. Im Prinzip ist auch die Währungspolitik den allgemeinen wirtschaftspolitischen Zielen verpflichtet. „Spezielle" währungspolitische Ziele können sich daher nur daraus ergeben, daß die Währungspolitik zur Verfolgung einzelner Ziele als besonders geeignet angesehen wird. Es herrscht weitgehende Einigkeit, daß diese besondere Eignung für die beiden Ziele **Geldwertstabilität** und **außenwirtschaftliches Gleichgewicht** gegeben ist. *Schmölders* bezeichnet sie daher als „autonome" Ziele der Währungspolitik, während er andere Ziele, wie etwa Wachstum oder Verteilungsgerechtigkeit, „heteronome" Ziele der Währungspolitik nennt[1]. *Lipfert* gebraucht in diesem Zusammenhang das Begriffspaar endogen und exogen[2], womit gesagt sein soll, daß währungspolitische Maßnahmen auch geeignet sind, heteronome Ziele zu verfolgen, allerdings nicht mit der gleichen Erfolgschance und Durchschlagskraft wie die „autonomen".

b) Zielkonflikte und Zielhierarchie

Eine besondere Schwierigkeit jeglicher Wirtschaftspolitik resultiert daraus, daß die gleichzeitig verfolgten Ziele miteinander konkurrieren können, so daß die Realisierung eines Zieles die Realisierungsmöglichkeit eines anderen Zieles beeinträchtigt. Man spricht dann von Unvereinbarkeit der Ziele, von Zielantinomien, Zielkonflikten oder Zielkollisionen. Ziele können in der Regel nicht isoliert, nicht unabhängig voneinander, mit jeweils „eigenen" Mitteln realisiert werden. Die ausgelösten Realisierungsprozesse wirken sich mehr oder weniger stark auch auf andere als die angestrebten Zielsetzungen aus, ein Faktum, das durch die Interdependenz aller ökonomischen Vorgänge und Faktoren in der arbeitsteiligen Tauschwirtschaft bedingt ist.

Man kann also in der Regel von *Haupt-* und *Nebenwirkungen* einer Maßnahme sprechen. Hauptwirkung ist die beabsichtigte Wirkung, d. h. die Wirkung auf

---

[1] Günter *Schmölders:* Geldpolitik. 2. Aufl., Tübingen 1968, S. 125 f.

[2] Helmut *Lipfert:* Einführung in die Währungspolitik. 8. Aufl., München 1974, S. 51 ff.

jene Zielvariable, zu deren Beeinflussung die Maßnahme getroffen wurde. Die Nebenwirkungen auf andere Zielvariablen sind in der praktischen Wirtschaftspolitik meistens ungewollt oder werden mitunter auch vernachlässigt. Eine rationale Wirtschaftspolitik muß aber die vorausschätzbaren Nebenwirkungen berücksichtigen. Im günstigen Fall wirken auch die Nebenwirkungen in Richtung auf eine Realisierung anderer gesetzter Ziele. Im ungünstigen Fall werden andere Ziele durch Nebenwirkungen mehr oder weniger stark beeinträchtigt.

Die Frage, *welche Ziele miteinander kollidieren*, ist allgemeingültig nicht zu beantworten; das hängt vielmehr entscheidend von der Bedingungskonstellation in der jeweiligen konkreten Situation ab. Ziele können also je nach der speziellen Situation miteinander vereinbar sein oder nicht. So können auch die beiden „autonomen" währungspolitischen Ziele *Geldwertstabilität und Zahlungsbilanzgleichgewicht* kollidieren: Werden z. B. zur Bekämpfung einer Inflation kontraktive währungspolitische Maßnahmen ergriffen und hat diese Politik Erfolg, so macht das gestiegene Zinsniveau Geldanlagen im Inland attraktiver und induziert Devisenzuflüsse aus dem Ausland. Außerdem wird durch die Preisstabilisierung - allerdings mit zeitlicher Verzögerung - normalerweise eine Erhöhung der Exporte induziert. Beide Effekte wirken bei festen Wechselkursen aktivierend auf die inländische Zahlungsbilanz. War nun die Zahlungsbilanz im Ausgangspunkt defizitär, so werden beide Ziele positiv beeinflußt; sie kollidieren also nicht. Ist dagegen die Ausgangssituation durch Inflation und einen erheblichen Aktivsaldo der Zahlungsbilanz gekennzeichnet, so führt eine Kontraktionspolitik zu einer weiteren Erhöhung des Aktivsaldos, also zu einer Verschärfung des Zahlungsbilanzungleichgewichts (Zielkonflikt). Hingewiesen sei hierbei auch auf die Rückwirkungen, die von einer Zahlungsbilanzaktivierung auf das Ziel der Preisstabilität ausgehen: Die Devisenzuflüsse vermehren die inländische Geldmenge und drohen die Stabilisierungserfolge der kontraktiven geldpolitischen Maßnahmen wieder zunichte zu machen (Bumerangwirkung der geldpolitischen Stabilisierungsmaßnahmen).

Andererseits können auch Maßnahmen, die mit Zielrichtung auf die Zahlungsbilanz ergriffen werden, das Ziel der Preisstabilität tangieren. Diese potentielle *Dilemmasituation zwischen binnenwirtschaftlichem (internem) und außenwirtschaftlichem (externem) Gleichgewicht* hat in der jüngeren Zeit zunehmende Beachtung gefunden. Sie kann insbesondere bei festen Wechselkursen in voller Schärfe auftreten und die nationale Währungspolitik vor schwer zu bewältigende Probleme stellen.

Bevor auf diese Fragen näher eingegangen wird, sei jedoch darauf hingewiesen, daß auch zwischen einem der beiden währungspolitischen Ziele einerseits und einem der anderen wirtschaftlichen Globalziele andererseits je nach der

Ausgangslage eine Konfliktsituation bestehen kann. So sind die Ziele *Geldwertstabilität und Vollbeschäftigung* dann konfliktfrei, wenn - z. B. in einem konjunkturellen Boom - Inflation *und* Überbeschäftigung gegeben sind. In dieser Situation würde eine kontraktive, die wirtschaftliche Aktivität bremsende nationale Währungspolitik (Geldpolitik) sowohl in Richtung auf eine Verminderung der Inflation als auch auf einen Abbau der Überbeschäftigung wirken. In klassischer und besonders schwerwiegender Weise präsentiert sich dagegen ein Konflikt zwischen den beiden genannten Zielen in der Situation der Inflation bei gleichzeitig stagnierender oder rückläufiger Beschäftigung (Stagflation). Diese Konstellation hat in der jüngeren Vergangenheit ihren Ausnahmecharakter verloren und droht in manchen Ländern zum gefürchteten Dauerzustand zu werden. Die Bekämpfung der Inflation durch kontraktive Währungspolitik würde in diesem Fall in Richtung auf eine Vergrößerung der schon bestehenden Beschäftigungslosigkeit wirken.

Mit der Frage der Vereinbarkeit der Ziele Geldwertstabilität und Vollbeschäftigung ist in der Regel auch die Frage nach der Vereinbarkeit von *Geldwertstabilität und Wachstum* beantwortet. Denn wenn Vollbeschäftigung nicht erreicht ist bzw. abgebaut wird, ist das gleichbedeutend mit Wachstumseinbußen.

Fragt man schließlich nach der Vereinbarkeit von *Geldwertstabilität und Verteilungsgerechtigkeit*, so hängt die Antwort zunächst einmal von der Konkretisierung des Zieles Verteilungsgerechtigkeit ab. Eine verbindliche Konkretisierung dieses Zieles ist in den westlichen Industrieländern bisher nicht erfolgt. Jedoch kann man wohl davon ausgehen, daß die gegenwärtige Verteilungssituation allgemein als den Gerechtigkeitszielen noch nicht entsprechend empfunden wird. Die Vereinbarkeit von Stabilisierungs- und Verteilungsziel wäre demnach daran zu messen, ob preisstabilisierende währungspolitische Maßnahmen die Einkommens- und Vermögensungleichheit verstärken oder vermindern. Da Stabilisierungspolitik jetzt und in absehbarer Zeit Anti-Inflationspolitik ist, reduziert sich die relevante Frage darauf, ob Inflationen die Verteilungsdiskrepanzen verstärken und ob daher Inflationsbekämpfung auch der Nivellierung dieser Diskrepanzen dient. Eine gesicherte und allgemein anerkannte Aussage über die diesbezüglichen Wirkungen der Inflation gibt es bislang nicht. Zwar gibt es Aussagen über die Auswirkungen der Inflation auf einzelne Vermögens- und Einkommensarten, aber sie erlauben keinen sicheren Rückschluß darauf, ob die Inflation zugunsten der höheren Einkommen und Vermögen wirkt, oder gruppenspezifisch gesehen, ob die Arbeitnehmer mit niederen und mittleren Einkommen durch die Inflation benachteiligt werden.

Zwischen dem zweiten „autonomen“ Ziel der nationalen Währungspolitik, dem *Zahlungsbilanzgleichgewicht*, und den anderen wirtschaftspolitischen Globalzielen können ebenfalls Konfliktsituationen bestehen. Ein eindeutiger Konfliktfall zwischen dem genannten Ziel und dem Beschäftigungsziel liegt vor, wenn in der Ausgangssituation Zahlungsbilanzdefizit und Stagflation zusammenfallen, eine Konstellation, die in der jüngeren Vergangenheit zunehmendes Gewicht erhalten hat. Versuche, mit Hilfe kontraktiver geldpolitischer Maßnahmen das Preisniveau zu stabilisieren und damit die Exporte zu steigern, würden zunächst die Inlandsnachfrage und damit die Beschäftigung reduzieren. Damit soll jedoch keineswegs gesagt werden, daß es sich nicht dennoch um die mittel- und langfristig gesehen richtige Politik handelt. – Das Wachstumsziel wird in der Regel dann berührt, wenn der Beschäftigungsstand nachhaltig beeinflußt wird, was durch eine leistungsbilanzorientierte Politik in der angedeuteten Weise geschehen kann. – Der Verteilungsgesichtspunkt schließlich kann dadurch berührt werden, daß Maßnahmen, die die Aktivierung oder Passivierung insbesondere der Leistungsbilanz bewirken, in erster Linie zu Gunsten oder zu Lasten der außenhandelsorientierten Wirtschaftszweige bzw. Unternehmen gehen und damit eine sektorale Umverteilung induzieren. Ein solcher Effekt ist jedoch keineswegs pauschal als unvereinbar mit dem Verteilungsziel zu bezeichnen.

Bestehen in einer konkreten Situation Konflikte zwischen zwei oder mehreren Zielen, so ist eine gleichmäßige und gleichzeitige Zielerreichung nicht möglich. Rationale Wirtschafts- und Währungspolitik erfordert in diesem Falle die Festlegung einer **Zielrangfolge**, die ausweist, welches oder welche Ziele vorrangig und zur Not unter Beeinträchtigung anderer Ziele verfolgt werden sollen. Ob es jedoch politisch opportun ist, sich auf derartige Prioritäten öffentlich festzulegen, erscheint zweifelhaft; muß doch befürchtet werden, daß einzelne gesellschaftliche Gruppen ihre Interessen vernachlässigt glauben, so daß dadurch politische Konflikte heraufbeschworen oder verschärft werden. Andererseits ist es jedoch auch möglich, daß der tatsächliche oder vermeintliche Wählerwille die Parteien oder politischen Entscheidungsträger zur Festlegung auf bestimmte Zielrangfolgen veranlaßt.

In der Realität jedoch ist der diesbezügliche Wählerdruck auf die Politiker meist durch das mangelnde fachliche Urteilsvermögen der Mehrheit der Wähler erheblich vermindert. So kann auf die Bekanntgabe einer Zielrangfolge verzichtet werden, obwohl eine gleichzeitige und gleichmäßige Realisierung der Ziele (für Fachleute) nicht erreichbar erscheint. Möglich ist auch, daß Politiker bestimmte populäre Zielaussagen machen, obwohl sie anderes für wichtiger und richtiger halten; denn sie können darauf vertrauen, daß die ergriffenen wirtschaftspolitischen Maßnahmen von den meisten Wählern hinsichtlich ihrer Zieladäquanz nicht beurteilt werden können und daß sie selbst für Fachkundige häufig einen erheblichen Beurteilungsspielraum enthalten.

Im übrigen sind Zielrangfolgen ja keineswegs konstant (weder die der Bürger noch die der Wirtschaftspolitiker), sondern ändern sich mit der wirtschaftlichen Datenkonstellation. Insbesondere der Gefährdungsgrad bzw. das Ausmaß der Abweichung der Ist-Situation von der angestrebten Soll-Situation verschiebt die Zielrangfolge. Bei besonders starker Gefährdung eines Zieles rückt dieses in der Rangordnung nach oben. Allerdings wäre es verfehlt, solchen zugespitzten Situationen einen eindeutigen Zwang zum allgemeinen Konsensus zuzuschreiben. Vielmehr können gerade in solchen Situationen die Meinungsverschiedenheiten über den Rang eines Zieles hervortreten oder sich verschärfen (Rechtfertigungsversuche der Regierung, scharfe Vorwürfe der Opposition; Interessengegensätze der pressure groups), so daß Kompromisse schwer zu finden sind.

3. Zur Vereinbarkeit von internem und externem Gleichgewicht

In den letzten Jahren hat in der Diskussion um außenwirtschaftliche Probleme die Frage der Vereinbarkeit oder Unvereinbarkeit von binnenwirtschaftlichem und außenwirtschaftlichem Gleichgewicht einen relativ breiten Raum eingenommen. Es handelt sich dabei um einen konkreten Fall der im vorigen Abschnitt behandelten Konflikte zwischen wirtschaftspolitischen Zielen.

Eine ausführliche Erörterung dieses konkreten Falles erscheint deswegen geboten, weil es dabei um die zahlungsbilanzpolitisch bedeutsame Frage geht, ob das außenwirtschaftliche Ziel Zahlungsbilanzgleichgewicht im Konflikt mit binnenwirtschaftlichen Zielen steht. Des weiteren wird in diesem Fall das außenwirtschaftliche Ziel nicht mit einem einzelnen binnenwirtschaftlichen Ziel konfrontiert, sondern mit einem Zielbündel oder zumindest mit einem Zielpaar; denn hinter dem Terminus „binnenwirtschaftliches oder internes Gleichgewicht“ verbergen sich zweifelsfrei zwei Ziele, nämlich stabiles Preisniveau (Geldwertstabilität) *und* Vollbeschäftigung.

Daß *binnenwirtschaftliches Gleichgewicht* nicht gegeben ist, wenn nur eines der genannten Ziele verwirklicht ist, leuchtet ohne weiteres ein, wenn man sich mögliche realitätsnahe Fälle vor Augen führt: Vollbeschäftigung und Inflation z. B. ist eine recht vertraute Konstellation, die einen Überschuß der gesamtwirtschaftlichen Nachfrage über das gesamtwirtschaftliche Angebot signalisiert. Aber auch Preisstabilität bei gleichzeitiger Unterbeschäftigung ist keineswegs als seltener Ausnahmezustand anzusehen. Hier kann man zwar das Gleichgewicht von Angebot und Nachfrage auf den Güter- und Leistungsmärkten als gegeben ansehen; gleichzeitig existiert jedoch eine Nachfragelücke auf dem Faktor-(Arbeits-)markt. Eine weitere, bereits oben erwähnte Konstellation, die in jüngster Zeit Wirtschaftspolitiker und -theoretiker zunehmend beschäftigt, obwohl sie bis vor wenigen Jahren kaum praktische Relevanz besaß und auch in wissenschaftlichen Arbeiten keine Rolle spielte, ist das gleichzeitige und nachhaltige Auftreten von Inflation *und* Arbeitslosigkeit (Stagflation).

Diese historischen Erfahrungen und insbesondere das Auftreten der bisher unbekannten Stagflation zeigen nachdrücklich, daß es verfehlt wäre, von einer zwangsläufigen, gewissermaßen natürlichen Harmonie zwischen diesen beiden binnenwirtschaftlichen Zielen auszugehen. Gerade das aber wird getan, wenn man bei der Frage nach der Vereinbarkeit von außenwirtschaftlicher und binnenwirtschaftlicher Zielsetzung das binnenwirtschaftliche Ziel nicht differenziert betrachtet. Ein solches Vorgehen unterstellt nämlich fälschlicherweise, daß jede wirtschaftspolitische Maßnahme, die nach Lage der Dinge dem Beschäftigungsziel dient, gleichzeitig auch geeignet ist, in Richtung auf eine Stabilisierung des Preisniveaus zu wirken. Besonders augenfällig widerlegt wird diese Prämisse im Falle der Stagflation: Expansive fiskal- oder geldpolitische Maßnahmen, die eine Erhöhung des Beschäftigungsstandes bewirken sollen, führen in der Regel zu Preissteigerungstendenzen und verschärfen damit das Inflationsproblem. Beschäftigungs- und Geldwertziel sind also nur bei bestimmten Konstellationen (z. B. Überbeschäftigung bei Inflation) als konfliktfrei anzusehen. Das sollte man sich vor Augen halten und als Kritikpunkt vormerken, wenn dieser Aspekt im folgenden durch die Verwendung des Pauschalbegriffes internes oder binnenwirtschaftliches Gleichgewicht verdeckt wird.

Anstoß für die Diskussion um das interne und externe Gleichgewicht war sicherlich die zunehmende Häufigkeit von Situationen, die die gleichzeitige Realisierung beider Ziele mit den herkömmlichen Mitteln der Währungs- und Fiskalpolitik unmöglich oder zumindest zweifelhaft erscheinen ließen. Dabei liegt auf der Hand, daß das nach dem Zweiten Weltkrieg installierte Währungssystem mit *festen Wechselkursen* dem Problem seine besondere Relevanz verlieh; denn die festen Wechselkurse sind es ja, die das Zustandekommen eines Zahlungsbilanzgleichgewichtes, definiert als Ausgleich der Salden von Leistungs- und Kapitalverkehrsbilanz, dauerhaft verhindern können.

Bei flexiblen Wechselkursen hingegen würden Zahlungsbilanzstörungen Wechselkursveränderungen induzieren, die via Wechselkursmechanismus (s. oben, S. 70 ff.) den Wiederausgleich der Zahlungsbilanz herbeiführen würden. Die Realisierung des außenwirtschaftlichen Gleichgewichts wäre damit „automatisch" sichergestellt und die Wirtschaftspolitik von dieser Aufgabe entlastet. Zu Zielkonflikten zwischen externem und internem Gleichgewicht kann es demnach gar nicht kommen. Allerdings bedarf diese Feststellung einiger Einschränkungen bzw. Ergänzungen: 1. Auch bei flexiblen Wechselkursen sind Zahlungsbilanzungleichgewichte von kürzerer Dauer möglich, weil die Reaktion der Marktteilnehmer auf Wechselkursänderungen mehr oder minder lange Zeit in

Anspruch nimmt. 2. Flexible Wechselkurse bewirken zwar, daß sich die Salden der Leistungs- und der Kapitalverkehrsbilanz gerade kompensieren, jedoch könnte die Zielsetzung eines Landes über den reinen Zahlungsbilanzausgleich hinaus auch auf eine bestimmte Zahlungsbilanz*struktur* gerichtet sein. Diese würde durch den Wechselkursmechanismus nicht oder höchstens rein zufällig zustandekommen. 3. Wenn auch bei flexiblen Wechselkursen der Wechselkursmechanismus das Zahlungsbilanzgleichgewicht sicherstellt, so bleibt doch die Frage offen, ob die Wirksamkeit der herkömmlichen Mittel der Währungs- und Fiskalpolitik im Hinblick auf das Ziel des binnenwirtschaftlichen Gleichgewichts durch flexible Wechselkurse erhöht oder vermindert wird.

Bei der Erörterung möglicher Kollisionen zwischen den Zielen externes und internes Gleichgewicht sollte man sich zunächst darüber klar werden, bei welchen Ausgangskonstellationen die Unvereinbarkeit der Ziele gegeben ist. Die **vier möglichen Ausgangssituationen** sind[3]:

(I) Zahlungsbilanzüberschuß/Rezession (Unterbeschäftigung)

(II) Zahlungsbilanzüberschuß/Boom (Überbeschäftigung, Inflation)

(III) Zahlungsbilanzdefizit/Boom (Überbeschäftigung, Inflation)

(IV) Zahlungsbilanzdefizit/Rezession (Unterbeschäftigung).

Geht man die Fälle einmal durch, indem man überprüft, wie sich eine bestimmte Politik jeweils auf die beiden Ziele auswirkt, so ergibt sich tendenziell folgendes:

Zu (I) **Zahlungsbilanzüberschuß und Rezession:** Versucht man erfolgreich durch eine expansive Wirtschaftspolitik (Geld- und Fiskalpolitik) die Rezession zu überwinden, so wird infolge der induzierten Nachfragesteigerung und der Zinssenkungen durch Importsteigerungen und steigende Kapitalexporte eine Tendenz zur Minderung des Zahlungsbilanzüberschusses angeregt. D. h. expansive wirtschaftspolitische Maßnahmen dienen sowohl dem internen wie dem externen Ziel. *Eine Zielkollision liegt nicht vor.*

Zu (II) **Zahlungsbilanzüberschuß und Boom:** Hier würde eine erfolgreiche kontraktive Politik zwar den internen Boom dämpfen und die Überbeschäftigung abbauen helfen, gleichzeitig würde jedoch die Einschränkung der Gesamtnachfrage und das steigende Zinsniveau den Überschuß der Zahlungsbilanz noch verstärken, weil die Importe tendenziell sinken und die Kapitalimporte

---

[3] Außer acht gelassen sind hier die Fälle, bei denen ein Zahlungsbilanzgleichgewicht mit einem internen Ungleichgewicht (Unterbeschäftigung oder Überbeschäftigung) verbunden ist oder umgekehrt internes Gleichgewicht mit einem Zahlungsbilanzungleichgewicht (Überschuß oder Defizit) gepaart ist; denn zusätzliche Erkenntnisse lassen sich daraus nicht gewinnen.

steigen würden. Die Realisierung des internen Gleichgewichtes geht mit einer Beeinträchtigung des außenwirtschaftlichen Zieles einher. *Die Ziele kollidieren.*

Zu (III) **Zahlungsbilanzdefizit und Boom:** Eine Dämpfung des Inlandsbooms durch kontraktive geld- und fiskalpolitische Maßnahmen führt gleichzeitig zu einem Abbau des Zahlungsbilanzdefizits, weil die verringerte Gesamtnachfrage zum Absinken der Importe und die gestiegenen Zinsen zu steigenden Kapitalimporten führen. *Die Ziele kollidieren nicht.*

Zu (IV) **Zahlungsbilanzdefizit und Rezession:** Im letzten Fall schließlich führt die Bekämpfung der Rezession durch expansive Wirtschaftspolitik gleichzeitig zu einer weiteren Passivierung der Zahlungsbilanz (steigende Importe, steigende Kapitalexporte). Wie im Fall (II) wird die Verbesserung der internen Situation durch eine Verschlechterung der externen Situation erkauft. *Die Ziele kollidieren.*

a) Policy Mix bei Zielkollision zwischen internem und externem Gleichgewicht

Die **wirtschaftspolitischen Problemfälle** sind also Fall (II): *Überschuß und Boom* sowie Fall (IV): *Defizit und Rezession.* In beiden Fällen kollidieren binnenwirtschaftliches und außenwirtschaftliches Ziel. D. h. die Verfolgung jeweils eines der beiden Ziele führt zur Beeinträchtigung des anderen Zieles.

Bei der Suche nach Lösungsmöglichkeiten dieses Dilemmas empfiehlt es sich, Geld- und Fiskalpolitik hinsichtlich ihrer binnenwirtschaftlichen Wirksamkeit einer genaueren Betrachtung zu unterziehen. Ausgangspunkt sei die wohlbekannte Tatsache, daß die Fiskalpolitik und auch die Geldpolitik sowohl für binnenwirtschaftliche wie auch für zahlungsbilanzpolitische Zwecke eingesetzt werden können. Der Einsatz kann gemeinsam oder getrennt erfolgen. *Geld- und fiskalpolitische Maßnahmen können sich also im Prinzip gegenseitig substituieren.* Durch einen stärker dosierten Einsatz fiskalpolitischer Instrumente kann ein reduzierter Einsatz geldpolitischer Instrumente ausgeglichen werden, ohne daß die Zielvariable - der Realisierungsgrad des angepeilten Zieles - verändert wird. Dieser Sachverhalt kann graphisch verdeutlicht werden[4].

Abb. 44 zeigt ein Koordinatensystem, auf dessen Abszisse das *Zinsniveau* (*r*) eines Landes und auf dessen Ordinate der *Überschuß des Staatshaushaltes* (*Ü*)

[4] Grundlegende Analysen dieses Problemkomplexes stammen von Mundell. Die obige graphische Darstellung entspricht bis auf geringfügige Abweichungen der seinen. Vgl. R. A. *Mundell:* The International Disequilibrium System. Kyklos, Bd. 14 (1961). - *Ders.:* The Appropriate Use of Monetary and Fiscal Policy under Fixed Exchange Rates. IMF Staff Papers, Vol. IX (March 1962). - *Ders.:* Capital Mobility and Stabilisation Policy under Fixed and Flexible Exchange Rates. Canadian Journal of Economics and Political Science, Vol. 29 (Nov. 1963). - Alle vorstehenden Beiträge sind wiederabgedruckt in: R. A. *Mundell:* International Economics. New York 1968.

dieses Landes abgetragen ist. Das Zinsniveau soll als Indikator für den Einsatzgrad der Geldpolitik und der Budgetüberschuß als Indikator für den fiskalpolitischen Kurs dienen. Steigende Zinsen markieren also einen kontraktiven geldpolitischen Kurs, während steigende Überschüsse im Staatshaushalt eine kontraktive Fiskalpolitik anzeigen.

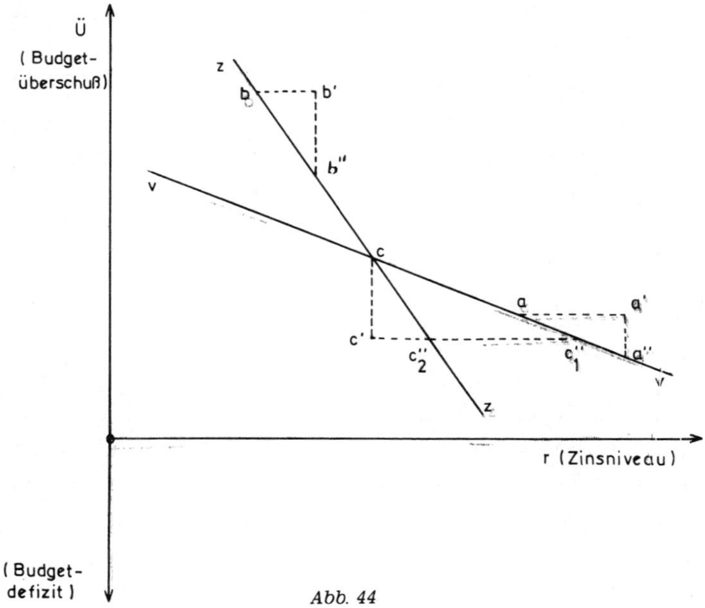

Abb. 44

Definiert man das Ziel *„internes Gleichgewicht"* als einen Zustand, bei dem Vollbeschäftigung *und* Preisniveaustabilität verwirklicht sind[5], und vernachlässigt man, daß Beschäftigungs- und Stabilitätsziel ebenfalls kollidieren können, so folgt aus dem Vorangegangenen, daß es theoretisch unendlich viele unterschiedliche Kombinationen von Zinshöhe (*r*) und Budgetüberschuß (*Ü*) gibt, die die Realisierung des internen Gleichgewichtes ermöglichen. Da der „Gleichgewichtszins" um so höher sein muß, je geringer der Budgetüberschuß

[5] Das „interne Gleichgewicht" läßt sich auch als gleichzeitige Verwirklichung von monetärem und güterwirtschaftlichem Gleichgewicht interpretieren. Dabei ist monetäres Gleichgewicht bei Übereinstimmung von Geldangebot und Geldnachfrage und güterwirtschaftliches Gleichgewicht bei Gleichheit von Sparen und Investieren gegeben. Das bekannte *Hicks-Diagramm* zeigt die Lage der möglichen monetären Gleichgewichtspunkte (*LM*-Kurve) und der möglichen güterwirtschaftlichen Gleichgewichtspunkte (*IS*-Kurve) in Abhängigkeit von Zinshöhe und Volkseinkommen. Trägt man in dieses Diagramm die Kurve des Zahlungsbilanzgleichgewichts (externes Gleichgewicht) und das Vollbeschäftigungseinkommen ein, so läßt sich damit eine im Prinzip gleichartige Analyse durchführen (Vgl. dazu z. B. *Rose:* Theorie der Außenwirtschaft, a. a. O., 6. Aufl., S. 145 ff.).

ist und umgekehrt mit sinkendem Zins ein steigender Budgetüberschuß nötig ist, um bei gegebener konjunktureller Lage das interne Gleichgewicht zu realisieren, verläuft *VV als „Linie des internen Gleichgewichts"* (Verbindungslinie aller Gleichgewichtskombinationen von *Ü* und *r*) von links oben nach rechts unten. Das bedeutet, daß bei allen *r*/*Ü*-Kombinationen, die oberhalb „nordöstlich" von *VV* liegen, Unterbeschäftigung (Rezession) herrscht, was folgende Überlegung zeigt: Wird beispielsweise, ausgehend vom Gleichgewichtspunkt *a* (s. Abb. 44), der geldpolitische Kurs verschärft, so daß der Inlandszins steigt und sich der neue Punkt *a'* einstellt, so induziert die nachfragedämpfende Wirkung der Zinserhöhung Unterbeschäftigung. Sie könnte wieder beseitigt werden durch eine Senkung des Budgetüberschusses (expansive Fiskalpolitik), die so groß sein müßte, daß der Punkt *a"* auf der Linie des internen Gleichgewichts erreicht wird. Entsprechend sind alle *r*/*Ü*-Kombinationen, die unterhalb (südwestlich) von *VV* liegen mit Überbeschäftigung bzw. Inflation verbunden.

Auch für das *externe Gleichgewicht* als das zweite in diesem Zusammenhang relevante Ziel lassen sich entsprechende Überlegungen anstellen. Definiert man externes Gleichgewicht als Zustand, bei dem sich Leistungsbilanzüberschuß (-defizit) und Defizit (Überschuß) der autonomen Kapitalverkehrsbilanz gerade kompensieren, dann läßt sich dieses Ziel im Prinzip sowohl mit fiskalpolitischen wie auch mit geldpolitischen Maßnahmen ansteuern. So bewirkt eine expansive Fiskalpolitik (Verringerung des Budgetüberschusses bzw. Vergrößerung des Defizits) eine Erhöhung der Gesamtnachfrage und damit entsprechend der marginalen Importquote auch eine Erhöhung der Importe, d. h. also Passivierung der Leistungsbilanz und ceteris paribus auch der Zahlungsbilanz. Eine expansive Geldpolitik (Senkung des Zinsniveaus) wirkt in Richtung auf eine Erhöhung der Kapitalexporte und damit ebenfalls passivierend auf die Zahlungsbilanz. Dieser Effekt kann durch eine zinsbedingte Erhöhung der Investitionsnachfrage (die importsteigernd wirkt) noch verstärkt werden.

Auch in bezug auf das Zahlungsbilanzziel kann man also sagen, daß beide Politiken in die gleiche Richtung wirken und daher im Prinzip gegeneinander substituierbar sind. Benutzt man auch in diesem Falle den Zins als geldpolitischen und den Budgetüberschuß als fiskalpolitischen Indikator und trägt sie auf den Achsen eines Koordinatenkreuzes ab, so muß es auch hier eine (theoretisch unbegrenzte) Anzahl unterschiedlicher Zins-Budgetüberschuß-Kombinationen geben, bei denen das Ziel Zahlungsbilanzgleichgewicht verwirklicht ist. Wegen der substitutiven Beziehungen zwischen Zinshöhe (*r*) und Budgetüberschuß (*Ü*) muß auch in diesem Fall die durch die Gleichgewichtspunkte gebildete *„Linie des externen Gleichgewichts"* *ZZ* in Abb. 44 von links oben nach rechts unten fallen. Hierbei ist festzuhalten, daß alle Punkte oberhalb (nordöstlich von) *ZZ* Zahlungsbilanzüberschüsse anzeigen. Wird nämlich, ausgehend vom Gleichgewichtspunkt b (s. Abb. 44), der Zins erhöht, so daß sich b' einstellt, so werden dadurch Kapitalimporte induziert, die die Zahlungsbilanz aktivieren. Der Aktivsaldo könnte durch eine expansive Fiskalpolitik beseitigt werden, indem nämlich der Budgetüberschuß auf b'' gesenkt wird. Dann ist die Gleichgewichtslinie ZZ und damit das Zahlungsbilanzgleichgewicht wieder erreicht. Dementsprechend sind alle Punkte unterhalb (südwestlich von) ZZ mit einem Zahlungsbilanzdefizit verbunden.

In Abb. 44 weist nun die „*Linie des externen Gleichgewichts*" (ZZ) eine *stärkere Steigung* auf als die „*Linie des internen Gleichgewichts*" (VV), so daß sie sich schneiden. Dieser Umstand bedarf der Erklärung, zumal er für das Folgende, inbesondere auch für die wirtschaftspolitischen Konsequenzen, von ausschlaggebender Bedeutung ist: Es wird zunächst eine Ausgangssituation unterstellt, in der sowohl externes als auch internes Gleichgewicht gegeben ist (Punkt C in Abb. 44). Wird nun eine expansive Fiskalpolitik betrieben, indem durch Erhöhung der Staatsausgaben oder durch Steuersenkungen der Budgetüberschuß z. B. auf c' verringert wird, so läßt sich das dadurch entstehende interne Ungleichgewicht (Überbeschäftigung, Inflation) durch eine gegenwirkende, d. h. kontraktive Geldpolitik beseitigen. Und zwar müßte die Zinserhöhung so groß sein, daß sie die Gesamtnachfrage gerade in dem Umfang dämpft, wie sie durch die expansive Fiskalpolitik erhöht wird. In Abb. 44 wäre das der Fall, wenn der Zins von c' auf c_1'' steigen würde. c_1'' liegt auf der Linie des internen Gleichgewichts, was bedeutet, daß das interne Gleichgewicht wiederhergestellt ist.

Die den anfänglichen Gleichgewichtszustand störende fiskalpolitische Expansion hatte nun auch das Zahlungsbilanzgleichgewicht gestört. Punkt c' markiert nicht nur inflatorische Überbeschäftigung sondern auch ein Zahlungsbilanzdefizit. Denn die fiskalpolitisch induzierte Steigerung der Gesamtnachfrage führt auch zu Importsteigerungen und damit zu einer Passivierung der Zahlungsbilanz. Führt nun die kontraktive Geldpolitik (Zinssteigerung), die das interne Gleichgewicht wiederherstellte, auch zu einem Wiederausgleich der Zahlungsbilanz?[6] – Die Antwort ist: Nein! – Eine Zinssteigerung, die ausreicht, die fiskalpolitisch bedingte Nachfragesteigerung durch eine entsprechende Nachfrageminderung gerade auszugleichen, bewirkt zwar auch eine Importminderung, die (bei gleicher marginaler Importneigung) die Importsteigerung voll kompensiert, welche als Folge fiskalpolitischer Nachfragesteigerung auftritt. Die Zinssteigerung hat jedoch einen *zusätzlichen* Zahlungsbilanzeffekt. Sie regt Kapitalimporte an und führt damit über eine Aktivierung der Kapitalverkehrsbilanz zu einer weiteren Aktivierung der Zahlungsbilanz.

6 Dann wären die Steigungen von VV und ZZ gleich!

Da von einer expansiven Fiskalpolitik vergleichbare Wirkungen auf die Kapitalverkehrsbilanz nicht ausgehen (direkte Zinswirkungen treten nicht auf), kommt es per Saldo zu einer Aktivierung der Zahlungsbilanz. Will man jedoch, daß das Zahlungsbilanzgleichgewicht wiederhergestellt wird (durch Kompensierung der gestiegenen Importe), so genügt dazu eine geringere Zinssteigerung als die, die nötig ist, das interne Gleichgewicht wiederherzustellen. Bezogen auf die Graphik (Abb. 44) heißt das, daß der entsprechende Punkt auf der „Linie des externen Gleichgewichts" links vom „internen" Gleichgewichtspunkt (c_1'') liegen muß, nämlich bei c_2''. Die beiden „Gleichgewichtslinien" haben demnach *unterschiedliche Steigungen;* und zwar verläuft die „Linie des externen Gleichgewichts" steiler als die „Linie des internen Gleichgewichts".

Daraus folgt einmal, daß es nur *eine* $r/\ddot{U}$-Kombination gibt, bei der sowohl internes als auch externes Gleichgewicht realisiert sind und zwar im Schnittpunkt c der beiden Gleichgewichtslinien (s. Abb. 45). Daraus folgt zweitens, daß bei allen $r/\ddot{U}$-Kombinationen, die nicht auf den Gleichgewichtslinien liegen, sowohl externes als auch internes Ungleichgewicht herrscht. Abb. 45 zeigt, bei welchen $r/\ddot{U}$-Kombinationen welche der vier bereits oben erwähnten Ungleichgewichtskonstellationen auftreten.

Die Koordinatenfläche wird durch die sich schneidenden Gleichgewichtslinien ZZ und VV in vier Segmente geteilt: I. Die in diesem Segment liegenden $r/\ddot{U}$-Kombinationen ziehen einen *Zahlungsbilanzüberschuß und eine Rezession* nach sich. II. Innerhalb dieses Segments liegende $r/\ddot{U}$-Kombinationen bewirken *Zahlungsbilanzüberschuß und Boom* (Inflation und/oder Überbeschäftigung). III. Hier treffen *Zahlungsbilanzdefizit und Boom* zusammen. IV. In diesem Segment schließlich kommt es zu einem *Zahlungsbilanzdefizit und zu einer Rezession.* An früherer Stelle (S. 368 f.) war gesagt worden, daß II und IV *die Dilemma-Konstellationen* seien, weil hier der Einsatz eines wirtschaftspolitischen Instruments die beiden Ziele gegenläufig beeinflusse, d. h. das eine Ziel begünstige, das andere dagegen beeinträchtige. Dieses Faktum verdeutlicht Abb. 45 ebenfalls.

Versucht man z. B. bei einer angenommenen Ausgangskonstellation d den bestehenden binnenwirtschaftlichen Boom zu dämpfen, indem man durch kontraktive Geldpolitik den Zins erhöht (z. B. bis d'), so strebt man zwar dem binnenwirtschaftlichen Gleichgewicht zu, erhöht aber gleichzeitig das schon bei d bestehende Zahlungsbilanzungleichgewicht (Zahlungsbilanzüberschuß) weiter. Entsprechendes gilt für den Fall IV. Versucht man hier z. B. das bei einer angenommenen Ausgangskonstellation von e vorhandene Zahlungsbilanzdefizit durch Zinserhöhung (kontraktive Geldpolitik) abzubauen, so wäre bei e' zwar der Zahlungsbilanzausgleich erreicht, gleichzeitig hätte sich jedoch die schon bei e vorhandene interne Rezession weiter verschärft.

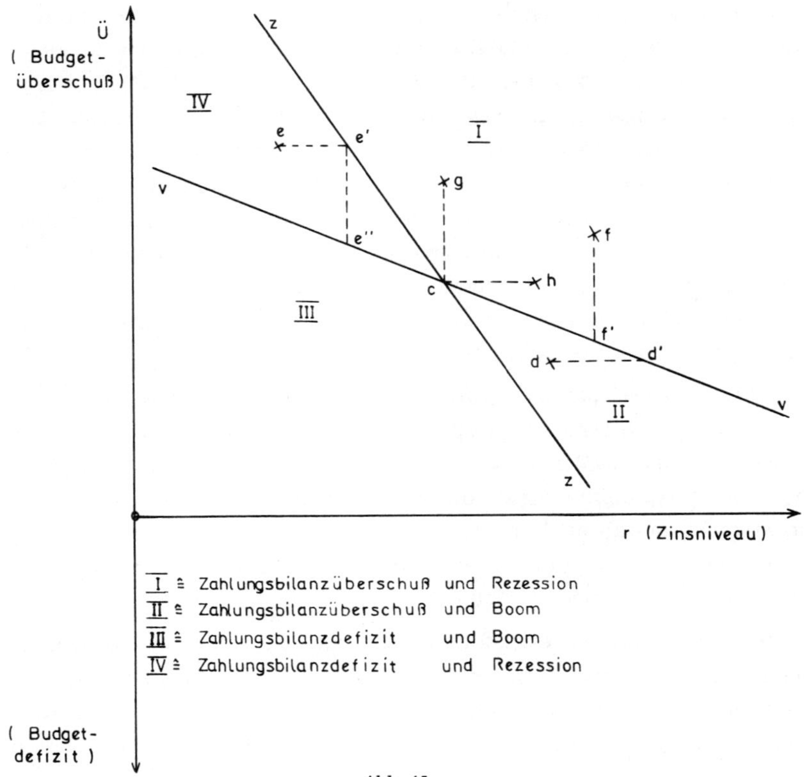

Abb. 45

Ein Blick auf Abb. 45 zeigt, daß dieses **Dilemma im Prinzip lösbar ist** und zwar durch den **gleichzeitigen und entgegengesetzten Einsatz beider Politiken (policy mix).** Würden z. B. bei der Ausgangssituation *e* (Fall IV) nicht nur die Zinsen erhöht, sondern gleichzeitig durch expansive Fiskalpolitik der Budgetüberschuß abgebaut, so würde gegenüber der Ausgangslage *e* sowohl das Zahlungsbilanzdefizit verringert als auch die interne Rezession gebremst. In Abb. 45 kennzeichnet *e''* einen solchen durch *geldpolitische Kontraktion und fiskalpolitische Expansion* erreichbaren Punkt. Durch noch bessere Dosierung der Maßnahme ist auch der Optimalpunkt *c* erreichbar, bei dem sowohl internes wie auch externes Gleichgewicht realisiert sind.

Daß *entgegengesetzt wirkende* Maßnahmen wie kontraktive Geldpolitik und expansive Fiskalpolitik diesen positiven Gesamteffekt erzielen, beruht – wie bereits erläutert – darauf, daß die beiden Politiken eine *unterschiedlich starke Wirkung* auf die beiden Ziele ausüben. So übt die *Geldpolitik einen relativ stärkeren Effekt auf die Zahlungsbilanz* aus als die Fiskalpolitik, während die *Fiskal-*

politik relativ stärker auf die binnenwirtschaftliche Konjunkturlage wirkt als die Geldpolitik. Deshalb ist es möglich, bei Defizit und Rezession (Fall IV) zugleich mit kontraktiver Geldpolitik und expansiver Fiskalpolitik zu operieren; denn einmal wird das Zahlungsbilanzdefizit verringert, weil die aktivierende Wirkung der kontraktiven Geldpolitik größer ist als die passivierende Wirkung der expansiven Fiskalpolitik; gleichzeitig wird auch die Rezession bekämpft, weil die konjunkturbelebende Wirkung der expansiven Fiskalpolitik die konjunkturdämpfende Wirkung des Zinsanstiegs (kontraktive Geldpolitik) überkompensiert.

Entsprechende Überlegungen gelten auch für den Dilemmafall II (Boom + Zahlungsbilanzüberschuß). Hier würde ein policy mix aus *expansiver Geldpolitik und kontraktiver Fiskalpolitik* per Saldo sowohl zu einer Dämpfung des konjunkturellen Booms als auch zu einem Abbau des Zahlungsbilanzüberschusses führen. Auch hier sind internes und externes Gleichgewicht nur dann gleichzeitig erreichbar, wenn *c*, also eine ganz bestimmte Kombination von Zins und Budgetüberschuß, gegeben ist.

In der wirtschaftspolitischen Praxis kann es zu einer Über- oder Unterdosierung der Politiken kommen, so daß statt des Gleichgewichts andere, neue Ungleichgewichtslagen erreicht werden. Gefahr und Wahrscheinlichkeit dazu sind groß, weil es in praxi kaum möglich ist, die optimale $r/\ddot{U}$-Kombination zuverlässig zu ermitteln[7].

Die Fälle I (Zahlungsbilanzüberschuß + Rezession) und III (Zahlungsbilanzdefizit + Boom) in Abb. 45 sind insofern *keine Dilemmafälle*, als hier der Einsatz eines der beiden Instrumente immer beide Ziele positiv beeinflußt. So würde z. B. im Fall I die erfolgreiche Bekämpfung der Rezession durch eine expansive Fiskalpolitik (verminderte Budgetüberschüsse) auch zu einem Abbau der Zahlungsbilanzüberschüsse führen, weil mit der steigenden Gesamtnachfrage auch die Importe steigen. Dennoch ist auch in diesen Fällen ein kombinierter, aber gleichgerichteter Einsatz von Geld- und Fiskalpolitik fast immer sinnvoll. Ist z. B. in der Ausgangssituation Punkt *f* (Abb. 45) gegeben, so kann man durch Verringerung des Budgetüberschusses auf *f'* Vollbeschäftigung erreichen und gleichzeitig auch den Zahlungsbilanzüberschuß verringern. Eine gänzliche Beseitigung des Zahlungsbilanzüberschusses wäre jedoch nur durch eine weitere Senkung des Budgetüberschusses zu erreichen; das aber ginge zu Lasten des internen Gleichgewichts, denn Überbeschäftigung und Inflation wären die

[7] Eine modellmäßig exakte Analyse der „richtigen" $r/\ddot{U}$-Kombination unter bestimmten Modellannahmen unternimmt H. J. *Jarchow* (Der kombinierte Einsatz zins- und budgetpolitischer Maßnahmen zur gleichzeitigen Erreichung binnen- und außenwirtschaftlicher Ziele. In: Gottfried *Bombach* (Hrsg.): Beiträge zur Theorie der Außenwirtschaft. Schriften des Vereins für Socialpolitik, N. F. Bd. 56, Berlin 1970, S. 35 ff.).

Folge. Zur Realisierung des Gesamtgleichgewichts (Punkt *c*) müßte neben expansiver Fiskalpolitik auch expansive Geldpolitik betrieben und damit der Zins gesenkt werden. Nur für den Fall, daß in der Ausgangssituation entweder der für das Gesamtgleichgewicht erforderliche Zins oder für das Gesamtgleichgewicht erforderliche Budgetüberschuß bereits gegeben ist, genügt der Einsatz *einer* Politik. Ersteres ist z. B. in Punkt *g* (Abb. 45) und bei allen anderen Punkten der Fall, die senkrecht oberhalb oder unterhalb von *c* liegen; hier würde der alleinige Einsatz fiskalpolitischer Mittel (Veränderung des Budgetüberschusses) zur Erreichung des Gesamtgleichgewichtes ausreichen. Letzteres ist z. B. in Punkt *h* (Abb. 45) und bei allen anderen Punkten der Fall, die waagerecht links oder rechts von c liegen; hier würde der alleinige Einsatz geldpolitischer Mittel (Zinsänderung) die Realisierung des Gesamtgleichgewichts (*c*) ermöglichen.

Festzuhalten bleibt jedoch, daß Fall I aus der Sicht der praktischen Wirtschaftspolitik weniger problematisch erscheint als die Fälle II und IV, weil hier jede Maßnahme, die einem Ziel dienlich ist, in der Regel auch dem anderen Ziel nützt. Das ist allerdings nur so lange der Fall, bis eines der Gleichgewichte erreicht ist.

Im grundsätzlichen gleiche Aussagen gelten auch für Fall III. Boombekämpfung durch kontraktiv wirkende Erhöhung des Budgetüberschusses vermindert wegen Absinkens der Gesamtnachfrage auch die Importe und damit das Zahlungsbilanzdefizit. Aber auch hier ist (wie im Fall I) zu einer vollkommenen Realisierung *beider Ziele* fast immer auch ein gleichgerichteter Einsatz geldpolitischer Instrumente notwendig.

Zusammenfassend läßt sich also sagen, daß zur Realisierung von internem und externem Gleichgewicht in sehr vielen Fällen der gleichzeitige und koordinierte Einsatz von geldpolitischen und fiskalpolitischen Instrumenten sinnvoll, ja notwendig ist. Diese Schlußfolgerung ergibt sich zwingend aus dem Umstand, daß geldpolitische Maßnahmen eine relativ stärkere Wirkung auf die Zahlungsbilanz ausüben, während fiskalpolitische Maßnahmen relativ stärker auf die binnenwirtschaftliche Situation wirken. Die eigentliche Besonderheit ist jedoch in den Dilemmafällen II und IV zu verzeichnen. Hier ist nicht nur der Einsatz beider Politiken erforderlich, sie müssen vielmehr in entgegengesetzter Richtung eingesetzt werden.

b) Einwendungen gegen den Policy Mix-Ansatz

Gegen den policy mix-Ansatz sind eine Reihe von Einwendungen vorgebracht worden, die seine Aussagekraft und damit seine wirtschaftspolitische Relevanz einschränken[8]:

8 Vgl. A. *Lamfalussy:* Limitations of Monetary and Fiscal Policy. In: W. *Fellner* u. a. (Hrsg.): Maintaining and Restoring Balance in International Payments. Princeton 1966. S. 157 ff. –

1. Eine erste Einschränkung ergibt sich aus der Vernachlässigung der Kapazitätsänderungen, die als Folge der mit fiskalpolitischen Mitteln erzielten Veränderungen der (Investitions-)Nachfrage auftreten; ebensowenig wird berücksichtigt, daß durch geldpolitische Maßnahmen induzierte internationale Kapitalbewegungen Zins- und Tilgungszahlungen nach sich ziehen, die die ursprüngliche Zahlungsbilanzwirkung teilweise kompensieren. Es handelt sich beim policy mix-Ansatz also um eine *kurzfristige Betrachtung*, die allein ein solches Vorgehen rechtfertigt. Daraus folgt, daß die analysierten Wirkungen einer solchen Politik nur auf kurze Sicht gesichert sind. Die Eignung für eine langfristige strukturelle Sicherung von internem und externem Gleichgewicht ist damit nicht nachgewiesen.

2. Der Ausgleich der Zahlungsbilanz wird durch Einsatz geldpolitischer Instrumente (Zinsänderung) herbeigeführt, die in erster Linie auf die Kapitalverkehrsbilanz wirken. In Defizitsituationen heißt das, daß *Leistungsbilanzdefizite durch Überschüsse der Kapitalverkehrsbilanz ausgeglichen werden*. An der negativen Leistungsbilanzsituation des Landes, die z. B. mangelnde internationale Wettbewerbsfähigkeit widerspiegeln kann, wird dadurch nichts geändert. Zudem ist zu bemerken, daß die Möglichkeiten, durch Zinssteigerungen und dadurch induzierte Kapitalimporte Zahlungsbilanzdefizite auszugleichen, de facto begrenzt und nicht beliebig lange durchhaltbar sind.

3. Selbst wenn die inländischen Zinsen beliebig manipulierbar wären, wäre damit noch nicht die gewünschte Wirkung auf die Kapitalverkehrsbilanz gewährleistet. Es spricht einiges dafür, daß die *Zinselastizität internationaler Kapitalbewegungen mit steigender Inflationsrate abnimmt*[9]. Bei hohen Inflationsraten würde es demnach zunehmend schwieriger, durch Zinsveränderungen internationale Kapitalbewegungen zu induzieren.

4. Schließlich kann die *Spekulation* eine Aktivierung der Kapitalverkehrsbilanz verhindern. Wenn sich aufgrund der strukturell passiven und sich tendenziell verschlechternden Leistungsbilanz die Meinung verbreitet, daß Wechselkursmaßnahmen (Abwertung) bevorstehen, wird es trotz hoher bzw. steigender Zinsen nicht zu einem Anstieg der Kapitalimporte kommen. Vielmehr ist wegen spekulativer Kapitalabflüsse mit einer Passivierung der Kapitalverkehrsbilanz zu rechnen.

Vgl. H. G. *Johnson:* The Objectives of Economic Policy under Fixed Exchange Rates. In: W. *Fellner* u. a. (Hrsg.): Maintaining, a. a. O., S. 145 ff. – Vgl. Egon *Sohmen:* Fiscal and Monetary Policy under Alternative Exchange Rate Systems. Quarterly Journal of Economics, Vol. 81 (Aug. 1967), S. 515 ff.

9 Gottfried *Haberler:* Monetary and Fiscal Policy for Economic Stability and Growth. Tokyo 1966.

5. Viele Staaten streben eine *bestimmte Zahlungsbilanzstruktur* an, die durch ein Aktivum der Leistungsbilanz gekennzeichnet ist[10]. Das Aktivum soll ihnen die Finanzierung von Kapitalexporten ermöglichen, die sich als wirksames außenpolitisches Mittel einsetzen lassen (Entwicklungshilfe, Militärhilfe, Währungsbeistand etc.). Eine defizitäre Leistungsbilanz ist daher politisch meist unerwünscht.

6. Die *optimale Dosierung* von Fiskal- und Geldpolitik ist *nicht zuverlässig bestimmbar*, weil die Wirksamkeit wirtschaftspolitischer Maßnahmen nur mit erheblichen Unsicherheitsmargen prognostizierbar ist. Angesichts dieser Unsicherheit erscheinen besonders die Fälle prekär, in denen die Politiken nicht einander ergänzend und unterstützend, sondern entgegengesetzt eingesetzt werden müssen. Denn hier hängt der Erfolg davon ab, daß jede der beiden Politiken die unerwünschten Wirkungen der jeweils anderen Politik überkompensiert und zwar in dem zur Erreichung des Gleichgewichts notwendigen Umfang.

7. Die Verwendung des Budgetsaldos (Überschuß oder Defizit) als alleinigen fiskalpolitischen Indikator erscheint *problematisch*. Denn dadurch wird der Umstand verdeckt, daß sowohl Fiskal- als auch Geldpolitik über eine erhebliche Anzahl unterschiedlicher Instrumente verfügen, die hinsichtlich ihrer Wirkung auf das interne und/oder externe Gleichgewicht durchaus unterschiedlich einzuschätzen sind. So gibt es eine Reihe von fiskalpolitischen Maßnahmen, die direkt auf die Zahlungsbilanz wirken, wie z. B. Exportsubventionen und Zölle. Für sie trifft die pauschale These nicht zu, Fiskalpolitik wirke inbesondere auf die binnenwirtschaftliche Situation und nur indirekt über Einkommensveränderungen und marginale Importneigung auf die Zahlungsbilanz. Auch die geldpolitischen Instrumente weisen diesbezüglich unterschiedliche Wirkungen auf. So wirken swappolitische Maßnahmen, spezielle Mindestreservesätze oder Verzinsungsvorschriften für Ausländereinlagen, ganz zu schweigen von direkten Beschränkungen des internationalen Geld- und Kapitalverkehrs, viel unmittelbarer auf die Zahlungsbilanz als andere geldpolitische Maßnahmen. Diese wiederum, wie etwa die Diskontpolitik oder die Offenmarktpolitik (insbesondere mit Nichtbanken), wirken relativ stärker auf das interne Gleichgewicht und weniger direkt auf die Zahlungsbilanz. Angesichts der Maßnahmenvielfalt beider Politiken ist es mehr als zweifelhaft, ob Zinshöhe bzw. Budgetsaldo einen zuverlässigen Rückschluß auf die spezifischen Wirkungen der angewendeten Maßnahmen zulassen.

Nach dem Gesagten erscheint es zwar gerechtfertigt, den koordinierten und – bei entsprechender Konstellation – entgegengesetzten Einsatz von Geld- und Fiskalpolitik (policy mix) als ernstzunehmende wirtschaftspolitische Variante

---

[10] Vgl. dazu oben, S. 62 f.

zu betrachten, **keinesfalls ist darin jedoch ein Patentrezept zur Behebung externer und interner Ungleichgewichte zu sehen.** Unsicherheit der Wirkungsprognosen, Begrenztheit der Wirkungen, Beeinträchtigung anderer wirtschaftlicher oder außenpolitischer Ziele sind einige der Gründe, die eine zurückhaltende Beurteilung geraten erscheinen lassen.

c) Policy Mix bei flexiblen Wechselkursen?

Ein zumindest längerfristiges Zahlungsbilanzungleichgewicht gibt es bei flexiblen Wechselkursen nicht, da der Zahlungsbilanzausgleich durch entsprechende Wechselkursänderungen automatisch zustandekommt. Das Problem des externen Gleichgewichts existiert also nicht, sofern man das Problem einer bestimmten angestrebten Struktur der Zahlungsbilanz außer acht läßt. Dilemmafälle, die den entgegengesetzten Einsatz von Geld- und Fiskalpolitik (policy mix) erfordern, können daher nicht auftreten. Wenn beide Politiken gleichzeitig und koordiniert eingesetzt werden, dann sind sie auf das gleiche Ziel, das interne Gleichgewicht, gerichtet. Die einseitige Orientierung der Geldpolitik auf das Zahlungsbilanzziel ist bei flexiblen Wechselkursen also aufgehoben.

Allerdings interessieren in diesem Zusammenhang die Fragen, *(1) bei welchem Wechselkurssystem die Wirksamkeit der Politiken höher ist,* und *(2) welche der beiden Politiken bei flexiblen Wechselkursen die größere Effizienz im Hinblick auf das interne Gleichgewicht hat.*

1. Zur ersten Frage läßt sich durch einfache Überlegungen zeigen, daß die *binnenwirtschaftliche Effizienz beider Politiken durch das Vorhandensein flexibler Wechselkurse erhöht* wird[11]. Nimmt man die Erhöhung der realen Wertschöpfung bzw. des Realeinkommens als Maßstab für die binnenwirtschaftliche Wirksamkeit einer expansiven Politik, so ist bei der Fiskalpolitik zu fragen, ob unter sonst gleichen Umständen eine bestimmte Erhöhung der Staatsausgaben bzw. Minderung der Staatseinnahmen bei festen oder bei flexiblen Wechselkursen den größeren Multiplikatoreffekt hervorruft. Bei festen Wechselkursen wird dieser durch die marginale Sparquote s und die marginale Importquote g $\left(\frac{1}{s+g}\right)$ bestimmt; d. h. ein Teil der induzierten Nachfrage richtet sich auf Importgüter und wirkt daher im Inland nicht einkommenserhöhend. Bei flexiblen Wechselkursen bewirkt dieser Importanstieg zusätzliche Devisennachfrage und damit ein Ansteigen des Devisenkurses $\left[\frac{DM}{\$}\right]$. Damit werden Inlandswaren für Ausländer billiger, so daß die Exporte ansteigen und eine zusätzliche Erhöhung des Einkommens erfolgt, die bei festen Wechselkursen nicht zu verzeichnen ist[12].

---

[11] A. O. *Krueger:* The Impact of Alternative Government Policies under Varying Exchange Systems. The Quarterly Journal of Economics, Vol. 79 (1965), S. 204 ff.

[12] Unterstellt wurde hierbei, daß die Erhöhung der Staatsausgaben keine Zinssteigerung

Eine entsprechende Überlegung gilt für die Geldpolitik. Eine durch Geldmengenvermehrung verursachte Zinssenkung induziert zusätzliche Ausgaben, die über einen Multiplikatorprozeß zu einer Einkommenserhöhung führen. Bei flexiblen Wechselkursen bewirken nun die im Zuge des Einkommensanstiegs wachsenden Importe einen Anstieg des Devisenkurses $[\frac{DM}{\$}]$, so daß die Exporte steigen und eine weitere Einkommenssteigerung eintritt. *Darüber hinaus* bewirkt die inländische Zinssenkung tendenziell eine Erhöhung des Kapitalexports, so daß die Devisennachfrage und damit der Devisenkurs weiter steigt. Daraus resultiert eine zusätzliche Exporterhöhung, die gleichbedeutend mit einer nochmaligen Einkommenssteigerung ist.

2. Stellt man nun Fiskal- und Geldpolitik bei flexiblen Wechselkursen einander gegenüber, so ist der *Geldpolitik die größere Wirksamkeit* zu bescheinigen. Während nämlich bei der Fiskalpolitik die Einkommenserhöhung allein aus der induzierten Nachfrageerhöhung resultiert, käme bei einer Geldpolitik, zu der durch eine entsprechende Zinssenkung erreichten gleich großen Nachfrageerhöhung, noch die einkommenssteigernde Wirkung der aktivierten Leistungsbilanz hinzu; denn die geldpolitische Zinssenkung bewirkt über Kapitalexporte und darauf folgende Devisenkurssteigerungen zusätzliche Exporte bzw. reduzierte Importe.

Es sollte allerdings nicht übersehen werden, daß diese bequeme und offenbar wirkungsvolle Art der Konjunkturankurbelung durch Geldmengenvermehrung insoweit zu Lasten des Auslandes geht, als sie durch eine Verbesserung der Leistungsbilanz erreicht wird. Denn eine Aktivierung der heimischen Leistungsbilanz muß notwendigerweise die Passivierung der Leistungsbilanzen anderer Länder zur Folge haben und somit in diesen Ländern einkommensmindernd wirken. Der konjunkturbelebende Effekt im Inland wird also mit einer kontraktiven Wirkung im Ausland erkauft. Wie stark diese Wirkung realiter ist, hängt allerdings von der Größe und der Außenhandelsverflechtung der beteiligten Länder ab. Man sollte sie nicht überschätzen, da sich die Wirkung in der Regel auf viele Länder verteilt und ihr die betroffenen Länder zudem durch eigene Zinssenkung entgegenwirken können.

4. Die Währungsordnung der Bundesrepublik

Die Geld- und Währungsordnung eines Landes, die Verteilung der währungspolitischen Kompetenzen sowie die währungspolitischen Instrumente sind

im Inland zur Folge hat, weil gleichzeitig das Geldvolumen ausgeweitet wurde. Andernfalls würden Kapitalimporte induziert, die den Devisenkurs tendenziell senken und daher passivierend auf die Leistungsbilanz wirken. Die oben diagnostizierte Tendenz zu zusätzlicher Einkommenssteigerung kann dadurch u. U. überkompensiert werden. In diesem Fall wäre die Fiskalpolitik von geringerer Wirksamkeit als bei festen Wechselkursen.

auch für außenwirtschaftliche Fragen von Belang, weil sie das Funktionieren des internationalen Zahlungsverkehrs beeinflussen und die Eingriffsmöglichkeiten der währungspolitischen Instanzen markieren. Allerdings umfaßt die nationale Geld- und Währungsordnung viel mehr als die Regeln für die Abwicklung des internationalen Warenverkehrs. Auch verfolgt sie keineswegs primär außenwirtschaftliche Ziele (Zahlungsbilanzgleichgewicht) und verfügt keineswegs nur über Instrumente, die direkt den Außenwirtschaftsverkehr berühren. Vielmehr regelt die Geldverfassung in erster Linie das nationale Geldwesen; die nationale Geldpolitik richtet sich mit besonderem Nachdruck auf binnenwirtschaftliche Ziele; und viele der geldpolitischen Instrumente bewirken eine Veränderung der inländischen Geldmenge, ohne daß die außenwirtschaftlichen Vorgänge dadurch direkt berührt würden.

In diesem gänzlich außenwirtschaftlich orientierten Buch muß auf die ausführliche Behandlung dieser Themenbereiche verzichtet werden, obwohl es mannigfache Interdependenzen zwischen inländischem Geldwesen und außenwirtschaftlichen Vorgängen gibt. Das fällt um so leichter, als sich unter der Bezeichnung „Geldtheorie und Geldpolitik" ein Wissenschaftszweig etabliert hat, der sich ausschließlich mit monetären Problemen befaßt und überwiegend binnenwirtschaftlich orientiert ist. Hier werden dazu nur kurze, skizzenhafte Ausführungen gemacht. Im übrigen sei auf die einschlägige Literatur hingewiesen[13].

a) **Zur Geldverfassung der Bundesrepublik (gemäß Bundesbankgesetz)**

Unter Geldverfassung oder Geldordnung ist die Gesamtheit der institutionellen und rechtlichen Regelungen zu verstehen, die das Geldwesen ordnen und seine Funktionsfähigkeit im Hinblick auf die ihm zugewiesenen Aufgaben sichern sollen.

Die für die deutsche Geldverfassung wichtigste Rechtsgrundlage ist das „Gesetz über die Deutsche Bundesbank" (Bundesbankgesetz oder BBG) aus dem Jahre 1957. Aber auch das Münzgesetz, das Kreditwesengesetz und das Außenwirtschaftsgesetz enthalten relevante Bestimmungen. Die wesentlichsten Bestimmungen und Merkmale der deutschen Geldverfassung sind:

1. Die *DM-Banknoten sind unbeschränktes gesetzliches Zahlungsmittel* (§ 14 BBG). Das besagt, daß jeder Gläubiger DM zur Begleichung seiner Forderungen akzeptieren muß (Annahmezwang).

---

13 D. *Dickertmann*, A. *Siedenberg:* Geldpolitische Lenkungsinstrumente in der BRD. 2. Aufl. Tübingen 1975. – Dieter *Duwendag* u. a.: Geldtheorie und Geldpolitik. Köln 1974. – Otmar *Issing:* Einführung in die Geldtheorie. Heidelberg 1974. – H.-J. *Jarchow:* Theorie und Politik des Geldes. 2 Bde. Göttingen 1973 und 1974. – A. *Woll*, G. *Vogel:* Geldpolitik. Stuttgart 1976.

2. Das Recht zur *Ausgabe von auf DM lautenden Banknoten liegt ausschließlich bei der Bundesbank* (§ 14 BBG). Die Höhe des Banknotenumlaufs wird von der Bundesbank in eigener Verantwortung reguliert. Es gibt keine gesetzliche Höchstgrenze. Richtschnur ihres Handelns sind dabei die ihr zugewiesenen Aufgaben, nämlich für die (reibungslose) Abwicklung des Zahlungsverkehrs im Inland und mit dem Ausland zu sorgen und die *Währung gegen Geldwertschwankungen zu sichern* (§ 3 BBG).

3. Banknoten sind *stoffwertloses Geld*, denn der Materialwert der Banknoten entspricht nicht im entferntesten ihrem Nominalwert.

4. Demnach ist die DM eine *„freie" bzw. ungedeckte Währung*. Es existieren also keinerlei Deckungsvorschriften, die die währungspolitischen Instanzen verpflichteten, zur materiellen, stofflichen Sicherung des Geldes Gold- und Devisenvorräte anzulegen. Die Bundesbank ist daher auch nicht verpflichtet, Geld gegen Gold oder Devisen einzutauschen. Für den Geldbesitzer stellt das Geld dennoch keine risikoreiche Anlage dar, wenn er sicher sein kann, daß er es jederzeit gegen beliebige Güter und Leistungen eintauschen kann und daß sich der Wert des Geldes im Zeitverlauf nicht oder nicht wesentlich ändert.

5. Das Recht zur *Prägung und Ausgabe von Münzen steht dem Bund zu*. Die Münzen sind unterwertig; d. h. ihr Stoffwert ist geringer als ihr Nominalwert (Scheidemünzen). Die Höhe des Münzumlaufs ist nicht begrenzt. Münzen sind jedoch nur *beschränkt gesetzliches Zahlungsmittel;* denn Gläubiger müssen Münzen nur bis zu bestimmten Höchstbeträgen entgegennehmen (auf Pfennig lautende Münzen bis zum Höchstbetrag von 5,– DM, auf DM lautende Münzen bis zum Höchstbetrag von 20,– DM).

6. Die quantitativ bedeutendste Geldart ist das *Buch- oder Giralgeld*. Es entsteht durch Gutschrift auf Sichtkonten. Es kann zu Zahlungszwecken verwendet werden, indem vom Konto des Schuldners auf das Konto des Gläubigers umgebucht wird. Diese Art des unbaren Zahlungsverkehrs hat sich in den Jahrzehnten nach dem Zweiten Weltkrieg überproportional ausgeweitet. In der Bequemlichkeit, Billigkeit und Sicherheit dieses Verfahrens liegen die Gründe für diese Entwicklung. Hervorzuheben ist einmal, daß es sich beim Giralgeld nicht um ein gesetzliches Zahlungsmittel handelt; niemand ist also zur Entgegennahme unbarer Zahlungen verpflichtet. Wenn das *Giralgeld dennoch allseits akzeptiert* wird, so beweist das, daß funktionsfähiges Geld nicht unbedingt des gesetzlichen Annahmezwanges bedarf. Unentbehrlich ist jedoch die allgemeine Anerkennung, die letztlich auf dem Vertrauen beruht, daß das Geld seine Funktionen jederzeit erfüllen wird. Zum zweiten wird Giralgeld nicht durch die währungspolitischen Instanzen (Bundesbank oder Regierung) geschaffen, sondern durch private Wirtschaftssubjekte, insbeson-

dere durch die Banken. Staat und Notenbank haben also keinen direkten Einfluß auf die Entstehung des Buchgeldes. Wirtschaftspolitische Geldmengenregulierung muß daher auf indirektem Wege erfolgen, indem versucht wird, das diesbezügliche Verhalten der Wirtschaftssubjekte, insbesondere der Banken, zu beeinflussen.

b) Verteilung der währungspolitischen Kompetenzen in der Bundesrepublik (gemäß Bundesbankgesetz)

Die Geld- und Währungsordnung wird entscheidend auch durch die Verteilung währungspolitischer Kompetenzen geprägt. Zu unterscheiden sind hierbei die *Kompetenz, Ziele zu setzen* und die *Kompetenz, Ziele durch entsprechende Maßnahmen zu realisieren* (Zielausführung).

In der Bundesrepublik liegt die *Zielsetzungskompetenz* für die Währungspolitik einmal *beim* **Parlament.** Es hat von seiner Kompetenz Gebrauch gemacht, indem es währungspolitische Ziele gesetzlich fixiert hat, so z. B. im Bundesbankgesetz. Andererseits jedoch sind die Ziele inhaltlich so unbestimmt, daß den mit ihrer Verwirklichung Beauftragten, nämlich der *Bundesbank* und der *Regierung*, eigene Interpretations- und Quantifizierungsspielräume bleiben. Was also die konkrete quantitative Zielfestlegung angeht, sind sowohl Bundesbank als auch Regierung beteiligt. In diesem Sinne üben sie auch Zielsetzungskompetenz aus.

Bundesbank und Regierung sind per Gesetz (Bundesbankgesetz und Stabilitätsgesetz) beauftragt, die dort aufgeführten Ziele, zu denen auch währungspolitische Ziele gehören, zu verwirklichen. Sie haben also zunächst die *Kompetenz der Zielausführung.* Da jedoch die Abgrenzung der währungspolitischen Kompetenzen zwischen **Regierung** und **Bundesbank** nicht eindeutig ist, liegt hier eine Wurzel für Konflikte.

Die Politik der Bundesbank hat gemäß § 3 BBG das Ziel, die *Währung zu sichern.* Dieses Ziel beinhaltet nach herrschender Meinung zweierlei:

1. Stabilisierung des inneren Geldwertes (Preisniveaustabilisierung) und
2. Sicherung des Außenwertes der Währung durch Herbeiführung oder Erhaltung des außenwirtschaftlichen Gleichgewichts (Zahlungsbilanzausgleich)[14].

Das Bundesbankgesetz legt in § 12 fest, daß die *Bundesbank* bei der Erfüllung der ihr zugewiesenen Aufgabe der Währungssicherung *von den Weisungen der Bundesregierung unabhängig* ist. Gleichzeitg ist sie jedoch verpflichtet, „unter Wahrung ihrer Aufgabe die allgemeine Wirtschaftspolitik der Bundesregierung zu unterstützen"(§ 12 BBG). Es herrscht aber Einigkeit darüber, daß dadurch die

---

[14] Dieses Ziel gewinnt bei festen Wechselkursen besondere Bedeutung.

währungspolitische Unabhängigkeit der Bundesbank nicht in Frage gestellt ist. Vielmehr ist die Bundesbank zu einer Unterstützung der Wirtschaftspolitik der Regierung nur insoweit verpflichtet, wie sie es mit ihren eigenen währungspolitischen Aufgaben für vereinbar hält.

Die *Bundesregierung* ihrerseits ist durch das „Gesetz zur Förderung der Stabilität und des Wachstums der Wirtschaft“ (Stabilitätsgesetz) aus dem Jahre 1967 zur *gleichzeitigen* Verwirklichung von *vier wirtschaftspolitischen Zielen* verpflichtet. Neben einem hohen Beschäftigungsstand (Vollbeschäftigung) sowie stetigem und angemessenem Wirtschaftswachstum sind das mit der Stabilität des Preisniveaus und dem außenwirtschaftlichen Gleichgewicht auch die währungspolitischen Ziele, auf die auch die Bundesbank festgelegt ist. Also sind sowohl Bundesregierung als auch Bundesbank währungspolitisch verantwortlich, und zwar jeweils unabhängig voneinander.

Bei undifferenzierter Betrachtung erscheint diese Kompetenzaufteilung unproblematisch; denn Bundesregierung und Bundesbank haben die gleichen währungspolitischen Ziele zu verfolgen und die Bundesregierung darüber hinaus noch zwei zusätzliche. Realistisch betrachtet birgt diese Konstellation jedoch **Konfliktmöglichkeiten zwischen Regierung und Notenbank.** Diese resultieren zum einen daraus, daß in bestimmten Situationen Zielkollisionen auftreten können und zum anderen, daß die festgelegten Ziele recht unterschiedlich interpretiert werden können. So könnte z. B. die Regierung in einer von Preissteigerungen begleiteten Rezession den Abbau der Arbeitslosigkeit mit Hilfe expansiver Maßnahmen als ihre vorrangige Aufgabe ansehen, während sie eine Inflationsrate von mehreren Prozentpunkten als mit dem Ziel der Preisniveaustabilisierung für vereinbar hält. Die Bundesbank hingegen könnte das Ziel Preisniveaustabilität strenger interpretieren und entsprechend stabilisierende, d. h. kontraktive Maßnahmen befürworten und schließlich auch gegen die Intentionen der Regierung durchführen.

Derartige Konflikte oder zumindest Auffassungsunterschiede zwischen Bundesbank und Regierung hat es in der Vergangenheit mehrfach gegeben. Sie bergen die Gefahr einer inkonsistenten, unkoordinierten Währungspolitik in sich.

In der immer wieder auflebenden *Diskussion um die* **Unabhängigkeit der Bundesbank** wird häufig auch die Abschaffung der Notenbankautonomie gefordert. Dabei wird darauf verwiesen, daß hier ein Gremium politische Macht ausübt, ohne dazu demokratisch (d. h. durch Wahl) legitimiert zu sein. Es könne sogar durch seine Politik die politischen Absichten der eigentlich legitimierten weil gewählten Mandatsträger konterkarieren. Des weiteren unterliege dieses Gremium nicht der parlamentarischen Kontrolle.

Zu bemerken ist hier allerdings, daß den Bundes- und Landesregierungen ein Vorschlagsrecht für die personelle Besetzung des wichtigsten Entscheidungsgremiums der Bundesbank, dem Zentralbankrat, zusteht. Die achtjährige Amtszeit der Mitglieder des Zentralbankrats verhindert jedoch eine kurzfristige Beeinflussung seiner Politik durch personelle Umbesetzungen.

Die Befürworter der Notenbankautonomie hingegen stellen gerade als Vorteil heraus, daß es ein Gremium gibt, das die für das effiziente Funktionieren einer Volkswirtschaft so wichtige Aufgabe der Geldwertsicherung unbeeinflußt vom Druck tagespolitischer Ereignisse und ohne wahltaktische Rücksichten verfolgt und sich dabei ausschließlich von sachgerechten und fachlichen Erwägungen leiten läßt. Dies zwinge überdies auch die Regierung, sich mit den u. U. kontroversen Argumenten der Bundesbank auseinanderzusetzen, und bilde insofern auch ein wichtiges Korrektiv der Währungspolitik der Regierung.

Diese Haltung wird also von der sicher nicht unberechtigten Befürchtung bestimmt, daß das Ziel der Geldwertsicherung von der Regierung allein aus kurzfristigen politischen Erwägungen nicht mit dem erforderlichen Nachdruck verfolgt würde; denn es erfordert häufig Maßnahmen, die kurzfristig das Wirtschaftswachstum und den Beschäftigungszuwachs bremsen und daher unpopulärer sind als die Inkaufnahme von Preissteigerungen.

Wenn man der Meinung zuneigt, die Notenbankautonomie sei zu beseitigen, wie das in vielen westlichen Ländern tatsächlich der Fall ist, so ließe sich das durch eine entsprechende Änderung des Bundesbankgesetzes erreichen. Ist man jedoch der Meinung, die in der Bundesrepublik gegebene Parallelkompetenz für die Währungspolitik sei die bessere Lösung, so bleibt als offenkundiges Problem, daß Bundesregierung und Bundesbank im Konfliktfall möglicherweise nicht zu einem Konsens oder Kompromiß gelangen und dann unkoordinierte und konträre Politiken verfolgen. Wünscheswert wäre also die Installierung eines Abstimmungs- und Koordinationsmechanismus, der sicherstellt, daß vorhandene Konflikte (Meinungsunterschiede) gelöst oder einem Kompromiß zugeführt werden, auf dessen Grundlage eine konsistente Politik der beiden währungspolitischen Instanzen gewährleistet ist[15].

Es ist zwar richtig, daß in der Bundesrepublik sowohl die Bundesbank als auch die Regierung währungspolitische Kompetenzen haben. Jedoch geht aus dem Bundesbankgesetz hervor, daß der Gesetzgeber der *Bundesbank hierbei die Hauptrolle* zugedacht hatte. Ein Beweis dafür ist u. a. darin zu sehen, daß im

---

[15] Diesbezügliche Vorschläge sind unterbreitet und diskutiert worden. Vgl. dazu Dieter *Duwendag* (Hrsg.): Macht und Ohnmacht der Bundesbank. Frankfurt/Main 1973. – Dieter *Tiegel:* Staat und Notenbank. Schmollers Jahrbuch für Wirtschafts- und Sozialwissenschaft. 91. Jg. (1971), S. 411 ff.

Gesetz eine ganze Reihe geld- und währungspolitischer Instrumente aufgeführt ist, deren Anwendung ausschließlich der Bundesbank vorbehalten ist. Demgegenüber sind die währungspolitischen Wirkungsmöglichkeiten der Regierung weit geringer.

Die der Bundesbank zur Verfügung stehenden **Instrumente** sind in §§ 15–17 BBG aufgeführt. Es sind dies: Diskontpolitik, Offenmarktpolitik, Mindestreservepolitik, Einlagenpolitik. Darüber hinaus ist die Bundesbank gem. § 19 BBG berechtigt, alle Arten von Devisentransaktionen durchzuführen. Sie gewinnt dadurch die Möglichkeit, insbesondere durch den Abschluß von Swapgeschäften[16] den Umfang der Geldexporte bzw. der Geldimporte zu beeinflussen.

Die ausführliche Darstellung vorhandener oder potentieller geldpolitischer Instrumente sowie die Analyse ihrer Haupt- und Nebenwirkungen im monetären und im güterwirtschaftlichen Bereich sind Hauptgegenstand der „Geldtheorie und -politik". Eine Darstellung dieser Themenbereiche erfolgt daher in diesem Buch nicht.

c) Weitere Rechtsgrundlagen der deutschen Währungspolitik (Kreditwesengesetz und Außenwirtschaftsgesetz)

Bisher war – seiner Bedeutung entsprechend – fast ausschließlich auf das Bundesbankgesetz als Rechtsgrundlage der deutschen Geldverfassung und Geldpolitik verwiesen worden. In diesem Zusammenhang sind jedoch noch zwei weitere Gesetze zu erwähnen.

1. Das *Gesetz über das Kreditwesen (KWG)* von 1961. Es dient im wesentlichen der Sicherung eines reibungslosen Geld- und Kreditverkehrs und dem Schutz der Bankgläubiger. Es enthält Vorschriften für den Geschäftsbetrieb der Kreditinstitute und schafft die Rechtsgrundlage für eine behördliche Kontrolle der Banken. Diese Vorschriften beziehen sich u. a. auf die Gründung von Kreditinstituten, auf die angemessene Eigenkapitalhöhe, auf die „ausreichende" Liquidität, auf Umfang und Streuung der vergebenen Kredite und auf die Bankenaufsicht. Als zentrales, die Einhaltung der Bestimmungen des KWG überwachendes Organ fungiert das *Bundesaufsichtsamt für das Kreditwesen* in Berlin. Es übt seine Befugnisse in enger Zusammenarbeit mit der Bundesbank aus.

   Diese relativ *weitgehende Kontrolle des Bankensektors* ist vornehmlich aus zwei Gründen gerechtfertigt: Zum einen sind Geldverkehr und Kreditversorgung für die gesamte Wirtschaft von so vorrangiger Bedeutung, daß Störungen möglichst ausgeschaltet werden müssen. Das gilt um so mehr, als Störun-

---

[16] Siehe oben, S. 316 ff.

gen im Bankwesen (z. B. Bankzusammenbrüche) weit nachhaltigere und ausgedehntere Wirkungen haben als entsprechende Vorgänge in anderen Wirtschaftssektoren; denn als Einleger bei Banken ist nahezu jeder Haushalt und jedes Unternehmen potentiell betroffen, so daß lawinenartige Reaktionen zu befürchten sind, die das gesamte Bank- und Kreditwesen erfassen und gefährden können. Die daraus folgenden Störungen des Zahlungs- und Überweisungsverkehrs und die Beeinträchtigung der Kreditvergabe würden sich zwangsläufig auch auf den güterwirtschaftlichen Bereich, also den Umsatz und die Produktion von Gütern und Leistungen, auswirken.

Zum anderen verwalten die Kreditinstitute als Kapitalsammelstellen einen erheblichen Teil des Volksvermögens. Es erscheint daher gerechtfertigt, daß die de-facto-Verfügungsgewalt der Banken über dieses Vermögen zum Schutze der Eigentümer wirksame Beschränkungen erfährt.

2. Das *Außenwirtschaftsgesetz (AWG)* von 1961 ermächtigt die Bundesregierung, den gesamten Außenwirtschaftsverkehr bei Eintritt bestimmter Verhältnisse zu kontrollieren und zu regulieren. Davon unberührt bleibt der Grundsatz der Freiheit des Außenwirtschaftsverkehrs. Die Vornahme von Beschränkungen ist also vom Eintreten bestimmter Bedingungen abhängig. Die Art der möglichen Beschränkungen ist zum Teil im Gesetz selbst aufgeführt; es können jedoch darüber hinaus von der Regierung zusätzliche Beschränkungen durch Rechtsverordnung eingeführt werden.

Solche *Beschränkungen* können auch den *Geld- und Kapitalverkehr mit dem Ausland* betreffen und sind daher von währungspolitischem Interesse. § 22 AWG sieht vor, zur Behebung von Zahlungsbilanzungleichgewichten die Kreditvergabe an das Ausland (Kapitalexport) in ihren vielen möglichen Formen einer Beschränkung zu unterwerfen. § 23 AWG sieht entsprechende Beschränkungen für Kapitalimporte (Direktinvestitionen Gebietsfremder und Geldanlagen) vor zum Zwecke des Zahlungsbilanzausgleichs und der Inflationsbekämpfung. Man sieht, daß dieser Bereich der Währungspolitik dem Einfluß der Bundesbank weitgehend entzogen ist. Darüber täuscht auch nicht die im Gesetz enthaltene Formulierung hinweg, daß bei entsprechenden Maßnahmen „das Benehmen mit der Deutschen Bundesbank herzustellen (ist)".

Weiter ist in diesem Zusammenhang von Bedeutung, daß *Änderungen fixierter Wechselkurse,* wie sie im Bretton-Woods-System vereinbart und bis März 1973 auch praktiziert wurden und wie sie im Rahmen des europäischen Floatingblocks von den Teilnehmern untereinander noch heute eingehalten werden, ausschließlich in die Kompetenz der Bundesregierung fallen. Damit verfügt die Bundesregierung über ein weiteres bedeutendes währungspolitisches Mittel, das jedoch mit dem Übergang zu flexiblen Wechselkursen gegenüber den Währungen der meisten wichtigen Partnerländer, insbesondere gegenüber dem Dollar, viel von seinem Gewicht verloren hat.

Im übrigen ist jedoch darauf zu verweisen, daß die der Regierung vorbehaltenen währungspolitischen Instrumente mehr oder minder Ausnahmecharakter haben; sie sind eher zur Bekämpfung von Notsituationen als zum dauerhaft regulierenden Einsatz gedacht. Es bleibt also dabei: *In der Bundesrepublik ist die Bundesbank die wichtigste währungspolitische Instanz.*

Literatur zum I. Kapitel

1. Literatur zu „Nationale Währungspolitik und ihre Ziele“

Duwendag, Dieter: Geldtheorie und Geldpolitik. Köln 1974

Lipfert, Helmut: Einführung in die Währungspolitik. 8. Aufl., München 1974

Veit, Otto: Grundriß der Währungspolitik. 3. Aufl. Frankfurt 1969

Woll, A.; *Vogl,* G.: Geldpolitik. Stuttgart 1976

2. Literatur zu „Internes und externes Gleichgewicht“

Jarchow, H.-J.: Der kombinierte Einsatz budget- und zinspolitischer Maßnahmen zur gleichzeitigen Erreichung binnen- und außenwirtschaftlicher Ziele, in: *Bombach,* Gottfried (Hrsg.): Beiträge zur Theorie der Außenwirtschaft. Schriften des Vereins für Socialpolitik. N. F., Bd. 56, Berlin 1970

Johnson, H. G.: The Objectives of Economic Policy and the Mix of Fiscal and Monetary Policy under Fixed Exchange Rates, in: *Fellner,* William u. a. (Hrsg.): Maintaining and Restoring Balance in International Payments. Princeton 1966

Krueger, A. O.: The Impact of Alternative Government Policies under Varying Exchange Systems. Quarterly Journal of Economics, Vol. 79 (1965)

Lamfalussy, Alexandre: Limitations of Monetary and Fiscal Policy, in: *Fellner,* W. u. a. (Hrsg.): Maintaining and Restoring Balance in International Payments. Princeton 1966

Mundell, R. A.: The International Disequilibrium System. Kyklos, Bd. 14 (1961)

—: The Appropriate Use of Monetary and Fiscal Policy under Fixed Exchange Rates. IMF Staff Papers, Bd. IX (March 1962)

—: Capital Mobility and Stabilisation Policy under Fixed and Flexible Exchange Rates. Canadian Journal of Economics and Political Science. Vol. 29 (Nov. 1963)

Rose, Klaus: Theorie der Außenwirtschaft. II. Teil, 6. Kapitel, 6. Aufl., München 1976

Sohmen, Egon: Fiscal and Monetary Policy under Alternative Exchange Rate Systems. Quarterly Journal of Economics, Vol. 81 (Aug. 1976)

3. Literatur zu „Währungsordnung der Bundesrepublik“

Außenwirtschaftsgesetz vom 28. April 1961, BGBl I, S. 481

Gesetz über das Kreditwesen in der Bekanntmachung vom 3. Mai 1976, BGBl I, S. 1121

Gesetz über die Deutsche Bundesbank vom 26. Juli 1957, BGBl I, S. 745

Geschäftsbericht der Deutschen Bundesbank für das Jahr 1957 S. 1–11

Lipfert, Helmut: Einführung in die Währungspolitik. V, 8. Aufl., München 1974

Schmölders, Günter: Geldpolitik. 2. Aufl., Tübingen 1968

v. Spindler, J.; *Becker*, W.; *Starke*, O.-E.: Die Deutsche Bundesbank. II. Teil, 4. Aufl., Stuttgart u. a. 1973

Zweites Kapitel

Internationale Währungspolitik und internationales Währungssystem

1. Ziele der internationalen Währungspolitik

Wie im vorigen Kapitel bereits ausgeführt, sind *Träger der internationalen Währungspolitik* eine Mehrzahl nationaler Staaten oder durch eine Mehrzahl nationaler Staaten bevollmächtigte internationale Institutionen. Voraussetzung für internationale Währungspolitik ist also immer die einvernehmliche Festlegung bestimmter Ziele und die Einigung über Methoden und Instrumente, mit deren Hilfe die Ziele verwirklicht werden sollen. Das wiederum ist nur zu erwarten, wenn die Interessen der beteiligten Länder zumindest partiell übereinstimmen.

Das wesentliche gemeinsame Interesse der marktwirtschaftlich organisierten Länder an einer internationalen Währungspolitik besteht in der *Installierung und Aufrechterhaltung eines funktionsfähigen internationalen Währungssystems,* das die möglichst reibungslose Durchführung internationaler wirtschaftlicher Transaktionen sicherstellt. Dazu bedarf es auch und insbesondere im Währungsbereich der Festlegung bestimmter *Ordnungsprinzipien* sowie *institutioneller und praktischer Regelungen,* die den internationalen Zahlungsverkehr auf eine sichere Grundlage stellen; denn das reibungslose Funktionieren des internationalen Zahlungsverkehrs ist Voraussetzung für das Zustandekommen eines von den Marktgegebenheiten bestimmten internationalen Güter- und Kapitalverkehrs.

Darüber hinaus sind weitere Zielsetzungen im Rahmen einer internationalen Währungspolitik möglich, wie z. B. Förderung von Entwicklungsländern etwa durch Einräumung währungspolitischer Vergünstigungen (multilaterale Devisenhilfe u. ä.). Eine weitere Zielsetzung kann in der Förderung des regionalen Zusammenschlusses mehrerer Staaten liegen. Als Beispiel kann hier die Europäische Gemeinschaft dienen, die erhebliche Anstrengungen zur Internationalisierung, d. h. Vereinheitlichung der Währungspolitik der Mitgliedsländer, unternommen hat, um auf diese Weise den Integrationsprozeß zu fördern.

Das gravierendste Problem der internationalen Währungspolitik ist die *Vielfalt der nationalen Interessen.* Sie verhindert häufig die Anwendung adäquater Maßnahmen zur Realisierung der gemeinsamen Ziele, denn in den tatsächlichen oder vermeintlichen Nebenwirkungen solcher Maßnahmen wird häufig von einzelnen oder vielen Staaten eine unannehmbare Beeinträchtigung nationaler Interessen gesehen. Ein weiteres Hemmnis für die Praktizierung internationaler Währungspolitik sind die tatsächlich oder vermeintlich *unterschiedlichen Belastungen*, die für die Volkswirtschaften aus bestimmten währungspolitischen Maßnahmen erwachsen können. In dem Bestreben, ihre nationalen Interessen durchzusetzen, beharren die Länder meist auf weitgehender Souveränität auch in währungspolitischen Fragen; d. h. sie sind nur sehr zögernd und auf eng begrenzten Gebieten bereit, sich Mehrheitsentscheidungen zu beugen bzw. Souveränitätsrechte an internationale Organisationen abzutreten.

2. Internationale Währungssysteme

Den rechtlichen und institutionellen Rahmen, der die Geld- und Währungsordnung eines Landes ausmacht, kann man auch als „nationales Währungssystem" bezeichnen. Von einem *internationalen Währungssystem* ist dann zu sprechen, wenn nationale Währungssysteme durch vertragliche, institutionelle oder andere Regelungen so aufeinander abgestimmt und miteinander verbunden sind, daß im internationalen Rahmen das ermöglicht wird, was das nationale Währungssystem im nationalen Bereich sicherstellt. Ein multilateraler Waren- und Leistungsaustausch sowie ein reibungsloser Kreditverkehr, wie sie das nationale Währungssystem zwischen den Wirtschaftssubjekten einer Volkswirtschaft ermöglicht, soll sich also auch auf internationaler Ebene in vergleichbarer Weise vollziehen können. Als ein Hauptziel der internationalen Währungspolitik wurde daher oben die Installierung und Aufrechterhaltung eines internationalen Währungssystems bezeichnet, das diese Aufgaben erfüllt.

Zu den *wichtigsten Anforderungen* an ein solches System gehört einmal die *freie Umtauschbarkeit (Konvertibilität)* einer nationalen Währung in andere nationale Währungen und zum zweiten die sichere und möglichst vorausschauende *Information über das Wertverhältnis zweier Währungen zueinander (Wechselkurs)*. Sind diese Voraussetzungen nicht gegeben, so ist ein *multilateraler* internationaler Handels- und Kreditverkehr unmöglich oder zumindest erschwert. Die internationalen Wirtschaftsbeziehungen verkümmern zu einem bilateralen Güteraustausch nach dem Prinzip des Naturaltauschs Ware gegen Ware. Das führt notwendigerweise zu einer Schrumpfung des internationalen Handels und damit zu einer Verringerung der internationalen Arbeitsteilung.

Die *Koordinierung und Abstimmung nationaler Währungsordnungen* kann auf unterschiedliche Weise erfolgen. Die Wirtschaftsgeschichte liefert Beispiele für die unterschiedlichen Arten internationaler Währungssysteme. Die wichtigsten sollen kurz dargestellt werden, weil sie im Vergleich die Stärken und Schwächen des gegenwärtigen Systems offenbaren.

a) Goldwährungen

Die Verbindung verschiedener Währungsgebiete erfolgt am einfachsten durch eine Koordinierung der Währungsordnungen über das gleiche Währungsmetall. Als Prototyp kann die Goldwährung alten Stils gelten. Man unterscheidet drei Hauptformen: die **Goldumlaufswährung**, die **einlösbare Goldkernwährung** und die **Golddevisenwährung**. Während bei der Goldumlaufswährung vollwertige Kurantmünzen umlaufen, besteht bei der Goldkernwährung der Zahlungsmittelumlauf, von Scheidemünzen abgesehen, aus Kurantmünzen *und* in Gold *einlösbarem* Papiergeld oder auch aus einlösbarem Papiergeld allein; bei der Golddevisenwährung laufen neben Scheidemünzen nur Banknoten um, die jedoch in Golddevisen einlösbar sind.

(1) Die Goldumlaufswährung

Bei der Goldumlaufswährung verpflichtet sich die Notenbank, zu einem festgesetzten Preis jede Menge Gold anzukaufen und zu verkaufen. Als Tausch- und Zahlungsmittel fungieren vollwertige Goldmünzen (Kurantgeld). Haben zwei Länder eine solche Goldumlaufswährung, dann besteht ohne ausdrückliches Übereinkommen ein **festes Austauschverhältnis** (Wechselkurs) zwischen beiden Währungseinheiten. Ist in einem Lande beispielsweise die umlaufende Münze (der Gulden) gleichwertig mit 1 g Gold, die Münze eines anderen Landes (der Florin) gleichwertig mit 2 g Gold, so ergibt sich bei gleichem Feingehalt des Goldes auch ein fester Wechselkurs zwischen beiden Währungen; ein Florin wäre zwei Gulden wert. Die **Voraussetzungen** dafür, daß dieser feste Wechselkurs zustande kommt, sind *1. freie Einschmelzbarkeit der Münzen:* es ist niemand verwehrt, das gemünzte Gold einzuschmelzen und anderen Verwendungen zuzuführen. *2. freie Ausprägbarkeit:* jeder kann beliebige Mengen Gold bei der Münzanstalt in Goldmünzen prägen lassen. *3. freie Ein- und Ausfuhr von Gold.*

Der Wechselkurs ist allerdings **nicht vollständig stabil;** *er kann in verhältnismäßig engen Grenzen schwanken.* Wenn z. B. wegen einer Kreditvergabe an das Ausland die Nachfrage nach Devisen (ausländischen Zahlungsmitteln) und Gold steigt, wird der Devisenkurs tendenziell steigen. Werden die Devisen teurer, so kann sich jedermann bei der eigenen Notenbank zum festen Preis Gold beschaffen und dieses Gold in das Ausland versenden, um sich dafür bei der fremden Notenbank zum gleichfalls festen Preis ausländisches Geld für das Gold zu beschaffen. Da jedoch mit der Goldversendung Beschaffungs-, Versicherungs-, Versendungs- und Zinskosten verbunden sind, kann ein begrenztes Ansteigen des Wechselkurses erfolgen, und zwar bis zum sogenannten *oberen Goldpunkt (Goldexportpunkt).* Erst wenn der Wechselkurs diese Höhe erreicht hat, lohnt sich trotz der anfallenden Kosten die Beschaffung der ausländischen Zahlungsmittel über den zweimaligen Umtausch bei den Notenbanken. Entsprechend führt eine Steigerung des Devisenangebots (z. B. durch zusätzlichen Kapitalimport) zu einem Absinken des Devisenkurses. Auch hier ist der Kursverfall begrenzt. Er endet am *unteren Goldpunkt* (Goldimportpunkt). Von diesem Kurs an ist es für die Devisenanbieter trotz der Transaktionskosten günstiger, die Devisen im Ausland (zu festem Preis) in Gold umzutauschen, das Gold ins Inland zu transportieren und (zu festem Preis) in Inlandswährung umzutauschen.

Sobald sich die Menge des Währungsmetalls in einer Volkswirtschaft vermehrt - z. B. durch Auffinden neuer Goldlager -, wird in größerem Umfange als bisher ungeprägtes Gold zur Münze gebracht und dort in umlauffähiges Geld verwandelt. Bei Verknappung des Edelmetalls, beispielsweise durch zusätzliche Verwendung zur Schmuckherstellung, werden bisher umlaufende Münzen bei der Münzstelle in Edelmetall umgetauscht oder die Münzen direkt eingeschmolzen. Auf diese Weise kommt es zu Wertänderungen des Goldes und damit auch des Geldes, was sich in Preisniveauänderungen ausdrückt. Nominalwert und Metallwert der Münzen jedoch sind stets identisch.

In einem derartigen Währungssystem können größere Schwierigkeiten beim Ausgleich der Zahlungsbilanz nicht auftreten. Die Länder sind innerhalb der Weltwirtschaft währungspolitisch einander ähnlich zugeordnet, wie es die Provinzen innerhalb einer Nationalwirtschaft sind. Eine Störung in der Zahlungsbilanz, beispielsweise weil sich die Kapitalverkehrsbilanz infolge zusätzlicher Kreditgewährung an das Ausland passiviert hat, wird durch eine Aktivierung der Leistungsbilanz ausgeglichen. Denn der Goldabfluß aus dem Kreditgeberland bedeutet dort eine Geldmengenverminderung. Der Geldmengen-Preis-Mechanismus[17] und der Geldmengen-Einkommen-Mechanismus[18] bewirken infolge des Sinkens der Preise und der Einkommen vermehrte Exporte und verminderte Importe, also eine Aktivierung der Leistungsbilanz. - Im Kreditnehmerland wird die durch den Kreditzustrom bewirkte Aktivierung der Kapitalverkehrsbilanz durch eine Passivierung der Leistungsbilanz kompensiert. Die Goldumlaufswährung erfordert also zur Sicherung ihrer Funktionsfähigkeit keine internationalen Abmachungen. Der Zahlungsbilanzausgleich kommt *der Tendenz nach automatisch zustande.* Allerdings müssen dabei in den betreffenden Ländern **Veränderungen des Preisniveaus** *(Inflation und Deflation) in Kauf genommen werden.*

---

17 Siehe oben, S. 142 ff.

18 Siehe oben, S. 164 f.

(2) Die einlösbare Goldkernwährung

Die einlösbare Goldkernwährung unterscheidet sich von der Goldumlaufswährung dadurch, daß die umlaufende Geldmenge nicht identisch ist mit der in der Volkswirtschaft vorhandenen Menge des Währungsmetalls. Das gesamte Bargeldvolumen besteht nicht nur aus vollwertigen Kurantmünzen - insoweit wären Geldmenge und Goldmenge gleich groß -, sondern *auch aus voll in Gold einlösbarem Papiergeld* oder aus voll einlösbarem Papiergeld allein. Obwohl das Papiergeld jederzeit bei der Notenbank in Gold einlösbar ist, ist in der Regel die insgesamt umlaufende Geldmenge größer als die Menge des Währungsmetalls. Da die Notenbank damit rechnen darf, daß stets eine gewisse Menge von Papiergeld umläuft und nicht zur Einlösung präsentiert wird, kann sie trotz ihrer Einlösepflicht eine größere Menge Geldzeichen emittieren, als Währungsmetall vorhanden ist. Üblicherweise ist bei der einlösbaren Goldkernwährung gesetzlich festgelegt, welcher Prozentsatz der umlaufenden Geldmenge bei der geldschöpfenden Stelle als Goldreserve gehalten werden muß *(Quotaldeckung)*. So hatte das Deutsche Reich seit 1875 für die Mark eine Dritteldeckung. Die umlaufenden Banknoten durften also den Goldvorrat der Reichsbank um das Dreifache übersteigen. Auch bei der einlösbaren Goldkernwährung werden sich *feste Wechselkurse* zwischen den Währungen verschiedener Länder herausbilden: die sogenannten Goldparitäten. Binnenwirtschaft und Außenwirtschaft sind wirtschaftspolitisch und zahlungsbilanzpolitisch dabei in beinahe der gleichen Weise miteinander verbunden wie bei der Goldumlaufswährung. Unter der Voraussetzung, daß die Zentralnotenbanken freie Einlösbarkeit der Banknoten und freie Umtauschbarkeit des Goldes in Banknoten jeweils zu einem festen Goldpreis garantieren, müssen die Wechselkurse stabil sein. Die Stabilität des Wechselkurses war ein wichtiger Vorzug des Systems der Goldwährungen, das in der Weltwirtschaft seit den 70er Jahren des vergangenen Jahrhunderts bis zum Ausbruch des Ersten Weltkrieges geherrscht hat. Der Wechselkurs ist auch bei der einlösbaren Goldwährung nicht vollständig stabil. Genau wie bei der Goldumlaufswährung kann er in verhältnismäßig engen Grenzen schwanken.

Auch bei der Goldkernwährung wird nach erfolgter Zahlungsbilanzstörung (z. B. durch Kapitalexport) der Wiederausgleich der Zahlungsbilanz der Tendenz nach durch die Zahlungsbilanzmechanismen bewirkt: Die Kapitalausfuhr verringert die inländische Geldmenge und senkt damit das Preisniveau; das führt über steigende Exporte zu einer Aktivierung der Leistungsbilanz, wodurch das Defizit der Kapitalverkehrsbilanz kompensiert wird (Geldmengen-Preis-Mechanismus). Bei beschränkter Preisreagibilität führen die durch Geldmengenverminderung eintretenden Einkommensminderungen zu Importeinschränkungen und damit ebenfalls zu einer Aktivierung der Leistungsbilanz

(Geldmengen-Einkommen-Mechanismus). Da der Wechselkurs zwischen den beiden Goldpunkten schwanken kann, hilft in geringem Umfang auch der Wechselkursmechanismus[19] mit, den Zahlungsbilanzausgleich herzustellen. Von einem Anstieg des Devisenkurses geht auf die Leistungsbilanz eine Aktivierungstendenz aus, von einem Kursfall eine Passivierungstendenz.

Festzuhalten bleibt, daß bei der Goldkernwährung ebenso wie bei der Goldumlaufswährung Zahlungsbilanzungleichgewichte zu Geldmengenveränderungen und damit zu Preisänderungen führen, die ihrerseits Reaktionen der Leistungsbilanz nach sich ziehen. Im Gegensatz zur Goldumlaufswährung erfolgen jedoch bei einlösbarer Goldkernwährung die **Veränderungen des Preisniveaus nicht gleichmäßig,** so daß sich der Geldmengen-Preis-Mechanismus in den beteiligten Ländern verschieden auswirkt und zwar aus folgenden Gründen:

1. Wenn die *Deckungsquote bei den Zentralnotenbanken verschieden* ist, kann sich trotz gleich großer Veränderung der Goldmengen eine unterschiedliche Veränderung des gesamten Bargeldvolumens in den Volkswirtschaften ergeben.

2. Selbst wenn in den beteiligten Ländern die gleichen Deckungsbestimmungen bestehen, ist die Notenbank des Goldzuflußlandes nicht gezwungen, die Geldmenge so weit auszudehnen, wie es die Deckungsbestimmungen zulassen. Ein Goldzufluß von 1 Mill. Währungseinheiten führt also bei Dritteldeckung nicht automatisch zu einer Ausdehnung des Notenbankgeldes um 3 Mill. Währungseinheiten, denn die *Deckungsvorschriften sind Mindestbestimmungen.* So wäre es z. B. denkbar, daß die Notenbank ganz darauf verzichtet, aufgrund des Goldzuflusses auch das Papiergeldvolumen zu erhöhen. Dann bliebe es bei einer Geldmengenausdehnung von insgesamt 1 Million.

3. Neben dem Bargeld gibt es *Giralgeld. Eine* Bestimmungsgröße der Giralgeldmenge ist das umlaufende Bargeld. Seine Ausdehnung, z. B. durch Goldzufluß, erhöht die Giralgeldschöpfungsmöglichkeiten der Banken. Jedoch ermöglicht eine Bargeldausdehnung um 1 Mill. nicht allen Ländern eine gleich große Giralgeldvermehrung. Das hängt vielmehr davon ab, wie stark *der bargeldlose Zahlungsverkehr* verbreitet ist. Das kann von Land zu Land verschieden sein und kommt in der *Bargeldumlaufsquote* zum Ausdruck, die als das Verhältnis von umlaufendem Bargeld zur gesamten Geldmenge definiert ist. - Die Giralgeldvermehrung wird weiter bestimmt durch die *Giralgelddeckungsquote,* die das Verhältnis der Barreserven der Banken zu ihrem Giralgeldbestand beinhaltet. Auch hier kann es länderspezifische Unterschiede geben.

Aus diesen länderspezifischen Besonderheiten erklärt sich, daß gleich große Goldzuflüsse bzw. -abflüsse zu unterschiedlichen Preisveränderungen in den

---

[19] Siehe oben, S. 73 ff.

betroffenen Ländern führen können. Das wird dann als *ungleichmäßige* Verteilung der Anpassungslasten interpretiert, mit denen der automatische Zahlungsbilanzausgleich verbunden ist, und hat zur Diskreditierung der Goldwährung beigetragen.

(3) Die Golddevisenwährung

Die Golddevisenwährung unterscheidet sich von der einlösbaren Goldkernwährung dadurch, daß *zur Banknotendeckung* nicht nur Gold herangezogen wird, sondern *auch Golddevisen.* Dabei handelt es sich um Auslandswährung, die ihrerseits bei der Notenbank, die sie emittiert hat, in Gold einlösbar ist. Es ist der Notenbank also gestattet, ihre Goldreserven teilweise, d. h. bis zu einem Höchstmaß in Golddevisen (beispielsweise in Form von Dollardepositen am New Yorker Geldmarkt) zu halten. Dadurch erzielt man nicht nur Zinsen, sondern erspart sich auch zum größten Teil die Kosten des von Zeit zu Zeit notwendig werdenden Goldtransports, der durch Umbuchungen ersetzt wird. Als sich in den zwanziger Jahren diese Spielart der Goldwährung mehr und mehr durchzusetzen schien, wurde als ihr besonderer Vorzug gerühmt, daß die vorhandenen monetären Goldbestände im Rahmen der Weltwirtschaft besser als vorher genutzt werden könnten, weil bei gleicher Menge monetären Goldes und unveränderten Deckungsquoten eine größere Geldmenge umlaufen konnte.

Die **Mängel der Golddevisenwährung**, die sich besonders in der Weltwirtschaftskrise zeigten, liegen im Folgenden:

1. Hat das eine Land Golddevisenwährung, das andere Goldkernwährung, dann wird die schon bei der einlösbaren Goldkernwährung zutage getretene *Asymmetrie im Wirken* des Geldmengen-Preis-Mechanismus noch verstärkt. Wenn sich die Zahlungsbilanz eines Goldkernwährungslandes (dessen in Gold gedeckte Noten in anderen Ländern zur Notendeckung verwendet werden) stark aktiviert, dann erwachsen daraus für den internationalen Zahlungsverkehr erhöhte Gefahren. Der Zufluß von Golddevisen vermehrt im Goldkernwährungsland den Bargeldumlauf nur um die gleiche Summe oder gar nicht, während im Abflußland, wo die Golddevisen Deckungsmittel sind, ein Mehrfaches an umlaufendem Bargeld aus dem Verkehr gezogen werden muß. Diese Asymmetrie der Geldmengenänderung verteilt die Anpassungslasten des Systems (Preisniveauänderungen und Einkommensänderungen) höchst ungleich. Zu befürchten sind Abwehrmaßnahmen der sich benachteiligt fühlenden Länder; sie können in Beschränkungen des internationalen Handels- und Kapitalverkehrs bestehen.

2. Probleme entstehen auch, wenn eine *Abwertung der Goldkernwährung,* d. h. eine Goldpreiserhöhung, erwartet wird. Um Verluste zu vermeiden, werden die Notenbanken der Länder mit Golddevisenwährung ihre Golddevisenbestände

in Gold umtauschen. Dadurch werden die Goldreserven der Zentralbanken der Leitwährungen vermindert; das führt zwangsläufig zur Deflation in diesen Ländern, die nicht ohne Rückwirkungen auf die übrigen Länder bleiben wird.

Wird die Goldkernwährung abgewertet und haben die Länder mit Golddevisenwährung ihre Bestände an Goldkernwährung nicht vorher abgestoßen, dann verlieren sie faktisch einen Teil ihrer Deckungsmittel, wodurch ebenfalls Deflationstendenzen auftreten. Die Abwertung der in der Weltwirtschaft führenden Goldvaluten Pfund und Dollar in den Jahren 1931 und 1933 gaben der Golddevisenwährung der zwanziger Jahre den Todesstoß.

(4) Vorteile der Goldwährung

Die internationale Goldwährung hat zunächst den Vorzug, daß sich der **Zahlungsbilanzausgleich größtenteils automatisch** über den Geldmengen-Preis-Mechanismus, den Geldmengen-Einkommen-Mechanismus sowie den Zins-Kredit-Mechanismus vollzieht. Die Notenbanken haben bei Goldwährung nur wenig Möglichkeiten, mit einer Regulierungspolitik über die *bloße Konstatierungspolitik* hinauszugehen. Die Maßnahmen der Zentralnotenbanken werden somit vorausschaubar, was die internationalen Wirtschaftsbeziehungen von einem beträchtlichen Risiko entlastet. Die Notenbanken haben im wesentlichen zwei Interventionsmöglichkeiten, womit sie bei richtiger Handhabung den Ausgleich der Zahlungsbilanz erleichtern, bei falscher Handhabung allerdings auch erschweren können:

1. Sie können Pufferreserven anlegen. Der Zweck der Maßnahme besteht darin, die Geldmengenveränderung nicht ausschließlich von den Goldzuflüssen und -abflüssen bestimmen zu lassen. So würde man bei Goldzufluß den Geldumlauf nicht im theoretisch möglichen Umfang ausdehnen. Dadurch entsteht eine Überschußreserve, die es ermöglicht, bei Goldabfluß die Geldmenge nicht oder in geringerem Umfang als die Deckungsquote vorgibt zu verringern. Das gilt allerdings nur für die Goldkern- und die Golddevisenwährung, nicht jedoch für die Goldumlaufswährung.

2. Durch die Veränderung des Diskontsatzes über das durch die Goldmengenveränderung bedingte Maß hinaus (auch über Offenmarkt-Politik) kann die Notenbank den Zins-Kredit-Mechanismus in Gang setzen.

Als besonderer Vorzug der Goldwährung wurde die **Stabilität der Wechselkurse angesehen.** Die Kurse können nur innerhalb der verhältnismäßig engen Grenzen schwanken, die durch die beiden Goldpunkte gebildet werden. Das den Außenwirtschaftsverkehr belastende Wechselkursrisiko ist damit eliminiert. Allerdings gilt das nur insoweit, als Abwertungen (Goldpreiserhöhungen) nicht geplant sind oder allgemein nicht erwartet werden.

Der vielleicht wichtigste Vorzug der Goldwährung war, daß sie *Schutz gegen nachhaltige Inflationen und Deflationen* bot. Eine autonome, inflatorische Geldmengenausdehnung beispielsweise induzierte außenwirtschaftliche Reaktionen, die der Inflation entgegenwirkten. Der durch Preissteigerungen bedingte Mehrimport und Minderexport passiviert nämlich die Leistungsbilanz und führt zu Goldabstrom, der die Notenbank zur Einschränkung des Geldumlaufs und damit zur Rückkehr zur Geldwertstabilität zwingt. Als Vorteil der Goldwährung könnte man auch ansehen, daß sie *keiner internationalen Abkommen* bedarf. In den nationalen Notenbankgesetzen war lediglich für festen Goldpreis und für freien An- und Verkauf von Gold Sorge zu tragen, und der Goldeinfuhr- und -ausfuhr durften keine Hindernisse in den Weg gelegt werden. Allerdings muß man dabei auf ein wichtiges wirtschaftspolitisches Steuerungsmittel moderner Volkswirtschaften, die Geldpolitik, weitgehend verzichten.

(5) Mängel der Goldwährung

Die Goldwährung alten Stils, zunächst vorwiegend als einlösbare Goldkernwährung und später als Golddevisenwährung, hatte sich bis zum Ersten Weltkrieg in hohem Grade bewährt und entscheidend dazu beigetragen, daß die internationale Arbeitsteilung ein bis dahin ungeahntes Ausmaß annehmen konnte. Seit den Zeiten jedoch, in denen sich im 19. Jahrhundert die internationale Goldwährung herausgebildet hatte, haben sich im wirtschaftlichen und produktionstechnischen Bereich weitreichende Änderungen vollzogen, die auch die Funktionstüchtigkeit der Goldwährung berührten. Insbesondere die *Reagibilität der Preise* auf Geldmengenveränderungen wurde infolge der zunehmenden Kostenstarrheit (wachsender Fixkostenanteil, nach unten starre Lohnsätze) und der zunehmenden Vermachtung der Märkte durch Kartelle und Oligopole *immer geringer* und in den einzelnen Sektoren auch ungleicher. Das hatte einmal zur Folge, daß bei Geldmengenverringerungen nicht das Preisniveau, sondern der Beschäftigungsgrad und die Kapazitätsauslastung sanken; zum anderen kam es zu Verschiebungen im Preisgefüge, weil die Preisreagibilität von Branche zu Branche unterschiedlich war.

So wurden aus den kleinen Anpassungsdeflationen, die den Zahlungsbilanzausgleich induzierten, **ernste Unterbeschäftigungskrisen.** Diese Begleiterscheinung des automatischen Zahlungsbilanzausgleichs ebenso wie stärkere Inflationen erschienen wirtschaftspolitisch immer weniger akzeptabel, zumal sich die Probleme tendenziell verschärften.

Der Erste Weltkrieg brachte zunächst die zeitweise faktische *Suspendierung der Goldwährung;* denn für die zum erheblichen Teil durch Geldschöpfung erfolgende Kriegsfinanzierung wollte man sich der Zahlungsbilanzmechanismen und ihrer unbequemen Konsequenzen entledigen. Die nach dem Krieg unternommenen Versuche zur Wiedereinführung und Konsolidierung der Goldwährung scheiterten endgültig mit der Weltwirtschaftskrise der 30er Jahre. In einem Abwertungswettlauf versuchten die Länder ihre Leistungsbilanzen und damit ihre Gold- und Devisenlage zu verbessern. Eine sich ständig verstärkende Unsicherheit auf außenwirtschaftlichem Gebiet (unsichere Wechselkurse), die sich hemmend auf Außenhandel und internationalen Kapitalverkehr auswirkte, war die Folge. Das führte zur weiteren Durchlöcherung der Spielregeln der Goldwährung und schließlich zu ihrer Aufgabe.

Die Rückkehr zum Gold scheiterte also in der Zeit zwischen den beiden Weltkriegen vor allem deswegen, weil die Flexibilität von Preisen und Löhnen und damit der Kosten verloren gegangen war und die Länder nicht auf autonome Kredit- und Konjunkturpolitik verzichten wollten. Ein von der Außenwirtschaft unabhängiges Preisniveau *und* Goldwährung lassen sich jedoch nicht zu gleicher Zeit verwirklichen.

b) Metallfreie Währungen

Metallfreie Währungen sind einmal durch **unterwertiges Geld** gekennzeichnet; d. h. der Materialwert des umlaufenden Geldes liegt unter dem Wert der jeweiligen Geldzeichen (Banknoten, Münzen, Sichtguthaben). Die unterwertigen Scheidemünzen spielen zudem im Vergleich zu den Banknoten und dem Giralgeld eine vergleichsweise geringe Rolle. Zum zweiten gibt es bei metallfreien Währungen **keine Deckung** des umlaufenden Geldes durch Gold (oder ein anderes Währungsmetall) oder durch in Gold einlösbare Devisen; d. h. die umlaufende Geldmenge wird nicht durch die Gold- oder Golddevisenvorräte der Notenbank begrenzt. Es besteht für die Notenbank auch *keine Einlösepflicht*, d. h. keine Verpflichtung, Geld jederzeit in Gold oder in Golddevisen einzutauschen.

Bei den metallfreien Währungen wird ganz deutlich, **daß der Wert des Geldes allein auf seiner Kaufkraft beruht**, auf der Menge an Gütern und Leistungen also, die dafür erwerbbar sind. Die Kaufkraft des Geldes wird aber entscheidend von der in einer Volkswirtschaft gegebenen Relation von Geldmenge zu Gütermenge bestimmt.

Die Austauschrelation der nationalen Währungen untereinander, der *Wechselkurs* also, bildet sich – bei freier Kursbildung – am Devisenmarkt aufgrund der jeweiligen Angebots- und Nachfragesituation. Eine wichtige Bestimmungsgröße von Devisenangebot und -nachfrage und damit des Wechselkurses zwischen zwei Währungen ist der Außenhandel zwischen den beiden Ländern, der seinerseits maßgeblich von der Kaufkraftrelation zwischen den beiden Währungen beeinflußt wird (Kaufkraftparitätentheorie; s. oben, S. 136 ff.). Eine weitere wichtige Bestimmungsgröße ist der Geld- und Kapitalverkehr zwischen den beiden Ländern (vgl. dazu oben S. 238 ff. „Internationaler Geld- und Kapitalverkehr"). Da sich die Bestimmungsgrößen von Devisenangebot und -nachfrage im Zeitverlauf ändern können, ist auch der Wechselkurs normalerweise durchaus veränderlich.

(1) Freie Währung mit festen Wechselkursen

Das erste metallfreie Währungssystem dieser Art in weltweitem Umfang wurde nach dem Zweiten Weltkrieg installiert. Jedoch bestand ein wesentliches Merkmal dieses Währungssystems darin, daß die Wechselkurse nicht beliebig veränderlich waren. Da nämlich der Wechselkurs für alle am Außenhandel und am internationalen Kreditverkehr Beteiligten von großer Wichtigkeit ist und ihre Kalkulationsgrundlagen nur dann sicher sind, wenn der Wechselkurs stabil ist, hielten es die wirtschaftspolitischen Instanzen für erforderlich, den Wechselkurs dem freien Spiel der Marktkräfte zu entziehen und für weitgehend feste Wechselkurse zu sorgen.

Die *Stabilität der Wechselkurse* wird dabei *durch Interventionen der Notenbank* oder anderer währungspolitischer Institutionen auf dem Devisenmarkt erreicht. Die Notenbanken intervenieren dann, wenn der Marktkurs vom *amtlich festgesetzten Wechselkurs (Parität)* abweicht. Steigt also der Devisenkurs wegen steigender Devisennachfrage oder/und sinkenden Angebots, so muß die Notenbank Devisen anbieten, um den Kursanstieg zu stoppen. Sinkt dagegen der Kurs wegen sinkender Nachfrage oder/und steigenden Angebots, so muß die Notenbank Devisen ankaufen, um den Kursverfall aufzuhalten. Dabei ist es vorwiegend von praktisch-technischem Interesse, daß die Wechselkurse in den tatsächlich praktizierten Systemen nicht absolut fest waren. Sie konnten vielmehr innerhalb einer *festgelegten Bandbreite* nach oben oder unten von der offiziellen Parität abweichen, ohne daß die Notenbanken ständig zu Interventionen gezwungen waren. Erst wenn sich der Wechselkurs einer der Bandgrenzen (Interventionspunkte) näherte, intervenierte die Notenbank, um den Wechselkurs innerhalb des Bandes zu halten. Um ihre Aufgabe, den Wechselkurs stabil zu halten, erfüllen zu können, benötigen die Notenbanken also einen *ausreichenden Vorrat an Gold und Devisen (Währungsreserven)*.

Obwohl im nächsten Abschnitt die historische Entwicklung und die Funktionsfähigkeit des Währungssystems der Nachkriegszeit ausführlich zur Sprache kommt, sei schon hier auf ein grundsätzliches Problem fester Wechselkurse hingewiesen. Wenn aufgrund einer unterschiedlichen wirtschaftlichen Entwicklung und/oder einer unterschiedlichen Wirtschaftspolitik in den einzelnen Ländern, deren Preisentwicklung bedeutend voneinander abweicht, so bilden sich **dauerhafte Zahlungsbilanzungleichgewichte** heraus, die *ständig* Interventionen der Notenbanken erforderlich machen, um die Wechselkurse innerhalb des vorgeschriebenen Bandes zu halten. D. h. die Notenbanken der Defizitländer müssen ständig Devisen abgeben (verkaufen), während die der Überschußländer ständig Devisen ankaufen.

Es liegt auf der Hand, daß in den Defizitländern die Währungsreserven früher oder später erschöpft sind, so daß eine *Wechselkurskorrektur (Abwertung)* erforderlich wird oder andere systemfremde Maßnahmen (z. B. Stützungskredite) ergriffen werden müssen. In den Überschußländern dagegen wachsen die Währungsreserven ständig an. Auch für sie ist diese Entwicklung keineswegs problemlos; denn die Notenbank kauft ja diese Devisen gegen Hergabe von Inlandsgeld, so daß sich als Folge des Devisenzuflusses die Geldmenge im Inland ständig vermehrt und eine Inflationstendenz verursacht wird (näheres siehe oben S. 142 ff. „Preise und Zahlungsbilanz"). Es kann nun versucht werden, durch restriktive Geldpolitik die liquiditätssteigernde Wirkung der Devisenzuflüsse zu kompensieren. Allerdings hat das den Nachteil, daß die Geldpolitik dann weitgehend im Dienste der Zahlungsbilanzpolitik steht und nicht zur Verwirklichung anderer Zielsetzungen einsetzbar ist.

(2) Freie Währung mit flexiblen Wechselkursen

Die erheblichen Schwierigkeiten, die sich einem Zahlungsbilanzausgleich in einem Währungssystem mit festen Wechselkursen schon bei vorübergehenden Ungleichgewichten, vor allem aber bei strukturellen und daher tendenziell langfristigen Ungleichgewichten der Zahlungsbilanz entgegenstellen, legen es eigentlich nahe, ein System mit flexiblen Wechselkursen zu installieren. Es ist dadurch gekennzeichnet, daß sich der Wechselkurs unbeeinflußt durch Staat, Notenbank oder Stabilisierungsfonds als freier Preis für ausländische Valuten auf den Devisenmärkten bildet. Da in diesem System die Notenbanken nicht zur Intervention verpflichtet sind, erübrigen sich einmal größere Währungsreserven in Form von Gold und Devisen; zum anderen führt eine Zahlungsbilanzstörung - ganz im Gegensatz zur Goldwährung oder metallfreien Währung mit festen Wechselkursen - *nicht* zu einer Veränderung der Inlandsgeldmenge. Die Notenbank kann also ihre Geldpolitik auf die jeweiligen binnenwirtschaftlichen Erfordernisse konzentrieren, ohne auf zahlungsbilanzbedingte und in der Regel unerwünschte Geldmengenänderungen reagieren zu müssen. Allerdings sei daran erinnert, daß auch bei flexiblen Wechselkursen Preis- und Konjunkturwirkungen aus dem Ausland übertragen werden können[20]. Per Saldo aber dürfte die Ansteckungsgefahr wesentlich geringer sein und gleichzeitig die

---

[20] Näheres zur Inflations- und Konjunkturübertragung bei flexiblen Wechselkursen siehe oben, S. 158 ff. (Internationale Inflationsübertragung bei flexiblen Wechselkursen) und S. 192 ff. (Internationale Einkommenseffekte bei flexiblen Wechselkursen).

Erfolgschancen gegensteuernder wirtschaftspolitischer Maßnahmen wesentlich größer. Eine ausführlichere Erörterung der Vor- und Nachteile flexibler Wechselkurse erfolgt im nächsten Abschnitt im Zusammenhang mit der Darstellung und Kritik des Weltwährungssystems der Nachkriegszeit und der Diskussion einiger Reformvorschläge.

3. Das Weltwährungssystem der Nachkriegszeit

a) Von der Goldwährung zum Bretton-Woods-System

Vor dem Ersten Weltkrieg und zwischen Erstem und Zweitem Weltkrieg war die Goldwährung in verschiedenen Spielarten die beherrschende Währungsordnung in der Weltwirtschaft. Dabei ging die Entwicklung von der *Goldumlaufswährung,* bei der das Gold als Zahlungsmittel kursierte, zur *Goldkernwährung,* bei der nicht nur vollwertige Goldmünzen sondern auch in Gold einlösbare Banknoten als Zahlungsmittel dienten. Diese Entwicklung vollzog sich bereits im Laufe des 19. Jahrhunderts in wichtigen Welthandelsländern (England 1833, Deutsches Reich und Holland 1875, Skandinavische Länder 1878, USA 1900). Die Deckungsquote war dabei unterschiedlich. Das Deutsche Reich hatte seit 1875 eine Dritteldeckung. Nach dem Ersten Weltkrieg führten eine Reihe von Ländern die *Golddevisenwährung* ein (Empfehlung der Währungskonferenz zu Genua 1922). Dadurch sollte der Gefahr einer weltweiten Deflation vorgebeugt werden, die aufgrund des starken Absinkens der Goldproduktion während des Krieges akut zu sein schien. Eine Reihe von Ländern jedoch führte nach dem Krieg die zwischenzeitlich suspendierte Goldkernwährung wieder ein. Dazu gehörten die USA und England. Das war eine unverzichtbare Bedingung für die Golddevisenwährung; denn ihr charakteristisches Merkmal ist ja, daß zur Notendeckung neben Gold auch in Gold einlösbare Devisen verwendet werden. Es muß also zum Funktionieren des Systems zumindest eine Währung existieren, die jederzeit in Gold einlösbar ist. Dieses System erlaubt bei gleicher Goldmenge eine stärkere Ausdehnung der Geldmenge als in den anderen Goldwährungssystemen.

Ein *Nachteil dieses Systems* war allerdings, daß internationale Devisenbewegungen hier zu stark *asymmetrischen Geldmengenwirkungen* in den beteiligten Ländern führten. Verlor z. B. ein Land mit Dritteldeckung Golddevisen aus seinen Währungsreserven, so mußte es seine Geldmenge um das Dreifache des Devisenabflusses verringern. Flossen die Golddevisen dem Goldkernwährungsland zu, so hatte das dort in sehr vielen Fällen gar keine Geldmengenwirkung, weil es weitgehend üblich war, amtliche Devisenbestände in Form von Sichtguthaben im Goldkernwährungsland zu halten. Es trat also nur im Devisenabflußland eine erhebliche deflatorische Wirkung auf. Die **Weltwirtschaftskrise** der 30er Jahre war eine Deflationskrise, deren außergewöhnliche Schärfe nicht zuletzt auf diesen Zusammenhang zurückzuführen war: Im Goldkernland USA führte eine Rezession zu Einfuhrschrumpfungen (Aktivierung der Leistungsbilanz) und somit in den europäischen Golddevisenländern zu einer Schrumpfung der Dollarreserven, wodurch ein überproportionales Sinken der Geldmenge erzwungen wurde. Verschärft wurde die Situation dadurch, daß in steigendem Umfang Dollar-Kredite aus Europa abgezogen wurden. Eine Weltdeflation war die Folge. Als die führenden Goldkernwährungen abgewertet wurden (Pfund Sterling 1931, US-Dollar 1933) und mehr und mehr Länder zur Devisenbewirtschaftung übergingen, war das System zusammengebrochen.

Die *Vorteile der Goldwährung*,[21] nämlich feste Wechselkurse, automatischer Zahlungsbilanzausgleich und nur sehr begrenzte Möglichkeiten für eine autonome Geldmengenpolitik der Notenbanken[22], wurden im Laufe der Zeit durch einen immer stärker ins Gewicht fallenden *Nachteil* aufgewogen. Er bestand darin, daß die im Goldwährungssystem für den Zahlungsbilanzausgleich unerläßlichen kleinen Anpassungsinflationen und -deflationen (Geldmengen-Preis-Mechanismus) nicht mehr im notwendigen Umfang zustandekamen. Das galt speziell für die Preissenkungen als Folge einer Geldmengenschrumpfung. Die zunehmende Industrialisierung hatte nämlich zu einer Erhöhung des Fixkostenanteils an den Gesamtkosten der Unternehmen geführt, wodurch ihre Kosten- und damit Preisreagibilität vermindert wurde. Von besonderem Gewicht war die Tatsache, daß mit dem wachsenden Einfluß der Gewerkschaften die Flexibilität der Löhne nach unten immer geringer wurde, was zusätzlich und entscheidend zur *Preisstarrheit* beitrug. Unter diesen Umständen mußten Nachfragerückgänge statt zu kleinen Anpassungsdeflationen zu mehr oder minder scharfen *Beschäftigungseinbrüchen* führen.

Außerdem führte die zunehmende *Vermachtung bestimmter Märkte* durch Kartelle und enge Oligopole dazu, daß die Preisreagibilität auf einzelnen Märkten höchst unterschiedlich wurde, so daß Deflationen nicht zu einem gleichmäßigen Absinken des Preisspiegels, sondern zu starken *Veränderungen des Preisgefüges* (der Preisstruktur) führten; das erzwang erhebliche und schmerzliche Strukturveränderungen in der Inlandswirtschaft.

Gravierendstes Kennzeichen der Weltwirtschaftskrise war daher auch die in vielen Ländern auftretende *Massenarbeitslosigkeit*. Da eine solche Entwicklung als politisch nicht hinnehmbar angesehen wurde, gaben immer mehr Länder die Spielregeln der Goldwährung auf und gingen zur *Devisenbewirtschaftung* über;

---

[21] Siehe oben, S. 397 f.

[22] Autonome Geldmengenexpansion war den Notenbanken nur im Rahmen etwa vorhandener überschüssiger, d. h. über die Deckungserfordernisse hinausgehender Gold- und Devisenreserven möglich.

d. h. der Zahlungsbilanzausgleich wurde dadurch erreicht, daß der Staat den Verwendungszweck der zufließenden Devisen festlegte und auch die entsprechende Verteilung sicherstellte, so daß die Devisennachfrage auf das jeweilige Angebot reduziert wurde. Der Preis der Devisenbewirtschaftung war aber ein *Schrumpfen des Welthandels* und damit eine Verminderung der weltweiten Arbeitsteilung, begleitet von entsprechenden Produktionseinbußen. Dennoch ließ auch nach Überwindung der Krise die Rückkehr zu freien Devisenmärkten und damit zum freien internationalen Handels- und Kapitalverkehr auf sich warten. Im Gegenteil, das System der Devisenbewirtschaftung breitete sich mit Beginn des Zweiten Weltkrieges über die ganze Welt aus.

b) Das Bretton-Woods-System

Schon während des Zweiten Weltkrieges wurden Pläne zur Wiederherstellung eines funktionsfähigen Weltwährungssystems nach dem Kriege erörtert. Im Jahr *1944 kam es in Bretton Woods* (USA) zu einer *Währungskonferenz der Vereinten Nationen*, an der Vertreter aus 44 Nationen teilnahmen. In den vorangegangenen Vorkonferenzen hatten Amerikaner und Engländer erheblich voneinander abweichende Reformpläne vorgelegt. Während der amerikanische White-Plan die Rückkehr zu einer – wenn auch stark modifizierten – Goldwährung vorsah, wurde im britischen Keynes-Plan ein goldfreies System mit Zentralclearing im Weltmaßstab vorgeschlagen. Darüber hinaus sollten bestimmte Regelungen das Entstehen starker Zahlungsbilanzungleichgewichte verhindern. Die Konferenz von Bretton Woods brachte einen Kompromiß, der jedoch den amerikanischen Vorstellungen in größerem Maß Rechnung trug als den britischen, was insbesondere in der Gründung des Internationalen Währungsfonds (IWF) zum Ausdruck kam. *Hauptergebnis der Konferenz war das* **Abkommen über die Schaffung des Internationalen Währungsfonds (IWF)**; denn es enthielt die *ordnungspolitischen und technisch-institutionellen Regeln des zu installierenden Weltwährungssystems*. Es trat Ende 1945 in Kraft. Ihm schlossen sich fast alle Länder außerhalb des Ostblocks an. 1975 waren 128 Länder Mitglied des IWF. Die Bundesrepublik trat dem IWF 1952 bei.

(1) Das Wechselkurssystem

Eine der wesentlichsten Bestimmungen des Abkommens von Bretton Woods, die auch eine grundsätzliche Änderung gegenüber den bisherigen Währungssystemen darstellte, war die Verpflichtung der Mitgliedsländer zur **Aufrechterhaltung fester Wechselkurse**. Veränderungen der vereinbarten Paritäten sollten danach nur bei Vorliegen besonderer Umstände erlaubt sein. Das Prinzip fester Wechselkurse wurde deshalb als zentrales Anliegen betrachtet, weil es nach damaliger Meinung die beste Gewähr für eine ungestörte Entwicklung des Welthandels und damit der Weltwirtschaft darstellte.

Gemäß Art. IV, 1 (a) des Abkommens über den Internationalen Währungsfonds wurde die Parität einer Währung gegenüber dem Gold oder gegenüber dem Dollar fixiert, d. h. es wurde festgelegt, welcher Goldmenge oder welchem Dollarbetrag eine Einheit der einheimischen Währung entsprach. Da zu dieser Zeit der Goldwert des Dollars auf das Verhältnis eine Feinunze Gold = 35 Dollar festgesetzt war, entstand in jedem Fall eine feste Relation der Währungen zum Gold. Diese Relationen bestimmten damit auch eindeutig die Austauschrelationen (Wechselkurse) der nationalen Währungen untereinander. Für die Aufrechterhaltung der vereinbarten Paritäten waren die nationalen Währungsbehörden (Notenbanken) verantwortlich. Entfernten sich die Wechselkurse von der Parität, so mußten die betreffenden **Notenbanken auf dem Devisenmarkt intervenieren,** d. h. sie mußten Devisen verkaufen, wenn steigende Nachfrage nach Devisen zu einem Wechselkursanstieg führte, und sie mußten Devisen ankaufen, wenn steigendes Angebot zu einem Kursrückgang führte. Aus technischen Gründen wurden **Bandbreiten** festgelegt, innerhalb derer Abweichungen der Wechselkurse von der Parität hingenommen wurden. Erst wenn die Wechselkurse die Bandgrenzen zu überschreiten drohten, waren die Notenbanken zur Intervention verpflichtet. Deshalb sprach man auch von *Interventionspunkten.* Die Bandbreite für Wechselkurse am Kassamarkt wurde auf ± 1 % (= 2 %) fixiert[23] (Art. IV, 3 IWF-Abkommen). Die Mitglieder des 1958 in Kraft getretenen Europäischen Währungsabkommens beschlossen jedoch davon abweichend eine Bandbreite von ± 0,75 %.

Die prinzipielle Festlegung auf feste Wechselkurse bedeutete jedoch keine absolute und unkorrigierbare Fixierung. Vielmehr war im IWF-Abkommen (Art. IV, 5) *für den Fall eines fundamentalen Ungleichgewichtes der Zahlungsbilanz* eines Landes die Möglichkeit einer *Paritätsänderung* (adjustable peg) vorgesehen. Länder, die in eine derartige strukturelle Ungleichgewichtssituation gerieten, konnten ihren Wechselkurs neu festsetzen, also auf- oder abwerten.

---

[23] Die Schwankungsbreite der Wechselkurse zwischen Nicht-Dollar-Währungen konnte bis zu 4 % (± 2 %) betragen, weil die Länder ihren Wechselkurs nur gegenüber dem Dollar innerhalb der vorgeschriebenen Bandbreite hielten. Daher konnten zu zwei verschiedenen Zeitpunkten die Wechselkurse zweier Nicht-Dollar-Währungen um das Doppelte, also maximal um 4 % auseinander liegen.

Beispiel: Die Dollarparitäten und Interventionskurse der DM und des französischen Franc sollen betragen:

Parität: $2 \frac{DM}{\$}$; Interventionspunkte: 1,98/2,02

Parität: $4 \frac{ff}{\$}$; Interventionspunkte: 3,96/4,04

cross rate zwischen DM und ff: $\frac{2}{4} = 0{,}50 \frac{DM}{ff}$, maximale Abweichung von der cross rate:

$$\frac{2{,}02}{3{,}96} = 0{,}51 \frac{DM}{ff} \mathrel{\hat{=}} +2\,\%$$

$$\frac{1{,}98}{4{,}04} = 0{,}49 \frac{DM}{ff} \mathrel{\hat{=}} -2\,\%$$

Allerdings war bei dem Verfahren *dem IWF ein Mitwirkungsrecht* eingeräumt. In jedem Fall durften Wechselkursänderungen nur nach Beratung mit dem IWF vorgenommen werden. Bei beabsichtigten Paritätsänderungen von mehr als 10 % hatte der IWF darüber hinaus ein Einspruchsrecht (Art. IV, 5, (c) IWF-Abkommen). Als Sanktion für nicht genehmigte Wechselkursänderungen war die Möglichkeit vorgesehen, dem betreffenden Land künftig Devisenkredite aus Fondsmitteln zu verweigern.

Unbestritten ist jedoch, daß die *Stabilität der Wechselkurse das Grundprinzip des Bretton-Woods-Systems* war, von dem nur ausnahmsweise zwecks Beseitigung struktureller Ungleichgewichte abgewichen werden sollte. Dabei wurde allgemein akzeptiert, daß eine Wechselkurskorrektur allein kein geeignetes Mittel ist, binnenwirtschaftliche Ungleichgewichtssituationen auf Dauer zu beheben; vielmehr bedarf es dazu stabilitätspolitischer Maßnahmen im Inland. Auf jeden Fall sollte jedoch mit den vorgesehenen Verfahrensregeln die Gefahr eines Abwertungswettlaufs (ähnlich dem während der Weltwirtschaftskrise) vermieden werden.

(2) Konvertibilität

Das IWF-Abkommen bestimmte (Art VIII), daß die Mitgliedsländer bestehende Beschränkungen im internationalen Zahlungsverkehr abzubauen und damit zur Konvertibilität überzugehen hatten; d. h. es sollte möglich sein, Inlandswährung jederzeit in eine ausländische Währung umzutauschen. Der Grund für diese Bestimmung war die Erfahrung der Vergangenheit, daß Beschränkungen des Devisenverkehrs eine starke Behinderung des internationalen Warenverkehrs darstellen, weil ausländische Lieferanten die an sie gezahlte Inlandswährung nicht ins Ausland transferieren konnten und damit in ihrer Verfügungsberechtigung de facto außerordentlich behindert waren. Die Folge war ein starkes Schrumpfen des Außenhandels und ein entsprechender Rückgang der internationalen Arbeitsteilung. Entsprechend der im IWF-Abkommen genannten Zielsetzung, die Ausweitung des Welthandels zu fördern, wurde daher die Wiedereinführung der Konvertibilität vorgesehen. Allerdings war diese Konvertibilitätsverpflichtung in zweierlei Hinsicht beschränkt. Einmal bezog sie sich nur auf Forderungen, *die aus Handels- und Dienstleistungsgeschäften mit dem Ausland stammten* (nicht jedoch auf die aus Kapitaltransaktionen). Zum zweiten mußte es sich um Inlandsguthaben *im Besitz von Ausländern handeln (Ausländerkonvertibilität).* Eine weitergehende Konvertibilität, wie sie später (1958) die Bundesrepublik unter Einschluß der Inländerkonvertibilität und der Freiheit des Kapitalverkehrs einführte, stand im freien Belieben der Mitgliedsländer.

Da sich jedoch am Ende des Krieges fast alle Länder in totaler Devisenbewirtschaftung befanden und die Gold- und Devisenbestände meist gering waren, war eine zeitlich nicht begrenzte *Übergangsphase* vorgesehen, die den Ländern einen allmählichen Übergang zur Konvertibilität in eigener Verantwortlichkeit unter Berücksichtigung der jeweiligen speziellen nationalen Gegebenheiten ermöglichte.

Ende 1958 führten die meisten westeuropäischen Länder die Konvertibilität ein. Eine Reihe von ihnen ging dabei über die im IWF-Abkommen (Art. VIII) vorgeschriebene Ausländerkonvertibilität hinaus, indem sie auch Inländern den Umtausch von Inlandswährung in Auslandswährung ermöglichten *(Inländerkonvertibilität)* und außerdem die Konvertibilität auch auf *Kapitaltransaktionen* ausdehnten. In den allermeisten Fällen waren jedoch für die beiden letztgenannten Konvertibilitätsarten bestimmte Schranken gesetzt, so daß die totale oder volle Konvertibilität nicht verwirklicht war. Nur Deutschland und Belgien verwirklichten die Vollkonvertibilität, wie sie bereits vorher für den Dollar und den Schweizer Franken bestand. Damit waren wesentliche Voraussetzungen für das Anwachsen des Außenhandels *und* des internationalen Kapitalverkehrs gegeben. In den späteren Krisen des Bretton-Woods-Systems zeigte sich jedoch, daß die Konvertibilität gefährdet war, weil die Staaten vielfach versuchten, Zahlungsbilanzprobleme durch Eingriffe in den Devisenverkehr (Einschränkungen der Konvertibilität) zu lösen oder zu mindern.

(3) Währungsreserven – Der Gold-Dollar-Standard

Die in einem System fester Wechselkurse unvermeidbaren Interventionen der nationalen Währungsbehörden (Notenbanken) auf dem Devisenmarkt setzen das Vorhandensein entsprechender amtlicher Devisenreserven voraus. Die Rolle der *Reservemedien* spielten in erster Linie das *Gold* und der amerikanische *Dollar.* In geringerem und im Laufe der Zeit ständig abnehmendem Umfang wurde auch das britische Pfund als Reservewährung benutzt. Eine tendenziell steigende Bedeutung in dieser Rolle erlangten dagegen einige andere Währungen, wie der Schweizer Franken und die DM; jedoch spielten sie im Vergleich zum Dollar stets eine völlig untergeordnete Rolle. Man hat daher das Bretton-Woods-System auch mit dem Terminus *Gold-Devisen-Standard* oder präziser *Gold-Dollar-Standard* gekennzeichnet.

Mit der Golddevisenwährung der Vorkriegszeit hatte der Gold-Dollar-Standard gemein, daß die Notenbanken Reserven in Form von Gold und in Gold eintauschbaren Devisen hielten; denn der US-Dollar der Nachkriegszeit war unter bestimmten Umständen (für Notenbanken) in Gold einlösbar. Der *wesentliche Unterschied* bestand jedoch darin, daß *im Bretton-Woods-System keinerlei Dek-*

kungsbestimmungen existierten, daß also das Verhältnis zwischen Inlandsgeldmenge und Währungsreserven in keiner Weise fixiert war. Die nationalen Währungsbehörden konnten damit im Prinzip die *Inlandsgeldmenge nach ihrem Gutdünken* beeinflussen. Bei der Golddevisenwährung der Vorkriegszeit dagegen wurde die Inlandsgeldmenge durch die Bestände der Notenbank an Gold und Golddevisen begrenzt. Nur im Falle einer Überdeckung war eine autonome Ausdehnung der Geldmenge möglich.

(a) Die Stellung des Goldes

Die hervorragende *Stellung des Goldes* als Reservemedium beruhte neben anderem vor allem darauf, daß es nach wie vor weltweit eine hohe Wertschätzung genoß und als besonders wertstabil angesehen wurde[24]. Man konnte daher darauf vertrauen, es jederzeit in jede beliebige Währung eintauschen zu können bzw. es universell als Zahlungsmittel benutzen zu können. Insbesondere die Notenbanken untereinander akzeptierten Gold ohne Einschränkung als Zahlungsmittel. Es wurde daher als internationale Liquidität höchsten Grades angesehen. Außerdem ist es nicht wie Devisenreserven von der Bonität und Gutwilligkeit des Schuldnerlandes abhängig und unterliegt daher - sofern es sich im eigenen Lande befindet - nicht der Gefahr irgendwelcher Verfügungsbeschränkungen. Die *Nachteile des Goldes* als Währungsreserve bestehen in der Kostspieligkeit der Goldhaltung (relativ hohe Lager- und Transportkosten) und in seiner Ertraglosigkeit (keine Zinserträge).

Im Währungssystem von Bretton Woods wurden dem Gold Funktionen zugewiesen, die seine Bedeutung noch erhöhten. Eine bereits erwähnte Funktion bestand darin, als *einheitlicher Maßstab* für die Wertrelationen der Währungen zueinander zu dienen. Eine weitere bestand in der Verpflichtung aller IWF-Mitglieder, eine bestimmte Goldmenge *(Goldquote)* beim IWF einzuzahlen.

Unter den Weltwährungsreserven nahm das Gold auch anteilsmäßig zunächst eine überragende Stellung ein. Denn 1949 betrug der Anteil des Goldes an den Weltwährungsreserven 74 %; in den Industrieländern sogar über 90 %. 1969 dagegen betrug der Weltanteil des Goldes nur noch 56 % und ist seitdem weiter stark gesunken, nämlich auf 17,4 % im 1. Quartal 1976[25].

Der **Preis des Goldes** stellte sich nach dem Krieg allmählich bei 35 $ je Unze Feingold ein. Das war der Preis, den die amerikanische Notenbank anderen Notenbanken in Rechnung stellte, wenn diese Dollar gegen Gold bei ihr eintauschten. Nach anfänglichem Zögern wurde neben dem offiziellen Goldhandel

---

[24] Allerdings zeigte sich später, daß das keineswegs selbstverständlich war. Vielmehr mußte das Gold zeitweise starke Wertverluste hinnehmen.

[25] Quelle: International Financial Statistics, Vol 14, Nr. 11 (Nov. 1976), S. 18 ff.

zwischen Notenbanken *in vielen Ländern auch privater Goldbesitz* und damit Goldhandel zugelassen. Dabei waren der IWF und die nationalen Währungsbehörden bemüht, den privaten Goldpreis dem offiziellen möglichst anzugleichen und damit stabil zu halten, um den Anreiz für private Goldhorte und potentielle Goldspekulation zu verringern. Das gelang zunächst durch sporadische Interventionen der Bank von England auf dem Londoner Goldmarkt. Als 1960 große Defizite in der amerikanischen Zahlungsbilanz zur ersten Dollarkrise führten, stieg der Goldpreis sprunghaft an. Nunmehr intervenierten auch die amerikanischen Währungsbehörden, denen es durch Goldverkäufe auf dem freien Markt gelang, den freien Goldpreis wieder auf den offiziellen Goldpreis zu drücken.

Ab 1961 wurde die *Goldpreisregulierung* vom sogenannten **Goldpool** durchgeführt, zu dem sich die USA, Großbritannien, Frankreich, Deutschland, die Niederlande, Belgien, Italien und die Schweiz zusammengeschlossen hatten. Durch Goldverkäufe bzw. -käufe des Pools am freien Goldmarkt konnten längere Zeit größere Differenzen zwischen offiziellem und freiem Goldpreis vermieden werden. Als jedoch 1967 die zunehmende Schwäche des britischen Pfundes zu einer Pfund-Abwertung führte und eine grundlegende Verbesserung der amerikanischen Zahlungsbilanz nicht in Sicht war, kam es zu *starken spekulativen Goldkäufen*. Um einen rapiden Anstieg des Goldpreises zu verhindern, mußten die Goldpool-Länder innerhalb weniger Monate für mehrere Milliarden Dollar Gold abgeben.

Da sich die Spekulation dennoch nicht beruhigte, stellte der Goldpool im März 1968 seine Interventionen zur Stabilisierung des Goldpreises ein. Gleichzeitig erklärten sich die USA weiterhin bereit, im Verkehr mit Notenbanken Gold zum Preis von 35 $ je Feinunze zu kaufen und zu verkaufen. Außerdem wurde Einverständnis darüber erzielt, daß sich die Notenbanken vom privaten Goldmarkt weitgehend fernhalten sollten. Damit war de facto die **Spaltung des Goldmarktes** in einen privaten und einen offiziellen vollzogen. Die Preisbewegungen auf dem privaten Markt beeinträchtigten den offiziellen Goldpreis nicht.

Der *offizielle Goldmarkt hörte auf zu existieren*, als die USA im August 1971 ihre Bereitschaft, Dollarreserven anderer Notenbanken in Gold einzulösen, widerrifen. Vorangegangen waren massive Umtauschaktionen diverser Notenbanken, die um die Wertstabilität ihrer Dollarreserven fürchteten und daher ins Gold flüchteten. Diese Entwicklung ließ die Goldreserven der USA rapide schrumpfen.

(b) Der Dollar als Reservemedium und Leitwährung

Als zweites und heute bedeutendstes Reservemedium setzte sich sehr schnell nach Installierung des Bretton-Woods-Systems der *US-Dollar* durch. Diese Entwicklung, die nicht vereinbart war, sondern sich aus der Lage der Dinge von selbst ergab, war einmal auf den Umstand zurückzuführen, daß Währungsreserven in Form von Devisenguthaben einen - wenn auch relativ niedrigen - Zinsertrag erbrachten, während Goldreserven nicht nur ertraglos waren, sondern darüber hinaus beträchtliche Kosten verursachten. Daß es gerade der US-Dollar war, der in Form von kurzfristigen Dollarguthaben und von Anlagen in amerikanischen Geldmarktpapieren (z. B. amerikanischen Schatzwechseln) die überragende Stellung als Reservemedium einnahm, hatte **besondere Gründe:**

1. Wichtig war zunächst die *Goldkonvertibilität des Dollar*, d. h. die Bereitschaft des amerikanischen Schatzamtes, ausländischen Notenbanken auf Verlangen Dollar gegen Gold einzutauschen. Ermöglicht wurde dieses Verfahren durch die hohen Goldbestände der USA. Bei der hohen Wertschätzung, die das Gold insbesondere in den ersten Nachkriegsjahren genoß, wurde darin eine zuverlässige Sicherung der Devisenreserven gesehen.

2. Ein weiterer Grund war die *überragende Wirtschaftskraft der USA* und ihre hervorragende Stellung als Handelspartner. Sie vermittelte den Reservehaltern das Gefühl, ihre Dollarreserven notfalls auch in reale Güter umwandeln zu können.

3. Auf die starke wirtschaftliche Stellung der USA gründete sich ferner auch das allgemeine Vertrauen auf die *Stabilität des Innen- und Außenwertes des Dollar.* Insbesondere die dauerhafte Beibehaltung der Wechselkurse gegenüber anderen Währungen und damit der *Verzicht auf eine Abwertung des Dollar* war nach allgemeiner Auffassung gewährleistet. Somit erschien auch für die Halter von Dollarreserven die Gefahr eines Wertverlustes nicht gegeben. Außerdem glaubte man beim Dollar vor der Gefahr von Konvertibilitätseinschränkungen (etwa durch Devisenbewirtschaftung) sicher zu sein.

4. Das war auch ein Hauptgrund dafür, daß sich der Dollar nach dem Kriege mehr und mehr zur *internationalen Transaktionswährung* entwickelte. Der internationale Handels- und Kreditverkehr wurde in zunehmendem Umfang in Dollar abgewickelt; d. h. Rechnungen lauteten meist auf Dollarbeträge, und Kreditvereinbarungen wurden ebenfalls in Dollar festgelegt.

5. Von praktischer, aber nicht zu unterschätzender Bedeutung war das Vorhandensein eines *leistungsfähigen und ausgedehnten amerikanischen Geldmarktes,* der den ausländischen Notenbanken die erwünschte Anlagemöglichkeit sowohl hinsichtlich Art als auch Umfang der Anlagen bot. Ähnliche Voraussetzungen wies nur der Londoner Geldmarkt auf.

6. Die Stellung des Dollar als Reservewährung wurde auch dadurch gestärkt, daß die Notenbanken bald dazu übergingen, den *Dollar als einzige Interventionswährung* zu benutzen. Sie hielten also den Wechselkurs gegenüber dem Dollar

durch entsprechende Dollarkäufe oder -verkäufe auf dem Devisenmarkt stabil und erreichten damit gleichzeitig, daß sich auch die Wechselkurse gegenüber den anderen Währungen (cross rates) innerhalb der (doppelten) Bandbreite hielten. Damit war der Dollar die beherrschende Währung auf den Devisenmärkten.

Die Rolle des *Dollar als Leitwährung* im westlichen Währungs- und Wirtschaftssystem beruhte also nur zum Teil auf Vereinbarungen; zum anderen Teil ergab sie sich aufgrund einer Entwicklung, die von den obengenannten Faktoren bestimmt wurde. Leitwährungsfunktion erfüllte neben dem Dollar *auch das britische Pfund.* Denn auch bei ihm waren einige der Voraussetzungen erfüllt, die eine Sonderstellung rechtfertigten. Allerdings büßte das Pfund seine Stellung als Leitwährung im selben Maße ein, wie die Stabilität seines Binnen- und Außenwertes schwand und wie die wirtschaftliche Bedeutung Großbritanniens im Weltmaßstab schrumpfte. Heute hat das britische Pfund seine Funktion als Leitwährung weitgehend verloren.

(4) Der Internationale Währungsfonds (IWF)

Neben den Festlegungen und Verhaltensregeln, die die IWF-Mitgliedsländer vereinbart und im IWF-Abkommen niedergelegt hatten, stellt auch der IWF als Institution eine tragende Säule des Bretton-Woods-Systems dar; denn er wurde mit bestimmten Kompetenzen ausgestattet, die er zur Realisierung vorgegebener Ziele einzusetzen hat.

Organe des IWF sind der *Gouverneursrat*, in den die Mitglieder je zwei Vertreter entsenden und der *Exekutivrat*, der sich aus 15 Exekutivdirektoren zusammensetzt. Fünf Direktoren werden ständig von den USA, Deutschland, Großbritannien, Frankreich und Japan gestellt, während die anderen zehn alle zwei Jahre von den übrigen Mitgliedsländern gewählt werden. Während die grundsätzlichen Entscheidungsrechte beim Gouverneursrat liegen, führt der Exekutivrat die laufenden Geschäfte. De facto hat jedoch der Gouverneursrat einen Teil seiner Rechte auf den Exekutivrat übertragen. Die *Stimmrechte* der Mitgliedsländer in den Organen sind nach ihrem wirtschaftlichen und politischen Gewicht gestaffelt. Die Stimmrechte der USA sind demgemäß am größten. Obwohl *kein* offizielles Organ des IWF, hat die sogenannte *Zehnergruppe* die Politik des IWF maßgeblich beeinflußt. Es handelt sich dabei um die zehn wichtigsten westlichen Industrieländer[26], die 1961 mit dem IWF die „Allgemeinen Kreditvereinbarungen" abschlossen, durch die sie sich verpflichteten, dem Fonds bei Bedarf eigene Währung bis zu einer bestimmten Höhe kreditweise zur Verfügung zu stellen.

---

26 USA, Deutschland, Großbritannien, Frankreich, Italien, Japan, Kanada, Niederlande, Belgien, Schweden.

Der IWF ist gemäß Art. I IWF-Abkommen auf folgende **Ziele** verpflichtet:

1. Förderung der internationalen Zusammenarbeit in der Währungspolitik
2. Förderung eines ausgeglichenen Wachstums des Welthandels
3. Förderung der Stabilität der Währungen und Vermeidung von Abwertungen
4. Beseitigung von Devisenverkehrsbeschränkungen und Installation eines multilateralen Zahlungssystems zwischen den Mitgliedern
5. *Bereitstellung von Finanzmitteln des Fonds* für Mitglieder und *Bereinigung von Zahlungsbilanzungleichgewichten*, um dirigistische und protektionistische Maßnahmen der Mitgliedsländer zu vermeiden.

Der konkreteste Hinweis auf die Aktivitäten des Fonds ergibt sich aus 5., wonach der IWF Zahlungsbilanzungleichgewichte bereinigen helfen und zu diesem Zweck Finanzmittel zur Verfügung stellen soll. Es liegt auf der Hand, daß darin eine Absicherung des Währungssystems und insbesondere der festen Wechselkurse zu sehen ist, weil die Mitgliedsländer dadurch für den Fall eines Zahlungsbilanzdefizits und schrumpfender Währungsreserven auch ohne eigene Stabilitätspolitik zumindest zeitweise vom Zwang zur Abwertung oder zur Durchführung dirigistischer Maßnahmen befreit sind. Voraussetzung ist natürlich auch, daß der Fonds Finanzmittel zur Verfügung hat.

Die **Finanzierung des Fonds** erfolgt durch *Beiträge* (Subskriptionen) der Mitgliedsländer. Die Höhe der Beiträge bemißt sich nach der Höhe der **Quote** des jeweiligen Landes. Die Quoten richten sich nach der Wirtschaftskraft der einzelnen Länder, wobei die Höhe des Volkseinkommens, der Währungsreserven und des Außenhandels als Beurteilungskriterien herangezogen werden. Die Quote bestimmt neben der *Beitragshöhe* auch das *Stimmrecht* und die *Ziehungsrechte* (das Recht, sich beim IWF kreditweise Devisen zu beschaffen) des jeweiligen Landes. Zwecks Anpassung an den erhöhten Bedarf an internationaler Liquidität, insbesondere aufgrund des stark gewachsenen Welthandels haben in der Vergangenheit mehrfach allgemeine Quotenerhöhungen, aber auch Korrekturen der individuellen Quotenverteilung, stattgefunden.

Jedes Mitgliedsland hat also beim Fonds einen *Subskriptionsbeitrag in Höhe seiner Quote einzuzahlen.* (Bei Quotenerhöhungen wird eine zusätzliche Beitragszahlung fällig.) Dabei sind 25 % der Quote in Gold und 75 % in eigener Währung zu zahlen. Darüber hinaus steht es dem IWF frei, sich zusätzliche Finanzmittel durch Kreditaufnahmen bei Mitgliedsländern zu beschaffen. Die bereits erwähnte Zehnergruppe hat sich in den „Allgemeinen Kreditvereinbarungen" grundsätzlich zur Bereitstellung zusätzlicher Mittel für zahlungsbilanzschwache Länder bereit erklärt.

Jedem Land, das seine Quoteneinzahlung geleistet hat, stehen **Ziehungsrechte** zu. Darunter versteht man das Recht, bei Bedarf beim Fonds Devisen gegen eigene Währung zu erwerben (zu ziehen). In Höhe von 25 % der Quote *(Goldtranche)* besteht ein automatisches (unbedingtes) Ziehungsrecht; die Ziehungen sind also an keinerlei Bedingungen geknüpft. Allerdings erhöhen sich die unbedingten Ziehungsrechte eines Landes in dem Umfange, wie andere Länder die von ihm eingezahlte Landeswährung durch Ziehung in Anspruch nehmen (Supergoldtranche).

Bei darüber hinausgehenden Ziehungen stellt der IWF bestimmte Bedingungen. Eine gleichbleibende Bedingung ist, daß die zur Verfügung gestellten Devisen nur zum Ausgleich der Zahlungsbilanz verwendet werden. Eine zweite, sich mit steigender Höhe der Ziehung verschärfende Bedingung ist, daß das betreffende Land wirksame Maßnahmen zur Wiedergewinnung des Zahlungsbilanzgleichgewichts trifft. Die *Obergrenze* der Ziehungsmöglichkeiten beträgt 125 % der Quote. Sie ergibt sich daraus, daß der Fonds von einer Währung höchstens 200 % der Quote dieses Landes in seinen Bestand aufnimmt. Da der Fonds mit Zahlung des Subskriptionsbeitrages bereits 75 % der Quote in jeweiliger Landeswährung erhält (und 25 % in Gold), können die Länder normalerweise Ziehungen höchstens in Höhe von 125 % der Quote vornehmen.

Die über die Goldtranche von 25 % hinausgehenden Ziehungen haben **Kreditcharakter**; denn die mit eigener Währung „gekauften" Devisen müssen später wieder an den Fonds „verkauft" werden, was der Rückzahlung eines aufgenommenen Kredites gleichkommt. Außerdem ist für sie ein *Zins* zu zahlen, der mit der Höhe und der Dauer des gezogenen Beitrages ansteigt; unabhängig davon wird in jedem Fall eine Verwaltungsgebühr (service charge) von 1/2 % bis 1 % erhoben. Die Rückzahlungsfristen betragen 3–5 Jahre. Der Fonds kann auch kürzere Fristen festsetzen. Insbesondere besteht die Verpflichtung zur vorzeitigen Rückzahlung für den Fall, daß sich die Währungssituation (Devisenreserven) des Schuldnerlandes nachhaltig gebessert hat. Zu erwähnen sind in diesem Zusammenhang die sogenannten **Bereitschaftskredite** *(stand-by credits)*. Es handelt sich dabei um prophylaktisch gegebene Kreditzusagen des IWF, die vom Kreditnehmer nur im Bedarfsfall, dann aber sofort und ohne weitere Formalitäten in Anspruch genommen werden. Derartige Zusagen sind geeignet, das allgemeine Vertrauen in die Währung eines Landes und damit auch seine internationale Kreditfähigkeit zu stärken. Die Zusagen sind auf 12 Monate begrenzt; es wird eine Bereitstellungsgebühr von 1/4 % erhoben.

(5) Internationale währungspolitische Kooperation

(a) Währungspolitische Kooperation in internationalen Institutionen

Aus dem Bisherigen ging schon hervor, daß das Bretton-Woods-System für sein Funktionieren ein erhebliches Maß an internationaler Zusammenarbeit auf währungspolitischem Gebiet erforderte; denn es schuf eine besonders starke *gegenseitige Abhängigkeit* der Länder untereinander. Sofern nämlich nationale Politiken Änderungen der Zahlungsbilanz bewirkten, waren entgegengesetzte Zahlungsbilanzänderungen bei den Partnerländern die zwangsläufige Folge. Über Zahlungsbilanzsalden aber kam es zu Übertragungen von Preis- und Beschäftigungsschwankungen von einem Land zum anderen (Saldenmechanismus). Die Länder hatten also einmal die Wirkungen ihrer Politik auf das Ausland zu bedenken, zum anderen mußte die währungspolitische Solidargemeinschaft der IWF-Länder im Notfall auch bereit sein, einzelnen in Bedrängnis geratenen Ländern zu helfen. Beides war im Interesse der Erhaltung des Währungssystems unerläßlich, weil das Ausscheren einzelner oder mehrerer Länder aus dem vereinbarten System eine Gefährdung des Systems als Ganzes bedeutet hätte.

Währungspolitische Kooperation fand zunächst im **IWF** selbst statt. Die Präsenz einer Vielzahl von Ländern im Gouverneursrat und im Exekutivrat erzwang ein gewisses Maß an Kooperation. Das kam insbesondere bei der Festlegung der Kreditvergabebedingungen an in Zahlungsbilanzschwierigkeiten befindliche Länder zum Tragen; denn hier mußte einmal Übereinstimmung zwischen den im Exekutivrat vertretenen Ländern erzielt werden und zum zweiten mußte das um Währungsbeistand nachsuchende Land in die ihm auferlegten wirtschaftspolitischen Sanierungsmaßnahmen einwilligen.

Eine weitere wichtige Maßnahme währungspolitischer Koordination sind die Länderberichte des IWF, die auf einer jährlich durchgeführten Untersuchung der Wirtschafts- und Währungssituation der Mitgliedsländer beruhen, im Exekutivrat diskutiert werden und schließlich in Empfehlungen des IWF an die jeweiligen Länder münden. Das Hauptbemühen ist dabei auf die Vermeidung oder Beseitigung struktureller Defizite oder Überschüsse in den Zahlungsbilanzen gerichtet.

Außer vom IWF wurde währungspolitische Kooperation auch von anderen internationalen Institutionen praktiziert oder zumindest angestrebt. Zu nennen wäre hier zunächst die **OECD (Organization for Economic Co-operation and Development).** Vorgängerin war die OEEC (Organization for European Economic Co-operation), die 1948 gegründet wurde und die Zusammenarbeit der Mitgliedsländer beim Wiederaufbau Europas zum Ziel hatte. Mitglieder waren alle westeuropäischen Länder sowie die USA und Kanada. Nach Erreichung vieler ihrer Ziele (Wiederaufbau, Liberalisierung des Außenhandels, Konvertibilität der Währungen) wurde sie 1961 von der OECD abgelöst. Durch die OECD werden u. a. laufend Analysen der Währungssituation der Mitgliedsländer erstellt. Auf dieser Grundlage werden mögliche oder tatsächlich praktizierte Politiken diskutiert und Empfehlungen an die jeweiligen Länder ausgesprochen.

Eine bedeutende Rolle als Diskussionsforum, das den Austausch und die Abstimmung der Meinungen auf internationaler Ebene erlaubt, spielt auch die **BIZ (Bank für Internationalen Zahlungsausgleich) in Basel**[27], denn hier treffen sich allmonatlich die Notenbankleiter der wichtigsten westlichen Industrieländer zum Meinungsaustausch. Darüber hinaus ist jedoch die BIZ auch am Zustandekommen von Swapoperationen beteiligt, in deren Rahmen sich Notenbanken zur Überbrückung kurzfristiger Zahlungsbilanzstörungen Devisen zur Verfügung stellen.

Zu nennen sind hier auch die von 1950 bis 1958 in Kraft gewesene **EZU (Europäische Zahlungsunion)** und als Nachfolgeeinrichtung das *EWA (Europäisches Währungsabkommen)*, das von 1958 bis 1972 in Kraft war. Mitglieder waren alle OEEC-Länder, später alle OECD-Länder. Die Aufgaben der EZU waren die Installierung eines multilateralen Zahlungssystems mit Wechselkursgarantie für die Mitgliedsländer und die Gewährung von Kredithilfen (bis zu 3 Jahren) zur Zahlungsbilanzsanierung. Kurzfristige Kredithilfen wurden automatisch und ohne Bedingungen gewährt. Mittelfristige Kredite waren in der Regel mit bestimmten wirtschaftspolitischen Auflagen an das Kreditnehmerland verbunden. Die geschäftsmäßige Abwicklung dieser Transaktionen lag in Händen der BIZ.

Schließlich gibt es – wie später eingehender dargelegt wird – innerhalb der **EG (Europäische Gemeinschaft)** Gremien (Währungsausschuß, Ausschuß der Notenbankpräsidenten) und Beistandsverpflichtungen, die eine Koordinierung der nationalen Währungspolitiken sicherstellen oder wenigstens begünstigen sollten. Den vielfältigen Bemühungen der letzten Jahre (seit der Haager Gipfelkonferenz von 1969), auf dem Weg zu einer Währungsunion weiter voranzukommen, war jedoch trotz Bandbreitenverringerung zwischen den EG-Währungen, trotz Floating-Block und trotz Installierung des Europäischen Fonds für währungspolitische Zusammenarbeit sowie Vereinbarung eines kurzfristigen Währungsbeistandes kein durchschlagender Erfolg beschieden.

(b) Direkte Kooperation der Notenbanken

Als die vielleicht wichtigste, ja unerläßliche zusätzliche Stütze des Systems von Bretton Woods stellte sich bald die direkte Kooperation der Notenbanken

---

[27] Näheres zur *BIZ* s. oben, S. 326 f.

untereinander heraus. Die Wünschbarkeit und Notwendigkeit einer solchen Zusammenarbeit ergab sich daraus, daß mit zunehmender Liberalisierung des Kapitalverkehrs auch die internationale Beweglichkeit insbesondere der kurzfristigen Anlagen zunahm. Politische, konjunkturelle oder Währungskrisen konnten daher zu sehr starken und plötzlich auftretenden Devisenbewegungen mit entsprechenden Veränderungen der amtlichen Währungsreserven der betroffenen Länder führen. Die Aktionsmöglichkeiten im Rahmen des IWF erwiesen sich für diese kriseninduzierten und meist spekulativ motivierten internationalen Geldströme als unzureichend. Zum einen waren die Ziehungsmöglichkeiten für manchen Fall zu gering; vor allem aber war das Prüf- und Bewilligungsverfahren zu schwerfällig, um prompt und unverzüglich auf Krisenerscheinungen reagieren zu können. Die *Bereitschaft* der Notenbanken zu einer derartigen Zusammenarbeit ergab sich aus der Erkenntnis der gegenseitigen Abhängigkeit, in die sie das Währungssystem gebracht hatte.

Ziel dieser Notenbankkooperation war also insbesondere die Neutralisierung destabilisierender Kapitalbewegungen durch raschen und unbürokratischen Eingriff. Die gegenseitigen Kredithilfen sind jedoch *kurzfristig* und müssen durch die mittelfristigen IWF-Kredite ersetzt werden, wenn die Krisensituation sich als längerfristig herausstellt.

Der gegenseitige Beistand der Notenbanken geschieht meist in Form **bilateraler Swapabkommen.** Die beiden Länder räumen sich dabei gegenseitig Kreditlinien ein, die sie berechtigen, vom Partner gegen Hingabe eigener Währung fremde Währung zu erwerben (Kassageschäft). Verbunden damit ist die Verpflichtung, den erhaltenen Devisenbetrag nach kurzer Frist (ein bis drei Monate) wieder zurückzuzahlen (Termingeschäft)[28]. Um Wechselkursrisiken auszuschalten, werden die Wechselkurse für das Hin- und das Rückgeschäft im voraus festgelegt. Kassa- und Terminkurs sind dabei in der Regel gleich.

Swapoperationen wurden erstmals 1961 zwischen der Schweiz und Großbritannien zur Abwehr der damaligen Pfundkrise und zwischen der Bundesrepublik Deutschland und den USA zur Abwehr massiver Dollarzuflüsse in die Bundesrepublik als Folge der erwarteten DM-Aufwertung vereinbart. Nach der ersten Bewährungsprobe folgten *zahlreiche weitere Swapabkommen* insbesondere zwischen der amerikanischen Notenbank (Federal Reserve System) einerseits und einer ganzen Reihe von Notenbanken westlicher Industrieländer andererseits. Die amerikanische Notenbank wollte damit in erster Linie verhindern, daß spekulative Dollarzuflüsse bei ausländischen Notenbanken diese zu einem (verstärkten) Umtausch ihrer Dollarreserven in Gold veranlaßten. Das hätte die

---

[28] D. h. der Devisenbetrag wird zum Rückkauf der eigenen Währung verwendet.

amerikanischen Goldbestände und damit auch die Goldkonvertibilität des Dollar gefährdet. Auch die anderen Länder waren an der Vermeidung dieser Gefahr interessiert, sah man doch in der jederzeitigen Einlösbarkeit der Dollarreserven in Gold eines der wesentlichen und unverzichtbaren Merkmale des Bretton-Woods-Systems. Außerdem waren die im Zuge einer Swapoperation erworbenen Dollar wegen der vorherigen Festlegung eines Rückkaufkurses (Terminkurs) absolut kursgesichert.

Eine „fortgeschrittenere" und auch wirkungsvollere Art der Notenbankkooperation waren **kollektive Aktionen mehrerer Notenbanken** zur Abwehr spekulativer Attacken gegen eine Währung. In den meisten Fällen galten derartige gemeinsame Stützungsaktionen dem britischen Pfund; aber auch zugunsten des kanadischen Dollar, der italienischen Lira und des französischen Franc wurden sie unternommen. Die größere Durchschlagskraft der Gemeinschaftsaktionen lag einfach in dem größeren Abwehrpotential, das mehrere Notenbanken der Spekulation entgegensetzen konnten.

Eine Vorform kollektiver Aktionen war die bilateral aber von mehreren Notenbanken gleichzeitig gewährte Währungshilfe an ein Land. Da derartige Vereinbarungen häufig anläßlich der monatlichen Zusammenkünfte der Notenbankleiter bei der BIZ in Basel zustande kamen, sprach man auch von **Basler Abkommen.** Dieses gilt insbesondere für die spektakuläre Hilfsaktion im Jahr 1961 zugunsten des Pfundes, das im Gefolge der DM-Aufwertung von einer schweren Vertrauenskrise betroffen wurde.

Tatsächlich **multilaterale Aktionen** waren das *1. Basler Gruppenabkommen* (1966) und das *2. Basler Gruppenabkommen* (1968), in deren Rahmen mehrere Notenbanken der Bank von England gemeinsam einen Devisenkredit bzw. eine Kreditlinie einräumten. Im 1. Abkommen handelte es sich um eine kurzfristige, im 2. Abkommen um eine mittelfristige Kreditzusage. In beiden Fällen wurde die Verwaltung der Kreditmittel von der BIZ übernommen. In beiden Fällen ging es darum, die bedrohte Stellung des Pfundes als Leitwährung zu festigen. Denn die Länder des Sterlingblocks, also insbesondere die Commonwealthländer, die ihre offiziellen Währungsreserven überwiegend in Pfund Sterling hielten, waren angesichts der ungünstigen Entwicklungen der englischen Wirtschaft und der englischen Zahlungsbilanz verstärkt dazu übergegangen, ihre Pfundreserven in Dollar zu transferieren, wodurch die britischen Währungsreserven sich zunehmend verringerten. Aber trotz des 1. Basler Gruppenabkommens und anderer Hilfsaktionen, die ausschließlich dem Zweck dienten, das Vertrauen zum Pfund wieder herzustellen, kam es 1967 zu einer Pfundabwertung. Trotz vorübergehend günstigerer Entwicklung der Wirtschaft und der Zahlungsbilanz Englands, die nicht zuletzt auch durch das 2. Basler Gruppenabkommen (1968) ermöglicht wurde, erlangte das Pfund nie mehr seine frühere Stellung als Leitwährung, sondern büßte sie im Laufe der Zeit mehr und mehr ein.

Als kollektive Aktion mehrerer Notenbanken kann man auch die 1961 abgeschlossenen **„Allgemeinen Kreditvereinbarungen" der Zehnergruppe** mit dem IWF ansehen. Denn hier stellten ja 10 westliche Industrieländer dem IWF gemeinsam beträchtliche Mittel zur Bekämpfung von Zahlungsbilanzschwierigkeiten bei Mitgliedsländern zur Verfügung. Grund für diese Aktion war die Befürchtung, daß sich die normalen, aus den Subskriptionsbeiträgen stammenden Devisenbestände des IWF bei größeren Währungskrisen als zu gering erweisen könnten. Da sich die Zehnergruppe bei der Mittelvergabe ein weitgehendes Mitspracherecht vorbehalten hatte und die Mittel aus den Allgemeinen Kreditvereinbarungen zunehmend häufiger in Anspruch genommen werden mußten, übte die Zehnergruppe einen erheblichen Einfluß auf die Politik des IWF aus.

c) Die Schwächen des Bretton-Woods-Systems

Das System von Bretton Woods funktionierte viele Jahre lang zur allgemeinen Zufriedenheit. Der Außenhandel und der internationale Kapitalverkehr weiteten sich mit zunehmendem Abbau der Handelshemmnisse und mit Wiedereinführung der Konvertibilität vieler Währungen stark aus. Erst nach mehr als einem Jahrzehnt (etwa zu Beginn der 60er Jahre) begannen sich bestimmte „Konstruktionsmängel" des Bretton-Woods-Systems so nachhaltig auszuwirken, daß man auch politischerseits die schon seit längerem von Wissenschaftlern und Währungsexperten vorgetragenen Bedenken und Warnungen ernstzunehmen begann.

(1) Das Hauptdilemma des Systems

Der grundlegende Mangel des Systems ist darin zu sehen, daß bestimmte Systembestandteile in letzter Konsequenz miteinander unvereinbar waren. Und zwar waren das **Wechselkursstabilität und Konvertibilität** der Währungen einerseits und **Autonomie der nationalen Konjunkturpolitik** andererseits. Zum letzten Punkt ist im IWF-Abkommen zwar nichts gesagt, aber es wurde allenthalben als selbstverständliches Recht souveräner Staaten angesehen, eine autonome, auf die spezifischen nationalen Zielvorstellungen ausgerichtete Wirtschafts- und Konjunkturpolitik treiben zu können.

Abweichende Konjunkturpolitiken außenwirtschaftlich eng miteinander verflochtener Länder hatten bei festen Wechselkursen und konvertibler Währung jedoch unweigerlich **Ungleichgewichte der Zahlungsbilanzen** zur Folge. Denn in den Ländern mit expansivem konjunkturpolitischem Kurs wurden als Folge der sinkenden Zinsen Kapitalexporte und damit eine *Passivierung der Kapital-*

verkehrsbilanz induziert; gleichzeitig hatten die steigenden Inlandspreise eine *Passivierung der Leistungsbilanz* (steigende Importe sinkende Exporte) zur Folge. Die Zahlungsbilanz tendierte also zur *Defizitbildung*. Die Logik des Währungssystems hätte spätestens hier die Herbeiführung eines binnenwirtschaftlichen Anpassungsprozesses zur Beseitigung des Defizits erfordert. Aber die Bereitschaft vieler Defizitländer, eine konsequente Stabilisierungspolitik zu betreiben und für den Anpassungszeitraum die unpopulären Begleiterscheinungen in Form stagnierender Produktion und steigender Beschäftigungslosigkeit in Kauf zu nehmen, war gering. Erschwert wurde die Situation durch das Ende der sechziger Jahre auftretende Phänomen der *Stagflation*. Es bedeutete für die Defizitländer die äußerst ungünstige Konstellation des Zusammentreffens eines Zahlungsbilanzdefizits mit Rezession und Inflation. Eine kontraktive Politik zum Zweck der Inflationsbekämpfung und des Zahlungsbilanzausgleichs hätte die Rezession und die Beschäftigungslosigkeit noch verschärft. Es hätten daher differenziertere wirtschaftspolitische Strategien gesucht und erprobt werden müssen[29].

In jedem Fall aber gefährdeten dauerhafte Defizite den Bestand der Währungsreserven des Landes und ließen daher nur die Wahl zwischen internationalen Stützungsaktionen zu Gunsten der gefährdeten Währung oder ihrer Abwertung. Da jedoch das Prinzip der Wechselkursstabilität sehr ernstgenommen wurde und außerdem Abwertungen vielfach als für das nationale Prestige abträglich angesehen wurden, griff man auch bei fundamentalen Ungleichgewichten zu Stützungsaktionen, die de facto die längerfristige Finanzierung von Defiziten ermöglichten. Wurden schließlich doch Abwertungen vorgenommen, so erfolgten sie meist zu spät und in zu geringem Umfang.

In den Ländern, die einen entgegengesetzten, also kontraktiven (oder zumindest keinen expansiven) Kurs steuerten, kam es der Tendenz nach zu einer Aktivierung der Kapitalverkehrs- und der Leistungsbilanz und damit zu Überschüssen in der Gesamtzahlungsbilanz. Hier mußten die Notenbanken ständig Devisen ankaufen, wodurch sich die Inlandsgeldmenge fortlaufend erhöhte und ein inflatorischer Effekt hervorgerufen wurde.

Auch aus der Sicht der Überschußländer erschien daher die Wechselkursänderung (Aufwertung) letztlich als die logische Konsequenz einer solchen Entwicklung. Dennoch wurde auch mit Aufwertungen häufig lange gezögert. Einer der Gründe dafür war die populäre Meinung, daß man als stabilitätsbewußtes Land die entstandene Situation nicht verschuldet habe, und es daher Sache der Defizitländer sei, die Situation wieder zu bereinigen (z. B. durch Abwertung).

---

[29] Zum Problem des Policy Mix siehe oben, S. 369 ff.

Das geschilderte Dilemma wäre im Prinzip nur dadurch zu vermeiden gewesen, daß man eines der Systembestandteile suspendiert hätte. So hätte der Verzicht auf autonome nationale Konjunkturpolitik auch die weitgehende Parallelität der internationalen Preis- und Konjunkturentwicklung sichergestellt und damit fundamentale Zahlungsbilanzungleichgewichte verhindert. Abgesehen von nicht unerheblichen technischen und organisatorischen Schwierigkeiten einer international vereinheitlichten oder abgestimmten Konjunkturpolitik muß davon ausgegangen werden, daß die Bereitschaft zu einem derartigen Souveränitätsverzicht jetzt und in absehbarer Zukunft nicht vorhanden ist. Da das IWF-Abkommen prinzipielle Wechselkursstabilität und Konvertibilität ausdrücklich vorsah, waren die künftigen Währungskrisen vorprogrammiert.

(2) Das Problem der internationalen Liquiditätsversorgung

Ein weiteres grundsätzliches Problem des Währungssystems der Nachkriegszeit bestand darin, daß der Umfang der vorhandenen *internationalen Liquidität* von der Goldproduktion und von der Höhe des Defizits der amerikanischen Zahlungsbilanz bestimmt wurde.

Was die *Goldproduktion* anbetrifft, so war sie einmal von den Interessen Südafrikas als größtem Goldproduzenten und zum zweiten von dem unberechenbaren Anbieterverhalten der UdSSR als zweitgrößtem Goldproduzenten bestimmt. Hinzu kam das schwer voraussehbare Verhalten der privaten Goldspekulation. Die Entwicklung des Goldangebots war also von Zufälligkeiten und Einzelinteressen bestimmt und in keiner Weise an dem mutmaßlichen Bedarf an Währungsreserven orientiert.

Was das *Zahlungsbilanzdefizit der USA* anbelangt, so war es deswegen von entscheidender Bedeutung für die internationalen Währungsreserven, weil es die Höhe der Dollarguthaben im Besitz von Ausländern (Privaten und Notenbanken) bestimmte. Es ist nun höchst unwahrscheinlich, daß die aus dem amerikanischen Defizit resultierende Liquiditätsversorgung immer gerade dem internationalen Liquiditätsbedarf entsprochen hat.

Ganz abgesehen davon, daß es strittig ist, welche Größen als Kriterien für den Bedarf an internationaler Liquidität geeignet sind, gab es keine bewußte Ausrichtung des amerikanischen Zahlungsbilanzdefizits auf die Höhe des mutmaßlichen Bedarfs an Währungsreserven. Als Anfang der fünfziger Jahre die amerikanische Zahlungsbilanz defizitär wurde und das Defizit in der Folgezeit weiter anstieg, wurde das zunächst nicht als Nachteil empfunden, weil die meisten Länder auf diese Weise ihren geringen Bestand an Währungsreserven auffüllen konnten. Zu Beginn der sechziger Jahre jedoch waren die Dollarbestände ausländischer Notenbanken so stark angewachsen, daß die Goldkonvertibilität des

Dollar gefährdet schien und manche Länder die inflationsfördernde Wirkung der ständigen Dollarzuflüsse als Last empfanden. Auch in der Folgezeit waren die USA nicht bereit oder in der Lage, ihre Zahlungsbilanzsituation den währungspolitischen Erfordernissen anzupassen. Hinzu kam, daß sie auch in punkto binnenwirtschaftlicher Stabilität nicht mit gutem Beispiel vorangingen, sondern höhere Inflationsraten aufwiesen als wichtige Partnerländer. Der Dollar geriet damit mehr und mehr in die Position einer überbewerteten Währung und damit auch zunehmend unter Abwertungsverdacht.

Diese von den Zufälligkeiten der Goldproduktion und von den binnenwirtschaftlichen Interessen der USA bestimmte Liquiditätsversorgung der Weltwirtschaft wurde frühzeitig als **Systemmangel** erkannt und beeinträchtigte im Laufe der Zeit in steigendem Maße auch das praktische Funktionieren des Systems. Eine Abhilfe erschien daher immer dringlicher geboten.

(3) Spekulative Kapitalbewegungen

Als Folge der Schwächen des Weltwährungssystems traten spekulative internationale Kapitalbewegungen auf, die vorhandene Krisensituationen verschärften und damit wesentlich zur Beschleunigung des Niedergangs des Bretton-Woods-Systems beitrugen. Hervorgerufen wurden derartige Spekulationswellen durch strukturelle und sich erhöhende Ungleichgewichte in der Zahlungsbilanz eines oder mehrerer Länder. Die Erfahrung, daß konsequente binnenwirtschaftliche Maßnahmen zur Wiederherstellung des Zahlungsbilanzgleichgewichtes häufig ausblieben oder wenig erfolgreich waren, führte zwangsläufig zu der Schlußfolgerung, daß Wechselkursänderungen auf die Dauer unvermeidlich seien. Verbreitete *Auf- oder Abwertungserwartungen* führten regelmäßig zu Geld- und Kapitalströmen aus dem abwertungsgefährdeten in das aufwertungsverdächtige Land; denn auf diese Weise ließ sich ohne großes Risiko ein Spekulationsgewinn erzielen bzw. die drohende Minderung des Außenwertes von privaten Devisenguthaben vermeiden. Derartige Kapitalbewegungen brachten für das abwertungsverdächtige Defizit-Land eine Erhöhung des Defizits, da sich die Kapitalverkehrsbilanz passivierte; sie wirkten damit zusätzlich in Richtung auf die erwartete Wechselkurskorrektur.

Das Gewicht dieser destabilisierenden (überwiegend kurzfristigen) Kapitalströme war deshalb so groß, weil mit Zunahme der weltwirtschaftlichen Verflechtung, mit der Entstehung multinationaler Unternehmen und mit Entstehung leistungsfähiger internationaler Geldmärkte (Eurogeldmarkt[30]) der Umfang international mobiler Finanzmittel (hot money[31]) stark zunahm. In

---

30 Näheres zum Eurogeldmarkt, siehe oben, S. 322 ff.

31 Näheres siehe S. 227 ff. (Spekulationsbedingte Kurzkredite).

nicht wenigen Fällen waren es daher diese Kapitalbewegungen, die die Wechselkurskorrekturen unausweichlich und unaufschiebbar machten. Deshalb wurden die destabilisierenden Kapitalbewegungen selbst gelegentlich als Schwäche des Bretton-Woods-Systems interpretiert. Dazu ist jedoch zu wiederholen, daß derartige Kapitalbewegungen in aller Regel nicht die Ursache von Währungskrisen waren, sondern als deren Folge auftraten. Andererseits ist nicht von der Hand zu weisen, daß massive Spekulationswellen auch relativ geringfügige Krisen derart verschärfen können, daß Wechselkursänderungen erzwungen werden.

In solchen Fällen lassen sich möglicherweise *Kapitalverkehrskontrollen und -beschränkungen*, die sich gegen Spekulationsbewegungen richten, rechtfertigen. Sie wurden auch im Verlauf der großen Währungskrisen der frühen siebziger Jahre von vielen Ländern in unterschiedlichem Umfang angewendet. Allerdings wurde dabei eine schon aus früherer Zeit bekannte Erfahrung bestätigt: Ein System der Kapitalverkehrsbeschränkungen tendiert zwangsläufig zur Ausweitung und Verschärfung; denn die zahlreichen Umgehungsversuche erfordern eine immer stärkere Ausdehnung der Restriktionen, so daß die Beeinträchtigung des „normalen“ und erwünschten Kapitalverkehrs und auch des Außenhandels kaum vermeidbar ist.

d) Das Scheitern des Bretton-Woods-Systems - Der historische Ablauf

Die beschriebenen Systemschwächen führten in der zweiten Hälfte der fünfziger Jahre zu ersten Schwierigkeiten im internationalen Währungsbereich. Das äußerte sich sichtbar im *Entstehen ausgeprägter Zahlungsbilanzungleichgewichte* bei wichtigen Welthandelsländern. Besonders gravierend waren dabei die steigenden Zahlungsbilanzdefizite der beiden Leitwährungsländer USA und Großbritannien. Im Falle des englischen Pfundes führte das - zusammen mit anderen Ursachen - schon bald zu einem erheblichen Vertrauensverlust und zu abnehmender Bereitschaft, das Pfund als Reservewährung zu benutzen. Ausländische Notenbanken und Private zogen sich aus dem Pfund Sterling zurück, indem sie ihre Pfundguthaben in andere Währungen transferierten. Einen ersten Höhepunkt erlebten die **Pfundkrisen** im Gefolge der ersten DM-Aufwertung 1961. In der Folgezeit ging das Pfund durch eine Dauerkrise schwankender Heftigkeit. Sie führte 1967 zu einer Abwertung des Pfundes, wodurch seiner Stellung als Reservewährung insbesondere für die Länder des Sterlingraumes ein weiterer schwerer Schlag versetzt wurde.

Zeitlich parallel dazu geriet auch der amerikanische Dollar mehrfach in Schwierigkeiten. Das seit 1950 bestehende und tendenziell steigende amerikanische Zahlungsbilanzdefizit begann die Stellung des Dollar zu beeinträchtigen; die Goldabflüsse aus den USA stiegen an. Die Entwicklung kumulierte 1960 in der ersten akuten **Dollarkrise**, die durch ein sprunghaftes Ansteigen der Goldabflüsse aus den USA (Flucht aus dem Dollar) gekennzeichnet war.

Diese und weitere Krisen induzierten *Maßnahmen, die die Funktionsfähigkeit des bestehenden Währungssystems erhalten bzw. verbessern sollten.* Sie wurden bei der Darstellung des Systems bereits genannt und bestanden insbesondere in einer Ausweitung der Kooperation der Notenbanken untereinander sowie zwischen dem IWF und den Notenbanken führender Länder[32]. Zu nennen sind hier noch einmal:

1. Die Gründung des *Goldpools* (1961), der den Goldpreis stabilisieren und damit die Goldabflüsse aus den USA stoppen sollte.

2. Die *Allgemeinen Kreditvereinbarungen* (1961) zwischen IWF und Zehnergruppe, durch welche dem IWF erhebliche zusätzliche Mittel zur Bekämpfung von Zahlungsbilanzungleichgewichten und Währungsspekulationen zur Verfügung gestellt wurden.

3. Der Abschluß *bilateraler Swapabkommen*, in denen sich Notenbanken gegenseitig Kreditlinien einräumen, um im Bedarfsfall ausreichend Devisen zur Kompensierung von Zahlungsbilanzdefiziten zur Verfügung zu haben. Die ersten Abkommen wurden 1961 abgeschlossen und kamen in erster Linie den USA zugute.

4. Die *Basler Gruppenabkommen* (1966 und 1968), durch die mehrere Notenbanken der Bank von England einen gemeinsamen Währungskredit zur Überwindung der Pfundkrise zur Verfügung stellten.

Alle diese Maßnahmen stellten jedoch keine Änderung des Grundkonzeptes des Bretton-Woods-Systems dar, sondern dienten letztlich dazu, die systemsprengende Wirkung dauerhafter Zahlungsbilanzungleichgewichte zeitlich hinauszuzögern; denn die gewonnene Zeit wurde nicht zur Wiedergewinnung des außenwirtschaftlichen Gleichgewichts genutzt. Rückblickend kann man sogar behaupten, daß wichtige Defizitländer die Beistandsmaßnahmen de facto zur Beibehaltung, ja zum Ausbau ihres Defizits mißbrauchten.

Unter diesen Umständen war es nicht verwunderlich, daß die **Währungskrisen an Heftigkeit und Häufigkeit zunahmen**, weil absehbar war, daß die amtlichen Paritäten auf Dauer nicht zu halten waren. Zu besonders *starken Devisenströmen* in die Bundesrepublik kam es aufgrund ständiger Aufwertungsgerüchte *1968 und 1969.* Sie wurden genährt durch die starke Aktivposition der deutschen Leistungsbilanz bei gleichzeitigen hohen Defiziten in wichtigen Partnerländern wie USA, Großbritannien und Frankreich. Daraufhin wurden **1969 die DM auf-**

[32] Vgl. dazu oben, S. 408 f., 416 ff.

gewertet und der französische Franc abgewertet. Die internationale Währungsszene beruhigte sich jedoch nur vorübergehend. Bereits 1970 setzte ein sich verstärkender spekulativer Dollarstrom nach Westeuropa, insbesondere auch in die Bundesrepublik ein, der Anfang 1971 bisher nicht erlebte Ausmaße annahm. Im Mai 1971 sah sich die Bundesregierung zur vorübergehenden *Freigabe des Wechselkurses* gezwungen. Einige Länder folgten, andere beschränkten die Deviseneinfuhr, Österreich wertete auf. Auch die Bundesregierung ergriff Maßnahmen zur Beschränkung der Deviseneinfuhr. Im **August 1971 hoben die USA die Einlösbarkeit des Dollar in Gold auf.** Damit war ein allseits als wesentlich empfundenes Merkmal des Bretton-Woods-Systems beseitigt. Als Reaktion auf die Krise gaben die wichtigsten *westlichen Industrieländer* (mit Ausnahme Frankreichs) ihre *Wechselkurse frei.* **Im Dezember 1971** kam es auf der Washingtoner Währungskonferenz zu einer **globalen Neufestsetzung der Wechselkurse** *(Realignment).* Dabei wurde der Dollar generell abgewertet; darüber hinaus wurden zusätzliche individuelle Auf- oder auch Abwertungen für die einzelnen Währungen vorgenommen. Ferner kam es zu einer erheblichen *Vergrößerung der Bandbreite* von 2 % auf 4,5 %.

Doch eine längerfristige Stabilisierung des Weltwährungssystems wurde auch damit nicht erreicht. Eine außerordentliche Verschlechterung der amerikanischen Leistungsbilanz führte zu einer anhaltenden Dollarschwäche, so daß schon im Frühjahr erneut spekulative Dollarbewegungen einsetzten. Im Juni 1972 geriet auch das englische Pfund unter Druck. Nach einer heftigen *Abwertungsspekulation* wurde der **Pfundkurs endgültig freigegeben.** Nach einer ruhigen zweiten Jahreshälfte, in der der im Rahmen des IWF eingesetzte Zwanziger-Ausschuß[33] an Vorschlägen zu einer grundlegenden Reform des Weltwährungssystems arbeitete, lebte im *Januar 1973 die Währungsspekulation* wieder auf. Als Abwehrmaßnahme gab die Schweiz den *Wechselkurs des Schweizer Franken frei.* Dadurch verstärkte sich der Dollarzustrom in die Bundesrepublik noch und erreichte ein bisher unbekanntes Ausmaß. **Am 12. Februar 1973 wurde der Dollar nochmals um 10 % abgewertet.**

Zu diesem Zeitpunkt hatte die Währungskrise bereits ein Stadium erreicht, in dem ihre erfolgreiche Bekämpfung allein aus psychologischen Gründen nahezu aussichtslos erschien. Die Krise nährte sich selbst. Besonders verschärfend wirkte der Umstand, daß mit der Entstehung funktionsfähiger internationaler Geldmärkte (Eurogeldmarkt) und mit der wachsenden Zahl multinationaler Konzerne der Bestand an liquiden und krisenempfindlichen Dollarbeständen in privater Hand außerordentlich angewachsen war. Die im Krisenfall daraus resultierenden destabilisierenden Kapitalbewegungen waren so groß, daß man

---

[33] Näheres siehe unten, S. 440 Fußnote 45.

sie weder durch nationale noch durch kollektive Abwehrmaßnahmen ausreichend eindämmen konnte. Das galt erst recht dann, wenn sich auch Notenbanken an der Spekulation beteiligten, indem sie Teile ihrer Dollarreserven in DM oder andere „harte" Währungen transferierten. Das war in den Jahren 1970 bis 1973 zunehmend der Fall[34]. Daher konnte auch die 10 %ige Dollarabwertung vom Februar 1973 keinen grundlegenden Stimmungswandel mehr herbeiführen. Das Vertrauen in die Funktionsfähigkeit des bestehenden Währungssystems war weitgehend geschwunden.

Das dokumentierte sich auch darin, daß unmittelbar nach der Dollarabwertung mit *Japan und Italien* zwei weitere wichtige Welthandelsländer die *Wechselkurse ihrer Währungen freigaben.* Die Bundesrepublik und Frankreich waren damit die einzigen unter den bedeutenden Industrieländern, die noch an den festen Wechselkursen ihrer Währung gegenüber dem Dollar festhielten. Die internationale Währungsspekulation konzentrierte sich nunmehr ausschließlich auf die DM. Die deutsche Bundesbank sah sich nur kurze Zeit in der Lage, die trotz verschärfter Devisenbeschränkungen zufließenden Dollarbeträge (bis zu 2,75 Mrd. Dollar pro Tag) aufzunehmen. *Am 2. 3. 1973 stellte die Bundesbank ihre Interventionen zur Aufrechterhaltung des Dollarkurses ein.* Die Devisenbörsen wurden weltweit für zwei Wochen geschlossen.

Nach Wiedereröffnung der Börsen am **19. 3. 1973 zeigte sich, daß ein Grundpfeiler des Systems von Bretton Woods endgültig oder zumindest für absehbare Zeit aufgegeben worden war, nämlich die festen Wechselkurse.** Damit existierte das Bretton-Woods-System in seiner ursprünglichen Form nicht mehr. Zwar gab und gibt es noch eine relativ große Anzahl von Ländern, die für ihre Währungen einen festen Wechselkurs gegenüber dem Dollar aufrechterhalten, jedoch war keines der bedeutenden westlichen Industrieländer darunter. Vielmehr bildeten sechs **EG-Länder** (Bundesrepublik, Frankreich, Benelux-Länder, Dänemark) den sogenannten **Floating-Block**, einen Währungsverbund also, dessen Mitglieder die Wechselkurse ihrer Währungen untereinander stabil halten (mit einer Bandbreite von 2,25 %). Am Gruppenfloating nahmen außerdem auch Schweden und Norwegen teil. Österreich orientierte seinen Wechselkurs durch eigene Interventionen an den Kursen des Floating-Blocks. *Alle anderen westlichen Industrieländer ließen den Wechselkurs ihrer Währungen gegenüber allen anderen Währungen frei schwanken.* Diese Länder sind Kanada, Großbritannien, Schweiz, Italien, Japan und schließlich auch Frankreich, das nach erstmaligem vorübergehenden Ausscheiden aus dem Währungsblock (Januar 1974 bis Juli 1975) am 15. März 1976 wiederum ausschied.

---

[34] Vgl. *Deutsche Bundesbank (Hrsg.):* Geschäftsbericht für das Jahr 1972. Frankfurt 1973, S. 38.

4. Reform des Weltwährungssystems - Diskussion und Realität

Der Niedergang des Bretton-Woods-Systems kam nicht überraschend. Schon frühzeitig war auf die oben beschriebenen Systemmängel hingewiesen worden. Entsprechend früh wurden auch Reformnotwendigkeit und Reformmöglichkeiten diskutiert. Allerdings fand diese über viele Jahre geführte Debatte im politischen Raum lange Zeit gar kein oder nur geringes Gehör. Eine ausführliche Darstellung der unterschiedlichen Reformansätze verbietet sich aus Raumgründen; stattdessen wird ein knapper Überblick vermittelt.

a) Das zukünftige Wechselkurssystem

Im Mittelpunkt der Reformdiskussion stand von Anfang an das zukünftige Wechselkurssystem; denn die bereits zitierte Erkenntnis, daß die Praktizierung voneinander abweichender nationaler Wirtschaftspolitiken bei festen Wechselkursen zwangsläufig zu dauerhaften Zahlungsbilanzungleichgewichten führt, legte es nahe, über Modifikationen des Wechselkurssystems nachzudenken.

(1) Flexible Wechselkurse

Eine offenbar naheliegende Änderung wäre der Übergang zu flexiblen Wechselkursen gewesen. Und in der Tat ist dieser Vorschlag recht frühzeitig von einzelnen Wissenschaftlern unterbreitet[35] und später von einer wachsenden Anzahl von Wissenschaftlern immer wieder mit steigendem Nachdruck vertreten worden[36]. In der Bundesrepublik war es insbesondere der Sachverständigenrat, der seit 1967 in seinen Gutachten wiederholt für flexible Wechselkurse eintrat. Auch die fünf unabhängigen Wirtschaftsforschungsinstitute setzten sich schließlich 1971 in ihrem Gemeinschaftsgutachten dafür ein.

Wie die langanhaltende und intensive Diskussion zeigt, waren und sind flexible Wechselkurse jedoch keineswegs unumstritten. Die Pro- und Contra-Argumente sollen daher - wenn auch nur skizzenhaft - gegenübergestellt werden:

(a) Pro-Argumente

1. Ein Hauptargument der Befürworter flexibler Wechselkurse war der durch den Wechselkursmechanismus *automatisch sichergestellte Zahlungsbilanzausgleich.* Damit wird die Notenbank von dem Zwang befreit, durch Interventionen am Devisenmarkt den festgesetzten Wechselkurs aufrechtzuerhalten. Und damit entfallen auch die häufig unerwünschten Wirkungen dieser Inter-

---

35 Vgl. dazu die Aufzählung bei Fritz *Machlup:* Plans for Reform of the International Monetary System. Princeton 1964. S. 79-81.

36 So plädierte 1969 eine Gruppe von 38 international anerkannten Wissenschaftlern in einer Presseerklärung für die Einführung flexibler Wechselkurse. Vgl. G. N. *Halm* (Hrsg.): Approaches to Greater Flexibility of Exchange Rates - The Bürgerstock Papers. Princeton 1970, S. VII.

ventionen auf die Inlandsliquidität. *Die Geldpolitik kann sich also ganz auf die binnenwirtschaftlichen Ziele konzentrieren.*

2. Wegen des stets gegebenen Zahlungsbilanzgleichgewichts und der entfallenden Liquiditätswirkungen findet *keine Übertragung von Auslandsinflationen ins Inland statt.* Diese These ist ausführlich diskutiert worden. Heute ist unumstritten, daß sie in dieser Absolutheit nicht haltbar ist[37]. Zwar trifft zu, daß eine Inflationsübertragung durch Liquiditätsveränderung ausgeschlossen ist. Für den direkten internationalen Preiszusammenhang ist jedoch zu konstatieren, daß er zwar gelockert, aber nicht aufgehoben ist. Der schwerwiegendste Einwand aber ergibt sich aus der Wirkung des internationalen Kapitalverkehrs auf die Wechselkurse. Während man nämlich ohne seine Berücksichtigung davon ausgehen kann, daß unterschiedliche Preisentwicklungen in Partnerländern im Prinzip durch entsprechende Wechselkursänderungen kompensiert werden, kann das realiter durch kapitalverkehrsbedingte Devisentransaktionen verhindert werden. So müßte z. B. eine Auslandsinflation wegen steigender Inlandsexporte zu einem Absinken des Devisenkurses (Steigen des Außenwertes der Inlandswährung) führen; steigt aber gleichzeitig die Devisennachfrage aufgrund gestiegener Kapitalexporte, so sinkt der Devisenkurs nicht (oder nicht so stark, oder er steigt sogar), so daß die Auslandsinflation in Form steigender Inlandspreise für Importgüter auch auf das Inland durchschlägt.

   Trotz dieser Einschränkung ist jedoch zu konstatieren, daß die inflationäre Ansteckungswirkung bei flexiblen Wechselkursen in der Regel wesentlich geringer ist als bei festen Wechselkursen. Zum zweiten ist nachdrücklich zu wiederholen, daß eine Geldpolitik, die nicht im Dienste der Stabilhaltung der Wechselkurse steht, mit größeren Erfolgschancen für andere Ziele nutzbar gemacht werden kann. So könnte im obigen Beispielsfall versucht werden, das inländische Zinsniveau zu heben, um Kapitalimporte zu induzieren, die die Kapitalexporte tendenziell kompensieren würden; damit wäre sichergestellt, daß die Wirkung der Auslandsinflation durch ein Absinken des Wechselkurses eliminiert wird.

3. *Flexible Wechselkurse lockern die internationale Konjunkturverbundenheit.* Auch zu dieser These ist anzumerken, daß der internationale Konjunkturzusammenhang durch flexible Wechselkurse keineswegs gänzlich unterbrochen wird[38]. Einmal ist darauf zu verweisen, daß Wechselkursanpassungen

---

37 Zur ausführlichen Diskussion dieses Problems siehe oben S. 158 ff., (Internationale Inflationsübertragung bei flexiblen Wechselkursen).

38 Zur ausführlichen Diskussion dieses Problems siehe oben, S. 192 ff.

in der Regel Veränderungen der terms of trade induzieren, die das Inlandseinkommen beeinflussen. Während die praktische Relevanz dieses terms of trade-Effekts gering einzuschätzen ist, kommt der konjunkturübertragenden Wirkung internationaler Kapitalbewegungen erhebliche Bedeutung zu. Wenn nämlich beispielsweise gleichzeitig mit den aufgrund eines Konjunkturaufschwunges im Ausland steigenden Inlandsexporten auch die Kapitalexporte steigen, so gleichen sich zusätzliches Devisenangebot (aus Exporten) und zusätzliche Devisennachfrage (für Kapitalexporte) tendenziell aus. Es kommt also zu keiner (oder zu einer geringeren) Wechselkursanpassung, so daß der Wechselkursmechanismus nicht wirken kann und der entstandene Exportüberschuß dauerhaft bestehen bleibt. Das aber bedeutet einen Anstieg der gesamtwirtschaftlichen Nachfrage (sofern der Kapitalexport nicht durch Verminderung der Inlandsnachfrage finanziert worden ist) und damit einen konjunkturstimulierenden Effekt.

Jedoch wird dieser Einwand erheblich dadurch eingeschränkt, daß es einmal keine Zwangsläufigkeit für eine solche, den Wechselkursmechanismus außer Kraft setzende Entwicklung der Kapitalverkehrsbilanz gibt, und daß es zum zweiten im Falle einer solchen Entwicklung bei flexiblen Wechselkursen viel aussichtsreicher erscheint, durch kontraktive Geldpolitik die *Aktivierung der Kapitalverkehrsbilanz zu reduzieren* oder/und *die Inlandsnachfrage zu drosseln.* Beides wirkt in Richtung auf eine Reduzierung des exportbedingten Nachfrageanstieges. Bei festen Wechselkursen hätte eine solche kontraktive Geldpolitik die entgegengesetzte Wirkung. Die zinsinduzierten Devisenzuflüsse können sich nicht wechselkurssenkend auswirken, sondern müssen von der Notenbank angekauft werden, wodurch Inlandsliquidität und *Inlandsnachfrage erhöht* werden.

Die *Quintessenz* ist also, daß bei flexiblen Wechselkursen eine systembedingte Zwangsläufigkeit für eine internationale Konjunkturübertragung nicht gegeben ist, so daß die Wahrscheinlichkeit internationaler Konjunkturübertragungseffekte von vornherein geringer ist als bei festen Wechselkursen. Sind jedoch die spezifischen Konstellationen gegeben, die die internationale Übertragung nationaler Konjunkturentwicklungen bei flexiblen Wechselkursen bewirken, so sind die wirtschaftspolitischen Korrektur- und Beeinflussungsmöglichkeiten eindeutig günstiger als bei festen Wechselkursen.

4. *Die Anpassungsprozesse, die als Folge von Strukturveränderungen in der Weltwirtschaft auftreten,* vollziehen sich *bei festen Wechselkursen mit größeren Reibungsverlusten als bei flexiblen Wechselkursen.* Infolge unterschiedlichen Wachstums, unterschiedlicher Produktivitätsentwicklung (technischer Fortschritt), differenzierter Nachfrageentwicklung und abweichender nationaler

Wirtschaftspolitiken treten im Zeitverlauf zwangsläufig Veränderungen der Wettbewerbspositionen auf den internationalen Märkten auf, die ihrerseits Verschiebungen der internationalen Produktions- und Angebotsstrukturen bewirken. Derartige Strukturverschiebungen lassen sich im System fester Wechselkurse auf die Dauer auch nur durch Wechselkursanpassungen, also Auf- oder Abwertungen, bewältigen. Der chronische Devisenmangel oder -überfluß kann zwar eine Zeitlang durch die Notenbank überbrückt werden, aber spätestens nach Erschöpfung des Devisenfonds oder auch der zur Wechselkursstützung aufgenommenen Auslandskredite muß - soll Devisenbewirtschaftung vermieden werden - eine abrupte Anpassung durch Änderung des festen Wechselkurses vorgenommen werden. Dieser Weg der Koordinierung von Binnenwirtschaft und Außenwirtschaft ist aus mehreren Gründen der automatischen Anpassung im System freischwankender Wechselkurse unterlegen:

a) Wenn sich bei festen Wechselkursen das außenwirtschaftliche Gleichgewicht verschoben hat, so daß die Notenbank laufend intervenieren muß, dann kann die Spekulation mit Sicherheit damit rechnen, daß eine Abwertung kommen muß: die Risiken der Baissespekulation sind gleich Null. Es liegt dann eine „one way speculation" vor, die leicht über das durch die faktischen Angebots- und Nachfrageverhältnisse bedingte Maß hinausgeht. *Bei freibeweglichen Wechselkursen dagegen wird sich der Außenwert der Währung bei Strukturveränderungen den Bedingungen laufend anpassen.* In der Regel wird die Spekulation bewirken, daß Baisse- und Hausseengagements einander so entsprechen, daß der allgemeinen Baissespekulation Grenzen gesetzt sind. Der Wechselkurs paßt sich geschmeidig an die neue Gleichgewichtslage an.

b) Bei festen Wechselkursen kann, wenn plötzlich abgewertet wird, sehr leicht *der richtige Zeitpunkt verpaßt werden.* Fast alle administrativen Wechselkursänderungen des letzten Jahrzehnts kamen insofern zu spät, als sie die Reaktion auf ein längst eingetretenes außenwirtschaftliches Ungleichgewicht waren.

c) Selbst dann, wenn der „richtige" Zeitpunkt der Abwertung nicht verpaßt wurde, ist es *fast unmöglich, gleich den „richtigen" Abwertungssatz, d. h. den neuen Gleichgewichtswechselkurs, zu finden.* Das ist deshalb so schwierig, weil über das Wesen konkreter internationaler Zahlungsvorgänge besonders in kritischen Zeiten keine volle Klarheit bestehen kann. Ausmaß und Ende von Spekulation und Kapitalflucht sind im voraus nicht erkennbar. Auch ist man leicht geneigt, zu stark, d. h. über den Gleichgewichtssatz hinaus abzuwerten, also mögliche Gegenmaßnahmen des Auslandes gleich einzukalkulieren. Das kann aber fremde Währungen in Gefahr bringen, die dann ebenfalls den Ausweg in der Abwertung ihrer Währung suchen. Es kommt dann zum *Abwertungswettlauf*, zu jener unheilvollen Erscheinung der dreißiger Jahre, die für die Väter des Abkommens von Bretton Woods Anlaß war, sich mit Strenge gegenseitig zu einem Verbot unkontrollierter Abwertungen zu verpflichten.

(b) Contra-Argumente

1. *Das Wechselkursrisiko hemmt den internationalen Güter- und Kapitalverkehr.* Danach wird den am Außenwirtschaftsverkehr Beteiligten durch die unvorhersehbaren Wechselkursschwankungen die sichere Kalkulationsgrundlage entzogen. Das führe zwangsläufig zu einer Verringerung des Außenhandels und des internationalen Kapitalverkehrs und damit zu einer Desintegration der Weltwirtschaft.

   Dieses plausibel erscheinende Argument verliert wesentlich an Substanz, wenn man folgendes bedenkt: Kurz- bis mittelfristige Forderungen und Verbindlichkeiten in Auslandswährung lassen sich durch Devisentermingeschäfte gegen Wechselkursänderungen absichern. Nur wenn die Kurssicherungskosten beträchtlich sind, werden sie einen merklichen Einfluß auf den Außenhandel ausüben. Der kurzfristige zinsorientierte Kapitalverkehr reagiert dagegen empfindlicher auf Kurssicherungskosten. - Langfristige Auslandsforderungen und -verbindlichkeiten lassen sich zwar nur begrenzt (oder gar nicht) und mit tendenziell steigenden Kosten gegen Wechselkursschwankungen absichern, für sie gilt aber in besonderem Maße das generelle Argument, daß auch im System fester Wechselkurse das Wechselkursrisiko keineswegs ausgeschaltet ist. Angesichts der Grundkonzeption des Systems von Bretton Woods war zumindest lang- und mittelfristig mit Wechselkursänderungen zu rechnen. *Bei langfristigen Geschäften besteht also hinsichtlich des Wechselkursrisikos kein nennenswerter Unterschied zwischen den Systemen.* Die Entwicklung der Jahre 1969–1973 hat darüber hinaus gelehrt, daß in einem schlecht funktionierenden System fester Wechselkurse auch kurzfristig keine Sicherheit vor Wechselkursänderungen besteht.

2. *Die Wechselkursschwankungen erzwingen kostspielige Veränderungen der Produktionsstruktur.* Dieser These liegt die Vorstellung zugrunde, daß der Wechselkurs im Zeitverlauf relativ stark um den „richtigen" Kurs schwanken würde. Dadurch würde die Wettbewerbssituation zwischen inländischen und ausländischen Anbietern ständig verschoben. Steigende Devisenkurse würden generell die Inlandsproduktion, insbesondere die Exportindustrie begünstigen (Abwertungseffekt) und zu entsprechenden Produktionsausdehnungen führen. Fiele der Wechselkurs später wieder, so träte die entgegengesetzte

Wirkung ein, so daß insbesondere in der Exportindustrie Kapazitätseinschränkungen nötig würden.

Dazu ist zu sagen, daß die Reagibilität der Produktionsstruktur auf Wechselkursveränderungen keinesfalls überschätzt werden darf. *In aller Regel besitzen die Anbieter genügend Spielraum, um kleinere und kurzfristige Kursschwankungen ohne Kapazitätsveränderungen absorbieren zu können.* Es bedarf schon erheblicher Wechselkursänderungen, um Verschiebungen der Produktionsstruktur zu induzieren. In einem solchen Fall jedoch sind Anpassungen im Produktionsbereich durchaus sinnvoll, ja erforderlich. Wirtschaftlich unvorteilhaft ist eine solche Entwicklung nur dann, wenn in absehbarer Zeit eine entgegengesetzte Wechselkursänderung eintritt, die eine Rückentwicklung zur ursprünglichen Produktionsstruktur erzwingt. Es ist jedoch zweifelhaft, ob es bei flexiblen Wechselkursen typischerweise zu solchen starken Wechselkursausschlägen kommen würde.

Dennoch ist eine Glättung auch der kurzfristigen Schwankungen, soweit sie nicht schon durch die privatwirtschaftliche Spekulation gemindert werden, durchaus tunlich. Die Notenbank könnte, wenn die private Devisenspekulation nicht kapitalkräftig oder risikowillig genug ist, bei kurzfristigen Schwankungen durch Kauf und Verkauf von Devisen intervenieren. Allerdings müßte die Notenbank unter allen Umständen vermeiden, durch ihr Eingreifen den durch die Marktgegebenheiten bestimmten Entwicklungs*trend* der Wechselkurse zu beeinflussen. Denn sie würde ja dann – wie im System fester Wechselkurse – fundamentale Ungleichgewichte der Zahlungsbilanz finanzieren und unrealistische Wechselkurse aufrechterhalten.

Eine nicht unerhebliche Schwierigkeit besteht bei der Praktizierung einer solchen „*Kursglättungspolitik*“ für die Notenbank darin, erratische und kurzfristige Kursausschläge von dauerhaften, trendmäßigen Kursbewegungen zu unterscheiden. Als wichtiger Anhaltspunkt ist jedoch auf alle Fälle die Entwicklung der Devisenbestände der Notenbank zu betrachten. Langanhaltende und/oder starke Devisenzuflüsse oder -abflüsse sind als Alarmsignal zu werten und deuten auf eine strukturelle Veränderung der Zahlungsbilanz hin. Zu fordern wäre daher, daß sich im Rahmen einer solchen kursnivellierenden Interventionspolitik die Devisenzugänge und -abgänge bei der Notenbank mittelfristig die Waage halten.

3. *Spekulative Kapitalbewegungen würden zu erheblichen Wechselkursausschlägen führen,* wird in diesem Zusammenhang behauptet. Ob die Devisenspekulation eine Erhöhung der Wechselkursschwankungen bewirkt, hängt von bestimmten Voraussetzungen ab. Sie kann im Gegenteil auch zu einer Ver-

minderung der Kursschwankungen beitragen. Spekulanten versuchen, Wechselkursänderungen zu ihrem Vorteil auszunutzen. So werden sie bei einem als vorübergehend eingeschätzten Wechselkursanstieg Devisen verkaufen (anbieten), um sie nach dem erwarteten Wiederabsinken des Kurses billiger zurückzukaufen. Die spekulativen Devisenverkäufe (bei steigendem Wechselkurs) erhöhen das Devisenangebot und dämpfen daher den Wechselkursanstieg. Bei einem als vorübergehend angesehenen Kursrückgang dagegen werden Spekulanten Devisen kaufen und damit die Devisennachfrage erhöhen, so daß der Kursrückgang gedämpft wird. Es müssen jedoch einige *Voraussetzungen* erfüllt sein, damit die *kursstabilisierende Wirkung der Devisenspekulation* eintritt:

a) Die Spekulanten müssen die Situation richtig einschätzen. Glauben sie beispielsweise fälschlicherweise, daß ein beginnender Kursanstieg von Dauer ist und sich fortsetzen wird, so werden sie nicht Devisen anbieten, sondern zusätzlich nachfragen, um von erwarteten Kurssteigerungen zu profitieren. Damit treiben sie den Kurs in die Höhe, auch wenn die sonstige Marktsituation einen weiteren Marktanstieg nicht rechtfertigt. Im allgemeinen kann man jedoch davon ausgehen, daß die Spekulanten als gute Kenner und genaue Beobachter des Marktgeschehens in ihrer Mehrheit die jeweilige Situation richtig einschätzen.

b) Die Spekulanten müssen zueinander in Konkurrenz stehen und unabhängig voneinander agieren. Nur dann ist gesichert, daß nicht durch Absprachen und abgestimmtes Verhalten der Spekulanten der Wechselkurs bewußt manipuliert wird.

c) Die Mittel, die der Spekulation zur Verfügung stehen, müssen in ihrer Summe groß genug sein, um einen merklichen Einfluß auf den Wechselkurs ausüben zu können.

Liegen diese Voraussetzungen nicht vor, so kann die Spekulation durchaus destabilisierend wirken. Allerdings ist in diesem Zusammenhang der Hinweis auf die starken und zum erheblichen Teil spekulationsbedingten Wechselkursveränderungen in der Zeit nach der Wechselkursfreigabe im März 1973 wenig überzeugend. Denn es handelt sich dabei nicht um ein System mit echter Flexibilität: Einmal sind innerhalb des Floating-Blocks die Paritäten fixiert. Zum anderen intervenierten die Notenbanken auch außerhalb des Floating-Blocks verschiedentlich sehr massiv, also in einer Weise, die weit über eine Glättung der Kursentwicklung hinausging. Und schließlich wurde und wird politischerseits immer wieder erklärt, daß die flexiblen Wechselkurse eine vorübergehende Entwicklung seien, so daß Vermutungen über das zukünftige Währungs- und Wechselkurssystem der Spekulation immer neue Nahrung gaben.

4. *Flexible Wechselkurse beseitigen den Zwang zu monetärer Disziplin und begünstigen somit inflationäre Entwicklungen,* lautet ein weiteres Argument gegen flexible Wechselkurse. Bei festen Wechselkursen, so wird argumentiert, führe eine inflationäre Wirtschaftspolitik zu Leistungsbilanzdefiziten und damit zu einem Sinken der Währungsreserven. Das inflationierende Land müsse daher früher oder später zu einer Stabilitätspolitik zurückkehren, um den totalen Abfluß seiner Devisenreserven zu vermeiden. Bei flexiblen Wechselkursen wäre dieser heilsame Zwang nicht vorhanden, so daß der Hang und die Versuchung zu inflationären Maßnahmen generell größer seien.

Diesem Argument ist folgendes entgegenzuhalten: Die Geschichte des Bretton-Woods-Systems lehrt, daß feste Wechselkurse keine wirksame Barriere gegen inflationäre Politik darstellen. Wenn Länder eine derartige Politik für angemessen oder notwendig ansahen, haben sie sie auch durchgeführt. Eine solche Haltung wurde zum einen dadurch ermöglicht, daß das Prinzip der autonomen und in nationaler Verantwortung betriebenen Wirtschaftspolitik unumstritten war. Zum anderen verband das System die Mitglieder zu einer Art Schicksalsgemeinschaft. Es mußte immer befürchtet werden, daß ein (durch Inflationspolitik) in Zahlungsbilanzschwierigkeiten geratenes Land zu dirigistischen Beschränkungen des Außenhandels und des Kapitalverkehrs Zuflucht nehmen könnte. Davon wären einmal Außenhandel und Kapitalverkehr der Partnerländer unmittelbar betroffen worden; außerdem wäre die Liberalität der internationalen Wirtschaftsbeziehungen als tragendes Prinzip des Bretton-Woods-Systems und damit das System selbst gefährdet gewesen. Daher war die Bereitschaft der Partnerländer groß, einem solchen Land durch Devisenkredite auch die langfristige Finanzierung von Zahlungsbilanzdefiziten zu ermöglichen.

Die Behebung dieses Dilemmas erforderte entweder eine Einschränkung der wirtschaftspolitischen Autonomie, so daß die Länder gegebenenfalls zu einer zahlungsbilanzgerechten Politik gezwungen werden könnten, oder aber die allseitige Verbreitung der Überzeugung, daß Inflationspolitik in jedem Fall eine unvorteilhafte Politik darstelle, so daß es über diesen Konsens automatisch zu einer Koordinierung der nationalen Wirtschaftspolitiken käme. Da beide Voraussetzungen zur Zeit nur in Ansätzen erfüllt sind und sich daran auch in absehbarer Zukunft kaum etwas ändern dürfte, kann ein System fester Wechselkurse kaum als wirksame Barriere gegen nationale Inflationspolitik angesehen werden.

Ein weiteres ernstzunehmendes Argument in diesem Zusammenhang lautet, daß *flexible Wechselkurse vorhandene Inflationstendenzen noch verstärken* können. Wenn nämlich aufgrund einer inflationären Entwicklung im Inland der Außenwert der Inlandswährung sinkt (Abwertungseffekt), so bedeutet das in der Regel eine Erhöhung der Importgüterpreise, gerechnet in Inlandswährung. Dadurch erhält die Inflation im Inland einen zusätzlichen Schub, dessen Stärke wesentlich von der Außenhandelsverflechtung des jeweiligen Landes abhängt. Besonders gravierend kann diese Wirkung sein, wenn zusätzlich zu der wechselkursbedingten Steigerung der inländischen Importgüterpreise auch die ausländischen Anbieter die Preise wichtiger Importgüter (in Auslandswährung) erhöhen. Ist die Preiselastizität der Importnachfrage für diese Güter gering, wie das für wichtige Rohstoffe, insbesondere Erdöl, zutrifft, so schlägt auch bei flexiblen Wechselkursen die Erhöhung der Auslandspreise fast voll auf die Inlandspreise durch.

Es ist also festzuhalten, daß flexible Wechselkurse unter Umständen eine in Gang befindliche Inlandsinflation beschleunigen können, so daß das Umschalten auf eine konsequente Stabilitätspolitik vergleichsweise größere Stabilitätsopfer erfordert als bei festen Wechselkursen. Das aber ist angesichts der sonstigen Vorteile flexibler Wechselkurse ein hinnehmbarer Nachteil.

5. *Flexible Wechselkurse behindern die europäische Integration.* Dieses Argument zielt insbesondere auf den europäischen Agrarmarkt, dessen Kernstück ja die Vereinbarung und Beibehaltung einheitlicher Preise für die wichtigsten Agrarprodukte in den EG-Ländern ist. Es ist klar, daß der gemeinsame Agrarmarkt durch Wechselkursänderungen gefährdet wird und nur mit hohem technischen Aufwand durch Ausgleichszahlungen an den Grenzen als Fiktion aufrechterhalten werden kann. In der Tat sind feste Wechselkurse Kennzeichen für einen einheitlichen Wirtschaftsraum. Jedoch ist es ein Irrtum anzunehmen, daß die Einheitlichkeit durch einige institutionelle Regelungen, wie die Vereinbarung fester Wechselkurse, herbeigeführt werden kann. Erforderlich ist vielmehr und vor allem die Vereinheitlichung oder zumindest die enge Koordinierung der nationalen Wirtschaftspolitiken. Als Folge davon ergeben sich feste Wechselkurse (beinahe) von selbst[39].

(2) Begrenzt flexible Wechselkurse

Trotz der insgesamt eindeutigen Vorteile flexibler Wechselkurse galt das System lange Zeit als politisch nicht durchsetzbar, weil die überwiegende Mehr-

[39] Näheres zur europäischen Währungspolitik enthält das folgende Kapitel „Europäische Währungsintegration".

heit der Politiker in aller Welt ihm ablehnend gegenüberstand. Die ablehnende Grundhaltung ist im übrigen auch in der Gegenwart noch in erheblichem Umfang zu verzeichnen. Es wurde daher auf wissenschaftlicher Seite schon recht frühzeitig nach **Kompromißlösungen** gesucht. Alle diesbezüglichen Vorschläge liefen darauf hinaus, die Beweglichkeit der Wechselkurse zwar zu erhöhen, aber gleichzeitig sicherzustellen, daß die Wechselkursänderungen innerhalb einer Periode einen bestimmten, politisch noch für akzeptabel gehaltenen Umfang nicht überschritten.

(a) Größere Bandbreiten

Eine naheliegende Möglichkeit, die Flexibilität der Wechselkurse zu erhöhen, ohne das Prinzip fester Paritäten aufzugeben, besteht in einer Vergrößerung der Bandbreiten. Diese Idee ist älter als das Bretton-Woods-System selbst; sie wurde aber auch nach dem Zweiten Weltkrieg diskutiert[40]. Den *Vorteil* einer solchen Maßnahme könnte man darin sehen, daß bei größeren Bandbreiten der Wechselkursmechanismus verstärkt zur Wirkung käme. Da erweiterte Bandbreiten größere Wechselkursschwankungen erlauben, werden auch die dadurch ausgelösten Anpassungsreaktionen (z. B. der Außenhändler) verstärkt. Es besteht also die Chance, daß bei kleineren Störungen des Devisenmarktgleichgewichts die Marktkräfte selber den Wiederausgleich herbeiführen können. Die Interventionen der Notenbanken würden damit ganz oder teilweise überflüssig, womit auch die höchst unerwünschten Einflüsse auf die Inlandsliquidität in gleichem Maße eingeschränkt würden. Das alles würde sich jedoch innerhalb festgelegter Bandbreiten abspielen, so daß das Wechselkursrisiko im internationalen Handels- und Kapitalverkehr begrenzt und kalkulierbar wäre.

Der **entscheidende Einwand** gegen diesen Vorschlag ist, daß er nicht geeignet erscheint, das Entstehen struktureller Zahlungsbilanzungleichgewichte zu verhindern oder deren Probleme zu lösen. Passiviert sich z. B. wegen der im Vergleich zu den Partnerländern hohen Inflationsrate die Zahlungsbilanz eines Landes dauerhaft, so kann auch eine vergrößerte Bandbreite nicht verhindern, daß der Wechselkurs binnen kurzer Zeit die obere Interventionsgrenze erreicht. Damit ist die beschriebene Dilemmasituation des Systems fester Wechselkurse wieder gegeben. Auch mit großer Bandbreite ist die Funktionsfähigkeit und Krisenfreiheit eines solchen Systems nur bei ausreichender Koordinierung der Wirtschaftspolitiken der wichtigen Partnerländer gewährleistet. So vermochte auch die im Dezember 1971 durchgeführte Bandbreitenvergrößerung um mehr als das Doppelte (von 2 % auf 4,5 %) die internationale Krisensituation nicht nachhaltig zu dämpfen, obwohl gleichzeitig weltweite Wechselkurskorrekturen

40 G. N. *Halm:* Die Vergrößerung der Bandbreite für Devisenkursschwankungen. Berlin 1965.

von z. T. erheblichem Umfang vorgenommen wurden. Auch in diesem Zeitraum konnte von einer koordinierten Wirtschaftspolitik der bedeutenden Welthandelsländer keine Rede sein.

(b) Gleitende Paritätsanpassungen

Eine zweite Möglichkeit, eine begrenzte Beweglichkeit der Wechselkurse zu sichern, wurde darin gesehen, **daß die amtlichen Wechselkurse (Paritäten) in kleinen Schritten der Marktentwicklung angepaßt werden,** so daß es zu häufigen kleinen Auf- und Abwertungen kommt, die aber innerhalb eines Jahres einen bestimmten vorher bekannten Umfang nicht überschreiten. *Das maximale Wechselkursrisiko wäre also bekannt und damit kalkulierbar.*

Dieser Grundidee entsprang eine Reihe unterschiedlicher Detailvorschläge, die insbesondere in den sechziger Jahren lebhaft diskutiert wurden. Sie lassen sich in **zwei Kategorien** einteilen, nämlich erstens in solche, bei denen die Wechselkursanpassung jeweils **aufgrund politischer Entscheidungen** erfolgt, und zweitens in solche, bei denen die Wechselkursänderung von der Entwicklung *bestimmter Indikatoren* abhängt, also **quasi automatisch** erfolgt.

Ein Vorschlag der ersten Art wurde vom deutschen Sachverständigenrat in seinem Jahresgutachten 1966/67 unter der Bezeichnung **„mittelfristig garantierter Paritätsanstieg"** unterbreitet. Er war unter dem Eindruck hoher deutscher Exportüberschüsse entstanden und sah vor, daß die DM in wöchentlichen Schritten von ca. 0,05 % aufgewertet würde. Aufs Jahr bezogen hätte das eine Aufwertung von 2,5 % ergeben, die ausreichen sollten, die damalige Differenz zwischen der nationalen und der internationalen Preissteigerungsrate auszugleichen. Diese Maßnahme sollte vorher *öffentlich angekündigt und garantiert werden.*

Das Hauptproblem dieses Vorschlages liegt in der verbindlichen Festlegung der vorgesehenen Wechselkursänderung für ein Jahr oder mehr. *Eine* Lehre der siebziger Jahre ist, daß auch dramatische Preis- und Konjunkturentwicklungen nicht hinreichend sicher prognostizierbar sind. Im Falle einer Fehlprognose wären dann den Währungsbehörden bei dem vorgeschlagenen System bis zum Ende des Festlegungszeitraumes die Hände gebunden. Danach stünden sie dann doch vor der Notwendigkeit einer größeren Wechselkursänderung. Damit wäre das System gesprengt, und außerdem böten sich der Spekulation „todsichere" Chancen.

Eine Variante des eben beschriebenen Verfahrens ist unter der Bezeichnung **„limitierte Stufenflexibilität"** bekannt geworden. Sie fand zeitweilig auch die Fürsprache der Bundesbank. Das Verfahren will die bindende Festlegung auf eine bestimmte Paritätsänderung innerhalb einer bestimmten Frist (1 oder 2

Jahre) vermeiden. Die im voraus genannten Kursänderungsraten sind daher Maximalsätze, die nicht überschritten, wohl aber unterschritten werden dürfen. Die Währungsbehörden haben damit die Möglichkeit, die schrittweisen Kursänderungen den jeweiligen Erfordernissen anzupassen. Allerdings müssen sie in jedem Fall (z. B. jeden Monat oder in noch kürzeren Zeiträumen) eine diesbezügliche Entscheidung treffen. Daß dieses System in besonderem Maße Interessenteneinflüssen und -pressionen ausgesetzt wäre, liegt nahe. Im übrigen lautet ein wichtiger Einwand auch hier, daß das System wirklich schweren Belastungen nicht gewachsen sein dürfte, weil auch die vorgesehene maximale Kursänderungsrate nicht ausreicht, sich entwickelnde starke Ungleichgewichte auszugleichen.

Will man die Politik von der Schwierigkeit entlasten, den „richtigen" Kursänderungssatz zu finden und sich gegen Interessentenpressionen durchzusetzen, so wäre an **indikatorgesteuerte, also quasi automatische Wechselkursänderungen in kleinen Schritten (crawling pegs)** zu denken. Auch zu diesem Grundkonzept sind mehrere Spielarten vorgeschlagen worden. Der Grundgedanke hatte im Verlaufe der Währungskrisen der siebziger Jahre auch im politischen Raum Fuß gefaßt; denn die USA unterbreiteten Ende 1972 bei den Reformverhandlungen im Rahmen des IWF (Zwanziger-Ausschuß) den Vorschlag, die offiziellen *Währungsreserven*, deren Veränderung automatisch kleine Wechselkursanpassungen auslösen sollten, *als Indikator* zu benutzen. Hiergegen wurden vielfältige Bedenken vorgetragen. Zum einen wurden Zweifel an der Eignung der Veränderung der Währungsreserven als Indikator für Zahlungsbilanzungleichgewichte geäußert. Insbesondere wurde eingewendet, daß kurzfristige Geldbewegungen zwar die momentane Zahlungsbilanzsituation beeinflussen können, aber wenig Aussagewert für die strukturelle Zahlungsbilanzentwicklung haben. Außerdem wurde auf die vielfältigen Manipulationsmöglichkeiten der Notenbanken hingewiesen, die zumindest eine zeitweilige Verschleierung der Entwicklung der Währungsreserven ermöglichen. Zum zweiten ließen die meisten Länder wenig Neigung erkennen, ihren währungspolitischen Entscheidungsspielraum zugunsten eines Automatismus einzuschränken.

Dieser offizielle Reformvorschlag der USA, der mit dem faktischen Abbruch der Reformarbeiten im Rahmen des IWF zu den Akten gelegt wurde, hatte einige Vorläufer, die mit ihm das Charakteristikum der *Automatik* gemeinsam hatten. Nach einem Vorschlag von *Williamson*[41] soll eine automatische Wechselkursanpassung durch ein *vierzehntägiges ununterbrochenes Verharren des Wechselkurses an einem der Interventionspunkte* ausgelöst werden. Die 14-Tage-

---

41 J. H. *Williamson:* The Crawling Peg. Princeton. Essays in International Finance, No. 50, Dec. 1965.

Frist soll sicherstellen, daß nicht schon kurzfristige, erratische Schwankungen zu einer Kurskorrektur führen. Der Gleitvorgang dauerte so lange, bis sich der Wechselkurs vom Interventionspunkt gelöst hat. Die maximale Wechselkursänderung pro Jahr soll jedoch auf 2,2 % begrenzt sein. Allerdings sind bei dieser Automatik die Manipulationsmöglichkeiten besonders groß; denn für jede Notenbank ist es ein leichtes, den Wechselkurs durch entsprechende Interventionen kurzfristig von der Interventionsgrenze zu lösen und damit das Zustandekommen der 14-Tage-Frist zu verhindern. Letztlich sind somit die Wechselkursanpassungen doch in die politische Entscheidungsgewalt zurückverwiesen. Unabhängig davon stellt die Festlegung des maximalen Änderungssatzes pro Jahr in jedem Fall eine politische Entscheidung dar.

Ein von J. *Black*[42] unterbreiteter Vorschlag reduziert die Manipulationsmöglichkeiten erheblich. Danach soll sich die *offizielle Parität aus dem gleitenden Durchschnitt der Devisenkassakurse der letzten 250 Börsentage* (etwa ein Jahr) ergeben. Man erkennt, daß die maximale Paritätsänderung pro Jahr hierbei von zwei Größen bestimmt wird: von der Bandbreite und von der Länge der Referenzperiode. Je größer die *Bandbreite* ist, desto größer sind auch die möglichen Kassakursänderungen, die sich unmittelbar auf den 250-Tage-Durchschnitt auswirken. Die *Länge der Referenzperiode* (hier 250 Tage) wirkt sich verzögernd auf die Paritätsverschiebung aus, weil mit zunehmender Länge das Gewicht der aktuellen Kassakursveränderungen abnimmt, so daß sie weniger stark auf den Durchschnittskurs durchschlagen als bei kurzen Referenzperioden[43]. Mit langen Referenzperioden läßt sich der Einfluß irregulärer und saisonaler Kassakursschwankungen auf die Paritätsänderung glätten. Andererseits liegt ein nicht unerheblicher Nachteil längerer Perioden darin, daß die aktuellen Wechselkurse nur mit erheblicher zeitlicher Verzögerung auf den Durchschnitt durchschlagen, so daß die Paritätsanpassung mit einem langen time-lag erfolgt.

Auch hier kann sich also die Parität in begrenztem Umfang den Marktgegebenheiten anpassen. Aus der Begrenzung ergibt sich auch eine Risikobegrenzung. Außerdem erfolgt die Anpassung in kleinen Schritten. Der Vorteil gegenüber dem Vorschlag von *Williamson* besteht darin, daß die Manipulationsmöglichkeiten stark reduziert sind und daß die Paritätsanpassung noch weniger abrupt erfolgt.

Dem Nachteil eines stark verzögerten Einflusses der aktuellen Kurse auf den Durchschnitt und damit auf die Paritätsentwicklung ließe sich dadurch begeg-

---

42 J. *Black*: A Proposal for the Reform of Exchange Rates. Economic Journal, Vol. 76 (June 1966), S. 288 ff.

43 Bei einer Bandbreite von ± 1 % und einer Referenzperiode von 250 Börsentagen beträgt die maximale Paritätsänderung pro Jahr 2 %.

nen, daß man die für die Durchschnittsberechnung relevanten Kassakurse unterschiedlich gewichtet. Und zwar müßten die „jüngeren" Kassakurse mit einem höheren Gewicht in die Durchschnittsberechnung eingehen als die „älteren". Auch ohne Beispielsrechnung ist unmittelbar einsichtig, daß eine derartige Höhergewichtung der „jüngeren" Wechselkurse die Sensibilität der Parität gegenüber aktuellen Wechselkursschwankungen erhöht, ohne daß der Einfluß des langfristigen Entwicklungstrends in Gestalt der weiter zurückliegenden Kurse ausgeschaltet wird. Letzteres wäre dagegen bei einer Verkürzung der Referenzperiode der Fall.

Von allen skizzierten Verfahren einer gleitenden Paritätsanpassung wäre dem zuletzt beschriebenen der Vorzug zu geben, weil es das mit derartigen Verfahren angestrebte Ziel, nämlich *Sicherung relativer Wechselkursstabilität auf kurze Sicht bei gleichzeitiger langfristiger Flexibilität*, am besten gewährleistet. Aber gerade der besondere Vorteil dieses Systems, nämlich die fehlenden Eingriffsmöglichkeiten politischer Instanzen in die laufende Kursgestaltung[44], stand seiner Realisierung am meisten entgegen; denn Wirtschaftspolitiker in aller Welt sahen und sehen z. T. auch heute noch *Wechselkursveränderungen als ein so wichtiges Instrument* der Wirtschaftspolitik an, daß sie darauf nicht verzichten wollen. Dieses Argument ist jedoch aus zwei Gründen *nicht überzeugend: Erstens* hat es sich erwiesen, daß der zieladäquate und erfolgreiche Einsatz von Wechselkursänderungen für die praktische Politik ein kaum zu lösendes Problem darstellt. Viele Wechselkurskorrekturen der Nachkriegszeit müssen hinsichtlich des Zeitpunktes und/oder der Dosierung als verfehlt bezeichnet werden. *Zweitens* gibt es eine erhebliche Anzahl währungspolitischer Instrumente, die an die Stelle der Wechselkurspolitik treten können.

Allerdings sollte man klar die **Grenzen** dieses wie auch der anderen Verfahren sehen. Die Verhinderung oder Beseitigung fundamentaler Zahlungsbilanzungleichgewichte ist damit nicht zu erreichen. Immer wenn sich aufgrund unterschiedlicher nationaler Wirtschaftspolitiken die Kaufkraftrelationen der Währungen erheblich verschieben, wird sich wegen des begrenzten Anpassungsspielraumes der Paritäten der Gleichgewichtskurs nicht realisieren lassen; ein Zahlungsbilanzungleichgewicht ist die Folge. Ein Mindestmaß an *Koordinierung der nationalen Wirtschaftspolitiken* ist also auch für das Funktionieren dieses Systems Voraussetzung.

(3) Die Reformbemühungen

Erst unter dem Eindruck der sich häufenden und verschärfenden Währungskrisen setzte sich auch auf *politischer Ebene* die Einsicht über die Notwendig-

44 Die politische Entscheidung beschränkt sich auf die Festlegung der maximalen Paritätsänderung pro Periode durch Bestimmung der Bandbreite und der Referenzperiode.

keit einer Reform der internationalen Währungsordnung durch. Das fand seinen Ausdruck u. a. darin, daß der Exekutivrat des IWF im Oktober 1971 mit der Prüfung von Verbesserungs- bzw. Reformmaßnahmen beauftragt wurde. In ein akuteres Stadium gelangten die *Reformbemühungen* jedoch mit der im September 1972 erfolgten Einsetzung des **Zwanziger-Ausschusses**[45] des Gouverneursrates. Seine Aufgabe war die Erarbeitung von Vorschlägen zur Reform des Weltwährungssystems. Als der Ausschuß im Juni 1974 seine Arbeit einstellte, erfüllten sich die z. T. sehr optimistischen Erwartungen auf eine grundlegende Reform des Weltwährungssystems nicht. Ergebnis war vielmehr ein umfangreicher, jedoch weitgehend unverbindlicher Abschlußbericht, dessen 1. Teil den eigentlichen Reformentwurf (Outline of Reform) darstellt, während der 2. Teil eine Art Not- und Sofortprogramm enthält, das angesichts der umwälzenden krisenhaften Ereignisse zwischen 1972 und 1974[46] für notwendig gehalten wurde, um einen totalen Kollaps des Währungssystems zu verhindern. Dieser 2. Teil signalisierte gleichzeitig die Unfähigkeit der Beteiligten, sich über endgültige und grundlegende Reformen zu einigen. Der *Reformentwurf des Zwanziger-Ausschusses* enthielt vielmehr weiterhin die Hauptbestandteile des bisherigen Systems und beschränkte sich meist auf Änderungen, die die Krisenanfälligkeit des Systems mindern sollten.

Hinsichtlich der *Wechselkurse* war vorgesehen, **daß die Paritäten grundsätzlich fest, aber anpassungsfähig sein sollen.** Zwar soll der IWF Länder mit großen Zahlungsbilanzungleichgewichten zu Anpassungsmaßnahmen auffordern können und bei Nichtbeachtung abgestufte Sanktionen anwenden können. Über Umfang und Anwendungsmodus dieser Druckmittel wurde jedoch keine Einigkeit erzielt. Aber selbst wenn das der Fall gewesen wäre, so wäre aufgrund aller bisherigen Erfahrungen die Wirksamkeit derartiger Ermächtigungen mit größter Skepsis zu beurteilen. Auch die amerikanischen Vorstellungen, die vorgesehene Anpassungsfähigkeit der Paritäten dadurch zu sichern, daß die Notwendigkeit oder Wünschbarkeit einer Paritätsanpassung mit Hilfe objektiver Indikatoren (z. B. Währungsreserven) bestimmt wird, setzte sich nicht durch. Vielmehr sieht der Reformentwurf ausdrücklich vor, daß die Diagnose der währungspolitischen Situation im Rahmen gegenseitiger Konsultationen erstellt wird und damit Verhandlungsgegenstand ist und daß außerdem jeder Staat wie bisher autonom über die zu ergreifenden Maßnahmen entscheidet. Der Griff zu dirigistischen Maßnahmen liegt dabei nahe, ist er doch für viele Länder schon zur „lieben" Gewohnheit geworden. Die Einführung *flexibler Wechselkurse* ist

[45] Vertreten waren alle Länder, die Exekutivdirektoren in den IWF entsenden, also 11 Industrie- und 9 Entwicklungsländer.

[46] Schwerste Währungskrise der Nachkriegszeit, Freigabe der Wechselkurse und Installierung des europäischen Floating-Blocks, Erdölkrise.

nur ausnahmsweise und als vorübergehende Maßnahme bei außergewöhnlichen Situationen vorgesehen.

Die tatsächliche Entwicklung ist über die Reformpläne insofern hinweggegangen, als auf dem Höhepunkt der Währungskrise im März 1973 von allen westlichen Industrieländern die Wechselkurse gegenüber dem Dollar freigegeben wurden bei gleichzeitiger Bildung eines Floating-Blocks zwischen einigen EG-Ländern, denen sich auch Schweden und Norwegen zugesellten. Obwohl sich seit dieser Zeit die Häufigkeit und Heftigkeit der Währungskrisen verminderte und obwohl auch der Welthandel - entgegen den traditionellen Befürchtungen - stark expandierte, wird offiziell weiterhin daran festgehalten, zumindest längerfristig zu festen Paritäten zurückzukehren.

b) Konvertibilität und internationaler Kapitalverkehr

Das IWF-Abkommen verpflichtete die Mitgliedsländer zur Konvertibilität. Allerdings bestand keine Konvertibilitätspflicht für Devisen aus Kapitaltransaktionen. Dennoch war es hier zu einem erheblichen Liberalisierungsgrad gekommen. Mit Beginn und Verschärfung der Währungskrisen sahen sich viele Länder veranlaßt, den internationalen Kapitalverkehr in zunehmendem Maß zu beschränken, um damit den spekulativen Devisenbewegungen zu begegnen. Auch dieses Mal bestätigte sich die schon oft gemachte Erfahrung, daß es sich dabei um ein aussichtsloses Unterfangen handelt, das - konsequent durchgeführt - zu immer weiteren Beschränkungsmaßnahmen führt und schließlich in einen totalen Dirigismus mündet, der auch den Außenhandel erfaßt.

Trotz dieser eindeutigen Erfahrungen sieht der Reformentwurf ausdrücklich Kontrollen des internationalen Kapitalverkehrs vor, wobei zwischen „gutem" und „schlechtem" Kapitalverkehr unterschieden wird. Beschränkungen sollen sich nur gegen letzteren, also gegen spekulativen, destabilisierenden Kapitalverkehr richten; die „guten" (beneficial) Kapitalbewegungen und der Außenhandel sollen davon nicht beeinträchtigt werden. Hier wird also immer noch der zweifachen Illusion angehangen, daß man erwünschte und unerwünschte Kapitalbewegungen säuberlich unterscheiden kann, und daß es gelingt, gezielt und ausschließlich die unerwünschten zu beschränken.

In diesem Punkt geht also der Reformentwurf - von wohlmeinenden Appellen abgesehen - nicht über den bisherigen Zustand hinaus und negiert auch die ausgedehnten wissenschaftlichen Diskussionen, in denen die Untauglichkeit eines solchen Vorgehens dargelegt und als Konsequenz gefordert wurde, die Gründe für das Entstehen von destabilisierenden Kapitalbewegungen zu beseitigen. Und diese sind ja in erster Linie in „falschen", d. h. nicht marktgerechten Wechselkursen zu sehen. Flexible Wechselkurse würden also auch dieses Problem weitgehend entschärfen.

Ein Konvertibilitätsproblem anderer Art ergibt sich aus der Frage, wie denn bei grundsätzlich festen Wechselkursen das Entstehen von dauerhaften Zahlungsbilanzungleichgewichten und damit eine ungesteuerte Aufblähung der internationalen Liquidität verhindert werden kann. Der Reformentwurf des Zwanziger-Ausschusses sieht als Lösungsansatz vor, daß alle Länder - sofern sie feste Wechselkurse einhalten - Beträge ihrer eigenen Währung, die ihnen von anderen Notenbanken präsentiert werden, in sogenannte primäre Reserveaktiva (insbes. Sonderziehungsrechte, aber auch Dollar oder andere Reservewährungen) umtauschen. Diese Verpflichtung soll im Prinzip auch für Reservewährungsländer gelten, womit eine Handhabe zur Begrenzung ihres Defizits gegeben wäre. Außerdem müßte sichergestellt sein, daß die Überschußländer ihre Devisenguthaben auch zum Umtausch anbieten und damit auf die Ansammlung von Devisenreserven verzichten. Unter diesen Voraussetzungen wäre die Entstehung großer struktureller Ungleichgewichte der Zahlungsbilanz vermeidbar und die internationale Liquidität steuerbar.

Jedoch kann man diese Voraussetzungen nicht als erfüllt ansehen, denn über die konkrete Ausgestaltung eines solchen Saldenausgleichsverfahrens konnte der Zwanziger-Ausschuß keine Einigung erzielen. Die Vorstellungen der EG-Länder, wonach die Länder die bindende Verpflichtung zum vollen Saldenausgleich eingehen und der IWF die Rolle des zentralen Abwicklungs- und Überwachungsorgans übernimmt, stießen auf den Widerstand der USA, die ein „elastischeres" Verfahren wünschten, bei dem für Überschußländer keine Verpflichtung zum Umtausch ihrer Devisenguthaben besteht. Die Rolle des IWF ist danach auf die fallweise Abgabe von Empfehlungen über den Reserveabbau reduziert. Der Reformentwurf geht also auch in diesem Punkt kaum über das Bretton-Woods-System hinaus.

c) Das zukünftige Reservesystem

(1) Alternative Vorschläge

Die Rolle des Dollar als Hauptreservemedium im System von Bretton Woods hatte erhebliche Nachteile. Der schwerwiegendste bestand darin, daß der Umfang der globalen Währungsreserven und damit der internationalen Liquidität weitgehend von der nationalen Politik der USA und nicht von irgendwelchen objektiven Bedarfskriterien bestimmt wurde. Die mangelnde Bereitschaft der USA, ihre nationalen Interessen mit den internationalen währungspolitischen Erfordernissen abzustimmen, führte zur inflationstreibenden Dollarschwemme, zu einem fortschreitenden Vertrauensverlust, zu den sich verstärkenden Spekulationswellen gegen den Dollar und damit schließlich zum Zusammenbruch des Systems.

Dieser prinzipielle Zusammenhang wurde schon relativ früh gesehen, und es wurden Möglichkeiten für eine Verbesserung des Reservesystems diskutiert. Die Überlegungen gingen dabei hauptsächlich in drei Richtungen:

1. Die USA sollten veranlaßt werden, in Wahrnehmung ihrer Verantwortung für die Funktionsfähigkeit des Weltwährungssystems insbesondere ihre Geldpolitik und damit *die Dollarversorgung der Weltwirtschaft an dem Bedarf an internationaler Liquidität* auszurichten. Abgesehen davon, daß die USA sich nicht oder nur unzureichend auf eine solche Haltung festlegen ließen, stellte sich hier das Problem, zuverlässige *Kriterien für die Ermittlung des internationalen Liquiditätsbedarfs* zu finden. Die in diesem Zusammenhang am meisten genannte Größe, nämlich das Welthandelsvolumen und seine Entwicklung, kann bestenfalls als grobe Richtschnur für den globalen Liquiditätsbedarf dienen. Denn bei festen Wechselkursen hängt dieser auch entscheidend vom Umfang der existierenden Zahlungsbilanzungleichgewichte ab. Auch der internationale Kapitalverkehr, und hier insbesondere der kurzfristige, schaffen zusätzlichen Liquiditätsbedarf. In Zeiten währungspolitischer Unruhe mit spekulativen Devisenbewegungen steigt daher der Liquiditätsbedarf stark an. Schließlich ist damit das Problem der angemessenen Verteilung der internationalen Liquidität noch gänzlich ungelöst.

2. Grundsätzliche Zielrichtung anderer Überlegungen war die *Stärkung der Stellung des Goldes* als Reservemedium. Dieser, insbesondere von dem französischen Nationalökonomen Jacques *Rueff* propagierte Gedanke, der außer in Frankreich kaum irgendwo ein positives Echo fand, beruhte auf der Überzeugung, daß die Staaten zur Zahlungsbilanzdisziplin gezwungen würden, wenn Defizite nur mit Gold ausgeglichen werden könnten und auch müßten. Allerdings sind die Probleme auch einer modifizierten Goldwährung so beträchtlich[47], daß sie diesen unbezweifelbaren Vorteil aufgehoben hätten. Überdies wäre es nach Lage der Dinge für viele Länder nur um den Preis schwerster wirtschaftlicher Konsequenzen möglich gewesen, ihre Defizite so weit abzubauen, daß sie mit den nationalen Goldvorräten finanzierbar gewesen wären.

3. Andere Vorstellungen liefen darauf hinaus, die herkömmlichen Reservemedien (Gold und US-Dollar) durch ein oder mehrere *andere Medien* zu ergänzen oder zu ersetzen. Dabei wurde einmal daran gedacht, daß „harte" Währungen, also solche, die sich in der Vergangenheit als abwertungssicher und voll konvertibel erwiesen hatten, wie die D-Mark und der Schweizer Franken, ebenfalls als Reservewährungen fungieren sollten. Allerdings liegt auf der Hand, daß diese Währungen den Dollar nie ersetzen konnten; denn wegen ihrer relativen Klein-

---

[47] Siehe oben, S. 398, (5) Mängel der Goldwährung.

heit waren diese Länder weder bereit noch in der Lage, derart riesenhafte Zahlungsbilanzdefizite zu produzieren bzw. so viele Dollar gegen Hergabe inländischer Währung aufzunehmen, daß der internationale Liquiditätsbedarf damit hätte gedeckt werden können. Auch die technischen Voraussetzungen für die Bewältigung eines zwangsläufig vervielfachten Geld- und Kreditverkehrs waren nicht gegeben und sind in absehbarer Zeit auch kaum zu schaffen. So hätten diese Währungen ohnehin nur eine *ergänzende* Rolle als Reservewährung spielen können.

Eine andere Idee war, das System zu einem *„Multi-Reservestandard"* auszubauen, in dem also viele Währungen Reservefunktionen erfüllen. Allerdings würden die oben angeführten Schwierigkeiten damit nicht beseitigt, sondern allenfalls gemildert, weil es nur relativ wenige Währungen sind, die als Reservewährung akzeptiert würden. Schichten Notenbanken z. B. ihre Währungsreserven derart um, daß sie Dollar in D-Mark konvertieren, so wachsen die deutschen Dollarreserven und damit auch das Verlustrisiko der Deutschen Bundesbank für den Fall einer Dollarabwertung. Gravierender ist jedoch der Umstand, daß sich auf diese Weise die globalen Währungsreserven vermehren; denn die dem Ausland durch den Dollarumtausch zugeflossenen DM-Guthaben stellen ebenso Währungsreserven dar wie die der Bundesbank zugeflossenen Dollarguthaben. Die internationale Liquidität hat sich also erhöht. Da derartige Umschichtungen der Währungsreserven nicht regulierbar sind, kann auch die internationale Liquidität erheblichen Schwankungen ausgesetzt sein. Das gälte insbesondere dann, wenn die Notenbanken dazu übergingen, ihre Reservebestände durch Umschichtungen der jeweiligen Risiko- bzw. Ertragslage anzupassen.

In der Tat werden neben dem Dollar auch einige andere Währungen als Währungsreserven benutzt. Unter ihnen nimmt die D-Mark (abgesehen vom Pfund Sterling) den ersten Platz ein. Im Vergleich zum Dollar spielen sie jedoch alle eine untergeordnete Rolle, so daß die aufgezeigten Liquiditätsprobleme bislang nicht allzu gewichtig waren.

Einen prinzipiell anderen Charakter hatten Vorschläge, die die Schaffung eines gänzlich **neuen Reservemediums** vorsahen. Trotz unterschiedlicher Details wiesen die meisten diesbezüglichen Vorschläge folgende Gemeinsamkeiten auf: Das neue Medium sollte keine nationale Währung sein. Es sollte aufgrund internationaler Vereinbarung geschaffen und supranational gesteuert werden, so daß es der alleinigen oder dominierenden Verfügungsmacht eines einzigen Landes entzogen ist.

(2) Die Sonderziehungsrechte (SZR)

Es ist bezeichnend, daß es bereits 1968 zu einer politischen Einigung über die Einführung eines neuen Reservemediums, den Sonderziehungsrechten (SZR) kam, während die weit dringlichere Wechselkurs- und Anpassungsproblematik weiterhin ungelöst blieb. Der Grund für die ungewohnte Einigkeit war, daß die Installierung der SZR niemandem unpopuläre Opfer abverlangte und den Defizitländern einen zusätzlichen Spielraum zur Finanzierung ihrer Defizite gewährte.

Die SZR wurden durch eine *Ergänzung des IWF-Abkommens* vom 28. 7. 1969 geschaffen. Über ihren Umfang war damit jedoch nicht entschieden. Dieser sollte den jeweiligen Gegebenheiten angepaßt werden können. Für die „Zuteilung" von SZR sind daher gesonderte Beschlüsse derjenigen IWF-Mitglieder notwendig, die sich für eine Teilnahme am SZR-System entschieden haben. Dabei ist ein Stimmenanteil von 85 % dieser Mitglieder erforderlich. Somit haben sowohl die USA wie auch die EG eine Sperrminorität, so daß Zuteilungsbeschlüsse nicht gegen ihren Willen durchgesetzt werden können. Die *erste Zuteilung* erfolgte 1970.

Die SZR sind reine Bucheintragungen beim IWF, die mit dem Zuteilungsbeschluß ohne weiteres Zutun entstehen. Es bedarf also nicht wie bei den „normalen" Ziehungsrechten irgendwelcher Einzahlungen oder Leistungen der Mitglieder. Der IWF führt ein SZR-Konto, in dem die SZR im beschlossenen Umfang verbucht werden. Die Gegenpositionen befinden sich in den Notenbankbilanzen der Mitgliedsländer, wo sie als Währungsreserven ausgewiesen werden. Der Anteil der einzelnen Mitgliedsländer an der Gesamtzuteilung bemißt sich nach der IWF-Quote des jeweiligen Landes.

Die SZR haben deswegen den **Charakter von Währungsreserven,** weil sie zur Beschaffung eines gleichwertigen Devisenbetrages oder auch zur Tilgung von Devisenverpflichtungen verwendet werden können. Länder, die aus Zahlungsbilanzgründen Devisen benötigen, können sich also an ein Überschußland wenden, um gegen Hergabe von SZR Devisen zu erhalten. Da die Verwendung der SZR (anders als die „normalen" Ziehungsrechte) an *keinerlei Bedingungen* geknüpft ist und ihre Verwendbarkeit auf jeden Fall sichergestellt sein soll, hat der IWF das Recht, bei Bedarf Länder zu „designieren", die die SZR gegen Hergabe von Devisen zu akzeptieren haben. Die designierten Länder können sich dieser Verpflichtung nicht entziehen. Allerdings endet die Annahmepflicht, wenn der Betrag der akzeptierten SZR 200 % der kumulativen Zuteilung des betreffenden Landes erreicht hat. Die sogenannte „opting out"-Klausel ermöglicht es ferner jedem Land, auf die Teilnahme an weiteren Zuteilungen zu verzichten. Starke Gläubiger-Länder können damit verhindern, daß sich ihre Verpflichtung zur Annahme von SZR weiter erhöht. Schließlich hat jedes Land das Recht, seine Teilnahme am SZR-System gänzlich zu beenden.

Der Verwendung der SZR zum *Devisenerwerb sind gewisse Grenzen* gesetzt. So darf jedes Land die ihm zugeteilten SZR im gleitenden Fünf-Jahres-Durchschnitt nur zu 70 % ausnutzen; d. h. es muß durchschnittlich jeweils 30 % der ihm zugeteilten SZR im Bestand haben. Für diese 70 % gibt es *keine zeitliche Begrenzung*, also keine Verpflichtung zu einem Rückerwerb. Jedes Land kann *zeitweise* auch mehr als 70 % seiner Zuteilung in Anspruch nehmen; es muß dann allerdings durch entsprechenden Rückerwerb für die Einhaltung des vorgeschriebenen Fünf-Jahres-Durchschnitts sorgen *(Rekonstitutionspflicht)*.

Die SZR waren zum Zeitpunkt ihrer Schaffung mit einer *Goldwertgarantie* ausgestattet; d. h. ihr Wert wurde in Gold festgelegt. Ein SZR entsprach dem Wert von 0,888671 g Feingold, was wiederum genau dem damaligen Goldwert eines US-Dollar entsprach. Über die festen Paritäten zum Dollar ergab sich auch der SZR-Kurs in den einzelnen nationalen Währungen. Der Übergang vieler Währungen zu flexiblen Wechselkursen gegenüber dem Dollar im März 1973 hatte zur Folge, daß der Wert eines SZR, ausgedrückt in den jeweiligen Landeswährungen, schwankte, während der Dollarwert eines SZR konstant blieb; denn der Dollar hatte, abgesehen von zwei Abwertungen (1971 und 1973), sein festes Verhältnis zum Gold und damit zu den SZR beibehalten. Dieser Zustand wurde als unbefriedigend empfunden, insbesondere weil er die den SZR zugedachte Rolle als internationale Recheneinheit und Wertaufbewahrungsmittel zu beeinträchtigen drohte.

Als Übergangslösung bis zur Wiedereinführung fester Paritäten wurde am 1. 7. 1974 durch den Exekutivrat des IWF auf Vorschlag des Zwanziger-Ausschusses ein **neues Verfahren zur Ermittlung des Wertes der SZR** in den jeweiligen Landeswährungen, die sogenannte **Standardkorb-Technik** in Kraft gesetzt. Der Grundgedanke dieses Verfahrens ist, die Wertschwankungen der SZR zu dämpfen, indem man ihren Wert nicht vom Wechselkurs jeweils *einer* Währung abhängig macht, sondern von den Wechselkursen der wichtigsten Währungen. Ausgewählt wurden die Währungen von 16 Ländern, deren Anteil am Weltexport jeweils mindestens 1 % beträgt. Naheliegenderweise sollten die 16 Währungen mit den ihrem Weltexportanteil entsprechenden Gewichten in den Standardkorb eingehen. Gleiches Gewicht für alle Währungen hätte nämlich die wenig sinnvolle Konsequenz, daß z. B. eine 10%ige Kursänderung des österreichischen Schilling (in Relation zu den anderen Währungen) einen gleichgroßen Einfluß auf den Kurswert der SZR hätte wie eine 10%ige Kursänderung des US-Dollar.

Man legte also Gewichtsanteile fest, wobei der US-Dollar mit 33 % das höchste und der österreichische Schilling mit 1 % das geringste Gewicht erhielt (vgl. Tabelle 8). Danach ermittelte man auf der Grundlage des „alten“ SZR-Wertes vom 28. 6. 1974 die nationalen Währungs*beträge*, die dem vereinbarten Gewichtsanteil der jeweiligen Landeswährung an einem SZR entsprachen. Das sei am Beispiel des US-Dollar verdeutlicht: Am 28. 6. 1974 wurde der Dollarwert der SZR letztmalig nach alter Methode errechnet. Er betrug 1 SZR = 1,20635 $. Soll der Dollar mit 33 % in einem SZR erhalten sein, so ergibt sich aufgrund des obigen Wertverhältnisses ein Betrag von (1,20635 $ · 0,33 ≈) 0,40 $. Für jede andere Währung wurde auf diese Weise der Betrag errechnet, der sich aufgrund des damaligen Wechselkurses und des festgelegten Gewichtsanteils ergab (vgl. Tabelle 8). *Die Gesamtheit dieser nationalen Währungsbeträge repräsentierte den Wert eines SZR.*

Tabelle 8

Währungen des IWF-Standardkorbes		
Währungen	Gewichtsanteil (%)	nationaler Währungsbetrag je SZR
US-Dollar	33,0	0,40
DM	12,5	0,38
Englisches Pfund	9,0	0,045
Französischer Franc	7,5	0,44
Yen	7,5	26
Kanadischer Dollar	6,0	0,071
Lira	6,0	47
Holländischer Gulden	4,5	0,14
Belgischer Franc	3,5	1,6
Schwedische Krone	2,5	0,13
Australischer Dollar	1,5	0,012
Dänische Krone	1,5	0,11
Norwegische Krone	1,5	0,099
Spanische Peseta	1,5	1,1
Österreichischer Schilling	1,0	0,22
Südafrikanischer Rand	1,0	0,0082
	100,0	

Quelle: Pressemitteilung des IWF, Washington, D. C., vom 13. 6. 1974 und vom 1. Juli 1974. Abgedruckt in: Henry Krägenau: Die Reform des internationalen Währungssystems, Hamburg 1974, S. 235 ff.

Der IWF errechnet nun täglich den Kurs eines SZR und zwar zunächst in Dollar, indem er alle im Korb enthaltenen nationalen Währungsbeträge gemäß dem jeweiligen Tageskurs in Dollar umrechnet. Aus der Summe aller errechneten Dollarbeträge ergibt sich der Dollarwert eines SZR am Berechnungstag. Über den täglichen Dollarkurs läßt sich dann auch der Tageswert eines SZR in jeder beliebigen Währung errechnen.

Es ist nun klar, daß sich der SZR-Kurs in einer bestimmten Währung ändert, wenn sich ihr Wechselkurs ändert. Es ist aber ebenso offensichtlich, daß die Kursschwankungen des SZR gegenüber dem alten Zustand weit gedämpfter sein müssen, weil die Wechselkursänderung einer Währung nur mit ihrem Gewichtsanteil auf den Kurs des SZR durchschlägt. Steigt z. B. der Wechselkurs und damit der Wert des US-Dollar gegenüber allen anderen Währungen an, so sinkt der Wert eines SZR in US-Dollar jedoch um weniger als der Wechselkursanstieg, während der SZR-Kurs in allen anderen Valuten steigt, aber ebenfalls nur im Umfang des Gewichtsanteils des US-Dollar im Standardkorb.

SZR werden *verzinst*. Ursprünglich erhielten Länder, die bei Abgabe von Devisen SZR entgegennahmen 1,5 % Zinsen, während diejenigen, die sich durch Abgabe von SZR Devisen beschafften, 1,5 % zu zahlen hatten. Mit Einführung der Standardkorbbewertung der SZR am 1. Juli 1974 wurde auch die Verzinsung der SZR auf 5 % angehoben. Gleichzeitig wurde vereinbart, den Zinssatz in halbjährlichem Abstand zu überprüfen, um ihn bei Bedarf an die Marktentwicklung anpassen zu können. Die Anpassung erfolgt aufgrund einer Formel, in die die Geldmarktzinsen der USA, Deutschlands, Großbritanniens, Frankreichs und Japans mit unterschiedlichem Gewicht eingehen. Mit der höheren Verzinsung sollte insbesondere das Halten von SZR attraktiver gemacht und die Stellung der SZR als Reservemedium gestärkt werden.

Aus dem Bisherigen geht hervor, daß die SZR Eigenschaften haben, die sie sowohl in die Nähe des *Geldes*, wie auch in die Nähe des *Kredites* rücken. Eine geldähnliche Eigenschaft ist ihre unbeschränkte Verwendbarkeit zum Erwerb von Devisen. Allerdings fehlt die privatwirtschaftliche Verwendbarkeit als Zahlungsmittel, etwa zum Kauf von Gütern und Leistungen. Geldfunktionen üben die SZR auch dadurch aus, daß sie als **Wertmaßstab und Recheneinheit** dienen. Die Kreditähnlichkeit ergibt sich aus der Verzinsung und der Rückzahlungspflicht bei Überschreitung der 70%-Inanspruchnahme im 5-Jahres-Durchschnitt.

Wie bereits bemerkt, liegt das wesentlichste Merkmal der SZR jedoch darin, **Reservemedium** zu sein. Im Umfang der jeweiligen Zuteilungen werden die *Weltwährungsreserven vermehrt*. Die eigentlichen Absichten der Schaffung der SZR bestanden darin, die **internationale Liquidität steuerbar zu machen** und gleichzeitig einem **Mangel an internationaler Liquidität vorzubeugen**, der sich bei einem Abbau der amerikanischen Zahlungsbilanzdefizite einstellen würde. Zum Zeitpunkt der Einführung der SZR 1969 wurde vom IWF mit wenig überzeugender Argumentation ein globaler Liquiditätsmangel diagnostiziert und die erste Zuteilung von SZR für 1970 beschlossen. Dabei setzte man sich auch über die ausdrückliche Bedingung hinweg, daß bis zur ersten Zuteilung eine Verbesserung der Zahlungsbilanzsituation der wichtigsten Defizitländer eingetreten sein sollte. Die Gesamtzuteilung betrug 9,3 Mrd. SZR und erfolgte in 3 Jahresraten in den Jahren 1970, 1971 und 1972. Angesichts der Tatsache, daß sich gerade in diesen Jahren die Weltwährungsreserven explosionsartig vergrößerten, war die Durchführung der Zuteilungen kaum zu rechtfertigen. Andererseits ist festzustellen, daß die globale Wirkung der SZR nicht groß gewesen sein kann; denn ihr Anteil an den Weltwährungsreserven lag 1973 bei 5 %. Dennoch haben sie im Prinzip zweifellos *inflationsfördernd* gewirkt.

(3) Die zukünftige Rolle der SZR

Im Reformentwurf des Zwanziger-Ausschusses ist den SZR die Rolle der **primären Währungsreserve** zugedacht; d. h. Gold und Dollar sollen aus dieser Rolle möglichst weitgehend verdrängt werden. Außerdem soll das SZR **internationale Recheneinheit** (numéraire) werden, in der die Paritäten der Währungen ausgedrückt werden. Ob sich dieses Vorhaben verwirklichen läßt, hängt nicht nur davon ab, daß die USA die Passivierung ihrer Zahlungsbilanz stoppen, sondern insbesondere davon, daß die IWF-Mitglieder bereit sind, die SZR als Hauptreservemittel zu akzeptieren.

Einige mehr technische Verbesserungen, die das Halten von SZR problemloser bzw. attraktiver machen, sind möglich oder bereits durchgeführt; so einmal die Erhöhung der Verzinsung, die die SZR auch unter Ertragsgesichtspunkten zu einer Alternative zu den Devisen werden läßt und zum anderen die Standardkorbbewertung, die die Wertschwankungen der SZR vermindert. Diskutiert werden ferner die Abschaffung der Annahmebegrenzung und der Rekonstitutionsverpflichtung. Außerdem wird angeregt, die Verwendungsmöglichkeiten der SZR und den Teilnehmerkreis der an SZR-Transaktionen Beteiligten zu erweitern.

Das **Haupthindernis** für eine dominierende Stellung der SZR als Reservemedium dürfte jedoch **politischer Natur** sein. Die SZR können ihre Funktion nur bei Einhaltung der Spielregeln durch alle Beteiligten erfüllen; denn die SZR begründen ja keinen Anspruch gegen ein spezielles Land, sondern gegen die beteiligten Länder insgesamt. Ob angesichts der vielfältigen, oft gegensätzlichen nationalen Eigeninteressen das Vertrauen in die Funktionsfähigkeit dieses Systems und in die Autorität des federführenden IWF groß genug ist, ist durchaus zweifelhaft. Manche Länder, wie z. B. Frankreich, machen im übrigen keinen Hehl daraus, daß sie auch zukünftig dem Gold eine bedeutende Rolle zumessen. Nimmt man hinzu, daß bisher keine bindende Vereinbarung über die

Zusammensetzung der nationalen Währungsreserven erzielt werden konnte und in absehbarer Zukunft wahrscheinlich auch nicht erzielt werden wird, so ist kaum zu erwarten, daß die Länder aus eigenem Antrieb die SZR zu ihrer alleinigen oder auch nur dominierenden Währungsreserve machen werden.

Als zusätzliches Handikap für die Durchsetzung der SZR wirkt sich erkennbar der auch im Reformentwurf enthaltene Vorschlag einer **Verbindung zwischen SZR und Entwicklungshilfe („link")** aus, die realisiert werden könnte, indem den Entwicklungsländern direkt oder indirekt mehr SZR zugeteilt würden, als sie gemäß ihren IWF-Quoten zu beanspruchen hätten. Damit stünden ihnen mehr Devisen zur Finanzierung ihrer Zahlungsbilanzdefizite zur Verfügung. Während die Entwicklungsländer den „link" mit Nachdruck fordern, lehnen ihn einige Industrieländer ebenso strikt ab, so daß eine Einigung zur Zeit nicht in Sicht ist. Durch diesen Streit werden die SZR mit zusätzlichen Unsicherheiten belastet. Obwohl die „link"-Diskussion an dieser Stelle nicht nachvollzogen werden kann, sollte doch bedacht werden, daß durch zusätzliche SZR-Zuteilungen - sofern sie nicht zur Schuldentilgung verwendet werden - die Finanzierung größerer Zahlungsbilanzdefizite der Entwicklungsländer ermöglicht wird und sich ihre internationale Liquiditätslage damit verschärft. Weiterhin ist nicht einzusehen, daß der Finanzierungsbedarf der Entwicklungsländer in proportionalem Zusammenhang mit dem globalen Liquiditätsbedarf stehen soll. Unbestritten ist ferner, daß auf diese Weise globale Inflationstendenzen gefördert würden. Über die Stärke dieser Wirkung kann man allerdings unterschiedlicher Meinung sein.

d) Der Status quo - Ein Währungssystem der Kompromisse

(1) Das Sofort-Programm des Zwanziger-Ausschusses

Schon der mit der Reformausarbeitung beauftragte Zwanziger-Ausschuß hatte in richtiger Einschätzung der Realitäten seinem Reformentwurf („The Reformed System") ein *Sofort-Programm* („Immediate Steps") beigegeben. In ihm wurden Maßnahmen vorgeschlagen, die nach Einschätzung des Ausschusses angesichts der katastrophalen währungspolitischen Lage in den 70er Jahren dringend erforderlich und kurzfristig realisierbar erschienen.

Zunächst wurde die Bildung eines *Interim-Ausschusses* vorgeschlagen, die auch vollzogen wurde. Er hat den Gouverneursrat des IWF zu beraten und seine die Überwachung und Reform des Währungssystems betreffenden Entscheidungen vorzubereiten. Seine Zusammensetzung (20 Mitglieder) entspricht der des Zwanziger-Ausschusses. Er bleibt bis zur Einsetzung eines ständigen Gouverneursausschusses (Änderung der IWF-Statuten erforderlich) im Amt. Weiterhin wurde die *neue Bewertung der SZR* nach der *Standardkorb-Technik* empfohlen, die in der beschriebenen Weise[48] ebenfalls vollzogen ist. Für dringlich wurde auch die Einrichtung neuer oder die Erweiterung bestehender *Kreditfazilitäten für Entwicklungsländer* gehalten. Angesprochen wurde auch das *„link"-Problem*, das jedoch als kontrovers bezeichnet wurde. Schließlich wurde eine baldige *Umverteilung der IWF-Quoten* (Vergrößerung der Quotenanteile der Erdölländer) empfohlen.

Hinsichtlich des *Wechselkurssystems* schließlich akzeptiert der Zwanziger-Ausschuß notgedrungen das inzwischen weitverbreitete *Floating*, allerdings nur als vorübergehende Einrichtung. Gleichzeitig wird eine Reihe von **Richtlinien für das Floating** vorgeschlagen, die dazu beitragen soll, die Entwicklung auf dem Devisenmarkt zu verstetigen, indem sie regeln, *unter welchen Bedingungen und auf welche Weise Staaten durch Interventionen auf dem Devisenmarkt eingreifen sollen:*

1. Zwecks Verhinderung oder Dämpfung scharfer kurzfristiger Wechselkursschwankungen.
2. Zwecks Verhinderung saisonaler Schwankungen.
3. Unterbleiben sollen jedoch „aggressive" Interventionen, also solche, die Kursausschläge noch vergrößern.
4. Ständige Manipulationen des Marktkurses sollen nur nach Absprache mit dem IWF erfolgen und sollen den mittelfristigen Marktkurs nicht verfälschen.
5. Interventionen und ihre Stärke sollen insofern von den Währungsreserven des Landes bestimmt werden, als sie der Erhaltung oder Erreichung des „notwendigen" Bestandes an Währungsreserven dienen sollen.
6. Unterbleiben sollen Restriktionen, die die „laufenden Posten", also insbesondere den internationalen Waren- und Dienstleistungsverkehr, beeinträchtigen.
7. Die Verletzung der Interessen von Mitgliedsländern durch Interventionen soll vermieden werden.

(2) Änderung des IWF-Statuts

Zu fragen ist nun, ob und inwieweit die Vorstellungen des Sofort-Programmes oder gar des Reformentwurfs realisiert worden sind, und wie sich der Status quo des Währungssystems darstellt.

Zunächst ist zu konstatieren, daß seit 1974 der Interim-Ausschuß, der Exekutivrat, der Gouverneursrat und die Jahresversammlung des IWF über zahlreiche Änderungen und Modifizierungen des Weltwährungssystems diskutiert

---

[48] Siehe oben, S. 446 ff.

und/oder entschieden haben. Die wichtigsten Entscheidungen, die auch die charakteristischen Merkmale des gegenwärtigen Systems (Zustandes) markieren, waren in einer *Änderung des IWF-Statuts* enthalten, die 1976 vom Interims-Ausschuß vorentschieden und noch im selben Jahr vom Gouverneursrat, als dem obersten Entscheidungsgremium des IWF beschlossen wurde. Für das Inkrafttreten ist die Ratifizierung durch drei Fünftel der Mitgliedsländer erforderlich. Damit ist im Laufe des Jahres 1978 zu rechnen. Die **Hauptpunkte der neuen Regelungen** sind:

1. Das seit 1973 weitverbreitete **Floaten der Wechselkurse wird legalisiert,** indem den Mitgliedstaaten die Wahl des Wechselkurssystems freigestellt wird. Übernommen wurden im wesentlichen die vom Zwanziger-Ausschuß vorgeschlagenen *Floatingregeln,* deren Einhaltung vom IWF überwacht werden soll. Jedoch sind sowohl die Richtlinien selbst wie auch die Eingriffsrechte des Währungsfonds so unverbindlich, daß ihre Wirksamkeit für den Ernstfall nicht allzu hoch einzuschätzen ist. Für eine eventuelle Wiedereinführung einer allgemeingültigen Wechselkursregelung ist eine Mehrheit von 85 % der Stimmen erforderlich. Aber selbst in diesem Fall kann jedes Land, das der Gemeinschaftsregelung seine Zustimmung versagt, ein abweichendes Wechselkurssystem einführen.

2. Die **Rolle des Goldes im Weltwährungssystem ist erheblich vermindert** worden (Demonetisierung des Goldes). Das drückt sich erstens in der *Abschaffung des offiziellen Goldpreises* aus. Es gibt also weder einen festen Goldpreis für irgendwelche Leitwährungen (Dollar) noch wird der Wert der übrigen Währungen direkt oder indirekt in Gold ausgedrückt. Als offizieller Wertmaßstab und Recheneinheit dienen vielmehr die SZR, die seit Einführung der Standardkorb-Technik in keinerlei Beziehung mehr zum Gold stehen. Auch bei Goldtransaktionen zwischen Notenbanken wird es künftig keinen offiziellen Goldpreis geben.

Zweitens wurde ein *Abbau des Goldbestandes des IWF* um ein Drittel innerhalb von vier Jahren beschlossen. Dabei soll ein Sechstel (= 25 Mill. Unzen) an die Fondsmitglieder, die es ursprünglich eingebracht hatten, zum alten offiziellen Goldpreis von 42,22 $ je Feinunze rückübertragen werden *(Restitution).* Diese Aktion hat Anfang 1977 begonnen. Da jedoch der Währungsfonds das Gold vorläufig nur an solche Länder zurückgibt, deren Währungen er zur Wiederauffüllung seiner Bestände benötigt, wird eine Reihe von Ländern zunächst leer ausgehen. Nach Inkrafttreten der geänderten IWF-Statuten hat allerdings jedes Land das Recht, seinen Goldanteil gegen eigene Währung zurückzukaufen. Ein zweites Sechstel soll am freien Goldmarkt im Wege der *Versteigerung* veräußert werden. Mit den Aktionen wurde im Juni 1976 begonnen. Der Reinerlös (Differenz zwischen Verkaufspreis und altem offiziellen Goldpreis) fließt einem neugeschaffenen *Treuhand-Fonds* zu. Aus ihm werden Zuschüsse und Kredite an zahlungsbilanzschwache Entwicklungsländer finanziert. Über Art und Umfang eines weiteren Abbaus der verbleibenden IWF-Goldbestände zu einem späteren Zeitpunkt muß mit 85%-Mehrheit entschieden werden.

Drittens haben sich die Länder der Zehnergruppe für zunächst zwei Jahre verpflichtet, dafür Sorge zu tragen, daß die Goldbestände ihrer Notenbanken und des IWF zusammen sich nicht über einen festgelegten Ausgangsbestand erhöhen.

Wie stark sich diese Maßnahmen de facto auf die Rolle des Goldes im internationalen Währungssystem auswirken, muß sich erst noch erweisen. So stellt die Verminderung der IWF-Goldbestände einen recht bescheidenen Schritt zur Reduzierung der offiziellen Goldreserven dar; denn das eine Sechstel fließt ja ohnehin wieder Notenbanken zu. So haben die offiziellen Goldreserven nach wie vor und sicherlich auch auf absehbare Zeit ein erhebliches Gewicht. Wesentlich für ihre künftige Rolle wird auch sein, ob und in welchem Umfang die Notenbanken das Gold untereinander zum Zahlungsbilanzausgleich verwenden.

(3) Weitere währungspolitische Maßnahmen und Entwicklungen

Eine erhebliche Anzahl der Maßnahmen, die nach der Erdölkrise von 1973/74 im Bereich des internationalen Währungssystems ergriffen wurden, diente vorwiegend dem Zweck, die internationale Liquidität zu erhöhen, um die Finanzierung der neu entstandenen oder schlagartig angewachsenen Zahlungsbilanzdefizite vieler Länder zu ermöglichen; denn **Zahlungsbilanzdefizite** waren aus mehreren Gründen **auch nach der Wechselkursfreigabe** vom März 1973 weiterhin möglich und tatsächlich stark verbreitet:

1. Viele Länder, insbesondere auch Entwicklungsländer, hatten die Wechselkursfreigabe nicht mitgemacht, sondern hielten den Wechselkurs ihrer Währung gegenüber dem Dollar oder gegenüber einer anderen Währung konstant.
2. Da die im europäischen Floating-Block zusammengeschlossenen Länder feste Paritäten vereinbart hatten, konnten sich zwischen ihnen nach wie vor unausgeglichene Zahlungsbilanzen entwickeln.
3. Einige wichtige Länder, deren Währungen offiziell frei floateten, wie die USA, Großbritannien und Italien, griffen durch Interventionen in die Wechselkursbildung ein, um ein zu starkes Absinken des Außenwertes ihrer Währungen zu verhindern. Ein solches Absinken verteuert nämlich die Importe und wirkt damit zusätzlich inflationstreibend. Dieser Effekt ist besonders dann höchst unerwünscht, wenn die Länder ohnehin hohe Inflationsraten aufweisen und sie der binnenwirtschaftlichen Inflationsursachen nicht Herr zu

werden vermögen. Diese Situation war in besonders eklatanter Weise in Großbritannien und Italien gegeben.

Wollte man verhindern, daß die in Bedrängnis geratenen Defizitländer zu dirigistischen Beschränkungen des Außenhandels und des internationalen Kapitalverkehrs Zuflucht nehmen und daß damit die Gefahr eines Rückfalls in globalen Protektionismus und Dirigismus heraufbeschworen würde, so war es beinahe zwangsläufig, **neue Finanzierungsmöglichkeiten** zu schaffen. Dabei wurden folgende Wege eingeschlagen:

1. Im Juni 1974 wurde die sogenannte *Ölfazilität* beim IWF geschaffen. Sie sollte den von der Ölpreiserhöhung besonders betroffenen Ländern die Aufnahme von mittelfristigen Zahlungsbilanzkrediten (bis zu sieben Jahren Laufzeit) ermöglichen. Die Mittel wurden von zahlungsbilanzstarken Industrieländern (USA, Bundesrepublik) und den ölexportierenden Ländern zur Verfügung gestellt. Größte Nutznießer der auf die Jahre 1974 und 1975 befristeten Einrichtung waren Großbritannien und Italien.

2. Die schon seit längerem bestehende *Fazilität zur Finanzierung von Exporterlösschwankungen* beim IWF wurde Ende 1975 zugunsten der potentiellen Kreditnehmer verändert, indem sowohl die jährlichen als auch die Gesamtziehungsmöglichkeiten erhöht wurden. Die Fazilität soll der Milderung von Exporterlösausfällen dienen und damit insbesondere Entwicklungsländern mit einseitiger Exportstruktur helfen. Sie ist aber auch in beträchtlichem Umfang von einigen entwickelten Ländern wie Australien und Südafrika in Anspruch genommen worden.

3. Einrichtung eines *Treuhand-Fonds* (Trust Fund), der aus den Nettoerlösen der Goldverkäufe des IWF gespeist wird. Der Fonds soll insbesondere den ärmsten Entwicklungsländern zugute kommen. Die Mittel können in Form von nicht rückzahlbaren Zuschüssen (nur für die ärmsten Länder) oder in Form von Krediten vergeben werden. Mit der Mittelvergabe aus diesem Fonds wurde Anfang 1977 begonnen.

4. Parallel zur Statutenänderung des IWF (Legalisierung des Floatens, Demonetisierung des Goldes) wurde 1976 die *4. allgemeine Erhöhung der IWF-Quoten* um rund ein Drittel (von 29 auf 39 Mrd. SZR) beschlossen, die zusammen mit der Statutenänderung – im Laufe des Jahres 1978 – in Kraft tritt. Das hat zwangsläufig eine entsprechende Ausweitung der Ziehungsrechte und damit der internationalen Liquidität zur Folge, so daß den Defizitländern damit neue Finanzierungsspielräume zuwachsen. Gleichzeitig einigte man sich auf eine *Umverteilung der Quotenanteile.* Eine solche Maßnahme erschien deswegen zweckmäßig, weil die „alten" Quotenanteile nicht mehr die weltwirtschaftliche Bedeutung der einzelnen Länder widerspiegelten (gemessen an

der Größe des Außenhandels und des Sozialproduktes); denn einmal hatte die Ölpreisexplosion das weltwirtschaftliche Gewicht der Erdölländer schlagartig erhöht und zum zweiten war es auch unter den westlichen Industrieländern im Laufe der Jahre zu erheblichen Gewichtsverlagerungen gekommen. So hatte sich beispielsweise das wirtschaftliche Gewicht der Bundesrepublik Deutschland und Japans deutlich erhöht, während sich die Position Großbritanniens und Italiens stark verschlechterte. Die Quotenumverteilung trug beiden Gesichtspunkten Rechnung, indem der Gesamtquotenanteil der Ölländer verdoppelt wurde (von ca. 5 % auf ca. 10 %) und der den Industrieländern verbleibende Quotenanteil unter diesen entsprechend ihrem aktuellen weltwirtschaftlichen Gewicht neu verteilt wurde. Dank der gleichzeitigen generellen Quotenerhöhung hatte jedoch kein Land einen Rückgang seiner *absoluten* Quote zu verzeichnen. Selbst Problem- und Defizitländer wie Großbritannien und Italien verfügen über eine größere absolute Quote als vorher.

Da sowohl die generelle Quotenerhöhung wie auch die Quotenumverteilung erst nach Inkrafttreten der Statutenänderung des IWF wirksam werden, was sich wegen der oft zeitraubenden Ratifizierungsverfahren in den einzelnen Ländern um viele Monate verzögert, wurden die normalen Kredittranchen des IWF vorübergehend um 45 % erhöht. Damit waren schon für die Übergangszeit erweiterte Finanzierungsmöglichkeiten für Defizitländer geschaffen worden.

Wenn nicht alle Zeichen trügen, wird in Kürze eine weitere Sonderfazilität für zahlungsbilanzschwache Länder - möglicherweise mit besonders günstigen Konditionen (Zinssubventionen) für ärmere Entwicklungsländer - eingerichtet, und die nächste *allgemeine Quotenerhöhung* ist bereits in Aussicht genommen.

Alle diese neuen Kreditfazilitäten wie auch die stärkere Ausnutzung der schon seit längerem bestehenden Möglichkeiten[49] haben zu einem rapiden Anstieg der internationalen Liquidität geführt. Sicheres Indiz dafür war die starke Erhöhung der globalen Währungsreserven während der letzten Jahre. Die Versorgung mit internationaler Liquidität war also eindeutig an den Bedürfnissen der Defizitländer ausgerichtet, was den Zwang zur Zahlungsbilanzdisziplin aus Devisenmangel entsprechend minderte. Waren temporäre Kreditlinien zur Überbrückung der Ölkrise und der Störungen im Währungssystem durchaus sinnvoll, so ist ein ständiges Fortschreiten auf diesem Weg nur zu rechtfertigen,

[49] So sind z. B. im Rahmen der seit 1962 bestehenden „Allgemeinen Kreditvereinbarungen" Großbritannien und Italien Anfang 1977 außergewöhnlich hohe Devisenkredite (3,9 Mrd. $ und 530 Mill. $) von mittlerer Laufzeit gewährt worden.

wenn die Mittelvergabe mit solchen Auflagen verbunden ist, die die Schuldnerländer zu einer wirkungsvollen Anti-Inflationspolitik zwingen. In der letzten Zeit wurden derartige Auflagen in vermehrtem Umfang gemacht. Durchschlagende Erfolge stehen jedoch noch aus. Angesichts aller bisherigen Erfahrungen erscheint allerdings Skepsis hinsichtlich der Wirksamkeit derartiger Auflagen angebracht.

Eine weitere bemerkenswerte Entwicklung im Weltwährungssystem ist das allmähliche **Vordringen der SZR in neue Verwendungsbereiche.** So ist zu beobachten, daß die SZR auch *im privatwirtschaftlichen Bereich* in zunehmendem Maße als *Wertmaßstab* und *Recheneinheit* Verwendung finden, indem Forderungen bzw. Verbindlichkeiten im internationalen Geschäftsverkehr nicht in Dollar oder einer anderen nationalen Währung, sondern in SZR festgelegt werden. So gibt es bereits auf SZR lautende internationale Anleihen, auch die Benutzergebühren für den Suezkanal sind in SZR angegeben, ebenso wurden in der 1977 erneuerten internationalen Vereinbarung über die Haftung im Seeschifffahrtsverkehr die SZR anstelle von Gold als Recheneinheit eingeführt. Darüber hinaus werden SZR vermehrt auch in Verträgen zwischen Unternehmen verschiedener Länder verwendet. Der Grund für diese Entwicklung ist darin zu sehen, daß der Kurs der SZR wegen des beschriebenen Ermittlungsverfahrens (Standardkorb-Technik) in geringerem Umfang schwankt als die Wechselkurse der nationalen Währungen, so daß das Wechselkursrisiko wesentlich abgemildert ist. Als Zahlungsmittel können die SZR nach der jetzigen Konstruktion nicht fungieren; die Zahlungen erfolgen also nach wie vor in der jeweils vereinbarten Währung.

e) Ungewisse Zukunftsperspektiven

Fragt man nach dem Funktionieren des internationalen Währungssystems seit der Zäsur im März 1973, so ist eine vergleichsweise positive Antwort zu geben. Die flexiblen Wechselkurse haben sich im großen und ganzen bewährt. Denn obwohl in den Folgejahren die Wirtschaftsentwicklung in wichtigen Ländern sowohl hinsichtlich der Inflationsrate als auch hinsichtlich des Beschäftigungsgrades stark divergierte, blieben die schweren Währungskrisen der frühen siebziger Jahre zunächst aus. Die unausbleibliche Folge derartiger Diskrepanzen in der wirtschaftlichen Entwicklung waren ganz erhebliche Veränderungen der Wechselkursrelationen. Extrempositionen nahmen dabei das englische Pfund und die italienische Lira einerseits und der Schweizer Franken und die D-Mark andererseits ein. Während sich nämlich der Außenwert der ersteren in den vergangenen Jahren (1972–1976) gegenüber der gesamten Welt um ca. 40 % (!) verminderte, verbesserten sich die Wechselkurse des Schweizer Franken und der D-Mark im gleichen Zeitraum im Durchschnitt um rund 50 % bzw. rund 30 %[50]. Die Wechselkursänderung zwischen einer starken Währung wie der D-Mark und einer schwachen Währung wie der Lira war demzufolge noch weit höher. Das Jahr 1976 brachte besonders starke Wechselkursänderungen, von denen auch der europäische Floating-Block nicht verschont blieb; denn aufgrund erheblicher Unterschiede der Kosten- und Preisentwicklung in den Ländern des Währungsblocks kam es zu starken Zahlungsbilanzungleichgewichten, begleitet von starken Devisenbewegungen. Das führte im März 1976 zum erneuten Ausscheiden Frankreichs aus dem Währungsverbund, im Oktober 1976 zu einer Neufestsetzung der Wechselkurse innerhalb des Floating-Blocks, die im Ergebnis eine Aufwertung der D-Mark gegenüber allen anderen Block-Währungen bedeutete, und im April 1977 zu einer Abwertung der schwedischen Krone um 6 % sowie der dänischen und der norwegischen Krone von jeweils 4 %.

Die jüngste schwere Belastung des Weltwährungssystems stellte der Ende 1977 einsetzende starke Kursverfall des US-Dollar dar. Ein großes und tendenziell wachsendes Handelsbilanzdefizit der USA führte zu einer starken Fluchtbewegung aus dem Dollar. Angesichts der Sonderstellung, die der Dollar als wichtigste Reserve- und Transaktionswährung nach wie vor einnimmt, berührt ein starkes Absinken seines Außenwertes nahezu alle Länder und beschwört Erschütterungen des Weltwirtschaftssystems herauf. Wirksamstes Gegenmittel wäre der Abbau des amerikanischen Handelsdefizits. Die Neigung dazu scheint in den USA zur Zeit gering.

Trotz dieser starken Veränderungen der Wechselkurse kam es bisher nicht – wie von Gegnern flexibler Wechselkurse stets befürchtet und prophezeit – zu einer Beeinträchtigung der internationalen Wirtschaftsbeziehungen, insbesondere des Welthandels. Vielmehr wuchs der Welthandel gerade im Jahr besonders starker Wechselkursveränderungen (1976) real um 11 %, und ein massierter Einsatz protektionistischer Instrumente blieb ebenfalls aus. Viel eher ist die Vermutung gerechtfertigt, daß bei festen Wechselkursen und zwangsläufig noch eklatanteren Zahlungsbilanzungleichgewichten viele Defizitländer in protektionistischen und dirigistischen Maßnahmen den einzigen Weg aus dem Zahlungsbilanzdilemma gesehen hätten.

Ferner ist bislang auch nicht die Annahme belegbar, daß flexible Wechselkurse die Inflation begünstigen, weil die Währungsbehörden – von ihrer Interventionspflicht befreit – nicht mehr um den Verlust ihrer Währungsreserven fürchten müssen. Allerdings hat sich gezeigt, daß ein ständiger Kursverfall bei stark außenhandelsabhängigen Ländern durch die Verteuerung der Importe einen weiteren kräftigen Inflationsimpuls induziert. Dieser Effekt war in den

---

50 Geschäftsbericht der Deutschen Bundesbank für das Jahr 1976, Frankfurt 1977, S. 50 f.

letzten Jahren um so stärker, als die Weltmarktpreise wichtiger Importgüter der Industrieländer (Rohstoffe) hohe Steigerungsraten zu verzeichnen hatten. Nicht zuletzt dieser Zusammenhang hat offenbar dazu beigetragen, auch in diesen Ländern die Bereitschaft zur Durchführung einer konsequenten Stabilitätspolitik zu stärken. Die neuen *Regeln zur Überwachung der Wechselkurse*, die die Länder hinsichtlich ihrer Devisenmarktinterventionen zu bestimmten Verhaltensweisen verpflichten, insbesondere zum Unterlassen von Wechselkursmanipulationen zur Erringung unfairer Wettbewerbsvorteile und zur Vornahme von Interventionen zwecks Dämpfung erratischer Wechselkursausschläge, scheinen in der letzten Zeit im großen und ganzen eingehalten worden zu sein. Die Notenbanken haben zwar immer wieder in erheblichem Umfang interveniert, aber soweit ersichtlich ist dadurch der langfristige Markttrend nicht nachhaltig verfälscht worden.

Dennoch ist nicht zu verkennen, daß die Interventionsregeln ihren Zweck auch verfehlen können, weil sie zu vage und zu auslegungsfähig sind, um Verstöße eindeutig diagnostizieren zu können; sie bieten also schon aus diesem Grunde keinen Schutz gegen wettbewerbsverzerrende Abwertungsmanipulationen.

Trotz der positiven Beurteilung der flexiblen Wechselkurse ist der **Zustand des Weltwährungssystems insgesamt mit Skepsis zu betrachten**; denn die Entwicklung der letzten Jahre war von außerordentlich *starken Zahlungs- und Leistungsbilanzungleichgewichten* gekennzeichnet, wobei nicht nur auf die riesigen Überschüsse der Ölländer einerseits und die hohen Defizite der Industrieländer andererseits abzuheben ist, sondern vor allem auch darauf, daß sich das Leistungsbilanzgefälle zwischen den Industrieländern stark erhöhte. Zwar hat sich die währungspolitische Kooperation hier bewährt, indem den Defizitländern (insbesondere Großbritannien und Italien) *gewaltige Stützungskredite* sowohl über den IWF als auch auf bilateraler Basis zur Verfügung gestellt wurden. Aber das geschah um den Preis einer sprunghaften Erhöhung der internationalen Liquidität und damit einer Erhöhung des globalen Inflationspotentials. Dabei ist zu bedenken, daß ein großer Teil der Mittel zur Finanzierung der Defizite von den *unkontrollierten internationalen Finanzmärkten* (Euro-Märkte) stammt. Wegen der Größe ihres Kreditvolumens und ihrer geringen Transparenz stellen sie eine nicht unbeträchtliche Gefahr für das Weltwährungssystem dar.

Da eine ständige Erhöhung der internationalen Liquidität in diesem Tempo nicht akzeptabel ist, ergeben sich zwei mögliche Konsequenzen. Entweder die Defizitländer sanieren ihre Zahlungsbilanzen durch *konsequente Stabilisierungspolitik* oder sie drosseln die Devisennachfrage durch *dirigistische Maßnah-*

men. Die Gefahr, daß sich Defizitländer der zweiten Methode bedienen, ist keineswegs gebannt. Denn durchgreifende und konsequente Stabilisierungsmaßnahmen und die nachhaltige Leistungsbilanzverbesserung stehen vielerorts noch aus.

Auch der vielfach vorgeschlagene Plan, den IWF zu einer **Weltzentralbank** auszubauen, in deren Kompetenz die Sicherung und Regulierung der internationalen Liquiditätsversorgung fiele, wurde bislang nicht verwirklicht. Der Vorteil dieses Verfahrens läge darin, daß eine solche unabhängige, nur dem ihr gesetzten Ziel verpflichtete Institution ihr Handeln ausschließlich oder zumindest sehr viel stärker als bisher an objektiven Kriterien orientieren könnte. Durch eine knapp gehaltene Liquiditätsausweitung könnte sie disziplinierend auf die Defizitländer einwirken. Die Realisierung derartiger Pläne scheiterte bislang daran, daß die Mehrzahl der Länder die Beschneidung ihrer Souveränitätsrechte in Form einer Abtretung von währungspolitischen Kompetenzen an den IWF ablehnte. Statt dessen ist der *IWF* in der letzten Zeit durch die diversen Sonderfazilitäten in die Rolle einer *Entwicklungshilfeorganisation* gedrängt worden. Es liegt auf der Hand, daß diese Rolle mit der satzungsgemäßen Aufgabe, die Funktionsfähigkeit und Stabilität des Weltwährungssystems zu sichern, zu kollidieren droht.

So bedeutete Kooperation bislang in erster Linie Devisenbeschaffung zur Finanzierung von Zahlungsbilanzdefiziten; ein Vorgehen also, das Probleme und Gefahren vertagte, aber nicht löste. Die dringlichste und wirkungsvollste Form internationaler Kooperation bestünde also in einer *Abstimmung der nationalen Wirtschaftspolitiken*, die das Entstehen krasser internationaler Inflationsunterschiede verhinderte und damit auch das Problem der Zahlungsbilanzungleichgewichte entschärfte. Das Abstimmungserfordernis ergibt sich übrigens auch bei flexiblen Wechselkursen, wenn sich die Kurse nicht völlig frei am Markt bilden, sondern die Währungsbehörden ein „zu starkes" Absinken oder Ansteigen des Wechselkurses durch Interventionen verhindern wollen. Ob aber eine ausreichende Abstimmung der Wirtschaftspolitiken der wichtigsten Länder in absehbarer Zeit realisierbar ist, muß trotz aller wohlklingenden Bekundungen auf Gipfelkonferenzen und vor anderen Foren angesichts der bisherigen Erfahrungen bezweifelt werden.

Ein besonders beredtes und *desillusionierendes Beispiel* stellt die *EG* dar, die in den letzten Jahren auf diesem Weg kaum einen Schritt vorangekommen ist, obwohl sie nur wenige Länder umfaßt und obwohl diese sich mehrfach bindend zur Verwirklichung einer europäischen Wirtschafts- und Währungsunion verpflichtet haben. Da die EG in ihrer Gesamtheit den bei weitem größten Anteil am internationalen Wirtschaftsverkehr (Außenhandel und Kapitalverkehr) auf sich vereinigt, übt ihre Entwicklung einen erheblichen Einfluß auf die internationalen Wirtschaftsbeziehungen und auf das Funktionieren des internationalen Währungssystems aus. Der letzte Abschnitt dieses Bandes ist daher der europäischen Währungsintegration gewidmet.

Literatur zum II. Kapitel

Aschinger, F. E.: Das Währungssystem des Westens. 2. Aufl., Frankfurt a. M. 1973

Black, J.: A Proposal for the Reform of Exchange Rates. Economic Journal, Vol. 76 (Juni 1966)

Halm, G. N.: Probleme der internationalen Geldreform. Berlin 1975

Ith, Hans: Die Sonderziehungsrechte und die internationale Währungsreform. Dießenhofen (Schweiz) 1975

Krägenau, Henry: Reform des internationalen Währungssystems. Hamburg 1974

Lipfert, Helmut: Limitierte Stufenflexibilität. Kredit und Kapital, 3. Jg. (1970), H. 3

Reutner, Friedrich: Zur Wechselkurspolitik: Gleitende Bandbreiten. Zeitschrift für das gesamte Kreditwesen, 1969, H. 20

Rueff, J. und *Hirsch,* F.: The Role and the Rule of Gold: An Arguement. Princeton 1965

Stoffers, Erich: Gleitende Paritäten und erweiterte Bandbreiten. Berlin 1972

Triffin, Robert: Gold and the Dollar Crisis, the Future of Convertibility. New Haven 1960

Drittes Kapitel

Die europäische Währungsintegration

1. Grundlagen und Anfänge einer währungspolitischen Kooperation in der EWG

Der Prozeß der wirtschaftlichen Integration in der EWG machte auf zwei Teilgebieten besonders große und schnelle Fortschritte. Zum einen erreichte die *Vereinheitlichung der Handelspolitik* mit der vorfristigen Verwirklichung der Zollunion am 1. Juli 1968 ihre wichtigste Etappe, zum anderen wurde durch die Einführung einer Vielzahl von Agrarmarktordnungen und durch die Installierung des Abschöpfungsmechanismus für Agrarimporte aus Drittländern ein *einheitlicher Agrarmarkt* innerhalb der EWG geschaffen. Auf anderen Gebieten dagegen ging und geht der Integrationsprozeß zögernder voran. Zu diesen Gebieten gehört insbesondere auch die Währungspolitik. Der asymmetrische Ablauf des Integrationsprozesses hat erhebliche Konsequenzen. Eine der schwerwiegendsten ist, daß infolge der *weiterhin autonomen nationalen Wirtschafts- und Währungspolitiken* die Preis- und Konjunkturentwicklung der Gemeinschaftsländer stark divergieren kann, so daß bei festen Wechselkursen Zahlungsbilanzungleichgewichte die unvermeidliche Folge wären

Es handelt sich hier also zunächst um das bereits ausführlich beschriebene Dilemma des Bretton-Woods-Systems. Innerhalb einer Zollunion wie der EWG mit weiterreichenden Integrationszielen gewinnt dieses Problem jedoch eine zusätzliche und erschwerende Qualität. Die infolge des Zollabbaus zunehmende Handelsverflechtung der Zollunionsländer *verstärkt deren gegenseitige Abhängigkeit.* Divergierende wirtschaftspolitische Maßnahmen, die die zwangsläufige Folge einer unterschiedlichen Gewichtung und Einstufung der wirtschaftlichen Ziele in den einzelnen Ländern sind, schlagen verstärkt auf die jeweiligen Partnerländer durch. Bildet sich beispielsweise aufgrund divergierender Politiken innerhalb der Zollunion bzw. EWG ein Inflationsgefälle heraus, so sind die Auswirkungen für die Mitgliedsländer prompter und stärker als für Drittländer. Es treten also schnell erhebliche Zahlungsbilanzdefizite bzw. -überschüsse auf, die in bekannter Weise als Vehikel der Inflationsübertragung wirken. Es liegt auf der Hand, daß daraus die *Gefahr desintegrierender Entwicklungen* resultiert. Das wäre dann der Fall, wenn eines oder mehrere der Mitgliedsländer zwecks Abwehr der genannten unerwünschten Wirkungen zu protektionistischen und dirigistischen Maßnahmen greifen, die den erreichten Liberalisierungsgrad des Wirtschaftsverkehrs innerhalb der Gemeinschaft reduzieren.

Es wäre daher naheliegend und äußerst sinnvoll gewesen, parallel zu den anderen Integrationsschritten eine ähnliche Entwicklung auf dem Gebiet der Währungspolitik in die Wege zu leiten. Daß das nicht der Fall war, hat seinen Grund zunächst im **EWG-Vertrag von 1957**, der bezüglich einer Koordinierung oder gar Vereinheitlichung der Währungspolitik *nur wenig konkrete und bindende Bestimmungen* enthält. Die aus sachlicher Sicht bedauerlichen „Vertragslücken" sind jedoch nicht auf mangelnden Sachverstand der Vertragspartner zurückzuführen, sondern auf die damals wie auch heute noch stark *ausgeprägte Scheu, Souveränitätsrechte an Gemeinschaftsorgane abzutreten.* Zwar waren auch die Vereinheitlichung der Handelspolitik und die Installierung des gemeinsamen Agrarmarktes mit Souveränitätsverlusten verbunden, jedoch handelte es sich hierbei jeweils um genau abgegrenzte und relativ enge wirtschaftspolitische Bereiche. Eine Vereinheitlichung der Währungspolitik hätte demgegenüber viel weiterreichende Konsequenzen gehabt, da sie de facto den Verzicht auf eine eigenständige nationale Wirtschaftspolitik bedeutet hätte; denn eine gemeinsame Währungspolitik erfordert als logische Konsequenz auch die Angleichung der nationalen Wirtschaftspolitiken. Andernfalls bestünde die Gefahr, daß die gemeinsame Währungspolitik durch unverträgliche Maßnahmen der nationalen Wirtschaftspolitik, insbesondere der Fiskalpolitik, konterkariert würde.

Es ist zumindest verständlich, daß sich die Mitgliedsländer zum Zeitpunkt des Vertragsabschlusses nicht definitiv auf einen solch weitgehenden Souveränitätsverzicht festlegen wollten. Denn aus damaliger Sicht war das ganze Vorhaben als Experiment mit unsicherem Ausgang zu betrachten. Vom Standpunkt der einzelnen Länder war es daher ein Gebot der Vorsicht, auf die Sicherung ihrer nationalstaatlichen Interessen hinzuarbeiten. Angesichts der recht unterschiedlichen wirtschaftlichen Ausgangslage der Mitgliedsländer waren von einer gemeinsamen Wirtschafts- und Währungspolitik für die einzelnen Nationalstaaten durchaus unterschiedliche Ergebnisse zu erwarten. Der bis heute ungebrochene nationale Egoismus machte aber für die meisten Länder eine solche Ungleichverteilung der Vorteile und Lasten unannehmbar. Bei dieser Grundeinstellung ist es nicht verwunderlich, daß die bisherige Entwicklung der EG[51] in nicht unerheblichem Maße von dem ermüdenden Ringen und Feilschen der Mitgliedsländer um nationale Vorteile geprägt war.

[51] 1967 wurden die Organe der Europäischen Gemeinschaft für Kohle und Stahl (EGKS), der Europäischen Wirtschaftsgemeinschaft (EWG) und der Europäischen Atomgemeinschaft (EURATOM) zusammengelegt. Seitdem wird häufig von der Europäischen Gemeinschaft (EG) gesprochen.

Die wenigen die **Währungspolitik betreffenden Artikel des EWG-Vertrages** besagen summa summarum folgendes:

Die Mitgliedstaaten werden zwar auf die Ziele „hoher Beschäftigungsstand", „Preisniveaustabilität" und „Gleichgewicht der Zahlungsbilanz" verpflichtet. *Die Zuständigkeit für die Konjunktur-, Währungs- und Fiskalpolitik verbleibt jedoch vollständig bei den nationalen Instanzen.* Eine Verpflichtung oder ein Zeitplan zur Vereinheitlichung der Währungspolitik oder zur Bildung einer Währungsunion ist darin nicht enthalten. Die Passagen des Vertrages, die geeignet sind, die währungspolitische Souveränität einzuschränken, sind vage und mehr oder weniger unverbindlich gehalten:

1. Die Konjunkturpolitik wird zu einer „Angelegenheit von gemeinsamem Interesse" deklariert (Art. 103 EWGV).
2. Die Länder sind verpflichtet, ihre Währungspolitik durch Zusammenarbeit ihrer Verwaltungsstellen und ihrer Zentralbanken zu koordinieren. Der „Koordinierung der Währungspolitik in dem für das Funktionieren des Gemeinsamen Marktes erforderlichen Umfang" soll die Errichtung eines Währungsausschusses mit beratender Funktion dienen (Art. 105 EWGV).
3. Die Wechselkurspolitik wird ebenfalls zu einer „Angelegenheit von gemeinsamem Interesse" deklariert (Art. 107 EWGV).
4. Schließlich ist für den Fall plötzlicher Zahlungsbilanzschwierigkeiten eines Landes auch die Möglichkeit „gegenseitigen Beistandes" etwa in Form von Devisenkrediten angesprochen (Art. 108, 109 EWGV).

Es ist offensichtlich, daß von diesen unbestimmten und dehnbaren Formulierungen kein starker Antrieb in Richtung auf Vereinheitlichung der Währungspolitik in der EG ausgehen konnte. Hinzu kam, daß die währungspolitische Kooperationsbereitschaft der EG-Länder im ersten Jahrzehnt auf keine harte Probe gestellt wurde; denn die internationale Währungsentwicklung verlief noch in relativ ruhigen Bahnen und die allgemeine Wirtschaftsentwicklung war in fast allen Ländern von einem kräftigen und stetigen Anstieg geprägt. Zwar wurde mancherorts schon recht früh auf die grundlegende Bedeutung einer engen währungspolitischen Kooperation hingewiesen, so z. B. von der EWG-Kommission 1962 in ihrem „Memorandum über das Aktionsprogramm für die zweite Stufe", jedoch blieben diese und andere Anregungen ohne erkennbare Auswirkungen. Die währungspolitische Zusammenarbeit erschöpfte sich daher in mehr oder weniger **unverbindlichen Konsultationen** und Diskussionen im Rahmen des **Währungsausschusses.** 1964 wurden immerhin derartige Konsultationen vor beabsichtigten Paritätsänderungen zur Pflicht erhoben. Gleichzeitig wurde der **Ausschuß der Zentralbankpräsidenten** der Mitgliedstaaten geschaffen, der der gegenseitigen Information und Konsultation dienen sollte und von dem man sich einen gewissen währungspolitischen Angleichungseffekt erhoffte. Ähnliche Wirkungen auf fiskalpolitischem Gebiet erwartete man von dem zur gleichen Zeit eingesetzten Ausschuß für Haushaltspolitik. Wenn man auch den Wert derartiger Konsultationsgremien nicht geringschätzen sollte, so konnte doch von wirklicher währungspolitischer Abstimmung oder Gemeinsamkeit nicht die Rede sein.

Eine Nagelprobe für die Bereitschaft zur Gemeinsamkeit auf diesem Gebiet stellte die in Aussicht genommene *Liberalisierung des Kapitalverkehrs* innerhalb der Gemeinschaft dar. Sie ging insofern negativ aus, als es trotz mehrfacher Initiativen der EG-Kommission nicht gelang, den bereits um 1960 erreichten Liberalisierungsgrad zu erhöhen, insbesondere gelang es nicht, die relativ scharfen Beschränkungen Frankreichs, Italiens und der Niederlande zu mildern und damit eine Angleichung an das Liberalisierungsniveau der anderen EG-Länder herbeizuführen. An anderer Stelle[52] war bereits ausführlich dargelegt worden, daß Kapitalverkehrsbeschränkungen die internationale wirtschaftliche Verflechtung entscheidend behindern.

Im Jahr 1968 kam es dann zu einer **schweren Währungskrise**, von der insbesondere der französische Franc betroffen war. Den starken Reserveverlusten Frankreichs standen große Devisenzuflüsse in die Bundesrepublik gegenüber. Weder Frankreich noch Deutschland konnten sich zu der notwendigen Paritätsänderung durchringen; stattdessen verschärfte Frankreich die Kapitalverkehrs- und Devisenkontrollen, während die Bundesrepublik die Importe zollmäßig entlastete und die Exporte belastete, um eine Reduzierung des Leistungsbilanzüberschusses zu bewirken. Schließlich erfolgten im Herbst 1969 mit vielmonatiger Verspätung doch eine Franc-Abwertung und eine DM-Aufwertung. Die Krise jedoch hinterließ Spuren. Sie hatte die Bedeutsamkeit der währungspolitischen Entwicklung für den europäischen Integrationsprozeß drastisch vor Augen geführt.

2. Auf dem Weg zu einer europäischen Währungsunion

a) Beschluß zur Bildung einer Wirtschafts- und Währungsunion

In Erkenntnis der von derartigen Währungskrisen ausgehenden desintegrativen Wirkungen und in dem Bemühen, dem ins Stocken geratenen Integrationsprozeß neue Impulse zu verleihen – wobei manche Länder auch das Ziel einer politischen Einigung im Auge hatten –, wurde auf der *Konferenz der Staats- und Regierungschefs der Mitgliedsländer im Dezember 1969 in Den Haag* einhellig der

---

[52] Siehe oben, S. 342 ff., 354 f.

Beschluß gefaßt, die Gemeinschaft stufenweise zu einer *Wirtschafts- und Währungsunion* auszubauen.

Nach dieser Grundsatzentscheidung setzten intensive Diskussionen ein, in denen es um die sachliche und zeitliche Abfolge der schrittweisen Verwirklichung der Union ging. Sie fanden ihren Niederschlag in einer ganzen *Reihe von Plänen.* So legten u. a. die deutsche, die belgische und die luxemburgische Regierung sowie die EG-Kommission eigene Pläne vor; aber auch andere Institutionen, wie der Deutsche Gewerkschaftsbund oder die Sparkassenvereinigung der EG, traten mit gesonderten Plänen hervor. Weitgehende Übereinstimmung wiesen die diversen Pläne hinsichtlich des *anzustrebenden Endzustandes* der geplanten Wirtschafts- und Währungsunion auf: Danach soll die Gemeinschaft einen *selbständigen und einheitlichen Währungsraum* bilden, in dem einmal die volle und unwiderrufliche *Konvertibilität der Währungen* innerhalb der EG gegeben ist und zum zweiten die Währungsparitäten *unveränderlich fixiert* sind und *keine Bandbreiten* aufweisen. Die *weitgehende Vereinheitlichung der Wirtschafts- und Währungspolitik* findet darin ihren Ausdruck, daß wichtige Entscheidungen auf diesen Gebieten von Gemeinschaftsorganen getroffen werden.

Die soeben genannten Punkte charakterisieren den angestrebten Endzustand der *Währungs*union. Die Gesamtzielsetzung ist jedoch anspruchsvoller, weil sie die gleichzeitige Realisierung der *Wirtschafts*union umfaßt. Das würde die möglichst weitgehende Abstimmung bzw. Vereinheitlichung der gesamten Wirtschaftspolitik einschließlich wichtiger Teilpolitiken wie Fiskalpolitik, Wettbewerbspolitik, Regional- und Strukturpolitik, Energiepolitik u. a. erfordern. Wir müssen uns jedoch gemäß der hier zur Diskussion stehenden Problematik auf die währungspolitischen Aspekte beschränken.

b) Monetaristen versus Ökonomisten – Kontroverse um den besten Weg

Gab es hinsichtlich des währungspolitischen Endzieles kaum gravierende Auffassungsunterschiede, so galt das nicht für den dabei einzuschlagenden Weg. Es bildeten sich vielmehr zwei gegensätzliche Positionen heraus, deren Vertreter als *Monetaristen*[53] bzw. *Ökonomisten* bezeichnet wurden. **Die Monetaristen,** denen Frankreich, Belgien und Luxemburg zuzurechnen waren, hielten es für vorteilhaft, die Realisierung der Wirtschafts- und Währungsunion *mit technisch-institutionellen Maßnahmen im währungspolitischen Bereich* einzuleiten. Gedacht war vor allem an eine unwiderrufliche Fixierung der Wechselkurse mit Einengung bzw. Beseitigung der Bandbreite, aber auch an die Errichtung eines Europäischen Reservefonds mit zunehmender Poolung der nationalen

[53] Nicht mit der gleichnamigen geldtheoretischen Lehre (Milton Friedman) zu verwechseln.

Währungsreserven und an die Einführung einer Europäischen Rechnungseinheit. Von diesen Maßnahmen erhofften sich die Monetaristen einen *Sachzwang*, der die Angleichung der nationalen Wirtschaftspolitiken vorantreiben und sich auch gegenüber widerstreitenden nationalen Interessen durchsetzen würde. Sie sahen in einem frühen engen Währungsverbund gewissermaßen den Grundstein für die angestrebte Wirtschafts- und Währungsunion als höchste Stufe der wirtschaftlichen Integration (**„Grundsteintheorie“**).

Die **Ökonomisten** dagegen (Bundesrepublik, Niederlande, Italien) vertraten den Standpunkt, daß am Anfang des Integrationsprozesses eine Angleichung der Wirtschaftspolitiken der Mitgliedsländer stehen müßte, um zu einem Gleichlauf ihrer Konjunktur- und Wirtschaftsentwicklung und auf diese Weise zu einem allmählichen Abbau der bestehenden Strukturunterschiede zu gelangen oder zumindest eine weitere Vergrößerung zu verhindern. Sie schätzten den von frühzeitigen technischen und institutionellen Festlegungen im Währungsbereich ausgehenden Sachzwang zu weiterer wirtschaftlicher Integration gering ein und befürchteten eine Stagnation der wirtschaftspolitischen Koordinierung. Für diesen Fall waren steigende Zahlungsbilanzungleichgewichte und Inflationsübertragung unausweichlich und die Gefahr integrationsfeindlicher Gegenmaßnahmen besonders groß. Die Ökonomisten sahen daher die genannten währungspolitischen Regelungen, insbesondere die Einführung unveränderlicher Paritäten ohne Bandbreite als die Krönung einer bereits erfolgreich in Gang befindlichen Integrationspolitik an (**„Krönungstheorie“**).

Bei der Debatte zwischen Monetaristen und Ökonomisten ging es allerdings nur scheinbar um die beste Methode zur Verwirklichung des gleichen Zieles. In Wirklichkeit hatten beide Parteien zumindest **unterschiedliche Zwischenziele** im Auge. So strebten die Monetaristen – wenn auch nie öffentlich verkündet – mit unveränderlichen Wechselkursen und einem gemeinsamen Reservefonds die Bildung einer Solidargemeinschaft an, die den Defizitländern den Zugang zu Finanzierungsquellen (Reservefonds) sicherte und erleichterte, ohne daß sie ihre geld- und fiskalpolitische Autonomie aufgeben und sich etwa einer von der Gemeinschaft verordneten unpopulären Stabilitätspolitik unterziehen müßten. Ohne jeden Zweifel war eine solche Haltung wenn schon nicht auf Integrationsverhinderung, so doch auf *Integrationsverzögerung* ausgerichtet. Sie widersprach damit der auf der Haager Gipfelkonferenz (1969) einhellig bekundeten Absicht zur zügigen Verwirklichung einer Wirtschafts- und Währungsunion. Den Ökonomisten kann dieser Vorwurf nicht gemacht werden. Denn ihr Programm sah die Angleichung der nationalen Politiken durch Abstimmung der Ziele und des Mitteleinsatzes zu einem frühen Zeitpunkt als unabdingbares Erfordernis einer erfolgreichen Integrationspolitik vor. Ein wichtiges Anliegen war den stabilitätsbewußten Ländern dabei die Vermeidung einer forcierten Inflationsübertragung aus den inflationierenden Mitgliedsländern.

c) Der „Werner-Bericht": Stufenplan für eine europäische Wirtschafts- und Währungsunion

Im März 1970 setzte der Ministerrat der EG eine Expertengruppe unter Vorsitz des damaligen luxemburgischen Ministerpräsidenten Werner *(Werner-Gruppe)* ein, deren Auftrag in der Ausarbeitung eines Stufenplanes gemäß dem Grundsatzbeschluß der Haager Gipfelkonferenz bestand. Die besondere Schwierigkeit der Aufgabe bestand in der Notwendigkeit, einen tragfähigen Kompromiß zwischen den divergierenden Positionen zu finden, die ihren Niederschlag auch in den diversen, bereits ausgearbeiteten offiziellen Stufenplänen gefunden hatten. Einem Zwischenbericht im Mai folgte im Oktober 1970 der *Abschlußbericht der Werner-Gruppe.* Er wird dem politischen Erfordernis eines *Kompromisses zwischen monetaristischer und ökonomistischer Position* dadurch gerecht, daß eine **Parallelität** *von wirtschaftspolitischer Abstimmung bzw. Vereinheitlichung einerseits und technisch-institutionellen Integrationsschritten auf währungspolitischem Gebiet andererseits* vorgeschlagen wurde. Allerdings wurde auch nachdrücklich auf die unumgänglichen politischen Konsequenzen einer Wirtschafts- und Währungsunion hingewiesen. Sie bestehen in erster Linie in einer größeren politischen Gemeinsamkeit, die durch *entscheidungsbefugte Gemeinschaftsorgane* herzustellen ist. Kompetenzeinbußen für nationale Organe sind damit unvermeidlich.

Der Werner-Bericht wies insofern prinzipiell den gleichen Weg – allerdings in akzentuierterer Weise – wie der schon im März 1970 vorgelegte Stufenplan der EG-Kommission, als letzterer ebenfalls einen Gleichschritt von währungstechnischen und wirtschaftspolitischen Integrationsmaßnahmen vorsah. Noch im Oktober 1970 machte die EG-Kommission von ihrem Vorschlagsrecht Gebrauch und unterbreitete als Stellungnahme zum Werner-Bericht einen *weiteren Stufenplan.* Er greift zwar in vielen Punkten auf den Werner-Bericht zurück, enthält aber gegenüber diesem und dem ersten Kommissions-Plan wichtige Abschwächungen. So ist das Parallelitätsprinzip nicht mehr eindeutig gefordert. Auch zu der von der Werner-Gruppe für zwingend notwendig gehaltenen Schaffung von Gemeinschaftsorganen mit Entscheidungskompetenz wird keine eindeutige Aussage gemacht. Man gewinnt daher den deutlichen Eindruck, als habe die Kommission aus politischem Pragmatismus – um nämlich insbesondere Frankreich die Zustimmung zu erleichtern – wichtige Punkte bewußt im Unklaren gelassen. Eine solche Politik der Verschleierung von Gegensätzen birgt die große Gefahr neuer Konflikte zu einem späteren Zeitpunkt in sich.

d) Der Startschuß – Entschließung des Rates über einen Stufenplan

Auf der Grundlage des Werner-Berichtes und der Kommissionsvorschläge begannen im EG-Ministerrat Verhandlungen mit dem Ziel, sich über einen verbindlichen Stufenplan zu einigen und seine Verwirklichung in Gang zu setzen. Nach kontroversen Verhandlungen verabschiedete der Rat in einer Entschließung[54] am 22. 3. 71 einen Stufenplan. Gleichzeitig wurde in zwei Entscheidungen die Einführung eines mittelfristigen Währungsbeistandssystems und eine engere Zusammenarbeit zwischen den Notenbanken der Mitgliedsländer beschlossen.

Im *Stufenplan des Ministerrates* waren offenbar drei Stufen vorgesehen. Zeitlich fixiert wurden jedoch nur die 1. Stufe (vom 1. 1. 1971 bis 31. 12. 1973) und der Zeitpunkt der Vollendung der Wirtschafts- und Währungsunion im Jahr 1980. Bedeutsamer waren jedoch die inhaltlichen Lücken und Unschärfen des Planes. Lediglich **der angestrebte Endzustand** *der Wirtschafts- und Währungsunion* war mit der wünschenswerten Deutlichkeit beschrieben:

1. Die EG bildet einen *einheitlichen Währungsraum.* Er ist im Inneren gekennzeichnet durch volle Konvertibilität, unwiderruflich feste Paritäten ohne Bandbreiten, unbeschränkten Kapitalverkehr und ein gemeinsames Zentralbanksystem.
2. Die EG bildet einen *Binnenmarkt.* Er ist gekennzeichnet durch unbeschränkten Personen-, Waren- und Dienstleistungsverkehr unter Vermeidung von Wettbewerbsverzerrungen. Das Entstehen oder Weiterbestehen von strukturellen und regionalen Unterschieden soll verhindert werden.
3. Die zur Erreichung dieser Ziele notwendigen Kompetenzverlagerungen auf Gemeinschaftsorgane sind zu vollziehen.

Die **konkreten Maßnahmen** jedoch, die zu diesem Ziel führen sollten, waren nur lückenhaft und ungenau beschrieben. So fehlte jegliche Angabe von konkreten Maßnahmen für die 2. und die 3. Stufe. Lediglich für die 1. Stufe (1971–1973) waren solche genannt. Es ist jedoch nicht zu übersehen, daß die 1. Stufe eher *vorbereitenden Charakter* hatte und die wirklich entscheidenden Schritte zur Wirtschafts- und Währungsunion noch nicht enthielt. Neben einigen Maßnahmen im währungspolitischen Bereich lag der Schwerpunkt der 1. Stufe auf einer Annäherung und Harmonisierung der Wirtschaftspolitik in der Gemeinschaft als Vorbereitung zu ihrer endgültigen Vereinheitlichung in der 2. und 3. Stufe. Im einzelnen waren vorgesehen: verstärkte Koordinierung der *kurzfristigen* Wirtschaftspolitik durch *vorherige Konsultationen* der nationalen Organe; Har-

---

[54] Die Entschließung ist streng genommen unverbindlich. Sie hat den Charakter einer Willensbekundung ohne die rechtliche Verbindlichkeit einer Ratsentscheidung.

monisierung der nationalen Steuersysteme; Aktivitäten zur Verringerung der regionalen und strukturellen Unterschiede.

Speziell auf *währungspolitischem Gebiet* waren vorgesehen: Koordinierung der Währungspolitik durch obligatorische Konsultationen im Währungsausschuß und im Ausschuß der Notenbankpräsidenten sowie durch Angleichung der währungspolitischen Instrumente, gemeinsame währungspolitische Haltung nach außen (gegenüber Drittländern), versuchsweise Verringerung der Bandbreiten zwischen den Währungen der Mitgliedsländer, eventuelle Schaffung eines „Europäischen Fonds für währungspolitische Zusammenarbeit".

Das **Prinzip der Parallelität** zwischen wirtschaftspolitischer Koordinierung einerseits und technisch-institutionellen Maßnahmen im Währungsbereich andererseits wurde übernommen. Seine Einhaltung sollte durch eine besondere „Vorsichtsklausel" abgesichert werden, die auf Drängen der Ökonomisten, insbesondere der deutschen Vertreter, in die Entschließung aufgenommen wurde und die besagt, daß vollzogene Schritte im Währungsbereich, also Verengung der Bandbreiten, Einrichtung eines Europäischen Währungsfonds und eines mittelfristigen Währungsbestandes, auf fünf Jahre begrenzt sind und daß ihre Fortdauer von entsprechenden (parallelen) Forschritten bei der Harmonisierung und Koordinierung der Wirtschaftspolitik abhängig ist.

3. Negative Bilanz der ersten Stufe

a) Keine Harmonisierung der nationalen Wirtschaftspolitiken

Die Bilanz der 1. Stufe war enttäuschend. Zwar ist zuzugestehen, daß die 1. Stufe in eine Zeit schwerer weltwirtschaftlicher Erschütterungen fiel (Währungskrisen, Ölkrise). Jedoch wäre es wohl ganz verfehlt, darin den Hauptgrund für das Stagnieren des europäischen Integrationsprozesses zu sehen. Besonders die vorgesehene *Harmonisierung der kurz- und mittelfristigen Wirtschaftspolitik blieb weit hinter den Erwartungen zurück.* Das galt für die Konjunktur-, die Haushalts-, die Steuer-, die Struktur- und die Währungspolitik. Selbst ein vom Rat im Herbst 1972 beschlossenes gemeinschaftliches Programm zur Inflationsbekämpfung mündete nicht in entsprechende gemeinschaftliche bzw. abgestimmte Aktionen. Krasse Rückschläge mußten bei der beabsichtigten weiteren Liberalisierung des Kapitalverkehrs hingenommen werden, da im Verlauf der Währungskrisen der 70er Jahre die meisten Länder zu administrativen Beschränkungen des Kapitalverkehrs Zuflucht nahmen.

Da dieses negative Ergebnis trotz eines erheblich gesteigerten Aufwandes an Konsultationen, gemeinsamen Beratungen und Kontakten in z. T. neuen Gremien eintrat, ist der Schluß unabweisbar, daß der Wille zur politischen Gemeinsamkeit fehlte. So bleiben als *Integrationsergebnisse* der 1. Stufe im wesentlichen die beabsichtigten *Änderungen im Währungsbereich*, nämlich die Schaffung eines Beistandssystems, die Verengung der Bandbreiten (Europäischer Währungsverbund) und die Errichtung eines Europäischen Fonds.

b) Der mittelfristige Währungsbeistand

Zu dem schon seit Februar 1970 in Kraft befindlichen *kurzfristigen Beistandssystem* trat im Januar 1972 der *mittelfristige Währungsbeistand*. Beide beruhen auf dem Prinzip der gegenseitigen Kreditgewährung zwischen den Notenbanken der Mitgliedsländer. Für jedes Land ist ein „Beitrag" festgelegt, der die Obergrenze seiner Beistandspflicht und im Falle des kurzfristigen Beistandes auch seiner Kreditaufnahmemöglichkeit darstellt. Die Verzinsung kurzfristiger Beistandskredite wird von der kreditgebenden Zentralbank festgelegt – normalerweise in Höhe der entsprechenden Inlandszinssätze. Über die Verzinsung mittelfristiger Beistandskredite dagegen entscheidet der Rat.

Die Kurzkredite sind zur Überbrückung kurzfristiger Zahlungsbilanzkredite bestimmt, die Zufallscharakter haben oder auf unterschiedlichen Konjunkturentwicklungen beruhen. Sie sollen dem betreffenden Land ausreichende Mittel in die Hand geben, um dabei eventuell auftretenden spekulativen Bewegungen durch Interventionen erfolgreich begegnen zu können. Problematisch ist hierbei die zu treffende Einstufung des jeweiligen Defizits. Eine Fehldiagnose führt zur Finanzierung dauerhafter Defizite mit kurzfristigen Kreditmitteln. Die Laufzeit der Kurzkredite beträgt drei Monate mit einer einmaligen Verlängerungsmöglichkeit um weitere drei Monate. Im Rahmen der jeweiligen Quoten besteht im Falle eines entsprechenden Defizits ein uneingeschränktes Zugriffsrecht, d. h. die Kreditnahme ist an keinerlei Bedingungen geknüpft.

Als Begründung für die Notwendigkeit und Zweckmäßigkeit eines *mittelfristigen Beistandes* wird meist lapidar auf die Unvermeidlichkeit längerfristiger „hartnäckiger" Zahlungsbilanzungleichgewichte hingewiesen. Eine solche Überzeugung, gepaart mit erweiterten Finanzierungsmöglichkeiten, dürfte keinen Ansporn zur Vermeidung solcher Ungleichgewichte (z. B. durch Vereinheitlichung der nationalen Wirtschaftspolitiken) darstellen. Zwar ist vorgesehen, daß der Rat dem Schuldnerland wirtschaftspolitische Auflagen machen kann. Aber bei der eher fatalistischen Haltung des Rates gegenüber „hartnäckigen" Ungleichgewichten ist mit einer strengen Vergabepraxis kaum zu rechnen. Die Laufzeit der Kredite beträgt zwei bis fünf Jahre.

c) Der europäische Währungsverbund

(1) „Die Schlange im Tunnel"

Als zweiter und wichtiger währungspolitischer Integrationsschritt während der 1. Stufe ist die Bildung des *Europäischen Währungsverbundes* (Währungsblock, Währungsschlange) zu nennen. In der Ratsentschließung vom März 1971 war, wie erwähnt, auch die Verengung der Bandbreiten zwischen den Währungen der Mitgliedsländer vorgesehen. Die Gelegenheit dazu schien günstig, als nach einer schweren Währungskrise im Dezember 1971 auf der Währungskonferenz in Washington eine weltweite Neufestsetzung der Wechselkurse vorgenommen wurde, von der sich viele eine anhaltende oder gar endgültige Konsolidierung der Währungssituation erhofften. Außerdem wurden im IWF-System die Bandbreiten, mit der die Währungen gegenüber dem Dollar schwanken durften, auf ± 2,25 % erhöht. Das bedeutete, daß die EG-Währungen gegeneinander um ± 4,5 % schwanken konnten.

(a) Funktionsweise

Das wurde als zu viel und integrationshemmend empfunden und war mitentscheidend für den Auftrag des Rates an die Zentralbanken, die *Bandbreite der EG-Währungen untereinander auf ± 2,25 %* zu verringern. Das bedeutete, daß *zu einem bestimmten Zeitpunkt* die Abweichung zweier EG-Währungen von ihrer Dollarparität zusammen maximal 2,25 % betragen durfte. Dieses System trat aufgrund einer Vereinbarung zwischen den EG-Zentralbanken im April 1972 in Kraft. Zur Veranschaulichung seiner Wirkungsweise wurde der bildhafte Ausdruck „Schlange im Tunnel" geprägt. Der „Tunnel" wurde dabei gebildet durch die festgelegte Schwankungsbreite gegenüber dem Dollar in Höhe von ± 2,25 % ≙ 4,5 %. Die 4,5 Prozent bildeten gewissermaßen den Durchmesser des Tunnels. Alle Währungen wurden durch Interventionen am Verlassen des Tunnels gehindert. Für die EG-Währungen untereinander galt nun zusätzlich, daß ihre Abweichung voneinander maximal 2,25 % (auf der Grundlage ihres Paritätskurses) betragen durfte. Der maximale Durchmesser der *EG-Währungsschlange* betrug also die Hälfte des Tunneldurchmessers. Die „Schlange" konnte sich im Zeitablauf „im Tunnel" auf und ab bewegen, ohne allerdings den „Tunnel" verlassen zu können und ohne ihren eigenen Maximal-Durchmesser von 2,25 % überschreiten zu können. Wohl aber konnte die „Dicke" der Schlange geringer als 2,25 % sein; das war dann der Fall, wenn die größte Abweichung zweier EG-Währungen von der Parität weniger als 2,25 % betrug. Bewegungen der EG-Währungsschlange innerhalb des Tunnels waren grob gesprochen nur möglich, wenn sich die Wechselkurse der Schlange-Währungen in derselben Richtung veränderten. Andernfalls wäre sofort oder alsbald die festgelegte Maximalabweichung zweier EG-Währungen voneinander in Höhe von 2,25 % überschritten und damit die enge Bandbreite gesprengt worden.

Um die Einhaltung der genannten Wechselkursgrenzen sicherzustellen, waren *Interventionen* der Notenbanken vorgesehen. Und zwar wurde das Verbleiben der Schlange innerhalb des Tunnels – wie im Bretton-Woods-System schon immer üblich - dadurch gesichert, daß die Zentralbank, deren Währung sich einer der Bandgrenzen (± 2,25 % der Dollarparität) näherte, *in Dollar* am Devisenmarkt intervenierte. Die Einhaltung der engen Bandbreite zwischen den Schlange-Währungen dagegen wurde durch Interventionen *in Gemeinschaftswährungen* sichergestellt. Wenn also der Abstand zweier EG-Währungen von der Parität auf 2,25 % angewachsen war und darüber hinauszugehen drohte, intervenierten die beiden beteiligten Notenbanken gemäß den vereinbarten Interventionsregeln gleichzeitig. Und zwar kauft die Notenbank der starken Währung (z. B. Deutsche Bundesbank) schwache Währung (z. B. französische Franc) an, während die Notenbank der schwachen Währung (Bank von Frankreich) starke Währung (DM) abgibt.

Da insbesondere Länder mit strukturell schwachen Währungen nur über geringe Reserven an starken EG-Währungen verfügen und außerdem die Ansammlung europäischer Währungen bei den Notenbanken durch das Basler Abkommen zwischen den EG-Notenbanken von 1972 begrenzt worden ist, sind die Länder verpflichtet, sich gegenseitig in unbegrenzter Höhe eigene Währung zur Verfügung zu stellen. Auf diese Weise können u. U. beträchtliche *Gläubiger-Schuldner-Positionen* zwischen den EG-Ländern entstehen. Die Dauer einer solchen Verschuldung ist jedoch auf höchstens (knapp) zwei Monate begrenzt; denn die *Rückzahlung* muß am Ende des auf die Intervention folgenden Monats erfolgen. Seit Errichtung des „Europäischen Fonds für währungspolitische Zusammenarbeit" im April 1973 werden die aus den Interventionen resultierenden Forderungen und Verpflichtungen *multilateral verrechnet*, so daß lediglich verbleibende Salden durch Devisenzahlungen ausgeglichen werden müssen. Kann das Schuldnerland mangels entsprechender Reserven nicht in Gläubigerwährung zahlen, so kann es auch andere Devisen zur Tilgung verwenden. Allerdings dürfen dazu nicht beliebige Devisen verwendet werden. Vielmehr soll die Tilgungszahlung in ihrer Zusammensetzung derjenigen der amtlichen Devisenreserven des Schuldnerlandes entsprechen. Das Gold war jedoch de facto von diesem Prinzip ausgenommen, weil die Schuldnerländer wegen des starken Anstieges des freien Goldpreises Goldlieferungen zum niedrigen offiziellen Goldpreis verweigerten.

(b) Erfahrungen und Ergebnisse

Obwohl das Interventionssystem und die diesbezügliche Zusammenarbeit der Notenbanken technisch einwandfrei funktionierten, war die *„Schlange im Tunnel"* als Integrationsmaßnahme ein **Mißerfolg.** Sie stellte ja ein Bretton-Woods-System im kleinen dar und war demzufolge insbesondere bei divergierender Wirtschaftsentwicklung der Mitgliedsländer von Zahlungsbilanzungleichgewichten bedroht. Im Juni 1972, also nur wenige Wochen nach Einführung des Systems, **mußten Großbritannien und Irland ausscheiden** und den Pfundkurs freigeben, weil es im Verlauf einer heftigen Pfund-Krise nicht mehr möglich war, den Wechselkurs durch Devisenabgaben stabil zu halten. Im Februar 1973 **gab auch Italien den Wechselkurs frei,** nachdem die italienische Lira unter starken Druck geraten war und die damit einhergehenden Devisenverluste für Italien nicht mehr zu verkraften waren. Da auch Dänemark den Währungsverbund zeitweise verlassen hatte und sich damit bis zu vier EG-Länder außerhalb des Verbundes befanden, ist das Experiment als Mißerfolg zu werten und sein Ausgang als Bestätigung der ökonomistischen Auffassung anzusehen; denn wirkliche (parallele) Fortschritte bei der Annäherung der nationalen Wirtschaftspolitiken waren nicht zu verzeichnen.

(2) Der Floating-Block

(a) Funktionsweise

Aber auch der verbleibende Torso des EG-Währungsverbundes war in der gegebenen Form nicht lebensfähig. Als im Februar 1973 mit der bisher schwersten Währungskrise gigantische Dollarbeträge insbesondere in die Bundesrepublik fluteten und als auch eine 10%ige Dollarabwertung sowie weitere Beschränkungen des internationalen Kapitalverkehrs keine entscheidende Wende brachten, wurde der europäische Währungsverbund mit Wirkung vom 19. 3. 1973 in einen *Floating-Block* modifiziert. Das bedeutete, daß die Teilnehmerländer den *Wechselkurs ihrer Währung gegenüber dem Dollar und anderen Drittwährungen frei schwanken ließen.* Gleichzeitig hielten sie aber untereinander weiterhin die enge Bandbreite von ± 2,25 % (ausgedrückt in Prozent der alten Dollar-Parität) ein. Es existierte also weiterhin die *Währungsschlange,* jedoch nunmehr ohne „Tunnel". Ihre „Dicke" betrug wie bisher maximal 2,25 % (Abstand zwischen jeweils stärkster und schwächster Währung). Zur Einhaltung dieser Bandbreite bedurfte es im Prinzip weiterhin der Interventionen, so daß das bestehende Interventionssystem zwischen den Mitgliedswährungen in Kraft blieb. Dollarinterventionen hingegen hätten zukünftig völlig entfallen können, da der Dollarkurs freigegeben war. De facto kam es jedoch immer wieder auch zu Interventionen auf dem Dollar-Devisenmarkt, weil eine beliebige Verringerung des Außenwertes des Dollar aus politischen und ökonomischen Gründen nicht erwünscht war. Gleichzeitig mit Einführung des Block-Floating wurde die *D–Mark* um 3 % gegenüber den Blockwährungen *aufgewertet. Mitglieder des Floating-Blocks* waren die EG-Länder *ohne* Großbritannien, Irland und Italien. Letztere ließen ihre Währungen auch gegenüber den Blockwährungen frei schwanken. Andererseits hatten sich mit Norwegen und zeitweilig auch Schweden zwei Drittländer dem Floating-Block und dem blockinternen Interventionssystem angeschlossen, wobei für diese Länder teilweise Sonderregelungen gelten bzw. galten.

(b) Erfahrungen und Ergebnisse

Das Block-Floating war zwar geeignet, Zahlungsbilanzprobleme gegenüber Drittländern durch Wechselkursanpassungen zu beseitigen oder wenigstens weitgehend zu mildern. Nicht gelöst war dagegen nach wie vor die Zahlungsbilanzproblematik zwischen den Ländern des Währungsblocks. Da das System im Innenverhältnis nach wie vor auf dem Grundsatz fester Wechselkurse beruhte, konnten Zahlungsbilanzungleichgewichte nur bei einer halbwegs gleichmäßigen Wirtschafts- und Preisentwicklung in den beteiligten Ländern ausbleiben. Die Chance dazu war jedoch angesichts der mangelnden Abstimmung der nationalen Wirtschaftspolitiken und des fehlenden politischen Willens von vornherein gering. Schon in den ersten Monaten nach Bildung des Floating-Blocks kam es zu starken Devisenbewegungen zwischen den Mitgliedsländern, so daß im Juni 1973 die *D-Mark nochmals um 5,5 % aufgewertet* wurde. Im September folgten der holländische Gulden und die norwegische Krone mit jeweils 5 %.

Die erste schwere Belastungsprobe aber stellte die Ölkrise Ende 1973 dar. Sie hatte das **Ausscheiden Frankreichs** *aus dem Floating-Block* im Januar 1974 zur Folge, das nicht mehr bereit war, die sich aus der Verschlechterung seiner Zahlungsbilanz ergebenden Interventionspflichten zu erfüllen.

Im Juli des folgenden Jahres (1975) kehrte Frankreich zwar wieder in den Floating-Block zurück, aber bereits um die Jahreswende setzten starke Kursverluste des Pfundes und der Lira auch den französischen Franc unter Druck. Trotz starker Interventionen der Deutschen Bundesbank mußte *Frankreich im März 1976 den Währungsverbund erneut verlassen.*

Nach kurzer Ruhe kam es innerhalb des Floating-Blocks zu neuen Währungsunruhen, die alle Block-Währungen mit Ausnahme der D-Mark erfaßten. Auch in diesem Fall erwiesen sich die erheblichen Interventionen der Bundesbank zur Stützung dieser Währungen als unzureichend, so daß im Oktober 1976 eine *Neufestsetzung der Wechselkurse* (Leitkurse) zwischen den Blockwährungen vorgenommen wurde. Dabei wurde *die D-Mark gegenüber allen Blockwährungen aufgewertet* und zwar gegenüber dem holländischen Gulden und dem belgischen Franken um 2 %, gegenüber der norwegischen und der schwedischen Krone um 3 % und gegenüber der dänischen Krone um 6,25 %.

Eine weitere Wechselkurskorrektur innerhalb der „Währungsschlange" erfolgte im April 1977 in Form einer *Abwertung der skandinavischen Währungen.* Die schwedische Krone wurde um 6 %, die dänische und die norwegische Krone jeweils um 3 % herabgesetzt. Im Unterschied zu den vorangegangenen Aktionen ähnlicher Art erfolgte diese Maßnahme jedoch nicht unter dem Druck der Währungsspekulation. Vielmehr handelte es sich um eine vorbeugende Maßnahme, mit der einer vorhersehbaren Entwicklung Rechnung getragen werden sollte. Voraussehbar war nämlich, daß der überdurchschnittliche Kostenanstieg, insbesondere in Schweden, und das weiterhin starke Preisgefälle gegenüber der Bundesrepublik Deutschland alsbald zu einer merklichen Überbewertung dieser Währungen führen und damit neue Währungsunruhen in Form spekulativer Devisenbewegungen provozieren würden.

Da die Abwertung der schwedischen Währung nicht von entsprechenden binnenwirtschaftlichen Stabilisierungsbemühungen begleitet war, setzte sich die Passivierung der schwedischen Zahlungsbilanz alsbald verstärkt fort und auch die beginnende Abwertungsspekulation verursachte verstärkte Devisenabflüsse. So kam es schon im August 1977 zu einer erneuten *Abwertung der schwedischen Krone* um 10 %. **Gleichzeitig schied Schweden aus dem Währungsverbund aus.** Als Reaktion auf die schwedische Abwertung *werteten auch Dänemark und Norwegen ihre Währungen um 5 % ab.*

Die *Beurteilung des Block-Floating* kann nach den gemachten Erfahrungen nicht überschwenglich ausfallen, insbesondere wenn man es an den Argumenten und Erwartungen seiner Befürworter mißt. Die zahlreichen blockinternen Wechselkurskorrekturen und das Ausscheiden Großbritanniens, Italiens, Frankreichs und Schwedens sind ein untrügliches Zeichen dafür, daß die wirtschaftspolitische Integration auch in der Floatingblock-Ära keine nennenswerten Fortschritte gemacht hat. Die monetaristische Hoffnung auf den Sachzwang währungstechnischer Integrationsmaßnahmen hat sich auch in diesem Fall nicht erfüllt. Auch die Erwartung, daß innerhalb des Floating-Blocks wenigstens mittelfristig feste Wechselkursrelationen gesichert seien und damit einem dringlichen Anliegen der Außenhändler Rechnung getragen sei, hat sich - wie oben dargelegt - nicht erfüllt. Schließlich haben sich auch die Befürchtungen nicht bewahrheitet, flexible Wechselkurse bzw. häufige Wechselkursänderungen würden den Außenhandel und die sonstigen internationalen Wirtschaftsbeziehungen entscheidend behindern.

So bleibt an Sachargumenten *für* das Gemeinschaftsfloating nicht viel übrig, und man ist geneigt, auch den Blockländern das separate Floaten ihrer Währungen zu empfehlen. Allerdings sollte man die *politische Wirkung* einer solchen Integrationseinrichtung nicht vernachlässigen. Das Auseinanderbrechen des Floating-Blocks würde von den Beteiligten sicher als schwerer politischer Mißerfolg empfunden. Außerdem glaubt man, daß dadurch das Funktionieren der EG-Agrarmarktordnungen erschwert würde. Der Wille zur Beibehaltung ist daher stark ausgeprägt. Dieser Wille, gepaart mit der Einsicht, daß der Währungsverbund auf die Dauer nur bei ausreichender Harmonisierung der nationalen Wirtschaftspolitiken aufrechterhalten werden kann, könnte dem Integrationsprozeß neue Impulse verleihen. Allerdings müßte realistischerweise auch akzeptiert werden, daß es sich hierbei um einen längerfristigen Prozeß handelt. In der Zwischenzeit können und werden daher immer wieder Korrekturen der Leitkurse erforderlich sein. Sie müssen als normale Anpassungsmaßnahme begriffen und zwecks Vermeidung spekulativer Überreaktionen rechtzeitig vorgenommen werden.

Die endgültige Auflösung des Währungsverbundes liegt jedoch nach Lage der Dinge ebenfalls im Bereich des Möglichen.

d) Der Europäische Fonds für währungspolitische Zusammenarbeit

Die dritte Maßnahme im Währungsbereich im Verlauf der 1. Stufe zur Europäischen Wirtschafts- und Währungsunion war die Errichtung des *Europäischen Fonds für währungspolitische Zusammenarbeit* im April 1973. Ursprünglich war der europäische Währungsfonds als zentrale Institution eines gemeinschaftlichen Zentralbanksystems gedacht, dem u. a. die Verwaltung der Währungsreserven der EG-Länder sowie die Überwachung und währungspolitische Beeinflussung der Devisenmärkte obliegen sollte. Noch in der Ratsentschließung vom März 1971 war die Errichtung des Fonds von positiven Erfahrungen mit dem System verengter Bandbreiten und von Fortschritten bei der Angleichung der nationalen Wirtschaftspolitiken abhängig gemacht worden. Diese Voraussetzungen waren offensichtlich nicht oder nur unzureichend erfüllt. Wenn der Fonds dennoch errichtet wurde, so dokumentierte sich darin keineswegs die Bereitschaft, endlich einen wirkungsvollen, ja entscheidenden Integrationsschritt zu tun. Eher ist darin eine unter Handlungs- und Erfolgszwang getroffene Maßnahme ohne große praktische Relevanz zu sehen; denn die dem Fonds übertragenen Funktionen sind geringfügig. Sie erschöpfen sich im wesentlichen in der Verwaltung des kurzfristigen Währungsbeistandes und der noch kurzfristigeren Kredite, die im Zuge der blockinternen Interventionen gewährt werden, und in der multilateralen Verrechnung der dabei entstehenden Gläubiger-Schuldner-Positionen. Die Bedeutung des Fonds wird noch dadurch verringert, daß de facto die Bank für Internationalen Zahlungsausgleich (als Beauftragte) die Funktionen des Fonds erfüllt und daß der Verwaltungsrat des Fonds mit dem schon existierenden Ausschuß der Zentralbankpräsidenten identisch ist. Der Fonds hat also mangels weitergehender Aufgaben und Kompetenzen keine nennenswerten Integrationsimpulse ausgelöst.

4. Alternativen und Zukunftsaspekte

a) Weiterhin kaum Fortschritte

Das Fazit der 1. Stufe war also ein ganz erheblicher Rückstand gegenüber den für diese Periode gesetzten Zielen. Obwohl der Zeitpunkt der geplanten Vollendung der Wirtschafts- und Währungsunion (1980) bereits in greifbare Nähe gerückt ist und der mitunter genannte Zeitraum für die 2. Stufe (1974–1976) längst verstrichen ist, dauert die 1. Stufe von der Sache her auch heute[55] noch fort, ohne daß die Zielrückstände seit Ende 1973 (geplantes Ende der 1. Stufe) wesentlich verringert worden wären. Zwar haben die europäischen Organe – wie üblich – geschäftige Aktivitäten entwickelt, die Kernprobleme der Unionsbildung aber blieben ungelöst. So hatte die EG-Kommission zwar ein ungeschminktes Resümee der 1. Stufe gezogen, die von ihr mehrfach empfohlenen Konsequenzen waren jedoch zwiespältig und deutlich monetaristisch gefärbt. Auf wirtschaftspolitischem Gebiet hielt sie Kompetenzübertragungen von nationalen auf Gemeinschaftsorgane nicht für erforderlich; es ist vielmehr nur von Prüfungen, Konsultationen und Richtlinien die Rede. Bei den währungspolitischen Vorschlägen dagegen war insbesondere von einer Vergemeinschaftung der Währungsreserven, von der Einführung einer Europäischen Währungseinheit, von einem gemeinschaftlichen Mitspracherecht bei Wechselkursentscheidungen und von der Schaffung einer neuen Kreditfazilität die Rede[56].

Der Rat der Europäischen Gemeinschaften ist – wie nach den bisherigen Erfahrungen auch kaum anders zu erwarten – bei den wirtschaftspolitischen Integrationsmaßnahmen nicht über die Kommissionsvorschläge hinausgegangen und hat die substantiellen währungspolitischen Vorschläge ebenfalls nicht aufgegriffen. So verharrten alle diesbezüglichen Ratsentscheidungen auch nach Ablauf der 1. Stufe weitgehend im Unverbindlichen. Bekundungen des guten Willens, Informations- und Konsultationsverbesserung, unverbindliche Leitlinien, neue Gremien (Ausschuß für Wirtschaftspolitik) sind kennzeichnend für die Integrationspolitik, deren eigentlicher Kernpunkt mehr und mehr die möglichst vollständige Wahrung der wirtschaftspolitischen Autonomie der Nationalstaaten zu werden scheint.

b) Alternativpläne

Es liegt nahe, daß auf den verschiedensten Ebenen, und nicht erst seit heute, nach Auswegen aus dieser Sackgasse gesucht wird. Bezogen auf das Hauptpro-

---

55 Zweite Jahreshälfte 1977.

56 *EG-Kommission:* Die Währungsordnung der Gemeinschaft. Bulletin der EG, Beilage 12, 1973 – *Dies.:* Verwirklichung der Wirtschafts- und Währungsunion. Bulletin der EG, Beilage 5, 1975. – *Dies.:* Bericht der Kommission an den Rat über die Umgestaltung des kurzfristigen Währungsbeistandes und die Bedingungen einer Vergemeinschaftung der Reserven. Brüssel, 27. Juni 1973.

blem der Wirtschafts- und Währungsunion, das in dem zähen Festhalten der Mitgliedsländer an ihren wirtschaftspolitischen Souveränitätsrechten und in der rücksichtslosen Verfolgung nationaler Eigeninteressen besteht, lassen sich die Vorschläge, das auf Grund gelaufene Integrationsschiff wieder flott zu machen, in drei Kategorien einteilen.

(1) Modifizierung des Stufenplanes

Die erste Kategorie fußt auf der Überzeugung, daß erstens in den bisherigen Plänen das nationale Beharrungsvermögen stark unterschätzt wurde und zweitens, daß sich die politischen Instanzen über die weitreichenden politischen Konsequenzen und die zu schaffenden Voraussetzungen einer Wirtschafts- und Währungsunion nicht hinreichend im klaren waren. Die Stufenpläne waren demzufolge in zeitlicher und inhaltlicher Hinsicht zu ehrgeizig. Für notwendig gehalten wird daher nicht so sehr eine prinzipielle Änderung des Integrationskonzepts, als vielmehr eine **gemächlichere Gangart und eine gründlichere Vorbereitung.** In einem langfristigeren Annäherungsprozeß sollen zunächst die unerläßlichen Voraussetzungen für eine Unionsbildung geschaffen werden, nämlich die zunehmende Abstimmung der nationalen Zielprioritäten, die Verringerung und Beseitigung der Inflationsgefälle und der allmähliche Abbau der krassesten regionalen Strukturunterschiede. Mit diesem Annäherungsprozeß könnte und sollte das Einüben des Verzichts auf Souveränitätsrechte in der Form einhergehen, daß die Rechte zwar zunächst bei den Nationalstaaten verbleiben, aber von diesen freiwillig nicht oder nicht voll ausgeübt werden. Später erfolgt dann eine schrittweise Übertragung von Kompetenzen auf Gemeinschaftsorgane.

Der Meinung, daß die weitreichenden Konsequenzen der Unionsbildung vielerorts nicht oder nur unzureichend erkannt wurden und daß das auf dem Werner-Bericht fußende Integrationsprogramm angesichts der Ausgangslage zu ehrgeizig war, ist kaum zu widersprechen. Durchaus fraglich ist jedoch, ob das empfohlene Rezept den Integrationserfolg sichert. Zwar spricht einiges dafür, daß eine bessere Vorbereitung und ein gemäßigteres Integrationstempo die Integrationswiderstände mindern würde, weil die Autonomieverluste geringer erschienen, und daß bei einer Annäherung der Wirtschaftslage in den Mitgliedsländern Lasten und Vorteile der Integration gleichmäßiger verteilt wären. Auf der anderen Seite ist auch bei langsamem Integrationstempo der politische Wille zur Vergemeinschaftung unerläßlich. Anderenfalls kommt es nicht zu einer Angleichung der Zielsysteme und zu Souveränitätsverzichten. Daß dieser politische Wille im Laufe der Zeit entsteht oder wächst, ist jedoch alles andere als sicher. Eine andere, durchaus nicht unwahrscheinliche Entwicklung ist vielmehr, daß als Folge der Rückschläge und Mißerfolge die vielerorts deutlich spürbare Integrationsverdrossenheit wächst und zu einem weiteren, immer schwerer wiegenden Handicap wird.

In die Reihe der Vorschläge, die von der grundsätzlichen Beibehaltung der bisherigen Integrationsstrategie ausgehen, gehört auch der französische Vorschlag einer **Modifizierung des Währungsverbundes**, die hauptsächlich in einer Erweiterung der Bandbreite zwischen den „Schlange-Währungen" bestehen soll. Die größere Bandbreite soll den schwächeren, jetzt floatenden Währungen eingeräumt werden (**äußere Schlange**), während die anderen Währungen ihre enge Bandbreite beibehalten (**innere Schlange**). Der größere Schwankungsspielraum soll es ermöglichen, auch die schwächeren Währungen im Verbund zu halten. Von der Wechselkursstabilisierung sollen positive gesamtwirtschaftliche Wirkungen ausgehen. Allerdings wird von Frankreich zu diesem Zweck eine erhebliche Aufstockung des kurz- und mittelfristigen Währungsbeistandes für erforderlich gehalten.

Dieser Plan kann nur erfolgreich sein, wenn die Zahlungsbilanzschwierigkeiten und damit auch die Währungsschwäche der floatenden Länder kurzfristiger Natur wären. Die Entwicklung in Großbritannien und Italien hat aber gezeigt, daß es sich um strukturelle und daher dauerhafte Schwächen handelt, die sich bei floatenden Kursen in einem starken und nachhaltigen Kursverfall äußern. Feste Wechselkurse - auch mit erweiterer Bandbreite - sind unter diesen Bedingungen nur durch die Finanzierung ständig wachsender Defizite aufrechtzuerhalten. Das aber würde den Partnerländern - ganz im Stile des Bretton-Woods-Systems - ständige Liquiditätszuflüsse und Inflationsimpulse bescheren.

(2) Europäische Parallelwährung

Ausgangspunkt der zweiten Kategorie von Vorschlägen ist, daß die bisherige Strategie als gescheitert anzusehen ist und daß auch von einer gemäßigteren Gangart und von leichteren Modifizierungen des bisherigen Programms keine Aufweichung der nationalegoistischen Haltung der Mitgliedsländer zu erwarten ist. Es wird daher ein grundlegend anderes Integrationskonzept empfohlen. In der Hauptsache sieht es die **Einführung einer neuen supranationalen Währung („Europa") vor, die neben den weiterhin gültigen nationalen Währungen in den Mitgliedsländern umläuft,** *(Parallelwährung)*[57]. Tragender Gedanke dieses

---

[57] Der Vorschlag ist in mehreren Versionen unterbreitet worden, die aber in den Hauptzügen übereinstimmen. Vgl. R. *Vaubel:* Die Pläne für eine europäische Parallelwährung. Die Weltwirtschaft 1972, H. 2. - N. *Walter:* Europäische Währungsunion: Kartellösung versus Eurowährung. Die Weltwirtschaft, 1972, H. 1. - The All Saints' Day Manifesto for European Monetary Union. The Economist, 1. Nov. 1975, S. 33-38. - F. *Holzheu:* Der „Europa": Ein neuer Weg zur europäischen monetären Integration? Diskussionspapier 22 (1976) des Instituts für Wirtschaftswissenschaften der Technischen Universität Berlin.

Planes ist, daß die für viele EG-Länder offensichtlich unverzichtbare *wirtschaftspolitische Autonomie vorerst erhalten bleibt*, daß aber andererseits schon in einem frühen Integrationsstadium ein Integrationsschritt getan wird, der langsam aber zwingend zur *Übertragung von wirtschaftspolitischen Kompetenzen an ein Gemeinschaftsorgan* führt.

Einerseits bleibt die wirtschaftspolitische Unabhängigkeit der Länder dadurch erhalten, daß sie ihren geldpolitischen Kurs und damit das Inflationstempo durch autonomen Einsatz ihrer geldpolitischen Instrumente weiterhin selber bestimmen. Das wird erreicht durch *Flexibilität der Wechselkurse*, die die Geldpolitik von Zahlungsbilanzaufgaben entlastet. Gleichzeitig soll die Wechselkursflexibilität auch die Prozesse der notwendigen Strukturanpassung induzieren. Das Fortschreiten des Integrationsprozesses andererseits wird dadurch sichergestellt, daß das neue europäische Geld zunehmend insbesondere *die schwachen nationalen Währungen verdrängt*. Dadurch geht die geldpolitische Kompetenz mehr und mehr auf die Gemeinschaftsinstitution über, der die Emission und Regulierung der Europa-Währung übertragen ist. Die Verdrängung der *nationalen Währungen* erfolgt deswegen, weil der *„Europa"* *kaufkraftstabil* gehalten wird. Das geschieht dadurch, daß die nationalen Währungen im Umfang ihrer inflationsbedingten Kaufkraftminderung gegenüber der Europa-Währung abgewertet werden. Es ist klar, daß bei einer derartigen Kaufkraftgarantie und bei Vorliegen einiger anderer Voraussetzungen der Anreiz sehr stark sein wird, die inflationsbedrohten Inlandswährungen in wertgesicherte Europa-Währung umzutauschen. Zu den Voraussetzungen, die für die erfolgreiche Einführung der neuen Währung wichtig sind, gehören in erster Linie die möglichst *vielseitige Verwendbarkeit* (gesetzliches Zahlungsmittel mit Annahmezwang) und die unbeschränkte *Umtauschbarkeit* nationaler Währungen in die Europa-Währung.

Wenn auch die Ausgestaltung eines solchen Systems im Detail recht unterschiedlich sein kann, so stellt sich in jedem Fall die wichtige Grundsatzfrage, *ob seine Realisierung wirklich nur geringfügige oder gar keine Souveränitätsverzichte erfordert* und damit das schwerwiegendste Integrationshemmnis beseitigt. Diese Frage ist aus folgenden Gründen zu *verneinen:*

1. Die Parallelwährung erfordert die sofortige Entscheidung über ein supranationales zentralbankähnliches Institut, dem früher oder später Gemeinschaftskompetenzen zuwachsen und das gemäß dem zugrundeliegenden Konzept eindeutig auf eine strikte Stabilitätspolitik festgelegt ist, weil andernfalls die notwendige Attraktivität der Europa-Währung nicht gewährleistet ist. Dieser Schritt erfordert also die Bereitschaft zu einer beträchtlichen Autonomiebeschränkung und zur frühzeitigen Festlegung

auf eine konsequente Stabilitätspolitik, wobei allerdings der Zeitpunkt der Realisierung offen ist.

2. Je nach Attraktivität der Europa-Währung kann die Verdrängung der nationalen Währungen recht schnell erfolgen, so daß auch die Einschränkung der geldpolitischen Autonomie schnell eintritt.

3. Es ist zu erwarten, daß die Währungen mit den höchsten Inflationsraten am schnellsten verdrängt werden. Es müßten also gerade die Länder am ehesten auf eine eigenständige Geldpolitik verzichten, die den größten Wert auf ihre Beibehaltung legen, weil ihnen eine kontraktive Politik in ihrer Situation wegen der möglichen Beeinträchtigung anderer wichtiger Ziele als unakzeptabel erscheint. Mit Sicherheit würden sie darin eine Diskriminierung sehen.

4. Die vorgesehene Wechselkursflexibilität würde den Verzicht auf nationale Wechselkurspolitik und damit auf ein von manchen EG-Ländern als wichtig angesehenes Instrument der Konjunktur- und Beschäftigungspolitik bedeuten.

5. Mit der beliebigen Umtauschbarkeit von nationaler in Europa-Währung würde faktisch die volle Freiheit des Kapitalverkehrs zwischen den EG-Ländern hergestellt und alle Maßnahmen zur Beschränkung des Kapitalverkehrs innerhalb der EG würden unwirksam. Auch das macht eine eigenständige Geldpolitik praktisch unmöglich. Denn auf dem so entstandenen einheitlichen EG-Kreditmarkt induzieren geldpolitische Maßnahmen eines Landes unweigerlich Kapitalbewegungen, die zu einer schnellen Angleichung der Zinsen und sonstigen Konditionen auf dem EG-Kreditmarkt führen und die außerdem unerwünschte Wechselkursschwankungen hervorrufen. Eine wirksame Geldpolitik müßte also eine abgestimmte Geldpolitik sein.

6. Schließlich erscheint auch die Erwartung übertrieben, daß durch die marktgerechte Bildung der Wechselkurse (flexible Wechselkurse) erhebliche regionale Anpassungsprozesse in Gang gesetzt werden.

7. Würde man dem System – wie von verschiedener Seite vorgesehen – einen Interventionsfonds zur Nivellierung erratischer, kurzfristiger Wechselkursschwankungen beigeben, so wäre es zusätzlich mit dem Risiko belastet, daß durch „falsche" Interventionen längerfristige, strukturelle Zahlungsbilanzungleichgewichte finanziert würden.

Durch das Vorangegangene wird die obige Aussage bestätigt, daß die Parallelwährung keineswegs geringere Autonomieverzichte erfordert als der Stufenplan à la Werner-Bericht. Vielmehr setzt sie substantielle Entscheidungen, die Souveränitätseinbußen implizieren, zu einem frühen Zeitpunkt voraus.

(3) Angleichung der Geldpolitik als Integrationshebel

Fehlt dem Plan einer europäischen Parallelwährung auch der behauptete Vorteil geringerer politischer Schwierigkeiten, so bleibt er doch eine diskussionswürdige Alternative zum Werner-Plan. Allerdings bedarf er der Komplettierung, insbesondere für den Bereich der Wirtschaftspolitik. In dieser Richtung ist weitergearbeitet worden, u. a. von einer im Auftrag der EG-Kommission tätigen Sachverständigengruppe, die ein umfassendes, wenngleich nicht sehr detailliertes und ausgefeiltes Integrationsprogramm erarbeitet hat[58]. Auf monetärem Gebiet ist eine enge Kooperation und Abstimmung der nationalen Währungspolitiken, die Schaffung eines Währungsstabilisierungsfonds in der EG und die Einführung einer neuen europäischen Rechnungs- und später auch Währungseinheit vorgesehen. Ohne auf Einzelheiten einzugehen, ist hierin insofern eine weitere (dritte) Kategorie von Plänen zu sehen, als eine weitgehende Kooperation in der Geld- und Währungspolitik mit entsprechenden **Autonomieeinschränkungen für unaufschiebbar gehalten** wird. Allerdings stößt man hier genau an den Punkt, der den Stufenplan zum Stillstand brachte: Wie sollen Abstimmung und notwendiger Autonomieverzicht angesichts des weiterhin fehlenden Integrationswillens der Regierungen durchgesetzt werden? Zu diesem Punkt hat der Sachverständigenrat (SVR) in seinem Gutachten 1976/77 einen quasi ergänzenden Vorschlag unterbreitet[59], dessen Kern darin besteht, *daß die EG-Länder* **durch Sanktionsdrohungen** *zur Einhaltung des von ihnen gemeinsam beschlossenen geldpolitischen Kurses veranlaßt werden.* Der zugrundeliegende Gedanke ist, daß jedes Land unbesorgt Souveränitätsverzichten zustimmen kann, wenn ausreichende Sicherheit besteht, daß es nicht durch regelwidriges Verhalten eines Partnerlandes Nachteile in Kauf nehmen muß. Das geeignete Druckmittel zur Sicherung des Wohlverhaltens sieht der SVR in der Abmachung, *daß bei „nennenswerten" und „dauerhaften" Regelverstößen die Interventionsverpflichtungen der Partnerländer ruhen.* Triebe also ein Land vereinbarungswidrig Inflationspolitik, so würden die Partnerländer die Interventionen zur Stützung seiner Währung einstellen. Da das Land den Wechselkurs mit Hilfe der eigenen Reserven nicht lange wird halten können, ist eine Wechselkurskorrektur oder ein Ausscheiden aus dem Währungsverbund unvermeidlich. Für die EG-Länder, die zur Zeit nicht dem Floating-Block angehören, sieht der Vorschlag des SVR ein allmähliches Heranführen an die gemeinsame Geldpolitik vor, indem für sie ein weniger strikter geldpolitischer Kurs verabredet

---

[58] *Kommission der EG* (Hrsg.): Bericht der Studiengruppe „Wirtschafts- und Währungsunion 1980". Brüssel 1975.

[59] Jahresgutachten 1976/77 des Sachverständigenrates. Bundestagsdrucksache 7/5902. Ziffer 496 ff. (S. 179 ff.).

wird, der im Laufe der Übergangszeit immer mehr an die gemeinsame Geldpolitik des Floating-Blocks angenähert wird. Auch für diese Länder gilt, daß sie ihren Anspruch auf Solidarhilfe und Währungsbeistand verlieren, wenn sie den vereinbarten geldpolitischen Spielraum nicht einhalten.

Abgesehen von der kontroversen geldtheoretischen Frage, ob die überragende Stellung gerechtfertigt ist, die der SVR der Geldpolitik und dem Prinzip der mittelfristig stetigen Geldmengensteuerung einräumt, ist zu konstatieren, daß auch dieser Plan auf dem Prinzip Hoffung beruht. Auf der Hoffung nämlich, daß die Länder sich in einen gemeinsamen geldpolitischen Rahmen einfügen und die erforderliche monetäre Disziplin üben. Angesichts der seit Jahren geübten und der auch gegenwärtig vielfach noch üblichen geldpolitischen Praxis fällt es schwer, daran zu glauben. Noch gar nicht berücksichtigt sind dabei die Schwierigkeiten, die die Ausarbeitung und Praktizierung einer wirklich gemeinsamen Geldpolitik aufwerfen, bei der vordringlich sicherzustellen wäre, daß sie keine Ausweichmöglichkeiten, Schlupflöcher und Interpretationsspielräume böte, die die geldpolitische Gemeinsamkeit de facto wieder beseitigen würden.

(4) Getrennte Integration

Der belgische Ministerpräsident Leo *Tindemans* war vom Europäischen Rat mit einer Untersuchung neuer Möglichkeiten zur Beschleunigung und Intensivierung der europäischen Integration beauftragt worden. Der „Tindemans-Bericht"[60] war 1976 fertiggestellt. Hierin wird vorgeschlagen, die unterschiedliche Integrationsfähigkeit und -willigkeit der EG-Länder als Faktum zu akzeptieren und als Konsequenz *die Integration in zwei getrennten Gruppen zu vollziehen.* Die Länder mit weitgehend ähnlicher Wirtschaftsstruktur und positiver wirtschaftlicher Gesamtlage bilden eine Gruppe, die sich durch zügiges Integrationstempo mit entsprechend hoher Integrationsintensität auszeichnet. Die zweite Gruppe verfolgt einen eigenen, langsameren und weniger ehrgeizigen Integrationsweg. Hier wird von vorneherein mehr Spielraum für wirtschaftspolitische Eigenständigkeit eingeräumt und bewußt Zeit gelassen für die Behebung oder Verminderung der strukturellen Schwächen dieser Länder, eine Aufgabe, zu der auch die anderen Länder geeignete Beiträge leisten sollen. Nach Schaffung der günstigeren Voraussetzungen kann sich auch der Integrationsprozeß der zweiten Gruppe beschleunigen, so daß irgendwann einmal Integrationsgleichstand mit den Ländern der ersten Gruppe erreicht werden kann.

Die Reaktionen auf den Bericht haben gezeigt, daß eine solche Zweiteilung delikate Prestige- und Imageprobleme aufwirft. Über diese emotionsbedingten

---

60 Leo *Tindemans:* Die Europäische Union. Bericht von L. Tindem[illegible]n den Europäischen Rat. Brüssel 1976.

Konsequenzen hinaus ist jedoch zu befürchten, daß die bewußte, wenn auch zeitweise Auflösung des engen Integrationsverbundes erhebliche desintegrierende Kräfte erzeugen würde. Der Integrationswille könnte geschwächt werden oder es könnte sich eine Front der Unionsgegner formieren, die einen geringeren Integrationsgrad als Endstadium für die Gesamtheit anstreben.

c) Ausblick

Die Vielzahl der alternativen Pläne und Vorschläge für die Verwirklichung einer europäischen Wirtschafts- und Währungsunion läßt die Frage nach dem Patentrezept aufkommen und legt zugleich die Antwort nahe: Es gibt offensichtlich keines! Der wesentliche Grund dafür ist, daß keine sichere Aussage darüber möglich ist, auf welche Weise der Mangel an politischem Willen zu einer Integration, die die Bereitschaft zu Souveränitätsverzichten einschließt, zu überwinden ist. Alle diesbezüglichen Aussagen gründen sich auf Hoffnungen oder Vermutungen. Unstrittig ist allerdings, daß die starken Diskrepanzen der wirtschaftlichen Strukturen in den EG-Ländern *eine* wichtige Ursache für die mangelnde Integrationsbereitschaft sind. Es liegt daher nahe, das Schwergewicht der Integrationspolitik auf den *Abbau der Strukturunterschiede* in der EG zu legen. Finanzielle Strukturhilfen der strukturstarken Länder sind dafür unerläßlich. Sie sind - zweckgerecht verwendet - weit effizienter als die üblichen Zahlungsbilanzhilfen in vielerlei Form. Da Strukturhilfen in den Empfängerländern sehr begehrt sind, erscheint es realistisch, sie mit konkreten Verwendungsauflagen zu verbinden, die den EG-Organen bestimmte Kontrollrechte einräumen. Im Gleichschritt mit der europäischen Strukturpolitik ließen sich weitere institutionelle und rechtliche Angleichungs- und Harmonisierungsschritte realisieren, die unter Autonomiegesichtspunkten weniger problematisch sind. Zu denken wäre an steuerrechtliche, haushaltsrechtliche, versicherungsrechtliche Angleichungen; aber auch eine Angleichung der wirtschaftspolitischen Instrumente und die Schaffung notwendiger gemeinsamer Institutionen oder die Institutionalisierung der Zusammenarbeit nationaler Institutionen könnte und sollte in die Wege geleitet werden.

Die Vergemeinschaftung der Wirtschafts- und Währungspolitik sollte demnach erst dann in Angriff genommen werden, wenn gesetzte strukturpolitische Ziele erreicht sind oder eine nachweisbare und sichtbare positive Entwicklung im Gange ist. Das bedeutet auch eine Absage an weitere Initiativen für eine baldige oder vorgezogene währungspolitische Integration. Die Frage ist allerdings, ob man den Währungsverbund, die „Schlange", zugunsten isoliert floatender EG-Währungen aufgeben sollte oder ob man an diesem Integrationsergebnis, das ja auch eine nicht zu unterschätzende Symbolwirkung hat, festhalten sollte. Für eine völlige Freigabe der Wechselkurse - abgesehen von Interventionen zum

Ausgleich erratischer Schwankungen – spricht, daß die Unterschiedlichkeit der Wirtschaftslage und der Wirtschaftspolitik in den EG-Ländern für die absehbare Zeit immer wieder Wechselkursänderungen erfordern wird. Will man jedoch das Integrationssymbol „Währungsschlange“ erhalten und mißt man den bei Existenz der „Schlange“ erforderlichen intensiven währungspolitischen Kontakten zwischen den EG-Ländern hohen integrativen Wert bei, so müßte sichergestellt werden, daß Wechselkurskorrekturen innerhalb der Schlange zum „normalen“ Vorgang werden und daß sie frühzeitig erfolgen. Zugegebenermaßen ist jedoch die Sicherstellung einer ausreichenden, fallweisen Anpassung der Wechselkurse innerhalb des Währungsverbundes ebenfalls ein erhebliches Problem.

5. Optimaler Währungsraum

Zum Abschluß dieses Kapitels und damit des Buches soll kurz auf das Problem des optimalen Währungsraumes eingegangen werden. Es geht dabei um die Frage, *ob und in welcher Weise die Größe eines Währungsraumes wichtige ökonomische Zielgrößen beeinflußt.* Die Fragestellung steht insofern in sachlichem Zusammenhang mit der europäischen Währungsintegration, als hierbei die Verschmelzung mehrerer nationaler Währungsgebiete zu einem einheitlichen Währungsraum zur Debatte steht, so daß sich die Frage aufdrängt, ob die Schaffung eines gemeinsamen EG-Währungsraumes (Währungsunion) unter ökonomischen Gesichtspunkten optimal wäre. Diese „europäische“ Fragestellung war es auch, die *Mundell* zum ersten grundlegenden Aufsatz über optimale Währungsräume anregte[61].

Ein *Währungsraum* kann einmal einen Staat mit einer einheitlichen Währung umfassen. In diesem in der Realität sehr häufigen Fall sind Währungs- und Staatsgebiet identisch. Ein Währungsraum kann aber auch mehrere Staatsgebiete und deren nationale Währungen umschließen. Das ist der Fall, wenn die Wechselkurse der beteiligten Währungen unveränderlich fixiert sind und die unbeschränkte Konvertibilität der Währungen gewährleistet ist. Unter diesen Voraussetzungen kann man innerhalb des überstaatlichen Währungsraumes unbeschränkt und ohne Kursrisiko monetäre Transaktionen vornehmen. Im Unterschied zum innerstaatlichen Währungsraum fallen hier jedoch beim erforderlichen Umtausch in andere Währungen Kosten an.

Die Beantwortung der Frage nach der Optimalität eines Währungsraumes ist zunächst abhängig von der zugrundeliegenden Zielvorgabe. In den meisten Beiträgen werden die Ziele **Preisstabilität und Vollbeschäftigung** als Beurteilungs-

---

61 R. A. *Mundell:* A Theory of Optimum Currency Areas. American Economic Review. Vol. 51 (Sept. 1961).

maßstab herangezogen. Es gibt jedoch auch Arbeiten, in denen die durch die Bildung eines Währungsraumes verursachten Wohlfahrtseffekte als Bewertungsmaßstab dienen. Wegen des unbewältigten Problems der Wohlfahrtsmessung sind jedoch bei diesem Ansatz die Aussichten auf anwendungsnahe Ergebnisse von vorneherein gering.

a) Vollkommene Mobilität der Arbeitskräfte als Optimalitätskriterium

Auf welche Weise das Beschäftigungs- und das Stabilitätsziel durch die Größe des Währungsraumes tangiert werden können, verdeutlicht die grundlegende Argumentation Mundells. Danach hat der Währungsraum dann die **optimale Ausdehnung**, wenn darin *vollkommene Mobilität der Arbeitskräfte* gegeben ist. Andernfalls kommt es bei Veränderungen der Angebots- und Nachfragestrukturen zu Inflation und/oder Beschäftigungslosigkeit innerhalb des Währungsraumes, und zwar aus folgendem Grund: Findet z. B. innerhalb eines Landes eine Nachfrageverlagerung von den vorwiegend (oder ausschließlich) im Ostteil (O) zu den vorwiegend (oder ausschließlich) im Westteil (W) des Landes gefertigten Gütern statt, so entsteht zunächst einmal ein Angebotsüberschuß an „O-Gütern" und ein Nachfrageüberhang nach „W-Gütern". Bei ausreichender Mobilität der Arbeitskräfte würden diese Ungleichgewichte alsbald abgebaut, indem Arbeitskräfte von O nach W wandern, so daß sich das Arbeitsangebot sowohl der sinkenden Arbeitsnachfrage in O wie auch der steigenden Arbeitsnachfrage in W anpaßt. Kommt es jedoch zu keinen oder nur zu unzureichenden Wanderungen von Arbeitskräften, so entsteht in O dauerhafte Arbeitslosigkeit und in W Überbeschäftigung, verbunden mit Preissteigerungstendenzen bei den „W-Gütern". Versucht nun die staatliche Wirtschaftspolitik die Arbeitslosigkeit in O durch expansive Politik zu beseitigen, so verursacht die steigende Geldmenge Inflation. Es existiert also eine Dilemmasituation zwischen Arbeitslosigkeit und Inflation.

In diesem Fall wäre demnach ein Währungsraum in Größe des Staatsgebietes suboptimal. Als logische Konsequenz ergibt sich die Empfehlung, das Staatsgebiet *in mehrere Währungsräume mit unterschiedlichen Währungen* aufzuteilen, so daß innerhalb eines jeden Währungsraumes eine möglichst hohe Mobilität gegeben und damit ein reibungsloser Anpassungsprozeß sichergestellt wäre. Zwischen den Währungsräumen dagegen müßten die *Wechselkurse flexibel* sein. Träte nun die oben angenommene Nachfrageverlagerung von „O-Gütern" zu „W-Gütern" ein, so würden Arbeitslosigkeit und Inflation durch Wechselkursanpassungen verhindert. Die Nachfrageverlagerung würde nämlich die Leistungsbilanz von W aktivieren und die von O passivieren. Auf dem Devisenmarkt erhöht sich daher der Außenwert der W-Währung, während der der O-Währung sinkt. Für O verteuern sich dadurch die W-Güter, während sich für W die O-Güter verbilligen. Als Folge sinken in O die Importe aus W und die Exporte nach W steigen, so daß das durch die Nachfrageverlagerung eingetretene Defizit wieder ausgeglichen und die Nachfragelücke beseitigt wird. In W geschieht das Umgekehrte, so daß dort der Exportüberschuß und damit auch der Nachfrageüberhang wieder abgebaut wird (Wechselkursmechanismus)[62].

b) Kritik und Modifikationen des Mundellschen Ansatzes

(1) Politische Undurchführbarkeit

Der Mundellsche Ansatz ist in vielfältiger Weise kritisiert und modifiziert worden. Der theoretisch zwar anspruchslose aber praktisch *schwerwiegendste Einwand* richtet sich gegen die Wirklichkeitsferne der Vorstellung, ein Staatsgebiet könnte aus währungstheoretischen Gründen in mehrere Währungsräume aufgespalten werden. Viel zu sehr ist die einheitliche nationale Währung auch Symbol der politischen Einheit und Integration, als daß man bereit wäre, sie aufgrund eines ökonomischen Kalküls aufzugeben.

Dieses Argument mag zwar bei einer beabsichtigten Währungsintegration, also der Zusammenfassung mehrerer nationaler Währungsgebiete an Gewicht verlieren, nur liefert der Mundellsche Ansatz - kritisch betrachtet - keine Argumente für eine solche Integration. Denn vollkommene Mobilität der Arbeitskräfte als Hauptvoraussetzung für einen optimalen Währungsraum erfordert *sehr kleine Regionen* und ist auch dort bestenfalls angenähert realisiert. Jede Währungsintegration würde daher mit Sicherheit die Größe eines optimalen Währungsraums Mundellscher Prägung überschreiten.

(2) Stark eingeschränkte Arbeitsmobilität

Die Gründe für die in der Realität stark eingeschränkte Arbeitskräftemobilität sind vielfältig. Sie können hier nicht im einzelnen diskutiert werden[63]. Als besonders wichtiger Grund sei jedoch erwähnt, daß *die Lohnhöhe oder andere rein ökonomische Faktoren nicht die wichtigste Rolle bei der Arbeitsplatzwahl spielen.* Vielmehr wird die Entscheidung für oder gegen einen Arbeitsplatz maßgeblich von einer Reihe anderer Faktoren beeinflußt. Man kann daher nicht davon ausgehen, daß durch Nachfrageverschiebungen verursachte Veränderungen der Lohnrelationen Mobilitätsprozesse auslösen, die das Gleichgewicht auf dem Arbeitsmarkt wiederherstellen. - Ein weiteres starkes Mobilitätshemmnis stellt die *geringe Transparenz* auf dem Arbeitsmarkt dar. Sie bewirkt, daß die Informationen der Arbeitskräfte über relevante Arbeitsmarktvorgänge mit

---

62 Näheres zum Wechselkursmechanismus siehe oben, S. 73 ff.

63 Ausführlicher bei Hubertus *Adebahr*: Art. Arbeitsmobilität. In: Eduard *Gaugler* (Hrsg.): Handwörterbuch des Personalwesens. Stuttgart 1975. S. 241 ff.

räumlicher Ausdehnung des Marktes immer lückenhafter werden, so daß auch aus diesem Grunde Mobilitätsprozesse ausbleiben und dauerhafte Arbeitsmarktungleichgewichte entstehen können. - Schließlich sei darauf hingewiesen, daß die *Mobilitätsfähigkeit der Arbeitskräfte begrenzt* ist. Arbeitsmarktungleichgewichte lassen sich meist nicht allein durch räumliche Mobilität beheben, sondern erfordern auch die *fachliche Mobilität* der Arbeitskräfte. Abgesehen davon, daß Tätigkeits- und Berufswechsel immer mit - häufig sehr hohem - Zeitaufwand verbunden sind, gibt es „natürliche" Grenzen, die einen Tätigkeits- bzw. Berufswechsel oft gänzlich unmöglich machen. Wichtiger Faktor ist hier das Lebensalter, weil mit steigendem Alter Lernfähigkeit und -bereitschaft abnehmen. Auch die absolvierte Schul- und Berufsausbildung entscheidet darüber, in welchem Umfang eine spätere fachliche Mobilität praktisch vollziehbar ist. Und schließlich bewirken auch die natürlichen Veranlagungs- und Begabungsunterschiede eine faktische Begrenzung der fachlichen Mobilität.

(3) Ökonomische Argumente gegen das Theorem vom optimalen Währungsraum

Aus all dem folgt, daß die optimalen Währungsräume Mundellscher Prägung sehr klein und folglich auch sehr zahlreich sein müßten. Auch wenn man von der politischen Undurchführbarkeit dieses Konzeptes absieht, gibt es eine Reihe von *ökonomischen Gründen, die gegen eine derartige währungspolitische Zersplitterung sprechen:*

1. Selbst in einer Region mit vollkommener Arbeitskräftemobilität ist nicht sichergestellt, daß entstehende Ungleichgewichte durch die einsetzenden Mobilitätsprozesse wieder völlig ausgeglichen werden. Das wäre vielmehr nur dann der Fall, wenn die durch die Nachfrageverschiebung verursachte Verringerung des Arbeitskräftebedarfs des einen Sektors genau der Mehrnachfrage nach Arbeitskräften im anderen Sektor entspräche, wenn also die Produktionen die gleiche Arbeitsintensität aufweisen.

2. Je kleiner ein Währungsraum ist, desto stärker ist die Tauschmitteleigenschaft als wichtigste Funktion des Geldes beeinträchtigt. Denn in sehr kleinen Währungsräumen kann nur ein entsprechend kleiner Teil des von den Nachfragern gewünschten Warensortiments produziert werden. Der ganz überwiegende Teil muß aus vielen anderen kleinen Währungsräumen importiert werden. Die Binnenwährung kann daher zu einem großen Teil nicht direkt als Tauschmittel verwendet werden, sondern muß in viele andere Währungen transferiert werden. Dabei entstehen in steigendem Umfang Kosten für den Währungsumtausch und die notwendige Kurssicherung.

Ein weiterer Nachteil derartiger Kleinst-Währungen bestünde darin, daß der

Wechselkurs schon durch Einsatz geringfügiger Mittel, also etwa durch einen einzigen Spekulanten erheblich beeinflußt werden kann.

3. Bei Währungsräumen mit *starker Außenhandelsverflechtung* wirken sich die durch Wechselkursänderungen hervorgerufenen Preisänderungen der Außenhandelsgüter besonders stark auf das Binnenpreisniveau aus, weil die Außenhandelsgüter einen erheblichen Teil des im Inland nachgefragten Warensortiments ausmachen[64]. Das Stabilitätsziel wird also bei der Konstellation „starke Außenhandelsverflechtung *und* flexible Wechselkurse" gefährdet, wenn es aufgrund von Angebots- und/oder Nachfrageverschiebungen zu Wechselkursverschlechterungen für eine Währung kommt. Denn Wechselkursverschlechterungen (Abwertungen) führen zu einer Erhöhung der Binnenpreise der Auslandsgüter[65]. Nun ist unmittelbar einsichtig, daß die außenwirtschaftliche Verflechtung im allgemeinen um so größer ist, je kleiner der betreffende Wirtschaftsraum ist, weil kleine Wirtschafts- und Währungsräume wegen ihres beschränkten Produktionssortiments zur Deckung des vielfältigen Inlandsbedarfs in hohem Maße auf den Außenhandel angewiesen sind.

Das Zwischenfazit ist: Zwar wird mit abnehmender Größe eines Währungsraumes der Mobilitätsgrad und damit die Funktionsfähigkeit des Arbeitsmarktes erhöht. Dadurch wird das Beschäftigungsziel gefördert. Gleichzeitig wird jedoch die Preisstabilität in steigendem Umfang gefährdet, weil Wechselkursänderungen immer stärker auf das Binnenpreisniveau durchschlagen.

Eine weitere daraus folgende Konsequenz für die Binnenwährung kleinerer Währungsräume kann darin bestehen, daß die Inländer in zunehmendem Maß ausländische Währungen bevorzugen, weil die Import- und Exportgüter als ein wichtiger Teil des von ihnen nachgefragten Güterkorbes infolge der Wechselkursschwankungen ständigen Preisänderungen (in Binnenwährung gerechnet) ausgesetzt wird. Diese Instabilität der Binnenwährung, gepaart mit dem Wechselkursrisiko, legt es nahe, Auslandsgeld zu halten, weil der *Liquiditätsgrad* der Binnenwährung als unzureichend empfunden wird. Die Verbreitung dieser Praxis würde die Geldfunktionen der Binnenwährung weiter einschränken.

Sowohl das Verflechtungsargument wie das daraus folgende Liquiditätsargument zeigen, daß bei zunehmender Verkleinerung des Währungsraumes negative ökonomische Wirkungen auftreten, die dem Vorteil des steigenden Mobilitätsgrades entgegenwirken. Eine vorsichtige Schlußfolgerung daraus ist, daß nicht unbedingt der Währungsraum mit der höchsten Mobilität der optimale ist.

---

64 Vgl. dazu insbesondere R. J. *McKinnon:* Optimum Currency Area. American Economic Review, Vol. 53 (Sept. 1963), S. 717 ff.

65 Näheres zu den Preiswirkungen von Wechselkursänderungen siehe oben, S. 124 ff.

Allerdings wandte sich die wissenschaftliche Diskussion an diesem Punkt vom Ausgangsproblem, nämlich der Bestimmung des optimalen Währungsraumes, ab und der Frage nach dem jeweils günstigsten Wechselkurssystem *bei gegebenem* Währungsraum zu. Das Ergebnis besteht in der umstrittenen Tendenzaussage, daß bei kleinen Währungsräumen wegen der starken Preisniveauwirkungen von Wechselkursschwankungen feste Wechselkurse vorzuziehen sind.

4. Ähnliches gilt für ein weiteres ökonomisches Argument, das zwar klar gegen die beliebige Verkleinerung von Währungsräumen spricht, das aber vornehmlich in der Diskussion über das „richtige" Wechselkurssystem Verwendung findet. Es ist die Überlegung, daß die *Vielfalt des Produktionsprogramms (Diversifikation)* eines Wirtschaftsraumes seine Störanfälligkeit gegen Einflüsse aus dem Ausland beeinflußt[66]. Bei einem breiten und vielfältigen Produktionsprogramm erfaßt eine Veränderung der Auslandsnachfrage - sofern es sich nicht um eine allgemeine konjunkturelle Abschwächung handelt - nur eines oder wenige Exportgüter. Entsprechend gering bleibt der Einfluß auf den Gesamtexport und die Leistungsbilanz bzw. bei flexiblen Kursen auf den Wechselkurs. Spezialisierte Wirtschaftsräume dagegen mit nur einem oder wenigen Exportgütern haben bei exogenen Nachfrageverschiebungen entsprechend große Leistungsbilanzungleichgewichte bzw. Wechselkursänderungen zu gewärtigen.

Nun ist kaum zu bezweifeln, daß es einen Zusammenhang zwischen der Größe eines Wirtschaftsgebietes und der Vielfalt seines Produktionsprogrammes gibt, wenn auch die Enge dieses Zusammenhanges von den Gegebenheiten des speziellen Falles, etwa dem Entwicklungsstand, der Bevölkerungsdichte, den geographischen Gegebenheiten u. a. abhängig sein dürfte. Jedenfalls scheint der Schluß erlaubt, daß mit abnehmender Größe eines Währungsbietes die Diversifizierung seiner Produktion sinkt und damit seine Anfälligkeit gegen exogene Störungen wächst. Im Fall flexibler Wechselkurse bedeutet das starke Wechselkursschwankungen mit entsprechend großen Preisänderungen der Außenhandelsgüter, die bei kleinen Wirtschaftsgebieten einen starken Einfluß auf das Gesamtpreisniveau ausüben.

Man sieht, daß die Argumentation in die gleiche Richtung geht wie das unter 3. behandelte Verflechtungsargument, das ebenfalls eine Verstärkung der Preiswirkungen bei abnehmender Größe des Währungsraumes beinhaltet. Die Argumente ergänzen sich also. Die Mundellsche These, daß der Währungsraum mit

---

66 Vgl. dazu insbes. P. B. *Kenen:* The Theory of Optimum Currency Areas: An Eclectic View. In: R. A. *Mundell;* A. K. *Swoboda* (Hrsg.): Monetary Problems of the International Economy. Chicago und London 1969.

vollkommener Mobilität, der ja sehr klein sein müßte, der optimale ist, wird dadurch weiter erschüttert.

Wie gesagt, wird jedoch dieser Aspekt auch in der Diversifizierungsdiskussion vernachlässigt, während die Frage nach dem „richtigen" Wechselkurssystem im Vordergrund steht. Aus dem Vorangegangenen sind entgegengesetzte Schlußfolgerungen gezogen worden. Einmal die, daß kleinen Währungsgebieten wegen der stärkeren Gefährdung ihrer Preisniveaustabilität durch Wechselkursschwankungen feste Wechselkurse noch am ehesten zu empfehlen wären. Allerdings erscheint diese Schlußfolgerung so lange voreilig, wie nicht eine umfassende Überprüfung der Wirkungen fester Wechselkurse erfolgt ist. Der gleiche Vorbehalt erscheint jedoch auch gegenüber der entgegengesetzten Meinung angebracht, daß nämlich große und stark diversifizierte Länder feste Wechselkurse ohne Gefährdung ihres ökonomischen Gleichgewichts durchhalten können, während dies schwach diversifizierten Ländern nicht möglich ist[67].

(4) *Wohlfahrtstheoretischer Ansatz*

Nur beiläufig sei schließlich erwähnt, daß es auch *wohlfahrtstheoretische Ansätze* zum Problem des optimalen Währungsraumes gibt[68], die nicht die Realisierung einzelner Ziele, sondern die Beeinflussung der Gesamtwohlfahrt zum Beurteilungsmaßstab erheben. Da es für den Begriff Wohlfahrt eine eindeutige und allseits akzeptierte Definition nicht gibt, ist schon hier Raum für subjektive Interpretationen. Ein Hauptproblem wohlfahrtstheoretischer Ansätze ist jedoch die Schwierigkeit der Nutzenmessung und die prinzipielle Unvergleichbarkeit subjektiver Nutzen. Die Messung der Gesamtwohlfahrt eines Landes oder ihrer Veränderungen erscheint daher als ungelöstes Problem, es sei denn, man orientiert sich dabei an irgendwelchen normativen Setzungen, die z. B. auf ethische Vorstellungen zurückgehen könnten. Recht willkürlich erscheint daher das Vorgehen *Grubels*[69], Wohlfahrtsänderungen mit Hilfe der Größen Realeinkommen, Einkommensstabilität und nationale Unabhängigkeit zu „messen". Ein zusätzliches Problem besteht hierbei in der Bestimmung des Netto-Effektes durch Saldierung der drei Einzeleffekte. Das würde voraussetzen, daß die Wirkungen von Veränderungen der drei Größen vergleichbar und addierbar wären.

---

67 *Kenen*: Theory, a. a. O., S. 54.

68 H. G. *Grubel*: The Theory of Optimum Currency Areas. Canadian Journal of Economics, Vol. 3 (1970), S. 318 ff.

69 Ebenda.

c) Keine anwendbaren Ergebnisse

Rückschauend muß daher das Fazit gezogen werden, daß die Theorie des optimalen Währungsraumes, die ja die Forderung zur Bildung derartiger Währungsräume impliziert, sowohl in der ursprünglichen *Mundell*schen Ausprägung wie in den späteren Modifikationen nicht zu praktisch anwendbaren Ergebnissen geführt hat. Aus der praktisch-politischen Unmöglichkeit, Währungsräume allein aufgrund währungstheoretischer Gesichtspunkte festzulegen, ist der naheliegende aber keineswegs neue Schluß zu ziehen, daß man sich bemühen sollte, bei gegebenen Währungsräumen die bestehenden Verhältnisse nach Möglichkeit den Optimalbedingungen anzunähern. Zu denken wäre hierbei in erster Linie an eine Verbesserung der Mobilität der Arbeitskräfte.

Literatur zum III. Kapitel

1. Literatur zu „Europäische Währungsintegration"

Franzmeyer, Fritz: Neue Wege zur währungspolitischen Integration in der Europäischen Gemeinschaft? Vierteljahreshefte zur Wirtschaftsforschung, H. 3, 1976

Gleske, Leonhard: Nationale Geldpolitik auf dem Weg zur europäischen Währungsunion. In: Währung und Wirtschaft in Deutschland 1876–1975. Frankfurt a. M. 1976

Hellmann, Rainer: Europäische Wirtschafts- und Währungsunion. Eine Dokumentation. Baden-Baden 1972

Holzheu, Franz: Der „Europa": Ein neuer Weg zur europäischen monetären Integration? Diskussionspapier 22 (1976) des Instituts für Wirtschaftswissenschaften der Technischen Universität Berlin

Lucius, R.-R.: Währungsintegration ohne wirtschaftliche und politische Integration. Frankfurt a. M. 1972

Scharrer, H.-E.: Europäische Wirtschafts- und Währungsunion – Pragmatismus ohne politisches Konzept. In: Europäische Wirtschaftspolitik, Programm und Realität. Bonn 1973

Vaubel, R.: Die Pläne für eine europäische Parallelwährung. Die Weltwirtschaft, 1972, H. 2

Willgerodt, Hans u. a.: Wege und Irrwege zur europäischen Währungsunion. Freiburg 1972

2. Literatur zu „Optimaler Währungsraum"

de Cecco, Marcello: Optimum Currency Areas and European Monetary Integration. Journal of World Trade Law, Vol. 8 (1974)

Fischer, J. A.: Zur Theorie der optimalen Währungsräume. Diss. Erlangen-Nürnberg 1973

Grubel, H. G.: The Theory of Optimum Currency Areas. Canadian Journal of Economics, Vol. 3 (1970)

—: The International Monetary System, Efficiency and Practical Alternatives. Harmondsworth/Middlesex 1969

Kenen, P. B.: The Theory of Optimum Currency Areas: An Eclectic View. In: *Mundell*, R. A. und *Swoboda*, A. K. (Hrsg.): Monetary Problems of the International Economy. Chicago und London 1969

Mundell, R. A.: A Theory of Optimum Currency Areas. American Economic Review, Vol. 51, Sept. 1961

Rühl, Frank: Optimale Abgrenzung von Währungsgebieten: Ein Literaturüberblick. Kredit und Kapital, 1/1975

McKinnon, R. J.: Optimum Currency Area. American Economic Review, Vol. 53 (Sept. 1963)

Allgemeine Literatur zur monetären Außenwirtschaftslehre - Gesamtdarstellungen, Sammelwerke, Lehrbücher -

Aschinger, Franz E.: Das Währungssystem des Westens. 2. Aufl., Frankfurt 1973.

Borchert, Manfred: Außenwirtschaftslehre. Opladen 1977.

Caves, R. E., *Jones,* R. W.: World Trade and Payments - An Introduction. 2. Aufl., Boston 1973.

Claassen, Emil-Maria (Hrsg.): Kompendium der Währungstheorie. München 1977.

Hankel, Wilhelm: Weltwirtschaft. Düsseldorf 1977.

Heller, H. Robert: International Monetary Economics. Englewood Cliffs (New Jersey) 1974.

Kindleberger, Charles P.: International Economics. 5. Aufl., Homewood (Illinois) 1973.

Kreinin, Mordechai E.: International Economics: A Policy Approach. 2. Aufl., New York 1975.

Kruse, Alfred: Außenwirtschaft. 3. Aufl., Berlin 1972.

Lipfert, Helmut: Einführung in die Währungspolitik. 8. Aufl., München 1974.

Machlup, Fritz: International Monetary Economics. 2. Aufl., London 1969.

Meade, J. E.: The Theory of International Economic Policy. Band 1: The Balance of Payments. New York 1963.

Mundell, R. A.: International Economics. New York, London 1968.

Mundell, R. A. u. *Swoboda,* A. K. (Hrsg.): Monetary Problems of the International Economy. Chicago 1969.

Rose, Klaus: Theorie der Außenwirtschaft. 6. Aufl., München 1976.

— (Hrsg.) Theorie der internationalen Wirtschaftsbeziehungen. Köln 1965.

Scammel, W. M.: International Trade and Payments. London 1974.

Södersten, Bo: International Economics. New York 1970.

Sohmen, Egon: Wechselkurs und Währungsordnung. Tübingen 1973.

Staley, Charles E.: International Economics. Englewood Cliffs (New Jersey) 1970.

Stern, Robert M.: The Balance of Payments. Chicago 1973.

Veit, Otto: Grundriß der Währungspolitik. 3. Aufl., Frankfurt 1969.

Yeager, Leland B.: International Monetary Relations. New York, London 1966.

Autorenverzeichnis

Sachverzeichnis

HUBERTUS ADEBAHR · WOLFGANG MAENNIG

Außenhandel und Weltwirtschaft

Außenwirtschaft, Band II

XIX, 422 S. 1987. Lw. DM 76,–

ISBN 3-428-06213-2

Theorie und Praxis scheinen in der heutigen Weltwirtschaft immer weiter auseinanderzuklaffen: Der größte Teil des Welthandels wird zwischen den westlichen Industrieländern abgewickelt, obwohl diese ähnliche Produkte herstellen; die reichsten Staaten der Welt bedienen sich protektionistischer Maßnahmen. Trotz aller Entwicklungshilfeleistungen vergrößert sich die Kluft zwischen „Nord“ und „Süd“.

Das Buch greift diese Widersprüche auf und unternimmt eine kritische Betrachtung der Annahmen der Außenhandelstheorie, wobei auf Erweiterungen sowie auf vernachlässigte Erklärungsansätze besonderer Wert gelegt wird. Weitere Schwerpunkte des Buches sind aktuelle Diskussionspunkte wie der Nord-Süd-Konflikt, die Entwicklungsländerproblematik, die Verschuldungskrise, internationale Organisationen, internationale Kapitalbewegungen und multinationale Unternehmungen sowie Gastarbeiterwanderungen.

Duncker & Humblot · Berlin